Organización y Dirección de Instituciones Educativas en contextos interculturales

Una mirada a los países del Magreb desde Andalucía

Actas de las IV Jornadas Andaluzas sobre
Organización y Dirección de Instituciones Educativas

Granada Diciembre de 1999

Volumen II

Manuel Lorenzo Delgado
José Antonio Ortega Carrillo
Rosario Arroyo González
Fernando Peñafiel Martínez
Rosario Rodríguez Serrano
(Coordinadores)

© Los Autores
Coordinadores de Edición:
      Manuel Lorenzo Delgado
      José Antonio Ortega Carrillo
      Rosario Arroyo González
      Fernando Peñafiel Martínez
      Rosoario Rodríguez Serrano

Edita: Grupo Editorial Universitario y Asociación para el Desarrollo de la Comunidad Educativa en
España.
ISBN: 84-921660-7-X
Depósito Legal: GR-1.567 -1999
Imprime: Lozano Impresores S.L.L.

Diseño de portada: Inmaculada Melero Martínez y Cristina Pérez Marrero.
Fotografías: Mª del Pilar Noguera y Manuel Ruiz.
Secretaria de Redacción: Esther Caballero Cordón.

Distribuye: Grupo Editorial Universitario
             Telf. 958 80 05 80 Fax: 958 29 16 15
             http://www.siapi.es/geu
             e-mail: geu@siapi.es

PONENCIAS

(CONTINUACIÓN)

ESPECIFICIDADES ORGANIZATIVAS DE LA EDUCACIÓN INFANTIL

Mª DOLORES GARCÍA FERNÁNDEZ
Catedrática de Didáctica de la Universidad Universidad de Córdoba

La Ley Orgánica 1/1990, de 3 de octubre de Ordenación General del Sistema Educativo, introduce por primera vez y como etapa inicial del sistema escolar español la Educación Infantil. De acuerdo con esta Ley los Centros de Educación Infantil, bajo la dirección de maestros especialistas completan el papel crucial de la familia, ofreciendo a los niños un entorno organizado con una intencionalidad educativa. En este sentido, familias y centros comparten los objetivos de acompañar, guiar estimular el desarrollo psicológico infantil, a través de experiencias educativas que favorecen integralmente la evolución de la personalidad del niño o de la niña.

En este momento consideramos decisivo para esta etapa, la reflexión, en el actual contexto social y educativo sopesando demandas y expectativas sobre el proceso de reforma, buscando continuamente las respuestas más adecuadas para cada alumno/a y para cada centro escolar.

En el ámbito de la gestión directa, la implantación gradual del segundo ciclo de la educación infantil (3-5 años) se inició en el curso 1991-92. Después de varios años de implantación de esta reforma creímos necesario recoger los datos relacionados con los resultados educativos alcanzados por los niños y niñas en el segundo ciclo de la educación infantil en las diferentes áreas del currículum.

Una de las mayores innovaciones de la Ley Orgánica 1/1990, de Ordenación General del Sistema Educativo ha sido la de regular la educación infantil como la primera etapa del sistema educativo español con un carácter propio aunque no obligatorio, estratificando dicha etapa en dos ciclos: 0-3 y 3-6 años.

Esta organización necesita acompañarse de la creación de Centros (estamos asistiendo ahora a la culminación de este proceso) que cumplan con la misión de aplicar la nueva Ley. En este sentido la reflexión que intentamos realizar con nuestra ponencia versa sobre qué características organizativas específicas deben y deberán tener las Instituciones dedicadas a Educación Infantil.

Habría que destacar dos dimensiones en la Escuela Infantil, la Dimensión Pedagógica y la Dimensión Organizativa; ambas vienen determinadas por los diferentes modelos de

Educación Infantil que se han desarrollado a lo largo del espacio histórico y que se han ido recopilando por los diferentes estudios sobre el tema.

Estudiar los modelos educativos reclama una postura reflexiva para profundizar en ellos y escoger aquel modelo pedagógico que refleje las finalidades educativas de los Centros, el Proyecto Educativo y las estrategias y métodos de actuación en el aula. En este sentido la Escuela Infantil se convierte en una organización compleja que necesita recoger aquellos aspectos más destacables de los diferentes modelos adaptándolos a los diferentes contextos y distintos pensamientos y formas de concebir el currículum.

Las variables que concurren en Educación Infantil hacen difícil que un sólo modelo las incluya. Por lo que en el momento actual las Instituciones Educativas deberán replantearse un modelo alternativo que tenga en cuenta los diferentes cambios sociales, curriculares, organizativos e institucionales que se están detectando en los últimos tiempos como consecuencia de los diferentes factores multiculturales, sociales y económicos donde se desarrolla la realidad educativa y las personas que la conforman. La dimensión pedagógica de la escuela infantil sólo se comprende desde una visión total de la escuela y de la educación que no termina en un ciclo educativo sino que se alarga por ambos polos sin que termine, en una visión permanente de desarrollo del sujeto incluso desde antes de su nacimiento. Estas variables tienen que ser atendidas por unas propuestas organizativas innovadoras en las que se incluyan una forma distinta y creadora de comprender la escuela, la enseñanza y el aprendizaje. De aquí que los espacios, lugares o esferas donde se desarrolla el currículum escolar deberían estar estructurados de acuerdo con esas nuevas exigencias demandadas por la Comunidad Mundial, en el que la infancia es y será la esperanza del cambio solidario, democrático y colaborativo.

Sin querer agotar todas las posibilidades de esferas que intervienen en la organización de la escuela infantil sería importante resaltar aquellas que cobran más vida en los últimos años por la reflexión e investigación dentro de este campo. Para distinguir estas esferas hemos elegido la palabra "Lugar" para designar aquellos espacios que se convierten para nosotros en especificidades organizativas urgentes en la escuela infantil:

- Lugares para el diseño y desarrollo curricular.
- Lugares para la reflexión y la investigación.
- Lugares para jugar y crear.
- Lugares para la interacción y la colaboración.

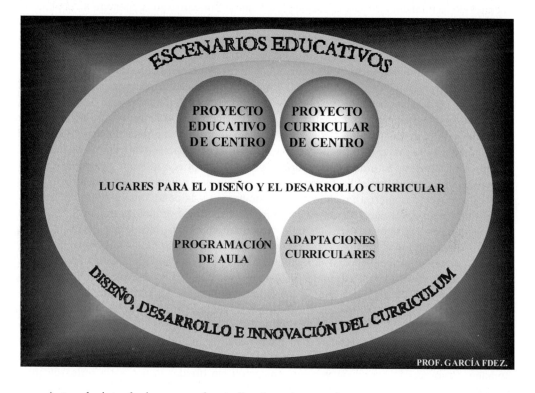

Antes de introducirnos en el estudio de cada una de estas zonas, que como en un mosaico quieren completar la figura intensa, abstracta y difícil del mundo educativo infantil, quisiéramos destacar la importancia de la formación del profesorado de Educación Infantil en la reflexión-acción de estas dimensiones; porque en el momento actual la Sociedad necesita profesionales que desde los primeros niveles educativos se preparen en la gran cantidad de temas que en la actualidad están abriendo un nuevo discurso, hacia la necesidad de argumentar y aportar propuestas para la mejora de la docencia. Para mejorar la calidad de la educación, hay que empezar por mejorar la formación del personal docente, porque éste no podrá responder a lo que de él se espera si no posee los conocimientos, las competencias, las cualidades personales, las posibilidades profesionales y la motivación que se requiere.

Como decía Combs (1979), algunas mejoras en educación pueden conseguirse invirtiendo dinero, construyendo mejores escuelas, e introduciendo nuevas materias, nuevos planes de estudio, o nuevos recursos o técnicas, pero los cambios importantes se producirán solamente cuando los profesores cambien. Habría que resaltar el papel que cumple el profesorado de educación infantil como docente y agente de cambio, favoreciendo el entendimiento mutuo y la tolerancia. Este rol será aun más decisivo en el s. XXI que apuesta por la multiculturalidad, multilingüísmo y universalismo. Todo ello tendrá que determinar cuáles son las funciones específicas de estos profesionales en las escuelas infantiles y esto determinará a su vez el modelo de educación infantil y como consecuencia las nuevas especificidades que determinarán la estructura organizativa de estos centros.

Los escenarios educativos donde se diseña y desarrolla el currículum de educación infantil deberán estar adaptados a las necesidades psicopedagógicas, cognitivas, afectivas y sociales de la infancia en estas edades de 0 a 6 años. Sin embargo, a menudo se contempla que la estructuración de estos centros responde más a criterios cronológicos o escolares tradicionales, que a otras especificidades científicas que se desprenden como conclusiones de las investigaciones que sobre la infancia, se están desarrollando en la última década.

El Proyecto Educativo de Centro que enmarca las principales características del mismo, desde la convergencia de pensamientos, valores y significados de toda una Comunidad Educativa, ya desarrolla desde los distintos contextos unas finalidades que además de ser educativas son organizativas. La situación de la escuela, las relaciones con la familia, la comunidad y otras instituciones, se convierten en todo un programa de actividades que determinarán la organización de la escuela infantil. Igualmente el Proyecto Curricular de Centro, como puente de unión entre teoría y práctica, despliega un conjunto de estrategias y técnicas psicopedagógicas de formación de profesores y alumnos en sus centros.

Este proyecto requerirá igualmente la participación y la colaboración de todas las personas implicadas en la tarea educativa y exigirá la creación de grupos de trabajo y reflexión que contemplen las nuevas necesidades del currículum infantil, no sólo para los tiempos actuales sino para los venideros: educación para el uso adecuado de las nuevas tecnologías, educación intercultural cuándo así se requiera, siempre educación para la solidaridad, la paz, la convivencia,... valores insustituibles de esta nueva sociedad, y además aquellos conceptos, procedimientos y actitudes que en los diferentes campos del conocimiento, se puedan ofrecer a la infancia para un progreso permanente de acuerdo con los biorritmos individuales de cada niño/a, desarrollando su identidad y autonomía personal en un ambiente rico en interacciones, donde la sensibilidad intelectual realce la importancia de los sentimientos y emociones por encima de la hasta ahora mal entendida estructura racional del pensamiento humano. Favorecer la expresión y la comunicación sin olvidar la necesaria reflexión intelectual.

La programación de aula será un continuo desarrollar, investigar e innovar para el profesor/a y permitirá al alumnado, en los diferentes escenarios educativos, elegir de acuerdo con sus preferencias dentro de un orden significativo aquellas actividades y estrategias curriculares que le ayuden a progresar en aquellos aspectos de su personalidad para los que cognitiva, afectiva y socialmente se encuentre más atraído, buscando aquellas relaciones espaciales, numéricas y psicomotoras que desde un punto de vista vigostkiano, sostienen todo un aprendizaje social, creando aquellas interacciones positivas que le darán soluciones a ese mundo continuo de incertidumbres que le obligan incesantemente a la investigación activa en su medio, jugando, creando, ...

Las adaptaciones curriculares son determinantes de todas las actividades que se realizan en el aula, su fin de orientación ayuda e integración, respetando las diferentes identidades culturales de la niñez, sitúan al profesorado en un reto continuo de atender a la infancia de acuerdo con sus distintas formas de comprender, conocer, ver, oír y sentir. La escuela infantil se convierte en el primer lugar, en relación con la familia, en el que los niños y las niñas son atendidos de acuerdo a sus individualidades. Esto requiere escenarios educativos específicos, aunque integrados en las aulas, donde la riqueza del material didáctico, las posibilidades del desarrollo de metodologías lúdicas favorezcan aprendizajes significativos en los que esté incluida la experiencia cotidiana.

Las acciones educativas en contextos colaborativos de la escuela infantil exigen lugares para la reflexión y la investigación. El profesorado investigando en el aula está continuamente reorientando su acción, lo que le permite realizar continuas acciones de innovación. La calidad educativa y la innovación surgen de la reflexión colaborativa de los profesores y profesoras que formando equipos de trabajo intercambian experiencias, planean cambios en su metodología, indagan y buscan nuevas formas de enseñar y *"aprender a aprender"* en diferentes contextos organizativos, a los que se les pueden llamar también contextos colaborativos como pueden ser las *zonas de descubrimiento, las sendas y aulas de la naturaleza*, que tienen como finalidad principal la educación medioambiental o la educación en valores de la que ya hemos hablado. La reflexión-investigación sobre las diferentes situaciones de enseñanza aprendizaje que se dan en la escuela infantil, en estos contextos, será una continua fuente de conocimiento innovador para el profesorado.

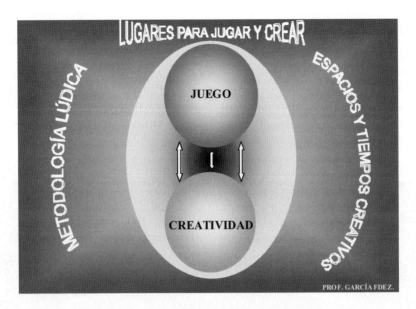

En estas especificidades organizativas, no podríamos olvidar que la Escuela Infantil debe responder a dos dimensiones fundamentales de la educación en estas edades, que son el *Juego* y la *Creatividad*, por lo que se debe reconvertir cada vez más en un lugar para jugar y crear. Los espacios y los tiempos deberán responder a estas necesidades; se puede hablar de *Espacios y Tiempos creativos* cuando la funcionalidad de ellos esté más en relación con la infancia que con las distribuciones escolares tradicionales. La solución a estos problemas podría ser una metodología lúdica que arbitrara una forma de concebir las zonas, rincones, esferas, recreos, ... en conclusión los mundos de objetos y seres animados y inanimados que rodean la vida del niño/a como *lugares* de interacción positiva, de conocimiento significativo, de potenciación de la autonomía y, como contextos del desarrollo de la inteligencia emocional de la infancia.

La organización en la Escuela Infantil tiene que responder a las nuevas demandas sociales, culturales y educativas que la constituyen fundamentalmente en una ***realidad socio-comunicativa***, en el que los niños/as padres y madres, maestros/as, desarrollen una educación integrada basada en una aproximación intergeneracional y en el intercambio de valores culturales y morales, donde las propias vivencias de esta Comunidad Educativa basada en la participación y colaboración trasciendan ***"los muros de la escuela"***, para llegar hasta el barrio, el pueblo, la comunidad e instituciones en general, en un flujo de intercambios en el que la vida llegará a la escuela y la escuela se reflejará en la vida.

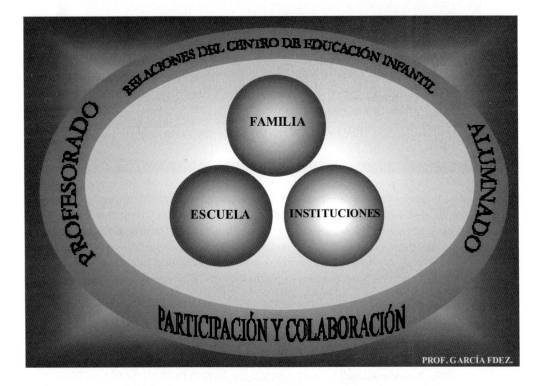

Los nuevos retos para las Instituciones de Educación Infantil se centrarán en crear nuevos y diferentes espacios organizativos donde se impulse la convivencia, la tolerancia, solidaridad y colaboración, acogiendo a las distintas culturas, relacionando la escuela con los problemas de la Sociedad, desarrollando métodos pedagógicos y enfoques innovadores en el que los derechos de los niños y las niñas estén presentes en las escuelas infantiles porque ellas deberán organizarse de acuerdo a estas demandas.

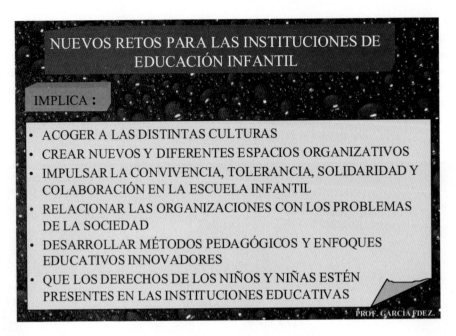

Todas estas propuestas las realizamos desde nuestra experiencia de trabajo colaborativo con profesorado de Centros de Educación Infantil de Córdoba y su Provincia. La investigación que hemos llevado a cabo en estos últimos años, nos ha conducido a una serie de conclusiones que afectan a las Escuelas Infantiles desde el punto de vista curricular y organizativo. Lo expuesto hasta el momento se basa en un análisis cualitativo de las necesidades de estos Centros. A continuación expondremos otros datos más cuantitativos de esta investigación.

Resultados

Datos objetivos.
La encuesta ha sido aplicada en 21 Centros de la provincia de Córdoba, todos ellos públicos, ubicados predominantemente en el ámbito rural cordobés (65% pertenecientes a este medio y 35% al entorno urbano). Se han contabilizado como centros del ámbito urbano los pertenecientes a los grandes núcleos de población de la provincia (Lucena, Pozoblanco, Montilla y Priego de Córdoba), además de la ciudad de Córdoba. Igualmente, debido a su configuración como núcleo poblacional aislado y a lo reducido de su población fija, los centros ubicados en la barriada de Cerro Muriano han sido computados como pertenecientes al ámbito rural.

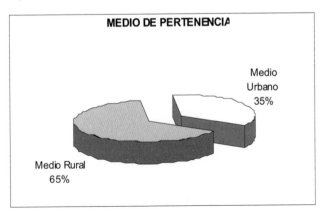

Los directores que han respondido nuestra encuesta rigen Centros con una importante variedad en el número y distribución por niveles de enseñanza de las unidades que los integran, como puede deducirse de los resultados de la tabla nº 1, que refleja la media de unidades totales del Centro y de cada uno de los niveles educativos que en él se imparten, y en la que también se expresa el coeficiente de dispersión de cada uno de los estadísticos.

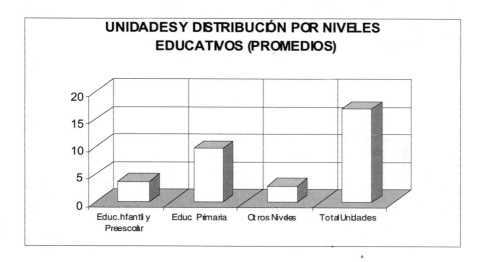

Tabla 1.- Unidades y distribución por niveles educativos.

	Media	Desv. Típica	Cfte. Dispersión
Educ. Infantil y Preescolar	3.8	1.6	41.5
Educ. Primaria	9.9	5.6	56.8
Otros Niveles	3.0	2.6	87.2
Total Unidades	17.0	9.4	55.4

La media de unidades de Educación Infantil y Preescolar sobre el total de Unidades que componen el Centro es del 22%.

Respecto al número de profesores que trabajan en la Educación Infantil y Preescolar y al de alumnos de esta etapa matriculados, los Centros analizados mantienen entre sí la disparidad y dispersión descrita en los párrafos anteriores para las unidades y su distribución por etapas. La tabla 2 refleja los datos relativos a estos aspectos:

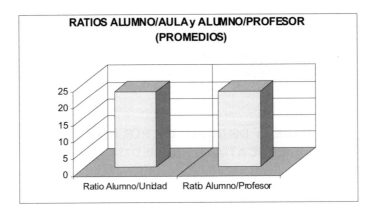

Tabla 2.- Profesorado y alumnado de Educación Infantil y Preescolar

	Media	Desv. típica	Cfte. Dispersión
Prof. Educ. Infantil y Preescolar	3.8	1.7	44.0
Alumnos Educ. Infantil y Prrescolar	85.4	42.7	50.0

Las ratios alumno/unidad y alumno/profesor presentan unos coeficientes de dispersión mucho menores que los de los datos ofrecidos hasta ahora, lo que denota que su distribución en los Centros estudiados guarda mayor homogeneidad. La tabla 3 expresa los parámetros correspondientes a las relaciones aludidas.

Tabla 3.- Ratios alumno/unidad y alumno/profesor

	Media	Desv. típica	Cfte. Dispersión
Alumno/Unidad	22.5	4.3	18.9
Alumno/Profesor	22.6	4.0	17.8

La práctica igualdad de los promedios alumno/unidad (22.5) y alumnos/profesor (22.6), indican que los Centros analizados cuentan en su plantilla con un profesor por cada unidad de Educación Infantil y Preescolar, es decir, no existe profesorado de apoyo dedicado exclusivamente a esta etapa.

En lo que se refiere a las reformas realizadas en las instalaciones para adaptarlas a la Educación Infantil, sólo se describen en dos centros. En un caso se trata de una obra menor consistente en la adecuación de urinarios para niños de tres años; en el otro, las obras realizadas consistieron en la construcción de un nuevo edificio para la Educación Infantil.

Entre los servicios complementarios con que cuentan los Centros, casi la mitad disponen de comedor escolar (45%), en tanto que la cuarta parte únicamente tienen servicio de transporte (25%) u orientación educativa (25%).

La práctica totalidad del profesorado que trabaja en esta etapa está especializado en la misma (99,95%). Este profesorado aprovecha por igual las actividades formativas que se le ofrecen organizadas en el seno del Centro (una media de 12,0 profesores en los últimos cinco años), y fuera del mismo (13,0 en el mismo período de tiempo); sin embargo, el nivel de participación declarado en acciones de formación es bastante bajo si se tiene en cuenta que son 75 los profesores que integran la plantilla total de los Centros que estamos considerando.

Respecto a la implicación de los padres en las actividades del Centro, los datos obtenidos permiten constatar que:

La tasa de participación de los padres en las actividades del Centro es muy baja (29.20%)

En la mayoría de los Centros (85%) se ha constituido Asociación de Padres de Alumnos.

Directores. Escala de Estimación

Opinión sobre el Plan General del Centro.

Las puntuaciones otorgadas por los Directores al conjunto de ítems del bloque que recoge la opinión sobre el Plan General del Centro, arrojan medias bastante homogéneas con valores que se sitúan en el tramo más elevado de la escala propuesta. Ello nos indica que, en líneas generales, existe entre los Directores un grado de satisfacción bastante grande respecto del Plan General del Centro.

A pesar de la homogeneidad de las puntuaciones a que acabamos de aludir, pueden establecerse dos grupos de ítems atendiendo al promedio de calificaciones asignadas, que estarían delimitados por el valor 4. Se observa así como aquellos aspectos del Plan General del Centro que dependen en mayor medida de la acción directa y exclusiva de los equipos directivos del Centro, obtienen mejor valoración que aquellos otros que se refieren a esferas de responsabilidad compartida o ajena al Centro.

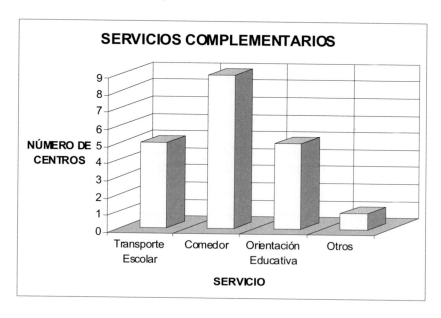

Tabla 4.- Opinión sobre el Plan General del Centro.

Item	Formulación	Promedio
1.7	Funcionalidad del horario de atención a los padres y madres de alumnos	4,5
1.1	Coherencia con las finalidades formuladas con el contexto del Centro	4,2
1.4.	Inclusión de un plan de acción tutorial adecuado y eficaz	4,2
1.8	Elaboración en equipo de las programaciones (Equipo, Ciclo, Etapa,...)	4,2
1.2	Coherencia de los objetivos propuestos con las necesidades del contexto	4,1
1.3	Utilización de las reflexiones y propuestas de mejora contenidas en la Memoria Anual del presente curso para la confección del Plan General de Centro del curso actual	4,1
1.10	Adaptación de las actividades y metodología propuesta a las necesidades y características del alumnado	4,1
1.9	Adecuación de las programaciones de aula a las exigencias didácticas de globalización e interdisciplinaridad	4,0
1.11	Previsión de flexibilidad en el agrupamiento de los alumnos	4,0
1.5	Adecuación del plan de actividades extraescolares y complementarias a las necesidades y características del alumnado	3,9
1.13	Adecuación de los procesos de información y orientación a los padres	3,9
1.15	Inclusión de estrategias encaminadas a la coordinación con los Equipos de Apoyo Externo	3,8
1.12	Adecuación de los procedimientos y estrategias de evaluación	3,7
1.16	Inclusión de estrategias encaminadas a la vinculación con las instituciones sociales comunitarias existentes en el contexto cercano al Centro	3,7
1.6	Adecuación del plan de utilización de recursos materiales y didácticos	3,6
1.14	Adecuación de las estrategias orientadas a la atención a la diversidad	3,6

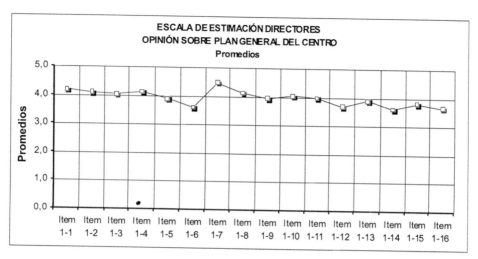

4.2.2.- Opinión sobre los aspectos organizativos.

En este bloque de opinión se aprecian claramente dos grupos de respuestas en función del promedio otorgado por los encuestados a los ítems propuestos.

Por un lado, se encuentra el grupo de ítems que indagan acerca de los aspectos relacionados con la eficiencia de los distintos órganos colegiados y equipos pedagógicos integrantes del Centro, así como con el clima institucional y profesional, que alcanzan promedios de puntuación entre 4 y 5. En este grupo de ítems se clasifica el que mide la adecuación del presupuesto del Centro a sus necesidades reales.

Por otro lado, y con unos promedios de puntuación sensiblemente más bajos que los del grupo de respuestas anterior, se agrupan los enunciados referentes a la adecuación e idoneidad de las instalaciones del Centro, así como de los apoyos externos. Se muestran pues carencias en un aspecto tan importante como el de la infraestructura arquitectónica de los Centros.

Tabla 5.- Opinión sobre aspectos organizativos

Item	Formulación	Promedio
2.4	Valoración del clima institucional y profesional del Centro	4,5
2.3	Eficiencia funcional de los equipos pedagógicos existentes en el Centro (Ciclo, Nivel, Etapa,...)	4,2
2.5	Adecuación del presupuesto a las necesidades reales del Centro	4,2
2.2	Eficiencia funcional del Claustro de Profesores	4,1
2.1	Eficiencia funcional del Consejo Escolar del Centro	3,9
2.9	Adecuación de los apoyos externos	3,3
2.6	Idoneidad de las instalaciones del Centro	3,2
2.7	Adecuación de las medidas de seguridad	3,1
2.8	Adecuación de las instalaciones del Centro a la atención a la diversidad (barreras arquitectónicas)	2,2

Opinión sobre la relación con los padres.

Los Directores de los Centros participantes en nuestra investigación perciben como las relaciones con las familias de los alumnos son adecuadas en el ámbito personal e institucional, y que el profesorado se implica en la facilitación y estimulación de la participación de los padres en la vida del Centro.

Sin embargo, estiman que la implicación de los padres en las actividades ordinarias, extraescolares y complementarias no responde al interés mostrado por el profesorado en fomentar la participación en estas actividades.

Tabla 6.- Opinión sobre la relación con los padres

Item	Formulación	Promedio
3.1	Adecuación de las relaciones existentes con los padres y madres de los alumnos, tanto en el ámbito personal como institucional (A.P.A.)	3,9
3.2	Implicación del profesorado en la facilitación y estimulación de la participación de los padres en la vida del Centro	3,9
3.4	Implicación de los padres en las actividades extraescolares y complementarias	3,6
3.5	Grado de respuesta de los padres ante las demandas de participación por parte del Centro para resolver situaciones conflictivas	3,5
3.3	Implicación de los padres en las actividades ordinarias de desarrollo curricular	2,9
3.6	Adecuación de la colaboración de los padres con el Centro en lo concerniente al refuerzo para sus propuestas educativas demandadas por los profesores a los padres	2,8

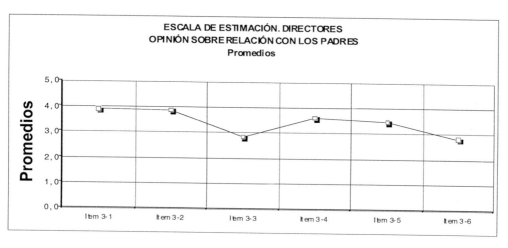

Cuestionario destinado a profesores

Formación Permanente

Prácticamente todo el profesorado ha participado en actividades de formación en los últimos cinco años (99%)[1]. El nivel de participación en acciones de formación promovidas y realizadas en el propio Centro y fuera del mismo muestra un nivel comparable (40 y 37% respectivamente), siendo menor la participación en proyectos de innovación (21%) y otras actividades (2%)

Un alto porcentaje del profesorado (72%) considera que es mucha la influencia de las actividades de formación en su acción profesional. La mayoría (57%) muestra insatisfacción con la oferta disponible.

Diseño y Desarrollo Curricular.

El 91% de los encuestados manifiesta que relaciona y globaliza los contenidos curriculares. Este resultado deriva, indudablemente, de las características de la etapa, que persigue el desarrollo global de los niños y niñas. En este sentido, aún cuando es una declaración minoritaria, llama poderosamente la atención el hecho de que un 9% de los encuestados expresen que tan sólo a veces realizan la deseable globalización y relación de los contenidos curriculares.

Los profesores participantes en nuestra investigación declaran mayoritariamente para cada uno de los ítems de este bloque de respuestas que su situación coincide siempre con la que se les propone en cada caso (salvo en el supuesto del ítem 13). Ello indica que en términos generales el profesorado de esta etapa muestra actitudes que facilitan un óptimo diseño y posterior desarrollo del curriculum de la etapa.

Los resultados de la encuesta indican que aproximadamente un tercio del profesorado encuentra dificultades de organización de actividades y cooperación con los compañeros (ítems 10, 11 y 12).

---

[1] En el anexo se incluyen gráficas y tablas de distribución de respuestas que reflejan las contestaciones dadas a cada uno de los ítems por los participantes en la encuesta.

Respecto a la evaluación de los alumnos, el nivel de profesores que la abordan de manera cooperativa con padres y compañeros supera ligeramente la tercera parte (34%), siendo mayoritario el número de los que cuentan con ellos algunas veces.

Programación de aula.

Prácticamente la totalidad del profesorado (99%) concede gran importancia a las actividades complementarias, las programa y las relaciona con el desarrollo del curriculum.

Las programaciones de aula derivan en la mayoría de los casos del Proyecto de Curriculum de Equipo (67%), si bien el porcentaje de profesionales que incorporan de la programación de aula de los compañeros es bastante apreciable (23%).

Relación con los padres.

El contacto que mantiene el profesorado con los padres de los alumnos se produce en el ámbito de las reuniones que preceptivamente deben mantenerse a lo largo del curso (el 89% del profesorado declara mantenerlas), como en encuentros que se producen fuera de los obligatorios o del horario lectivo (el 65% manifiesta mantener reuniones de este tipo con frecuencia, y el 32% expresa que esta situación se produce mucho).

Satisfacción con el trabajo y el clima del Centro.

Dos ítems tratan de recoger las opiniones sobre estos aspectos. El primero de ellos indaga sobre la satisfacción del profesorado con el rendimiento de su trabajo. La mayoría del profesorado (61%) confiesa sentirse muy satisfecho con los resultados que obtiene; sin embargo, y aunque minoritario, el porcentaje de profesores que perciben poco o relativamente satisfactoriamente el producto de actuación profesional (10% y 29%, respectivamente) abarca a una amplia porción de profesores.

Resultados comparables a estos que se acaban de comentar se obtienen cuando se explora la satisfacción del profesorado con el ambiente de trabajo y el funcionamiento del Centro: El 58% se muestra muy satisfecho con estos aspectos, mientras que el 32% está relativamente satisfecho y el 10% lo está poco.

Cuestionario destinado a padres.

El 74% de los padres declaran haber sido convocados más de una vez al año para mantener reuniones informativas conjuntas con el equipo directivo y los profesores; la décima parte (11%) ha sido convocado cuando menos una vez, y el 15% no lo han sido nunca.

Las reuniones en grupo de los tutores con todos los padres del grupo clase se producen en mayor extensión que las anteriores. Así, el 97% de los padres expresa que ha sido convocado a reuniones de estas características al menos una vez a lo largo del curso (menos de tres veces el 33%, tres veces el 23%, y más de tres veces el 41%).

Respecto a la información suministrada a los padres, se distingue en nuestra investigación entre aquella que hace referencia a la organización de la Educación Infantil, y aquella otra que afecta a los procedimientos de trabajo y la metodología. El 53% de los padres se siente muy satisfecho con la información recibida sobre la Educación Infantil, mientras que el 38% expresa una satisfacción relativa y el 9% ninguna. Frente a estos resultados, el grado de satisfacción de los padres con la información aportada por los profesores sobre procedimientos y metodología es bastante mayor (74% de muy satisfechos, frente al 26% de relativamente satisfechos).

Las instalaciones y recursos del Centro son aspectos que merecen una opinión muy satisfactoria de la quinta parte de los padres únicamente; la mayoría de ellos (58%) expone sentirse relativamente satisfechos con estos elementos, mientras que el 17% los encuentra deficientes y el 5% confiesa desconocerlos.

La integración y el progreso del hijo/a es percibida como muy satisfactoria para una proporción mayoritaria de los padres (86%). El resto se encuentra relativamente satisfecho con el proceso de integración y progreso del hijo/a.

En general los padres consideran necesaria su participación en la vida del Centro (73%, frente a los que estiman que no hace falta -5%- o que debe mantenerse como está -22%-). En línea con esta concepción, la participación de los padres en las iniciativas de los Centros alcanza niveles comparables (el 78% participa siempre, el 19% a veces, y el 3% nunca).

La disposición del profesorado para atender las propuestas y sugerencias de los padres es, a la vista de éstos, bastante aceptable (en el 52% de los casos las sugerencias y propuestas son siempre atendidas y en el 48% a veces, no habiendo ningún padre que vea sistemáticamente rechazadas sus propuestas). El profesorado suele proporcionar explicaciones a los padres cuando no atiende las propuestas y sugerencias de éstos; así lo declara el 71% de los padres encuestados (frente al 24% que dice recibirlas a veces y el 5% al que nunca le son proporcionadas).

El funcionamiento y la organización del Centro son vistos con bastante aceptación por un alto porcentaje de padres (el 60% ve como buenos estos aspectos y el 35% los concibe como excelentes).

Por último, lo que más valoran los padres de los Centros de Educación Infantil y Preescolar es la Educación que en ellos se imparte (54%), aspecto éste al que siguen la seguridad, atenciones y cuidados que se dan al niño/a y los juegos realizados con los compañeros (11%).

Escala de estimación (Profesores).

Difusión de los nuevos diseños curriculares.

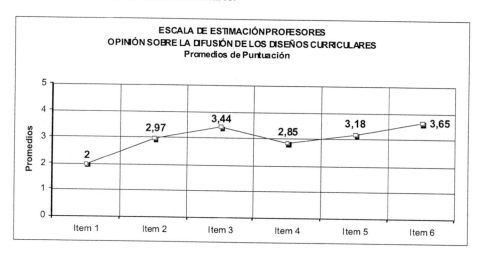

El promedio de las puntuaciones que en una escala de 1 a 5 conceden los profesores a los ítems que recogen la opinión sobre la difusión dada a los nuevos diseños curriculares se distribuye alrededor del valor 3, que representa un nivel de difusión suficiente según la escala propuesta. El profesorado encuestado considera que es a nivel de los ámbitos docentes profesionales relacionados con la Educación Infantil donde los nuevos diseños curriculares han tenido una mayor difusión, siendo ésta menor a nivel de los ámbitos docentes profesionales en general y menor aún a nivel de información general de la sociedad. En cuanto a las instancias de los Centros que a juicio del profesorado, mayor esfuerzo han realizado para informar sobre los nuevos diseños curriculares, se constata como se atribuye a los estratos organizativos más próximos al ámbito profesional de la Educación Infantil, es decir, a los equipos de profesores de la etapa, un nivel mayor de cumplimiento de los objetivos informativos de difusión de los nuevos diseños curriculares. El grado de cumplimiento de estos objetivos se percibe con un nivel inferior cuanto más alejado del ámbito de la Educación Infantil se encuentra la instancia organizativa sobre la que se indaga. Así, el profesorado encuestado considera que los objetivos de información se han cubierto en menor medida en el ámbito de Claustro de Profesores y menos aún a nivel del Consejo Escolar.

Item 1	Difusión a nivel de información general de la sociedad
Item 2	Difusión a nivel de los ámbitos docentes, profesionales en general.
Item 3	Difusión a nivel de los ámbitos docentes, relacionados con la Educación Infantil
Item 4	Información facilitada a nivel de Consejo Escolar
Item 5	Información facilitada a nivel de Claustro de Profesores
Item 6	Información facilitada a través del equipo de profesores de Educación infantil

Habilitación de recursos para la implantación de los nuevos diseños curriculares para la Educación Infantil.

El promedio de puntuaciones asignado a los cuatro ítems que definen los ámbitos de procedencia de los recursos puestos a disposición de la implantación de los nuevos diseños curriculares de la Educación Infantil, se sitúa en torno al valor 2,50, que refleja un nivel deficiente de cumplimiento de las expectativas del profesorado con relación a este aspecto, suscitadas ante los retos que a todos los niveles supone una reforma de la envergadura abordada por la L.O.G.S.E.

El profesorado encuestado considera que el ámbito que ha proporcionado más recursos para la implantación de los nuevos diseños curriculares de la educación infantil es el de los órganos de gestión de la institución escolar donde desempeña su actividad, siendo sensiblemente inferior el nivel de recursos suministrado por la Administración Educativa, tanto a nivel de Consejería de Educación y Ciencia como de su Delegación Provincial, y por el entorno social del Centro Educativo.

Item 7	Recursos proporcionados por la Administración Educativa a nivel de la Consejería de Educación.
Item 8	Recursos proporcionados por la Administración Educativa a nivel de la Delegación Provincial de Educación.
Item 9	Recursos proporcionados por los órganos de gestión de la institución escolar donde desempeña su actividad
Item 10	Recursos proporcionados por el entorno social del Centro educativo (Ayuntamiento, A.P.A., etc.)

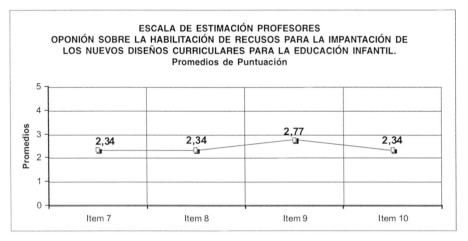

Apoyos Técnicos de asesoramiento recibidos.

De nuevo manifiesta el profesorado la tendencia a atribuir a las esferas más directamente relacionadas con la Educación Infantil un papel de mayor relevancia en un aspecto de la implantación de los nuevos diseños curriculares. En este caso, se identifica al equipo de profesores del Centro como el principal elemento de apoyo técnico recibido para el desarrollo de los nuevos diseños, siendo menor la relevancia de los Centros de Profesorado y menor aún los Servicios Provinciales de la Consejería de Educación.

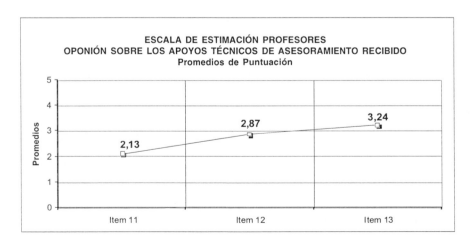

Item 11	Asesoramiento recibido de los Servicios Provinciales de Educación (Inspección, Personal...)
Item 12	Asesoramiento recibido por parte de los Servicios correspondientes de los Centros de Profesores.
Item 13	Asesoramiento procedente de iniciativas propias del equipo de profesores del Centro.

Puesta en práctica de los nuevos diseños curriculares para la Educación Infantil.

La incorporación de los nuevos diseños curriculares a las prácticas curriculares a nivel de aula y de equipo de profesores de Centro es vista con bastante suficiencia por el profesorado. Es en el contexto de comunicación entre el Centro escolar y su entorno familiar y social donde el profesorado percibe, aunque suficiente, un nivel de incorporación de los nuevos diseños menor.

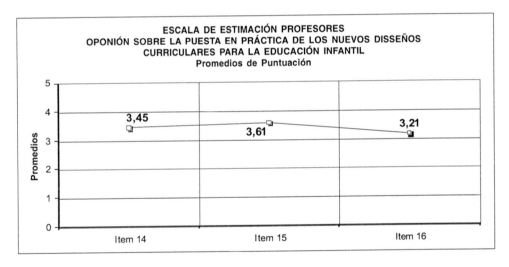

Item 14	Incorporación de los nuevos diseños a las prácticas curriculares a nivel de equipo de profesores
Item 15	Incorporación de los nuevos diseños curriculares a las prácticas curriculares a nivel de aula
Item 16	Incorporación de los nuevos diseños curriculares al contexto de comunicación Centro escolar-entorno familiar y social

Institucionalización curricular de los nuevos diseños curriculares para la Educación Infantil a nivel del Centro en que se ejerce la actividad.

Los cuatro ítems que integran este bloque persiguen registrar si los nuevos diseños curriculares están presentes en la acción educativa del Centro en distintos niveles de concreción: Finalidades educativas del Centro, Proyectos curriculares de etapa y de ciclo, Plan Anual del Centro y programaciones de aula.

Los resultados obtenidos reflejan que es en los niveles de concreción más generales (finalidades educativas del Centro) en aquellos en los que los nuevos diseños han logrado menor grado de institucionalización, alcanzado éste un grado de implantación bastante aceptable si nos referimos a los Proyectos curriculares de etapa y ciclo, al Plan Anual del Centro y a las programaciones de aula.

Item 17	Los nuevos diseños curriculares han quedado reflejados en las finalidades educativas del Centro
Item 18	Los nuevos diseños curriculares han tenido reflejo en los Proyectos Curriculares de Etapa y de Ciclo
Item 19	Los nuevos diseños curriculares han tenido proyección en los Planes Anuales de Centro
Item 20	Los nuevos diseños curriculares han tenido proyección en las programaciones de aula

ESCALA DE ESTIMACIÓN PROFESORES
OPONIÓN SOBRE LA INSTITUCIONALIZACIÓN CURRICULAR DE LOS NUEVOS DISEÑOS CURRICULARES PARA LA EDUCACIÓN INFANTIL A NIVEL DE CENTRO EN QUE SE EJERCE LA ACTIVIDAD.
Promedios de Puntuación

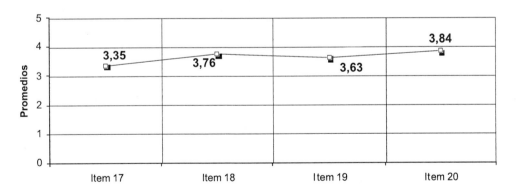

Escala de estimación (Padres).

La escala de estimación destinada a los padres incluye 7 ítems que persiguen descubrir varios aspectos de su relación con los nuevos diseños curriculares de la Educación Infantil:

Los tres primeros ítems se refieren al conocimiento que los padres tienen de los nuevos diseños curriculares, indagando acerca de las vías que facilitado dicho conocimiento. Las opiniones reflejadas definen que los maestros han informado bastante acerca de los nuevos diseños, mientras que los órganos de gobierno del Centro y las autoridades educativas son considerados instancias que han informado en mucha menor medida.

Los ítems 4 y 5 pretenden reflejar si los padres han percibido desde los Centros aptitudes promotoras y facilitadoras de la puesta en práctica de los nuevos diseños, concretadas en la proposición de ideas y sugerencias por los padres, y en la búsqueda de recursos. En ambos casos los padres estiman que han sido estimulados poco por parte del Centro.

Por último, los ítems 6 y 7 piden a los padres que declaren, en primer lugar, su asumen su responsabilidad como colabores para la implantación de los nuevos diseños curriculares y, en segundo, si están dispuestos a colaborar en ello con el profesorado. Los resultados definen como los padres declaran tener suficiente conciencia de la importancia de su papel de colaboradores, mostrando, por otra parte, un nivel de disposición bastante alto para llevar a la práctica dicha colaboración.

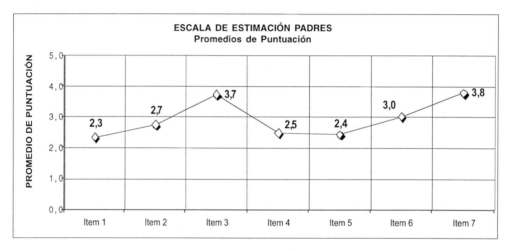

Item 1	Los padres han sido informados sobre las innovaciones que incluyen los nuevos diseños curriculares para la Educación Infantil a nivel general de información a la sociedad por parte de las autoridades educativas
Item 2	Los padres han sido informados sobre tales aspectos por los Órganos de gobierno del Centro.
Item 3	Los padres han sido informados por parte de los maestros
Item 4	Los padres han sido invitados a proporcionar ideas y sugerencias encaminadas a poner en práctica los nuevos diseños curriculares
Item 5	Los padres han sido invitados a participar en la búsqueda de mejores recursos para poner en práctica los nuevos diseños curriculares.
Item 6	Los padres son conscientes de su responsabilidad como colaboradores para la implantación de los nuevos diseños para la Educación Infantil
Item 7	Los pares están dispuestos a colaborar con los profesores para alcanzar el mejor resultado posible en la implantación y desarrollo de los nuevos diseños curriculares

Conclusiones

Aún cuando existe una extensa variabilidad en la configuración organizativa de los Centros escolares de Córdoba, el Centro típico en el que se imparte la Educación Infantil puede ser descrito con una composición integrada por 17 unidades, de las que 4 son de Educación Infantil, 9 lo son de Enseñanza Primaria y 3 de otros niveles educativos.

El número de profesores que desempeña su labor en la Educación Infantil coincide en cada Centro con el de unidades existentes para esta etapa, lo que indica que no existe profesorado de apoyo o refuerzo que facilite la atención a la diversidad.

Las ratios alumno/unidad y alumno/profesor coinciden, situándose en un promedio de 23 alumnos.

El número de Centros en los que se han realizado obras de adaptación de las instalaciones para adecuarlas a la Educación Infantil representa un porcentaje cercano al 10%. En la mitad de los Centros reformados, las obras han alcanzado gran envergadura (reforma integral o construcción de nuevas unidades para la Educación Infantil). En el resto de los casos se han realizado obras menores.

Los servicios complementarios que con mayor frecuencia se encuentran en los Centros son los de comedor (en el 45% de ellos), transporte (en la cuarta parte) y orientación educativa (también en uno de cada cuatro Centros). Estos datos ponen de manifiesto una dificultad importante para la implantación de los nuevos diseños curriculares, cual es la carencia de equipos de orientación cercanos en la mayoría de los Centros.

El profesorado que desempeña su labor en la Educación Infantil está especializado en la etapa en una proporción muy próxima al 100%.

Se ha constituido Asociación de Padres de Alumnos en el 85% de los Centros.

La dirección de los Centros muestra una elevada satisfacción con los distintos aspectos relacionados con los Planes del Centro. Los elementos que menor valoración obtienen son los que se refieren a la inclusión de estrategias orientadas a facilitar la coordinación con los ámbitos de acción externos al Centro (padres, equipos de apoyo externo e instituciones sociales comunitarias existentes en el contexto cercano al Centro), y los que describen la adecuación de los procesos de evaluación, los planes de uso de los recursos materiales y didácticos y las estrategias orientadas a la atención a la diversidad.

El clima institucional y profesional de los Centros es una característica muy satisfactoriamente valorada por la dirección de los Centros. Sin embargo, el profesorado muestra niveles de satisfacción bastante menores, tanto con el ambiente de trabajo y el funcionamiento del Centro, como con los resultados de su actividad profesional.

Los resultados de nuestra investigación sugieren que las instalaciones y recursos de los Centros, sin ser deficientes, no alcanzan los niveles deseables. Así lo muestra el hecho de que únicamente uno de cada cuatro padres los califiquen como muy satisfactorios y que la dirección de los Centros les otorgue las valoraciones más bajas de entre los elementos organizativos.

Una amplísima proporción del profesorado (3 de cada 4), valora la influencia positiva de las actividades de formación en su práctica profesional, lo que conduce a que la totalidad del mismo haya participado en acciones formativas a lo largo de los últimos cinco años.

No existe una tendencia clara en el profesorado a participar exclusivamente en actividades de formación organizadas en el seno del Centro frente a las que se ofertan fuera del mismo. En cualquier caso, más de la mitad del profesorado no está satisfecho con la oferta formativa disponible.

Los padres muestran una clara conciencia acerca de la importancia de su colaboración en la vida del Centro, los que se traduce en una alta participación en las iniciativas que les son propuestas.

El profesorado suele ser receptivo a las propuestas y sugerencias de los padres, procurando facilitar explicaciones cuando no las acepta.

Los contactos entre los padres y el Centro educativo se producen con profusión a lo largo del curso y a través de diversas vías. Así, 9 de cada diez padres han sido convocados cuando menos una vez en el curso para mantener reuniones conjuntas con los equipos directivos y profesores y con los tutores del grupo-clase al que asisten los hijos/as; el profesorado suele celebrar las reuniones preceptivas con los padres (el 89% declara hacerlo así), y además está abierto frecuentemente a ser abordado fuera del horario de clase o tutorías.

La información que se suministra a los padres desde el Centro sobre la organización de la educación infantil alcanza un nivel satisfactorio que se ve superado por el nivel de la información que proporciona al profesorado sobre los procedimientos y metodología.

Poco más de la mitad de los padres valoran la educación que reciben sus hijos como el elemento más importante de los Centros de Educación Infantil, mientras que un 28% estima que son las atenciones y el cuidado de los niños/as el elemento más destacable.

Un altísimo porcentaje de los padres estima que, la integración y el progreso de su hijo/a son muy satisfactorios. El resto declara sentirse al respecto relativamente satisfecho, no habiendo ninguno que manifieste su total disconformidad con estos aspectos.

Padres y profesores tienen la misma percepción sobre las instancias y vías de difusión de los nuevos diseños curriculares. Tanto unos como otros expresan que los nuevos diseños curriculares han tenido una mayor difusión según el siguiente orden decreciente: medios profesionales relacionados con la Educación Infantil, ámbitos docentes profesionales en general, e información general de la sociedad.

Consecuencia de lo anterior, en lo que también coinciden padres y profesores, es que la información que han recibido los unos y los otros ha sido más fluida y completa a nivel del equipo de profesores de la Educación Infantil que al de los órganos de gestión de los Centros (Claustro y Consejo Escolar) o al de los distintos entres territoriales de organización de la Administración Educativa andaluza (Servicios Centrales de la Consejería de Educación y Delegación Provincial).

En general el profesorado ha manifestado que han sido pocos los recursos que se han habilitado para la implantación de los nuevos diseños curriculares por parte de las distintas instancias educativas y por el entorno social del Centro. Son los órganos de gestión de los Centros los que mayor aporte de recursos han realizado, si bien tampoco estas instancias alcanzan una valoración suficiente por parte del profesorado.

Los principales apoyos técnicos recibidos por el profesorado para la puesta en práctica de los nuevos diseños curriculares han venido de las propias iniciativas de los equipos docentes de los Centros. En menor medida se ha prestado este apoyo de los Centros de Profesores y menos aún desde los Servicios Provinciales de Educación (Inspección, Personal...).

En general los nuevos diseños curriculares para la Educación Infantil han impregnado suficientemente los distintos substratos de institucionalización curricular: Finalidades educativas del Centro, Proyectos curriculares de etapa y ciclo, Planes Anuales de Centro y programaciones de aula. En este último nivel es en el que más están presentes los nuevos diseños curriculares.

Los nuevos diseños curriculares alcanzan también un nivel aceptable de incorporación tanto a las prácticas curriculares de equipo y de aula, como los contextos de comunicación entre los Centros y su entorno familiar y social.

LA EVALUACIÓN EN EL PARADIGMA DE
CALIDAD TOTAL DE LAS INSTITUCIONES EDUCATIVAS

SAMUEL GENTO PALACIOS
Departamento de Didáctica, Organización Escolar y DD. Especiales de la UNED

1. El paradigma de la calidad total en instituciones educativas

En la propuesta que el Ministerio de Educación y Ciencia (M.E.C., 1994) español plantea sobre "Centros Educativos y Calidad de Enseñanza" se reitera que "mejorar la calidad de la enseñanza es, en el fondo, el objetivo último y fundamental de toda reforma educativa" (pp. 4). 4). Pero esta afirmación general de la necesidad de perseguir la calidad plantea en el ámbito educativo un interrogante básico, a saber: ¿qué se entiende realmente por calidad de la educación?. La Ley de Ordenación General del Sistema Educativo, que dedica al tema de la calidad su título IV, no establece distinción alguna entre variables identificadoras que permitan definir la calidad y los predictores, que constituirían los factores determinantes de la misma.

Podría, por tanto, pensarse que dicha norma orgánica carece de una doctrina o modelo teórico sobre calidad educativa: por este motivo, habría renunciado a definir lo que entendería como calidad en la educación y, por ende, a enunciar los componentes de su modelo, por carecer del mismo. Pero también podría suponerse que a los autores de dicha ley les atraían más los factores determinantes que conducirían al logro de la calidad: ésta podría ser la razón por la que se mencionan expresamente "factores que favorecen la calidad y mejora de la enseñanza" (artículos 55 a 62); aunque esta ley habla de calidad de enseñanza, parece que habríamos de considerar una dimensión más amplia y profunda, y referirnos a "factores para la calidad y mejora educativa", y no sólo de la pura enseñanz

Convencidos, pues, de la necesidad de configurar un modelo de calidad para las instituciones educativas, desarrollamos a continuación las etapas conducentes a dicha configuración, a saber: establecimiento del concepto de calidad educativa; descripción de los componentes de calidad de las instituciones educativas; presentación de modelos de configuración de escuelas de calidad; y descripción de nuestro modelo de calidad para dichas instituciones educativas.

Es evidente que la educación no puede entenderse como un producto físico u objeto manufacturado, sino como un servicio que se presta a quienes se benefician de la misma.

Pero "para muchos servicios que se prestan a los seres humanos la naturaleza del producto resulta tan difícil de describir como lo es la propia determinación de los métodos para evaluar la calidad" (Posavac, E.J. & Carey, R.G., 1989: 5). De todos modos, intentamos seguidamente clarificar qué entendemos por calidad, por educación de calidad (o calidad de la educación), en general, y qué por calidad en las instituciones educativas (o instituciones educativas de calidad).

1.1. Calidad

Aunque no resulta ciertamente fácil establecer una definición del término calidad, especialmente cuando dicho término puede ser entendido de distintas maneras por distintos grupos o personas, hemos intentado perfilar nuestra propia aportación. Partimos, por supuesto, de que la calidad, entendida en sentido de globalidad o totalidad, consiste, esencialmente, en la actualización en plenitud de perfección de la propia potencialidad que encierra un determinado ser, ya se trate de uno de carácter individual o de una institución constituida por diversos miembros.

De esta manera, nos situamos próximos a la concepción aristotélica de la bondad de un objeto o fenómeno determinado: la bondad, al igual que la calidad, consistirá en la actualización de las virtualidades de su naturaleza intrínseca y de la conversión en realidad de la potencialidad que en la misma figura implícita (Schoengrund, Ch., 1996). A tenor de las consideraciones anteriores, nuestra definición de calidad total sería la siguiente: *"realización individual, auténtica, integral y suprema de las posibilidades de un ser determinado"*.

Consideramos, por tanto, que la calidad total debe ser, en todo caso, la *realización* o plasmación real de la potencialidad que encierra en sí mismo un determinado ser: ha de tratarse, por tanto, de algo real y que tenga existencia en plenitud. No nos referimos a una pura concepción teórica o a una situación hipotética pero inexistente, sino que ha de tratarse de realidades evidentes, con existencia verdadera y que, por tanto, permitan incluso su valoración en términos de medida o de estimación de su nivel o grado de intensidad.

Pero dicha realización tendrá carácter *individual,* es decir, particularizada para el ser o entidad a que nos refiramos. Las características peculiares de cada entidad (ya sea de tipo individual o colectivo) y la ubicación en un determinado contexto influirán en la actualización de la propia potencialidad. Es necesario, por tanto, partir de la individualidad, para poder fijar el perfil de calidad que corresponda. Cierto que pueden existir modelos de calidad que puedan servir de referencia para cada caso concreto; pero la configuración del modelo teórico de calidad de una determinada entidad debiera establecerse de modo específico para cada ser o entidad, aunque para ello pueda tomarse en consideración alguno o algunos modelos ya establecidos.

La realización individual a que nos hemos referido tendrá que ser, también, *auténtica.* Con tal característica queremos referirnos a la necesidad de que sean las propias características del ser a que nos refiramos (ya sea de carácter individual o colectivo) las que determinarán la absoluta optimización de su potencialidad. En este sentido, es claro –por ejemplo – que no ha de ser lo mismo la calidad de una institución educativa que la de una empresa productora de bienes de consumo. Por esta razón, la transferencia, tal cual, de modelos del ámbito productivo al terreno de la educación es algo que supondría una prostitución de esta característica y que, tal como la práctica ha puesto a veces de manifiesto, no funcionará adecuadamente.

Entendemos, también, que la calidad ha de tener carácter *integral.* Nos unimos, así, al enfoque o paradigma de la calidad total o absoluta. No basta, por tanto, con lograr la máxima optimización posible en un ámbito o aspecto determinado, sino que ha de tenderse al perfeccionamiento máximo posible de todos sus componentes y elementos. Si nos situamos en el terreno de la institución educativa, la integralidad supone la inclusión de todos los aspectos que la constituyen: así, por ejemplo, no podrá considerarse como una institución de calidad aquel centro o entidad educativa en la que el rendimiento de los alumnos sea excelente, pero donde la satisfacción del profesorado sea muy escasa, o donde no exista una buena organización de la planificación, por citar alguno de los restantes componentes a los que también se extiende la aspiración hacia la calidad total.

Pero la calidad no sólo ha de entenderse de todos los componentes y elementos del ser o entidad a que nos referimos, sino que en cada uno de ellos ha de tender a ser *suprema*. La calidad, como la perfección misma, es algo que siempre puede mejorarse, pero que nunca llegará a conseguirse en su total plenitud. El calificativo de suprema se refiere, por tanto, a la constante aspiración a la mejora; pero, dado que la absoluta perfección, o la calidad total, no se conseguirán nunca en nuestro mundo, el esfuerzo por la optimización ha de ser constante y permanente o, lo que es lo mismo: siempre podrá mejorarse la calidad, incluso en aquellos aspectos en los que se haya conseguido un alto grado de perfección.

Con todo, y en el propio contexto de la individualidad y autenticidad, la aspiración a la calidad total habrá de basarse en las *posibilidades reales*. Aunque siempre podrá mejorarse, habrán de establecerse metas o perfiles de calidad que resulten alcanzables, teniendo para ello en cuenta la propia potencialidad del ser o entidad a que nos refiramos y las circunstancias peculiares en que se encuentre (incluyendo aquí, por supuesto, los recursos con los que cuente). No parece, por tanto, aconsejable plantearse como metas a lograr aquellas que resulten inalcanzables; muy al contrario, aunque podrán y deberán fijarse propósitos cuyo logro requiera esfuerzo y trabajo, han de poder ser hechos realidad de acuerdo con los criterios de estimación y en el tiempo previamente establecido.

1.2. Calidad educativa

La educación no es en esto muy distinta de otros servicios sociales. La dificultad de la conceptualización de su producto se pone en evidencia si consideramos el cúmulo de definiciones que han ido produciéndose sobre la educación a lo largo de la historia. Puestos a buscar los motivos de esta dispersión conceptual, cabe señalar que la *dificultad de definir la calidad educativa* se deriva de hechos como los siguientes (Pérez, R. y Martínez, L., 1989: 21; Orden, A., 1989):

* La educación es una realidad compleja en sí misma, sobre todo si tenemos en cuenta que afecta a la totalidad del ser humano, entidad ciertamente compleja y multidimensional. Y, si no es fácil definir el producto a obtener en educación, puede fácilmente comprenderse la dificultad de establecer métodos y aun criterios para determinar su nivel de calidad.
* Existen notables diferencias entre las conceptualizaciones sobre educación: ello determina frecuentes discrepancias sobre las metas últimas a lograr y sobre los procesos a llevar a cabo para conseguirlas. Consiguientemente, no parece existir una teoría suficientemente consolidada para explicar la eficacia en el ámbito educativo.
* La actividad mental no es evidente, sino que sólo puede inferirse a través de los efectos que produce. Ello significa que no podemos medir la actividad del intelecto de los sujetos que se educan (lo que sería el objeto de estudio más importante de la educación), sino las manifestaciones externas de su actividad intelectual o mental.

- El educador es un ser libre: el motivo último de su comportamiento es siempre su propia decisión, y no el entrenamiento o formación recibida de un modo determinado. Ello hace que la elección sobre el tipo de enseñanza o modelo educativo sea una elección personal, que no siempre se inscribe dentro de una trayectoria institucional determinada.

La diversidad de conceptualizaciones y definiciones sobre la educación misma es algo absolutamente evidente cuando uno se asoma a algún tratado de Teoría o Filosofía de la Educación. Suele, sin embargo, existir acuerdo en la existencia de tres niveles de conceptualización, a saber: el vulgar o popular, el etimológico y el científico.

La *concepción vulgar o popular* sobre la educación hace generalmente referencia a la adquisición de aquellas cualidades propias de una persona humana, que la hacen manifestarse como poseedora de los aspectos esenciales que determinan un tipo de comportamiento basado en buenos modales de dignidad personal y de respeto a los objetos y personas de su entorno.

La *aproximación etimológica* al concepto de educación suele hacerse a partir de dos verbos latinos, "educare" y "educere". Si el primero parece tener más relación con la acción externa para que se produzca la instrucción y la formación, el término "educere" estaría más relacionado con la acción interna que el propio ser humano lleva a cabo para extraer de sí mismo la potencialidad que le conduzca a su propio perfeccionamiento.

Ambos componentes, de acción de una autoridad externa y de autodesarrollo individual, han estado presentes en la literatura pedagógica que se ha producido a lo largo de la historia de la educación, aunque la intensificación de uno u otro haya sido distinta según los momentos. Hoy parece, sin embargo, que predomina una tendencia en la que la aspiración a intensificar en mayor medida la potencialidad interna del propio educando cobra más relieve y produce mejores resultados que la pura acción externa (Darling-Hammond, L, 1997: 138).

Puesto que la mención de definiciones sobre educación podría ser una tarea excesivamente prolija, traemos aquí, a título de muestra, algunas de las más difundidas entre nosotros. Así, sigue teniendo actualidad la que formulara Platón, quien entiende que la educación consiste en "dar al cuerpo y al alma toda la belleza y perfección de que son susceptibles" (Platón, 1946). En esta línea de pensamiento quizá debamos referirnos a V. García Hoz, quien considera que la educación consiste en "el perfeccionamiento intencional de las facultades específicamente humanas" (García-Hoz, V., 1963: 25).

No faltan, sin embargo, autores en los que la educación es considerada más como una acción social de las generaciones maduras sobre las más recientes. En este sentido, ya el propio Tomás de Aquino define la educación como "la promoción de la prole hacia el estado de perfección, que es el estado de virtud". E. Durkheim, por su parte, entiende la educación como "la acción ejercida por las generaciones adultas sobre las todavía inmaduras para la vida social" (Durkheim, E., 1975: 53).

Tal vez un intento de superación de los enfoques centrados en la acción social o de aquellos más interesados en el autodesarrollo de la persona humana lo hallamos en la definición que nos ofrece R. Nassif, quien considera que la educación consiste en "la formación del hombre por medio de una influencia externa – heteroeducación - o por un estímulo que, si bien proviene de algo que no es el individuo mismo, suscita en él una voluntad de desarrollo autónomo conforme a su propia ley – autoeducación -" (Nassif, R., 1958: 11).

Pero las *diferencias sobre la conceptualización de calidad educativa* proceden, no sólo de las propias discrepancias internas de la teoría educativa, sino también, del encuadramiento del concepto que se tenga sobre educación en los diferentes modelos de estimación de la calidad en una institución de este tipo. Por nuestra parte, a través de una profunda reflexión, revisión de fuentes teóricas, penetración en datos empíricos y nuestra propia contrastación empírica, hemos llegado a perfilar nuestro concepto de educación, dentro del paradigma de la calidad total. En este contexto, entendemos que una educación de calidad (en la que, precisamente, estriba la calidad de la educación) es aquélla en la que se da *"la promoción intencional, realizada de modo interrelacional y participativo, de la valiosidad integral e integradora de todas las dimensiones de un ser humano, que ha de tender a su satisfacción personal y a la de aquellos con quienes convive en su propio contexto"*.

De acuerdo con nuestra definición, la educación consiste esencialmente en una *promoción* del ser humano: en definitiva, ha de tratar de mover a dicho ser humano hacia una trayectoria que conduzca a la elevación de su propia dignidad. No se trata, por tanto, de arrastrar del sujeto de la educación, para llevarlo hacia metas de mayor perfección; por el contrario, debe provocarse su propia capacidad de puesta en movimiento: este movimiento o puesta en acción ha de llevarlo al logro de propósitos que supongan una elevación de las características o dimensiones que lo caracterizan como persona humana.

Otro rasgo propio de la educación es, precisamente, la *intencionalidad*. Aunque puede pensarse en un simple desarrollo biológico que se produce de modo espontáneo, esto no constituye, precisamente, la educación, aunque sí puede facilitarla. Por el contrario, no existe promoción o desarrollo en sentido educativo si no se produce con una intencionalidad o deseo de llevarla a cabo, lo que se traducirá en un esfuerzo voluntariamente realizado: por supuesto, esta intencionalidad ha de estar necesariamente en el propio ser humano que se educa. El propósito de provocar en otros la educación aparece, generalmente, en los progenitores y en los educadores profesionales; pero la concurrencia de este propósito no es imprescindible para la existencia de la educación.

Puesto que la educación se proclama de la persona humana, precisa para su efectividad la concurrencia de un *contexto inter – humano*, en el que existan relaciones entre el educando y los distintos miembros del colectivo social en que se encuentra inmerso. No puede darse una verdadera educación si no se da esa existencia en sociedad y una inter - relación con los seres semejantes. La experiencia ha puesto de manifiesto que el desarrollo de individuos humanos en situaciones de absoluto aislamiento de sus semejantes no puede considerarse como verdadera educación, toda vez que priva a estos sujetos aislados de la potenciación de una dimensión básica de su propia naturaleza, cual es la de relación social.

Pero, para que se dé una auténtica educación de calidad, no basta con el simple contacto o con una relación superficial; la calidad de la educación o, lo que es lo mismo, la plenitud de la misma exige que se produzca una relación *participativa*. El sujeto que se educa debe, por tanto, intervenir tomando parte activa o asumiendo una parte de responsabilidad o poder en la realización de las actuaciones que conducen a su propia educación. Si no se da esa intervención activa no se producirá la madurez necesaria para considerar que se ha logrado una auténtica educación.

La aspiración suprema de la educación ha de basarse en la consecución de la *valiosidad* del educando. No se trata, por tanto, de una simple puesta en acción de determinadas dimensiones implícitas en su propia naturaleza, como puede ser –por ejemplo – la de carácter espiritual (dentro de la que se situaría la promoción intelectual). Lo que, en última instancia, ha de tratar de lograr la educación – si la entendemos en términos de calidad total – es el otorgamiento al ser que se educa de un estado de perfección que lo haga estimable o digno de valor.

Pero esta valiosidad ha de ser *integral,* es decir, total. Ello implica que debe considerarse al ser humano en su plenitud, la que sólo podrá lograrse si se tienen en cuenta cada una de las dimensiones básicas que lo constituyen. En tal sentido, ha de atenderse a su condición de ser espiritual (en tanto que posee una potencialidad intelectual, estética y moral); pero ha de atenderse también a su dimensión social (que implicará la promoción de valores socio – ecológicos y prácticos o de utilidad); y, además, habrá de tenerse en cuenta que dicho ser humano posee también una dimensión física que ha de potenciarse (lo que llevará a la atención a valores de carácter físico – emocional), así como otra de carácter trascendente (que supondrá la atención a la preocupación por la opción sublimadora de los límites personales y sociales).

El desarrollo de las potencialidades inscritas en las dimensiones del educando habrá de hacerse de modo *integrador:* es decir, habrá de llevarse a cabo una promoción de las mismas en la proporción adecuada para que resulte un ser equilibrado. El hiper-desarrollo de una determinada dimensión (como puede ser el desarrollo intelectual, dentro de la dimensión espiritual) sin atender a otras (como, por ejemplo, la de carácter social) puede dar origen a personas desequilibradas y en pugna interior consigo mismo o desajustadas en su propio contexto social. Ello no obsta a la especialización que pueda producirse en la formación de determinadas habilidades y en ciertos niveles de educación.

Si, como hemos señalado anteriormente, el propósito fundamental de la educación ha de ser la consecución de personas valiosas, este logro habrá de conducir a la *satisfacción personal* del ser educado, que accederá así a la paz interior que le producirá el desarrollo equilibrado de sus verdaderas potencialidades en la proporción conveniente, y que se verá consolidada por la evidencia de que se encuentra capacitado para contribuir adecuadamente al bienestar de sus propios semejantes y en su entorno.

La actualización de la potencialidad de un individuo educado para conseguir su propio equilibrio interno y para contribuir al bienestar de los demás ha de contribuir a la *satisfacción de aquellos con quienes convive.* No puede considerarse, por tanto, correctamente educado a aquél individuo que no contribuye solidariamente al sentimiento de bienestar de sus semejantes, o que no cuida correctamente el entorno en que se desarrolla la vida de los seres humanos con quienes convive. La satisfacción de estos últimos será la consecuencia natural de la actuación coherente de un ser correctamente educado o, lo que es lo mismo, que se encuentre en posesión de una auténtica educación de calidad.

1.3. Calidad en las instituciones educativas

Así, al referirnos a la calidad de las instituciones educativas, hemos de tener en cuenta que la expansión de la noción de eficiencia (como relación (input-output) ha traído como consecuencia el planteamiento de que una "buena escuela" ya no se identifica sólo por los aspectos pedagógicos, sino que ha de considerar también la relación costo-rendimiento (Fischer, W.A. & Schratz, M.,1993: 132).

Pero este planteamiento relativamente reciente de la calidad de los centros educativos presenta ciertamente dificultades para clarificar de modo empírico y con certeza la correlación existente entre input-output (inversión-resultados), incluso cuando se manejan pruebas estandarizadas de conocimiento, y más aún si nos referimos a resultados no estrictamente cognitivos (OCDE, 1991).

Por otra parte, los estudios hasta ahora realizados sobre escuelas eficaces son evidentemente parciales y con un fuerte peso academicista en sus planteamientos. En efecto, "cada afirmación sobre la eficacia de las escuelas se refiere siempre a un aspecto determinado del desarrollo humano (...). Es justo decir que la mayoría de los investigadores cuando hablan de escuelas eficaces lo que tienen in mente son datos sobre desarrollo cognitivo y éxito escolar" (Jong, M.J. & Braster, S., 1989: 167).

Los planteamientos hasta hace poco predominantes sobre escuelas eficaces se han basado casi exclusivamente en los resultados (generalmente a base del puro dominio conceptual de determinados aspectos); pero no han profundizado en el análisis de los procesos, ni siquiera dentro de este enfoque restrictivo de corte predominantemente academicista. En este sentido, "las investigaciones sobre la enseñanza ofrecen información sobre productos, pero no sobre procesos instructivos - debate, descubrimiento, discusión, etc. - o sobre tareas que los estudiantes llevan a cabo para descubrir o crear procesos -interpretación de la literatura, composición creativa, etc. -" (Good, T., 1989: 5).

A las dificultades que para su investigación ofrece el fenómeno educativo, se unen frecuentemente los problemas prácticos (tales como limitaciones presupuestarias o falta de equipos de investigadores bien entrenados) y las deficiencias de las propias técnicas de investigación en este campo. Como consecuencia, el análisis de la calidad de !as instituciones educativas "muestra todavía incertidumbres y agujeros negros sobre los que tenemos algunas ideas, pero insuficiente evidencia (Scheeners, J., 1992: VIII).

La realidad es que "a pesar de la investigación desde diversas disciplinas (como las Ciencias de la Educación, la Psicología, Sociología y Economía) no se ha establecido aún un modelo causal de escuelas eficaces. Y, aunque existe un consenso creciente sobre una serie de predictores potenciales de los resultados de las instituciones educativas, los sectores críticos eximen razones para dudar de la consistencia, estabilidad y aplicatividad de diversos indicadores (Scheeerens, J.; Nanninga, H.; & Pelgrum, H., 1989: 199).

La importancia de analizar profunda y serenamente la calidad de las instituciones educativas queda patente si consideramos que las mejoras de la calidad educativa dependen esencialmente de la práctica docente y del funcionamiento de los centros escolares. En efecto, es en los propios centros docentes donde cabe buscar los indicadores más relevantes de la calidad de la educación (M.E.C., 1994: 57). Por esta razón, "la preocupación por la calidad de la educación en las escuelas figura hoy entre las prioridades supremas de todos los países (...); sin duda lo seguirá siendo en un futuro inmediato" (O.C.D.E., 1991: 173).

Aun contando con las dificultades que acabamos de señalar, resulta cada vez más urgente establecer marcos referenciales que permitan apreciar el mayor o menor grado de calidad de la educación de un grupo determinado. Partiendo de este convencimiento de que la promoción de la calidad de la educación tiene su base más firme en la actuación que se lleve a cabo en las escuelas, entendemos que la *calidad de las instituciones educativas* implica que *los recursos disponibles, los procesos llevados a cabo y los resultados logrados se acomodan al modelo teórico ideal de funcionamiento perfecto en el ámbito educativo"*.

De acuerdo con esta definición, la calidad de un centro o institución educativa requerirá la existencia de los *recursos* necesarios, tanto los de tipo material como aquéllos de carácter personal: entre estos últimos, habrá que considerar – principal aunque no exclusivamente – a profesores y alumnos. Pero no basta con disponer de los recursos precisos, sino que es necesario también gestionarlos adecuadamente: al igual que hemos señalado para la disponibilidad, la gestión se referirá no sólo a los elementos materiales de la institución, sino que incluirá también los de tipo material, los de carácter personal e, incluso, los de planificación y organización. En último término, todos los recursos habrán de estar en concordancia con el modelo teórico de funcionamiento perfecto que se fije para la institución y por la propia institución.

Pero con una disponibilidad y gestión de recursos acorde con el modelo de calidad, no se habrá logrado la calidad total de la institución. Es preciso, además, que se diseñen y se lleven a cabo convenientemente los *procesos* necesarios que se acomoden al propio modelo de calidad. Refiriéndonos concretamente a una institución educativa, habremos de considerar fundamentalmente dos tipo de procesos. De una parte, aquéllos que guardan relación con su condición de organización, constituida por seres humanos: en definitiva, habrán de fijarse y cumplirse determinados principios organizativos propios de una institución de calidad. Por otra parte, habrán de considerarse los procesos específicos propios de una institución educativa: esencialmente, tales procesos harán referencia al establecimiento y cumplimiento de principios de actuación que pongan de relieve una metodología de calidad.

Como en toda organización que persiga determinadas metas, en una institución educativa habrán de lograrse *resultados* de calidad. Por supuesto, dichos resultados estarán implícitos en el modelo teórico que se haya fijado la propia institución: pero, en todo caso, la aceptación del paradigma de la calidad total conlleva la inclusión dentro de los resultados de diversos componentes. Obviamente, habrá de producirse un producto educativo adecuado, que debe responder a la propia naturaleza de la educación y a las dimensiones del educando. Pero entre los resultados que aparezcan en un centro educativo de calidad habrá que considerar, también, la propia satisfacción de los alumnos, la del personal del propio centro y el impacto que la educación impartida produzca fuera del ámbito académico o escolar en que se lleva a cabo.

Tal como hemos expuesto en nuestra definición anterior, tanto los recursos, como los procesos y los resultados habrán de acomodarse al *modelo teórico ideal de funcionamiento perfecto*. En este ámbito, nos situamos dentro de la corriente actual que generalmente clama por un incremento de la autonomía de las instituciones educativas. De acuerdo con tal corriente y nuestra propuesta, el centro o institución educativa establecerá su propio modelo teórico ideal de perfección o calidad total. Cierto que para ello puede tomar como referencia determinados modelos de calidad; pero, en todo caso, es a la propia institución a quien corresponde definir su propio perfil de calidad, es decir, su modelo ideal de perfección.

Claro que dicho modelo de perfección habrá de referirse al ámbito educativo. Lo que justifica a una institución educativa es, precisamente, su dedicación al logro de educación: consiguientemente, es preciso que esta dedicación sea el elemento inspirador de todos los componentes de calidad. No parece, por tanto, conveniente, utilizar – tal cual - para una institución educativa referentes o modelos que han sido diseñados para sectores productivos o para empresas que ofrecen otro tipo de servicios. La educación es un sector que tiene una fuerte especificidad y una clara diferencia con otros ámbitos de actividad: la calidad, por tanto, ha de nuclearizarse en torno a la preocupación por la educación y lo que ella implica.

1.4. *Evaluación para la certificación de calidad institucional*

La realidad es que en muchos países va extendiéndose la certificación total o parcial requerida por diversas instituciones, entre las que se integran cada vez en mayor medida las llamadas "de servicios": dentro de estas últimas, las instituciones educativas se han incorporado recientemente a este movimiento en demanda de certificación obtenida a través de la valoración por agencias externas.

La certificación, en general, supone que, una vez que una institución (en nuestro caso, de carácter educativo) ha conseguido la mejora de sus servicios y la garantía de calidad, recaba de una entidad o agencia externa, independiente y acreditada para ello, la *certifica-*

ción de la garantía de calidad. Esta certificación se fundamenta en la *certificación de la adecuación a normas, requisitos o estándares establecidos por agencias ajenas a la institución* que recibe el reconocimiento: normalmente, es la empresa u organización que otorga la certificación quien ha establecido tales normas, aunque la institución que se somete a las mismas puede efectuar algún tipo de concreción a su situación.

Cuando una determinada institución ha sido evaluada y obtenido un resultado satisfactorio a juicio de la organización que otorga la certificación, entonces pasa a ser considerada como "registrada" o "certificada". Aunque ambos términos se utilizan sinónimamente, el primero hace referencia la hecho de que se incluye a la institución valorada positivamente en el registro que recoge todas las que lo han sido y conservan tal estimación; la certificación haría referencia a la constancia escrita de dicha valoración positiva.

El modelo de evaluación generalmente utilizado para la concesión de la certificación de calidad suele ser el denominado de *tipo auditoría* (Mills, D., 1997; Pérez, R. y Martínez, L., 1989). La finalidad de una auditoría no es sólo de control, sino también de diagnóstico, de pronóstico y de facilitación de la toma de decisiones (Ruiz, J.M, 1998: 93). Cuando la evaluación que se realiza por este método está orientada a la certificación, los auditores son profesionales externos al propio centro educativo. Pero ello no obsta a que dicho centro realice auditorías previas cuando así lo estime oportuno; parece, incluso, conveniente que una auditoría interna preceda a la que lleven a cabo los evaluadores externos.

Este método evaluativo hace referencia a una valoración sistemática de todos los componentes que constituyen el "input" de una institución. Los evaluadores encargados de llevarlo a cabo recogen los datos y la información necesaria, que habrá de estar referida a: la población a que se dirige o usuarios, los servicios que se ofrecen, el reparto de trabajo entre los diferentes miembros implicados y, a veces, la evaluación que llevan a cabo los propios usuarios (Posavac, E. y Carey, R., 1989: 110 – 130).

Un evaluador experimentado no revelará los hallazgos de su evaluación sin haber obtenido previamente la información sobre lo que esperan de dicha evaluación el titular, director u otros miembros de la institución. De esta manera, podrá comprobar si la auditoría ha producido algo nuevo o, por el contrario, revela un resultado ya esperado. Aunque los ámbitos que pueden ser auditados pueden variar, los evaluadores responsables deben atender, en este modelo, a determinados aspectos sobre los cuales habrán de recoger información. Dichos aspectos podrían referirse a los elementos que señalamos a continuación:

- *Información destacable.* Esta información ha de ser fundamental para el propósito de la auditoría: en general, se trata de aspectos que han de poner de relieve los contenidos del proyecto, plan o institución que se analiza así como el funcionamiento del mismo o la misma.

- *Situación real.* Los evaluadores tratarán de percibir y describir el proyecto o la institución que analizan, tal como es en su propia realidad funcional. Este aspecto debe clarificarse, evitando interferencias procedentes del diseño del proyecto o plan mismo (tal como es sobre el papel). A tal efecto, será necesario analizar la oferta ofrecida, la extensión del plan o proyecto que se analiza (duración y extensión) y los participantes respectivos.

- *Profesionales implicados.* Será preciso analizar detalladamente los profesionales implicados, su grado de preparación, su actitud profesional, la experiencia que poseen y, en general, otros aspectos relacionados con su perfil y actuación.

- *Participantes.* Si el plan o proyecto a que se refiere la auditoría está bien elaborado o si la institución en cuestión ha clarificado convenientemente su "organización de la planificación", la población a que se orienta – o usuarios – habrá sido convenientemente especificada y las previsiones se ajustarán a sus necesidades. Será, por tanto, preciso que la auditoría analice la constancia e idoneidad de las referencias a: el grupo o población a que se dirige (ubicación, perfil, problemas que le afectan, base étnica, cultura, etc., etc.), sus necesidades, prioridades, intereses, y otros aspectos.

En cuanto al proceso de realización de la auditoría, suelen señalarse como fases fundamentales las siguientes (Mills, D., 1997: 79 – 85):

- *Fase de preparación*. Además de establecer el equipo auditor, se recoge la información necesaria para la evaluación, se definen los interlocutores en el centro y el calendario y horario de contactos y actuaciones, se recoge normativa que pueda ser de aplicación, y se hace acopio de información sobre los contenidos que van a ser auditados.

- *Fase de recogida de datos*. Durante la misma los auditores examinan la ubicación, el producto, los servicios o lo que haya sido definido como objeto de la auditoría. Para ello, realizan entrevistas, examen de documentos y utilización de sistemas electrónicos de grabación de datos o a través de cualquier otro medio. Los auditores han de actuar con flexibilidad, estando atentos a posibles pistas de información de interés que aparezcan pero que no estén inicialmente previstas en la documentación o cuestionario de auditoría.

- *Fase de revisión inicial*. En ella el equipo auditor revisa, dentro de su propia sede, las observaciones recogidas durante la fase anterior, empezando por aquéllas que pueden terminar en la constancia de no – conformidades. Debe asegurarse que se ha producido una comprobación rigurosa y, si ello no fuera así, establecerse la necesidad de nuevas comprobaciones. Además de los aspectos negativos, en esta fase se harán constar, también, los aspectos positivos o puntos fuertes puestos de manifiesto.

- *Fase de generación y presentación de informes*. Ahora el equipo de auditores, coordinado por el auditor principal, revisará toda la documentación y se asegurará de la evidencia de aquellos aspectos que aparezcan tras la evaluación: de ser necesario, habría que volver a comprobar lo que no resulta totalmente evidente; aquellos aspectos no totalmente probados habrán de ser excluidos del informe.

Los resultados de la evaluación determinarán los *registros*: éstos hacen referencia a los resultados de la medición, en relación con distintos criterios que se han definido de modo concreto.

La evaluación puede concluir con el establecimiento de *no conformidades:* aludirán a aspectos o situaciones que no son correctos, en relación con la norma y los criterios de evaluación previamente fijados. Se evaluará, no sólo si se ha definido adecuadamente el sistema de calidad, sino también si el sistema de calidad se lleva a la práctica.

De estos registros o resultados de la evaluación se derivarán los *procedimientos de mejora*: éstos consistirán en acciones correctoras mediante las que se trata de optimizar tales resultados. El *Manual de procedimientos* explicará la forma concreta en que han de hacerse las cosas, es decir: cómo se aseguran los requisitos establecidos para la propia norma. Cuando no se cumplen, han de buscarse las causas y plantear las soluciones que han de establecerse.

El *manual de calidad* consistirá en la redacción de los requisitos de la norma (aunque éstos pueden ser interpretados desde la propia institución que se somete a la certificación).

Suele aducirse como *ventaja de la certificación* de calidad otorgada tras la evaluación por una agencia o institución ajena a la propia certificada, que la organización certificadora actúa con mayor independencia (dado que no está implicada en el funcionamiento y resultados de la institución que aspira a la certificación). También se aduce como ventaja la competencia técnica que suele caracterizar a quienes se especializan en un tipo de actividad determinada, tal como la de la propia certificación de calidad.

Bien es verdad que, puesto que dichas instituciones o agencias certificadoras están, frecuentemente constituidas como empresas que han de generar beneficios económicos en base a su propia actividad, puede existir el riesgo de que puedan otorgar certificaciones cuando exista un fuerte interés económico en la relación con la institución candidata a la certificación, más que cuando se cumplan los requisitos precisos para dicha certificación.

Existen *diferentes modelos, procedentes del sector productivo,* en virtud de los cuales puede lograrse el reconocimiento de la calidad o la certificación basada en la auditoría. Como modelos básicos consolidados de este tipo, pero que luego han sido adaptados para la educación, cabe referirse a los de Deming, Malcolm Baldrige o el de la Fundación Europea de Gestión de Calidad. Aunque no suele considerarse como un modelo completo de calidad total institucional, cabe referirse a las normas ISO, en virtud de las cuales viene certificándose a diversas instituciones como de calidad.

Pero, aparte de tales modelos, concebidos inicialmente para empresas productivas, a lo largo de los últimos seis años hemos trabajado - junto con otros colegas y profesionales de la educación de distintos niveles y etapas educativas - en el diseño y validación de un modelo de "Instituciones Educativas para la Calidad Total". Dicho modelo puede ser utilizado, no sólo para el diseño de planes de calidad, sino también para la evaluación de la calidad de las propias instituciones educativas.

2. Modelo de calidad total para instituciones educativas

Nuestro modelo de calidad de las instituciones educativas es fruto de nuestra reflexión teórica y de contraste con la realidad, así como de la valiosa colaboración de otros profesores del ámbito universitario, de otros profesores de diversos niveles educativos y de profesionales que, de un modo u otro, inciden en el ámbito de la formación. El modelo que presentamos (Gento, S.,1996) pretende ofrecer una visión objetiva, integral y ponderada de lo que deben ser tales instituciones para ser consideradas como "de calidad" suficiente, aunque esta caracterización puede ofrecer diferentes niveles, a partir de un mínimo exigible.

Entendemos la calidad de tales instituciones en sentido integral: nos unimos así al enfoque de totalidad o globalidad de las mismas. En consecuencia, todos y cada uno de los componentes que constituyen un centro o institución educativa serán considerados como susceptibles de análisis bajo criterios de calidad, y todos y cada uno de ellos se considerarán elementos integrantes de un sistema institucional, que tiene su propia unidad resultante de la conjunción de tales componentes. Exponemos seguidamente alguno de los rasgos básicos del modelo de calidad para instituciones educativas que proponemos.

2.1. Rasgos del modelo de referencia

El modelo que ofrecemos ha sido inicialmente configurado *a partir del estudio sobre la educación,* y no sobre el análisis de la situación en otras organizaciones o instituciones desde las que luego pudiera transferirse el referente o modelo. Hemos atendido, por tanto, a los estudios y aportaciones que el estudio de la educación ha producido, particularmente dentro de la órbita de la Organización de Centros Educativos. E, incluso, dicho estudio centrado en este ámbito ha sido llevado a cabo por educadores, por conocedores del mismo o por personas implicadas en su funcionamiento.

Otra característica del modelo que presentamos, obviamente relacionada con la anterior, es que ha sido *configurado para ser directa e inmediatamente utilizado en la esfera de las instituciones educativas.* No se trata, por tanto, de un referente con una perspectiva múltiple al objeto de que pueda ser utilizado en cualquier empresa u organización; por el contrario, constituye una referencia para ser utilizada estrictamente en instituciones o centros educativos: la peculiaridad de los términos y conceptos utilizados permite su inmediata utilización en acciones educativas; pero resultaría difícil, aunque no imposible, traducir tales términos y conceptos a otras actuaciones en instituciones diferentes.

Lo reseñado anteriormente sobre el punto de partida y sobre la perspectiva de incidencia inmediata de nuestro modelo no ha sido obstáculo a que, para su configuración, *se tuvieran en cuenta los diversos enfoques, teorías o modelos de calidad* en diferentes organizaciones o instituciones. A estos efectos, se han analizado los estudios que, desde el campo de la educación, se han llevado a cabo sucesivamente sobre la calidad de la educación, además de sobre la organización y funcionamiento de centros educativos.

Además de ello, se han estudiado las aportaciones que, procedentes de la organización y gestión de empresas productivas, se han vertido sobre la calidad de las instituciones, especialmente con el paradigma de la calidad total: en este sentido, hemos de admitir que se han estudiado con particular detalle los modelos más consolidados de calidad, a saber: el de Deming, el de Malcolm Baldrige y el de la Fundación Europea de Gestión de Calidad.

Optamos por una concepción en la que los componentes contribuyen al *efecto global de un modo integrado,* y en la que la calidad está determinada por la conjunción de los elementos concurrentes de un modo dinámico. Esta concepción se ve reforzada, no sólo por consideraciones teóricas, sino también por los resultados de investigaciones empíricas, en los que se pone de manifiesto que las distintas características de una institución escolar se complementan unas con otras (Fraser, B.J., 1989: 34 a 36; Scheerens, J, 1992: 127).

Al mismo tiempo, el modelo ofrece una concepción *holística y sistémica*, por cuanto todos y cada uno de los componentes y elementos que determinan la calidad de una institución educativa tienen un efecto sobre el conjunto de tal institución que actúa, a tales efectos, como un verdadero sistema: ello implica que, en la medida en que uno de dichos componentes o elementos mejore o, también, se deteriore, el centro educativo en su conjunto reajustará su nivel de calidad debido a tal incidencia, pero continuará como una entidad única, aunque con diferente nivel de calidad institucional.

La calidad está, pues, en todo y en todos los momentos, de modo que no puede dejar de considerarse ninguno de ellos. A veces, los más pequeños detalles pueden, incluso, ser extraordinariamente relevantes para la excelencia de la institución. Sin embargo, ello no será obstáculo a la indagación que conduzca a evidenciar cuáles son aquéllos que han de ser ponderados con mayor énfasis por tener mayor repercusión sobre la calidad, ni a los intentos de priorización de aquellas deficiencias que será necesario atender en primer lugar o a las apetencias cuya urgencia sea mayor.

2.2. Componentes básicos del modelo

Inicialmente, distinguiremos la calidad como efecto; pero, para la especificación de la misma, nos referiremos a los diversos *"identificadores"*, como rasgos configurativos que pondrán de manifiesto el grado de calidad alcanzado, para ofrecernos el "perfil de calidad" de una institución.

Pero, puesto que el efecto de calidad que se refleja en el mencionado "perfil" se produce gracias a una serie de determinantes que causan dicho efecto, consideraremos los *"predictores"* que permitirán garantizarlo: se trata, por tanto, de aquellos factores o características que han de reunir las instituciones educativas para lograr niveles aceptables de calidad.

Utilizando el planteamiento dual básico a que acabamos de referirnos, analizaremos el perfil de cada uno de tales componentes, estructurados en dos grandes bloques, a saber: identificadores y predictores. Los primeros nos permitirán identificar la evidencia de calidad de un centro o institución educadora; los segundos, por su parte, nos llevarán a predecir que dicha calidad va a producirse.

2.2.1. Identificadores de calidad

Identificadores son, por tanto, aquellos componentes que, conectados con el producto conseguido y con la apreciación del producto y de los procesos de funcionamiento, permiten valorar la medida en que una institución educativa alcanza niveles de calidad en sus resultados. Consideraremos, en primer término, el *producto educativo*. Junto al mismo, constituirán también identificadores para evidenciar la calidad de la institución los componentes siguientes: *satisfacción de los propios estudiantes o alumnos, satisfacción del personal que trabaja en el centro, y efecto de impacto* de la educación alcanzada. Obviamente, cada uno de los bloques estará configurado por diversos elementos, que habremos de tener en cuenta.

a) el producto educativo

El producto educativo es, ciertamente, complejo y multidimensional. En el ámbito de una institución educativa, éste se centra obviamente en la consecución de *"educación"*. Pero este concepto general implica en sí diversidad de componentes, que deben ser especificados, concretizados y operativizados, al objeto de permitir su controlabilidad. Tras un análisis conceptual y un estudio comparado de la situación (UNESCO, 1972; Marín, R., 1993: 44-57), llegamos a la conclusión de que debemos incluir dentro de una concepción integral de la educación valores que podemos agrupar en torno a los siguientes tipos de formación: *física, intelectual, moral o ética, estética, social, práctica o de utilidad, y religiosa.* Estos ámbitos formativos responden a la necesidad de satisfacer las dimensiones humanas estructurales siguientes: física, espiritual, socio - relacional y trascendente. En definitiva, obedecen a las necesidades esenciales de todo ser humano.

b) la satisfacción de los alumnos

La satisfacción de los alumnos ha de basarse en la atención a sus propias *necesidades* en sus diversas manifestaciones, y al logro de las *expectativas* que se les planteen en este terreno. Ambos aspectos se detectarán directamente de los propios afectados, siempre que ello sea posible, o indirectamente a través de manifestaciones que los pongan de manifiesto (como, por ejemplo, el nivel de asistencia a las instituciones o el bajo nivel de abandono de los estudios). En la medida en que los estudiantes carezcan de posibilidades de emitir con criterio suficiente su propia satisfacción o sean tutelados por los *padres o sus tutores legales*, en los que recae la responsabilidad de la educación de aquéllos, serán éstos los que opinarán sobre el grado de satisfacción de sus hijos o pupilos, actuando así en calidad de portavoces de los mismos.

c) *satisfacción del personal del centro*

La aspiración a la satisfacción guarda relación con las tendencias organizativas actuales, en las que la participación constituye un principio esencial (Gento, S., 1994). Pero la opinión global sobre el grado de satisfacción del personal del centro supone considerar el de los diversos sectores y aun miembros que lo configuran, todo ello sin perjuicio de que se llegue, en su caso, a una ponderación debida: la satisfacción de cada uno de tales sectores se constituiría, así, en el descriptor particularizado de este identificador de calidad. Los profesores constituyen un sector medular aunque no exclusivo dentro del personal del centro; pero "la satisfacción del profesorado con su profesión, con las condiciones en que se ejerce y con los resultados que obtiene no es siempre fácilmente controlable, pues depende de muy diversos factores que a veces superan ampliamente los límites del sistema educativo" (M.E C., 1994: 91). Sin embargo, la importancia de este indicador requiere que analicemos con detalle los contenidos del mismo.

d) *efecto de impacto de la educación*

El efecto de impacto habría que considerarlo como la *repercusión que la educación recibida por los sujetos que han pasado por las instituciones educativas tiene sobre los contextos en los que tales sujetos educados desarrollan su vida en sus diversas manifestaciones.* Las propias instituciones educativas de calidad han de ofrecer productos educativos que, no sólo mejoren las condiciones de vida y el éxito personal de los sujetos acogidos en ellas, sino que han de tener un efecto optimizante en los ámbitos vitales de dichos sujetos. Con el fin de detectar y valorar dicho influjo o efecto, parece conveniente analizar su repercusión en los ámbitos siguientes: el entorno académico, el social, el laboral y el familiar.

2.2.2. *Predictores de calidad*

De los predictores de calidad bajo el control de la institución, algunos hacen referencia al punto de partida o *"input"* estático: aquí se sitúan la disponibilidad de medios materiales y personales; y la organización de la planificación de la institución. Otros predictores se sitúan, en cambio, en el ámbito de los *procesos* que se desarrollan en estas instituciones educativas: consideraremos, como tales: la gestión de recursos materiales, personales y funcionales; la metodología educativa; y el liderazgo educativo. Las investigaciones educativas realizadas ponen de manifiesto nuestro planteamiento esencial, a saber: la calidad educativa constituye un todo unitario y conjunto en el que los determinantes que lo conforman inciden como los elementos de un sistema. No cabe, por tanto, considerarlos de modo aislado o individual, sino que todos contribuyen al surgimiento de esa calidad que resulta de la concurrencia integral o global de todos y cada uno de sus predictores.

a) *disponibilidad de medios personales y materiales*

En este apartado incluimos aquellos aspectos de tipo personal y material que constituyen el patrimonio con el que la institución ha de llevar a cabo su actuación. Algunos de los elementos que consideramos seguidamente dentro de este bloque predictor son, por tanto: recursos materiales, profesorado, personal no docente y alumnos. Como variables referidas al *profesorado* que afectan a la predictibilidad de calidad educativa, el M. E. C. (1994: 81-97) señala las siguientes: formación inicial; estabilidad o permanencia en el puesto docente; perfil del profesorado (nivel formativo); formación continua en ejercicio; actitud (hacia el compromiso y la autoformación); salud laboral; experiencia profesional; liderazgo educativo; autosatisfacción profesional.

Pero, además de tales recursos personales, habrá de contarse con la disponibilidad de *personal no docente*, y del *de administración y servicios*. Aparte de tales sectores, los *alumnos* o estudiantes son, obviamente, el sector de personal que, no sólo justifica la existencia de un centro educativo, sino que constituye también un factor de calidad del mismo. Aunque los estudios experimentales realizados hasta la fecha no han mostrado correlaciones inequívocas entre los resultados educativos y las condiciones físicas de los centros educativos, el enfoque de calidad total lleva a pensar que la eficacia de las instituciones educativas se verá incrementada si se dispone de los *recursos materiales* esenciales y, en la medida de lo posible, de aquéllos que rebasan los límites de lo imprescindible.

b) *la organización de la planificación*

Este predictor constituye un componente inicial del marco general de funcionamiento, si bien su previsión ha de hacerse pensando en la dinamización del mismo. Aunque ciertos autores afirman que la organización escolar tiene un efecto muy pequeño en la calidad de las instituciones educativas (March, J., 1978), algunas investigaciones señalan que dicha organización puede constituir un marco propiciador para la mejora de la práctica educativa, además de para la investigación sobre la misma, especialmente en la acción (Scheerens, J., 1992: 118). Dentro del perfil organizativo, que constituye el diseño básico para llevar a cabo la estrategia global de una institución educativa, cabe considerar los elementos siguientes: el sentido de misión, la estructura organizativa, los principios de funcionamiento, los documentos de planificación, y la adecuación al contexto de implicación

c) *la gestión de los recursos*

Este predictor se refiere a la utilización de los medios materiales o personales y de los componentes estratégicos que constituyen una institución determinada. La *gestión de los recursos materiales* hace referencia a la incidencia que el empleo de los elementos materiales con que cuenta la institución educativa tiene sobre la calidad total de la misma. La necesidad de atender a la *optimización de los recursos humanos* es, aún si cabe más necesaria si tenemos en cuenta que uno de los frecuentes errores en la implantación de calidad total es la puesta en marcha de proyectos de mejora cuando los mandos y empleados no están convenientemente preparados, cuando los miembros de la institución no tienen atribuidas claramente las funciones que han de desempeñar, o cuando se asignan funciones rectoras a los que no cuentan con la preparación y el reconocimiento precisos.

En relación con la *funcionalización de los componentes organizativos*, es preciso tener en cuenta que, tanto la configuración organizativa (en cuanto definición del marco de funcionamiento), como la gestión del funcionamiento institucional, deben orientarse a lograr una educación de calidad en el ámbito de una institución educativa de calidad total. En este sentido, Brooker, W. y colaboradores (1979) demostraron experimentalmente que el 85% de la varianza en el rendimiento de diferentes escuelas era determinado por el modelo de sistema social imperante en cada una de ellas.

d) *la metodología educativa*

Entendemos por metodología educativa la peculiar forma de realización de las funciones y tareas que se orientan a la consecución de objetivos educativos: por su origen etimológico y por el contenido conceptual, dicha metodología tiene un carácter mediacional, por cuanto trata de poner al alcance del sujeto educando los objetivos que han de lograrse con la educación. Aun cuando el tratamiento metodológico propio de una institución educativa caracterizará, como tal, al conjunto de sus componentes o a la mayoría de ellos, el ámbito más estricto de la acción metodológica lo constituye el aula o grupo clase, en donde el profesor y los alumnos abordan juntos su misión educativa compartida. Hasta tal punto ello es así, que la experiencia pone de manifiesto que las características propias del aula influyen más en el rendimiento de los alumnos que las del propio centro educativo en que se ubica (Scheerens, J. & Creemers, B.P., 1989).

Dentro del tratamiento metodológico propio de un centro educativo de calidad, parece que debieran concurrir principios como los siguientes: previsión de las intervenciones didácticas; acomodación a los alumnos; adaptación al contexto; clima interactivo positivo; motivación positiva; evaluación frecuente de los alumnos; expectativas positivas de tales alumnos; estímulo a la creatividad; relaciones centro-familia-comunidad; oferta de opciones curriculares y extracurriculares; y dedicación a la tarea.

e) *el liderazgo pedagógico*

En nuestro modelo de calidad total para las instituciones educativas el liderazgo educativo juega un papel fundamental como predictor de calidad. Pero el ejercicio de dicho liderazgo ha de contemplarse en varios niveles o ámbitos de actuación, puesto que las oportunidades para dinamizar la acción de grupos de personas son múltiples y diversas. Entendemos que *líder es aquella persona capaz de provocar la liberación, desde dentro, de la energía interior de otros seres humanos, para que éstos voluntariamente se esfuercen hasta alcanzar, del modo más eficaz y confortable posible, las metas que dichos seres humanos se han propuesto lograr para su propia dignificación y la de aquéllos entre quienes conviven.* Su potencialidad liberadora convierte, por tanto, al líder en el servidor de sus seguidores, en cuanto que "asume la misión fundamental de ayudar a éstos a superar los obstáculos, para que sean capaces de poner en acción su total capacidad al servicio de la consecución de los objetivos propios y compartidos con su grupo" (De Pree, 1989: XX).

En el ámbito educativo, el ejercicio del liderazgo puede considerarse a diferentes niveles: los matices de actuación pueden variar notablemente desde el papel que debe desempeñar el máximo responsable de la educación de un país o Estado, hasta llegar al que corresponde al profesor encargado de un grupo de alumnos. Pero, puesto que aquí nos referimos al liderazgo como predictor de calidad en instituciones educativas, hemos de considerar las funciones de liderazgo interno que se desarrollan en tales instituciones.

2.3. Contrastación empírica participativa

La propuesta de ponderación relativa de los componentes fundamentales y, en su caso, elementos de calidad institucional de un centro educativo tiene como finalidad la oferta a los profesionales a quienes pueda interesar de un marco de referencia que pueda serles de utilidad en los diseños de perfiles de calidad institucional de los centros educativos respectivos. Dicha propuesta de ponderación aspira, también, a servir de punto de referencia para la configuración de pautas o instrumentos que puedan emplearse en la evaluación de los propios centros o instituciones, todo ello sin perjuicio de la acomodación que corresponda a cada uno de ellos, y sin que ello suponga detrimento de la intervención de los implicados para la evaluación institucional o de alguna de sus partes.

2.3.1. Justificación del enfoque

Pero la formulación de nuestra propuesta de ponderación relativa del modelo de calidad institucional para educación no se ha querido llevar a cabo sólo a partir de fuentes de autoridad académica conocedoras de la propia realidad educativa; no obstante, su presencia ha sido real en todo el proceso de elaboración de dicho modelo institucional, en la validación del instrumento de ponderación, en el diseño del procedimiento de aplicación, recogida de datos e interpretación de los mismos. El planteamiento llevado a cabo ha querido, además, *basarse en la propia opinión de los sectores y personas implicados* en el funcionamiento real de centros o instituciones educativas.

Hacerlo así ha sido debido al convencimiento de que lo que realmente impulsa la mejora de una organización o grupo humano no es tanto la evaluación que de la situación de que se trate puedan llevar a cabo expertos evaluadores externos, por muy calificados que éstos sean; más bien es la percepción de la realidad y su valoración interna por los implicados lo que puede poner a éstos en acción para mejorar la realidad que los afecta y cuya necesidad de optimización perciben ellos como necesaria. Así lo entiende Crosby, Ph.B. (1980:81), al afirmar que "no es posible la mejora de la calidad salvo que los individuos estén dispuestos a reconocer que tal mejora es necesaria".

A partir de este planteamiento, se ha tratado de recóger la opinión de los implicados en el funcionamiento de las instituciones educativas en relación con los componentes y elementos que determinan la calidad de las mismas. Con el fin de proceder a la ponderación relativa de la importancia de los componentes y elementos que los constituyen, se pidió a los diferentes sectores que definiesen la importancia que, en su opinión, habría que otorgar a tales componentes y elementos. En el momento actual, se ha recogido información procedente de 3529 cuestionarios aplicados a diversos sectores y países, de los cuales 2223 instrumentos se aplicaron en España.

2.3.2. Valoración de los componentes básicos de calidad

Ante la dificultad de tratamiento de la valoración ordinal, optamos por eliminar del cuestionario la escala de este tipo que habíamos incluido inicialmente, dejando solamente la estimación de una valoración cuantitativa: cada uno de los componentes y sus elementos recibió una puntuación cuyo rango abarcaba desde 1 (mínimo) a 9 (máximo), para lo cuál habría de tenerse en cuenta la importancia que habría que conceder a cada uno de los aspectos. Una vez recibidos los datos correspondientes, se estimó que el valor más representativo lo encontrábamos en la Media aritmética de las puntuaciones otorgadas. Pero, con el fin de dar mayor consistencia a este estadístico, se considera también la desviación típica correspondiente, que nos da una idea de la dispersión de las valoraciones emitidas; además de estos datos, incluimos en la tabla que figura seguidamente (Fig. 1) el número de cuestionarios válidos correspondientes a personas que puntuaron cada componente y el error típico respectivo.

Una primera visión de los resultados obtenidos pone de manifiesto que, en general, las valoraciones promedio reflejan que *se ha otorgado una importancia muy elevada a cada uno de los identificadores y predictores de calidad* del modelo de referencia que se propone: casi todos ellos obtienen un valor promedio superior a siete puntos (recordamos que la valoración podría oscilar entre 1 y 9), excepción hecha del liderazgo del director del centro. Aunque no se ha pedido en el cuestionario utilizado la valoración global de cada uno de los bloques de identificadores, por un lado, y de predictores de calidad, por otro, una estimación de unos y otros a partir de las puntuaciones obtenidas por los componentes de cada bloque lleva a obtener un valor promedio más elevado para el caso de los identificadores (Media aritmética = 7.67) y algo más bajo para el de los predictores (Media aritmética = 7.36).

Componentes de calidad	N° cuestions	Media aritm	Importanc relativa	Desviación típica	*Error típico*
Valores como producto educativo	3022	7.90	2ª	1.48	.027
Satisfacción de los alumnos	2978	7.94	1ª	1.40	.0280
Satisfacción del personal	2974	7.52	4ª	1.59	.0293
Impacto del producto	2952	7.35	7ª	1.59	.0293
Disponibilidad de recursos	2627	7.38	6ª	1.68	.0329
Gestión de los recursos	3112	7.12	8ª	1.79	.0321
Organización de la planificación	3122	7.47	5ª	1.68	.0303
Metodología educativa	3097	7.79	3ª	1.57	.0283
Liderazgo pedagógico del director	2917	6.76	9ª	2.15	.0398

Fig. 1. Ponderación de los componentes básicos de calidad de un centro educativo

A pesar de que unos y otros obtienen puntuaciones elevadas, según pone de manifiesto esta diferencia de valoración parece otorgarse a los identificadores de calidad institucional una mayor importancia que a los predictores: esta conclusión se alinearía con el planteamiento básico, según el cuál la calidad se hace evidente a través de tales identificadores, si bien no puede prescindirse del valor de los predictores (que, además de contribuir a la aparición de aquéllos, forman parte también de los propios logros de calidad institucional).

a).- La satisfacción de los alumnos

La puntuación media más elevada ha sido obtenida por la "satisfacción de los alumnos" (cuya Media aritmética se sitúa en los 7.94 puntos, es decir: casi en el límite de los 8 puntos). Esta elevada puntuación se ve, también, acompañada de una desviación típica (1.40), que se sitúa en el nivel más bajo de todos los componentes: esto parece indicar, no solamente que las personas que valoraron la importancia de este componente emitieron en su conjunto una puntuación alta, sino que la mayoría de dichas personas está de acuerdo en que debe ser así: es decir, no se dan en general puntuaciones bajas que, no obstante, son compensadas por un mínimo suficiente de otras altas; por el contrario, se produce una concentración de puntuaciones en los niveles superiores de valoración de este identificador de calidad. Atendiendo, incluso, al error típico de medida obtenido puede comprobarse, también, que este último es, precisamente, el segundo menos importante de los obtenidos en los restantes componentes.

Tal vez pueda sorprender la superior importancia relativa otorgada a la satisfacción de los alumnos por encima, incluso, de la que se concede al producto educativo (si bien es verdad que éste se coloca por debajo a escasa distancia); pero, aparte de otras consideraciones de indudable valor pedagógico, en las que se destaca la necesidad de centrar los procesos educativos en los propios alumnos, la ponderación particularmente elevada otorgada a la satisfacción de éstos supone un importante refrendo empírico para el enfoque o paradigma de calidad total, en el que la satisfacción de las personas implicadas es de gran importancia y, de modo especial, la de aquéllas que directamente reciben el producto educativo, que son los alumnos.

Teniendo en cuenta la opinión emitida por los miembros de los diferentes sectores que se pronunciaron en el cuestionario, cabe destacar que la puntuación promedia más elevada ha sido la correspondiente al grupo de padres y madres, que obtiene una Media aritmética = 8.28), seguida de la de directores de centros (con una Media aritmética = 8.09), y de los alumnos (cuya media asciende a 8.00). A corta distancia de las anteriores se sitúa la opinión de otros (su valor promedio es de una Media aritmética = 7.82) y, en último lugar aunque a corta distancia de la anterior, la de los profesores (su Media aritmética = 7.74). Aun cuando los valores por sectores reflejan una importante equivalencia, no deja de ser de interés la constatación de que son, precisamente, los profesores, quienes en menor medida consideran la satisfacción de los alumnos como un predictor de calidad del centro.

b).- Los valores como producto educativo

La segunda valoración por orden de importancia relativa corresponde a la que se ha otorgado a los valores como producto educativo, que siguen en valor promedio a corta distancia de la anterior: la Media aritmética alcanzada por el identificador de calidad a que aquí nos referimos es de 7.90, lo que igualmente nos coloca ante una estimación elevada. E, igualmente, aquí también encontramos que la desviación típica (que alcanza una puntuación de 1.48) es, aunque ligeramente superior a la que corresponde a la satisfacción de los alumnos, menor que la que obtienen los restantes componentes que, a su vez, alcanzan valores promedios inferiores.

Podemos, por tanto, ratificar que la dispersión de las opiniones es, en este caso, pequeña y que las altas valoraciones predominan de modo concordante (sin que existan puntuaciones bajas discordantes que se diferencien del alto valor promedio obtenido). La fiabilidad de la elevada puntuación de este predictor se ratifica, además, si atendemos al error típico alcanzado (de .0270), que también en este caso es inferior al que obtienen los restantes componentes con valor promedio más bajo.

Si consideramos los valores promedios obtenidos por los diferentes grupos, cabe destacar que son los directores de centros (con una Media aritmética = 8.27), seguidos de los padres (cuyo Media aritmética = 8.13), los que otorgan una mayor importancia a este predictor de calidad. Sin embargo, a muy corta distancia se sitúa el grupo de "otros" (como ya hemos indicado, aquí se incluirían algunos inspectores o supervisores, orientadores, formadores de profesores y personal no docente, cuya Media aritmética = 8.08). Siguen, luego, los profesores (cuya Media aritmética de ponderación es de 7.89) y, finalmente, parecen ser los alumnos quienes otorgan a los valores como producto educativo el valor más bajo de todos los sectores consultados (con una Media aritmética = 7.74). De todos modos, como puede apreciarse por las estimaciones de los distintos sectores, se da una fuerte homogeneidad en las valoraciones, que alcanzan en todo caso valores elevados.

En relación con el resultado de la ponderación de este componente a que aquí nos referimos, no deja de ser, por una parte, sorprendente y, por otro, esperanzador. La sorpresa proviene de que, si bien es fácil entender que el producto que se consiga en educación (o los resultados en los alumnos) es, ciertamente, importante y cabe esperar que así sea reconocido por los implicados en la educación, es desde luego más novedoso entender dicho producto educativo en términos de valores.

Plantear que la esencia del producto educativo no es, precisamente, la adquisición de conocimientos ni siquiera la aplicación práctica o transferencia operativa de los mismos, sino la adquisición de valores que hagan a los seres educados más inteligentes, más equilibrados (consigo mismos y en relación con ellos mismos y con su entorno) y más útiles (a la sociedad y a su propio medio) no deja de ser un planteamiento ciertamente revolucionario en el momento actual. Cierto que cada vez son más los que llaman la atención sobre la necesidad de que la educación ha de atender en mayor medida a la formación en valores.

Pero también es cierto que los innumerables trabajos sobre desarrollo curricular producidos en los últimos años se han centrado más en el desarrollo del conocimiento y en el aprendizaje de contenidos conceptuales culturales y, si acaso, científicos. El refrendo que los miembros de los sectores implicados en los centros educativos ofrecen a través de la ponderación a que nos acabamos de referir sobre la importancia de los valores como producto educativo supone un afianzamiento de la nueva tendencia en educación y una esperanza de orientación hacia la formación de personas más equilibradas con su propio ser y más integradas en su entorno, en un mundo que necesita y aspira a ser más estable y solidario.

c).- La metodología educativa

Una prueba evidente de que en el modelo de calidad que utilizamos como referente no es conveniente hacer una división tajante entre inversión-resultados (o "input"-"output") la encontramos precisamente en este componente: la metodología educativa es, tal vez, el ejemplo más palpable. Está claro que constituye un indudable predictor de calidad (pues es obvio que cuanto mejor sea esta metodología mejores serán, también, los resultados obtenidos en cada uno de los identificadores de calidad); pero, al mismo tiempo, no es menos cierto que una buena metodología constituye un resultado que imprime carácter a la propia educación lograda. Por poner sólo algún ejemplo: el desarrollo de la creatividad o la capacidad de solución de problemas contribuyen, a través de una acción metodológica, a mejorar la calidad del producto educativo; pero, al mismo tiempo, tales creatividad y capacidad de solución de problemas constituyen rasgos destacables de un producto de calidad en la educación actual.

Este planteamiento se ve claramente puesto en evidencia por los datos obtenidos con el cuestionario de ponderación. Tan es así que la puntuación media obtenida sobre la importancia de la metodología educativa (con un valor de 7.79) se sitúa entre las más elevadas que sólo se ha obtenido por los dos identificadores de calidad anteriormente expuestos. Este valor obtenido por el predictor que aquí tratamos se sitúa, incluso, por encima del conseguido por el identificador restante, que hace referencia al "impacto educativo". Puede verse, por tanto, que, aun cuando el valor promedio de los predictores en su conjunto es algo inferior al de los identificadores de calidad, la metodología educativa constituye una excepción en esta diferenciación y alcanza una ponderación media que la sitúa inmediatamente después de los tres componentes más valorados que son, precisamente, los identificadores de calidad.

Aunque los valores promedios que se han obtenido para cada uno de los sectores que emitieron su opinión sobre la metodología guardan una destacable semejanza y se sitúan en niveles relativamente elevados (todos ellos por encima de los 7 puntos), son, precisamente, los padres y madres de alumnos quienes otorgaron la máxima valoración a este predictor de calidad (con una Media aritmética = 8.02), seguidos del grupo de "otros" (donde se alcanzó una Media aritmética = 7.90). A corta distancia de éstos, ocupa el tercer lugar por orden de ponderación la valoración producida por los profesores (su Media aritmética = 7.83), a la que sigue la otorgada por los directores de centros educativos (que obtuvo una Media aritmética = 7.77). La calificación más baja, a una cierta distancia de las anteriores, es la de los alumnos (con una Media aritmética = 7.65) en los que, además, se aprecia una mayor dispersión en las puntuaciones emitidas (su desviación típica alcanza un valor de 1.67).

d).- La satisfacción del personal

La satisfacción del personal, en un modelo de calidad institucional, cumple al menos un doble propósito: por un lado, contribuye a facilitar la autorrealización personal de quienes forman parte de la misma, que se sienten satisfechos en cuanto que participan en un cometido que da sentido a sus propias vidas; pero, por otro lado, la satisfacción del personal facilita el mejor funcionamiento de las tareas de cada uno y de la organización total en su conjunto, pues estimula a los diferentes miembros a contribuir con su esfuerzo a la permanente optimización de algo que redunda en su propio provecho y a reconocer la mejora como algo necesario. La mejora de la calidad no es posible, a menos que los individuos estén dispuestos a reconocer que esta mejora es necesaria.

En los datos recogidos del cuestionario aplicado, este identificador de calidad ocupa el cuarto lugar, todavía a corta distancia de los dos anteriores, y con un promedio de ponderación de 7.52 puntos. Aunque la medida de la dispersión de las valoraciones (con un valor de 1.59) es algo superior a la de los tres componentes que obtienen mayor puntuación, nos encontramos todavía con el hecho de que las valoraciones se agrupan en buena medida en torno al promedio, que puede considerarse como elevado. El error típico de medida que se ha obtenido (que asciende a .0293) es, igualmente, bajo, lo que nos permite asegurar que la puntuación alcanzada puede afirmarse con un margen de error inferior a un cinco por ciento.

La interpretación que cabe dar a la ponderación otorgada a la satisfacción del personal es que, si bien se la considera de gran importancia, parece entenderse como de superior interés en un centro educativo la satisfacción de los propios alumnos (en cuanto que dan razón a la existencia del centro mismo) y adquisición por estos mismos de valores, que definen el producto educativo, y la metodología educativa que se utilice. Sin negar, por tanto, la gran importancia que tiene la atención que ha prestarse a los miembros que trabajan por que la institución educativa funcione adecuadamente, parece que este identificador se supedita al logro de los tres que obtuvieron mayor valoración.

Las diferencias en la valoración de la satisfacción del personal ponen de manifiesto un aparente mayor interés por parte de los profesionales más directamente afectados: el valor promedio más elevado se ha obtenido de los directores de centros (que alcanzan una Media aritmética = 7.89), seguidos de los propios profesores (con una Media aritmética = 7.67). Estos dos grupos se diferencian claramente de los restantes, lo que parece comprensible ya que los dos citados son los más directamente afectados. Sigue por orden de importancia la valoración de los padres o madres (con una Media aritmética = 7.50), situándose a continuación el grupo de "otros" (cuya Media aritmética es de 7.36). El último lugar corresponde a la estimación de los alumnos (siendo su Media aritmética = 7.28), que parecen prestar menos atención al identificador a que aquí nos referimos.

e). Organización de la planificación

La emergencia de este predictor de calidad, como componente que ocupa el quinto lugar por orden de importancia entre los valores promedios otorgados, no deja de ser sorprendente. Y ello no sólo porque no faltan autores que dudan de la incidencia de la organización y gestión de un centro educativo sobre la calidad de la educación, particularmente en términos de producto educativo, sino también porque el planteamiento de este componente es, tal vez (al menos, en su punto de arranque), uno de los supuestos más novedosos que se derivan del enfoque de calidad total institucional.

Pero el planteamiento que propone este predictor de calidad, muy de acuerdo con el propósito de globalidad e integralidad sistémica que se deriva del paradigma de la calidad total, constituye una aportación nueva pero de gran fuerza impulsora para la institución educativa como conjunto. Se trata, en definitiva, de que todos y cada uno de los miembros y sectores que la constituyen tengan la idea firme de que el centro es un todo unitario que se configura con la contribución solidaria de todos y cada uno de los que lo forman. Así se evita, por tanto, la disgregación funcional de las partes, pues "cuando los miembros de una organización solamente consideran su propia posición, tienen escaso sentido de su responsabilidad en los resultados producidos como efecto de la interacción de todos. Cuando esto ocurre, si los resultados no son satisfactorios es difícil conocer las anteriores causas: en tales casos, lo único que puede hacerse es asumir que alguien produjo un efecto perturbador" (Senge, P., 1990: 19).

Para que la planificación previa de una institución sea coherente con un planteamiento nuclear de calidad total, es preciso definir previamente la misión del centro: ésta es, precisamente, una aportación propia de este enfoque, pero que no ha sido habitualmente utilizada en fases o enfoques anteriores de la organización de centros educativos. La misión constituye "la expresión relativamente breve pero con gran fuerza impulsora de la aspiración fundamental o la justificación suprema que da sentido a la institución que la asume". Su elaboración definitiva será el resultado de la participación y el debate de todos los miembros, que habrán de llegar a consensuar un texto definitivo que pueda ser considerado como propio por todos y cada uno de los miembros.

Aunque existen algunos precedentes que guardan semejanza con la misión institucional (como pueden ser el "ideario" del centro o, en alguna medida, el "proyecto educativo" del mismo), nos encontramos ahora con un término cuyo significado tiene entidad propia y peculiar, aunque no ha sido utilizado anteriormente en la literatura y actuaciones relacionadas con la organización y planificación de instituciones educativas: por tal motivo, no deja de ser sorprendente la importancia relativamente elevada (con una Media aritmética = 7.47) que se otorga a este predictor que aquí tratamos, en el que la misión se constituye en el núcleo germinador de los restantes elementos. Tal vez, sin embargo, estos otros restantes elementos sí resultan ser más comprensibles, debido a la mayor frecuencia en la utilización de los mismos en el propio contexto de la organización de centros educativos: nos referimos a la propia "estructura organizativa", a los "principios de funcionamiento", a los "documentos de planificación" y a la "adecuación al contexto".

Fijándonos en los otros estadísticos alcanzados en el predictor que definimos como "organización de la planificación", puede comprobarse que guardan relación con la importancia otorgada al mismo: así, la medida de la dispersión nos ofrece una desviación típica de 1.68 que, si bien es superior a la de los componentes que lo preceden en importancia, muestra un grado de concentración aceptable en las puntuaciones otorgadas. En cuanto al error típico detectado (con un valor de .0302), muestra también una fiabilidad del valor promedio de ponderación dentro de los márgenes de probabilidad superior al 95%, lo que está dentro del error estadísticamente aceptable.

Los valores promedios obtenidos para cada uno de los sectores de opinión consultados se sitúan, en todos los casos, dentro de la señalada tendencia de valores relativamente elevados (siempre por encima de 7 puntos de Media aritmética). Es, precisamente, el sector formado por los directores de centros quienes otorgan la máxima valoración a este predictor (con una Media aritmética = 7.87), seguido por el de los profesores (su Media aritmética = 7.58). El valor subsiguiente corresponde al sector de otros (cuya Media aritmética es de 7.57), seguido del de padres y madres de alumnos (que obtienen una Media aritmética = 7.44). Los alumnos son quienes ofrecen el valor promedio más bajo (su Media aritmética = 7.27). Cabe, por tanto, deducir, a la vista de los datos estadísticos señalados, que dentro de una valoración generalmente alta de todos los que han emitido opinión al respecto, son los profesionales más directamente implicados (directores, profesores y, tal vez, supervisores) quienes otorgan más importancia a la organización de la planificación; los padres y, en último lugar, los alumnos parecen considerar tal predictor menos importante.

f). La disponibilidad de recursos

Aun admitiendo que la importancia que se ha otorgado a este predictor de calidad, puesta de manifiesto en el valor promedio obtenido (Media aritmética = 7.36), sigue poniendo de relieve que se trata de un componente importante para la calidad institucional de un centro educativo, cabe interpretar el valor relativo obtenido teniendo en cuenta las consideraciones teóricas y las aportaciones empíricas sobre el mismo (Chan, T.C., 1979; Fraser, B.J. y colaboradores, 1989; Hanushek, E., 1986; M.E.C., 1994; Sheerens, J., 1992; Stoel, W., 1980; UNESCO, 1989).

En efecto, se considera importante disponer de los medios necesarios para una buena acción educativa e, incluso, se reclama cada vez más un incremento de la disponibilidad de medios como requisito para la mejora de la calidad de la educación. Pero también se pone de manifiesto, especialmente en los países en los que las inversiones en educación son más elevadas, que un aumento de los recursos no se traduce en una mejora de los resultados educativos en la correlación que cabría esperar. Tal vez por este motivo, a menudo resulta más constructivo "debatir estas cuestiones en el contexto de un mejoramiento de la calidad que en el de la reducción de costes" (OCDE, 1991: 140).

Cabe esperar, sin embargo, que si los planteamientos de la educación, los investigadores y hasta los líderes políticos tratan de poner de relieve la evidencia del efecto que sobre la calidad de la educación tiene el aumento de los recursos, son más bien los propios usuarios directos de las instituciones educativas (más concretamente, los profesores, los alumnos y los padres) quienes con más insistencia claman por un incremento de los recursos disponibles como vía necesaria para lograr la mejora de la calidad educativa. A partir de este segundo supuesto, es fácil comprender la importancia relativamente alta otorgada al predictor de calidad a que aquí venimos refiriéndonos.

Esta misma mayor avidez de los usuarios de las instituciones educativas por disponer de más recursos puede estar en la base de la puntuación media más elevada obtenida en el predictor de "disponibilidad" de recursos, que en el de gestión de dichos recursos. Aun cuando los estudios realizados y las evidencias empíricas parecen poner de manifiesto que, para la calidad de la educación, más importante que los recursos mismos es la buena utilización que se haga de los mismos, parece lógico esperar que los usuarios a que aquí nos referimos (que constituyen la representación más numerosa en los sectores consultados) consideren de una mayor importancia, de acuerdo con su propia percepción de la realidad, la disponibilidad de los recursos que la gestión de los mismos.

La concentración de puntuaciones recogidas sobre la ponderación del predictor de disponibilidad de recursos pone de manifiesto (a través de la desviación típica obtenida de 1.68) una elevada coincidencia en torno al valor promedio, relativamente alto, como ya hemos señalado. En cuanto a la predictibilidad de dicho valor promedio, nos encontramos con una fiabilidad superior al 95%, dado que el error estadístico obtenido es de .0329.

Las valoraciones promedias obtenidas por separado en cada uno de los sectores que respondieron al cuestionario son notablemente coincidentes aunque en algunos casos las diferencias son significativas entre ellas. De todos modos, el valor más elevado ha sido obtenido por el grupo de alumnos (con una Media aritmética = 7.55); el segundo lugar corresponde al de los directores (Media aritmética = 7.55); sigue en tercer lugar el de los padres (Media aritmética = 7.53); el cuarto puesto lo ocupa la valoración de los profesores (Media aritmética = 7.25); y, finalmente, corresponde el último lugar al grupo que hemos definido como otros (Media aritmética = 6.62).

g).- Impacto del producto educativo

También aquí nos encontramos con un componente relativamente novedoso en el ámbito de las instituciones educativas, particularmente de las que actúan dentro de la educación formal (con carácter escolar o académico oficialmente autorizado o reconocido). En general, tales instituciones y, especialmente, los profesores de las mismas han considerado como tarea propia la consecución de buenos resultados educativos en los alumnos encomendados: aunque la identificación de lo que constituye auténticos "resultados educativos" (en términos de "producto" logrado) puede ser objeto de diversa interpretación y, de hecho, ha ido evolucionando (desde el rendimiento académico en términos de adquisición de conocimientos y - si acaso - su transferencia práctica, a los valores como producto esencialmente educativo); sin embargo, es más fácil lograr la aceptación de que el resultado de la educación ha de entenderse como la consecución de un buen producto educativo en los alumnos.

Lo que sí parece más difícil de lograr, tanto en las instituciones educativas (especialmente en las de tipo formal) y en sus profesores es el convencimiento de que también constituye un identificador de la calidad de un centro la evidencia de que el producto educativo tiene una incidencia optimizadora fuera de las propias aulas e instituciones escolares y una vez que se han llevado a cabo los procesos de educación controlados por la institución educadora: es decir, que la educación ha de servir sobre todo, como bien dijeran los clásicos, "no para la escuela, sino para la vida" (OCDE, 1991). Este impacto o efecto diferido de la educación (en la familia, en el trabajo, en el entorno y en la formación posterior) debe ser, también, considerado como un resultado y constituye, por tanto, un identificador de calidad institucional.

Una interpretación razonable de los motivos por los que el "impacto del producto educativo" ocupa el sexto lugar en la ponderación relativa puede ser el peso de los planteamientos tradicionales a que nos acabamos de referir y, por lo mismo, la mayor dificultad en la comprensión de lo que implica este predictor, realmente novedoso. Con todo, hemos de reconocer que la puntuación promedio de ponderación otorgada es relativamente alta (Media aritmética = 7.35). La medida de la dispersión de puntuaciones (con una desviación típica de 1.59) nos sitúa ante una elevada concentración de puntuaciones otorgadas, lo que permite afirmar que se ha producido una elevada homogeneidad de valoraciones. Si consideramos el error típico que se ha obtenido en este predictor de calidad observamos que el estadístico que lo pone de manifiesto (con una puntuación de .0293) nos permite afirmar que el promedio logrado puede afirmarse con una predictibilidad superior al 95%, lo que lo sitúa dentro de los límites estadísticamente aceptables.

Las valoraciones otorgadas a este identificador de calidad por los sectores consultados ponen de manifiesto una general coincidencia en asignarle un valor relativamente alto, dado que los valores promedios en cada grupo así lo evidencian (con una Media aritmética casi en todos ellos por encima de 7 puntos). Dentro de esta tendencia general destaca sobre las demás la puntuación otorgada por los directores de centros (cuya Media aritmética = 7.83). Las restantes valoraciones muestran puntuaciones algo más bajas y muy similares entre sí: el segundo puesto corresponde a la de los alumnos (con una Media aritmética = 7.48); alcanza la misma importancia la de los padres (cuya Media aritmética = 7.48); el cuarto lugar corresponde a los profesores (siendo su Media aritmética = 7. 80); finalmente, el valor más bajo corresponde al sector que venimos considerando como "otros" (siendo su Media aritmética = 7.94).

h).- La gestión de los recursos

Insistimos en la salvedad que hemos apuntado en el epígrafe anterior de que la gestión de los recursos suele ser considerada por autores especializados como de mayor relevancia que la propia disponibilidad de los mismos (Berne, E., 1978; Brooker, W. y colaboradores, 1979; Drucker, P.F., 1992; Gento, S., 1994; Gutiérrez, E., 1990; Medd, D., 1989; OCDE, 1992; Pérez, R. y García, J.M., 1989; Senlle, A., 1992; Slavin, R.E., 1987).

Una expresión común, generalmente repetida, es que un buen maestro con escasos medios puede producir mejores resultados que un mal maestro con muchos. De todos modos, la ponderación que se otorga al predictor de calidad representado por la gestión de los recursos parece bastante coherente con un planteamiento teórico: de una parte, el valor promedio obtenido (con una Media aritmética = 7.12) se coloca a muy corta distancia del otorgado a la disponibilidad de los recursos; y, de otra, esta valoración de la gestión de los recursos obtiene, en cualquier caso, una ponderación que podemos considerar elevada (por encima del valor de 7), al igual que la obtenida por todos los componentes fundamentales de calidad salvo, en todo caso, la relativa al liderazgo del director.

Puede, por tanto, concluirse que las personas y sectores implicados en el funcionamiento de las instituciones educativas estiman que la gestión de los recursos (entendiéndose dentro de los mismos los de tipo personal, material y funcional) es importante para la calidad de tales instituciones, si bien algunos otros componentes pueden ser ligeramente más relevantes. La posibilidad de que el valor promedio obtenido para dicha gestión pueda afirmarse con rotundidad alcanza un margen de fiabilidad superior al 95%, tal como pone de manifiesto el error típico de medida obtenido (con un valor de .0321). En cuanto a la concentración de las puntuaciones otorgadas, la que corresponde a este predictor alcanza una desviación típica de 1.79), si bien a corta distancia de las anteriores, pudiendo considerarse dentro de un margen de regularidad.

Si acudimos al valor promedio que corresponde a cada uno de los sectores que cumplimentaron el instrumento utilizado, observamos que la valoración es apenas diferente entre tales sectores, que coinciden en la puntuación relativamente alta otorgada a este predictor de calidad. Sin embargo, y aun contando con la falta de significación de tales diferencias, la ponderación más alta corresponde a la emitida por el grupo de directores de centro (Media aritmética = 7.42). Sigue en importancia la de los alumnos (Media aritmética = 7.14) y, a continuación, la de los padres (Media aritmética = 7.13). Continuando en orden decreciente se sitúa la valoración del sector de profesores (Media aritmética = 7.07). La valoración más inferior de todas corresponde a la emitida por el grupo de otros (con una Media aritmética =7.06).

i).- Liderazgo pedagógico

Es éste un predictor de calidad cuya ponderación relativa puede producir una acentuada sorpresa, precisamente por haber obtenido el valor promedio más bajo de todos los componentes (con una Media aritmética = 6.88). Bien es verdad que los restantes estadísticos relacionados con este mismo parecen poner de manifiesto un cierto desconcierto entre quienes emitieron su valoración: así, si atendemos al error típico de medida obtenido (.0398), puede observarse que la predictibilidad con que puede afirmarse dicho valor promedio es la menor de todos los componentes, aunque resulte superior al 95%. Si se considera la concentración de puntuaciones producidas en razón de la desviación típica alcanzada (2.15), se observa aquí una elevada dispersión, desde luego bastante superior a la que se ha puesto en evidencia para los restantes componentes.

La baja ponderación y la falta de concurrencia en las puntuaciones de los miembros y sectores implicados parecen estar en desacuerdo con los planteamientos generalmente propuestos en los modelos de calidad institucional procedentes del sector productivo (particularmente en el modelo Baldrige y en el de la Fundación Europea de Gestión de Calidad), en los que el liderazgo de los directivos suele ser considerado como un importante factor de calidad, especialmente el de los que ocupan los niveles más elevados en la organización (European Foundation for Quality Management, 1994; Galgano, A., 1993; Tenner, A.R. y Detoro, I.J., 1992), pues "para que una efectiva gestión de calidad sea práctica y eficaz debe empezar desde los niveles más elevados" (Crosby, Ph.B., 1980: 252).

Una deducción razonable podría, por tanto, ser la siguiente: parece existir una disparidad de opiniones con respecto a la importancia que el ejercicio del liderazgo pedagógico por parte del director del centro tiene para la calidad de una institución educativa. Esta disparidad muestra, en todo caso, una tendencia a una valoración de este componente de calidad sensiblemente más baja que la otorgada a los otros restantes.

Una explicación a la inferior valoración y a la dispersión de puntuaciones obtenidas en este predictor de calidad podría estar en la propia definición que la Administración educativa ha hecho del papel de este profesional, así como en la actuación que el mismo lleva a cabo en coherencia con las funciones normativamente asignadas (I.N.C.E., 1998). En este sentido, la realidad suele poner de manifiesto que quien ejerce la dirección de un centro educativo (nos referimos, fundamentalmente, a los de enseñanzas regladas y, particularmente, a los centros públicos) tiene fundamentalmente atribuidas y desempeña habitualmente funciones de carácter gerencial, especialmente aquéllas que se derivan de su condición de "funcionario" designado por la Administración educativa, a la que representa en el centro y con la que mantiene una relación de dependencia.

Por el contrario, la consideración del director de una institución educativa como líder pedagógico tiene más que ver con su actuación como impulsor de la actividad de un grupo de personas a las que consigue ilusionar para que pongan su esfuerzo al servicio de metas autodefinidas y que resulten satisfactorias para los miembros del grupo y para quienes reciben sus efectos. Esta concepción del director del centro como líder aparece escasamente en el perfil que de este profesional se establece en la normativa que regula su actuación, y tampoco aparece el matiz de que dicho liderazgo ha de tener un componente esencialmente pedagógico o educativo. Consiguientemente, quienes ejercen como directores de centros educativos no suelen actuar, en términos generales, como tales líderes pedagógicos, promotores de un proyecto pedagógico ilusionador para todos los miembros del centro.

La definición oficial de las funciones del director y el consiguiente ejercicio de las mismas pueden ser la causa de la escasa valoración que se otorga a este predictor de calidad: una buena parte, si no la mayoría, de los miembros e implicados en el funcionamiento de los centros educativos parece considerar que la forma actual en que actúan los directores de tales centros es, en comparación con los otros componentes de calidad institucional, de menor importancia. La divergencia entre lo real y lo deseable puede estar, en algún modo, poniendo en evidencia un cierto rechazo del actual modelo de funcionamiento del director de centros educativos: frente a la relevancia de las funciones gerenciales (que le asigna fundamentalmente la normativa reguladora), las valoraciones del instrumento de análisis utilizado apuntan más hacia un director promotor de la participación de los miembros que constituyen dicho centro, y hasta de quienes tienen interés en el mismo.

La valoración diferenciada de los sectores que han expresado su opinión muestra, como ya hemos señalado, una discrepancia superior a la aparecida en todos los restantes componentes de calidad, lo que parece confirmar una cierta falta de homogeneidad a la hora de enjuiciar este predictor de calidad. Con una destacada diferencia, la valoración más elevada de la importancia del liderazgo pedagógico del director de centro es, precisamente, la emitida por los propios directores: esta puntuación, significativamente diferente de las restantes, (con una Media aritmética = 7.90) se coloca con notable diferencia por encima de las demás.

El segundo lugar en esta valoración lo ocupa el grupo de "otros" (en el que, como ya hemos señalado, participaron algunos inspectores o supervisores, aparte otros profesionales, y la Media lograda es de 6.88). La ponderación otorgada es destacadamente inferior ya en el sector que ocupa el tercer lugar en la clasificación, que lo constituyen los profesores (con una Media aritmética = 6.82); aún más baja es la que muestra el grupo de padres (con una Media aritmética = 6.48); y, finalmente, ocupa el último lugar el sector de padres y madres (que muestran una Media aritmética = 6.63). Es posible que en la baja puntuación que los padres y los alumnos asignan al director haya influido la creciente apetencia de estos sectores de participar cada vez en mayor grado en el funcionamiento de los centros educativos, apetencia que dichos sectores pueden ver, en algún modo, frenada por el director como representante de la institución.

2.3.3.- Valoración de los elementos que integran los identificadores de calidad

El cuestionario utilizado para recoger la valoración de la importancia de los componentes de calidad de un centro educativo recoge, no sólo las puntuaciones otorgadas a los componentes fundamentales, sino también las asignadas a los elementos que constituyen cada uno de los anteriores. En la aplicación del cuestionario se trató de separar la importancia concedida a unos y otros de suerte que, en primer lugar, se valorasen sólo los componentes fundamentales y, en segundo lugar y por separado, los elementos que los conforman. Una exposición, siquiera sucinta, de los valores promedios logrados por los distintos elementos que constituyen los identificadores de calidad figura a continuación.

a).- De los valores como producto educativo

El gran peso que, sin duda, tiene sobre este identificador el planteamiento curricular clásico y convencional en educación tiene su reflejo inmediato en la mayor importancia otorgada a los valores *intelectuales* (que alcanzan una Media aritmética = 7.84). No deja de ser, sin embargo, relevante la importancia otorgada a los valores *morales*, que ocupan el segundo lugar por orden de la importancia concedida (con una Media aritmética = 7,63): tal vez se está produciendo en nuestras sociedades un fuerte movimiento en pro de la regeneración de la moralidad pública y privada, y eso se refleja también en la educación. A corta distancia de los últimamente mencionados, los valores *sociales* ocupan el tercer lugar por orden de importancia (su Media aritmética = 7.57): ciertamente, tales valores emergen, también, con fuerza en las sociedades actuales, aunque resulta difícil separarlos de los anteriores. Con una puntuación algo inferior, aunque todavía bastante elevada, aparecen los de carácter *práctico* (con una Media aritmética = 7.01).

Por el contrario, cabe destacar la baja importancia concedida a los valores *físicos* (con una Media aritmética = 6.53), así como a los *estéticos* (Media aritmética = 6.23) y, especialmente, a los de tipo *religioso* (su Media aritmética = 4.85). En relación con este último grupo cabe aducir la polémica social y hasta política que parece seguir existiendo en torno a la integración o no de estos valores en la educación formal, particularmente en los niveles de educación obligatoria: el peso de aquéllos que piensan que la educación religiosa no debe formar parte de los currículos en las enseñanzas regladas puede haber influido fuertemente en el valor sensiblemente más bajo otorgado a estos valores.

b).- De la satisfacción de los alumnos

En relación con los elementos o factores que determinan la satisfacción de los alumnos, la valoración de todos ellos es generalmente elevada (en todos los casos la Media aritmética obtenida se sitúa por encima de los 7 puntos, en un rango que va de 1 a 9), lo que implica que existe una general aceptación de que las necesidades propuestas, cuya atención determina la satisfacción de los alumnos, corresponden a la realidad, a juicio de la mayor parte de los que respondieron al cuestionario. Destaca, en este caso, la valoración más elevada que las demás otorgada a la *autorrealización* de tales alumnos a través de su propia actuación (con una Media aritmética = 7.70): aunque puede resultar, en alguna medida, sorprendente, la especial relevancia otorgada a este elemento (especialmente si nos situamos dentro de sistemas educativos formalizados, en los que todavía predomina un fuerte peso de academicismo), no es menos cierto que este hecho permite asegurar posibles transformaciones en las que los diseños curriculares estén más de acuerdo con necesidades y, aún, expectativas de los propios alumnos.

A la valoración anterior, dentro de este mismo ídentificador de calidad de la "satisfacción de los alumnos", siguen en importancia la *atención a sus necesidades básicas* (con una Media aritmética = 7.54), la *seguridad* en la atención a tales necesidades (con una Media aritmética = 7.54) y la necesidad de *aceptación como miembro de grupo* (cuya Media aritmética = 7.37). El último lugar, por orden de la importancia otorgada, corresponde al *aprecio o estimación* dentro del propio grupo (con una Media aritmética = 7.42). Es posible, en todo caso, que la menor importancia otorgada al último elemento o factor determinante de la satisfacción de los alumnos haya que interpretarla, más bien, dentro de una secuencia, en la que el "aprecio" podría ser una etapa a consolidar, una vez logradas las anteriores. De todos modos, la particular situación de cada centro educativo podría introducir matices diferenciadores en la valoración de los elementos de este identificador de calidad a la hora de definir su propio perfil de calidad institucional.

c).- De la satisfacción del personal

El personal que constituye una institución o centro educativo puede incluir diversos profesionales y trabajadores (la realidad, incluso, está propiciando cada vez más la aparición de funciones diferentes que corresponden a otros tantos tipos de personal). Ello no obstante, aun cuando la pregunta incluida en el cuestionario es aplicable a cualquiera que lleve a cabo algún tipo de actividad en el centro, en su formulación se ha pensado fundamentalmente en el profesorado: se ha elegido este sector, por entender que es el más común a todos los centros y el que en mayor medida determina el calificativo de educativa asignada a la institución prototípica a que aquí nos referimos. De todos modos, y sin perjuicio de la matizaciones que puedan hacerse en cada situación, los elementos o factores determinantes de la satisfacción del profesorado están definidos de modo que pueden ser aplicables a otras personas que trabajan en un centro educativo.

La reflexión sobre los valores promedios obtenidos en dichos elementos muestra una general coincidencia en considerarlos como de gran importancia en cuanto factores de satisfacción: en efecto, en todos ellos se alcanza una valoración media superior a los 7 puntos. Destaca con una valoración más elevada la satisfacción por los *resultados de los alumnos* (con una Media aritmética de 7.67). Este dato, que podría resultar sorprendente, avala en buena medida la profesionalidad de los miembros del centro y, especialmente, de los profesores (pues no en vano constituyen un sector de gran representatividad en la muestra de respuestas al cuestionario).

Igualmente puede resultar, en cierto modo, sorprendente la importancia otorgada a la *organización de la planificación*, como factor determinante de satisfacción (con una Media aritmética = 7.61), a muy corta distancia de la anterior. Cuando, a veces, se discute sobre la relevancia o no de la organización de una institución sobre la calidad de la misma, la opinión recogida de los miembros e implicados en el funcionamiento de centros educativos no deja de ser un dato de gran interés.

Siguen en importancia como elementos de satisfacción la *seguridad laboral - profesional* (Media aritmética = 7.46), y el *prestigio* laboral - profesional (Media aritmética = 7.10): este último factor aparece como discrepante con apetencias frecuentemente manifestadas por colectivos docentes, que reclaman una recuperación de su reconocimiento social, aspecto muy vinculado a su prestigio. La atención a las *necesidades materiales* ocupa el último lugar: una interpretación de este último dato podría llevarnos a deducir que, si bien las condiciones materiales en que actúan tales profesionales pueden y deben mejorarse, parece que otros determinantes de su satisfacción pueden serles de mayor interés.

d).- Del impacto del producto educativo

Tal como hemos indicado al referirnos a la valoración de este identificador de calidad, la valoración relativamente inferior otorgada al mismo (que ocuparía el séptimo lugar entre los componentes de calidad) puede proceder de la escasa utilización que este componente ha venido tradicionalmente teniendo en la educación y en las instituciones que a ella se dedican, especialmente en el ámbito formal. Pero, hecha esta salvedad y, tal vez, en concurrencia con la misma los datos obtenidos ponen de manifiesto que el elemento considerado como de mayor importancia dentro del impacto de la educación es, precisamente, el llamado *efecto escolar o académico* (con una Media aritmética = 7.50). De esta puntuación parece desprenderse que el efecto que en mayor medida justifica el impacto del producto educativo fuera de las instituciones educativas en que se ha producido es, precisamente, la repercusión en posteriores programas o acciones formativas. Aunque la realidad suele poner de manifiesto que el mejor modo de predecir el éxito académico de un estudiante es, precisamente, su anterior expediente académico, no es menos cierto que la educación lograda en las aulas ha de servir para otras cosas, además de para seguir formándose.

Bien es verdad que a muy corta distancia de la valoración otorgada al elemento anterior, siguen en importancia el impacto *social* (con una Media aritmética = 7.48), seguido del de tipo *laboral* (Media aritmética = 7.46). Ambos aspectos sí parecen estar más en consonancia con las nuevas demandas que las sociedades actuales plantean a la educación, a la que piden ayuda para resolver problemas tan graves como los causados por subproductos no deseables de la civilización urbana (como desarraigo, adición, aislamiento, terrorismo o violencia, entre otros), además de sobre el desempleo. Ocupa, en cambio un lugar algo inferior la puntuación media alcanzada por el impacto *familiar* de la educación, aunque todavía dentro de niveles de valoración que pueden considerarse como de elevada importancia (con una Media aritmética = 7.38): ello implicaría que quienes cumplimentaron el cuestionario consideraron de menos interés la repercusión que sobre las familias tiene la educación de alguno de sus miembros, que la que puede tener sobre los otros ámbitos señalados.

2.3.4. Valoración de los elementos que constituyen los predictores de calidad

El procedimiento señalado en relación con los elementos de los identificadores de calidad fue, también, el seguido para la ponderación de la importancia de los predictores de calidad. Aunque no se pidió expresamente en el cuestionario aplicado una ponderación relativa y por separado del conjunto de los identificadores y del de los predictores de calidad, una estimación sobre las valoraciones obtenidas por los componentes de unos y otros pone de relieve que los identificadores fueron, en general, considerados como de mayor importancia (su valor promedio podría estimarse en una Media aritmética = 7.67) que los predictores (cuyo valor promedio alcanzaría una Media aritmética = 7.30). Exponemos, seguidamente, el detalle de los incluidos en estos últimos.

a).- De la disponibilidad de los recursos

Aunque la gestión de los recursos se sitúa en un lugar relativamente bajo atendiendo a la ponderación promedia otorgada a cada uno de los componentes, cabe señalar, sin embargo, que su valoración sigue pareciendo importante (por encima de los 7 puntos, en un rango de a 9). Eta tendencia de elevada puntuación aparece, también, en los elementos que constituyen este predictor, pues casi todos ellos obtienen promedios por encima del límite de 7 puntos, excepción hecha del mobiliario (que aparece a corta distancia) y del personal no docente.

La valoración más elevada de los elementos que incluimos en este componente de calidad corresponde al *personal docente* (con una Media aritmética = 7.94). Puede, por tanto, considerarse que esta puntuación está en concordancia con la afirmación generalmente extendida (aunque no siempre adecuadamente puesta en práctica) de que el maestro o el profesor es el elemento fundamental de cualquier reforma educativa y, por tanto, un determinante esencial de la calidad (M.E.C., 1994: 81-97). A muy escasa distancia del valor promedio anterior, se sitúa el alcanzado por los *alumnos* (cuya Media aritmética = 7.66), que pasan así a formar parte del binomio de recursos personales considerados de mayor trascendencia para la calidad de una institución educativa. En efecto, si el profesor constituye el dinamizador principal de la educación, el alumno es quien realmente pone en marcha su dinamismo para lograr el aprendizaje (que, en todo caso, siempre es autoaprendizaje) y la propia formación (que, en definitiva, resulta ser autoformación).

Tras la valoración otorgada a los dos sectores de personal mencionados, se sitúa en tercer puesto la ponderación promedio más alta correspondiente al *material didáctico* (con una Media aritmética = 7.48). También este dato parece poner de manifiesto que, tras la acción de los protagonistas más específicos del proceso educativo, los recursos más importantes son, precisamente, aquellos elementos materiales que más tienen que ver con la peculiaridad de la educación. Siguen en importancia las puntuaciones alcanzadas por la *biblioteca* (Media aritmética = 7.20), *el edificio e instalaciones* (Media aritmética = 7.20), los *medios económicos* (Media aritmética = 7.16), el *mobiliario* (Media aritmética = 6.78) y, finalmente, el *personal no docente* (Media aritmética = 6.37). En relación con la baja valoración otorgada a este último elemento, tal vez haya que tener en cuenta la disparidad de este sector de personal: así, mientras que en algunos centros (particularmente de educación primaria y aún secundaria de régimen ordinario) aquí puede incluirse personal de administración y servicios no estrictamente educativos, en otras instituciones tal vez haya que considerar otros profesionales más directamente relacionados con la acción educativa propiamente dicha (tales como orientadores, logopedas, etc.).

b).- De la gestión de los recursos

A pesar de que, tal como hemos señalado, este predictor de calidad se sitúa en el penúltimo lugar en función de su valoración ponderada e, incluso, por debajo de la disponibilidad de tales recursos, los valores promedios logrados en los elementos que lo constituyen alcanzan puntuaciones similares a las obtenidas por los que corresponden a la disponibilidad. Así, la gestión de recursos *humanos* es el elemento que alcanza el valor más elevado (con una Media aritmética = 7.78), y con una estimación que guarda semejanza con la importancia concedida al personal docente (ligeramente por debajo del mismo) y a los alumnos (algo superior a ésta). Quienes respondieron al cuestionario de ponderación han expresado su opinión de que, no solamente las personas directamente implicadas en la acción educativa (fundamentalmente, profesores y alumnos) constituyen los recursos más valiosos de una institución de este tipo, sino que la buena gestión o tratamiento de los mismos es la que en mayor medida contribuye a la calidad de tal institución.

La mayor ponderación otorgada a la gestión de los elementos *de carácter organizativo* se sitúa en el segundo lugar (con una Media aritmética de 7.29), seguida de la otorgada a los recursos *materiales* (con una Media aritmética de 7.27). Es posible, en todo caso, que la valoración de la gestión de los componentes organizativos venga afectada por una cierta inferior estimación debida a la realidad que en los últimos años se ha vivido en los centros educativos, en los cuales se ha producido una excesiva acentuación de la elaboración de una número considerable de documentos de planificación (Proyecto Educativo de Centro, Proyecto Curricular, Reglamento de Régimen Interior, Programación General Anual, Memoria Anual, etc.), sin que se haya atendido suficientemente a una buena gestión de tales centros.

c).- De la organización de la planificación

Conectado, en cierto modo, con la valoración señalada en último lugar para el elemento de la "gestión de los aspectos organizativos" del componente anteriormente descrito, los elementos incluidos en la "organización de la planificación" a que aquí nos referimos (que, inicialmente fue denominada como "el diseño de estrategia", luego "organización y planificación", antes de llegar a la actual) parecen refrendar dicha interpretación. En este sentido, la inferior puntuación otorgada a la importancia de los *documentos de planificación* (con una Media aritmética = 6.75) vendría a subrayar la opinión de que dichos documentos resultan ser menos importantes para la calidad de una institución, tanto en razón de los mismos, como en cuanto a la utilización o gestión que de ellos se haga.

Por el contrario, el resto de los elementos que constituyen este predictor de calidad alcanzan todos ellos una valoración promedio que se sitúa por encima de los 7 puntos. El valor promedio más elevado es el que corresponde a la *estructura organizativa de la institución* (Media aritmética =7.40), seguido del obtenido para la *misión institucional* (Media aritmética = 7.38). Sigue, a corta distancia la importancia de los *principios de funcionamiento* (Media aritmética = 7.31). A continuación se sitúa la *adecuación al contexto* (con una Media aritmética de 7.14) y, finalmente, siguen en importancia los *documentos de planificación* (cuya Media aritmética es de 6.75).

Estos tres elementos (al que podría, si acaso, agregarse el de la "adecuación al contexto") parecen definir la trayectoria de la institución en cuestión; por el contrario, los documentos en los que esta trayectoria se plasma podrían estar más cargados de un matiz de imposición de carácter administrativo, toda vez que su elaboración es una exigencia que ha venido siendo obligatoria para los centros afectada, además, por un cierto dirigismo de las autoridades correspondientes. Podría, por tanto, deducirse que, si bien los sectores consultados consideran importante disponer de un marco de funcionamiento que oriente adecuadamente la trayectoria del centro, se muestran menos favorables a la plasmación escrita de dicho marco en documentos establecidos por la autoridad de las respectivas Administraciones educativas.

d). De la metodología educativa

Si la metodología educativa, en cuanto componente fundamental de la calidad de una institución educativa ocupa un lugar destacado, en opinión de los miembros e implicados consultados, son igualmente valorados como de gran importancia la mayoría de los elementos o principios que constituyen dicha metodología: tan es así que de los once principios sugeridos, nueve de ellos obtuvieron una valoración promedio superior a los 7 puntos, quedando tan sólo dos, apenas por debajo: estos dos últimos son, concretamente, la *"eva-luación frecuente de los alumnos"* (con una Media aritmética de 6.83) y la *"opcionalidad curricular y extracurricular"* (con una Media aritmética de 6.78).

En cuanto a la evaluación de los alumnos (que constituyen el principio metodológico considerado menos importante), la proliferación de trabajos que se ha producido en los últimos años y la escasa utilización real de una auténtica evaluación formativa y autovalorativa podrían estar en la base de la escasa consideración de este principio para la calidad de una institución educativa. Es posible, además, que en la más baja valoración de la opcionalidad haya influido el deterioro que de este principio se ha producido en los planteamientos curriculares de los últimos años, en los que una exagerada parcelación de los campos de conocimiento y una excesiva proliferación de asignaturas irrelevantes estén obligando a revisar este aspecto.

Por el contrario, la ponderación más elevada obtenida por el principio de *motivación positiva de los alumnos* (Media aritmética = 7.69) y, en segundo lugar y casi equivalente, por el de *clima interrelacional positivo* (con una Media aritmética = 7.68) parecen estar en la tendencia metodológica actual de que lo realmente importante es crear un clima potenciador de la capacidad de los individuos para su propia formación y desarrollo. El tercer lugar por orden de importancia lo ocuparía la existencia de *expectativas positivas sobre los alumnos* (con una Media aritmética de 7.43). El *estímulo a la creatividad* (con una Media aritmética = 7.37) reforzaría aún más, si cabe, la importancia de propiciar la iniciativa de los sujetos en formación para desarrollar su potencial, más que obligarles, simplemente, a absorber conocimientos. Con igual valoración habría que atender a la *acomodación a los alumnos* (cuya Media aritmética Resulta ser de 7.37).

Siguen en importancia elementos metodológicos tales como la *dedicación a la tarea,* o realización del esfuerzo preciso, (con una Media aritmética de 7.36). Sucesivamente, aparecen las valoraciones referidas a la importancia de las *relaciones de la institución educativa con la familia y con la comunidad* (Media aritmética = 7.26); la *previsión o planificación previa* (Media aritmética = 7.25); o la *adaptación al contexto*, con igual va-loración (Media aritmética = 7.25). Las puntuaciones inferiores corresponden a las ya seña-ladas, referidas a la *evaluación frecuente de los alumnos* (cuya Media aritmética = 6.83) y a la *opcionalidad curricular y extracurricular* (con una Media aritmética = 6.78).

e).- Del liderazgo pedagógico

La baja ponderación relativa otorgada a este componente básico de calidad (con una Media aritmética = 6.76), a la que nos hemos referido anteriormente, se corresponde, tam-bién, con la puntuación media atribuida a cada uno de los elementos o dimensiones que lo configuran, pues tan sólo dos de las citadas dimensiones del liderazgo pedagógico del director obtienen un valor promedio que supera los 7 puntos. La menor importancia, en general, de estos elementos de liderazgo (al igual que la otorgada a este predictor en su conjunto) se corresponde, además, con una relativamente elevada desviación típica de las puntuaciones, lo que nos lleva a deducir que la discrepancia entre los que contestaron al cuestionario fue bastante elevada.

La dimensión *participativa* obtiene la valoración promedio más elevada (con una Media aritmética = 7.49): esto parece poner de manifiesto que la aspiración máxima de quienes constituyen los centros educativos e intervienen en su funcionamiento es lograr que el director de tales instituciones sea, ante todo, un estimulador y facilitador de la intervención de los diversos sectores que lo configuran.

La segunda dimensión del liderazgo del director de centro más valorada, a escasa distancia de la anterior, es la que hace referencia a su condición específicamente *profesional* (cuya Media aritmética = 7.48). Tal valoración constituye, sin duda alguna, un elemento revelador, que apunta hacia el deseo de que la preocupación máxima y la dedicación prioritaria de un director de centro ha de ser la mejora continua de la institución, que ha de avanzar hacia la calidad institucional. El resto de las funciones y tareas que puede llevar a cabo debieran estar orientadas a tal preocupación básica, y debieran llevarse a cabo con la mirada puesta en esta dimensión esencial; pero, eso sí, de acuerdo con la valoración máxima otorgada, el esfuerzo hacia la calidad ha de ser realizado de modo participativo por todos los miembros, aunque con el liderazgo del director del centro.

La dimensión que ocupa el tercer lugar por orden de valoración es la que corresponde a la de tipo *cultural* (Media aritmética = 6.98) o, lo que es lo mismo, la promoción de la propia identidad de cultura de la institución. Sigue en importancia el liderazgo *anticipador* (Media aritmética = 6.97), que hace referencia a la capacidad de prever acontecimientos y situaciones antes de que ocurran, así como la de anticiparse a lo que va a suceder para dar a ello la respuesta más correcta. En orden decreciente aparecen las dimensiones siguientes: la *formativa* (Media aritmética = 6.86), o promoción de la formación del personal del centro; la *afectiva* (Media aritmética = 6.78), entendida como la atención hacia los aspectos de carácter afectivo o emocional; y la dimensión *gerencial* (Media aritmética = 6.69), relativa a la gestión de asuntos de carácter administrativo y de jefatura representativa.

La inferior valoración otorgada a esta dimensión de liderazgo gerencial constituye, en sí misma, una abierta contradicción con las funciones y tareas que normativamente vienen siendo atribuidas al director de un centro educativo, al menos en las instituciones sostenidas con fondos públicos. Finalmente, la dimensión de liderazgo que obtuvo la puntuación más baja fue la de tipo *carismático* (Media aritmética = 6.45), que haría referencia a la capacidad de atracción hacia otras personas.

2.3.5.- *Propuesta de ponderación de componentes de calidad*

Teniendo en cuenta la percepción que de los componentes y elementos de calidad de una institución educativa han puesto de manifiesto las valoraciones que de los mismos han llevado a cabo los sectores y personas implicadas en su funcionamiento, cabe efectuar una propuesta de ponderación del modelo de referencia. Al efectuar tal propuesta lo hacemos de acuerdo con los supuestos que han dado origen a tal modelo: de modo más concreto, pretendemos que sea la propia realidad educativa y la visión que de la misma tienen los comprometidos con ella los que estén en el origen del referente de calidad institucional.

Siguiendo este enfoque, formulamos aquí la valoración de los componentes fundamentales de calidad institucional, a partir de los datos obtenidos. Aunque todo parece indicar que el perfil ya configurado tiene una considerable consistencia, la intensificación de futuras investigaciones y la aparición de nuevos datos puede determinar la rectificación, en la medida conveniente, de la estimación que aquí se propone. En cuanto a los elementos que definen más concretamente los distintos identificadores y predictores, éstos serán oportunamente ponderados en sucesivos trabajos.

Insistimos, una vez más, en que la propuesta que aquí presentamos constituye un marco de referencia general: como tal, puede utilizarse para algún centro o institución educativa; pero puede, también, ser objeto de la pertinente acomodación a una realidad institucional concreta, que podrá matizar el marco general que ofrecemos o redefinirlo en la forma que más convenga. Siguen siendo, por tanto, los directamente implicados en el funcionamiento de cada centro o institución educadora los que han de asumir la responsabilidad de definir su propio perfil de calidad y de acomodar al mismo las acciones de mejora pertinentes (Gento, S., 1998a).

Con el fin de disponer de valoraciones numéricas que faciliten su tratamiento estadístico, la puntuación total a obtener en un centro educativo será de 1.000 puntos. Tal puntuación total se reparte, teniendo en cuenta las valoraciones de los componentes a que nos hemos referido anteriormente, tras haber realizado un prorrateo del total de puntos proporcionalmente al valor promedio que ha alcanzado cada uno. De este modo, las puntuaciones y porcentajes relativos (sobre el 100% total) se distribuyen en la forma siguiente (Fig. 2):

- Identificadores de calidad = 460 puntos (46% del total)
- Los valores como producto educativo: 120 puntos (12% del total)
- La satisfacción de los alumnos : 120 puntos (12 % del total)
- La satisfacción del personal del centro: 110 puntos (11% del total)
- El efecto de impacto de la educación: 110 puntos (11% del total)
- Predictores de calidad: 540 puntos (54% del total)
- Disponibilidad de recursos: 110 puntos (11% del total)
- Gestión de los recursos: 110 puntos (11% del total)
- Organización de la planificación: 110 puntos (11% del total)
- Metodología educativa: 110 puntos (11% del total)
- Liderazgo pedagógico del director: 100 puntos (10% del total)

2.4. Utilización para posible certificación de calidad

El desarrollo de nuestra propuesta de modelo de calidad total ha estado orientado a la definición del mismo para su posible utilización como referente que pueda servir para establecer el perfil de calidad de un centro o institución educativa. El primer propósito fue la definición de lo que pudiera ser el modelo teórico de calidad. A tal efecto, llevamos a cabo profundas reflexiones sobre la realidad y la práctica educativa; se analizaron las aportaciones de personas e instituciones de autoridad en el ámbito educativo; y se consultaron fuentes relevantes de autoridad en la gestión de calidad institucional.

El resultado de esta primera tarea ha sido la definición del modelo de referencia de Instituciones Educativas para la Calidad Total (Gento, S., 1996). Pero, como en toda obra humana, esta propuesta es mejorable: por esta razón, se han ido introduciendo progresivamente algunas matizaciones a la referida propuesta, a medida que la propia realidad y el contacto con los protagonistas de la acción educativa han ido efectuando sucesivas contribuciones.

Nuestro convencimiento básico es que lo más importante del paradigma de la calidad total es, precisamente, la optimización de la educación, lo que necesariamente conlleva la mejora de la satisfacción y de las condiciones de actuación de los propios protagonistas y, también, de quienes reciben el efecto de la educación misma.

Derivado de este convencimiento, se han llevado a cabo también: reflexiones en profundidad; contrastes con diversas personalidades relevantes del mundo de la educación y de la gestión de calidad en diversos países; comparecencias en diferentes reuniones internacionales, entre las que cabe mencionar las organizadas por las organizaciones que promueven el premio europeo y el norteamericano de calidad, amén de los responsables de los premios de calidad de diversos países; contactos con profesores y con protagonistas de la educación, con supervisores o inspectores de educación, con formadores de profesores y con autoridades educativas de diversos países.

Fruto de las aportaciones surgidas de las actuaciones que acaban de mencionarse surgió el propósito de ofrecer un instrumento que pudiera servir de base y guía a la mejora de la calidad de instituciones educativas. Tal propósito se ha materializado en la publicación de un trabajo en el que se perfila una propuesta de Implantación de la Calidad Total en Instituciones Educativas (1998a). Esta propuesta se asienta sobre la base de que son las propias instituciones educativas las que han de elegir de modo autónomo, responsable y participativo, su propio perfil de calidad y el camino para lograr los objetivos que se autoimpongan.

Consiguientemente, los modelos de calidad (entre ellos el que nosotros proponemos para instituciones educativas) habrán de servir como referentes, que las propias instituciones han de elegir - en su caso -, adaptar – si así lo estiman conveniente -, o - simplemente – desechar por considerar que no responden a su propia peculiaridad. En todo caso, es posible que una reflexión sobre los modelos existentes pueda servir para conocer mejor el paradigma de la calidad total y puede ofrecer elementos que ofrezcan pistas o sugerencias para que la comunidad educativa del centro en cuestión defina su modelo o perfil de calidad.

Sin perjuicio de lo señalado en el párrafo anterior, los modelos de calidad pueden ser utilizados y – de hecho – son empleados en diferentes ámbitos geográfico – políticos, como guías que pueden utilizarse para la certificación de calidad de empresas o instituciones. Aunque es de necesidad reconocer que la aceptación de centros educativos como instituciones que puedan ser certificadas como de calidad por tales modelos es muy reciente, es ésta una posibilidad que parece establecerse, a pesar de las críticas que ello suscita.

Con el fin de validar la propuesta de instituciones educativas de calidad que formulamos, hemos sometido la misma a contrastación empírica en la que han intervenido diversos sectores implicados en el funcionamiento de centros de diverso tipo, así como profesionales y sectores interesados en la educación. En esta tarea hemos contacto con la valiosísima aportación de varias generaciones de alumnos del ciclo de doctorado de nuestra Universidad: aunque la mayoría de ellos se sitúan en nuestro país, han intervenido también otros ubicados en diferentes países, fundamentalmente de habla española.

El resultado de esta validación empírica y ponderación de componentes y elementos de calidad ha permitido obtener los datos que hemos señalado al referirnos a la contrastación empírica participativa. Fruto, también, de tales aportaciones y del procesamiento que hemos efectuado de los numerosos datos obtenidos, ha sido el establecimiento de la ponderación relativa de tales componentes básicos y de los elementos que constituyen cada uno de ellos (Fig. 3).

IDENTIFICADORES DE CALIDAD	Índice multiplicador	Valor máximo ponderado
Valores como producto educativo	13	117
Satisfacción de los alumnos	14	127
Satisfacción del personal del centro	12	108
Efecto de impacto de la educación	12	108

PREDICTORES DE CALIDAD		
Metodología educativa	13	117
Disponibilidad de recursos	12	108
Organización de la planificación	12	108
Gestión de recursos	12	108
Liderazgo pedagógico	11	99

Fig 3. *Índices de ponderación de componentes de calidad*

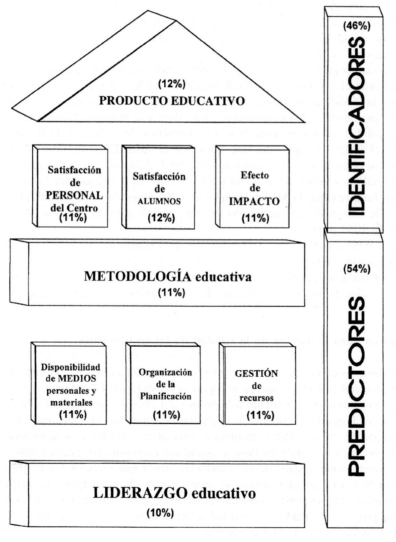

Fig. 2. *Ponderación de los componentes de calidad de un centro educativo.*

Consiguientemente, disponemos de una estimación – basada en los propios protagonistas – que nos puede permitir su utilización para certificar a instituciones educativas como de calidad, siempre en relación con el modelo de referencia propuesto y sin perjuicio de las actualizaciones que sucesivamente convenga introducir. Inicialmente, hemos efectuado una adaptación inicial del cuestionario – escala utilizado en la ponderación de componentes y elementos de calidad; pero, en este caso, puede ser empleado para efectuar la valoración de una determinada institución educativa. Por supuesto, apoyamos la utilización prioritaria para la autovaloración del centro respectivo; pero la evidencia empírica permite garantizar que puede manejarse a efectos de certificación de calidad.

Considerando las puntuaciones que los distintos componentes de calidad alcanzaron en la ponderación de su importancia otorgada por los implicados e interesados en la calidad de las instituciones educativas, puede establecerse un *índice multiplicador* para cada uno de tales componentes. A tales efectos, ofrecemos en el cuadro siguiente el que habría que utilizar para obtener el valor ponderado que correspondería a la puntuación que alcance cada uno de dichos componentes básicos (Figura 4); incluimos, también, en esta tabla el valor máximo previsible de los mismos.

Teniendo en cuenta los datos de la tabla anterior, más concretamente el índice multiplicador, una vez aplicado el cuestionario de "valoración de centros" a que nos hemos referido, ha de obtenerse la medida aritmética de cada uno de los componentes básicos y de los elementos de cada uno de ellos. Posteriormente, para calcular la puntuación alcanzada como institución de calidad, se multiplicará la media aritmética de cada uno de los componentes básicos por el índice multiplicador que figura en la tabla. La suma de todos los valores ponderados así obtenidos arrojará la puntuación total alcanzada como institución educativa de calidad total. Se añadirá, además, un punto al valor total que alcance la satisfacción de los alumnos (una vez que la Media aritmética global obtenida se haya multiplicado por el índice 14). De este modo, la puntuación máxima posible a lograr por una institución educativa será de 1000 puntos.

Puede, también, considerarse la puntuación total ponderada alcanzada en cada uno de los componentes de calidad del centro, en comparación con el valor máximo ponderado que figura en la tabla anterior: de este modo, podrá determinarse la diferencia - en su caso – entre la puntuación ponderada alcanzada y la que máximamente cabría alcanzarse en cada caso.

3. Evaluación para la mejora de la calidad de las instituciones

Se fundamenta en el hecho de que interesa la *implantación de la calidad más que la propia certificación* por una empresa u organización externa. El enfoque o paradigma de trabajo está, por tanto, más orientado a la promoción interna y participativa de la mejora u optimización, en lugar de a la obtención de la certificación externa. Debe predominar, como espíritu compartido en el centro o institución educativa la tendencia a la mejora continua, que no a la perfección medida en base a estándares externamente establecidos.

Consiguientemente, predominará la *autoevaluación* que realicen los propios implicados, en lugar de la evaluación externa. No se trata, pues, de la comparación respecto a una norma o estándar externamente establecido, cuanto de la puesta en evidencia de la *percepción* que los propios implicados e interesados tienen sobre los aspectos que necesitan mejorar y de la forma en que conviene hacerlo.

La evaluación para la mejora habrá de incluirse dentro del plan del centro. En relación con esto, parece obvio que lo primero que debe ponerse de manifiesto es, fundamentalmente, la justificación o razones básicas por las que la institución va a comprometerse a llevar a cabo dicho plan de calidad. La evaluación que se realice a tales efectos irá destinada a crear una actitud positiva de carácter inteligente "fundada sobre el conocimiento y la evidencia de que existen razones suficientes y poderosas para llevar a cabo tal plan y para su intervención en él" (Gento, S., 1998a: 28).

Pero esta puesta en evidencia de la percepción de la propia situación constituye una responsabilidad y una tarea de cuantos están implicados e interesados: por tanto, cuando nos referimos a una institución educativa habremos de contar con todos aquellos que puedan poner de manifiesto situaciones o aspiraciones que fundamenten el plan de calidad.

3.1. *La participación, consustancial para la mejora de la calidad*

En definitiva, lo que proponemos es que la autonomía del propio centro sea la que determine su propio modelo o referencia ideal a la que aspira (y no, por el contrario, la necesidad de su acomodación a estándares o niveles uniformes que acreditarán a la institución como de calidad). Son ya demasiadas las opiniones y evidencias que ponen de manifiesto que la carrera hacia la homologación, la certificación o la evaluación basada en parámetros externos preestablecidos no conduce a una mejora de la educación sino, en todo caso, a una acentuada presión externa sobre los centros, profesores y alumnos y, frecuentemente, a un incremento de ansiedad (que puede desembocar, incluso, en agresividad) entre los miembros de la comunidad escolar.

Por el contrario, la autonomía de centros que cada vez se proclama como más necesaria, junto a la libertad académica del profesor y la condición personal de los alumnos exigen un perfil de calidad institucional que será propio y peculiar de cada centro (Borbonés, C., 1992: 95; Ley O. 9/1995 de 20 de Noviembre, art. 5; Rosenholtz, S., 1989);

Esto nos lleva a establecer la necesidad de que la determinación de ese referente individual y contextualizado se lleve a cabo a partir de la propia percepción que los miembros integrantes de la institución educativa tienen de su realidad. La determinación de este referente partirá, obviamente de la evaluación o valoración que se realice a partir de la percepción de la realidad que constituye y que circunscribe la institución educativa. Pero, además de ello, la reflexión sobre la acomodación a las aspiraciones o expectativas que los miembros de la institución se han autoestablecido conducirá a una evaluación en la que la intervención participativa de dichos miembros ha de ser una característica esencial.

Es obvio, pues que "para que la evaluación produzca efectos beneficiosos es preciso contar con la *cooperación voluntaria* de los implicados; por el contrario, si se realiza contra la voluntad de aquéllos podríamos encontrarnos ante el denominado "síndrome de Penélope", en el que por no existir el necesario clima de confianza la evaluación estará condenada al fracaso". (Plante, J., 1994: 185).

En el ámbito de las organizaciones o instituciones, entre las que hemos de situar a los centros educativos, la toma de decisiones constituye, cada vez en mayor medida, una *responsabilidad compartida*, en la que han de tener un papel destacado y comprometido quienes han de encargarse de ejecutarlas. Se requiere, pues, para que las decisiones concretas formen parte de un todo unitario e integrado (cual es el centro o institución educativa) que todos los miembros participen activa y responsablemente en la toma de decisiones de las unidades en que se encuentran insertos y del conjunto de tal institución.

Así entendida, la evaluación para la mejora ha de partir de un compromiso participativo de todos los miembros de la comunidad escolar. Sólo así puede entenderse que "la creación de sucesivas ocasiones para la reflexión, la autovaloración y la evaluación constituyen un aspecto básico para la mejora del centro (Darling-Hammond, L., 1997: 219).

Entendemos la participación como la intervención en la toma de decisiones, y no sólo como el establecimiento de canales multidireccionales de comunicación y consulta. Nos unimos, así, a la concepción de autores que, como Lowin, A. (1968) consideran que la participación completa sólo se da cuando las decisiones se toman por las personas que han de ponerlas en acción.

Descendiendo al terreno de lo práctico, la participación ha de entenderse como la intervención de individuos o grupos de personas en la discusión y toma de decisiones que les afectan para la consecución de objetivos comunes, compartiendo para ello métodos de trabajo específicos. En definitiva, *participar es tomar parte activa, asumiendo la correspondiente parcela de poder o ejercicio de responsabilidad en cada una de las distintas fases que afectan a un ámbito de actuación: desde la constitución de las unidades de actuación, pasando por su estructuración, la toma de decisiones, la puesta en práctica de éstas, la valoración de resultados, y el análisis del efecto de impacto que tales resultados producen.*

Para que exista una auténtica participación de los individuos dentro del grupo deben cumplirse algunas condiciones, tales como las que mencionamos seguidamente:

- El grupo ha de estar formado por individuos que tienen *intereses comunes,* lo que supone una intervención de los miembros en su propia composición,
- Los miembros del grupo han de estar dispuestos a lograr conjuntamente determinados *objetivos;*
- La consecución de tales objetivos ha de integrase en un *proyecto común;*
- La actitud de los individuos comprometidos en tal proyecto común ha de asumir los principios de respeto, tolerancia, pluralismo ideológico y libre expresión de ideas (este clima actitudinal se define, a veces, en conjunto como *"cultura participativa")*
- Debe producirse un *reparto de tareas* para lograr los objetivos comunes: una vez atribuidas tales tareas, serán los responsables de las mismas quienes las realicen;
- Las decisiones han de llevarse a cabo con la *colaboración* de todos;
- Debe existir un marco de *gratificación individualizada* que recompense los esfuerzos individuales y que permita una estructuración espontánea y solidaria del grupo.
- La necesidad de contribuir responsablemente a la solución de problemas obliga a todos y cada uno de los miembros a una permanente exigencia de *formación*, que facilite un mejor conocimiento de los problemas y una más adecuada propuesta de soluciones.

Con el fin de desglosar específicamente las peculiaridades de la *intervención participativa de los diversos sectores que concurren en un centro* educativo (Gento, S., 1994), podemos referimos a la de los profesores, los padres de alumnos, los alumnos, y otras instancias (entre las que deben contemplarse diversas iniciativas públicas y privadas con interés en la educación y en sus efectos). Pero la ampliación del principio de participación a sectores y ámbitos no incluidos en el organigrama de la propia institución educativa es, cada vez, una necesidad más urgente, lo que está provocando la emergencia de enfoques de *apertura*, tanto de centros, como de los propios educadores (Lorenzo, M., 1996:. 34-35 ; Martín - Moreno, Q., 1996: 398).

3.2. Técnicas participativas de gestión de calidad

Cierto que la realidad percibida ha de hacerse aflorar, lo que exigirá la incidencia de un auténtico liderazgo pedagógico (Gento, S., coord., 1996; Gento, S., 1998a: 53-58) y cierto, también, que la evidencia de la percepción que pongan de manifiesto los integrantes de la comunidad escolar habrá de ser estructurada convenientemente para que pueda conducir a visiones claras y comprensibles, con las que puedan operativizarse acciones de mejora.

Ambas exigencias nos conducen a la necesidad de introducir en la evaluación institucional, dentro de este enfoque de calidad total, el conocimiento de técnicas participativas a estos efectos. Con la utilización de las mismas "todos los miembros de la comunidad escolar se sentirán implicados, desde la corresponsabilidad, con la evaluación, pues de esta forma asumirán mejor las estrategias innovadoras que se incluyan en la propuesta de mejora para el centro" (Cardona, J., 1998: 146).

La documentación que va progresivamente incrementándose sobre gestión de calidad total en instituciones o entidades, en general, y de modo particular en el ámbito educativo, está haciendo aflorar información con la que pueden *definirse técnicas específicas de gestión de calidad:* su aplicación a la evaluación en un centro educativo que acepte este enfoque permitirá el conocimiento del mismo con la implicación de los miembros que lo constituyen; de este modo se recogerá de modo sistemático y estructurado la estimación que de la institución y sus componentes se deriva de la percepción de tales miembros; con ello será posible definir, desde la implicación de los protagonistas, la relevancia de los componentes o elementos que resulten de mayor interés; y, en fin, ello permitirá plantearse objetivos y estrategias de mejora de los que dichos miembros del centro se sientan responsables y protagonistas auténticos.

Las técnicas participativas aplicables a la evaluación en un enfoque de calidad total constituyen sistemas consolidados de valoración que, en el marco de una institución educativa, se acomodan a los principios característicos del enfoque de calidad total. Constituyen, por su propia condición, tipos de actuación que han sido previamente sometidos a exhaustivos controles para garantizar el máximo aprovechamiento de los recursos y esfuerzos empleados. Este modo de actuar implica, por tanto, la garantía de hacerlo dentro de parámetros que exigen una funcionalidad regular, así como cotas de eficacia y eficiencia suficientes.

Aunque la propia realidad de cada institución y situación determinarán, en último extremo, las técnicas participativas cuya utilización responda mejor a las necesidades de evaluación, hemos estructurado dichas técnicas en torno a tres bloques fundamentales siguientes (Gento, S., 1998a.: 99-150):

- Técnicas para la generación de ideas
- Técnicas para el análisis y presentación de datos
- Técnicas para la descripción de componentes
- Técnicas para la planificación y gestión de procesos.

3.3. Técnicas participativas para la evaluación de la calidad

Entre las técnicas que han ido consolidándose dentro de la gestión de calidad institucional, parece que las más apropiadas para la puesta de manifiesto de la percepción de una realidad a partir de la cual puede surgir el compromiso para optimizarla, podrían ser inicialmente aquéllas destinadas a la generación de ideas y al análisis y presentación de datos.

Con el fin de determinar los aspectos sobre los que debe incidir la mejora y sobre aquéllos que conviene abordar de modo prioritario, será preciso familiarizar a los implicados e interesados (especialmente y de modo inicial a los líderes de la institución educativa) en el uso de técnicas de participación que conduzcan a la mejora de la calidad. Aunque pueden utilizarse diversas técnicas para llevar a cabo la evaluación participativa que conduzca a la mejora de la calidad de una institución educativa, describiremos aquí sucintamente dos de ellas, cuya utilización hemos llevado a cabo en varias ocasiones y en distintos países con profesionales de la educación, saber: el diagrama causa efecto y el análisis de Pareto

4. Referencias bibliográficas

ASOCIACIÓN ESPAÑOLA PARA LA CALIDAD (1998). *Propuesta para la Adaptación de la Norma UNE-EN-ISO 9004-2 a los Servicios Educativos y de Formación.* Madrid: Autor.

BERNE, E. (1978). *¿Qué Dice Vd. Después de Decir Hola?.* Barcelona: Grijalbo.

BORBONÉS, C. (1992). "Sociedad y educación". DOMÈNECH, J. y BORBONÈS, C. *Filosofía y Educación (Contexto Histórico e Ideológico).* Tarragona: Domènech y Borbonès.

BRIDGES, D. & SCRIMSHAW, P. (1979). *Valores, Autoridad y Educación.* Madrid: Anaya.

BROOKER, W.; BEADY, C.; FLOOD, P.; SCHWEITSER, J. & WISENBAKER, J. (1979). *School Social Systems and Student Achievements. School Can Make a Difference.* New York: Praeger.

BRUNER, J.S. (1980). *Acción, Pensamiento y Lenguaje.* Madrid: Alianza.

BUSH, D. y DOODLEY, K.(1989). "Deming Prize and Baldrige Award: how they compare". *Quality Progress, 22 (1)*: 28-30.

CHAN T.C. (1979). *The Impact of School Building in Pupil´s Achievement.* Greenville, .C.: Office of School FAcilities Planning.

CROSBY, Ph. B. (1980). *Quality is Free.* New York: Mentor.

DARLING-HAMMOND, L. (1997). *The Right to Learn.* San Francisco: Jossey-Bass.

DEMING, E.W. (1981). *Management and Statistical Techniques for Quality and Productivity.* New York: New York University (School of Business).

DE PREE, M. (1989). *Leadership is an Art.* New York: Bantam Doubleday.

CARDONA, J. (1998). "Cultura evaluativa de centros de educación". GENTO, S. (Coord.). *Gestión y Supervisión de Centros Educativos.* Buenos Aires: Docencia., pp. 123-156.

CROSBY, P.B. (1980). *Quality is Free: the Art of Making Quality Certain.* New York: Mentor Books.

CUNNINGHAM, C. (1998). *Trabajar con los Padres.* Madrid: M.E.C.-Siglo XXI.

CUNNINGHAM, C. (1998). *Trabajar con los Padres.* Madrid: M.E.C.-Siglo XXI.

CUNNINGHAM, C. (1998). *Trabajar con los Padres.* Madrid: M.E.C.-Siglo XXI.

DARLING-HAMMOND, L. (1997). *The Right to Learn.* San Francisco: Jossey-Bass.

DOBB, F.P. (1996). *ISO 9000 Quality Registration.* Oxford: Heineman.

DODSON, D.W. (1976). "El cambio social como una nueva frontera en educación". GUGGENHEIM, M. y otros. *Nuevas Fronteras en Educación.* Madrid: Morata: 187-206.

DRUCKER, P. F. (1993). *La Sociedad Poscapitalista.* Barcelona: Apóstrofe.

DURKHEIM, E. (1975). *Educación y Sociología.* Barcelona: Península.

ESTEVE, J.M. (1992). *El Malestar Docente.* Barcelona: Laia.

EUROPEAN FOUNDATION FOR QUALITY MANAGEMENT (1994). *The European Quality Award: Application Brochure.* Tilburg (The Netherlands): Pabo Print.

EUROPEAN FOUNDATION FOR QUALITY MANAGEMENT (1996). *The European Quality Award: Application Brochure.* Tilburg (The Netherlands): Pabo Print.

FISHER, W.A. y SCHRATZ, M. (1993). *Schule Leiten und Gestalten.* Innsbruck: Österreichischer Studien Verlag.

FRASER, B.J. (1989). "Instructional effectiveness. process on the microlevel". CREEMERS, B.; PETERS, T.; y REYNOLDS, D. *School Effectiveness and School Improvement.* Amsterdam: Swets & Zeitling, pp. 23-37.

FRASER, B.J.; WALBERG, G.; WELCH, W.; y HATTE, J. (1989). "Syntheses of Educational Productivity Research". *International Journal of Educational Research, 11 (2).*

GALGANO, A. (1993). *Calidad Total.* Madrid: Díaz de Santos.

GARCÍA-HOZ, V. (1963). *Principios de Pedagogía Sistemática.* Madrid: Rialp.

GARCÍA HOZ, V (1988). *La Práctica de la Educación Personalizada.* Madrid: Rialp.

GENOVARD, C. y GOTZENS, C. (1990). *Psicología de la Instrucción.* Madrid: Santillana (Aula XXI).

GENTO, S. (1994). *Participación en la Gestión Educativa.* Madrid: Santillana.

GENTO, S. (1995). "Formación cultural básica de personas adultas". MEDINA, A. (Coord). *Educación de Adultos (II).* Madrid: UNED, PFP.

GENTO, S. (1996). *Instituciones Educativas para la Calidad Total.* Madrid: La Muralla

GENTO, S. (Coord.) (1996). *Organización Pedagógica del Nuevo Centro Educativo.* Madrid: UNED.

GENTO, S. (1998a). *Implantación de la Calidad Total en Instituciones Educativas.* Madrid: UNED.

GENTO, S. (1998b). (Coord.) *Gestión y Supervisión de Centros Educativos.* Buenos Aires: Docencia, pp. 25-60.

GONZÁLEZ, M.C. y TOURON, J. (1992). *Autoconcepto y Rendimiento Escolar.* Pamplona: E.U.N.S.A.

GOOD, T. L. (1989). "Using classroom and school research to professionalize teaching". CREEMERS, B.; PETERS, T.; y REYNOLDS, D. *School Effectiveness and School Improvement.* Amsterdam: Swets & Zeitlinger, pp 3-22.

GOOD, T.L. & BROOPHY, J.E. (1987). *Looking in Classrooms.* New York: Harper & Row.

GREENWOOD, M.S. & GAUNT, H.J. (1994). *Total Quality Management for Schools.* New York: Cassell.

GUTIÉRREZ, E. (1990). *Análisis Grupal del Aula.* Oviedo: Universidad de Oviedo.

HALSTEAD, M.J. & TAYLOR, M.J. (1996). *Values in Education and Education in Values.* New York: Palmer.

HANUSHEK, E. (1986). "The economics of schooling: production and efficiency in public schools". Journal of Economic Literature, 24, pp. 141-77.

INCE (1998). Funcionamiento de los Centros. Diagnóstico del Sistema Educativo, 1997. *Madrid: Ministerio de Educación y cultura.*

ISHIKAWA, K. (1985). *What is Total Quality Control?: The Japanese Way.* New York: Prentice Hall.

ITE-CECE (Edit.) (1997). *Guía de Autoevaluación de Centros Educativos no Universitarios. Modelo Europeo de Calidad Total en la Gestión..* Madrid: Autor.

JONG, M.J. & BRASTER, S. (1989). "Effective schools and equal opportunities". CREEMERS, B.; PETERS, T.; y REYNOLDS, D., *School Effectiveness and School Improvement.* Amsterdam: Swets & Zeitlinger, pp. 167-176.

JURAN, J.M. (1989). *Juran's Quality Control Handbook.* New York: MacGraw Hill.

KAUFMAN, R. & ZAHN, D. (1993). *Quality Management Plus: The Continuous Improvement in Education.* Newbury Park, Ca.: Corwin Press.

LEY O. 9/1995 de 20 de Noviembre (BOE 21 de Noviembre): *de la Participación, la Evaluación y el Gobierno de los Centros Docentes.*

LORENZO, M. (1996). *El Liderazgo Educativo en los Centros Docentes.* Madrid: La Muralla.

LORTIE, D. (1975). *The School Teacher. A Sociological Study.* Chicago: University of Chicago.

LOWIN, A. (1968). "Participative decision making". *Organizational Behaviour in Human Performance, 3*: 68-106.

MARCH, J. (1978). "American Public School Administration: a short analysis". *School Review, 86*, pp. 217-250.

MARÍN IBÁÑEZ, R. (1992). *El Contenido Axiológico de la Educación.* Madrid: Asociación de Profesores Jubilados de Escuelas Universitarias.

MARÍN, R. (1993). *Los Valores, un Desafío Permanente.* Madrid: Cincel.

MARTÍN - MORENO, Q. (1996). *La Organización de Centros Educativos en una Perspectiva de Cambio.* Madrid: Sanz y Torres.

MASLOW, A.H. (1970. *Motivation and Personality.* New York: Harper & Row.

McKENCIE, J. (1983). "Research for school improvement: an appraisal of some recent trends". *Educational Research 12 (4)*: 5-17.

M.E.C. (1994). *Centros Educativos y Calidad de Enseñanza.* Madrid: Autor.

M.E.C. (1997). *Modelo Europeo de Gestión de Calidad.* Madrid: Servicio de Publicaciones.

MEDD, D. (1989). "Mobiliario escolar: características y particularidades". MARTÍN-MORENO, Q. *Cuestiones sobre la Organización del Entorno del Aprendizaje.* Madrid: UNED, pp. 91-110.

MEDINA, A. y GENTO, S. (Coord. 1997). *Organización Pedagógica del Nuevo Centro Educativo.* Madrid: UNED.

MILLER, R. (1989). "School effectiveness training research influencing practice". CREEMERS, B.; PETERS, T.; y REYNOLDS, D. *School Effectiveness and School Improvement.* Amsterdam: Swets & Zeitlinger, pp. 47-58.

MILLS, D. (1997).*Manual de Auditoría de Calidad.* Barcelona: Gestión 2.000.

NASSIF, R. (1958). *Pedagogía General.* Buenos Aires: Kapelusz.

OCDE (1983). *Organización Creativa del Ámbito Escolar.* Madrid: Anaya.

O.C.D.E. (1991) *Escuelas y calidad de la enseñanza. Informe internacional.* Madrid: Paidos/ MEC.

O.C.D.E. (1992). *New Technology and its Impact on Educational Buildings.* París: OCDE.

ORDEN, A. de la (1989). "Calidad de la educación". *Bordón, 40 (2):* 149-162.

OSINALDE, E. (1999). "La Certificación ISO 9002 en centros educativos". *Oganización y Gestión Educativa, 1*, pp. 41-45.

PÉREZ, R. (1995). "Evaluación de programas educativos". MEDINA, A. y VILLAR, L.M. *Evaluación de Programas Educativos, Centros y Profesores.* Madrid: Universitas, pp. 73-106.

PÉREZ, R. y GARCÍA, J.M. (1989). *Diagnóstico, Evaluación y Toma de Decisiones.* Madrid: Rialp.

PEREZ, R. y MARTINEZ, L. (1989). *Evaluación de Centros y Calidad Educativa.* Madrid: Cincel

PLANTE, J., 1994. *Évaluation de Programme.* Laval (Canada): Université Laval.

PLATÓN (1946). *La República o el Estado.* Buenos Aires: Espasa-Calpe.

POSAVAC, E.J. y CAREY, R.G. (1989). *Program Evaluation.* Englewood Cliffs (N.J.): Prentice-Hall.

POSTMAN, N. (1993). *Technopoly.* DODSON, D.W., 1976. New York: Vintage Books.

PUIG, X. (1994). "Aprender de nuestros errores". *In Company, 1*, pp. 14-17.

PURKEY, S.C. & SMITH, H.S. (1983). "Effective schools: a review". *The Elementary School Journal, 83 (4)*: 427-452.

REAL ACADEMIA ESPAÑOLA (1992). *Diccionario de la Lengua Española.* Madrid: Espasa-Calpe.

RECIO, E.M. (1978). *La Planificación de los Recursos Humanos en la Empresa.* Barcelona: Hispano Europea.

ROSENHOLTZ, S.(1989). *Teachers´ Workplace: the Social Organization of Schools.* White Plains (New York): Longman.

RUIZ, J.M. (1998). *Cómo Hacer una Evaluación de Centros Educativos.* Madrid: Narcea (2ª edición).

SCHARGEL, F.P. (1994*). Transforming Education through Total Quality Management.* Princeton Junction (N.J.): Eye on Education.

SCHEERENS, J. (1992). *Effective Schooling.* London: Cassell.

SCHEERENS, J. y CREMERS, B. (1989). "Conceptualizing School Effectiveness". *International Journal of Educational Research, 13 (87).*

SCHEERENS, J., NANNINGA, C.R. y PELGRUM, H. (1989). "Generalizibility of school effectiveness indicators across nations". CREEMERS, B., PETERS, T. y REYNOLDS, D. *School Effectiveness and School Improvement.* Amsterdam: Swets and Zeitlinger.

SCHOENGRUND, Ch. (1996). "Aristotle and Total Quality Management". *Total Quality Management, 7 (1)*: 79 – 91.

SENGE, P. (1990). *The Fifth Discipline.* New York: Double Day.

SENLLE, A. (1992). *Calidad y Liderazgo.* Barcelona: Gestión 2.000.

SHEWART, W.A. (1931). *The Economic Control of Quality of Manufactured Products.* New York: Van Nostrand Co.

SLAVIN, R.E. (1987). "Ability grouping of student achievement in elementary schools: a best-evidence synthesis". *Review of Educational Research, 57 (3),* pp. 293-336.

STALLINGS, J. & WOHLMAN, G. (1981). "School policy, leadership style, teacher change and student behaviour in eighet schools". *Final Report to National Institute of Education.* Washington, D.C.

STOEL, W. (1980). *The Relationship Between School Size and Attitudes Toward Schooling of Pupils in Secondary Education.* Groningen (Holanda): RION.

TAYLOR, F.W. (1947). *Scientific Management.* New York: Harper.

TENNER, A.R. & DETORO, I.J. (1992). *Total Quality Management.* Reading, Mass.: Addison-Wesley.

TORRE, S. de la (1993). *Didáctica y Currículo: Bases y Componentes del Proceso Formativo.* Madrid: Dykinson.

UNESCO (1972). *L´Education dans le Monde, Politique, Legislation e Administration de l´Education.* Paris: Autor.

UNESCO (1989). "Los medios de enseñanza: aproximación tipológica". MARTÍN-MORENO, Q. *Cuestiones sobre la Organización del Entorno del Aprendizaje.* Madrid: UNED, pp. 91-110.

VAN DER HOEVEN, A; VOETEN, M. & JUNGBLUTH, P. (1989). "The effect of aspiration levels set by teachers for their pupils on learning achievement". CRREMERS, B.; PETERS, T. & REYNOLDS, D. *School Effectiveness and School Improvement.* Amsterdam: Sweits und Zeitlinger: 231-240.

WEST-BURNHAM, J. (1993). *Managing Quality in Schools.* Harlow (Essex, U.K.): Longman (1st publicat, 1992).

LA EDUCACIÓN EN MARRUECOS: SITUACIÓN ACTUAL Y PERSPECTIVAS

ALBERT SASSON
Profesor de la Facultad de Ciencias de la Universidad Mohamed V de Rabat y Ex. Subdirector General de la UNESCO.

En Marruecos, país de más de 30 millones de habitantes, las escuelas que acogen hoy día unos 5 millones de alumnos y emplean 4% de la población activa, es sin duda una institución social anclada en el corazón de la vida comunitaria. Unos de sus alcances son:
- receso del analfabetismo, de un 87% en 1960 a 55% en 1994;
- triplicación de la población escolarizada durante los últimos 30 años; este resultado es más que todo la consecuencia de los esfuerzos hechos hacia las jóvenes: hoy día, 83% de los niños en edad de escolarización tienen acceso a la escuela, y la tasa de escolarización de los jóvenes entre 8 y 13 años llegaba a 66% en 1997, contra 53,5% en 1982.

Otras cifras relevantes: en 1997-1998:

3.119.000 alumnos en el primer ciclo fundamental (6 años)

926.000 alumnos en el segundo ciclo fundamental (3 años)

414.000 alumnos en el ciclo segundario (3 años)

252.200 estudiantes en la educación superior

en 1997-1998:

116.638 maestros en el primer ciclo fundamental

50.882 maestros en el segundo ciclo fundamental

31.707 maestros en el ciclo segundario

11.000 profesores en la educación superior.

El presupuesto del Estado dedicado a la educación-formación representa 26,05% del presupuesto global en 1998-1999, pero la proporción del PIB cayó del 5,9% en 1980 a 5% en 1996-1997; sin embargo esta proporción es comparable al promedio europeo, pero menos ahora que en unos países del mundo en desarrollo (por ejemplo, 6% en la India y en Egipto para la educación fundamental).

El indicador de desarrollo humano diseñado por el Programa de las Naciones Unidas para el Desarrollo (PNUD) desde 1990, hace que Marruecos esta en el grupo de los países menos avanzados (PMA) - 125o rango en 1997.

Durante los últimos años, el sistema educativo marroquí ha demostrado una inadecuación alarmante. Los principales síntomas que requieren una honda reforma son los siguientes:

- una tasa de analfabetismo de 55%, anormalmente elevada en comparación con países de desarrollo económico y social parecido; y también una tasa de escolarización de los niños que tienen la edad requerida (7 años) bastante baja (77,35%; 70,67% en el mundo rural y 64,03% para las niñas);
- una gran diferencia (inequidad) entre el mundo rural y las ciudades en cuanto a los dos aspectos mencionados;
- el papel bastante marginal de la formación profesional: esta recoge una proporción pequeñísima de los alumnos a todos los niveles; esta casi foránea al sistema educativo global y parece como un injerto;
- un rendimiento externo bajísimo, particularmente en las ramas no especializadas y no selectivas, cuyo resultado más sobresaliente es el paro de los graduados;
- un rendimiendo interno también muy bajo y costoso, que se traduce por las altas tasas de abandono, fracaso y de repetición, desde el nivel fundamental hasta la enseñanza superior, especialmente en el caso de los instituciones de esta enseñanza que no ejercen ninguna selección o orientación, salvo la fecha de obtención del bachillerato; hoy día, de diez niños, cinco llegan al final del primer ciclo fundamental y menos de dos obtienen el bachillerato; de diez estudiantes, seis dejan la educación superior sin diploma, ni calificación; en otros términos, 75% de los alumnos y estudiantes dejan el sistema educativo cada año, en situación de fracaso; una encuesta realizada en 1996 ha revelado que la tasa de actividad de los graduados en las ciudades alcanzaba solamente 72,2%;
- una degradación del nivel de competencia de los que salen del sistema incluyendo los graduados;
- la distorsión entre las lenguas de enseñanza utilizadas, por una parte en la enseñanza fundamental y segundaria, y por otra parte en la formación profesional y la educación superior y tecnológica; además, se ha notado una baja de la maestría de las lenguas (incluyendo del árabe) y de la capacidad de expresión y comunicación;
- el paradoja de la existencia de infraestructuras escolares (especialmente en el mundo rural) y de educación superior no utilizadas o insuficientemente utilizadas, mientras que las necesidades de educación y formación no satisfechas son potencialmente muy importantes;
- la motivación baja de los educadores, la desvalorización de su misión y la tendencia para la relación pedagógica a ser a menudo tensa, y a veces conflictiva;
- el contraste entre la magnitud de las necesidades presupuestarias para generalizar la educación y mejorar su calidad, y, por otra parte, la casi saturación de los gastos públicos en este sector;
- la persistencia de modalidades de organización y administración de la educación y formación, caracterizadas por una centralización excesiva, burocracia y la ausencia de una verdadera participación de los principales actores del sistema educativo, particularmente de los padres, estudiantes y maestros, en la gestión y evaluación de las escuelas.

La contribución del sector privado al sistema educativo es modesta del punto de vista cuantitativo: 3,8% de los alumnos del ciclo fundamental y del ciclo segundario, y menos de 9,000 estudiantes. Esta contribución es sin embargo significativa en el nivel preescolar y en la formación profesional donde incrementó desde 15% de los alumnos en 1984-1985 hasta 42% en 1997-1998.

Es importante destacar que la oferta de la misiones culturales extranjeras (y de sus escuelas) así como la de los grupos escolares privados, aunque sea baja, ha captado los niños de las elites, contribuyendo así a agravar la pauperización del sistema de educación pública. Así este sistema es deprivado del aporte de padres, cultos y exigentes en cuanto a la calidad de la educación, así como dispuestos a implicarse en el seguimiento de la escolarización de sus niños.

Volviendo a la arabización y a la marocanización, hay que resaltar que en el caso de la enseñanza de las asignaturas científicas, y en la ausencia de estudios de base sobre la formación de los maestros y los currículums, la arabización consistió meramente en la traducción del francés al árabe, y aparatenmente no ha tenido en cuenta el papel preponderante del francés en el sector moderno de la economía marroquí. En cuanto a la marocanización, es verdad que hubo un reclutamiento masivo de maestros, que sin embargo no fue acompañado por programas idóneos de formación continua. Si bien la marocanización ha alcanzado sus objetivos cuantitativos, es decir que hoy día todos los maestros y profesores son marroquíes, no esta al nivel de las normas cualitativas internacionales.

Después de la constitución del Consejo Superior de la Enseñanza, cuando se independizó Marruecos, varios proyectos de reforma fueron formulados en 1975, 1985 y 1995, así como proyectos de "carta nacional" en 1978 y 1981.

En marzo de 1999, fue creada por el Rey Hassan II la Comisión Especial Educación-Formación, COSEF, cuya tarea fue de elaborar un proyecto de "Carta Nacional", con miras a definir los lineamientos de una reforma eficiente y duradera del sistema educativo nacional. La Comisión, constituida por representantes de los partidos políticos, del gobierno, de sindicatos y por personalidades del mundo educativo, acabó su trabajo a fines de junio de 1999 y entregó el proyecto de "Carta nacional de educación-formación" al Rey Hassan II. Su hijo, S.M. Mohamed VI, aprobó este proyecto en septiembre de 1999 y recomendó la promulgación rápida de los decretos por el gobierno con el respaldo del parlamento marroquí.

Se trata en la Carta de proclamar un decenio 2000-2009 para la educación y la formación al nivel nacional, durante el cual se llevaran a cabo todas las reformas del sistema nacional de educación y formación, según una serie de finalidades y principios, como los derechos y deberes de todos los actores del sistema, y con una mobilización nacional a todos los niveles de los órganos de gobierno, de la comunidad nacional y de la sociedad civil.

La Carta define seis areas de renovación que incluyen 19 campos de cambio:
- extensión de la educación y su radicación en el entorno económico y el mundo del trabajo;
- organización pedagógica;
- mejoramiento de la calidad de la educación-formación;
- recursos humanos;
- gobernabilidad;
- finanziamiento y actores y socios del sistema.

LA EDUCACIÓN INTERCULTURAL. ASPECTOS DIDÁCTICO-ORGANIZATIVOS

JOAQUÍN GAIRÍN SALLÁN
Catedrático de Organización Escolar de la Universidad Autónoma de Barcelona

A modo de presentación

La adjetivización del término educación como intercultural nos señala de entrada que esta realidad tiene elementos comunes con otros hechos educativos y particularidades propias que justifican la cualificación que se hace. Por una parte, la atención educativa a las diferencias culturales se puede enmarcar en el conjunto de medidas generales de atención a la diversidad dirigidas a hacer posible una educación para todos; por otra, la consideración de las concepciones, hechos y realidades que configuran las distintas culturas nos obliga a pensar mecanismos específicos respetuosos con las diferencias. Combinar ambas perspectivas y atender la problemática educativa que suscita lo cultural no es sencillo y así se puede constatar, como muestra, en las dos situaciones que a continuación se describen.

La organización de los cursos de alfabetización en una escuela de adultos llevó a organizar grupos mixtos de estudiantes de diferente género. Esta situación habitual y normal en nuestro contexto chocó frontalmente con la intransigencia de un grupo de mujeres árabes que no querían asistir a las clases donde hubiera varones. Desde el punto de vista de la Administración educativa, el proporcionar formación en lengua y cultura española a inmigrantes forma parte de su proceso de integración en el país receptor y de asimilación de los valores que la sociedad española (receptora en este caso de personas de otras culturas) asume como propios y considera irrenunciables (no discriminación por razón del género, en este caso). Desde el punto de vista de las estudiantes, se entiende que la educación debe respetar uno de los pocos derechos que tienen (tener formación diferenciada de los varones), además de considerar sus costumbres y creencias religiosas.

La situación planteada genera interrogantes importantes, que demuestran la complejidad del problema y su alta implicación ideológica. Algunos podrían ser: ¿el respeto a los valores propios, debe tener límites?, ¿quién los ha de poner?, ¿qué ocurre cuando hay valores contrapuestos?, ¿ qué sucede cuando algunos valores van en contra de un proceso de apertura y comprensión mutua?, etc.:

Otra problemática que se puede plantear se relaciona con la actuación de alguna administración educativa. Así, hay escuelas del país donde existe una concentración de extranjeros por clase de más del 60% de los asistentes. Una falta de intervención en los procesos de matriculación y de asignación de alumnos, ha potenciado la concentración de colectivos muy definidos culturalmente en determinados centros escolares. De hecho, incluso se han dado justificaciones a esa realidad: la concentración permite una mejor atención a las particularidades individuales, se ha de respetar el derecho a elegir centro, etc. que no dejan de ocultar opciones racistas y de marginación social (zonas de exclusión) que también tienen connotaciones economicistas (es más barata la concentración). En este caso, ¿si educar es intervenir, ordenar la educación no exige intervención en los procesos de ordenación del sistema educativo?, ¿promover cambios de centro es contrario a la libertad de elección de centros?, ¿ el derecho a la libertad de centros es un derecho absoluto?, ¿la integración es un derecho o un deber?, ¿a quién o quienes afecta?, ¿qué debería guiar la política de la administración, de los centros educativos y de los profesores?, ¿qué rol tienen y deberían tener las comunidades y las familias?, etc. son ejemplo de las muchos interrogantes que, a menudo, no tienen contestación fácil o no se quiere dar.

Los próximos apartados abordan parte de la temática planteada, partiendo de lo general hasta llegar a las medidas concretas. Seguiremos en ese proceso reflexiones anteriores (Gairín, 1992, 1996a, 1996b, 1998, 1999) de las que tomamos las referencias que sean de mayor aplicación al tema del tratamiento educativo de las diferencias culturales.

El enfoque de la intervención es pragmático al estar centrado en las soluciones y no tanto en el análisis de los problemas. Asimismo, va más dirigido a la creación de ambientes favorables que al tratamiento de situaciones individuales que también habría que tratar. Se trata así de ayudar a la reflexión y debate sobre las formas de abordar a nivel de centro y de aula el tratamiento colaborativo de la cuestión que abordamos.

La temática preocupa y es patente tan sólo si consideramos, como ejemplo, algunos de los encuentros* y documentos (Consejo Escolar de Cataluña, 1999) que últimamente se prodigan. Y es que el problema no es ni puede considerarse tan sólo relacionado con los centros educativos que atienden minorías étnicas.

"El futuro está en manos de la educación. Si se trata de construir una sociedad plural y al mismo tiempo cohesionada, integradora y solidaria, hay que incluir necesariamente la educación intercultural dentro del curriculum escolar. Limitar su presencia a unos determinados centros sería crear oasis en un marco social amplio que continuase perpetuando la incomprensión y el desconocimiento, que llevarían a posturas xenófobas. (Cases, 1999: 42)

---

* Congreso Internacional: **Reto social para el próximo milenio: Educación para la diversidad**, Madrid, diciembre de 1999; ICE, 2000; **Congreso Internacional: Educar para la diversidad en el siglo XXI**, Zaragoza, julio del 2000; etc.

1. Realidad y ficción en la educación intercultural

La presente aportación no tiene por objeto debatir los valores implícitos en la discusión ni considerar el protagonismo que tiene el contexto sino, tan sólo, el analizar las variables didácticas y organizativas que pueden influir en cualquier ordenación que vaya dirigida a transformar la práctica actual; esto es, conocer los ámbitos y prácticas institucionales más relacionados con la educación intercultural y que, por tanto, hay que considerar para garantizar el éxito de cualquier propuesta.

Resulta necesario, desde tal perspectiva, situar previamente y aunque sea de manera breve el conjunto de asunciones que subyacen a los modos de intervención que luego se proponen:

a) *Todas las sociedades han sido multiculturales.*

Si bien es cierto que prácticamente todas las sociedades han sido multiculturales en función de sus complejas evoluciones históricas, la heterogeneidad se ha multiplicado debido a las corrientes migratorias y ha adquirido presencia a partir de las presiones sociopolíticas relacionadas con los procesos democráticos, del resurgimiento de las minorías históricas en los diferentes estados, de la búsqueda de la identidad más allá de las exigencias que impone el progreso o de otros factores: mayor interdependencia entre los países, reacción ante planteamientos de uniformidad cultural, redescubrimiento de razones éticas relacionadas con el respeto, el desarrollo de la antropología cultural y la valoración de un cierto relativismo cultural (Jordán, 1992, 11-2l).

b) *Valor enriquecedor de la diversidad cultural*

La realización de una educación abierta a diferentes culturas ha de enmarcarse necesariamente en la asunción de la diversidad cultural enriquecedora de la humanidad y legítimamente enraizada en miles de culturas de todo el planeta. Esto es, ha de evitar reproducir esquemas que conviertan una educación monocultural en una educación bi o tricultural, que olvide educar en el derecho de todos los pueblos a la diferencia y en la convicción de que es precisamente la presencia de

> *«variadísimas culturas en el mundo, lo que fundamenta la idea de pluriculturalismo que después se plasmará de una u otra forma en diferentes contextos étnicos»* (Sanrroman, 1990,57).

c) *La preocupación intercultural como valor*

En este sentido, si bien la preocupación por lo intercultural tiene su origen en la historia, se enmarca dentro de la preocupación por el desarrollo de los derechos del hombre y de la comprensión internacional y se potencia dentro del esfuerzo de abertura al otro, de pluralismo, de igualdad y de respeto mutuo.

d) *Lo cultural como problema social y no sólo educativo*

Bajo esta perspectiva, la atención a las diferentes culturas de un mismo ámbito resulta básicamente un problema social y no sólamente educativo. De nuevo, se hace descansar sobre la escuela (al igual que pasa con otras problemáticas como la droga, el respeto al medio ambiente, la prensa...) la conciencia de la sociedad.

No tiene sentido pensar en el pluriculturalismo como un reto educativo y no social. La escuela sólo puede asumir en parte lo que la sociedad no tiene resuelto. Contextos con una amplia experiencia en educación multicultural mantienen a nivel social tensiones raciales.

Y es que los centros educativos son también reflejo de la sociedad y, en tal sentido, reproducen todas sus contradicciones. defectos y cualidades.

e) *La práctica refleja conceptualizaciones e ideologías que se apoyan en procesos históricos*

Las problemáticas que afectan a culturas en convivencia son tanto conceptuales como metodológicas y reflejan no sólo situaciones históricas sino también concepciones ideológicas y prácticas a través de las cuales se ha pretendido dar una respuesta uniformadora y excluyente a los problemas planteados. Asumimos por nuestra parte y al respecto (más allá del debate eterno sobre el relativismo cultural o si todas las culturas han de tener el mismo valor) los siguientes planteamientos:

·   Frente a concepciones que hablan de desigualdades hablaremos de diferencias, rechazando ideas subyacentes a la primera concepción como son la existencia de lagunas culturales y de una cierta jerarquización entre las culturas.

·   Resaltar y valorar las diferencias es la base que da sentido al término interculturalismo, entendido como:

"conjunto de procesos -psíquicos, grupales e institucionales- generados por la interacción de culturas, en una relación de intercambios recíprocos y en una perspectiva de salvaguardar de una relativa identidad cultural de los participantes" (Clanet, 1990,21)[1]

Supone, por tanto, y al decir de A. Muñoz atender a las siguientes condiciones:

"- reconocimiento explícito del derecho a la diferencia, reconocimiento de diversas culturas,
- relaciones e intercambios entre individuos, grupos e instituciones de las varias culturas,
- construcción de lenguajes comunes y normas compartidas que permitan intercambiar,
- establecimiento de fronteras entre códigos y normas comunes y específicas, mediante negociación
- los grupos minoritarios necesitan adquirir los medios técnicos propios de comunicación y negociación (lengua escrita, medios de difusión, asociaciones. derechos, manifestaciones ...) para poder afirmarse y resistir la asimilación"(1992, 10).

·   Se hace referencia, por tanto, no sólo a los valores y símbolos sino también a los hábitos, formas de organización, pautas de relación y estructuras.

f) *La intercultural como objetivo e instrumento para atender la diversidad cultural*

Plantearse la interculturalidad supone plantear una forma ideal de atención a la diversidad cultural[2] superadora de planteamientos racistas/segregacionistas, integradores/asimilacionistas, pluralistas y diferenciadores que se han ido manifestando y se manifiestan en la realidad social Los dos planteamientos iniciales asumen la idea del monoculturalismo e incluyen el mantener las diferencias sociales a partir de las diferencias culturales. El pluralismo cultural, al promover la comunicación, la identificación y la comprensión mutua entre los miembros

---

[1] También puede hacerse nuestra la definición de 1. J. Simard cuando señala: «La educación intercultural se propone la formación para una aceptación razonada de la diversidad cultural a fin de poder participar mejor en el proceso de interacción social, creador tanto de identidades como de comunidad humana» (Alegret, 1991: 51).

[2] Lo intercultural como término para designar la naturaleza del proceso educativo deseable ya fue acuñado por el Consejo de Cooperación Europea. También lo emplean organismos internacionales como la OCDE.

de la comunidad educativa, supera esos planteamientos. No obstante, su realización práctica conlleva problemas, a pesar de incluir el uso de programas educativos abiertos a las diferencias culturales y al respeto a la lengua origen, al exigir que la escuela pase a cubrir un papel complementario al de la familia en el proceso de socialización de los alumnos de otros orígenes.

La alternativa de la diferenciación cultural considera el papel que se ha de jugar la escuela enfrente de la realidad multicultural

"no ha de promover las identificaciones y alianzas entre los miembros de las diferentes culturas que conviven, sino que ha de preparar a los niños y niñas a vivir en una sociedad en la cual la diferencia cultural, además de ser conocida, sea normal y legítima.

Para poder asumir este objetivo, las escuelas con mayor número de alumnos de otros orígenes culturales habrían de dejar de ser una anomalía y caracterizarse por llevar a cabo un trabajo sistemático de eliminación de los obstáculos que, a diferentes niveles. hacen más o menos ilusoria la posibilidad de asumir el ideal de la igualdad de oportunidades que se plantea toda sociedad democrática.

En el resto de las escuelas en las cuales el reto diario de la diversidad cultural se hace presente con la misma intensidad, el tema de las diferencias culturales se habría de priorizar incluyéndolo en los programas escolares, como también en los programas deformación de los educadores» (Alegret, 1991, 50-5 1).

"El proyecto intercultural aspira así a la generación de formas originales nacidas en las culturas que se ha puesto en contacto sin dejarse reducir a ninguna de ellas. Formas nuevas llamadas a enriquecer la cultura nacional originaria que de este modo, se supone, quedaría reforzada y renovada". (Galino, 1990, 13)

La consideración de un interculturalismo conlleva, asimismo, la asunción del carácter instrumental y dinámico de la cultura, frente a su concepción exclusivamente expresiva. El dinamismo se mantiene gracias a las particularidades que la historia genera y que evitan la fosilización y un cierto deteríninismo cultural. Sólo cabe una doble posibilidad:

-a) la del cambio creativo y adaptativo, manteniendo el nervio genuino de la propia cultura; o b) las hibridaciones recíprocas- todavía usualmente sesgada sgeneradoras de modelos nuevos y más amplios... incluso planetarios (Camillieri, 1986, 29). Si es posible la preferencia, la elección recae en la primera alternativa, sin que ello suponga renunciar a formas razonables de la última opción. (Jordán, 1992,34).

Las coordinadas mencionadas de lo intercultural sitúan la presente aportación, que básicamente se realiza desde una doble perspectiva:
- lo didáctico-organizativo como respuesta a las necesidades que lo intercultural plantea,
- lo didáctico-organizativo como instrumento que ha de permitir realizar la propuesta intercultural.

Cabe considerar, asimismo:
- La falta de experiencias concretas en nuestro país (cada vez más abundantes) y la dificultad conceptual y metodológica de asumir como válidas las realizadas en otros contextos. Los estudios han sido amplios, menos en nuestro país, pero desde perspectivas sociológicas y antropológicas y alrededor de la problemática sociocultural de grupos marginales

concretos, de descripciones de negativas experiencias de escolarización de niños étnicamente diferentes o de investigaciones centradas en el fuerte etnocentrismo subyacente a muchos manuales escolares, etc.

- La similitud de planteamientos con los programas de educación compensatorio o con algunos dirigidos a atender a la diversidad, que pueden llevar a identificar y confundir sin justificación científica, las actuaciones a realizar.
- La improcedencia de hablar de una escuela intercultural como si fuera una escuela diferente. Una buena escuela deberá considerar los valores y exigencias que plantea la sociedad y adaptarse a la diversidad social, cultural, instructiva, etc., siendo lo intercultural una obligación entre otras.
- La imposibilidad de hablar de opciones didáctico-organizativas en contextos donde el nivel de dependencia normativa de los centros educativos es total o casi total respecto al sistema administrativo que les ampara. En estos casos, las opciones adoptadas dependen prácticamente del sistema educativo y a nivel de centros educativos tan sólo se puede hablar de procesos de gestión institucional.

2. Filosofía de partida

A manera de mensajes referenciales, podemos concretar algunas cuestiones que pueden servir de marco de actuación de lo intercultural, si lo entendemos en el contexto de la atención a la diversidad.

2.1. La atención a la diversidad es una construcción histórica

Un breve análisis de la historia de las instituciones educativas permite apreciar distintas formas de gestionar la diversidad, reconociendo la influencia de los distintos modelos culturales y sociales que históricamente han predominado.

Inicialmente, la escuela como institución familiar, religiosa, militar o social mantenía la homogeneidad a partir de *sistemas selectivos* donde predominaba la pertenencia a una determinada casta o clase social y el respeto a valores definidos previamente como deseables.

La generalización de la educación o extensión de la escolaridad conserva el sentido homogeneizador de las instituciones, potenciando la selectividad mediante el establecimiento de diferencias entre instituciones y/o a nivel curricular. Sucede así cuando el sistema educativo aplica a la autorización de instituciones criterios socio-económicos (públicas, privadas, gratuitas o de pago), de género (masculinas, femeninas), de normalidad (normales, especiales) o tiende a normatizar bajo la perspectiva de un solo modelo (normalmente pensando en instituciones urbanas de gran tamaño); también cuando potencia el establecimiento de vías curriculares paralelas que actúan como elemento más selectivo que diferenciador. Esta situación viene a reflejar el papel que tradicionalmente ha tenido la escuela en la transmisión de los valores culturales y sociales dominantes, a la vez que explica las resistencias que se producen cuando se intenta potenciar un cambio de perspectiva.

La extensión de la escolaridad y su apertura a modelos más comprensivos (relacionados en España con la Ley General de Educación de 1.970 y con la Ley Orgánica de Ordenación del Sistema Educativo, de 1990) potencia la crisis del modelo uniformador y selectivo. Se cuestiona ampliamente la pretensión de primar un modelo de persona determinado cuando los estudiantes que se incorporan a las instituciones aportan una gran diversidad de experiencias y de valores sociales y culturales.

Las criticas al sistema anterior vienen, además, avaladas desde diferentes perspectivas. Desde el punto de vista sociológico se remarca como las desigualdades sociales pueden ser promotoras de desigualdades educativas. Los análisis antropológicos y culturales enfatizan en la presencia de valores dominantes impuestos (masclismo, autoritarismo) que no respetan a las minorías y que justifican la jerarquía social a través de la función selectiva y segregadora de la escuela. Y los análisis psicopedagógicos rechazan modelos educativos basados en la fragmentación de conocimientos, en la reproducción y memorización pasivas y en la sumisión a las normas establecidas (ICE, 1993:8).

De hecho, la atención a la diversidad en los sistemas educativos se ha convertido en una condición inexcusable si quieren responder a las funciones que tienen encomendadas. La situación se plantea fundamentalmente desde cuatro perspectivas, al decir de Casanovas (1998):

· El reconocimiento generalizado de la democracia como sistema político de gobierno ha implicado la aceptación de la pluralidad de grupos sociales y culturales en una mismo contexto nacional.

· Los movimientos migratorios generan demandas de escolarización, sobre todo en las etapas obligatorias.

· La aspiración de construir una sociedad integradora y solidaria, coherente con un modelo de escuela para todos.

· La mejora real de la calidad educativa, que derivará de atender a cada una de las personas que se forman, no a alumnos "stándares" sino a personas concretas con características individuales.

Se abren así nuevas perspectivas sobre la educación que recogen visiones diferentes sobre el proceso de enseñanza- aprendizaje (importancia de la interacción y de la estimulación, del aprendizaje significativo, de la iniciativa y creatividad,..) e incorporan nuevos valores (igualdad de oportunidades, coeducación, participación, respeto a las diferentes ideas,..). Paralelamente, se plantea la actividad educativa como un compromiso colectivo que obliga a desarrollar proyectos de centro y revitaliza el papel de la institución como unidad de análisis y de cambio.

La atención a la diversidad o la ampliación del concepto de normalidad que hasta ahora se venía empleando se convierte así en un compromiso institucional que tiene repercusiones en la ordenación curricular e implica perspectivas didácticas, organizativas u orientadoras.

Hay que entender, por otra parte, que la ordenación institucional que se promueva no ha de ir sólo dirigida a solucionar problemas concretos sino que debe situarse en una perspectiva que permita un cambio radical en las formas de actuar y de resolver las problemáticas que se plantean. La meta a conseguir esta así más relacionada con *educar en la diversidad* que con *educar para la diversidad*.

Educar en la diversidad no es ni más ni menos que reconocer las diferencias existentes entre las personas. Desde esta perspectiva, hay que entender que lo que puede ser aceptable para personas con determinadas características puede ser también bueno para todas las personas. Supone, en definitiva, pensar en una escuela para todos, que hace suya la cultura de la diversidad y que nos sitúa en un marco de calidad no excluyente para ninguna persona.

De hecho, el concepto de "*integración*" -que habitualmente implica un enfoque individual del problema y centra la esperanza en el alumno-, deja paso al de "*escuela inclusiva*"-que enfatiza en la escuela que ha de dar respuesta a todos los alumnos-. Bajo esta perspectiva, la atención a las necesidades educativas del alumnado supone una mejora global de la escuela.

El compromiso planteado no es sencillo si entendemos que en la resolución de dilemas como uniformidad/diversidad u homogeneidad/heterogeneidad influyen factores personales (inercia, resistencia al cambio) e institucionales (la diversidad como algo conflictivo, la acción del profesor como algo totalmente condicionado,....). Exige también una reflexión amplia de los agentes e instituciones implicadas en el proceso de cambio y, particularmente, una revisión del papel que está jugando la universidad como formadora de profesionales de la educación y promotora de la investigación.

2.2. Las diferencias forman parte de la realidad

La atención a la diversidad, a pesar de ser una referencia común en documentos, conferencias, debates, etc. es una expresión que tiene muchas lecturas y no siempre están interrelacionadas. Se puede referir a las posibilidades de lo biológico, social, político, cultural o económico o relacionarse con medidas relacionadas con la organización, estructuras de funcionamiento, desarrollo del curriculum, papel del profesorado, colectivos que precisan de un cierto nivel de atención, servicios de soporte al proceso educativo o medidas relacionadas con la mejora de la práctica docente. También podemos referirnos tanto a las políticas existentes como a las políticas deseables o a una concepción particular sobre el tema; asimismo, a las practicas institucionales o a los discursos y concepciones subyacentes o emergentes. Consideramos la diversidad, en este contexto, como una característica de la realidad, que subyace y se evidencia en las políticas y prácticas educativas[3].

La atención a lo distinto puede ser una preocupación que se manifiesta en contextos distintos (aula, centro o sistema educativo) y cuya práctica puede quedar condicionada por variados enfoques de actuación y por distintos referentes (cuadro 1). Así, la actuación a nivel de un centro educativo puede orientarse bajo un enfoque racionalista, en el que predominen los criterios de normalidad y donde las diferencias son excluidas por considerarse agentes perturbadores, o también puede hacerse partiendo del respeto a las percepciones y expectativas de las personas (enfoque cultural) o considerándola como un compromiso de personas concretas que actúan como agentes activos y transformadores de la propia realidad (enfoque critico). Si la primera perspectiva prescinde de las personas, la segunda las considera en sus preocupaciones e intereses, y tiende a asumir el resultado de que existan varias culturas, espacios escolares o realidades que se influyen mútuamente. Por último, la tercera perspectiva asume la existencia de una realidad cargada de componentes éticos y emancipatorios donde el compromiso social se hace evidente a partir de la toma de conciencia y de la actuación sobre situaciones de desigualdad.

---

[3] La aportación de Rué (1995), que analiza el sentido de la diversidad y propone criterios y argumentos políticos, culturales y económicos que justifican su conceptualización, puede permitir profundizar en los procesos substantivos del problema.

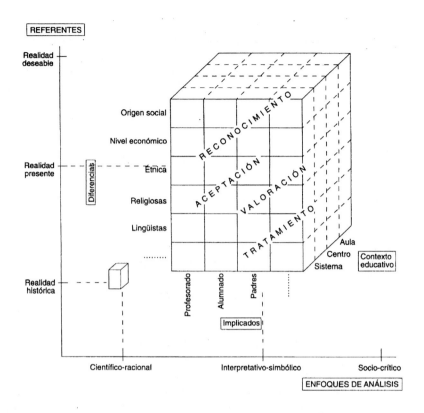

Cuadro 1: Perspectivas en el análisis de la diversidad. (Gairín, 1998:244)

Pensar, debatir sobre la diversidad es hacerlo sobre la naturaleza y características de la realidad que nos envuelve. Negar las diferencias sería como negar la propia existencia y las de los demás, configurada como una identidad propia e irrepetible conformada histórica y colectivamente a partir dela experiencia e interrelación de elementos genéticos, ambientales y culturales. Entendemos, por tanto, que la diversidad se encuentra en la identidad de cada persona y, por tanto, también en cada profesor, alumno, etc. por el mero hecho de ser persona. La diversidad es entender la diversidad que produce lo familiar, escolar, cultural y social y que se reflejan en posiciones distintas en lo político, social, cultural, etc. no siempre respetadas y en la búsqueda de uniformidades (por ejemplo, la económica) no siempre suficientemente explicadas.

2.3. La práctica educativa y social mantiene y amplia las diferencias

La realidad cotidiana y los procesos de organización social han ido generando tratamientos diferenciados que poco a poco se han ido consolidando. Las relaciones de poder entre los diferentes (hombres y mujeres, normales, superdotados e infradotados, mayorías y minorías, ricos y pobres, propios y extraños,..) han establecido distancias en el trato y en las posibilidades de realización personal y social, generando progresivamente una violencia implícita o explícita que cabe analizar. Su expresión evidencia muchas veces la hipocresía personal y social y el sentido ideológico que conllevan determinadas prácticas.

"Sólo cuando los conflictos rompen la falacia de la igualdad y las prácticas discriminatorias y/o las respuestas de y de las diferentes sobrepasan los límites del malestar cotidiano latente, es cuando el estupor delante de los hechos lleva al escándalo (hipócrita o de buena fe) o a la consideración (cínica o defensiva) que los antagonismos tienen su razón de ser en las características diferenciales de las personas, grupos, cultura, que les impide adaptarse a los modelos dominantes.

Hemos de esperar que las contradicciones del doble discurso social (el que se dice y el que se hace) que vivimos cada día sean suficientes punyents para herir sensibilidades y malas conciencia, para despertar el temor o la culpa o para situarnos en el núcleo del conflicto, hemos de esperar que la diversidad supere nuestros lamentables instrumentos teóricos y prácticos que se han ido estableciendo para dominarla, es entonces cuando buscamos explicaciones y remedios." (Lloret, 1994:35)

Sea como sea, nos enfrentamos a las diferencias debidas al origen social, al nivel socioeconómico, al medio social o la procedencia; también a características personales (relacionadas con las anteriores) como puedan ser el género, características físicas, capacidades individuales, motivaciones o intereses). Sin poder determinar que parte del resultado es imputable a la desigualdad socio-cultural-económica de partida, a la enseñanza recibida o a la desigual asimilación de la una misma enseñanza, lo cierto es que las diferencias de trato y condición existen y se mantienen . Y más allá de las consideraciones de entrada que se puedan hacer en relación a aspectos generales como la globalización *"versus"* diversidad, la autonomía *"versus"* equidad, etc., lo cierto es que la atención a la diversidad en los alumnos se mezcla con otras cuestiones como la evitación de problemas de aprendizaje o el respeto a la diversidad existente entre los profesores (condicionada, a su vez, por sus actitudes, su experiencia histórica, su consideración social, etc., o sea, por su cultural profesional).

Esta diversidad se expresa de diferentes maneras: ideas previas, estilos y ritmos de aprendizaje, formas de progreso, motivaciones e intereses, capacidades y nivel evolutivo. Su reconocimiento es el punto de partida para el desarrollo de una pedagogía de la diversidad y evitar que las diferencias se conviertan en desigualdades y desventajas entre el alumnado.

2.4. Hay que evitar que las diferencias se conviertan en desigualdades

La atención a la diversidad como una concesión a situaciones "anormales" ha supuesto, a menudo, y contraproducentemente a lo previsto, el potenciar la discriminación por la forma como se ha orientado el problema. Pensar en la diversidad no supone pensar en unos a diferencia de otros, se trata de pensar en todos, es hacer una **escuela para todos** (o lo que algunos autores, como Lorenzo y Ruedas, 1995, llaman el pluralismo compartido), que permita a la totalidad de los usuarios el adquirir un patrimonio cultural que sostenga su derecho a llevar una existencia digna.

El establecimiento de currículos uniformes, cerrados y poco flexibles, la aplicación de metodologías tradicionales, la uniformidad de materiales, los agrupamientos homogéneos de alumnos, la inexistencia real de la tutoría individualizada, la dificultad de apoyar con recursos determinadas acciones compensatorias, la no gratuidad de algunas etapas educativas, la existencia de varias redes de escuelas o el uso que se haga de la evaluación son un ejemplo de vías por las que se puede potenciar directa o indirectamente la discriminación.

Forma parte de esta tendencia peligrosa, el mantenimiento de ciertas creencias en los profesores como las señaladas a continuación:

· La tendencia a atribuir a los alumnos o sus circunstancias familiares y sociales la responsabilidad exclusiva sobre el proceso educativo.
· La tendencia a convertir en norma los propios valores y a identificar como normal a aquello que sólo es propio de un grupo social dominante.
· La tendencia a jerarquizar las diferencias.
· La tendencia a clasificar al alumnado en grupos aparentemente homogéneos.
· La tendencia a guiarse por profecías y expectativas que se confirman en la evaluación.
· La tendencia a una visión estática del desarrollo que hace que determinados alumnos se consideren "imposibles" desde el inicio de su escolaridad. (ICE, 1993:13)

Luchar contra la desigualdad exige tomar decisiones positivas y activas que puedan compensar esa tendencia. Incluye estar atentos a las desigualdades existentes o promovidas directa o indirectamente por el sistema educativo y los centros educativos y luchar contra los estereotipos existentes.

2.5. Se hace necesaria la reconstrucción de los centros educativos

Situarse en esta perspectiva obliga a repensar los centros educativos y la respuesta que puedan dar a las nuevas necesidades educativas. Supone poner énfasis en una nueva cultura, reformulando las propuestas de los centros y del sistema educativo. Desarrollar una cultura de la diversidad no deja de reforzar el planteamiento que reconoce el carácter ideológico de la educación, que se manifiesta en las preconcepciones, y en su caso prejuicios, que se tienen en relación a las características de las personas que aprenden (competencia cognitiva, capacidad para alcanzar determinadas metas,..) o a las ideas, creencias y estereotipos sobre el modelo de enseñanza más apropiado. Pensar en la cultura de la diversidad es, en definitiva, pensar en una alternativa a los modelos existentes, que parten muchas veces de posicionamientos previos sobre la competencia cultura y educabilidad de algunas personas con dificultades cuando el problema radica generalmente en la educatividad o capacidad para enseñar a que otros aprendan[4].

La escuela como modelo único, bajo la forma tradicional o renovada, dificulta el tratamiento de la diversidad. La escuela parte, y padece, de la uniformidad normalizadora de la aplicación de objetivos y contenidos, olvidando, a menudo, la diversidad de motivaciones, intereses y significación de las materias. La uniformidad también se da en la distribución de niveles educativos y evolutivos y en la conformación de actividades, procedimientos y recursos.

"El marco organizativo de la escuela "ordinaria" sitúa el trabajo educativo en un ámbito configurado por la graduación de niveles en unas clases supuestamente homogéneas que en la práctica resultan no serlo. Entonces los alumnos y las alumnas que no siguen o que no se adaptan quedan la mayoría de las veces relegados al maestro y/o especialistas de la diferencia. Cuando en una escuela estas diferencias, que se manifiestan en la tarea cotidiana o en el fracaso escolar, no se pueden considerar un hecho minoritario sino que afectan a una gran parte de los alumnos, la misma escuela queda marcada por su marginalidad. La identificación de la diversidad con la

---

[4] Bajo esta última perspectiva tiene sentido real la cuestión planteada por López Melero y Jové Monclús en el penúltimo Congreso de Organización Escolar (Tarragona, 1996): La escuela de la diversidad: ¿ una ocasión para "enseñar a aprender" o una ocasión para "aprender a enseñar"?.

marginalidad hace también que muchos padres, cuando les es posible, busquen el acceso de sus hijos en escuelas más normalizadas. Todo ello sirve para consolidar como referente organizativo el modelo escolar uniforme y el tratamiento separado o yuxtapuesto de una diversidad que molesta" (IME, 1994:12)

Una perspectiva como la que se plantea exige/debería generar un cambio profundo en los centros, en las aulas y en el planteamiento de los profesores. Educar en y para la diversidad nos lleva a preguntas, que habrán de irse contestando, como las siguientes:
- ¿Diversificar el curriculum o realizar el curriculum de la diversidad?.
- ¿Qué debe entenderse por diversidad de alumnos ante el curriculum?.
- ¿Qué diferencias hay que potenciar y cuales obviar?.
- ¿Por qué enfatizar la diferencia y no la semejanza?.
- ¿Bajo qué niveles se puede estructurar la atención a la diversidad desde el sistema educativo?.
- ¿Qué cambios deben experimentar los centros educativos para que constituyan un espacio educativo abierto a las todas las personas?.
- ¿Qué tipo de profesionales necesita el nuevo planteamiento?.
- ¿Qué dificultades practicas impiden el desarrollo de un cultura de la diversidad?. ¿ Cómo se vive en nuestros centros educativos esa cultura?.
- ¿Cuál ha de ser el papel de los padres y de las autoridades respecto a la acción de los centros educativos?.
- ¿Qué impide aceptar el programa de integración como una reforma de la educación general y no sólo como una actuación en el ámbito de la educación especial?.
- ¿.........................?

Las respuestas pueden ser múltiples pero, en ningún caso, habría que caer en propuestas estandarizadas que rompan por sí mismas el sentido de la diversidad.

Hay un cambio de perspectiva que incluye la elaboración de nueva filosofía sobre la escuela, cambios en el lenguaje (¿quizá hablar más de situaciones- cada persona se sitúa en un momento determinado que de necesidades?, ¿escuela para todos frente a escuelas diversificadas?,..) y modificaciones de las prácticas, que hagan posible el que la diversidad sea una norma, sin olvidar que las opciones adoptadas son antes una opción ética que técnico-pedagógicas, tal y como trata de expresar Gimeno en el cuadro 2.

Además, la atención a la diversidad así planteada debe considerar:
- El compromiso democrático de los centros educativos que utilizan la diversidad como una acción compensadora de los déficits y no para aumentar la diferencias.
- El contenido ideológico de las opciones seleccionadas: ¿potenciarlos objetivos diferentes frente a objetivos comunes?, ¿por qué enfatizar la diferencia y no la semejanza?, etc., serían algunas cuestiones a plantearse.
- Los posibles peligros: ¿ hasta qué punto la atención a la diversidad no es un proceso camuflado de normalización tecnocrática?, ¿una atención diversificada puede enlazar con un sentido eficientista que intenta aprovechar de la persona sus mejores capacidades?, etc.

Tratar la diversidad exige el conocerla, aceptarla, valorarla y tratarla (Albericio, 1995), poniendo énfasis en el análisis de las resistencias y rutinas que nos condenan a los modelos anteriores rechazados teórica e ideológicamente pero presentes en los procesos metodológicos y en las respuestas organizativas que los centros educativos proporcionan.

Como señala Gimeno (1992:217), las experiencias prácticas y las fórmulas para implantar la integración escolar *"chocan con la estructura escolar dominante"*. Según sus propias palabras, *"las soluciones organizativas, una vez asentadas, son un obstáculo de primer orden para cualquier innovación que no se acomode a ellas"*.

DIFERENCIAS	CONSIDERACIONES EXPLICATIVAS Y NORMATIVAS		
	ORIGEN	ACTITUD ETICO-PEDAGOGICA	TRATAMIENTO ¿FACTIBLE?
1. Diferencias étnicas			
2. Religión			
3. Lengua			
4. Déficits culturales para el currículum común			
5. Género			
6. Preferencias de padres			
7. Expectativa respecto del destino social, profesional, etc.			
8. Diferenciación del conocimiento			
9. Idiosincrasia personal (capacidades, comportamiento, intereses, etc.)	Explicación del tipo de diferencia. Creencias, expectativas y atribuciones en torno a las diferencias	a) ¿Reproducir las diferencias ya dadas? b) ¿Estimular las diferenciaciones entre grupos y/o entre individuos? c) ¿Suprimir las diferencias discriminatorias? d) ¿Buscar una integración de seres diferentes? e) ¿Considerarlas como contexto del aprendizaje y de la enseñanza?	Acciones posibles o mecanismos ya establecidas para tratar la diferencia: Estructura del sistema, organización de los centros, diferenciaciones del contenido y/o de la enseñanza (cualitativas y cuantitativas)
10. Capacidades distintas (intelectuales, artísticas, manuales, etc.)			
11. Diferente nivel en determinadas capacidades.			
12. Estilos cognitivos-estilos de aprendizaje.			
13. Referencias subjetivas anclaje de la significatividad. Ideas previas, etc.			
14. Intereses, motivaciones, ejemplificaciones, etc.			
15. Ritmo de trabajo (no es independiente de las tareas y contenidos).			
16. Algoritmo de actividad (secuencia de tareas)			
17. Tiempo de aprendizaje (el cuándo aprender)			

Cuadro 2: Cuadro heurístico para el estudio de las diferencias (Gimeno, 1993)

3. Las prácticas pedagógicas a plantearse

El lograr de manera efectiva una escuela para todos no deja de ser una utopía a la que no podemos ni queremos renunciar. En esta línea, conseguirla no es fácil y el lograrlo supone la puesta en marcha de medidas muy diversas que pueden suponer actuaciones globales o específicas que de una manera más o menos sistemática aplican o pueden aplicar los centros educativos. Partiendo de los principios de normalización, sectorización e individualización, propuestos por el Ministerio de Educación y Ciencia para la atención de alumnos con necesidades educativas especiales, se esbozan distintas propuestas que atienden al ámbito didáctico u organizativo o a ambos, conscientes de la estrecha vinculación entre todos ellos. Los dos primeros apartados servirán para dar una visión general y actúan como referentes del tercero, más centrado en medidas específicas relacionadas con lo intercultural.

3.1. Las propuestas de carácter global

Las **actuaciones globales** implican una reestructuración general cuya utilidad trasciende la atención concreta a la diversidad. Por una parte, se plantea la organización general desde el sistema educativo a las situaciones diferenciales; por otra parte, las propuestas de cambio generalizado que pueden generarse en los centros educativos.

La respuesta educativa de los centros educativos no debe ni puede ser independiente de la respuesta global que organice el sistema educativo. Así, la atención a necesidades específicas puede entenderse como un conjunto de actuaciones que dependiendo de la dificultad sitúa diferentes respuestas. A partir de la propuesta de Reynolds (1962) y Deno (1970), se han presentado guías de servicio educativos en cascada que abarcan desde la escolaridad ordinaria a situaciones especiales (por ejemplo, las de Cope y Anderson, Gearheart y Weishahn, Hegart, Pockligton y Lucas, Molina, Cardona,..). La aportación de Toledo (1986:46), que presenta una **secuencia de alternativas educativas**, puede servir como síntesis de las posibilidades existentes (gráfico 1)

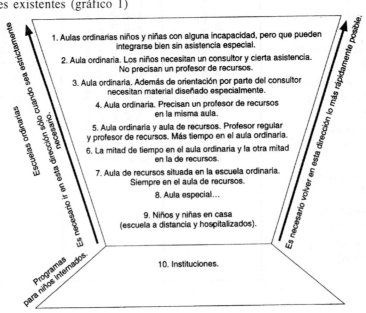

1. Aulas ordinarias niños y niñas con alguna incapacidad, pero que pueden integrarse bien sin asistencia especial.
2. Aula ordinaria. Los niños necesitan un consultor y cierta asistencia. No precisan un profesor de recursos.
3. Aula ordinaria. Además de orientación por parte del consultor necesitan material diseñado especialmente.
4. Aula ordinaria. Precisan un profesor de recursos en la misma aula.
5. Aula ordinaria y aula de recursos. Profesor regular y profesor de recursos. Más tiempo en el aula ordinaria.
6. La mitad de tiempo en el aula ordinaria y la otra mitad en la de recursos.
7. Aula de recursos situada en la escuela ordinaria. Siempre en el aula de recursos.
8. Aula especial...
9. Niños y niñas en casa (escuela a distancia y hospitalizados).
10. Instituciones.

Escuelas ordinarias. Es necesario ir en esta dirección sólo cuando sea estrictamente necesario.

Es necesario volver en esta dirección lo más rápidamente posible.

Programas para niños internados.

Gráfico 1: Secuencia de alternativas educativas (Toledo, 1986:46)

Las **propuestas de cambio generalizado** se sitúan en una perspectiva de cambio con repercusiones didáctico-organizativas que inciden en los planteamientos de la institución y en su funcionamiento habitual. Las propuestas llamadas de Desarrollo Organizacional, la Revisión Basada en la Escuela, el Desarrollo Colaborativo, la Formación en centros, las redes Interinstitucionales, el Apoyo entre compañeros, etc., descritas en Gairín (1996b) son un ejemplo de las posibles actuaciones que se pueden realizar desde la perspectiva del cambio e innovación.

Isabel Cantón (1996) describe y analiza desde un enfoque organizativo y en relación con la educación de alumnos con necesidades educativas especiales y con dificultades de aprendizaje algunos proyectos que pueden "dar pistas" sobre medidas de centro para atender las diferencias.. Aunque la perspectiva de la diversidad es más amplia, consideramos que las aportaciones realizadas pueden servir como referente sobre las posibilidades generales que existen y sobre las implicaciones que a nivel de centro y de sistema educativo se desarrollan.

Una síntesis de las recogidas por la autora citada, que hacen referencia a programas y autores como Adaptative Learning Environnement Model (Wang, 1995), Aprendizaje cooperativo (Johnson y Johnson (1975) y Kagan (1989), Johson City Master Learning Model, Proyecto Link (Wang, 1995), Esducación especial por contrato (Chaffin, 1975), Modelo EMR (Chaffin, 1975; Cardona, 1994), Modelo antifallos (Adamson y Van Etten), Modelo interactivo (Cardona, 19995), o Programa de habilidades de Oxfordshire (desarrollado a partir de 1983) nos permite conocer propuestas que referencian principios y actuaciones como:

- Reconocimiento de que se puede aprender con tiempo, ritmos y modos diferentes. Se diversifican programas y se emplean métodos alternativos.
- Las adaptaciones afectan tanto a los ambientes del centro como a la organización, el curriculum y el método pedagógico.
- Se planifica individualmente, pero coexiste la enseñanza individual, en grupos y en la clase colectiva.
- Se potencia el trabajo colaborativo con grupos heterogéneos de alumnos. Se trabaja con programas y contratos que ponen énfasis en la realización de un aprendizaje no segregador
- Existe un cierto adiestramiento en habilidades de comunicación, confianza, liderazgo y resolución de conflictos. Cada núcleo de actividades da la oportunidad de definir y resolver diferentes tipos de problemas con la mediación del profesor: organización, percepción, orientación espacial, categorización, relaciones familiares, progresión numérica, etc.
- Hay un seguimiento continuo de la intervención. Se evalúan necesidades y se establecen principios y programas que permiten valorar el progreso de todos los estudiantes.
- Las actuaciones son el reflejo de un proceso colaborativo entre docentes, estudiantes, familias y comunidad.
- Proporcionar a los estudiantes apoyos en cascada en función de la diversidad existente: de sus compañeros, del profesor tutor, del profesor especialista y de apoyo externo.

Se trata, en definitiva, de definir procesos sistemáticos y abiertos, que faciliten la intervención efectiva. De hecho, se apunta a un ciclo que conlleva la consideración de la necesidad educativa como problema, la elección colaborativa de estrategias, su adaptación, aplicación y experimentación en situaciones concretas, su evaluación constante y la incorporación e institucionalización de innovaciones. Todo el proceso guiado, a su vez, por la reflexión y el trabajo en equipo del profesorado.

3.2. Las propuestas de carácter específico

Las posibilidades de intervención en relación a la diversidad son tantas como situaciones diferenciales podamos encontrar. Los grupos y las personas manifiestan su diferencia de formas distintas; por consiguiente, no parece adecuado pensar en fórmulas universales y generales. Cuando el nivel de diversidad entre los alumnos y alumnas sea bajo, bastará con introducir en las Unidades Didácticas o Unidades de Programación **modificaciones didácticas**. Las más sencillas son las metodológicas e incluyen: más atención personal al alumnado, proporcionar más tiempo, estructurar de manera diferente los materiales, etc. (cuadro 3)

Si esto no fuera suficiente, cabría pensar progresivamente en la diferenciación de actividades, de contenidos e incluso de objetivos. Un mayor grado de diversidad obliga a establecer objetivos distintos y, por tanto, programaciones diferenciadas. También, podemos pensar en la priorización de áreas y/o contenidos curriculares, en favorecer aprendizajes globalizados y funcionales, en introducir objetivos/contenidos de etapas/ciclos anteriores y en desarrollar procesos instruccionales que orienten, completen o refuercen la enseñanza-aprendizaje.

Cabe llamar la atención sobre la potencialidad que tienen las *actuaciones metodológicas* por la facilidad de aplicación que tienen para el profesorado. Utilizar reforzamientos positivos, lograr una buena acción medidora del profesor, promover la asignación de tareas concretas, introducir técnicas específicas (enseñanza tutorizada, monografías, propuestas de investigación, enseñanza cooperativa,...), delimitar las ayudas necesarias (previas, durante o después de la actividad), adecuar y diversificar los materiales, reformular los indicadores de éxito y progreso académico, son algunas de las posibilidades existentes.

Igualmente, cabe revisar el peso que puede jugar la *evaluación* en la potenciación de las diferencias. Como se preguntaba Perrenoud[5].

> *¿Es la evaluación, en tanto que tal, responsable de la desigualdad ante la misma enseñanza?. Para resumir diré:*
> *1.- Que la evaluación no es simplemente reveladora de la desigualdad, sino que participa en su génesis.*
> *2.- Que lo hace directamente cuando subestima las competencias reconocidas de los alumnos de las clases desfavorecidas o sobrestima las competencias de los alumnos de las clases privilegiadas (desigualdad ante la evaluación en sentido estricto: ante la evaluación como instrumento de medida, en principio equitativo de las adquisiciones reales de los alumnos).*
> *3.- Que a título de componente importante, omnipresente en el sistema de enseñanza tomado en su conjunto y en la organización pedagógica en el marco de una enseñanza colectiva, la evaluación participa en el génesis de las desigualdades de aprendizaje y éxito.* (págs 48-49)

Y es que el carácter colectivo de la enseñanza y la débil diferenciación que genera y de la que participa la evaluación pueden afectar al proceso mismo de la democratización. Si bien una evaluación formativa, criterial e individualizada es la más respetuosa con las diferencias y constituye una meta a conseguir, lo cierto es que la organización pedagógica

---

[5] *De las diferencias culturales a las desigualdades escolares: la evaluación y la norma en una enseñanza indiferenciada* (en **Infancia y aprendizaje**, nº 14, págs 19-49)

impone a veces tales limitaciones que no hace factible una evolución positiva a partir de los marcos de libertad que posibilita el sistema educativo en la práctica.

La desigualdad que se genera en una enseñanza colectiva se da ante la evaluación y la norma que a veces se utiliza en ella. La hipótesis del autor es:

"- por una parte, las evaluaciones formalizadas no son nunca independientes de las evaluaciones informales, implícitas, fugitivas, que se forman a partir de la interacción en clase o reflexionando sobre ella;
- por otra parte, el comportamiento del maestro está tan influenciado por la evaluación informal como por la evaluación formal, en particular al devolver a cada alumno una imagen de su valía escolar". (págs 35-36)

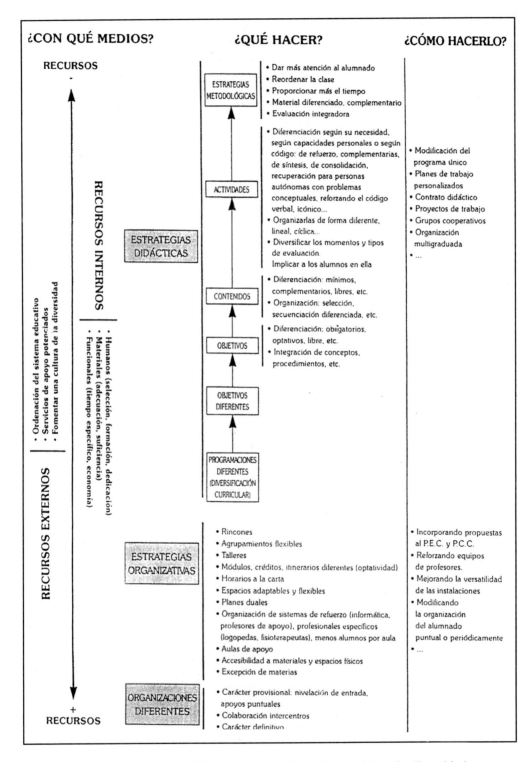

Cuadro 3. Aspectos didáctico-organizativos de atención a la diversidad

Y para justificar sus argumentos, recoge de trabajos anteriores los múltiples momentos de la evaluación en que puede aparecer un sesgo social:

1.- Cuando invita a manifestarse, no esperando a que lo haga espontáneamente.
2.- Como no siempre se explicitan las expectativas del maestro, tendrán más ventaja los que sepan anticipar con mayor precisión las expectativas del profesor.
3.- No todos los sujetos saben jugar igual de estrategias para esquivar preguntas, preguntar o diferir respuestas,..
4.- Hay alumnos que tienen más capacidad de escenificación y dominan mejor algunas técnicas instrumentales (leer, escribir,..) necesarias para mostrar sus habilidades en otros campos.
5.- A veces se da una atención selectiva en la evaluación a ciertos alumnos o a ciertos tipos de conductas o de obras características de ciertos alumnos.
6.- A veces las evaluaciones siguientes quedan influenciadas por las evaluaciones iniciales.
7.- Según el momento y la forma en que se presentan los resultados de la evaluación, se puede incidir en la imagen del alumno.
8.- Los padres de bajos niveles culturales están desigualmente armados para protestar por una evaluación, hacerla rectificar o atenuar sus consecuencias.

Advirtiendo, no obstante:

No quisiera dar la impresión de que percibo en cada una de estas ocho fases del proceso de evaluación sesgos masivos y sistemáticos que, acumulados, producirían un considerable distanciamiento entre las competencias reales y las competencias reconocidas en detrimento de los niños social y escolarmente desfavorecidos. Digo simplemente que algunos de esto sesgos, en algunas de las fases señaladas son plausibles en muchas situaciones de evaluación, simplemente porque la evaluación escolar participa de los procesos generales de percepción y de evaluación social y no son instrumentos de medida. (pág 38)

También tienen gran importancia por su potencialidad el desarrollo de *determinadas propuestas* como son: el Trabajo personalizado a partir de una oferta única o variada, el Contrato didáctico, el Proyecto de trabajo bajo perspectivas globalizadas o interdisciplinares o la potenciación de los grupos cooperativos. Cada propuesta tiene sus ventajas e inconvenientes, de acuerdo a una situación dada y utiliza técnicas específicas de desarrollo. Así, por ejemplo, se señala respecto al trabajo cooperativo:

En un grupo de trabajo cooperativo se producen situaciones que producen situaciones que propician que la intervención del otro provoque una desestabilización cognitiva, y en esto hay acuerdo entre muchos investigadores acerca de que es fuente de proceso cognitivo, sea cual sea el nivel de diversidad inicial, ya que es gracias a este desequilibrio como a nivel interindividual e intraindividual aparece la necesidad de búsqueda de superación del conflicto, y si esta búsqueda es mediada (Bruner, 1986), hay muchas más probabilidades de que se avance más que con una mera clase magistral-transmisiva. (Domènech, 1997: 56)

Y se mencionan técnicas como el rompecabezas (Jigsaw), grupos de investigación, el STAD (Student Team-Achievement Divisions), el TGT (Teams-Games Tournaments) o la Tutoría entre iguales (Oper tutoring).

En cualquier caso, no se puede olvidar la idea que progresivamente se ha ido configurando: la formación incluye un proceso interactivo a través del cual el profesor ayuda al alumando a adquirir y procesar la información y a relacionarla con sus conocimientos previos. Sin obviar la influencia que tienen los procesos sociales y culturales implicados, se entiende que la construcción del conocimiento es una actividad social, resultado de interacciones entre personas en relación a experiencias conjuntas, e individual, al implicar operaciones cognitivas personales que dan significación a la nueva información y la convierte en un conocimiento válido y significativo.

El marco del aula adquiere, desde esta perspectiva, una gran importancia al ser el contexto habitual donde ese establece una interacción basada en el respeto y la valoración mutua. Particularmente, será importante atender los aspectos relacionados con el comportamiento social y emocional y con el proceso de motivación (González y González, 1998)

La actuación didáctica a desarrollar no puede ser aleatoria y dependerá del análisis que se haga de la situación de partida. El cuadro 4 nos presenta un posible esquema de referencia. El aspecto más polémico afecta a la postura que cabe adoptar sobre si se han de detectar o no los superdotados. Si bien os defensores de la no identificación parten del supuesto de que estos alumnos pueden desarrollar sus capacidades en un entorno diversificado, sin necesidad de etiquetas ni distinciones, lo cierto es que la realidad de los centros es de escasez de ofertas educativas. En estas circunstancias, parece aconsejable el mejor conocimiento de la realidad para arbitrar las medias posibles.

"En mi opinión, debe existir una identificación de alumnos superdotados como paso previo a una determinada atención; no se pueden diseñar medidas de atención si antes no se ha detectado a la población sobre la que actuar" (Fernández, 1997:87)

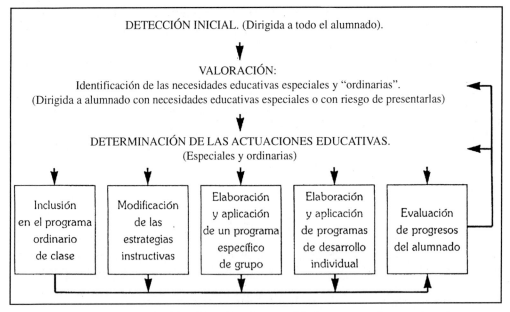

Cuadro 4: Proceso de identificación de necesidades y actuaciones educativas
(Coll, 1986:95)[6]

---

[6] En Antúnez y Gairín (1996:191)

Complementariamente a las soluciones didácticas, pueden considerarse las **modificaciones organizativas**: profesorado de apoyo, rincones, talleres, agrupamientos flexibles, etc. Soluciones como la adaptación y la diversidad curriculares (ya mencionadas) y la optatividad permiten pasar también del marco restrictivo de la clase a ámbitos más generales (nivel, ciclo, etapa) y hacer realidad la flexibilidad del curriculum. No obstante, si la diversidad presentada fuera alta, se justifica en algún caso la necesidad de acudir a centros especializados con carácter provisional o permanente.

Además de las posibilidades organizativas señaladas no hay que descartar como otra opción algunas propuestas ligadas a la repetición de curso, la excepción de materias, la provisión de recursos técnicos y específicos o la permanencia en una etapa educativa por un período complementario.

Si bien el plan de atención a la diversidad que desarrolle un centro educativo tiene por objeto básico la planificación de un proceso de enseñanza-aprendizaje lo mas individualizado posible, también debe considerar el contenido del programa de orientación que vaya a llevarse a cabo en el centro educativo y la organización de los recursos materiales y personales que se precisan en relación a la atención de los alumnos y alumnas con necesidades educativas espaciales. Igualmente, la aportación que pueden prestar programas específicos (multiculturales, de acción tutorial), experiencias basadas en planes o propuestas vinculadas a decisiones de los alumnos (fichas-guía, planes de trabajo, enseñanza asistida por ordenador,..), la flexibilización de tareas y prácticas que simultáneamente realizan grupos de estudiantes en la misma clase, el trabajo pro proyectos o el trabajo cooperativo.

Las posibilidades de intervención son, como vemos, variadas y deben estar de acuerdo al grado de diversidad existente. Podemos hablar de adaptaciones de acceso (relacionadas con las situaciones de partida respecto al planteamiento curricular básico) y curriculares que se aplican a nivel individual, de aula o de centro. Por otra parte, no hay que olvidar que mayores niveles de implicación personal e institucional conllevan a menudo un aumento de recursos.

Los recursos a implicar son externos e internos a la institución. Los externos hacen referencia a la forma como se estructura el sistema educativo (ordenación que se hace del curriculum, normas relativas a la atención a la diversidad, ...), qué sistemas de apoyo proporciona (formación, equipos multiprofesionales, materiales,..) y como dinamiza la realidad sociocultural (programas de sensibilización, formación a padres, etc.); los internos, referencian a la forma como se ordenan los recursos humanos, materiales y funcionales de la institución.

4. Las políticas a desarrollar

Las políticas a desarrollar deben tomar en consideración los marcos de actuación. El marco de actuación queda configurado tanto por los condicionantes socio-culturales de carácter general o próximo, que posibilitan o limitan la acción de las instituciones educativas, como por las concepciones que a su organización y funcionamiento se aplican.

4.1. El contexto socio-cultural-económico como marco de referencia.

La sensibilidad hacia lo intercultural queda plasmada entre otros documentos en el Convenio Europeo de los Derechos Humanos (Consejo de Europa, 1986), que garantiza la protección de los derechos cívicos, políticos y culturales fundamentales, en la Conferencia

de seguridad y Cooperación Europea de Viena (1989, documento final n° 59) y en la Declaración de las políticas culturales (ONU, 1984) que señala al respecto:

> " *lo universal no puede establecerse de manera abstracta por ninguna cultura parti-
> cular, sino que emerge de la experiencia de todos los pueblos de¡ mundo al afirmar
> cada uno su identidad,- identidad cultural y diversidad cultural son indisolubres*"

No obstante, la realidad no siempre refleja ese marco de intenciones y es abundante el
conocimiento diario de situaciones de marginación y dominio. De hecho, la nueva situación
europea, sobre todo en los países del Este, parece un retroceso en la convivencia que entre
diferentes etnias se plantea y como resultado de políticas de dominación que a nivel práctico
no tuvieron en cuenta el hecho intercultural.

Influye, además, a nivel concreto los personales puntos de vista de los usuarios de¡
sistema educativo. Los rebrotes de racismo explicitados en algunas localidades. y centros
educativos, o los más peligrosos subyacentes en los sutiles procedimientos de selección que
se emplean en algunas instituciones centros, no dejan de ser expresiones de una falta de
implantación real de las actitudes interculturales.

4.2. La actuación de la Administración educativa

Realidades socio-económico-culturales en constante cambio precisan de instituciones
dotadas de autonomía real para responder con prontitud a las cambiantes exigencias que
plantea la realidad inmediata o mediata y, además, para hacer presente el principio de
contextualización de la enseñanza.

A nivel general, las opciones adoptadas quedan claramente definidas a partir de los
textos legales y declaraciones políticas que al respeto se ha realizado. La Constitución de
1978, la L.0.D.E. o la L.0.G.S.E. aunque no recogen explícitamente la expresión de
interculturalidad si que hace referencia a los valores inherentes a ella[7].

La forma como se ordena el sistema educativo, como expresión de lo socio-cultural,
conforma también un marco de actuación claramente determinante para las instituciones
educativas. Ya no se trata de debatir si se prefiere un sistema escolar único (tesis presentada
en esta Sección) o si se parte de «dispositivos» escolares nacionales (regionales o locales)
dotados de la flexibilidad suficiente para que permita asegurar una compatibilidad, la cuestión está también en determinar el grado de autonomía que los centros mantienen respecto
al sistema que les ampara.

Pero, más allá de las imposiciones que permite la legislación, el contexto sociocultural
o el grado de autonomía institucional, lo cierto es que una educación intercultural debe

---

[7] La Constitución señala en su artículo 44: *"Los poderes públicos promoverán y tutelarán el acceso a la
cultura, a la que todos tiene derecho"*
     Por su parte la LODE especifica como fines de la actividad educativa entre otros:
     - *"La formación en el respeto de los derechos y libertades fundamentales y en el ejercicio de la tolerancia
y de la libertad dentro de los principios democráticos de convivencia"* (Art. 2, b).
     - *"La formación en el respeto de la pluralidad lingüística y cultural de España"* (Art. 2, e).
     - *"La formación para la paz. la cooperación y la solidaridad entre los pueblos"* (Art. 2. g).
     La LOGSE reafirma también las anteriores finalidades, que quedan también remarcadas en las nuevas pro-
puestas curriculares (Diseño Curricular Base y Decretos de mínimos) cuando se define la escuela comprensiva o
se habla de la atención a la diversidad en un estudio sobre las políticas de educación multicultural en los países
europeos (OCDE, 1 989).

posibilitar respuestas diferentes en función de las necesidades de las instituciones. No será lo mismo una institución con bajo porcentaje de personas de una sola etnia minoritaria u otra que tutela alumnos y profesores procedentes de varias etnias. Sea como sea, lo cierto es que desde el respeto a la autonomía de las instituciones se puede participar de los mismos fines generales. Las problemáticas que resultan son, en todo caso, operativas y hacen referencia a:

- ¿Tiene sentido limitar el número de personas de una etnia que acceden a una institución con vista a evitar el proceso de segregación?
- ¿Cómo vehicular la implicación de los diferentes agentes sociales en el proceso intercultural, en la ejecución de programas y en la organización de la vida de los centros?
- ¿Qué estrategias permiten el consenso que exige una educación **intercultural?**
- ....

En las respuestas a estas preguntas han de tener gran incidencia las concepciones que se aplican a la ordenación del sistema y de los centros educativos. Planteamientos productivos, estructurales y burocráticos, humanistas, políticos, sistémicos o culturales no parecen individualmente suficientes para explicar el funcionamiento institucional y orientar su ordenación. Sin menospreciar la dificultad teórica y práctica de compaginarlos, lo cierto es que una organización dirigida a lo intercultural debería prestar importancia a enfoques humanistas y culturales en la medida en que consideran la comunidad escolar participativa y la escuela como un medio cultural.

La utilización de los modelos humanistas en el ámbito de la organización escolar ha supuesto la aparición de dos propuestas cercanas entre sí: la escuela democrática y la educación personalizada. En ambos casos se reconoce explícitamente el interés de la participación y la importancia de¡ respeto a las diferentes opciones.

La utilización del modelo cultural ha permitido analizar la escuela como transmisora de cultura (DurKheim, Spranger, Kneller ...) reproductora de la cultura de la clase dominante (Althusser, Bouidieu i Passeron, Lerena ...), liberadora (freire) o creadorá de cultura propia.

Es desde esta última perspectiva cuando adquiere sentido la educación intercultural. El contexto escolar es un contexto creador de cultura a partir de los valores e ideas que comparte y de su propia historia. Y en este sentido puede contribuir a reproducir esquemas sociales o a crear esquemas propios en la línea de lo señalado, dejando constancia de la dificultad que tiene la creación de la cultura escolar propia a partir de variadas culturas y puntos de vista.

La consideración del marco de actuación a nivel concreto conlleva entre otras cuestiones clarificaciones en los siguientes aspectos:

- Grado de colaboración existente y deseable entre gobiernos/países o comunidades concretas implicados.
- Modificación de la formación inicial del profesorado, que debería enfocarse en la perspectiva intercultural.
- Adecuación de las políticas de personal y servicios en cuanto:
  - Revisión y ampliación de los programas de formación permanente del profesorado en la perspectiva intercultural.
  - Existencia de profesionales de las culturas implicadas.
  - Participación en la definición de los programas de intervención tanto de docentes como de asesores, servicios de apoyo, representantes locales, etc.
  - Modificación de las condiciones de acceso y regulación de la movilidad

· Creación de servicios complementarios de apoyo al proceso de escolarización.
  · establecimiento de servicios de orientación escolar y de asesoría cultural
  · existencia de profesores de apoyo
  · desarrollo de programas complementarios
- Aumento de coordinación entre los diferentes servicios.
-. Redefinición del currículum y de los niveles en que se organiza.
-. Tratamiento que se da en el currículum a los planteamientos interculturales, particularmente en lo que afecta al idioma materno y a otras manifestaciones de la cul.tura (Geografía, Historia, Literatura, Arte ...).
-. Nivel de apoyo a experiencias concretas y a iniciativas que coadyuven la implantación de
  la educación multicultural.
-. Confección de mapas demográficos/sociológicos en los que estén patentes no sólo los
  aspectos cuantitativos sino también las características lingüísticas, motivacionales y, en
  general, las derivadas de la peculiar socialización y de las condiciones de vida propias de
  los diferentes grupos (y contextos) diagnosticados.

4.3. La actuación en los centros educativos

Analizar el que son o pueden hacer los centros educativos exige un esquema de referencia. Utilizamos al respecto el ya conocido (Gairín, 1994, 1996b:90) que considera como
descriptores de una organización sus componentes (valores/objetivos, estructuras y sistema
relacional) y sus dinámicas (dirección y funciones organizativas).

4.3.1. Los planteamientos institucionales

Razones de índole político (ligadas a la progresiva autonomía institucional y a las
finalidades que se asignan a la escuela), técnicas (necesidad de delimitar las metas educativas y organizativas) y operativas (contrarrestar su grado de indefinición) justifican ampliamente el que las instituciones educativas definan a través de planteamieńtos institucionales
los marcos de actuación.

La reproducción de una secuencia educativa en documentos de gestión como el Proyecto Educativo, el Proyecto Curricular o el Reglamento de Régimen Interior no sólo ha de
servir para ordenar intemamente la participación en un contexto de mayor autonomía sino
también para orientar, organizar y posibilitar el seguimiento y control del proceso de intervención educativa.

El cuadro 5 recoge algunos de los elementos que un **Proyecto Educativo de Centro**
podría considerar al respecto de lo intercultural y en función de lo ya comentado al inicio
del texto[8]..

---

[8] Serían aceptables en esta perspectiva algunas de las características que proponen Galino y Escribano (1990,
19-22) como configuradoras de una dimensión intercultural de la educación: el hombre como valor supremo,
aceptación de las diferencias como factor de maduración, desarrollo de una conciencia histórica capaz de interpretar el presente desde el pasado, cultivo metodológico del diálogo y primado de la solidaridad operativo.

EL CENTRO EDUCATIVO POTENCIARA LA EDUCACION INTERCULTURAL ENTENDIDA COMO PROPUESTA QUE HA DE FAVORECER, DESDE EL RESPETO Y LA SOLIDARIDAD, LAS RELACIONES ENTRE LOS DIFERENTES PUEBLOS Y HACER EFECTIVO EL DERE-CHO A LA DIFERENCIA COMO VALOR PERSONAL Y SOCIAL.

Al respeto, de este principio, se proponen como objetivos:
· Sensibilizar a la Comunidad Educativa sobre la realidad multicultural y sobre la necesidad de educar para ella.
· Incorporar al currículum el conocimiento de otras realidades sociales y culturales diferentes.
· Crea una conciencia crítica respecto a una realidad multicultural, que implica un análisis crítico de los contenidos que se enseñan y de los valores que comportan, que evita el confundir el respeto y la tolerancia con el conformismo y la aceptación y que supone adecuar la práctica escolar con los valores que se intentan transmitir.
· Motivar el interés, curiosidad, respeto y tolerancia por lo diferente.
· Educar en la necesidad de la existencia de otras formas de vida diferentes y en los valores de solidaridad y cooperación.
· Elevar el autoconcepto personal/grupal de las minorías étnicas integradas en el centro.
· Promover y facilitar el contacto con otros centros/realidades de diferentes contextos.
· Favorecer la expresión de diferentes culturas y la participación en ellas.
· Mejorar el nivel de competencia multicultural de los miembros de la comunidad educativa.
· Fomentar la formación permanente del profesorado en la realidad multicultural.
· Contribuir a establecer una relación más estrecha entre el centro educativo, las familias y el entorno.

La implicación y desarrollo de los anteriores objetivos, por todos los miembros de la comunidad educativa se hace operativa a partir de la creación de una Comisión. Esta dependerá de¡ Consejo Escolar y estará formada por representantes del Equipo directivo, profesorado, padres, alumnos y representantes del Ayuntamiento. Sus funciones básicas serán:
· Proponer actuaciones que impliquen la consecución de los objetivos planteados.
· Coordinar programas de intervención.
· Informar periódicamente al Consejo Escolar sobre la realización del presente principio y de las problemáticas suscitadas entorno a él.

Cuadro 5: Asunciones de un Proyecto Educativo Intercultural

La actuación a nivel curricular podría ser distinta, si consideramos: os niveles de con-creción curricular especificados por J.A. Banks (cit. Jové, 1998) en cuatro:
- Aproximación a las diferentes contribuciones. Se introducen en los programas aconte-cimientos culturales de los diversos grupos étnicos: celebraciones, cultos, mitos, hé-roes, etc.
- Perspectiva aditiva, que supone la incorporación de unidades completas, normalmente unidades de programación, en relación a una determinada cultura.
- Perspectiva de transformación. Los cambios curriculares posibilitan comprender y ana-lizar hechos culturales desde diferentes puntos de vista, permitiendo enfatizar en la necesidad de entender la realidad desde diferentes explicaciones culturales.
- Centrado en la acción, ética, social y cívica. El desarrollo curricular mediante proyectos

conlleva la realización de acciones cívicas relacionadas con los problemas que ha estudiado.

El primer enfoque es fácil de introducir, pero acompañarse de una visión reduccionista y superficial del hecho intercultural, a la vez que puede fomentar estereotipos y reforzar las concepciones previas sobre el tema de los estudiantes. El enfoque sumativo puede facilitar la interrelación con los aprendizajes previos de los estudiantes, pero refuerza la idea de la independencia de las diferentes culturas y no ayuda a su interrelación cognitiva y afectiva.

La perspectiva de la transformación permite incidir en los aprendizajes previos, facilita la interpretación de los hechos desde diferentes puntos de vista y ofrece instrumentos de análisis y crítica sobre las diferentes realidades culturales. A estas virtualidades, el cuarto enfoque añade la implicación emocional y el aprendizaje significativo a partir de la experiencia personal. Los inconvenientes en ambos casos se relacionan con la dificultad de adecuar un curriculum preestablecido a las nuevas exigencias y con la inexistencia de materiales curriculares que ayuden a concretar las diferentes propuestas.

Un opción transformadora nos permite diferenciar claramente la multiculturalidad de la interculturalidad (cuadro 6)

MULTICULTURALIDAD	INTERCULTURALIDAD
- Sólo contempla acciones en las escuelas con presencia de alumnado de diversos orígenes étnico-culturales. - Se limita a aspectos curriculares, sin considerar las relaciones de poder que se establecen en la sociedad entre cultura dominante y culturas dominadas. - Reconoce la escuela como un espacio ideal para recrear las relaciones interétnicas, pero desde una concepción estática de las culturas y tratando prioritariamente las diferencias entre ellas. - Se propone, principalmente, intervenciones educativas centradas en estrategias de contacto (metodologías que aproximen los diferentes colectivos, estimulen el conocimiento mutuo, promuevan el diálogo y combatan la formación de prejuicios). - Se limita a incluir en el curriculum tópicos culturales de los diferentes colectivos minoritarios.	- Un enfoque global (en el sentido de incorporar las propuestas educativas en proyectos de carácter social) y propositivo (expresa un proyecto de establecimiento de relaciones igualitarias entre culturas). - Facilitar y promover procesos de intercambio, interacción, cooperación entre culturas, con un tratamiento igualitario de éstas. - Poner el acento no sólo en las diferencias, sino también en las similitudes. - Partir de un concepto dinámico de *cultura* y de *identidad* cultural. - Una aproximación crítica (analizando y valorando) las culturas. - Un rechazo de las ideas de vacíos culturales y de jerarquización de las culturas. - Una clara preocupación por el binomio diferencia-igualdad. - Extender la educación intercultural a todas las escuelas, no únicamente a los centros con presencia de minorías étnico-culturales. - La diversidad cultural en el proceso educativo, no como elemento segregador o diferenciador, sino como elemento enriquecedor, integrador y articulador. - El principio dialógico entre culturas y la comprensión y la aceptación de la alteridad como fundamento del modelo de interacción entre éstas en el aula y el centro escolar. - No una hibridación cultural (por yuxtaposición de asignaturas o amalgama de materias), sino el enriquecimiento y la comprensión mutua mediante aprendizajes basados en los fondos culturales de cada una.

Cuadro 6: Enfoques multi e interculturales en el curriculum (Barandica, 1999:17-18).

El **Proyecto Curricular** debería considerar desde la filosofía mencionada entre otras cuestiones[9]:

- Impregnación de lo intercultural en los diferentes elementos que configuran los diseños curriculares: objetivos instructivos, contenidos, materiales, metodologías y sistemas de evaluación.
- Dotación de instrumentos eficaces de comunicación, especialmente por lo que afecta al tratamiento de la lengua materna y al conocimiento de idiomas.
- Atención a las materias que puedan actuar como ejes vertebradores: Geografía, Historia, Antropología, Arte, Etica, Literatura...
- Selección y tratamiento de los contenidos, evitando el excesivo etnocentrisnio de la educación tradicional.
- Adecuación metodológica, que permita profundizar en las variables culturales propias a partir de perspectivas globales. Deberá incluir, asimismo, elementos de discusión que potencien el sentido crítico que mencionamos y considerar las aportaciones que al caso puedan proporcionar los modelos de aprendizaje cooperativo, el estudio de casos u otros planteamientos ya usados en programas de educación moral (técnicas de «comprobación de principios» de J, Lynch, la «discusión de dilemas» de L. Kohberg, la «clarificación de valores» de E. Raths o la «dramatización», entre otros.
- Niveles de opcionalidad que se establecen.
- Revisión del **soporte** que se da a la realización de curricula tan diversificados como los que precisa una realidad intercultural.

Pero, además, habrá que:

- Considerar el contexto (organizativo, personal...) donde se ubica, conforma y desarrolla ese currículum.
- Las condiciones que acompañan su realización, particularmente las relacionadas con las actitudes que subsisten y se potencian.
- La necesidad de organizar el currículum de acuerdo a los principios de adaptación, flexibilidad, variedad, actividad, individualización y socialización.

Algunas **actividades escolares** que podemos promover pueden ser:

- Jornadas o semanas interculturales, con la participación de miembros de la comunidad escolar e invitados de diferentes culturas.
- Desarrollo de unidades didácticas, realizadas por el centro escolar o proporcionadas por entidades relacionadas con la problemática, dirigidas a conocer otros sistemas culturales, reflexionar sobre otras formas de vida, desarrollar actitudes tolerantes y solidarias con situaciones o problemáticas de otros países, de realidades migratorias, racistas o xenófobas, profundización en historias de vida, etc.
- Talleres específicos sobre realidades culturales (danzas, cocina, teatro,..)
- Realización de juegos de simulación, cooperativos, etc, dirigidos a fomentar el conocimiento y la comprensión mutua y facilitar la resolución de conflictos.

---

[9] Trabajos recientes centrados en aspectos didácticos de lo multicultural pueden consultarse en Galino y Escribano (1990), Zabalza (1991), Medina (1991) y entre otros. También pueden encontrarse aportaciones de interés en las compilaciones de OCDE (1987) y Spinder (1987) y en el informe del National Council for de Social Studies elaborado en 1976. Implicaciones curriculares y organizativas pueden verse en Banks y Banks (1989) o Foster (1990), entre otros.

- Realización de estudios históricos dirigidos a recuperar y valorar costumbres, situaciones, tradiciones orales, etc.
- Realización de campañas de solidaridad con pueblos, países, étnias con dificultades puntuales (desastes naturales, guerras,..) o permanentes.
- Fomentar intercambios escolares epistolares o personales con personas de otras étnias.
- ....

A nivel **metodológico,** cabe considerar:
- Los referentes metodológicos y experienciales que aporta el alumnado.
- Estrategias metodológicas de diversificación.
- Metodologías promotoras de la interacción e intercambio: el aprendizaje cooperativo.
- El enfoque socio-afectivo, que considera tanto lo cognitivo como lo afectivo-experiencial.
- La vivencia de la diversidad cultural y de la interculturalidad.
- ....

A nivel de **evaluación** pueden servir algunos indicadores como los planteados en el cuadro 7

EL CONTEXTO DE REFERENCIA

- ¿ El curriculum oficial considera y asume la educación intercultural?
- ¿Hay un planteamiento institucional favorable, abierto y sensible al tema de la educación intercultural?
- ¿Se contemplan recursos complementarios para atender individual y colectivamente las necesidades que se planteen?.
- ¿ Se posibilita la implicación del profesorado en los proyectos relacioandos con la educación multicultural?.
- ....

LOS VALORES/OBJETIVOS DE REFERENCIA

- Se orientan a fomentar el conocimiento y la vivencia que conforman el entorno social en el que se vive?.
- ¿ Se dirigen al desarrollo de competencias para una sociedad multicultural?.
- ¿Se contempla la eliminación del racismo, de los prejuicios y de los tópicos culturales potenciando el sentido crítico en el alumnado?.
- ¿Se fomenta el valor positivo de la diversidad cultural, valorando las aportaciones que las otras culturas hacen sobre la propia?.
- ¿ Se pretende la mejora del autoconcepto del alumnado (especialmente de las minorías)?.
- ¿ se potencia la convivencia y el intercambio entre el alumnado culturalmente diferente (descubriendo diferencias, similitudes, incentivando aprendizajes mutuos,..)?.
- ....

EL CENTRO INTERCULTURAL

- ¿El ambiente escolar está abierto al hecho multicultural. ¿Se asumen la defensa del pluralismo cultural y el compromiso contra la discriminación como una rasgo de identidad?
- ¿Existe conciencia de la realidad multicultural que acoge el centro por parte de todos los miembros d ella comunidad educativa?
- ¿El ambiente material del centro refleja la multiculralidad o cultiva el diálogo intercultural?.
- ¿Existe una buena acogida del alumnado inmigrante cuando llega al centro (buena actitud de aceptación de entrada del alumnado, entrevistas con familias, etc.)?.
- ¿ La valoración positiva de la diversidad cultural se transfiere a los diversos colectivos de la comunidad educativa (el aula, el comedor, el pasillo, el patio escolar, etc.?.
- ¿Existe una voluntad decidida por parte d ella dirección e avanzar hacia la integración del alumnado inmigrante?, ¿Cómo?.
- ¿Se facilita la relación de las familias del alumnado inmigrante con la escuela?,¿ participan estas familias en la organización y el gobierno del centro o en las AMPA?.
- ¿Se organizan actividades multiculturales en el centro?.
- ¿ Existe sensibilidad hacia la multiculturalidad en los servicios ofertados pro el centro (biblioteca, comedor, actuación del programa de educación compensatoria)?.
- ¿Se coordinan las actividades interculturales del centro con proyectos de actuación más globales (de carácter social, comunitario, colaboración con otros colectivos, etc.)?
- ....

EL AULA INTERCULTURAL

- ¿Se conde atención a la expresión de la multiculturalidd en el ambiente material?.
- ¿El clima de aprendizaje es respetuoso, reconoce y acepta las diversas culturas presentes ene l aula (fomentando la valoración positiva de la diversidad, así como las actitudes de respeto, tolerancia y solidaridad entre el alumnado)?.
- ¿Es posible la expresión espontánea de la propia identidad cultural?. ¿Se permite que esta expresión se legitime, se valore y se analice críticamente?.¿ Se permite construir la propia identidad cultural de un modo enriquecedor adquiriendo, al mismo tiempo, competencia para tener conciencia de los esquemas culturales que hay alrededor>?.
- ¿Las programaciones y la selección de contenidos y materiales se efectúan con criterios de diversidad cultural?.
- ¿Se facilita la expresión oral de las vivencias culturales y de los saberes prácticos del alumnado?.
- ¿ El modelo educativo que existe en el aula estimula aquellas metodologías que posibilitan el marco de interrelaciones (relaciones entre iguales, dinámicas comunicativas, intercambios de roles,..)?
- ¿ Los recursos metodológicos permiten el tratamiento de la diversidad (adaptación al ritmo de aprendizaje, seguimiento individualizado, diversificación de modalidades de trabajo,..)?.
- ¿ Se favorece un proceso de enseñanza-aprendizaje dialógico, interactico y con más refuerzos positivos que negativos?
- ¿ En la resolución de conflictos , se utilizan el diálogo crítico y el debate como medidas preferentes?.
- ....

Cuadro 7: Cuestiones para una evaluación de la interculturalidad
(a partir de Sabariego, 1999)

Y es que el eje de la elaboración de un currículum multicultural ha de ser la concepción del curriculum como espacio de diálogo. En este sentido, adquiere importancia su concepción como:

"el marco, proyecto valioso y fundamentado de un nuevo estilo de cultura integradora de las creencias, necesidades, lengua, espacios de relación, normas de actuación, contenidos innovadores, etc., que elaboran, adaptan y crean profesores y alumnos al realizar procesos de enseñanza-aprendizaje en contextos de diversidad cultural" (Medina, 1991, 2)

La organización normativa que ha de posibilitar tanto el P.E.C. como el P.C.C. debe regirse por los principios ya mencionados y fundamentarse más en una disciplina formativa que en un planteamiento de disciplina formal. La consideración de la dimensión positiva de los hechos, antes que la reprobación o la generación de sentimientos de culpabilidad y vergüenza, parece en este sentido fundamental, como ya señalara Bhatnagar (1984, 92).

El desarrollo de los planteamientos anteriores, concretados y realizados mediante acciones a corto plazo contempladas en documentos como la Programación General del Centro, la Programación didáctica de los profesores, el Presupuesto o la Memoria (como explicitación del proceso de evaluación realizado), debe considerar asimismo:

- La necesidad de partir siempre del escenario cultural, social e institucional donde tiene lugar la acción intercultural. En este sentido, tiene plena vigencia para el análisis del contexto y la detección de necesidades las 9 invariantes que D. Lawton (1989) propone para realizar el barrio del rnapa cultural: estructura social-sistema social; sistema económico; sistema de comunicación; sistema de racionalidad; sistema tecnológico; sistema moral; sistema de creencias, sistema estético y sistema de maduración (referido a costumbres y ritos de iniciación, separación-continuidad entre grupos culturales ...).
- El papel de la escuela como mediadora entre la «macrocultura» (principios altamente consensuados por la sociedad) y las diferentes «microculturas» que existen dentro y fuera de la institución.
- Tan importante como el programa intercultural lo constituye el proceso de discusión y el consenso que ha de llevar tanto a su concreción como a su plena realización y evaluación.

La concreción de la intervención intercultural en documentos de gestión como los ya mencionados no debe hacernos olvidar, en primer lugar, las funciones que debe cumplir la educación intercultural, que quedan sintetizadas por Essomba (1999:11-12) en tres:

· *Función transformadora*, consecuencia de la interdependencia entre el sistema educativo y el resto de los sistema sociales (sobre todo, la comunidad). No conseguiremos consolidar la finalidad de la educación intercultural sino se establecen cambios, por ejemplo, en el marco jurídico y normativo con respecto a la igualdad de derechos de todos los ciudadanos/as, sea cual sea su nacionalidad o su situación legal.

· *Función de control del proceso*. Esta función más técnica hace referencia a la necesidad que tiene toda situación educativa de establecer dispositivos que permitan, mediante retroalimentación, introducir cambios según las necesidades que la intervención produzca.

· *Función prospectiva*. La novedad del fenómeno sociológico y la inexperiencia del mundo educativo, contribuyen y justifican el plantear toda intervención como una oportunidad para crear y recrear nuevas situaciones en la idea de construir la realidad que se necesita

La orientación que ha de tomar el cumplimiento de los objetivos ha de ser de compromiso con la realidad social, planteando y asumiendo de manera crítica el análisis de las situaciones existentes y de las situaciones deseables. El reto no es fácil y su cumplimiento queda condicionado por las posibilidades y limitaciones de la realidad, que en ningún caso nos debe hacer desistir de las funciones últimas antes mencionadas

.. sobre los límites y posibilidades de los centros educativos respecto a proyectos de estas características. Y tenemos que afirmar la necesidad de que estos objetivos no sean reflejo de las limitaciones encontradas (un gran número debidas a la novedad del fenómeno), sino que partan de la amplia posibilidad que supone el marco escolar con relación a la dimensión intercultural de la educación: por ella pasa toda la población de forma obligatoria, y en unas edades en las cuales es relativamente fácil trabajar por un cambio de actitudes y por la adquisición de un punto de vista más relativo sobre el mundo (Essomba, 1999;14)

4.3.2. Las estructuras

La consecución de las metas establecidas para las organizaciones conlleva la realización del trabajo a partir de la creación de órganos especializados y de la ordenación de la actividad. Nacen así las estructuras como el patrón de realizaciones duraderas establecidas entre los componentes de una organización.

La ordenación que se realiza de los elementos humanos, materiales y funcionales no es específica para la educación intercultural, si bien adquiere en este caso una mayor prioridad la necesidad de contar con estructuras flexibles y adaptativas, dada la diversidad de situaciones que hay que atender entre los usuarios.

Si la escuela quiere atender a las nuevas demandas (currículum adaptado a las necesidades e intereses de cada estudiante, integración educativa, gestión participativa, el centro como institución comunitaria y polivalente, etc.), se hace preciso profundizar en el establecimiento de estructuras flexibles que faciliten la atención de las demandas diversas y a su constante readaptación (cuadro 8).

ORGANIZACIÓN ELEMENTOS	CERRADA/MECÁNICA	ABIERTA/FLEXIBLE
SUPRASISTEMA: · Caracterización general · Predictibilidad · Límites · Relaciones externas	Serena, ordenad Segura, determinante Conocidos o preestablecidos previamente Encerrada en sí misma	Turbulenta, caótica. Incierta. Desconocidos Abierta al entorno.
COMPONENTES ORGANIZATIVOS: · Objetivos · Documentos de gestión · Estructuras · Sistema relacional	Metas definidas Énfasis en eficacia, eficiencia. Definidos por la jerarquía Currículos uniformes Metodologías uniformadoras. Evaluación discontinua Alta formalización Concentración del poder Roles preestablecidos Agrupamientos rígidos Profesor autosuficiente. Uniformidad en los espacios Escasez de recursos Uniformidad de horarios Normas como referencia comportamental Comunicación vertical. Resolución de conflictos por la jerarquía.	Metas tendencia. Énfasis en la adaptabilidad. Definidos participativamente. Currículos diferenciados Metodologías individualizadas Evaluación continua Baja formalización Poder compartido Roles cambiantes Agrupamientos flexibles Enseñanza en equipo Diversidad de espacios. Recursos centrados en la enseñanza. Horarios flexibles. Tolerancia ante la ambigüedad. Comunicación vertical, horizontal y bidireccional. Resolución de conflictos por el grupo.
DINÁMICAS ORGANIZATIVAS: · Dirección · Proceso organizativo	Estilo burocrático Liderazgo formal y transaccional Tareas repetitivas y determinadas. Procesos estandarizados Verticalidad en la toma de decisiones Control externo	Estilo participativo. Liderazgo funcional y transformacional. Tareas cambiantes Procesos variables. Horizontalidad en la toma de decisiones. Autocontrol interno.

Cuadro 8: Características de sistemas organizacionales aplicadas al contexto educativo.

Se plantea así,

"la necesidad de cambios substanciales en los planteamientos institucionales, en las estructuras organizativas y en lo relativo a su funcionamiento. Huyendo del mito de la

solución única (Drucker, 1978:11), habrá que pensar en modelos organizativos "adhocráticos" o adaptativo-orgánicos. Los primeros, caracterizados por Mintzberg (1979), son propios de organizaciones que presentan estructuras orgánicas con poca formalización de los comportamientos, una alta descentralización, un funcionamiento por unidades flexibles y que tienen miembros con una amplia formación y especialización. Los segundos, caracterizados por Kast (1981), reverencian organizaciones con un menor nivel de estructuración, con más interacción dinámica entre las diferentes funciones, con mayor descentralización y con un mayor peso de la autoridad basada en el conocimiento. (Gairín, 1990,311-312).

A nivel más específico, la ordenación de los **recursos humanos** reclama:
- Una mayor atención, desde la organización vertical, a los procesos de gestión participativa y a la existencia de equipos directivos comprometidos con las finalidades institucionales relacionadas con lo intercultural.
- La puesta en funcionamiento, desde la organización horizontal, de modalidades organizativas de atención a la diversidad (agrupamientos flexibles, talleres, organización por módulos, horarios a la cana, planes duales, clases de acogida -C.N.D.P., 1987-, aulas taller, etc.) que completan y refuerzan las adaptaciones que desde la dimensión didáctica se ejecutan, en un intento por superar las modalidades de organización graduada y acercarse a los planteamientos no graduados.
- La potenciación de equipos de profesores, desde la organización staff, que mediante sus estudios, análisis e informes posibilitan una acción más coordinada, a la vez que facilitan las decisiones del nivel ejecutivo o posibiliten su realización. De particular importancia será la acción de los equipos en el desarrollo de propuestas interdisciplinares y en la puesta en funcionamiento de modalidades de agrupamiento de alumnos no tradicionales

La adecuación de **recursos materiales** conlleva entre otras cosas una atención prioritaria a los ámbitos de información como puedan ser la biblioteca, hemeroteca, videoteca u otros en lo que se refiere a cantidad, calidad y diversificación de los recursos existentes desde el punto de vista intercultural. Pero, además, ha de suponer una especial atención a la organización del ambiente escolar. Como ya señalara Zabalza:

"-...la propia organización del ambiente escolar es el primer indicador de una política multicultural. Bastaría ver cómo se han adornado-ocupado los espacios libres del colegio para atender el "espíritu" asimilador o pluralista que guía su estrategia curricular. Corredores, clases, biblioteca, salas de juegos, etc., pueden ser espacios culturalmente diversificados, exposiciones permanentes de diversos signos culturales (expresiones lingüísticas diferentes, representaciones pertenecientes a creencias religiosas diferentes, a contextos geográficos diferentes, a modos de vida diferentes). Una diversificación, por otro lado, respetuosa con lo que son las propias valoraciones y limitaciones que cada grupo hace propias (evitar referencias prohibidas, representaciones que puedan agredir la sensibilidad de algún grupo, etc.)" (1991,5).

Desde el punto de vista de los **recursos funcionales,** lo intercultural obliga, además de modificar la orientación y contenido de los programas, a atender a dimensiones como las referidas a horarios y presupuestos. Una organización más flexible requiere una sustitución de los procesos de temporalización y económicos habitualmente rígidos por la realización de calendarios, horarios y presupuestos adaptados a las necesidades curriculares y, en cualquier caso, con la posibilidad de alterar en cualquier momento su propia estructura y organización. El establecimiento de horarios modulares, horarios libres, horarios a la caria, la diferenciación dentro del tiempo de aprendizaje entre el tiempo permitido y el tiempo comprometido o la instauración de modalidades presupuestarias por programas o tiempos frente a la de capítulos, pueden ser algunas de las posibles realizaciones.

La falta de concreciones prácticas en lo intercultural obliga, no obstante, a plantear interrogantes sobre la posibilidad y realidad de algunas de las propuestas mencionadas. Al respecto pueden señalarse:

- ¿Existe un tamaño adecuado, en relación al número de usuarios, que facilite en mayor medida los programas interculturales?
- ¿Qué grado de complejidad y fonnalización es asumible en un planteamiento intercultural?
- ¿Qué condiciones deben acompañar al uso de modalidades flexibles de agrupamiento?
- ¿Qué consideración debe tener en el horario el tratamiento de las diferentes lenguas, los contenidos de otras culturas.,.?
- ¿Son factibles respuestas flexibles en modelos institucionales con alta dependencia de¡ sistema educativo?

4.3.3. El sistema relacional

Más allá de los objetivos y estructuras, las organizaciones quedan conformadas por personas que establecen entre sí, en virtud de su propia naturaleza y de la historia institucional, un conjunto de relaciones que posibilitan o limitan la acción institucional.

La consideración del sistema relacional exige plantearse temas como la comunicación, la participación, la toma de decisiones, los procesos de control, etc. cuya realidad objetiva y vivida se presenta como determinante de la funcionalidad real de los centros. El resultado de la relación interna que se establece entre las variables mencionadas en función de la estructura existente y de los objetivos perseguidos genera el clima social, contribuye a establecer la cultura organizacional, y actúa como indicador de la salud de la organización.

Desde el punto de vista intercultural, las variables más relevantes en la dimensión que analizamos resultan ser la formación, las actitudes y las relaciones que afectan a todos y cada uno de los miembros de la comunidad educativa.

La reacción del profesorado no siempre es positiva al hecho intercultural. A veces se considera como un problema añadido o se enfrenta a él desde posiciones románticas pero poco efectivas profesionalmente.

"La multiculturalidad social y escolar no es per se un problema, pero sí que puede vivirse como tal, con síntomas de ansiedad y de impotencia profesional, por los profesores que se sienten solos, poco formados y sin suficiente ayuda ante una realidad para ellos nueva: la presencia en sus aulas, en este caso, de alumnos que se incorporan a los ocho, diez o doce años, con una serie de características doblemente diversas a las del resto de aprendices ya heterogéneos de por sí; con diferencias lingüísticas, religiosas, axiológicas, conductuales y académicas, debidas a sus distintos referentes culturales. El problema se percibe, por supuesto, con mayor gravedad cuando, además, ese nuevo tipo de alumnado viene en número abundante, no ha estado apenas escolarizado previamente, la comunicación con las familias no resulta fácil, perteneces a muchas nacionalidades y se concentra en escuelas marginales" (Jordán, 1999: 68)

Convendría recordar que muchos de los intentos de aproximación pluricultural a las escuelas étnicas de a primera mitad del siglo fracasaron por falta en los **educadores** de conocimientos históricos, lingüísticos y antropológicos necesarios, de los instrumentos conceptuales necesarios para introducir la cultura y la vida de otras personas de la escuela mediante textos, materiales didácticos y guías para ellos (Sanroman, 1990, 57).

La formación de los profesores, como primer paso en la formación de la comunidad educativa, debe ser considerada más un reto que una dificultad añadida al hecho intercultural. Su realización práctica deber fa considerar en todo caso los resultados de los estudios y elaboraciones producidas por el Consejo de Europa (1986) y asumir:
- La necesidad de acompañarse de una voluntad política, colectiva e individual de diálogo y de reconocimiento de la diversidad de comportamientos y de valores culturales.
- Su extensión a todo el profesorado.
- El estar dirigida a proporcionar competencia multicultural-
- El ser principio y objetivo de la formación, tanto en la inicial como de la permanentel[10]
- Que permita vivir y reflejar lo intecultural.
- Que adopte instrumentos conceptuales, metodológicos y pedagógicos.

Otras cuestiones que habría que tener en cuenta en la formación del profesorado hace referencia a (Jordán, 1999; Arco, 1999):
·   Utilizar modelos que respeten la secuencia de práctica-teoría-investgiación-acción-reflexión-práctica, frente a modelos que sólo buscan la transmisión de información.
·   Utilizar la modalidad de formación en centros, que no excluye la participación de asesores externos y la participación de representantes de las minorías, también la de otros agentes educativos como trabajadores sociales, representantes de la ONG implicadas, psicopedagogos, etc.
·   Se hace preciso incrementar los márgenes de autonomía de los centros, que permita una mayor flexibilidad organizativa y horaria y ayude a establecer y consolidar canales de colaboración con las diferentes instituciones implicadas en la realidad multicultural
·   Aumentar la oferta formativa dirigida al profesorado que se mueve en contextos multiculturales y revisar desde esta perspectiva la formación inicial.

"La formación en este tipo de educación ha de dirigirse a todos los profesionales del sistema educativo, a los niveles formales y no formales, pues la riqueza multicultural no es un adjetivo del curriculum inicial y permanente del profesorado sino una perspectiva básica de su modo de ser como docente ante un mundo abierto a una cultura diversas, compleja, flexible y en un proceso de enriquecimiento continuado" (Cabrera y otros, 199: 77)

Una propuesta de los autores anteriores se presenta a continuación:

---

[10] E Consejo de Europa(1986)señala al respecto las dimensiones que como mínimo deben estar presentes en un programa de formación: 1) aproximación histórica a los rnovimientos migratorios; 2) estudios etno-sociológicos; 3) estudios comparados; 4) aproximación sociolingüística de la lengua; 5) introducción a la lingüística comparada y psicolingüística; 6) revisión de las materias de enseñanza desde esta perspectiva; 7) revisión de sentido de la evaluación; 8) conocimiento rnal de la situación de los emigrantes; 9) contactos con comunidades de emigrantes y autónomos; y 10) aprendizaje de la colaboración en equipos polivalentes y pluriculturales.

También hace referencia a la formación del profesorado la Directiva 77 (486) de la C. Europea y de manera más directa la Recomendación 18 (n° 84) del Comité de Ministros de la C.E. sobre «La preparación de los enseñantes en una educación para la comprensión intercultural, principalmente en contextos de inmigración». Otras referencias normativas y aspectos de la formación del profesorado pueden verse en el estudio de Jordán (1982, 129-144).

CURRICULUM DE FORMACIÓN DEL PROFESORADO
PRINCIPIOS
· Formación en educación intercultural antes de la intervención · Integrar los contenidos con las metodologíasy estrategias de enseñanza
ÁMBITOS

COMPETENCIA COGNITIVA	CONOCIMIENTO y COMPROMISO CON UNA FILOSOFÍA MULTICULTURAL
· Conocer las minorías étnicas del contexto real concreto. Migración y marginación. · Conocer y analizar los modelos y enfoques de educación multicultural y conceptos implicados · Reflexionar sobre las condiciones necesarias posibles para establecer un proyecto educativo global	· Análisis de las políticas existentes y del modelo de educación multicultural que se promueve desde un sistema educativo concreto. · Reflexionar sobre el curriculum oculto del profesorado y cómo afecta a las minorías étnicas. · Aceptación de los valores y actitudes inherentes a la educación multicultural y compromiso con ellos.
DESARROLLO DE ACTITUDES Y VALORES · Percibir la diversidad desde la diferencia, no desde el déficit. · Conocer las culturas en contacto. · Experimentar y vivenciar positivamente en contextos multiculturales. Actuaciones concretas y compartidas. · Adquirir una actitud favorable a la diversidad cultural.	COMPETENCIAS PEDAGÓGICAS · Elaborar diseños curriculares y unidades didácticas de inspiración intercultural. · Uso de diferentes metodologías y técnicas de enseñanza-aprendizaje que fomenten relaciones interculturales constructivas: aprendizaje cooperativo. · Diseñar y utilizar estrategias que favorezcan relaciones interculturales en el aula a partir de cambios organizativos y funcionales. · Desarrollar destrezas d comunicación con las familias y otros profesionales. · Desarrollar habilidades para detectar prejuicios y estereotipos contenidos en los materiales de enseñanza. · Desarrollar habilidades para diagnosticas los valores, necesidades educativas y estilos de aprendizaje del alumnado.

Cuadro 9: Curriculum de formación del profesorado (Cabrera y otros, 1999).

Pero tan importante como el proceso de formación existente es el conjunto de actitudes que se manifiestan hacia las demás personas y grupos culturales. La escuela tiene al respecto tres posibles funciones: *transmitir actitudes, generarlas y cambiarlas* y para intervenir sobre ellas algunas de las metodologías ya apuntadas en referencia al Proyecto Curricular.

El conjunto de actitudes deseables afecta a toda la comunidad educativa pero, sobre todo, exige prestar una especial atención al educador dado su papel de mediador frente a la comunidad y de ejemplo frente al alumno. Al respecto, Muñoz señala las actitudes más importantes que deben acompañarle:

1. *Respecto a todas las culturas, incluso a las consideradas como primitivas o minoritarias.*
2. *Respetar el derecho a la diferencia, pero sin "etiquetar" al educando en razón de su diferencia (...).*
3. *Aceptación positiva de los valores y estilos de vida de las diversas culturas. 40 Deseo de conocer, estudiar y comprender las culturas origen de cada uno de sus alumnos, en especial los hábitos familiares, roles culturales y códigos morales.*
4. *Interés por descubrir cuáles son los aprendizajes infantiles en cada una de las culturas (...).*
5. *Atención espacial a los problemas de lenguaje.*
6. *Rechazo claro y explícito de toda discriminación racial.*
7. *Superación progresiva de¡ propio etnocentrismo.*
8. *Sensibilidad ante el conflicto interno que el bibulturalismo ambiental puede producir"*

(1992, 11-12).

El proceso de socialización del **alumnado** que cabe impulsar deberá tener en cuenta:
· Que muchas personas han adquirido el lenguaje, costumbres y pautas culturales de una manera natural e inconsciente a través de procesos de enculturalización generados en su contexto de origen. La incorporación de nuevos referentes que deben coexistir con los anteriores no puede plantearse como una adquisición forzada y sujeta a pautas temporales, salvo que se desee promover procesos de aculturalización que ya nadie defiende.
· Supone también estar atentos a las relaciones, semejanzas y disfunciones existentes entre la cultura escolar y la cultura del alumno, que a veces mantiene ritos, referentes y pautas de comportamientos incompatibles o muy diferentes.
· Exige poner en funcionamiento y desarrollar procesos de comunicación intercultural que integren competencias cognitivas y emotivas que permitan el establecimiento de relaciones positivas entre personas de procedencias culturales diversas. Una adecuada comunicación será la base de la evitación/resolución de conflictos y del problema de la ansiedad que acompaña a la comunicación intercultural.
· Cuando la comunicación es compleja se pueden generar sentimientos de insatisfacción que pueden provocar situaciones de ansiedad. Las situaciones de angustia y ansiedad también se puede dar en el aula, lo que supone aceptar la existencia de un cierto grado de conflicto y el desarrollo de habilidades dirigido a superarlo.

"Hay que contemplar la posibilidad de que puedan herir sentimientos en la relación intercultural. En este sentido podría profundizarse en la relación de ayuda o en el desarrollo de actividades desde perspectivas socioafectivas que permitan, a la totalidad del alumnado, vivenciar experiencias y situaciones desde un enfoque social y/o cultural distinto al propio" (Campo, 1999: 51-53).

· La integración de toda la población en los ámbitos escolar y extraescolar debe partir del respeto de los derechos y deberes que todas las personas tienen y del compromiso de todos en la construcción de una realidad superadora de dssigualdades. El papel de la escuela ha de ser el de proporcionar y potenciar actuaciones que permitan la construcción de un modelo integrador a través del cual se combata la exclusión escolar y social. Dentro de este compromiso resulta imprescindible el impulsar el diálogo con las familias y las comunidades de referencia.

" *La integración escolar es un proceso que tiene como uno de sus principales objetivos la necesidad de integrar la diversidad cultural como una realidad que forma parte de la cultura escolar, colaborando a la construcción de una cultura nacional sobre la base de la pluralidad cultural existente. Sin olvidar que la escuela no puede substituir por sí sola las carencias del modelo social y político en el que se encuentra inmersa. La escuela tiene que asumir todo su encargo social dentro de la función y límites que tiene como institución. La escuela debe buscar, y hemos de darle los apoyos necesarios para que realice su misión*". (Palaudàrias, J.M.,1999:84)*

" *Lo que se aprende en la escuela se tiene que ejercitar en el ámbito sociofamiliar, ha de tener una tuilidad que proyecte lo aprendido hacia el futuro de los niños y delos jóvenes. Es necesario que se dé una continuidad entre el proyecto familiar y el escolar y que se transmita a los padres la necesidad de un proyecto formativo dentro del proceso de asentamiento que les permita situar la escuela, la comunidad y la educación familiar como algo complementario. Para ello es imprescindible que la escuela, los servicios sociales municipales y las familias del alumnado se comuniquen los proyectos educativos y sociales para reconocer sus límites y limitaciones*". (Palaudàrias, J.M.,1999:85)*

·   Considerar el plan de acogida y los efectos que puede tener en los aspectos adminsitrativos (adaptando la documentación, preparando materiales en varios idiomas, gestionando ayudas,.....), servicios (coordinación con profesionales externos al centro, facilitando contactos con mediadores, apoyando la participación en actividades extraescolares,...), curricular (adaptaciones curriculares, apoyo tutorial,..) y relacional (revisión de planteamientos y actitudes del personal, familias, etc. mediante la adecuada información/formación).

Por último, resulta también importante para el sistema relacional conocer las vinculaciones que se establecen entre los diferentes miembros de la comunidad educativa y, particularmente, las establecidas con los padres y representantes de las minorías. Contactos directos y frecuentes se imponen si se quiere interpretar en clave cultura¡ muchas de las problemáticas que se suscitan. Y es que el problema intercultural no pasa tanto por la invención de nuevos métodos (hay ejemplos suficientes sobre cómo tratar la diversidad) sino por la disposición de los enseñantes y el apoyo de los padres y las instituciones.

4.3.4. Las dinámicas institucionales. La dirección

Por último, y no en menor medida, no podemos olvidar el papel de la dirección como promotora de la moral de los grupos y medio para alcanzar infraestructura. Un estilo dinámico de dirección, que pilote, evalúe y tome decisiones sin dilación, ha de agilizar la comunicación necesaria para garantizar la implicación de todos en el proyecto común.

El conjunto de propuestas presentadas no deberían hacernos olvidar que la clave de la atención a la diversidad está en mantener como eje las programaciones ordinarias introduciendo en ellas elementos que eviten la rigidez, homogeneidad y selectividad.

También es importante entender el papel de la evaluación como instrumento formativo y como mecanismo que nos permite realizar los ajustes necesarios en el programa y en el funcionamiento institucional. particularmente, puede ser interesante analizar el grado de integración que se consigue, la articulación de los recursos ordinarios en la atención a la diversidad, el grado de implicación institucional existente, la cualificación técnica del recurso y el grado de implicación de los recursos humanos y de sus directivos.

Por último, no podemos olvidar que la atención a la diversidad puede exigir de ayudas externas, particularmente en situaciones específicas como puedan ser el tratamiento de minorías étnicas, las dificultades generadas por personas con grandes déficits o el desarrollo curricular en zonas marginales.

Sea como sea, la atención a la diversidad debe entenderse como el conjunto de propuestas conceptuales, curriculares y organizativas que posibilitan en la práctica la mejor respuesta a los intereses y necesidades de los estudiantes. La puesta en funcionamiento de una o varias de las propuestas presentadas asume el principio de que no existe una práctica educativa que pueda considerarse como óptima, universal y con capacidad de estandarización para todos y cada uno de los alumnos, más bien supone la posibilidad de ofrecer una enseñanza adaptativa que sea capaz de ofrecer soluciones diferenciadas en función de los distintos destinatarios.

5. Algunas observaciones finales

Si entendemos que la sociedad del futuro será una sociedad abierta a los intercambios y con los mínimos límites entre países, sociedades, pueblos y culturas, podremos participar en la importancia de avanzar en los conceptos y desarrollos que promueve la educación intercultural. Una concepción dinámica de la sociedad es coherente con el aprovechar al máximo los factores positivos que puedan acompañar a la interacción entre culturas. Lograrlo no es una opción, sino una necesidad, como señala Cases (199:39):

> La educación intercultural hoy no es una opción, sino una necesidad. Nuestra sociedad ha dejado de ser única para convertirse en un mosaico cultural con representaciones variopintas. Y quedarse aquí, en la multiculturalidad, simplemente, sería emprobrecer el futuro.
> (....)
> Conseguir una sociedad pluricultural con un alto grado de madurez social es un trabajo nada fácil que pasa por la concienciación de la población y el conocimiento mutuo del otro. Y la escuela tiene en este aspecto una baza fundamental.

La construcción de una escuela intercultural no puede olvidar la vertiente institucional. Al respecto se plantean opiniones contrapuestas cuya validez no es posible dilucidar desde el principio sin tener en cuenta las aportaciones que la realidad va aportando.

Si bien la creación de escuelas diferentes, en el marco de una "red de escuelas europeas"[11] basadas en un proyecto intercultural y multilingüe, es una posible opción, su realización plantea problemas conceptuales (¿es posible que una escuela concebida desde lo general pueda respetar y apoyar las diferencias de los contextos específicos?) y metodológicos (¿quién determina los programas, su distribución horaria, las lenguas de formación...?). Además, su concreción genera redes paralelas de formación con las implicaciones ideológicas (igualdad de oportunidades) y estructurales (doble sistema educativo, en la práctica) que conlleva.

---

[11] De hecho, los "liceos internacionales", "las escuelas europeas" e incluso el "bachillerato internacional" mantiene en común programas, pero no han logrado superar las barreras nacionales en lo que afecta a la dirección y administración, selección del profesorado o procesos de supervisión, entre otras cuestiones.

La creación de una «red de escuelas europeas» o de otro paíssólo es admisible, a mi juicio, desde un planteamiento provisional y como estrategia para impulsar la incorporación a las demás instituciones de planteamientos interculturales. Los peligros que puede aportar la creación de una red paralela de centros pueden evidenciarse en nuestro país a partir de la inicitiva, luego rectificada, de crear en Cataluña «escuelas catalanas» y de los problemas que genera la existencia de varios modelos de centros (en función del nivel de utilización del euskera) en el País Vasco. No ha de obviar todo ello, por otra parte, el apoyo que se merecen las iniciativas dirigidas a aplicar programas interculturales e incluso programas comunes a varios contextos nacionales (regionales o locales).

Parece más factible, real y defendible la preparación de nuestras instituciones para un trabajo intercultural. De hecho, se plantea de nuevo la necesidad de que la educación intercultural atienda a todos los aspectos que configuran una «buena» intervención educativa y, cómo no, la atención a la diversidad.

Supone ello, la clarificación y explicitación de intenciones, la configuración de estructuras coherentes y la generación de un sistema relacional con actitudes favorables a la nueva realidad.

Las instituciones educativas deben adaptarse a las nuevas exigencias mediante la incorporación a sus planteamientos institucionales de principios y prácticas pedagógicas interculturales, una mayor flexibilidad de su organización, que permita acoger situaciones de enseñanza-aprendizaje con mayores niveles de diversificación de los habituales, y la potenciación de actitudes de respeto y colaboración.

Objetivos, estructuras y sistema relacional configuran así los pilares básicos de la acción de los centros. No obstante, estos elementos deben considerarse no tanto de manera aislada sino en su intervención y vinculación con la realidad. Habrá que considerar, asimismo, el papel que juega la dirección como factor de innovación y cambio y el sentido que la evaluación tiene en todo el proceso.

Desde el punto de vista del programa podemos considerar lo señalado por Besalú:

"En este nuevo contexto de condiciones, la educación escolar debe considerarse esencialmente como una instancia de mediación cultural, como un espacio, reposado y especialmente pensado para el diálogo reflexivo de los diversos influjos plurales, como un foro abierto y democrático de debate y reelaboración de las distintas perspectivas presentes en una sociedad, esencialmente multicultural. El curriculum como proyecto cultural debe ser un elemento significativo para provocar este contraste, esta reflexión y esta reconstrucción creadora, junto a las culturas experienciales de cada alumno y a la cultura de masas, difundida por los medios de comunicación y las tecnologías de la información y asimilada y reelaborada por cada individuo" (1999:93)

A partir de las relaciones que se establecen, una escuela enfocada a lo intercultural debe afrontar retos como[12] :
- Educación en la diversidad.
- Individualización de la enseñanza.
- Flexibilidad en la organización: agrupamientos, horarios, espacios, etc.
- Trabajo en equipo del profesorado.
- ....

---

[12] Al respecto también pueden ser de interés las aportaciones que el Comité para las relaciones raciales y la inmigración de Gran Bretaña realizaba en 1985 en su Swan Report (Education for All).

Viendo la organización de un centro en su conjunto, es posible saber si lo que refleja fundamentalmente es un modelo uniforme, donde no hay más que una respuesta, al margen de los discursos, en la práctica educativa. Paralelamente, cada vez parece más evidente que la atención a la diversidad exige pensar en modificaciones de la dinámica didáctico-organizativa y evitar acciones concretas y aisladas.

No podemos/ni debemos hablar de un modelo didáctico-organizativo para atender a la diversidad, sino de múltiples propuestas que han de adaptarse a partir de la evaluación del contexto en el que se produce el proceso de enseñanza-aprendizaje y de sus posibilidades para atender la diversidad.

Las propuestas realizadas a lo largo del texto no son excluyentes, pudiendo y debiendo convivir en momentos didácticos diferentes. Otras cuestiones que a modo de apunte se pueden plantear son:

·   Deben ser un medio y no un fin en sí mismas.

·   Su aplicación debe ser progresiva y pemitir modificaciones parciales al modelo que se intenta desarrollar.

·   Debe existir una planificación a nivel del centro educativo. De hecho, cada centro debería concretar su modelo de intervención, en la línea de lo ya realizado por algunas instituciones (Castaño y otros, 1996).

·   Su dominio exige práctica efectiva y actitud de revisión y mejora.

·   El éxito se posibilita si, además de buscar la máxima adecuación a los objetivos/ contenidos del proceso de enseñanza-aprendizaje y a las características de los estudiantes, mantienen la coherencia con otros elementos del proceso didáctico relacionados con el qué enseñamos, qué y cuándo evaluamos.

·   La atención a las variables diferenciales también es esencial y exige poder responder a preguntas como: ¿qué relación pueden tener con los objetivos de aprendizaje., ¿para qué tipos de contenidos son más aceptables?, ¿en qué etapas educativas serían más idóneas?, ¿qué posibilidades y limitaciones podemos encontrar?, ¿ qué condiciones de aplicación habría que respetar?, etc.

Caminar en la perspectiva de la cultura de la diversidad es situarse más allá de los principios que la fundamentan y descender, como lo hacen las preocupaciones actuales, a sus implicaciones de orden práctico. No obstante, precisamos previamente dilucidar el dilema comprensividad-diversidad, particularmente en relación a las preguntas: ¿qué es lo que ha de ser el curriculum para todos?, ¿hasta dónde se han de tener en cuenta las diferencias?, ¿cómo atender los diferentes ritmos con los mismos contenidos?, ¿que alumnos han de recibir ayuda y cómo?, ¿que nivel de respeto tiene que tener la diversidad entre el profesorado?, ¿cómo superar la relatividad de las necesidades?,...

Atender la diversidad implica modificaciones didáctico-organizativas pero, a su vez, se hace preciso cambiar a la organización para que pueda dar respuestas adecuadas a la diversidad. Hay que entender, además, que las opciones planteadas implican cambios interrelacionados entre componentes y dinámicas organizativas, sin perder de vista las vinculaciones que la institución debe tener con los padres, entorno y los servicios de apoyo a los centros educativos.

Los cambios significativos que hay que introducir se sitúan en la línea de potenciar un curriculum comprensivo, único y diverso, en el desarrollo de estructuras organizativas flexibles y en la vinculación al desarrollo profesional de compromisos de formación y trabajo colaborativo. Esto se debe acompañar con la existencia de una adecuada proporción de alumnos y profesores de acuerdo a las necesidades de los primeros, el replanteamiento de la distribución de tareas asignadas a los profesores especiales, rehabilitadores, psicopedagogos y colaboradores (basada fundamentalmente en la preparación específica de cada uno) y una formación básica de todo el profesorado ordinario en relación a las dificultades de aprendizaje y de equipos de apoyo bien sectorizados y con profesionales bien preparados.

Los interrogantes y dilemas no están ausentes y al respecto se plantean tanto desde perspectivas conceptuales como metodológicas:

- ¿Se puede evitar que siempre sea desde la cultura más desarrollada desde donde se establezca qué hay que hacer y cómo?
- ¿Hasta qué punto plantear la polémica de lo intercultural no oculta un intento de intelectualizar la existencia de racismo?
- ¿Qué razones políticas, económicas, sociales y culturales son las reales en cada práctica multicultural?
- ¿Una educación intercultural puede hacer, debe hacer disminuir los compromisos con la propia cultura?.
- ¿Cómo potenciar las vinculaciones del entro escolar con el contexto?. ¿cómo evitar las influencias negativas y aprovechar mejor las positivas?
- ¿Qué estrategias son las más adecuadas en nuestro contexto para combatir y evitar los estereotipos y actuaciones racistas que invaden a menudo las prácticas institucionales?
- ¿Cómo conseguir algo más que el esfuerzo de valores, creencias e identidad que cada alumno trae a la escuela?
- —————————

En definitiva, y salvando las incertidumbres que todo proceso de cambio conlleva, un centro abierto a las exigencias interculturales

"..aquél que aprovecha de tal forma la riqueza y valores inmediatos de profesores-profesoras, ~es-madres, alumnos-alumnas, representantes sociales, que va vertebrando un modelo de centro que reconoce y demanda las aportaciones culturales de estos componentes de la vida escolar, mas a la vez se filtra y estructura de tal modo la línea común o el Proyecto pedagógico del centro, que es en su proceso y configuración final un "espacio multicultural".
La apertura del centro implica un proceso de bidireccionalidad desde la cual filia y se enriquece con los procesos multiculturales, a la vez que incide en el en tono multicultural destacando valores, creencias, pensamientos y estilo complejos de realización humana y social"
(Medina, 1991, 10).

Pero, además, un centro que apuesta por lo intercultural mantiene una apertura a las realidades más amplias que las del centro, que exige la puesta en funcionamiento de nuevos valores y el respeto a las otras realidades aunque no estén presentes en la vida institucional.

Una crítica constante que aparece es la que plantea si es o no verosímil la existencia de una escuela plural que asuma las diferencias, si existen posibilidades de que exista. La respuesta ha de ser necesariamente positiva. Si algo caracteriza la intervención educativa es el grado de utopía por el que lucha, aunque no siempre sea fácil conseguir lo que se pretende ni dependa de ella, lo que si depende es su obligación de mantener y cultivar una cierta sensibilidad social que está en la base del ser humano y que es la que facilita la convivencia y existencia de la sociedad.

Por último, y para acabar afirmar mi convicción sobre la necesidad de mantener y profundizar el debate iniciado, considerando que el debate no sólo ha de ser educativo sino también social, como le es y demuestra la preocupación que por el tema hay a diferentes niveles. Así, por ejemplo, el País del 16 de diciembre de 1999 recogía dos noticias relacionadas con el tema. Antonio Gala, en la inaguración de su última obra ("Las manzanas del viernes") en Barcelona decía: *"La culturas deben ser abiertas, porque las culturas endogámicas hacen hijos tontos"* (pág 57).: También se recoge el primer debate de los Encuentros entre Intelectuales, celebrado en el Círculo de Bellas Artes de Madrid en el que participaron casi un centenar de filósofos, escritores y artistas y se saldó con la opinión generalizada de que es básico proteger el pluralismo lingüístico y cultural en la época de la globalización (pág 51).

6. Bibliografía referenciada

ALEGRET, J. L. (1991): *Educació intercultural*. En Consell Escolar de Catalunya: **Quatre reptes per a la nostra escola**. Departament d'Ensenyament, Barcelona, págs 49-51.

ANTÚNEZ, S. Y GAIRÍN, J. (1996): **Organización escolar. Práctica y fundamentos**. Graó, Barcelona.

ARCO, I. del (1999): **Curriculum y educación intercultural: elaboración y aplicación de un programa de educación intercultural**. Departamento de Pedagogía y Psicología, Universidad de Lleida (tesis doctoral inédita)

BANKS, J. y BANKS, MEGREE (cood.) (1989): **Multicultural educalion: issues and perspectives**, Massachusets: Allyn and Bacon.

BARANDICA, E. (1999): *Educación y multiculturalidad: análisis, modelos y ejemplos de experiencias escolares*. En Essomba, M.A. (Coord): **Construir la escuela intercultural.** Reflexiones y propuestas para trabajar la diversidad étnica y cultural. Graó, Barcelona, págs 15-20.

BESALÚ, X. (1999): *El curriculum*. En Essomba, M.A. (Coord): **Construir la escuela intercultural.** Reflexiones y propuestas para trabajar la diversidad étnica y cultural. Graó, Barcelona, págs 91-104.

BHATNAGAR, J. (1984): *La educación multicultural en una perspectiva psicológica*. En Hussen, T. y Oppen, S. **Educación multicultural y multilingüe** (pp. 80-100). Madrid: Narcea.

CABRERA, F. y OTROS (1999): *Las formación del profesorado en educación intercultural*. En Essomba, M.A. (Coord): **Construir la escuela intercultural. Reflexiones y propuestas para trabajar la diversidad étnica y cultural.** Graó, Barcelona, págs 75-80.

CAMPO, J. del (1999): *Multiculturalidad y conflicto: percepción y actuación*. En Essomba, M.A. (Coord): **Construir la escuela intercultural. Reflexiones y propuestas para trabajar la diversidad étnica y cultural.** Graó, Barcelona, págs 47.53.

CANTÓN, I. (1996): **Proyecto docente**. Universidad de León (material fotocopiado).

CASANOVAS, M.A. (1998): *La organización escolar al servicio de la integración*. En **Enlace,** Boletín de la Asociación Aragonesa de Psicopedagogía, Zaragoza, 2º semestre, págs 19-20.

CASES, T. (1999): *La interculturalidad: un reto de futuro*. En **Aula de innovación educativa**, nº86, págs 39-43.

CASTAÑO, Mª y OTROS (1996): **La integración en la ESO. Un modelo de intervención**. Documentos del Centro de Profesores y Recursos, nº 45, Murcia.

CLANET, C. *(1990):* **L'intercultural**. Toulousse: Presses Universitarirs du Mirail.

CONSEJO DE EUROPA (1986): **Convenio Europeo para la potenciación de los Derechos**

CONSEJO DE EUROPA (1986): **Former les enseignanis d l'education interculturelle?** *Stras*burgo.

CONSELL ESCOLAR DE CATALUNYA (1999). **L'atenció a l'alumnat immigrat i de minories ètniques en el nostre sistema educatiu**. Departament d'Ensenyament, Barcelona.

DOMÈNECH, J. (1997): *Algunas técnicas para el aprendizaje cooperativo*. En **Aula**, n° 59, Barcelona, págs 52-53.

ESSOMBA, M. A. (1999): *Los objetivos de la educación intercultural. Aspectos diferenciales de su función y naturaleza*. En **Essomba**, M.A. (Coord): Construir la escuela intercultural. Reflexiones y propuestas para trabajar la diversidad étnica y cultural. Graó, Barcelona, págs 15-20.

FERNÁNDEZ, J. (1997): *Superdotados: tres cuestiones por resolver*. En **Cuadernos de Pedagogía**, 267, marzo, págs 86-89.

FOSTER, P. (1 *990):* **Poliace and practice in multicultural an antiracist education: a cas siudy of a multi-ethenic conprenshive school**. Nueva York: Routledge, Chapman and Hall Inc.

GAIRÍN, J. (1990): *El contexto escolar*. En Mediana, A. y Sevillano, Mª L. (coord.): **El curriculum: fundamentación, diseño, desarrollo y evaluación**. UNED, Madrid.

GAIRÍN, J. (1992): *Diseños organizativos que facilitan la implantación por los establecimientos educativos de programas de educación intercultural*. En SEP: **Educación intercultural en la perspectiva de la Europa Unidad**. Salamaca, págs 283-303.

GAIRÍN, J. (1994): *Hacia un esquema comprensivo de las organizaciones escolares*. En Gairín, J. y Darder, P. (Coord): **Organización y gestión de centros educativos**. Praxis, Barcelona, págs 13-18.

GAIRÍN, J. (1996a): *Estrategias organizativas en la atención a la diversidad*. En **Simposio sobre el tratamiento integrador de la diversidad**. Departamento de Pedagogia Aplicada, Universidad Autónoma de Barcelona (Documento policopiado).

GAIRÍN, J. (1996b): **La Organización Escolar: contexto y texto para la actuación**. La muralla, Madrid.

GAIRÍN, J. (1998): *Estrategias organizativas en la atención a la diversidad*. En **Educar**, 22-23, págs 239-267.

GAIRÍN, J.(1999): *Aspectos didáctico-organizativos de la atención a superdotados y talentosos*. En Sipán, A. (Coord): **Respuestas educativas para alumnos superdotados y talentosos**. Mira editores, Zaragoza, págs 21-53.

GALINO, A. y ESCRIBANO, A. (1990): **La educación intercultural en el enfoque y desarrrollo del currículum**. Madrid: Narcea.

GIMENO, J. (1992): *¿Qué son los contenidos de enseñanza?*. En Gimeno, J. y Pérez, A. (de): **Comprender y transformar la enseñanza**. Morata, Madrid, págs, 171-223.

GIMENO, J. (1993): *El desarrollo curricular y la diversidad*. En **III Jornades de l'educación en la diversitat i escola democràtica**. ICE, U. Autónoma de Barcelona, Barcelona (material fotocopiado).

GONZÁLEZ, C. y GONZÁLEZ, J.P. (1998): *La integración del alumno superdotado en el ámbito escolar*. En **Educar**, 22-23, págs 325-330.

COMUNICACIONES

LA INVESTIGACIÓN A PARTIR DE LA PRACTICA DE LA ENSEÑANZA

BIENVENIDO MENA MERCHÁN
Departamento de Didáctica, Organización Escolar y Métodos de Investigación
Universidad de Salamanca
MANUEL MARCOS PORRAS
Psicopedagogo y Maestro
JUAN JOSÉ MENA MARCOS
Maestro

Existe una teoría de la educación que incluye una serie de conceptos, leyes, sistemas, que explican las causas de los procesos educativos, la sistematización de los conocimientos adquiridos y la inducción para llegar a explicaciones generales'. También existe una práctica de la educación, que estaría constituida por toda una serie de normas, reglas, experiencias y conocimientos concretos, que permiten actuar sobre la realidad de la educación para cambiarla o transformarla. A veces esta práctica es ciertamente "técnica", incluso puede llegar a ser un "arte". Pero, también con frecuencia, esta práctica se hace rutinaria, lo que dificulta el mejoramiento de la calidad de la educación. Pero, por otra parte, toda práctica se basa (o, por lo menos, se inicia siquiera sea como producto de hábitos trasmitidos de generación a generación) en una 'teoría' (incluso tal vez no sistematizada). En efecto, una cierta teoría tiene que aplicarse siempre en cualquier realización práctica.

Es decir, teoría y práctica son dos conceptos estrechamente vinculados. Normalmente la teoría se construye a partir de la reflexión sobre la práctica... reflexión que produce' verdades que van siendo matizadas, experimentadas, aceptadas, sistematizadas... y que, luego, constituyen el cuerpo de una 'ciencia' teórico-práctica... que acaba diversificándose en 'ciencias de la educación'. El dominio de esta 'teoría', así constituida, va a propiciar un trabajo (una práctica) nuevo, de más calidad, ahorrando tiempo y esfuerzo al alumno en sus realizaciones escolares. Práctica que a su vez se va a constituir en el punto de partida para nuevas reflexiones, para aflorar nuevas teorías... con las que mejorará tanto el "proceso" como el "producto" de la práctica (trabajo) desarrollados conforme a esas nuevas teorías.

En el proceso de las ciencias, era relación: práctica-teoría... práctica mejorada-teoría... es constante, aunque puede producirse a 'diferentes ritmos', en función de los 'medios' de que se dispongan... y en función del énfasis que se ponga en su necesidad. Y en función de la sensibilidad que se tenga ante esa realidad... y la urgencia de potenciarla. En nuestra época, 'científica', y de cambios vertiginosos, podemos afirmar que la "práctica" debe innovarse cuando menos en un 15% o un 20% anual, si no quiere quedar rápidamente obsoleta. Y esta verdad cobra dimensiones especiales cuando se aplica a la educación, a una educación que ha de preparar a las personas para 'vivir en el cambio', en el cambio vertiginoso que caracteriza a nuestra sociedad.

En la formación concepto distinto al de perfeccionamiento, entendido este como síntesis de actualización -de base- y especialización, en la materia) de los profesores se incluyen grandes dosis de teoría, que se supone que estos aplicarán a la realidad escolar, a la realidad del aula, para desarrollar así una enseñanza de calidad. El profesor suele iniciar su actividad profesional aplicando dicha teoría, pero la realidad le obligará, con frecuencia, a actuar de acuerdo con la situación y el contexto del aula, al que tratará de adecuar sus saberes, y así construye su 'profesionalidad'. Por tanto, esa "profesionalidad" se puede adquirir de tres formas o modos:

a) dominando los conceptos, leyes y sistemas que explican la realidad de la educación
b) repitiendo de forma rutinaria los pequeños éxitos alcanzados a partir del ensayo y error.
c) reflexionando de modo crítico y sistemático sobre el modo de hacer la enseñanza.

La segunda forma puede ser rechazada, ya que es la menos científica de todas ellas, la menos productiva y la menos creativa y, por tanto, la menos innovadora. Queda, por tanto, que el profesor debe realizar su actividad a partir de una síntesis o vinculación de la teoría y la práctica.

Este texto de Antonio Medina, que se transcribe a continuación sirve para clarificar lo que se acaba de afirmar:

"La teoría y la práctica son las dos caras de la acción didáctica, en cuanto praxis optimizadora en coherencia con la teoría, la valida, o bien muestra las limitaciones de aquella solicitando su adaptación y revisión. La práctica es un ámbito generador de teoría, configurador de esquemas y constructor de nuevos pensamientos sobre la acción."

Esta elaboración del pensamiento desde la práctica representa un modo profundo de hacer y entender el proceso de enseñanza, mas nuestra propuesta es que ni es posible aplicar literalmente toda teoría ni es la práctica la única fuente de construcción de teoría, por su limitación intrínseca a trascenderse y abstraerse". La relación de teoría y práctica es, en educación, de complementariedad. La una complementa a la otra, las dos se necesitaría y las dos son imprescindibles para la mejor actuación del profesor en el aula. La teoría fundamenta la práctica, y la práctica puede generar teoría a través de la reflexión sobre ella misma, a través del pensamiento crítico. Obsérvese, no obstante, que la teoría, por sí sola, no puede fundamentar la práctica, ni tampoco esta puede generar teoría directamente. Hay una actividad entre las dos, tanto en un sentido (teoría/práctica) como en otro (práctica/teoría). Esa actividad intermedia es la "reflexión", aceptación, sistematización... Es la investigación.

La investigación es- un proceso (sucesión de 'momentos' concatenados entre sí riguroso y meditado con el que se pretende, por un lado, conocer o ampliar el conocimiento de una realidad, y, por otro, mejorar la práctica en un campo de la realidad. También podemos definirla como "conjunto de estrategias, tácticas y técnicas que permiten descubrir, consolidar y refinar un conocimiento" . La idea común en todas las definiciones es la de ampliación del conocimiento de la realidad. Se investiga para conocer algo -cualquier ámbito: físico, humano, social...- y establecer ciertas leyes que sistematicen ese conocimiento. Generalmente, se consideran dos clases de investigación:

La investigación básica, también llamada fundamental y pura: persigue la ampliación de conocimientos nuevos, de carácter general. Se trata de formular leyes con las que desarrollar teorías que traten de explicar un ámbito de la realidad.

La investigación aplicada u operativa trata de resolver un problema concreto que se ha presentado en un campo o aspecto de la realidad. No intenta, por tanto, descubrir leyes generales, sino explicar o mejorar una determinada acción o actividad: se agota, por tanto, en ese campo o aspecto de la realidad. La investigación básica puede no tener utilidad inmediata, pero sí a largo plazo. Lo que no ocurre con la investigación aplicada u operativa, que se realiza, precisamente, para resolver un problema.

La investigación educativa y la calidad de enseñanza

Asegurar la calidad de la enseñanza, como medio específico de la educación, es uno de los retos de nuestro tiempo. Es uno de los retos de la Reforma, promovidos por la LOGSE.

En efecto, lograr una enseñanza de calidad "es un objetivo de primer orden para todo proceso de reforma, y piedra de toque de la capacidad de esta para llevar a cabo transformaciones sustanciales, decisivas, de la realidad educativa. La consecución de esta calidad resulta, en buena medida, de múltiples elementos sociales, y compromete a la vez a los distintos protagonistas directos de la educación...".

Aunque tal vez no merezca llamarse Investigación sobre acción", no hay duda que puede ser enormemente valioso ejercitar el hábito de la autocrítica, entre todos los miembros del equipo docente, referido al modo en que, día a día, se viene desarrollando de proceso enseñanza-aprendizaje, en relación a la programación prevista para el mismo. Así, si anotamos día a día, el resultado de nuestra experiencia, y lo recopilamos semanalmente en los propios esquemas de programación utilizados, estaremos en situación de incorporarlo a la Memoria de fin de Curso. Y a partir de ella, lo tendremos en cuenta para incorporarlo, en septiembre, al Plan General Anual para el curso siguiente. Lográndose así una continuada actualización e innovación (no inferior al 15%) del mismo, como ya hemos dicho anteriormente. Una investigación interesante, y no difícil de hacer seria establecer las auténticas Enseñanzas Mínimas, con las que trabajar, y evaluar.

La investigación educativa se centra en el campo o ámbito de la educación, y su objetivo es la búsqueda de fundamentos empíricos y premisas racionales tanto de decisiones políticas como de alternativas pedagógicas que modifiquen profundamente las prácticas educativas y las actitudes de los docentes. Dicho de otra forma: la finalidad de la investigación educativa es la búsqueda sistemática de nuevos conocimientos con el fin de que sirvan de base tanto a una mejor comprensión del hecho educativo, como para la mejora de los procesos educativos, considerados en su significado más amplio.

¿Para qué sirve la investigación educativa? ¿Qué finalidades persigue?, según Gimeno Sacristán son las siguientes:

- Es una ayuda en la fijación de objetivos para la enseñanza, porque permite concebir a qué "futuros posibles" pueden aspirar los alumnos dentro de unos ciertos límites.
- Una aportación fundamental que realiza la investigación está en el conocimiento que nos proporciona de la realidad en la que tenemos que actuar. Es un medio indispensable para desvelar la realidad y tomar decisiones consecuentes.
- Una parte importante de la investigación va dirigida a mejorar el cómo actuar en las aulas para cambiar la metodología, el comportamiento del profesor, programas, materiales, etc.

- La investigación educativa mejorará la educación de forma indirecta en la medida que quien la practica pueda, a su vez, ser mejor profesor. El propio investigador y las instituciones en las que ejerce su actividad mejorarán su propia enseñanza.
- Un último efecto es el prestigio profesional de quien la realiza, como una mejora del investigador dentro de la comunidad de investigadores.
- Es el medio de enriquecer la discusión de la teoría pedagógica, contribuyendo a afianzar y reelaborar el conocimiento que se tiene sobre la enseñanza.

En el 'Plan de Investigación Educativa y de Formación del Profesorado' se distinguen tres tipos generales de investigación educativa: la investigación de carácter básico, la de naturaleza aplicada a los procesos educativos como tales, y la aplicada a la política y administración de la educación.

A) **La investigación de carácter básico.** Trata de ampliar los conocimientos sobre educación sin una intención de aplicación de carácter inmediato y explícito. Se realiza principalmente en las Universidades por personal investigador profesional, y suele buscarse o establecerse relaciones de carácter universal.

B) **La investigación aplicada a los procesos educativos.** Busca contribuir a la creación de métodos, y materiales didácticos de uso directo en las escuelas y aulas. Y se trabaja principalmente en los campos de las didácticas especiales, de la evaluación, de la tecnología educativa, etc.Esta investigación no se realiza con la misma metodología rigurosa propia de la investigación básica, y las relaciones que establece son menos universales. Generalmente se realiza por profesores de los mismos centros, y aulas, en las que se aplica.

C) **La investigación aplicada a la política y administración de la Educación.** Tiene un efecto directo -.y a veces indirecto- en la administración, planificación y política de la educación. Se realizan, por ejemplo, estudios sobre la situación, eficacia,planificación y rendimiento de los sistemas educativos. Suele realizar esta investigación personal especializado no perteneciente necesariamente al campo de las Ciencias de la Educación.

El Profesor de Educación Infantil y Primaria, como investigador de su propia práctica docente.

El profesor puede adoptar tres posturas en su actividad profesional y en relación con los conceptos de teoría y práctica, que fueron estudiados al comienzo de nuestra exposición.

- El profesor conoce las investigaciones realizadas y las aplica en su práctica cotidiana.
- El profesor actúa de manera empírica, y rutinaria, sin pretender ninguna innovación o cambio en su práctica.
- El profesor reflexiona sobre su práctica, y trata de buscar nuevas soluciones a los problemas que se le presentan.

En **el primer caso,** existen hechos que dificultan el acceso a la investigación realizada por los distintos órganos que se han citado.

- En muchos casos se trata de productos de investigación básica o pura, que presentan poca utilidad al profesor para aplicarlos en su actividad cotidiana. También suele ocurrir que los investigadores no han partido de las necesidades de la escuela y del aula. Las investigaciones siguen, por lo regular, un camino distinto del de los profesores.
- En otros casos suele ocurrir que falla el sistema de difusión de las investigaciones, que quedan, por lo general, para 'consumo' de la comunidad de investigadores.
- También ocurre que los profesores no disponen del tiempo suficiente para estudiar las memorias de investigación (cuando pueden acceder a ellas) y menos aún para elaborar procesos de aplicación al aula.

En el segundo caso, nos encontramos con situaciones poco comunes: se trata de profesores que siguen, en su práctica diaria, fundamentalmente el método del ensayo y error, cuando no caen en la más pura rutina. Estos profesores no necesitan, por tanto, productos de investigaciones ni tampoco investigar ellos mismos.

En el tercer caso, nos encontramos con profesores interesados en vincular la actividad educativa con la investigadora, lo cual es un poderoso medio de innovación, porque hace que el aula se convierta en una unidad permanente de análisis de materiales didácticos, de métodos de enseñanza, de proyectos curriculares, etc.

La investigación-acción

El concepto de investigación-acción recoge esta aspiración de vincular la teoría con la práctica, la investigación con la aplicación, la acción docente con la misma actividad.En una palabra: en la investigación-acción, el propio profesor de Educación Infantil y Primaria se implica en el proceso investigador, que se inicia a partir de los problemas que plantean las actividades educativas tal como se producen en la práctica cotidiana. Lo que distingue a la investigación-acción de las investigación en general es que aquella se hace dentro de la propia educación, entendida como proceso, mientras que la segunda se hace desde fuera y sobre ella. Gimeno Sacristán recoge la distinción que hace Elliot entre investigación educativa e investigación sobre la educación, aunque los términos no resulten excesivamente significativos, he aquí las diferencias entre investigación educativa e investigación sobre la educación.

Bibliografía

COLL, C. (1989, 4ª ed.), **Psicología y curriculum,** Laia, barcelona, 174 pp.
CONTRERAS D. (1990), **Enseñanza, Curriculum y profesorado,** Akal, Madrid, 260 pp.
EGGLESTON, J. (1980), **Sociología del curriculo escolar,** Troquel, Buenos Aires.
ELLIOT, J. (1990), **La investigación-acción en la educación,** Morata, Madrid, 331 pp.
ESCUDERO MUÑOZ, Juan M.(1981),**Modelos didácticos,** Oikos-tau, Barcelona, 168 pp.
FERNANDEZ PEREZ, M. y FERNANDEZ HUERTA, J. (1985,2ª ed.), **Didáctica 2** (Curso de Adaptación), UNED, Madrid, 624 pp.
FRANCO ROYO, T. (1987), **Medios y recursos en la escuela infantil,** Copistería P.M., Salamanca, 168 pp.
GIMENO SACRISTAN, J.(1988), **El curriculum:una reflexión sobre la práctica,** Morata, Madrid, 415 pp.
GIMENO SACRISTAN, J. y PEREZ GOMEZ A(1983),**La enseñanza:su teoría y su práctica**, Akal, Madrid, 482 pp.
GIMENO SACRISTAN, J. y PEREZ GOMEZ, A. (1992), **Comprender y transformar la enseñanza**, Morata, Madrid.
GONZALEZ GONZALEZ, María T. y ESCUDERO MUÑOZ,J.M.(1987),**Innovación educativa: teorías y procesos de desarrollo,** Humanitas, Barcelona, 174 pp.
GRUNDY (1993), **Producto o práxis del curriculum,** Morata, Madrid.
D´HAINAUT, L. (1985), **Objetivos didácticos y programación,** Oikos-tau, Barcelona, 414 pp.
HERNANDEZ, P (1989), **Diseñar y enseñar.Teoría y técnicas de la programación y del proyecto docente,** NARCEA-ICE, Universidad de La Laguna, Madrid, 350 pp.
LOUGHKIN, C. E. y SUINA, J. H. (1987), **El ambiente de aprendizaje:diseño y organización** Morata-MEC, Madrid, 270 pp.

LUNDGREN, V. P. (1993), **Teoría del curriculum y escolarización,** Morata, Madrid.

McCARTHY, C., (1994) **Racismo y Curriculum,** Coedición Morata-Paideia, Madrid.

MARTINEZ SANTOS, S. (1989), **Estructura curricular y modelos para la innovación,** Nieva, Madrid, 266 pp.

MENA MERCHAN, B.; MARCOS PORRAS, M. y MENA MARCOS J.J.(1996),**Didáctica y Nuevas Tecnologías en Educación,**Editorial Escuela Española, 222 pp.

MENA MERCHAN, B (1997): Didáctica y Curriculum Escolar, Ediciones Anthema, Salamanca, 323 pp.

DE PABLOS PONS, J. (Ed.)(1988),**El trabajo en el aula. Elementos didácticos y organizativos,** Alfar, Sevilla,305 pp.

PEREZ GOMEZ,A. y ALMARAZ, J. (1981)**, Lecturas de aprendizaje y enseñanza,** Zero, Madrid, 499 pp.

PEREZ PEREZ, R. (1994), **El curriculum y sus componentes. Hacia un modelo integrador,** Librería Pedagógica, Madrid197 pp.

POZO, J. I. (1989), **Teorías cognitivas del aprendizaje,** Morata, Madrid, 286 pp.

RODRIGUEZ DIEGUEZ, J. L. (1980)**, Didáctica General. Objetivos y evaluación,** Cincel-Kapelusz, Madrid, 432 pp.

RODRIGUEZ DIEGUEZJ.L. (1985), **Curriculum, acto didáctico y teoría del texto,** Anaya, Madrid,187 pp.

RODRIGUEZ DIEGUEZ, J. L. y BELTRAN DE TENA R. (1983), **La programación del curso escolar,** Escuela Española, Madrid, 107 pp.

ROMAN M. y DIEZ, E. (1994), **Curriculum y Programación. Diseños curriculares en el aula.** Librería Pedagógica, Madrid,431 pp.

WHEELER, D. K. (1976), **El desarrollo del Curriculum escolar,** Narcea, Madrid, 343 pp.

ZABALZA, M. A. (1989,3ªed.), **Diseño y desarrollo curricular,** Narcea, Madrid, 310 pp.

ZABALZA BERAZA, M. A. (Coord.) (1990), **La formación práctica de los profesores,** Tórculo, Coruña, 547 pp.

EL PSICOPEDAGOGO, LA ORGANIZACIÓN Y LA FORMACIÓN PSICOPEDAGÓGICA

JOSÉ MANUEL CORONEL LLAMAS
Dpto. Educación. Universidad de Huelva

Trabajar en el seno de organizaciones como las escolares no es lo mismo que trabajar en otro tipo de organizaciones. Del mismo modo, podremos constatar la existencia de "parecidos" entre unas y otras, pero también resulta indudable contar con particularidades organizativas difíciles de extrapolar entre sí. Cuando hablamos sobre nuestro trabajo con amigos, familiares o profesionales de diferentes ámbitos, intercambiamos puntos de vista sobre lo que hacemos, intentamos, o dejamos de hacer, que a buen seguro van trazando un perfil acerca del funcionamiento y características de los respectivos contextos profesionales. Esta obviedad, con la que comenzaba no obstante, se convierte en un punto de reflexión sobre la naturaleza del trabajo psicopedagógico, por cuanto nos obliga a reconocer el propio contexto o escenario en el que se desarrolla el trabajo que a la postre nos ocupa prácticamente un tercio de cada día, que no es poco.

Algo tendrán de particular los centros escolares en cuanto organizaciones, y lo cierto es que disponemos ya de un conocimiento suficientemente fundamentado al respecto, como para que se haga necesario su estudio y comprensión. La investigación educativa viene aportando desde hace tiempo abundantes descripciones de la vida en el seno de las escuelas, de las dinámicas organizativas que presiden sus actividades y prácticas cotidianas reconociendo su complejidad y riqueza.

Es cierto que los estudiantes que acceden a la titulación de psicopedagogía no vienen "de vacío" al respecto, bien porque se encuentren ya trabajando en ellas como profesores, bien por pertenecer a la administración educativa, o desarrollen labores de apoyo a la escuela, bien porque acceden de dos titulaciones (psicología y/o pedagogía) con una vinculación muy estrecha al mundo de la educación, especialmente la segunda y en menor medida la primera, o bien porque han completado sus estudios de Diplomatura de Maestro/a y disponen de un conocimiento de la escuela. Entonces ¿para qué insistir en ello?.

Desde mi punto de vista, no estaría mal recordar, y los planes de estudio como espejos donde el currículum formativo se vertebra deben servir a tal propósito, que en este caso, el conocimiento del funcionamiento de las organizaciones escolares es necesario a la hora de analizar los fenómenos que ocurren en su seno, con intención no sólo de conocerlas sino también para saberse desenvolver en ellas y si es posible, aunque ésta ultima cuestión sea "para nota", intervenir en la mejora de estas instituciones.

El centro educativo como institución aparece como un territorio, un ámbito de conocimiento e investigación apasionante abierto a innumerables sorpresas e incertidumbres tanto por las presiones de diversa índole a las que está sometido, como por la enorme potencialidad que encierran las actividades que tienen lugar en su seno y en las que se ven involucrados una multiplicidad de factores y personas.

Por un lado, estoy convencido, de la dificultad de analizar la escuela como institución dada su complejidad organizativa. Conocer la escuela, requiere algo más que abandonarnos al peligro de los particularismos. Los problemas, por muy aislados y definidos que se presenten están inextricablemente vinculados a un contexto más amplio, complejo e imprevisible sobre el que adquiere significación y sentido la intervención psicopedagógica.

Por otro, y en consecuencia, la formación del psicopedagogo, demanda un conocimiento de la organización, de los procesos y dinámicas que toman asiento y dan significación a las actividades que impregnan la vida cotidianan de los mismos, con el objeto de mejorar el funcionamiento de ésta. No se trata únicamente de que tal o cual alumno disponga de un diagnóstico más o menos acertado con el que iniciar determinados tratamientos. Este alumno no va a una consulta particular; petenece a una escuela y gran parte de lo que le sucede queda determinado por lo que pasa allí. Existen más variables, contextos, circunstancias, procesos y factores sobre los que proyectar el trabajo del psicopedagogo. Una formación circunscrita a variables individuales, que menosprecie el papel del contexto organizativo sobre el que se asienta su labor profesional, a mi juicio puede dar como consecuencia un perfil francamente desdibujado y empobrecido de una labor importante y propicia para desarrollo de la escuela.

A veces tengo la sensación de que al psicopedagogo se le presenta sólo la parte visible del iceberg, y además se le pide, para ahondar en la dificultad, una respuesta rápida, una solución al problema, porque fundamentalmente trabaja con problemas, con casos, que requieren en la mayoría de las ocasiones intervenciones rápidas y efectivas, de lo contrario puede que incluso se le cuestione su labor profesional.

Esto no es más que el caldo de cultivo que impide disponer de tiempo para echar un vistazo a la "parte de abajo" de la mole de hielo, invisible desde la superficie, y que en no pocas ocasiones ayuda a comprender no sólo la envergadura del problema o situación sino también los mecanismos y estrategias para afrontarlo.

Ya sabemos que los psicopedagogos conocen el funcionamiento de las escuelas, pero considero que pueden enriquecer dicho conocimiento reconociendo la importancia de llevar a cabo este ejercicio como parte esencial en su discurso.

La naturaleza del trabajo psicopedagógico desde mi punto de vista, me lleva a reivindicar una visión organizativa a la hora de comprender qué ocurre dentro de los centros, cómo se desarrollan sus actividades y qué problemas nos encontramos en el transcurso de dicha labor.

También es cierto que cuando en los procesos formativos hablamos de estos temas, de los asuntos organizativos, casi siempre nos han mostrado una visión de la realidad un tanto sesgada vinculada básicamente al conocimiento de aspectos estáticos, formales y normativos. Sin embargo, el concepto de Organización Escolar, en líneas generales, ha ido basculando desde la consideración de ser el ámbito de conocimiento que estudia los elementos materiales, personales y funcionales que configuran los centros educativos, en su dimensión estructural y formal, de ser una disciplina esencialmente técnica y normativa, preocupada por dictaminar "modos de hacer" reguladores de los diversos elementos incluidos en estos centros de cara al logro eficaz de los objetivos educativos, a ser un campo de estudio donde los centros se contemplan como entidades fundamentalmente sociales, en los que dichos elementos quedan sujetos a una trama de relaciones y procesos dinámicos, complejos, ocultos, que dan significado a la vida organizativa.

El psicopedagogo/a necesita acercarse a las organizaciones escolares y observar su funcionamiento, conocer el modo en que los diversos colectivos sociales que la integran contruyen la realidad; cómo se organizan la mayoría de las actividades de los individuos. Todo ello nos lleva a constatar, la necesidad de disponer de un marco de análisis general capaz de aglutinar dimensiones que pongan de manifiesto tanto el carácter formal y racionalizado de la institución como su carácter indeterminado, dinámico y flexible, con idea de ser conscientes de que las cosas no son lo que aparentan.

Las relaciones de poder, los procesos de toma de decisión, la existencia de grupos de presión, diferentes subculturas asentadas en la dinámica institucional..., ayudan a explicar la complejidad de los problemas y situaciones propias del trabajo psicopedagógico aunque no se encuentren visibles, aunque no se digan, aunque no formen parte integrante del discurso oficial, aunque no consten en el registro de entradas que pueda llevar el psicopedagogo en su despacho.

¿Es posible ver las organizaciones de manera diferente?; ¿Es posible conocer otras vias para explorar el funcionamiento organizativo?; ¿Esto para qué puede servirle al psicopedagogo?. Estamos ante una posición radicalmente diferente a la hora de analizar el funcionamiento de las organizaciones. Ser conscientes de todo ello, proyecta consecuencias inevitables a la hora de intervenir en ellas, en este caso, como psicopedagogos.

El psicopedagogo debe ser capaz de **leer** una organización, de encontrar sentido a lo que ocurre en el seno de la misma; debería, por tanto, desarrollar habilidades de reflexión sistemática sobre la práctica sensibles a la diversidad y fluidez de la vida organizativa. Pero no podemos quedarnos aquí; hay que seguir profundizando y cuestionando el funcionamiento de la realidad organizativa, analizando y juzgando críticamente los acontecimientos, las actividades con objeto de intervenir, asesorar y apoyar determinadas decisiones, procesos, etc.

El psicopedagogo, pues, es alguien que debería estar en condiciones de poder interpretar la realidad organizativa, con objeto de crear condiciones para el cambio. De esta manera, el papel del psicopedagogo tiene que cambiar de ser, un mero *"mercader"* implicado en identificar el tipo de información que los profesores "necesitan" y que él como "experto" le proporciona, o bien un *"examinador médico"* que identifica determinadas patologías y determina lo que se encuentra "mal" para prescribir un "tratamiento adecuado", a convertirse en un participante informado y comprometido en la reconstrucción de las prácticas discursivas de los miembros de la escuela.

Reconocer la importancia de los asuntos organizativos en el trabajo psicopedagógico, puede contribuir a esta difícil y compleja labor, a este cambio de perspectiva en el reconocimiento de la importancia de esta profesión en la escuela. La dificultad y complejidad se justificaría entre otras razones, porque es necesario cierto nivel de consolidación institucional del propio trabajo psicopedagógico para afrontar un cambio de papeles de esta naturaleza, y quizás sea prematuro afrontarlo en las actuales circunstancias.

En este sentido, es necesario realizar investigaciones y experiencias, que muestren y describan el trabajo psicopedagógico desarrollado en los centros, capaces de presentar la naturaleza de esta labor y los problemas con los que se enfrenta en un contexto institucional como el escolar y, a la vez, las estrategias y mecanismos que los propios psicopedagogos ponen en funcionamiento para hacer frente a la incertidumbre y situaciones diversas con las que se encuentra y de paso, conseguir su integración en dicho contexto institucional.

EL ESTUDIO INDIVIDUAL GUIADO.
UNA ALTERNATIVA PARA EL PROCESO DE APRENDIZAJE AUTODIRIGIDO Y LA FORMACIÓN DE VALORES EN LA EDUCACIÓN A DISTANCIA.
UN ESTUDIO DE CASO – ECUADOR

LUCÍA ESPERANZA CASTRO DE GONZÁLEZ
Doctora en Filosofía y Ciencias de la Educación
Directora Académica de Newport University - Ecuador

EVALUACIÓN DE LA VARIABLE: EL ESTUDIO INDIVIDUAL GUIADO. UNA ALTERNATIVA PARA EL PROCESO DE APRENDIZAJE AUTODIRIGIDO Y LA FORMACIÓN DE VALORES EN LA EDUCACIÓN A DISTANCIA.
UN ESTUDIO DE CASO - ECUADOR

El retorno del hombre al humanismo pertenece al concepto de postmodernidad. En este esquema se halla, también, la función de líder que es substitutiva de la definición de administrador o gerente, obteniéndose una motivación trascendente que va más allá de las motivaciones como el salario. La Educación a Distancia rescata los valores del estudio independiente, autoformativo y globalizante, donde permite el afianzamiento de virtudes como: la equidad, la libertad, la confianza, la justicia, el respeto, la cooperación, la abnegación, la creatividad y la innovación. De esta manera la universidad sin olvidar el humanismo prepara al hombre del futuro.

Teniendo en cuenta los conceptos anteriores sobre lo que se considera el estudio a distancia, se puede plantear algunas características importantes de la educación a distancia, tales como el Estudio Individual Guiado que conduce al fomento de la independencia de los estudiantes y el uso de los medios de comunicación.

Estas características están abiertas a interpretaciones diferentes donde algunos estudiosos se inclinan a considerar que la independencia adquirida y practicada por los estudiantes a distancia, que no interactúan con otros compañeros, es parcial; plantean favorecer el desarrollo de la independencia mediante discusiones entre profesores y condiscípulos. La teoría y aveces la práctica de esta filosofía de la independencia del estudiante, es que la interacción (persona a persona) enseña y apoya a los estudiantes en lo que se refiere a ofrecer y tomar argumentos y a mantenerse firmes una vez que han adoptado una posición.

Entre los educadores a distancia hay escuelas de pensamiento que difieren en cuanto a estos temas. La gran acogida de los encuentros cara a cara es típica de buena parte de las universidades que adelantan programas de educación a distancia en el Ecuador y porque no decirlo en algunas Universidades de América Latina. Los períodos de enseñanza presencial conducen a un trascendente paralelismo con el estudio en el campus universitario.

Otros pensadores consideran el aprendizaje individual por parte del estudiante como objetivo central del proceso de educación y, al mismo tiempo, proponen un enfoque industrial a gran escala considerando que este aprendizaje puede efectuarse a distancia de los instructores y de otros estudiantes en cuanto haya una adecuada infraestructura que permita una ágil comunicación de ida y de vuelta. DAHLLOF (1977).

Todo este pensamiento filosófico se ha ido sistematizando en las diferentes ofertas educativas a distancia en Ecuador.[1] Es una alternativa que se ha ido adecuando en los diferentes contextos donde se va afianzando, generando una incondicional de los alumnos quienes ponen en juego su potencial y su creatividad.

Todo lo anterior permite al alumno desarrollar un rol pedagógico de aprendizaje entre el alumno y un tutor- profesor mediante una flexibilidad de Estudio Individual Guiado con un aprendizaje auto - dirigido y significativo; en el cual busca integrar al mundo académico, profesional y personal quienes aspiran al progreso y crecimiento. Esta situación es vivida con un sistema de estudio, independiente de su ubicación geográfica y de horarios de clase presenciales. Este sistema de estudio le permiten al estudiante iniciar sus estudios en la fecha que desee y finalizarlo de acuerdo con sus posibilidades personales.

La adaptación de esta óptica de estudio requiere e implica el compromiso de quien aprende en todo el proceso: desde la identificación de sus objetivos como persona, los objetivos de aprendizaje y la aplicación del nuevo aprendizaje a través de su propia experiencia de aprendizaje significativo cuyos principios filosóficos son parte del gran marco conceptual para este estudio.

La Educación a Distancia en el "contexto ecuatoriano" también ha ido respondiendo a la necesidad y al derecho que todos los hombres tienen de educación permanente.[2] Se ha fundamentado en los principios de: democratización, igualdad de oportunidades y justicia social educativa, respondiendo a los cambios psicológicos que se dan en el individuo a lo largo de toda su vida, a los cambios socioculturales y técnicos del mundo en el cual crece y se desarrolla como persona.

Esta estrategia educativa basada en la aplicación de la tecnología al aprendizaje, sin limitación de lugar, tiempo o edad de los usuarios ha implicado nuevos roles (para los estudiantes y para los profesores), nuevas actitudes y nuevos enfoques metodológicos.

El actor principal de la Educación a Distancia es el estudiante, quien se constituye en el sujeto activo y protagonista de su propio proceso educativo, mediante el aprendizaje de (aprender a aprender). El éxito del proceso de aprendizaje depende fundamentalmente de la responsabilidad, esfuerzo, creatividad e iniciativa propia del alumno.[3]

---

[1] Ley de Universidades y Escuelas Politécnicas. 1988. Consejo Nacional de Universidades y Escuelas Politécnicas. CONUEP. Capítulo I. Artículo 10. Nota: Esta Ley está en proceso de modificación en el Congreso.

[2] "Generar las oportunidades educativas de nivel superior en toda la sociedad ecuatoriana sin considerar límites geográficos. Impulsando programas que den respuesta a las necesidades reales del país, de la región y específicamente de la localidad con pertinencia y calidad académica".

[3] Reglamento para la creación del Sistema de Educación a Distancia en las Universidades y Escuelas Politécnicas del Ecuador. Capítulo I. Principios. Art. 2.

"El canal de ayuda para que el alumno llegue al conocimiento, y logre los efectos deseados con una clara concepción filosófica de lo que se espera de la educación en sí misma, y el alumno vaya desarrollando sin perder el objetivo del hombre integral, ha sido el papel del docente - tutor; cuyo proceso de ayuda permite conseguir una promoción personal y una madurez consolidada y social". LÓPEZ URQUIZAR, Natividad (1995).

Esta función ha exigido del profesor - tutor una capacidad y una voluntad especial de trabajo donde se ayuda al estudiante a comprender que el estudiante tiene posibilidades de superación. La rápida evolución de los conocimientos, la transformación tecnológica en casi todos los campos de la actividad humana, la creciente demanda de personal especializado, la migración de millones de personas en busca de mejores condiciones de vida, las aspiraciones de desarrollo y de integración nacional de los nuevos países ha generado que las dimensiones de espacio y de tiempo pierdan su carácter tradicional y se expandan para lograr que la educación sea posible en cualquier lugar y momento ampliando su ámbito de influencia en la sociedad, a través de los medios de comunicación.

La incorporación y legitimación de vías alternativas para el aprendizaje diferentes a la enseñanza impartida por un profesor titulado, en una institución autorizada para hacerlo ha acreditado la experiencia de trabajo y el aprendizaje ha adquirido un nuevo papel protagónico.

Los métodos de enseñanza están en función de las posibilidades y los métodos de aprendizaje del nuevo tipo de audiencias, conformadas en gran parte por personas adultas que tienen otras obligaciones además del estudio y un campo de valores muy distintos al estudiante de tiempo completo. Estas personas buscan insistentemente una conexión entre el conocimiento que imparte la universidad y la situación laboral o personal que ha impulsado a estudiar nuevamente.[4]

En este marco de factores es que la Educación a Distancia ha brindado nuevas posibilidades académicas y profesionales a quienes aspiran al éxito personal, ha formado investigadores que generen nuevas propuestas con sus proyectos de investigación que incidan en el avance de la ciencia y la tecnología, así como de las ciencias humanas, ha integrado el mundo académico a la realidad, satisfaciendo las necesidades de las instituciones en las que actúan profesionalmente los estudiantes a distancia, ha enseñado al estudiante a que asuma el rol protagónico en el proceso de formación académica y su actuación profesional y ha puesto en práctica el concepto de Globalización de la Educación ofreciéndole al estudiante y al profesional la oportunidad de establecer contacto con grupos Internacionales de las universidades en diferentes países del mundo.

Atributos que puede poseer un estudiante autodirigido

Se reconoce que una de las capacidades que posee el estudiante autodirigido es la de considerarse a sí mismo como una persona no dependiente. Al preguntar por el cómo llegar a encontrarlo podemos tomar como punto de partida tener una imagen clara de ellos. Esto significa, ser capaz de visualizar cómo se siente, qué piensa y que requiere para dirigirse a sí mismo en forma cabal. Algunos son los atributos que hacen posible, al estudiante autodirigido, una buena autoimagen:

---

[4] Reglamento para la Creación y Funcionamiento del Sistema de Educación a Distancia en las Universidades y Escuelas Politécnicas del Ecuador. Capítulo I. Artículo III. Literal a.

- Ser capaz de romper con los hábitos de una mentalidad perezosa y que esté dispuesto a dedicarse seriamente al estudio aún sin aliciente secundario.
- Tener disponibilidad para el diálogo y estar dispuesto a decir lo que en verdad piensa sobre el tema, la experiencia o el proyecto, aportando desde el espíritu lo mejor para enriquecer el diálogo.
- El aprendizaje autodirigido está signado por el estudio, por sus esfuerzos para convertir en realidad su potencial inherente y por la curiosidad y la alegría de vivir, comprender y aceptar sus propias características, tener la confianza y el valor de mostrarse tal como es, cuidar de que sus intereses estén claramente orientados; elegir sus propias carreras y actividades, fijar sus propias metas y actuar en torno a logro de éstas.
- El aprendizaje autodirigido goza de gran autoestima también, por su capacidad de convertir los obstáculos en oportunidades, asimilarlos en vez de detenerlos.
- Ser capaz de relacionarse con las demás personas de manera compasiva, amorosa, franca y eficaz.
- Convertirse en sujeto de su propia educación y ser capaz de educarse a sí mismo, de aprender a aprender, aprender haciendo (Este cambio fundamental en la relación del hombre consigo mismo es el problema más difícil a que se enfrentará la Educación en los próximos decenios y se constituye en el gran reto de la Educación a Distancia en Ecuador).

El aprendizaje autodirigido y la autoestima del estudiante

El aprendizaje autodirigido ubica a la persona en el centro de su propia vida, su marco de referencia para enfrentarse a la vida consiste en una visión positiva de uno mismo para lograr un comportamiento eficaz hacia el estudio. Esto lo hace una persona audaz, que se abre paso con la experiencia, se enfrenta al mundo con claridad y enfoca sus problemas pensando en que puede resolverlos. El aprendizaje autodirigido permite al estudiante que cada día los vínculos con la vida y su realidad sean cada vez más fuertes y ricos, debido a que su propia actitud estimula el crecimiento personal en lugar de detenerlo.

Nada perturba tanto al estudiante autodirigido como el temor de no poder aprender lo que necesita y le gustaría, y nada lo reafirma más que descubrir, por su propia experiencia que puede hacerlo y le permite fijar metas realistas y medir su cumplimiento.

Con respecto a lo que se puede lograr con el estudio, lleva a un sentido de objetividad y al reconocimiento de que debe esforzarse para lograrlo. Los alumnos están influenciados desde el punto de vista de lo que él aporta a su trabajo. Lo que es más importante es impedir que los valores establecidos se endurezcan al punto de convertirse en creencias tan fijas que no permitan tolerar nuevas ideas; pues si esto se da; el proceso educativo llegará a su fin.

Se debe tratar activamente de incorporar los hechos e ideas nuevas en el contexto.

Esa es la ventaja de la experiencia, permite percibir relaciones, asociar hechos. Así, cuando se presenta una nueva idea puede comprender porque hay un conocimiento básico y una perspectiva de aprender lo nuevo y se puede recordar porque es capaz de asociarlas con la que sabemos, dándole así un significado particular.

Buscar ayuda y apoyo cuando se necesite.

Muchas veces el estudiante opta por estudiar solo, y otras elige hacerlo en grupos. Un programa de estudios autodirigido, equilibrado, combina muchos elementos, aunque no todos al mismo tiempo, pues aunque éstos suelen aprender confían demasiado en el estudio individual. Un momento en el que conviene buscar ayuda del tutor por ejemplo es cuando se comienza a estudiar un tema nuevo; un tercer momento, cuando se siente la necesidad del estímulo social que puede brindar una clase o tutoría en grupo.

Estudiar más allá de lo necesario para el recuerdo inmediato.

Todos aprendemos muchas cosas que, en verdad, no deseamos recordar y que olvidamos con mucha rapidez. Sin embargo si se quiere recordar algo de modo permanente, se debe hacer lo que los Psicólogos llaman (sobreestudiar) aún después de practicar la teoría, se requiere mantener la atención en lo que está estudiando.

Utilizar métodos Psicológicos, además de los lógicos.

Se recomienda que la lectura de todos los temas que se deba abordar en el estudio autodirigido se haga con sentido comprensivo, reflexivo y crítico, así podrás lograr mayor aprendizaje de éste.

Finalmente debemos precisar que con el estudio autodirigido el alumno se autorenueva y no deja a los azares de la vida la exploración de toda su gama de potencialidades, mantiene una exploración sistematizada permanente, persigue con ansiedad un interminable e imprescindible diálogo entre sus potenciales y las exigencias que plantea la vida, no sólo las exigencias con las que sé encuentra sino las que él inventa. Cuando decimos potencialidades no nos referimos solamente a las cualidades intelectuales, sino en toda la gama.

EVALUACIÓN DE LA EXPERIENCIA DEL PROCESO DE ESTUDIO INDIVIDUAL GUIADO. ESTUDIO DE CASO.[5]

Ha sido un reto hacer un balance del proceso metodológico del Estudio Individual Guiado del Sistema a Distancia de Newport University en Ecuador; cuyo proceso evaluativo ha sido tomado del Modelo de D.C. Kinsey (1981), el cual, proporciona un marco preliminar en el que se ofrece una forma de organizar la planificación de evaluaciones prácticas.

PARLETT, Malcoln y HAMILTON David (1986) describen un enfoque participativo en "Las Evaluaciones Iluminativas" como el medio innovador y de aprendizaje, el cual debe ser adaptable al producto de una necesidad sentida.

Por lo tanto, un proyecto educativo debe ser evaluado y sometido a una revisión permanente donde el educador como sujeto activo del proceso debe preguntarse cuál es el resultado de los logros alcanzados, cuáles los efectos y qué nuevas posibilidades reales tiene su quehacer o a qué limitaciones se enfrenta.

Los diferentes esquemas de evaluación propuestos en la literatura en general especializada, colocan como tarea principal la de obtener conocimiento e información para mejorar los programas, encontrar soluciones a los múltiples problemas que se presentan en los desarrollos curriculares y tratar de que las personas involucradas en los procesos confronten su quehacer con la realidad misma del proceso.

La Evaluación Interactiva es participativa, BRIONES (1989), y debe girar alrededor de un problema específico aunque este problema no haya surgido como derivación teórica o como un postulado sino, más bien como producto de una necesidad sentido por un grupo en un espacio limitado o en un tiempo dado o en un contexto concreto.

La Evaluación Interactiva debe estar orientada a la solución de los problemas concretos, definidos por la comunidad, los datos no son solamente analizados por el investigador, sino que deben ser devueltos a la comunidad. Del análisis de la evidencia se pueden redefinir el problema y ayudar a encontrarle soluciones.

---

[5] Alumnos de: Quito, Guayaquil, Cuenca, Machala, Ambato, Ibarra y Tulcán.

ICE (1993): **Actas de III Jornades de l'Educació en la diversitat i escola democrática.** Universidad Autónoma de Barcelona, Barcelona.

ICE (2000): **Primera Jornada de reflexió: multiculturalitat i educació.** Universidad Autónoma de Barcelona (documentos de trabajo).

IME (1994): *Diversitat.* Departamento de Educación. Ayuntamiento de Badalona (Monográfico del **Clip**).

JORDÁN, J. A. (1992): *L'educació multicultural.* Barcelona: Ceac.

JORDÁN, J.A. (1999): *El profesorado ante la educación intercultural.* En **Essomba**, M.A. (Coord): Construir la escuela intercultural. Reflexiones y propuestas para trabajar la diversidad étnica y cultural. Graó, Barcelona, págs 65-73

JOVÉ, G. (1998): *El curriculum escolar des d'una perspectiva intercultural.* En **Guix. Elements d'acció educativa**, n° 244.

LAWRTON, D. (1983): **Education, culture and national curriculum.** Londres: Hodder ans

LLORET, C. (1994): *Nos-altres.* En IME: **Diversitat.** Departamento de Educación. Ayuntamiento de Badalona. (Monográfico del Clip).

MEDINA, A. (1991): *Un currículum multicultural.* En Actas del **Congreso Internacional de educación Multicultural e Intercultural**. Ceuta (Documento policopiado).

MELERO, L. y MONCLÚS, G. (1996): *La organización escolar ante la escuela de la diversidad: ¿una ocasión para "enseñar a aprender" o una ocasión para "aprender a enseñar"? He aquí la cuestión.* En **Actas del IV Congreso Interuniversitario de Organización Escolar**. Tarragona. (CD-ROM de comunicaciones).

MUÑOZ, A. (1992): **Sociedad muticultural y educación intercultural, Seminario sobre planificació i organització de l'escola intercultural.** Barcelona: ICE de la UAB (Documentos internos).

OCDE (1987): **Multicultural Educaiion.** Paris.

OCDE (1989): **L'ecole ei les cultures.** Paris.

ONU (1984): **Declaración de las políticas culturales.** *México.*

PALAUDÀRIAS, J. M. **(1999):** *La escuela intercultural y el papel de la comunidad en el proceso de integración.* En **Essomba**, M.A. (Coord): Construir la escuela intercultural. Reflexiones y propuestas para trabajar la diversidad étnica y cultural. Graó, Barcelona, págs 81-87.

RUE, J. (1995): *El concepte de diversitat i model d'escola.* En **Guix**, 217, págs 5-10.

SABARIEGO, M. (1999): *La evaluación de programas de educación intercultural.* En **Essomba**, M.A. (Coord): **Construir la escuela intercultural.** Reflexiones y propuestas para trabajar la diversidad étnica y cultural. Graó, Barcelona, págs 21-35

SANROMÁN, T. (1991): *Pluriculturalisme.* En Consell Escolar de Catalunya: **Quatre reptes per a la nostra escola**, Departamento de Enseñanza, Barcelona, págs 56-59.

SPINDER, G. D. (Coord.) (1987): *Education and cultural process.* Illinois: Waveland Press, Inc. Stoughton.

TOLEDO, M. (1986): **La escuela ordinaria ante el niño con necesidades educativas especiales.** Santillana, Madrid.

ZABALZA, M. (1991): *El trabajo escolar en un contexto multicultural.* En **Actas del Congreso Internacional de educación Multicultural e Intercultural**. Ceuta (Documento policopiado).

Otra situación interesante de la Evaluación Interactiva es el complemento cuantitativo y cualitativo de la Evaluación, la cual contribuye a corregir los inevitables sesgos presentes en cualquier método. Una alternativa posible de evitar sesgos es emplear conjuntamente varios métodos para triangular - Método de Triangulación, COOK y REICHARD (1986). En este proceso evaluativo es el que Newport University - Ecuador ha tratado de mejorar cuantitativamente su quehacer. La triangulación, DUNCAN (1985), permitió a Newport University – Ecuador recolectar datos que han dado información confiable sobre el Proceso de Estudio Individual Guiado. Para la presente investigación la recolección se hizo a través de la aplicación de lo que se denominó la Triada o sea, la combinación de tres metodologías para recolectar y analizar información así:

- Información y análisis cuantitativo (Evaluación Cuantitativa) - Cuestionarios.
- Información y análisis cualitativo (Evaluación cualitativa). Sitematización de la Experiencia y
- La prospectiva (Construcción de Escenarios).

La combinación de los 3 modelos fueron definidos en el siguiente marco metodológico específico:

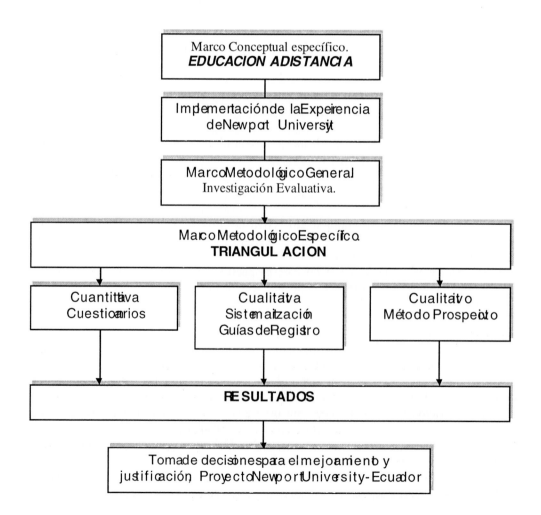

El resultado del proceso de Evaluación Interactiva que se da a conocer en esta experiencia es la variable Estudio Individual Guiado como objeto a evaluar cuyos indicadores de valoración fueron:

1. Metodología.
2. Conocimientos transmitidos por los tutores.
3. Conocimientos adquiridos en los syllabus.
4. Actitud del trabajo.
5. Conducta social.
6. Concientización social.
7. Expectativas.
8. Aspiraciones.
9. Proyecciones.
10. Respuestas de Formación humana.
11. Tiempo disponible para el "Estudio Individual Guiado".

Descripción teórica de la variable estudiada

Teniendo en cuenta los conceptos anteriores sobre lo que se considera el Estudio a Distancia, se puede plantear algunas características importantes de la educación a distancia, tales como el Estudio Individual Guiado y el fomento a la independencia de los estudiantes y los medios de comunicación.

Estas características están abiertas a interpretaciones diferentes donde algunos estudiosos se inclinan a considerar que la independencia adquirida y practicada por los estudiantes a distancia, que no interactúan con otros compañeros, es parcial, plantean favorecer el desarrollo de la independencia mediante discusiones entre profesores y condiscípulos. La teoría y aveces la práctica de esta filosofía de la independencia del estudiante, es que la interacción (persona a persona) enseña y apoya a los estudiantes en lo que se refiere a ofrecer y tomar argumentos y a mantenerse firmes una vez que han adoptado una posición.

Entre los educadores a distancia hay escuelas de pensamiento que difieren en cuanto a estos temas. La gran acogida de los encuentros cara a cara es típica de buena parte de las universidades que adelantan programas de educación a distancia a nivel mundial. Los períodos de enseñanza presencial conducen a un trascendente paralelismo con el estudio en el campus universitario.

Otros pensadores consideran el aprendizaje individual por parte del estudiante como objetivo central del proceso de educación y, al mismo tiempo, proponen un enfoque industrial a gran escala considerando que este aprendizaje puede efectuarse a distancia de los instructores y de otros estudiantes en cuanto haya una adecuada infraestructura que permita una ágil comunicación de ida y de vuelta. DAHLLOF (1977).

En la Filosofía de NEWPORT UNIVERSITY – California, USA, su estudio centra en el Método de Estudio Individual Guiado. "Es una alternativa que se adecua a las formas de vida del hombre actual; donde se instaura el respeto y la aceptación incondicional del individuo quien pone en juego su potencial y su creatividad".

Todo lo anterior permite al alumno desarrollar un rol pedagógico de aprendizaje entre el alumno y un tutor- profesor mediante una flexibilidad de estudio individual guiado con un aprendizaje auto - dirigido y significativo. Newport University, busca integrar al mundo académico, profesional y personal a quienes aspiran al progreso y crecimiento.

Esta situación es vivida con un sistema de estudio, independiente de su ubicación geográfica y de horarios de clase presenciales. Este sistema de estudio le permiten al estudiante iniciar sus estudios en la fecha que desee y finalizarlo de acuerdo con sus posibilidades personales.

La adaptación de esta óptica de estudio requiere e implica el compromiso de quien aprende en todo el proceso: desde la identificación de sus objetivos como persona, los objetivos de aprendizaje y la aplicación del nuevo aprendizaje a través de su propia experiencia de aprendizaje significativo cuyos principios filosóficos son parte del gran marco conceptual de esta clase de estudio.

El ser humano es capaz de plantear y resolver constructivamente sus problemas y además existe una tendencia de hacerlo: la tendencia actualizante. ROGERS, C. (1975).

La transformación se logra mediante la relación constructiva con otros seres humanos.

Metodología
Sistematización de la experiencia

"Sistematizar una experiencia como la que se ha realizado en Ecuador, describirla en forma coherente y jerarquizada con una visión objetiva y global que nos permita interpretarla, ubicarla en un esquema histórico contextual y socio político, explicarla, comunicarla y valorarla". Todo con el objeto de incidir en la realidad. GARCES (1998).

Esta tarea pasa necesariamente por la constatación entre lo que se propuso en el Proyecto contra lo que efectivamente se ha realizado (las ideas en las acciones, los propósitos con los hechos).

La sistematización intenta contribuir al proceso de exposición de la experiencia para ordenar lo que ha sido el trabajo y hacerlo comunicable, asume la realidad (la experiencia) como una premisa pero debe guardar distancia entre la organización y exposición de los procesos múltiples relacionados entre sí.

Newport University - Ecuador consciente de la necesidad de sistematizar la experiencia, como investigación y con el fin de registrar la información desde los diversos niveles y perspectivas producto del proceso metodológico (clasificaciones – relaciones, categorías y análisis) logra una descripción con los destinatarios (usuarios) protagonistas de la experiencia, cuyo propósito inmediato es incidir en la realidad de la experiencia.

Para ello se utilizaron las técnicas cualitativas de recolección de información denominadas: Guías de Sistematización y Mapas conceptuales, ONTORIA (1992). La reconstrucción de la experiencia permitió ya no vivirla sino verla de nuevo, dentro del campo del Lenguaje como evidencia su desenvolvimiento. Estos elementos se hacen posible a partir de los datos históricos y fácticos que se registran en las actividades y acciones que desarrolla la experiencia. SISTEMATIZACIÓN, ESPEJO DEL MAESTRO INNOVADOR. RAMÍREZ VELAZQUEZ, Enrique. Bogotá (1990).

Registro

No. de Estudiantes: 102.

Guia de caracterización de los estudiantes de newport university. Investigación evaluativa participativa

EXPECTATIVAS:

1. Motivaciones

    a Personales _____

    b Academicas_____.

    c Laborales _____

    d Sociales_____

    e Económicas_____

2. Aspiraciones

    Proyecciones

    a Desde el punto de vista personal_____

    b Desde la dimensión familiar_____

    c Desde el punto de vista académico _____

    d Desde el punto de vista social _____

    e Desde su contribución al desarrollo cultural _____

    f Desde el punto de vista laboral _____

3. Respuestas que ha encontrado en las carreras de newport university

    a En su formación humana _____

    b En el logro del Programa _____

    c En la cualificación del papel en el nivel social y económico para el estudio___
       _____

4. Posibilidades del desarrollo para el estudio individual guiado

    Usted como estudiantes ha adquirido una serie de compromisos personales, académicos y financieros, estos requieren de condiciones para cumplir, los que nos interesa identificar en esta guía, para ello se le pide describir cada aspecto así:

   a Tiempo disponible para el estudio autodirigido: _____

   b. Posibilidad para el trabajo en grupo: _____

   c. Comprensión de los syllabus: _____

   d. Orientación y apoyo académico recibido en la Universidad: _____

   e. Asistencia como estudiante a las tutorías: _____

   f. Cumplimiento y efectividad de las tutorías por parte de los profesores tutores: _

   g. Facilidad que ha tenido para estudiar por el sistema de correo electrónico y medios de comunicación como la página web. _____

5. Problemas encontrados en el proceso de estudio
_____

6. Soluciones
_____

7. ¿Cuáles son los proyectos que encuentran posible alcanzar en newport university?
_____
_____

8. Qué hechos portadores de futuro pueden favorecer la universidad a distancia_____
_____

9. Qué temores y problemas pueden generar rupturas en el proyecto de newport university
_____
_____

10. Qué oportunidades detecta usted en el estudio a distancia
_____

11. ¿Cuáles son las tendencias nacionales y/o mundiales de la educación?
_____

12. ¿Qué factores aceleran el cambio? Describir (4)

13. ¿Qué factores retardan el cambio? Describir (4)

14. ¿Que meetas considera se pueden tener en cuenta para el proyecto de newport universty?.

15. ¿Que acciones sugiere usted, de acuerdo con su experiencia de estudio, puedan aplicarse para el proyecto de newport university?

Proceso metodológico
Unidad de análisis

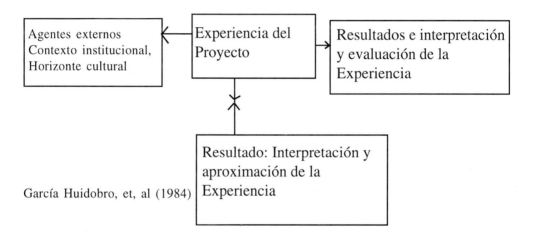

García Huidobro, et, al (1984)

Estudio individual guiado
Algunos resultados sobresalientes de la guía de registro
Motivaciones

Laborales:
- Abrir paso a nuevas y mejores oportunidades.
- Desempeño de cargs y mayor responsabilidad.
- Trabajar en la Cátedra de Investigación.

Sociales:
- Conocimiento de temas generales que se relacionan con la sociedad.
- Aportar al medio en el campo de la investigación y el conocimiento.

Económicas:
- Ser una persona competente ya que el mundo de hoy lo exige.
- Mayor beneficio económico, bienestar económico.

Aspiraciones

Personal:

- Obtener un título personal y ser más competitivo.
- Abrir puertas.
- Laborar fuera del país con un título internacional.

Familiar:

- Poder retribuir el esfuerzo a la familia.
- Guiar a los hijos mediante el esfuerzo y experiencia.
- Ser ejemplo para la familia.

Académico:

- Ser una autoridad en el campo del trabajo.
- Académicamente competente.
- Comprender uno mismo los negocios.
- Autoeducarse.

Social:

- Ser parte de los mejores.
- Poder transmitiir conocimiento.
- Integrarse a una sociedad más activa.

Desarrollo cultural:

- Aprender a investigar para el país.
- Generar Proyectos de microempresas.
- Generar Proyectos de inversión social.

Desde el punto de vista laboral:

- Trabajar fuera de las fronteras del país.
- Evolucionar y progresar.
- Ser sujeto de cambio.
- Mejorar el Ecuador.

Respuestas que se espera encontrar en la universidad a distancia

Formación humana:

- Obtener autodisciplina.
- Autoformación.
- Aprovechamiento y manejo del tiempo.
- Aprender a interactuar por Internet y páginas web.
- Intercambio con alumnos de otros lugares.

En el logro del programa:

- Actualización permanente de contenidos curriculares.
- Currículus de fácil aplicación.
- Comprensión de temas de estudio.
- Aplicar lo aprendido en actividades cotidianas y de trabajo.

Desarrollo del estudio individual guiado

Tiempo disponible para el estudio:
- 3 horas diarias.
- 2 horas diarias.
- 6 horas sábados y domingos.
- 30 horas a la semana.
- Enriquecedor trabajar en grupo.

Posibilidad de trabajar en grupo:
- Fines de semana.
- Algunos días después de las 6 p.m.
- Comprensión de los syllabus.
- Excelente comprensión ya que pueden aplicar temas a casos concretos de países.
- Lleva a la investigación y consulta.
- Asistencia y solicitud tutorial.
- Buena y necesaria.
- Es acertada para despejar dudas.
- Es motivadora.
- Hace falta el contacto personal.

Facilidad de estudio por los medios de comunicación:
- No tienen problemas.
- Es bueno.
- En Ecuador hay algunos problemas, debido a que no se tienen un buen sistema de comunicaciones.

Problemas encontrados en el proceso de estudio
- Bibliográfico.
- El idioma inglés.
- Limitaciones en la definición de los temas de investigación doctoral.

Soluciones:
- Acudir a otros textos sobre la temática.
- Consulta en internet.
- Consulta al autor.
- Acudir a bibliotecas y fuentes de referencia.

Proyección de la universidad a distancia
- Educación Superior de alta calidad competitiva.
- Inter – relación con profesores de cualquier país.
- Inter – relación con alumnos de otros países.
- Inter – relación de investigaciones.

Manejo del tiempo
- Horarios flexibles.
- Poder competir internacionalmente.

- Manejo del inglés u otra lengua.
- El espíritu independiente de estudio como cultura de una nueva generación.
- Mayor creatividad.

Tendencias de la educación a distancia

- Educación más personalizada.
- Orientada a la investigación.
- El profesor y el alumno se hacen más investigativos.
- Trabajo y estudio inter – relacionado.
- Tecnología avanzada.
- Universidad virtual.
- Comunicación global.

Hechos portadores de futuro que favorecen a la universidad a distancia

- Mejoramiento de calidad y cobertura educativa.
- Mejoramiento y preparación del adulto.
- Oportunidad de capacitación para las personas que trabajan y que por sus honorarios o recursos no pueden acceder a la Universidad presencial.
- Avances tecnológicos de las comunicaciones.
- Nuevos horarios de trabajo.
- Apertura de fronteras.
- Globalización.
- Mayor oportunidad de acceso a la educación.

Rupturas:
- Reconocimiento en la sociedad.
- Temor a la autodisciplina y al reto que conduce a la autoenseñanza.
- Facilidad en Ecuador de encontrar bibliografía y referencias bibliográficas.
- Bibliografía actualizada.

Factores que aceleran el cambio en la universidad a distancia

- Competencia internacional y apertura económica.
- Generación de la inversión extranjera.
- Pedagogía activa.
- Cobertura educativa.
- Inversión en el desarrollo y la formación integral humana.
- Inversión en tecnología.
- Creciente avance en procesos de comunicación.
- Conocimiento de lenguas extranjeras.
- Reformas legales, unas abiertas y flexibles.

Factores que retardan el cambio

- Temor a lo desconocido.
- Resistencia al cambio de actitud de la Educación Presencial hacia la Educación a Distancia.
- Costo de la tecnología.
- Entendimiento del concepto de la Educación a Distancia y la Educación Presencial.

- Legislación positiva de parte de los países.
- El querer mantener una educación tradicional y a veces obsoleta.
- Baja calidad de la educación formal.
- Currículos descontextualizados.
- Material didáctico descontextualizado.
- Baja capacitación docente.
- Resistencia al cambio y a la innovación.
- Metodología tradicional.

Factores gobernables

- Ir mejorando a la calidad y control del sistema de Educación a Distancia.
- Acceso a tecnología.
- Actualización por parte de las Universidades a Distancia de sus planes de estudio y currículos.
- Trabajar con Convenios de Cooperación.
- Estimular el autoestudio y la autodisciplina mediante la capacitación.
- Capacitación del sistema tutorial.
- Formar profesionales competitivos y con las empresas.
- Elaboración de guías de estudio y material didáctico acorde con las necesidades, competencias y nuevas tecnologías.
- Fomento del aprendizaje andragógico.
- Fomento de valores en lo contenidos programáticos.

Acciones posibles de realizar

- Implementación de tecnología de punta.
- Convenios de Cooperación en aquellos aspectos donde somos fuertes.
- Apoyo bibliográfico.
- Convenios con las empresas.
- Intercambio de profesores y tutores.
- Fomentar pasantía entre los países.
- Generar acciones gubernamentales de reconocimiento del Sistema a Distancia.
- Continuar con la calidad académica.
- Fomentar la investigación y el campo de trabajo de los alumnos.
- Continuar el fomento de valores.
- Mejor remuneración económica de los tutores.
- Continuar con la capacitación tutorial.
- Generación de Proyectos de microempresas y fomento de empleo.
- Generación de Proyectos.

Bibliografía

A.A.H.E.- ERIC. Canadá. Universidad de QUEBEC, 1986.

ABU-SAYF, F.K. Structure of Evaluation. A Comprehensive Conceptual Model. Educational Technology. Colombia. Instituto Colombiano para el Fomento de la Educación Superior. ICFES, Bogotá, 1985.

AGUIRRE A. Propuesta y Aplicación de un Modelo para Evaluar. Cursos Monográficos de la Enseñanza a Distancia. Tesis Doctoral. Madrid: Universidad Complutense, 1992.

ALVAREZ, H. Benjamin. Educación, Ciencia y Tecnología. Biblioteca del Ecuador No. Edit. Voluntad.

ANGEL, Facundo. El Proyecto Educativo Institucional P.E.I. Ministerio de Educación MEN. Colombia, 1990.

RROYAVE, Jaime y CORETES NAVARRETE, Jorge. Algunos Elementos para la Elaboración del Proyecto Educativo Institucional PEI. Santafé de Bogotá, 1994.

AVELLA, Martha de. Axiología y Exigencias Metodológicas de la Educación Abierta y a Distancia. MEN e ICFES. Nivel Introductorio. Universidad de la Sabana. 1988.

BECERRA BARNEY, Manuel F. Educación para el Desarrollo. MEN. Edit. Oveja Negra, Bogotá, 1990.

BLANCO, Ricardo y MORENO, S. Docencia Universitaria y Desarrollo Humano. Alambra, México, 1982.

BOLAÑOS CALVO, Bolívar. Algunos Elementos Básicos en la Elaboración de Material Didáctico en un Sistema a Distancia. Universidad Estatal a Distancia. Costa Rica, 1995. VI Encuentro Iberoamericano de Educación a Distancia, México, 1995.

CARDENA, Félix y MARTINIC, Sergio. Sistematización de Experiencias. Proyectos Educativos. Metodología Educativa. Santiago de Chile. CREAAL, 1988.

CARDENA, Félix. La observación, el Registro y el Ordenamiento de la Información. La Autoevaluación. Cómo Sistematizar Nuestra Práctica. México: Pradis, CREAAL, 1991.

CARDONA ANDUJAR, J. Y MARTIN-MORENO CERRILLO, Q. La Evaluación del Centro Educativo. UNED/ P.F.P. Madrid, 1991.

CASTILLO ARREDONDO, Santiago. La Necesaria Formación Específica del Profesor Tutor. UNED, Madrid - España, 1995.

CIRIGLIANO, Gustavo F. La Educación Abierta. El Elenco. Editorial. Buenos Aires. Argentina. 1983.

CONSTITUCIÓN POLITICA DE ECUADOR. Presidencia de la República, Quito, 1996.

CONSTITUCION PASTORAL sobre la Iglesia en el Mundo Moderno. Concilio Vaticano II. Bogotá, Ediciones Paulinas. Actas y Documentos Pontificios. No 41, 1966.

CONVENIO ANDRES BELLO. La Estructura Didáctica de la Enseñanza a Distancia. UNESCO/SECAB, 1981.

CONVENIO UNISUR- Alcaldía de Duitama. Folleto. Santafé de Bogotá. 1993.

COOK, T.D y REICHARD, CHS. Métodos Cualitativos y Cuantitativos en Investigación Evaluativa. Ediciones MORATA. Madrid, 1986.

COPER, C.N. Motivación y Emoción. Desclée de Brower. Bilbao, 1978.

CRUZ RINCON, Jaime. La Construcción de un Sistema de Educación a Distancia. Universidad Nacional Abierta UNA. Venezuela, 1982

CRAUPART, Jean. Metodologías de la Audiconferencia. Universidad Industrial de Santander U.I.S Bucaramanga - Colombia, 1983.

DE AVELLA, Martha. Axiología y Exigencias Metodológicas de la Educación a Distancia. Instituto Colombiano para el Fomento de la Educación Superior ICFES. Colombia, 1989.

DE BRUYNE P. Hernán. Et De Schoutheete, M. Dinamique de la Recherché en Sciences Socials. Vendomé. P.U.F., 1984.

DE PERRETTI, A. El Pensamiento de Carl Rogers. Sociedad y Educación. Atenas. Salamanca, 1979.

DE ZUBIRIAN SAMPER, Miguel. Operaciones Intelectuales y Creatividad. Fundación Alberto Merani. Fondo de Publicaciones. Bogotá, 1994.

DE ZUBIRIAN SAMPER, Miguel. Pensamiento y Aprendizaje. Fundación Alberto Merani. Fondo de Publicaciones. Santafé de Bogotá, 1994.

DE ZUBIRIAN, Miguel. Formación de Valores y Actitudes. Un Reto a las Escuelas del futuro. Fundación Alberto Maraní. Fondo de Publicaciones-Bogatá, 1994.

DECOUFLE, André- Clément. La Prospectiva. Madrid, Ediciones OIKOS, 1974.

DENZIN. Citado por COOK T.D. y REICHADT, C.H.S. Paradigma Cualitativo y la Investigación
    Evaluativa Morata S.A. 1986.

DRUCKER, Peter F. Las nuevas Realidades en el Estado y la Política en la Economía y los Negocios... en la Sociedad y en la Imagen del Mundo. Editorial Sudamericana, Buenos Aires-1990.

DUQUE BEJARANO, Orfelia. Taller de Efectividad Administrativa para la Aplicación de la participación y comunicación. Documento de Trabajo. Cali. 1989.

ECUADOR Y SU REALIDAD. Fundación José Peralta. Cuarta Edición. Silva Artes Gráficas. 1996.

ERICKSON, Frederick. Qualitative Methods in Research on Teaching in M.C. Wittrock Handbookn of Research on Teaching. New York. ManMillan, 1986.

ESCOTET, Miguel. Técnicas de Evaluación Institucional en la Educación Superior. Ministerio de Educación y Ciencia de España 1984.

ESCUDERO, Cabezudt. Alternativas para la Estructura de los Materiales de estudio del Sistema Universidad Abierta. Universidad Nacional Autónoma de México, VI Encuentro Iberoamericano Educativo a Distancia. 1995.

ESPINOSA PADIERNA, Luz E. La Asesoría Telefónica y por Fax. Una Cercanía a Distancia. Universidad Nacional Autónoma de México. México. VI Encuentro Iberoamericano de Educación a Distancia. 1995.

ESTEBAN SANTOS, Soledad y GONZALEZ G. María. Diseño de Tutorías como Elemento Facilitador de la Función Tutorial. UNED. Madrid- España, 1995.

EZEQUIEL, Ander-Egg. Evaluación de Programas de Trabajo Social. Cuestiones en torno a Métodos y Técnicas del Trabajo Social. Edit. Humanista. Buenos Aires, 1984.

FARJAS ABADIA, Antonio y COLLAGUAZO MADRIGAL, Carmen. Sociología del Estudiantado y Rendimiento Académico. Estudio de Educación a Distancia. UNED. I.C.E. Madrid, 1989.

FUNDACION SOCIAL, Corporación Tercer Milenio. Ley General de la Educación. Alcances y Perspectivas. Colombia. 1994.

GARCES, Carlos. Sistematización de Experiencias de Educación Popular. Una Propuesta Metodológica. México: CREFAL, 1988.

GARCIA ARETIO, Lorenzo. Diseño de un Curso de Formación de Formadores en Educación a Distancia. UNED. España, 1995.

GARCIA ARETIO, Lorenzo. Necesidad y Variedad de la Investigación a Distancia. UNED, Madrid, 1991.

GARCIA BLANCO, Rufino. El Modelo Español de Educación Superior a Distancia. La UNED. Estudio de Educación a Distancia. Madrid, 1984.

GARCIA, Aretio L. Educación Superior a Distancia. Análisis de su Eficacia. Badajoz. UNED, 1986.

GODET, Michel. Methodes de Scénarios en Futuriles No.71. Noviembre 1983.

GODET, Michel. Sept. Idées-clés. Dans Futuribles No.71.París. Noviembre, 1983.

GUEDEZ, Víctor et.a. Marco Teórico-Metodológico para Evaluación del SED, ICFES/PNND/ UNESCO, 1985.

GUEDEZ, Víctor. Las Perspectivas de la Educación a Distancia como Marco de Referencia para su Evaluación. Proyecto P.N.U.D. UNESCO-ICFES. Colombia, 1982.

GUEDEZ, Víctor. Los Fundamentos de la Educación a Distancia y el Espíritu Nueva Era. Documento Fotocopiado.

HERNAN, Jackes. Analyse de Données, Qualitatives 1. Traitement Dénquétes échantillons, Répartitions, Association. París, Masson, 1983.

HARRAN, María Teresa. La Industria de los Medios Masivos de Comunicación en Colombia. Fescol, 1992.

HERRANZ ABALOS, Ma. De los Angeles. Materiales y Recursos Didácticos: Consideraciones Teórico Metodológicas. Comunidad Valenciana. Cansillería de Cultura. Educación y Ciencia. Cuaderno Informático. Orientaciones para el Alumno del CEVEAD, 1987.

HOLMBERG, Borge. Educación a Distancia: Sistema y Perspectivas. Editorial Kapelus, 1985.

HOUSE, Ernest T. Philosoph of Evaluation. Jossey-Bass U.S.A. 1983.

HOUSE, Ernest T. Philosophy of Evaluation. Jossey-Bass. U.S.A, 1983.

HUBERMAN, A.M. Como se Realizan los Cambios en la Educación: Una Contribución al Estudio de la Innovación. UNESCO OIC. París-Francia, 1973.

ISAACS S; Michael W.B. Handbook of Research and Evaluation, San Diego California 1981.

MOJICA, Francisco. La Prospectiva y Técnicas para Visualizar el Futuro. Editorial Legis, Bogotá, 1991.

NEWPORT UNIVERSITY. Filosofía y Sistema Operacional. California USA. 1975.

EL PLANEAMIENTO COMO PROCESO DE ORGANIZACIÓN EN LA VIDA ESCOLAR

MARTA OSORIO

El Planeamiento es un proceso de ordenamiento de la acción con criterio sistemático y previsor; una forma de enfrentar los problemas con el uso de la razón. Un estilo de pensar y actuar con base en el pasado pero dirigido hacia el futuro, para garantizar el logro de las metas institucionales.

La planeación, en un sentido más amplio, surge de la necesidad que tiene el hombre frente a la incertidumbre del futuro y del mejoramiento de los procesos en cada una de las actividades conducentes a metas y objetivos personales y sociales.

La importancia de la planeación escolar radica en el hecho de que la institución escolar, como organización que atiende necesidades especificas de educación, busca ser compatible con la dinámica social a través de la estructura técnica política y administrativa que establece con el medio social cultural al cual pertenece.

"En sus procesos técnicos, este planeamiento es un proceso metódico, interdisciplinario y permanente de diagnóstico de la realidad y previsión de necesidades de una comunidad o país en materia educativa, así como de determinación de las acciones y medios alternativos necesarios para satisfacerlas, en síntesis es una metodología de análisis, previsión, programación y evaluación del desarrollo educativo."[1] Persiguiendo este fin utiliza, adapta y combina conceptos y técnicas de la pedagogía, educación comparada, economía, sociología, antropología cultural demografía estadística, administración y otras disciplinas auxiliares relacionadas con la cuantificación y explicación de los hechos sociales.

Es así como no se pueden olvidar, sin embargo, las alteraciones que posiblemente dieron a la planeación y predicciones a la libertad humana. Por tanto, la institución escolar tiene una trayectoria social que cumplir y debe enfrentarse a su futuro incierto. En esta perspectiva, la tarea de conducir y dirigir la vida institucional implica conocer la situación presente, su pasado y una aproximación al futuro hacia el cual se dirige. Las instituciones escolares son creadas por grupos de personas, por estructuras gubernamentales, para respon-

[1] ROMERO LOZANO, Simón, FERRER MARTIN, Sebastián. El Planeamiento de la Educación, cuadernillo No.7, Instituto Latinoamericano de Planificación Económica y Social, p.16.

der a las necesidades y facilitar en forma organizada, la transmisión cultural de una generación a otra y de promover la integración social de los individuos.

Las instituciones escolares que integran un sistema educativo, son concebidas como organizaciones sociales, cuyas características se relacionan, con los procesos de educación y los medios que la sociedad dispone para lograr sus objetivos de supervivencia personal de integración social de las mismas.

Es indispensable, entonces, el conocimiento con sentido previsor, con el fin de conocer las tendencias del cambio, posibilitar la planeación e introducir innovaciones. No se puede seguir confiando en la continuidad simple, es necesario planificar sobre la base del conocimiento objetivo de los problemas. Es por esto por lo que el conocimiento de los problemas incluye la actividad de investigar con el propósito fundamental de prever y planificar las decisiones que es equivalente al proceso político del planeamiento educativo, en su aspecto "político". El planeamiento se identifica con el proceso de adopción de las decisiones del gobierno teniendo encuenta las políticas del poder, o dicho en otros términos, es el proceso por el cual las alternativas y los planes preparados por los técnicos se convierten en política, orientación y norma de las actividades.

En materia educativa las decisiones pueden presentar formas y contenidos muy diversos: reducir la acción la formulación de propósitos de modo detallado, con un carácter imperativo o simplemente indicativo. En general, las decisiones se refieren a asuntos de la mayor importancia, tales como: objetivos y metas por alcanzar, prioridades de la acción, modificaciones o reformas sustanciales a introducir en los sistemas escolares, a nivel y composición de los recursos financieros asignables a la educación, distribución de responsabilidades y cooperación en el esfuerzo educativo; en pocas palabras, apuntan a una política educativa, entendida ésta como un conjunto coherente de decisiones que atienden al logro de metas bien definidas.

Es de suyo y evidente que son estos aspectos de decisión política lo fundamental para que pueda darse un desarrollo planificado de la educación. De nada o de poco servirían los estudios y previsiones acuciosos y el esfuerzo técnico de elaboración de planes, si no culminasen en su objetivo final, es decir, si no sirvieran para adoptar una política explícita sobre la materia normativa de las actividades y capaz de generarlas y coordinarlas.

En caso contrario, "el planeamiento como técnica se reduciría a un ejercicio académico, más o menos útil e interesante, pero no se convertiría en lo que debe ser: un proceso que proporciona los elementos de juicio para adoptar decisiones que luego se traducen en programas de acción"[2].

La planeación de la educación debe partir, entonces de una filosofía institucional, de manera que los programas institucionales orienten la planeación escolar estableciendo políticas en el radio de acción y de previsión para el logro de los objetivos, ya que puede determinar en forma concreta, los aspectos adecuados para lograrlos y prever en lo posible la coordinación de estos en cada una de las funciones del proceso administrativo.

Por tanto, la función de planeación en su aspecto político incluye los siguientes aspectos:
- Es una clara determinación de objetivos en el plan de trabajo. Cuando se realiza el diseño de la estructura de operación se está haciendo el planeamiento, y el fundamento de este diseño sólo se puede encontrarse en los fines y objetivos que deben perseguirse en el ámbito institucional.

---

[2] Op. Cit.ROMERO LOZANO, FERRER MARTIN, "P" 17.

- Es una guía de ación por cuanto en ella se señalan, todas las actividades que deben ejecutarse en las diferentes actividades de la organización por parte del personal directivo, administrativo y docente.

- Es la planeación guía de futuro que tiene, al mismo tiempo, que tomar en consideración la experiencia del pasado y las posibilidades del presente.

- Es el plan institucional, una tarea cooperativa. No elabora el plan de trabajo una sola persona sino el conjunto de personas vinculadas a la institución.

- El plan de trabajo debe ser razonado, es decir, resultado de un análisis de circunstancias y de las personas que actúan.

- Cuando se elabora un plan debe tenerse en cuenta que a cada determinación, corresponde una explicación, una razón o un argumento, expresado brevemente, que interrelacione los antecedentes con las consecuencias previstas.

Cuando toca el proceso administrativo debe tenerse en cuenta la factibilidad de realización, para lo cual este debe ser práctico y coordinado con los diversos subsistemas y en función de las metas propuestas. En sus aspectos administrativos, el planeamiento educativo lo constituyen las series coordinadas de actividades que efectúan los diversos organismos ejecutivos de la administración de esos servicios, en función y en cumplimiento de las políticas y los planes adoptados; en este sentido, el planeamiento educativo es un proceso de actividad administrativa programada.

En consecuencia, los procesos para organizar y ejecutar las actividades previstas deben incluir respuestas a los interrogantes: ¿serán factibles y positivos?. ¿Quién y quienes deben hacer las tareas?, ¿Y para qué? entre otros.

En todos los casos, una buena planificación representa para el desarrollo de la institución una orientación definida y flexible, economía de tiempo y esfuerzo y mejor aprovechamiento de recursos. En síntesis, la función de planeamiento en su proceso técnico, político y administrativo aumenta la capacidad de trabajo y mejora la calidad de procesos, pero es necesario tener un cuenta que influyen fundamentalmente muchas acciones, tales como:

- El suministro básico sobre situaciones y necesidades.
- Coherencia en las decisiones.
- Elemento de juicio.
- Suministro de conocimientos proyectivos
- Actitud favorable al desarrollo y al cambio.
- Respetabilidad de las ideas y procesos del planeamiento.
- Democracia y decisiones por consenso cuando sea oportuno.
- Ejercicio respetable de la libertad humana.

La organización para el planeamiento institucional

Cuando se dice organización para el planeamiento educativo, se alude al conjunto de medidas y mecanismos técnicos y administrativos necesarios para institucionalizar su proceso, asegurándole su carácter permanente e integral, distribuyendo adecuadamente sus diversas tareas y responsabilidades dentro del conjunto de la administración educativa y asegurando a éstas la debida coordinación. Es así como el concepto de la organización para el planeamiento institucional tiene sus raíces en la necesidad cooperativa de todo sistema social como lo indica CHIAVENATO Idalberto (1991). "Vivimos en una civilización donde el esfuerzo cooperativo del hombre es la base fundamental de la sociedad, la tarea básica de la administración es la de hacer las cosas a través de las personas" [3]

Por consiguiente, el desarrollo de la organización es un proceso planeado de modificaciones culturales y estructurales, permanentemente aplicado a una estructura visualizando la institucionalización de una serie de tecnologías sociales, de tal forma que la organización quede habilitada para diagnosticar, planear e implementar estas modificaciones sin asistencia externa.

La organización para el planeamiento institucional es una respuesta a los cambios.

"En una sociedad dinámica la manera principal mediante la cual las organizaciones como subsistema de una sistema total se adaptan a los requerimientos de cambio es a través de la planeación"[4]

Esto implica una educación muy compleja, destinada a cambiar actitudes, valores, comportamientos y la estructura de la organización, de tal manera que esta pueda adaptarse mejor a las nuevas coyunturas, mercados, tecnologías, problemas y desafíos que están surgiendo en una creciente progresión.

"Cada organización y cada empresa requiere tomar decisiones y coordinar múltiples actividades como la educación de personas, la evaluación del desempeño dirigido a objetivos previamente determinados, la obtención y la educación de diferente recursos."[5]

Como la administración funciona dentro de un ambiente altamente dinámico y sujeto a una mutación acentuada, se hace más que necesario un esfuerzo planeado de cambio, un programa de desarrollo organizacional destinado a propiciar nuevas formas de organización, como también desarrollar procedimientos más eficientes de planeamiento y control.

El control asegura la ejecución y el cumplimiento de lo planeado y proporciona información para un mejoramiento continuo o para establecer medidas correctivas cuando no se cumple lo previsto, el control conduce al mejoramiento, aseguramiento, corrección y toma de decisiones

Planeación y control

En la organización para el proceso del planeamiento educativo conviene distinguir claramente tres funciones: a- la función directiva, b- la función técnica, c- la función consultiva. Algunas de estas funciones son desempeñadas, total o parcialmente, por entidades específicas y claramente identificables, como ocurre con las oficinas técnicas del planeamiento; en otros casos la función se distribuye según los supuestos básicos que fundamentan el planeamiento institucional en la organización, como son:
- La constante y rápida mutación del ambiente: el mundo moderno se caracteriza por cambios rápidos, constantes que están influenciando el desarrollo y éxito de las organizaciones en general. "Las organizaciones son sistemas abiertos, en continuo cambio, que interaccionan con su ambiente"[6]

[3] CHIAVENATO, Idaberto. Introducción a la Teoría General de la Administración. Ed.Mc. Graw-Hill, Brasil 1991, p.5.
[4] KAST, Fremont. Administración en las Organizaciones, Ed. Mc. Graw-Hill. P. 485.
[5] CHIAVENATO, Idalberto. Op. Cit. P.11.
[6] KAST, Fremont, ROSENZWIEG, James. Administración en las organizaciones. Ed. MC, CRAW-HILL, p.12.

- La necesidad de continua adaptación: el individuo, el grupo la organización y la comunidad son sistemas dinámicos y dignos de adaptación, reajuste y de reorganización, como condición básica de supervivencia en un ambiente en continuo cambio.
- El liderazgo personal por intuición debe ser sustituido por un liderazgo organizacional, con base en el diagnóstico y planeamiento de las decisiones, prevaleciendo la autoridad de conocimiento sobre la autoridad jerárquica de la posición.
- Existe la necesidad de participación y compromiso. El cambio planeado es una conquista colectiva y no el resultado del trabajo de pocas personas.
- El incremento de la eficacia organizacional y del bienestar de la organización, las ciencias del comportamiento buscan localizar y crear en las organizaciones el ambiente de trabajo óptimo en que cada individuo pueda dar su mejor contribución y al mismo tiempo tener conciencia de sus potencias.
- La variedad de modelos y estrategias de desarrollo organizacional. Existen modelos y estrategias más adecuadas o menos adecuadas para determinadas situaciones o problemas.
- Un objetivo esencial de las organizaciones es el de manejar la calidad de vida. Las solas alteraciones estructurales o funcionales, como también los métodos científicos que tienden a mejorar la eficiencia organizacional pueden desarrollar estrategias de forma paralela a las intervenciones más amplias para mejorar el proceso de relaciones entre individuos, grupos, organizaciones y su ambiente.

Las organizaciones son sistemas abiertos, que en sí constan de un número de subsistemas dinámicamente interdependientes y que pueden afectar los otros subsistemas. Es así como al pretender definir la gestión administrativa en las instituciones escolares, es necesario relacionar la función total de administración con las características del contexto social, los valores culturales y el conocimiento acumulado de la administración.

El impacto de la institución escolar constituye el marco de referencia para definir las características de la gestión administrativa cualquiera que sea el nivel académico de la institución. Algunos principios de organización especiales para el estudio de la administración de la educación son:

Objetivos, Unidad, Coordinación, Delegación, División del trabajo, Propósito social, Estructura organizacional.

Entiéndase por objetivos de la estructura orgánica cada una de las actividades centrales de docencia e investigación así como las diferentes actividades complementarias del proceso de enseñanza- aprendizaje.

La unidad se refiere a la actividad general de dirección dentro de la estructura escolar. La coordinación de las personas de la institución entre si y de éstas con sectores de la comunidad para orientar la coordinación de la estructura, y las diferentes funciones.

La estructura organizacional es el resultado de organizar las relaciones internas, entre las partes de la institución y de éstas con el medio sociocultural vinculados al proceso educativo, con el propósito de establecer un equilibrio dinámico que haga cumplir los objetivos de la misma, pero es necesario tener encuenta cuatro aspectos generales como: objetivos y políticas institucionales, los recursos humanos y materiales, la integración de los procesos internos, el funcionamiento y efectividad de los resultados, vistos en la perspectiva de cambio e innovación a que están obligadas las instituciones escolares.

Lo anterior, no es una tarea imposible, es una labor de administración de la estructura orgánica de toda institución para garantizar el funcionamiento de la misma.

Bibliografía

EISENSTADT, Shamuel N. "Instituciones sociales" Enciclopia de las ciencias sociales. David L. Sills. Director. De. Española, Aguilar 1975.

JIMENEZ, CastroWilburg. Introducción al Estudio de la Teoría Administrativa. México, Fondo de cultura Económica, 1976.

ROMERO LOZANO, Simon, FERRER MARTIN, Sebastían. El Planeamiento de la Educación, cuadernillo No7, Instituto Latinoamericano de Planificación Económica y Social, 1996.

CHIAVENATO, Idalberto. Introducción a la Teoría General de la Administración. De. Mc. Graw-Hill, Brasil 1991.

KAST, Fremont. Administración en las Organizaciones, De. Mc. Graw-Hill. 1993.

ESTRUCTURACIÓN PEDAGÓGICA DE LOS VALORES

RIGOBERTO ZULUAGA

Pedagogía De Los Valores. Los Universales Y Los Valores.

Si consideramos que los universales cumplen las características que propone Scheler, podemos citarlas como fundamentos de correlación y estos son: el bien, la belleza, la bondad y el amor.

El bien es ente concreto, dotado de bondad. El valor se fundamenta en el bien, pero es necesario que se supere el subjetivismo axiológico, al igual que el psicologismo, par no caer en un idealismo o en una axiología idealista.

Pedagogía Colaborativa: La Pedagogía Colaborativa Y Pedagogía Axiológica Hoy

La dinámica vertiginosa que ha tomado la historia de la humanidad en estas ultimas décadas nos presenta un acelerado desarrollo de las fuerzas productivas, una explosión de información en los diferentes campos del conocimiento y un dominio de la ciencia y la tecnología que han trastocado la vida económica, política, social y espiritual de la humanidad.

La tendencia económica a nivel mundial esta mercada por la globalización y la internacionalización "los cambios ya no representan la lucha entre los modelos ideológicos: reflejan más bien las variaciones de las ventajas geoeconómicas y geopolíticas"[1]. Hoy se empieza a construir una conciencia de solidaridad internacional en el manejo de los aspectos sociales, de desarrollo humano motivados principalmente por la relación con la problemática ambiental que afecta al mundo y al universo en general.

Nos encontramos así ante un mundo revolucionado por la ciencia, la tecnología de punta y la producción de conocimiento que incide en la interacción del hombre con la naturaleza, con sus semejantes y con sigo mismo, que nos permite romper con la visión estática y tradicional para ir en pos de la transnacionalización del saber a través de un sistema moderno educativo que promueva los valores en la construcción de conocimiento

[1] MISIÓN CIENCIA, EDUCACIÓN Y DESARROLLO. COLOMBIA AL FILO DE LA OPORTUNIDAD. PAG. 36

humano, los valores de comunicación, los valores de desarrollo humano, y los valores espirituales.

La situación actual vista de esta manera, exige una educación que ayude a suscitar los valores dentro del natural pluralismo que existe en el ambiente humano, de tal forma que promueva una acción permanente en el desarrollo del hombre, que de sentido a la vida de cada uno y por ende a la sociedad como lugar digno de   convivencia.

La modernización del sistema educativo que propone la Ley 115, Ley General de Educación colombiana, parte de los principios de flexibilidad, democracia, cobertura, calidad, competitividad, desarrollo cualitativo y dinámico del ser dando prioridad a los valores de la convivencia ciudadana, "el respeto a los derechos humanos y libertades fundamentales del hombre, favoreciendo la comprensión, la tolerancia y la amistad entre las naciones, y todos los grupos étnicos y religiosos"[2]. En términos generales la educación con relación a sus fines y objetivos debe responder a los nuevos desafíos de la modernidad con relación a lo económico, político, cultural, social y espiritual, de tal forma que "desarrolle un pensamiento sistémico capaz de integrar el conocimiento, movilizarlo y aplicarlo"[3].

Hay que considerar los valores no como un añadido a la vida, sino como las esencias del bien, la belleza, la bondad.... que buscan el bien hacer como camino al desarrollo de las posibilidades humanas, de ayuda mutua, de superación comunitaria, de esta manera se puede vislumbra la construcción de una civilización fundada en los valores puesto que se asumen, el ser, el saber y el hacer como servicio social que asume y vive la axiología en la dimensión educativa, humana y espiritual. En este ambiente es fácil desarrollar el pensamiento axiológico que permee lo científico, político, social, cultural, religioso, económico, lúdico, ecológico y humano.

Son diversas las acciones que se deben realizar para llegar a una educación axiológica:

El primer paso es la integración de saberes en el saber ser, basada en criterios de valores en el campo del docente y del discente y en general de la comunidad educativa en donde debe primar una filosofía educativa personalizante, coherente con los fines de la educación, apoyados por una ética profesional que afirma la acción concreta de la persona, por su conciencia y vocación a ser más.

Una antropología en donde el ser humano y la familia sean considerados esencias nucleares de la sociedad, en donde el sujeto goce de la libertad, autonomía, voluntad y creatividad para proyectar su vivencia dinámica ante el devenir de la realidad.

El pensamiento pedagógico que nos presenta la modernidad requiere una estructura investigativa en donde la pedagogía responda a los criterios de globalización, ritmo y eficacia que nos exige la post modernidad.

En la construcción de sujeto y de sentido, la universidad orienta procesos, en la medida en que se experimentan los fenómenos del mudo y forja una subjetividad trascendental, en la medida en que se experimentan los fenómenos a partir de las vivencias personales.

La universidad ha ido construyendo un sujeto que no puede ser leído desde una sola perspectiva, por ser individuo multideterminado por factores de diferentes ámbitos que generan un sujeto psicológico, sociológico, antropológico, lingüístico y cultural.

La universidad presupone así que el estudiante es auténticamente persona, si renuncia

[2] 36 pleanria de la ONU 1974.
[3] AMAYA , Graciela pag, 14.

al egoísmo y en vez del "ego" se pone el "yo" y esto se logra cuando se pone en relación el otro como "tu". Cuando se quiere poner en el otro una relación de sujeto-objeto, ambos quedan materializados, hay dominación impersonal, no hay una auténtica relación personal; este sería un esquema alienante porque va en contra del diálogo, es despersonalizador.

Las personas se miran como medios, simple mercancía en el mundo del trabajo y con objetivos de máximo rendimiento económico.

Concepto este de persona que se encuentra dentro de un sistema capitalista, individualista y una Educación Funcional en unas estructuras sociales, en donde prima el rendimiento académico dentro de una competencia, con puestos de preeminencia.

La educación psicológica considera a la persona en forma muy distinta; toda persona es un sujeto con potencialidades singulares, que considera a los otros como sujetos también de su propia realización, no como medios, se relaciona por medio de un diálogo con miras a su mayor humanización y personalización.

Si la persona se considera desde la universidad como ser único y libre, en virtud de lo cual merece el máximo respeto ("singularidad").

Si dicha persona es capaz de autodirección y dirección a la luz de valores definitivos (Libertad y Aunotomía).

Si una pedagogía dirige su acción con base a esos principios inherentes a una concepción de persona................

Lógicamente se lograría, en parte, vislumbrar aquellas cualidades que definen el estudiante y profesional ideal de psicología.

- Capaz de tomar decisiones libres, autónomas y responsables.
- Capaz de un compromiso recio, en la opción de vida.
- Será profesional e intelectualmente competente.
- Capaz de expresar el amor en sus relaciones interpersonales.
- Abierto al camino en búsqueda de una sociedad más justa.

En el corto espacio de este punto, apenas se insinúa la relación íntima que existe entre unos principios básicos que orientan una educación en psicología y unas actitudes que debe tener un estudiante que se forma bajo esa mira; sin lo primero no es posible lo segundo.

Modelo intensivo de educación La pedagogía axiológica necesita cambiar el modelo extensivo por el intensivo de tal forma que la educación sea proactiva, selectiva para que pueda afectar la cultura, los imaginarios culturales tradicionales, las relaciones político sociales.

El desarrollo de la tecnología educativa implica una educación continuamente actualizada en una visión holística, diversificada, flexible, innovadora, que integre conocimientos. Los modelos de la educación deben estar condicionados por la sociedad educativa tecnológica, por la sociedad creativa, y por el aprendizaje en términos estéticos y de placer. La educación debe relativisar la sociedad de consumo ante las necesidades vitales y la realidad general del país.

Los nuevos modelos de conocimiento universal abiertos por la comunicación tecnológica prevén un tipo de educación virtual con un sentido de neoliberalismo, que implica revaluar el sentido mismo de la educación para abrir paso a redes universales que configuran una estructura interdisciplinaria, diversificada, con nuevo tipo de relaciones, de proyecciones, y esto hace que la educación se proyecte como una respuesta a estos nuevos retos configurando el ser y quehacer del potencial personal, social, ético, espiritual, filosófico y psicológico.

La educación axiológica facultad presupone un sujeto crítico, histórico, creativo y dinamizador de procesos, que contribuye a la construcción y deconstrucción de realidades, abierto al diálogo permanente y dispuestos a reivindicar en cada una de sus acciones su proyecto de vida.

Se quiere una persona con ganas de asumir nuevos retos como proyecto de vida, capaz de hacer construcción colectiva desde los siguiente parámetros:

- Proyecto vitales, es decir, lo que la persona cree que puede hacer de su vida, es un horizonte de horizontes, en donde se pueden conjugar saberes culturales en un innovador constructivismo personalista y dialógico. El trabajo co-constructivo a partir de esquemas conceptuales y de procesos experienciales, en donde el conocimiento es un proceso que se conquista en la integración, con el proceso dialéctico que se da entre la lógica y las ciencias y las lógicas culturales o la dialéctica entre el saber cotidiano y el saber científico.

- El proceso de construcción desde las conjeturas o ámbitos posibles desde donde se pueden construir realidades, es un proceso racional y de aprehensión y construcción del mundo, en donde la autonomía, la participación, la capacidad crítica, el mejoramiento continuo, la autocrítica y el compromiso comunitario forjan el proceso investigativo del sujeto que presupone la universidad.

La Metáfora De La Máquina Para La Invención Pedagógica Del Hombre

No se puede de afirmar de una manera simplista, que el cuerpo humano es una máquina programada para realizar ciertas actividades o actos, para transformar energía del medio, o para reciclar información, o para acomodarse al medio circundante, sino que hay que profundizar en la capacidad reflexiva y de elaboración, e interpretación de símbolos, en la reconstrucción y proyección de la vida anímica que tiene el sujeto, de acuerdo a la intencionalidad de sus actos.

El pensamiento humano no puede ser encerrado en sus propios linderos, sino que se enraízan en la realidad que lo rodea y en los sentimientos que lo afectan "Jamas podrán amar las máquinas".

Aunque el organismo puede funcionar mecánicamente al estilo de un reloj de péndulo, el conjunto de estructura interno, está apoyado por un sistema nervioso central que puede en virtud del horizonte de futuro de los individuos superar el mecanismo estimulo - respuesta que presenta el estilo sensor del conductismo.

Pero si es cierto que según los mecanismos y los elementos que el hombre maneje, se puede inventar un tipo de sujeto con características fijas y determinadas, que responda a un tipo de objetivo, al estilo de un computador, es necesario pensar en los distinciones humanas que pueden establecer los seres entre los acontecimientos, los sujetos, los objetos, el tiempo y el espacio como coordenadas de la historia y los sentimientos que trascienden la parte material en los que la cultura y el medio tienen influencia.

Freud llegó a la idea de que el hombre es una realidad biológica, que recibe estímulos del medio y los convierte en impulsos motores.

Ante estas connotaciones, es necesario releer al hombre como un ser de significaciones, un ser simbólico fruto de un proceso histórico como lo indica Piaget y el personalismo en la visión antropológica cuando conciben al hombre con potencialidades innatas que son condicionadas positiva o negativamente por el medio ambiente es decir en la construcción de sentido personal, social y desde la propia cultura.

La cultura nos hace estar inmersos en una determinada forma de observar el universo, somos seres en continuidad histórica, en el aprendizaje responsable de los aspectos regionales, nacionales y hasta continentales.

Los aspectos psicológicos - históricos fundamentales que atiende cualquier civilización conscientemente o no, se relacionan indisolublemente con el significado que adquiere la existencia bajo una cultura dada.

Si el hombre maquina pudiera darle sentido a los actos repetitivos, a la información almacenada y producir las palabras que corresponden adecuadamente a cada momento y las ideas, entonces se pasaría la barrera que distingue el mundo de lo humano y de lo inhumano.

No se puede concebir el cuerpo como un aparato que funciona para desarrollar una función productiva, en donde sus órganos son como una pieza que puede ser cambiada o reparada al estilo de una pieza de reloj.

Los problemas de funcionamiento cibernético los podemos comparar con el funcionamiento de las extremidades humanas, para establecer la posibilidad autónoma de actuar, de admitir las respuestas a las situaciones diversas, al sentido de todo lo que se haga y diga, como la de responder a un lenguaje determinado, como lo hacemos humanamente para manifestar los pensamientos.

La máquina necesita siempre de un ser humanos que la maneje, lo que lo diferencia del ser humano que en autonomía puede tomar decisiones acordes a sus situación. En el hombre maquina con descartes podemos decir que la maquina tiene la capacidad de los autómatas, en cuanto puede simular efectos por procedimientos mecánicos, por eso Robinet André, comenta que aunque hubiese maquinas que tuviesen la semejanza de nuestro cuerpo, e intimasen nuestras acciones, tanto afectiva como lo moralmente posible, tendríamos que nuca seriamos verdaderamente hombres porque la maquina jamás podría usar palabras ni signos que la compongan más que las grabadas magnéticamente para declarar los sentimientos, reflexiones y pensamientos).

Estructuración Pedagógica De Los Valores

La educación como espacio de encuentro multicultural y de múltiples saberes, se convierte también en espacio propio para la estructuración pedagógica de los valores

En la estructuración pedagógica de los valores, **SIERRA, Rebeca** y **BEDOYA, Williams**, proponen cuatro aspectos básicos, a saber: el animador, los escenarios, el ambiente y la colaboración[4] :

El animador.

Ejemplo a imitar en el proceso pedagógico de los valores, debe tener carisma para que su labor tenga éxito, debe poseer un cúmulo de cualidades y valores que le permitan ser el orientador, el alma, el motor de la propuesta. La acción que él realice servirá de modelo, de guía, de ejemplo para quienes quieran retomar muchos de los valores, observados en él.

4

Escenarios positivos.

Se deben aprovechar diferentes momentos y situaciones en la vida para resaltar valores, como por ejemplo: en el hogar, resaltar el cumplimiento, la responsabilidad y la honradez del padre.

En las escuelas y colegios, aprovechar los actos cívicos, culturales, para Aprovechar grupos deportivos, cívicos, políticos, religiosos, de scout, para promover y estimular la presencia de los valores que allí se dan.

Ambiente de diálogo.

El diálogo crea un ambiente de confianza y entusiasmo; genera alegría y optimismo para las partes. A partir del diálogo en el trabajo de la pedagogía de los valores se da la observación, el análisis, el cuestionamiento, permitiendo el enriquecimiento personal y comunitario.

La colaboración.

El reconocimiento teórico de la autonomía en la escuela y su Implementación en la vida escolar, implica el desarrollo de los procesos colaborativos en el aula y fuera de ella que parten del desarrollo de propios procesos individuales y colectivos en un ritmo acorde a las circunstancias, posibilidades, habilidades y destrezas.

Un compartir tareas.

El ser humano es eminentemente comunitario, necesita poner en común su vida, hacerla crecer con los otros, enriquecerse y ayudar al enriquecimiento de los otros en los diferentes aspectos de la vida: en los conocimientos, sentimientos y valores, y en la solución de las necesidades, aspiraciones, ideales y bienestar general.

"La estructuración pedagógica que presentan, **SIERRA**, **Rebeca** y **BEDOYA**, **Williams**, en sus cuatro aspectos básicos: el animador, los escenarios, el ambiente y la colaboración"[5] hace pensar como necesariamente, los valores sustentan el andamiaje de cualquier sistema pedagógico y dan sentido a la proyección del hombre como persona.

Educar significa ser presencia que despierte en los otros la toma de conciencia capaz de asumir el propio destino individual y colectivo; significa motivar a los hombres para que en sus relaciones con el mundo y con los demás descubra la trascendencia y puedan juntos transformar las relaciones creadas por el egoísmo y la injusticia en otros, en donde la persona pueda configurarse y madurar. Esto no es posible hacerlo sin un marco de valores que oriente y fundamente esa acción.

Características De Los Valores

El valor se funda en el ser y el ser y valor no se identifican en el proceso de la percepción humana, esto implica una peculiaridad del valor en torno al objeto y al sujeto[6].

[5] Ibid., p. 50.
[6] MOUNIER, Ibid p. 75.

El valor es captado sentimentalmente no por eso los valores forman un orden caótico y caprichoso. Captamos los valores por un hecho, una vivencia emocional (preferimos - postergamos) en Ortega y Gasset recibe el nombre de estimativa.

Para Scheler el valor es objetivo, el fundamento del valor no es el agrado o desagrado que desencadena, los valores se descubren como se descubren las verdades científicas. La desaparición sentimental de la percepción no suprime el ser del valor por eso podemos afirmar que en la educación los valores se suscitan porque el valor existe por encima de las percepciones sentimentales, pues aparece una nueva característica del valor en cuanto a que estos son esencias.

Los valores como esencias son independientes de la esencia en que están inmersos. El modo específico de los valores no se modifica por modificarse las relaciones existenciales.

Los valores, por abarcar el espacio y el tiempo, son espacial y temporalmente omnipresentes : no valen aquí o allí , antes o después, simplemente valen es decir no pierden su valor ante las circunstncias o adversidades, son esencias inmutables.

El valor es una cualidad que no se crea sino que se descubre por eso los valores poseen independencia objetiva y subjetiva, aunque existan en los seres concretos.

Los valores están adheridos en los seres y por eso llaman nuestra atención, esto indica que el valor tiene polaridad en cuanto llama la atención por los efectos causados o simplemente pasan desapercibidos.

La provocación o la indiferencia produce y ocasiona la jerarquización de los valores, cuyo fundamento es la correlación de los mismos en torno a los cuales Scheler propone cinco criterios para jerarquizarlos: Extensión, indivisibilidad, Fundamentación, profundidad de satisfacción y lo absoluto, o no relativo del valor.

Jerarquía de valores

Para hablar de la jerarquía de los valores, conviene tener en cuenta algunos rasgos fundamentales de éste, como los siguientes:

1) No existen valores en sí como entes ideales o irreales, sino objctos reales o bienes que poseen valor.

2) Los valores no tienen una existencia real, su modo de existir es a la manera platónica de las ideas. Esto puede sintetizarse entre valor y su independencia ante el sujeto y la realidad.

3) El valor es una cualidad del ser que lo hace deseable o estimable a las personas.

4) Los valores no constituyen el mundo del objeto, no son independientes, pero constituyen su orden existencial, es decir, el valor aparece como un título para existir. Los valores requieren de ciertas propiedades reales que constituyen el soporte necesario de las propiedades.

5) Las propiedades reales sólo son valiosas potencialmente en virtud a la relación con el hombre social, con sus intereses o necesidades y esto le da un valor afectivo, de acuerdo a ciertas propiedades objetivas.

6) El valor se sitúa en el orden ideal, trasciende al dato y al ideal de valor, es decir, deseamos algo como ideal y en cuanto lo tenemos deseamos algo más perfecto.

7) No existe el valor en cuanto al valor por sí mismo si no en referencia a un objeto concreto o a un acontecimiento en el que expresa el valor.

8) Ontológicamente podemos decir que el valor no es cosa, aunque se identifique con las cosas, claro que no hay valor sin un "en sí", pero tampoco lo habría sin la valoración que radica en la inclinación del sujeto.

9) Las cosas existentes no pasan a ser existenciales en nosotros hasta que las valora-mos.

10) Cada valor tiene su contrario y sólo el aspecto positivo debe llamarse valor, lo otro sería para este trabajo lo que se denomina un contravalor o un antivalor.

Los valores son inspiradores de juicios, conductas, normas en cuanto están en relación con el hombre como ser social y están dotados efectivamente de ciertas propiedades obje-tivas, por eso no es fácil precisar el término valor. Se dan muchas definiciones y autores, como **J. D'Arcy, Ortega y Gasset, Hartmann** y **M. Scheler**, entre otros, que montan su propia tipología a la luz de sus postulados filosóficos. No obstante, se puede dar una definición simple y comprensiva. Valor es una cualidad objetiva del ser, inherente a las cosas, personas e ideas, y por la cual son valoradas o apetecibles. De manera más simple: "Valor" es aquello que llena de sentido a la vida, y que produce entusiasmo para vivir y actuar.

En el libro *Evolución de los procesos y resultados del* aprendizaje *de los estudiantes*, orientado por **Antonio Medina**, **ZABALZA BERALZA** expone varias definiciones en torno a las aptitudes y valores que se relacionan a continuación:

* *Thurstone (1931):*
  Es la suma de las inclinaciones, sentimientos, prejuicios, sesgos, ideas preconcebidas, miedos, amenazas y convicciones acerca de un determinado asunto.
* *Krech y Crutchfield (1948):*
  Es un sistema estable de evaluaciones positivas o negativas, sentimientos, emociones y tendencias de acción favorables o desfavorables respecto a objetos sociales
* *Newcombe (1959):*
  Es una forma de ver algo con agrado o desagrado.
* *Rodríguez (1976):*
  Es una organización duradera de creencias y cogniciones en general, dotada de una carga afectiva en favor o en contra de un objeto social definido, que predispone a una acción coherente con las cogniciones y afectos relativos a dicho objeto.
* *Anderson (1981):*
  Es una emoción moderadamente intensa que prepara o predispone a un individuo a reaccionar coherentemente, de modo favorable o desfavorable, cuando se ve confron-tado con un objeto determinado.
* *Coll (1987):*
  Es una tendencia a comportarse de una forma consistente y persistente ante determina-das situaciones, objetos, sucesos o personas.
* *Morissette (1989):*
  Es una predisposición interior de la persona que se traduce en reacciones emotivas moderadas que se adoptan cada vez que una persona está en presencia de un objeto (o una idea o una actividad). Estas reacciones le llevan a aproximarse o alejarse de ese objeto.
* *Sarabia (1992):*
  En el lenguaje coloquial se recurre al término actitud para señalar que una persona puede tener pensamientos y sentimientos hacia cosas o personas que le gustan o le disgustan, le atraen o le repelen, le producen confianza o desconfianza. Conocemos o creemos conocer las actitudes de las personas porque tienden a reflejarse en su forma de hablar, de actuar, de comportarse, de relacionarse con los demás[7].

---

[7] ZABALZA BERAZA, M.A. *Evaluación de actitudes y valores.* Universidad de Santiago de Compostela.

El valor es una cualidad del ser, que, al poseerla, se hace deseable o estimable a las personas. En el valor se da una orientación a la existencia, pero cabe notar igualmente que cada valor tiene su contrario, por eso se habla de bipolaridad de los valores, lo cual equivale a decir que ofrecen un polo positivo y otro negativo. Propiamente hablando, sólo el polo positivo debe llamarse valor. El polo negativo puede llamarse antivalor, contravalor, desvalor.

La opción por un valor no es puramente racional, intelectual y lógica, aunque es razonable, sino que la intuición, el sentimiento, la afectividad, juegan un papel importante. En cada persona se da un valor primero o principal, que relativiza todos los otros valores. Este valor es el que está dando sentido a todos los demás y forma el último horizonte de una vida.

Clasificación de los valores

Los seres pueden ser clasificados, los valores tienen que ser jerarquizados dentro de una tabla de valoración. Estos valores tienen propiedades o características fundamentales, como las siguientes:

a) *Bipolaridad*: mientras las cosas son lo que son, los valores se desdoblan en un polo positivo y en un polo negativo.

b) *El rango*: es esencial a todo valor el ser inferior, superior o equivalente a otro.

c) *La materia*: *cualidad y rango son propiedades de cada valor que éste posee merced a su materia* (**Ortega y Gasset**)[8].

Si es fácil admitir una jerarquía de valores, es sumamente difícil formularla. Precisamente las ciencias normativas, como la ética, parten de las tablas de valores que se encuentran en la realidad de la vida para valorarlas. Eso supone que existe una tabla objetiva de valores. La tabla de valores propuesta por **Scheler**, el padre de la axiología, parte de la utilización de leyes que son separables de los actos de preferencia, como base de la tabla de valores, y presenta cinco criterios para ser tenidos en cuenta en la elaboración de la escala de valores: durabilidad, divisibilidad, fundamentación, satisfacción y relatividad.

A partir de estos criterios, **Scheler** propone la tabla expuesta a continuación.

TABLA DE VALORES DE SCHELER

1) **Valores de lo agradable a lo desagradable**. A este conjunto de valores corresponde, por una parte, la función sentimental sensible (con sus modos: el goce y el sufrimiento) y, por otra, los estados afectivos de los "sentimientos sensoriales": el placer y el dolor sensible.

2) **Valores vitales**. Este conjunto de valores gravita sobre la antítesis "noble-vulgar". Corresponden a la esfera de los valores vitales todos los modos del sentimiento vital (salud, enfermedad, vejez, muerte), todas las reacciones sentimentales (alegría, aflicción) y todas las reacciones instintivas (angustia).

3) **Valores espirituales**. Ante estos valores deben "sacrificarse" los valores vitales. Los valores espirituales se distribuyen jerárquicamente del siguiente modo:
   a) Valores de los "bello" y de lo "feo": el reino completo de los valores estéticos.

[8] Citado por D'ARCY. Ibid.,p. 29.

---

   b) Valores de lo "justo" y de lo "injusto" (que son distintos de los valores de lo "recto" y "no recto", los cuales dicen referencia a una ley): son los valores éticos.

   c) Valores del "puro conocimiento de la verdad": valores teóricos.

4)   Valores de lo santo y de lo profano. Se manifiestan solamente en objetos, que son dados en la intención como objetos absolutos. Las reacciones específicas a esta modalidad de valores son: la fe, la incredulidad, la adoración y actitudes análogas. Para **Scheler**, estas modalidades de valores mantienen una jerarquía apriorística que precede a las series de cualidades pertenecientes a aquellas modalidades: jerarquía aplicable a los bienes de estos valores así constituidos.

Fuente: *Valores*. Tierno. 1996.

Más aún, los valores son jerárquicos. Los objetos de deseo son valores sólo en cuanto caben en un cierto orden inteligible, pues el valor es el objeto posible de la elección, la elección es un acto de voluntad, (Will), y ésta es un apetito intelectual que apunta directa y únicamente ai bien inteligible. Además, los valores terminales están subordinados a los valores originantes, pues, estos fundamentan la buena voluntad (Will), y está fundamenta la realización de los valores terminales.

Finalmente, dentro de los valores terminales hay una jerarquía; pues, cada uno es un orden inteligible; pero alguno de estos ordenes incluye otros, algunos son condicionantes y otros condicionados; algunas condiciones son más generales y otras menos.

Ahora bien, la división y la jerarquía de valores muestra como la exigencia dinámica de autococnciencia racional para la autocoherencia se desarrolla en un cuerpo de preceptos morales concretamente operativo en una conciencia moral. Los deseos y las aversiones sensoriales surgen espontáneamente; sus objetivos no pueden ser deseados mientras no están asumidos por algún orden inteligible; los ordenes inteligibles están unidos unos a otros en dependencia mutua o como condición y condicionado, o como parte y todo; y antes de comprometerse con la elección propia uno ya está comprometido en el proceso a causa de los propios deseos y aversiones, de la captación inteligible de los ordenes inteligibles bajo los cuales estos pueden satisfacerse, de la autoconciencia propia en cuanto que actualmente conoce y en cuanto potencialmente obra. "El no escoger" no es objeto de una posible elección y aunque las elecciones de uno puedan ser razonables o no aunque puedan ser mas razonables o menos, ya la propia conciencia racional es un hecho acabado en el campo del conocer y exige, en nombre de su propia coherencia, su proyección al campo del obrar. Tal es la exigencia dinámica, el imperativo moral y operativo.

Pero puesto que existe concretamente y funciona en la conciencia, es inmanente en sus propias presuposiciones concretas e implicaciones. Exige, no una coherencia en abstracto, sino una coherencia en mi conciencia, no la coherencia superficial obtenida por la evasión de la auto conciencia ni la coherencia ilusoria obtenida por la auto - decepción y racionalización ; ni la coherencia inadecuada que se contenta con no ser peor que el vecino ; sino la coherencia profunda, honesta y completa que cumple a cabo las exigencias del deseo autónomo desinteresado e irrestricto de conocer. Esto no es todo, pues, en la práctica, coherencia significa objetos finales coherentes, Pero si hay objetos finales, debe haber ordenes finales, debe haber ordenes inteligibles, sus inteligibilidad deben ser genuinas y no la simple apariencia que resulta de la ceguera del sujeto dramático o del prejuicio individual, grupal o general del sentido común. Si los objetos finales deben ser coherentes entonces no hay lugar para escoger la parte y rechazar el todo, escoger el condicionado y rechazar la condición, escoger el antecedente y rechazar el consecuente.

Finalmente, los ordenes inteligibles incluyen objetos concretos de deseo y excluyen objetos concretos de aversión y así, de la exigencia dinámica de autoconciencia racional, mediante el simple proceso de preguntar qué es concretamente esa exigencia, se puede determinar un cuerpo de principios éticos".

El valor moral

"El valor moral participa de la naturaleza y de las características propias del valor en general. Sin embargo, tiene unas notas particulares que lo definen en cuanto valor específico del orden moral"[9]. En lo que respecta a su naturaleza y a su constitutivo intrínseco, tenemos:

1) Naturaleza del valor moral.

La naturaleza del valor moral hay que buscarla en primer lugar a partir de la materia en la que se sustenta. Según la filosofía aristotélica, lo moral pertenece al orden de la *acción humana*; es decir, está dentro de la estructura dinámica del hombre. Pero es necesario concretar más el significado de esa acción y de ese orden dinámico humano. El valor moral hace referencia directa e inmediata a la **subjetividad**; pero una subjetividad entendida como "intencionalidad", como "libertad" y como "compromiso interno". El valor moral tiene, como todo valor, un aspecto objetivo (la acción moral concreta y exteriorizada) y otro aspecto subjetivo (la "buena voluntad" o la "mala voluntad" que va inherente a la acción humana). Pues bien, "lo específico del valor moral está en el compromiso intencional del sujeto, el cual subjetiviza tanto la dimensión subjetiva como la dimensión objetiva de la acción moral"[10]. Esto quiere decir que lo formal del valor moral viene dado por la referencia a las estructuras humanas de subjetivización, de libertad, de intencionalidad y de responsabilidad.

Posibilidad de la ética en el contexto social

EL VALOR: Todo acto humano implica la necesidad de elegir entre varias alternativas posibles de obrar. Esta elección se funda en una preferencia, desde el punto de vista moral, por aquello que se presenta como un comportamiento más digno o mas valioso moralmente.

El comportamiento moral entonces además de formar parte de la vida cotidiana, es un hecho humano como lo decíamos anteriormente y además es valioso por que tiene un valor para nosotros.

Pero que entendemos por un acto valioso o que tiene un valor moral?, se puede hablar de cosas valiosas y de actos humanos valiosos; es valioso un acto moral, pero de la misma forma lo son los actos económicos, culturales, políticos, etc. De la misma manera las cosas de la naturaleza son valiosas, pero que significa tener un valor? Para responder veamos algunas de las características del valor moral expuestas por De Finance[11].

---

[9] ETICA PROFESIONAL. Universidad Juan de Castellanos. 1997.p. 75.

[10] Op. Cit. P. 82

[11] DE FINANCE, José. Ethica Generales. (Traducción de Carmenza Neira). Roma: Universidad Gregoriana, 1959. P. 20-22.

El valor moral al cual nos referimos afecta al sujeto en cuanto libre, o sea en su intima subjetividad. Queriendo el hombre obrar bien moralmente se hace bueno.

Sin embargo, no se llamará tal al bien moral si no es incluyendo la relación con la cual ha de ser realizado. Pues no es algo que se pueda concebir como extrínseco al modo de su realización.

Tomemos el siguiente ejemplo:

No importa de por sí que un ingeniero construya con agrado o desagrado un puente, por unos honorarios o por servicio a la comunidad, mientras que el puente se construya perfectamente, es decir, mientras el puente sea resistente, sólido, etc. pero por el contrario, importa muchísimo que quien este dentro del orden moral y lo guarde, lo haga voluntariamente ; si no es así no sería esta obra moral, pues, el obrar es moral en cuanto es realizado libremente.

Su relación con los demás valores difiere mucho de la relación de estos entre sí. Porque aunque, por ejemplo, el valor cultural sea mas elevado que el valor de la salud, sinembargo hay casos en que este último debe ser preferido para que se guarde el valor moral. No sería justo exponer la salud de un deportista con tal de ganar una competencia.

De esta manera el valor moral esta por encima de los demás, puesto que el valor moral es de tal naturaleza que hace al hombre simplemente bueno; y esto es lo que busca el hombre moralmente bueno.

El valor moral por su eminencia sobre los otros valores, se presenta entre los demás valores que se experimenta, como el que en más alto grado justifica la existencia, mostrando en cierto grado la justificación del ser. El orden natural y el orden del conocimiento se subordinan al orden de la moralidad y de la libertad, recibiendo de ellos su último valor.

- El valor moral se presenta como universal. Lo que vale para mí, vale para todos en igualdad de condiciones. Así, el respeto a la dignidad humana es para mí y para todo el mundo. Esto no impide los derechos individuales o lo que valoro para mi, pero estos también quedan sometidos al valor universal: Es decir el respeto del propio ideal. Lo que veo vale para mi, veo que debe ser aprobado por todos, inclusive si, por diversas razones, para ellos en el momento actual no vale.

- El valor moral se presenta como obligatorio, ya que en el obrar moral se da un desenvolvimiento del ser propio de hombre como dato virtual y proyecto de ser persona, que se impone como exigencia absoluta a su acto libre; de tal forma que la libertad humana tiene consigo mismo él deber ser fiel a la autenticidad de este desenvolvimiento.

Retornando la pregunta de ¿qué entendemos por un acto valioso?, Podemos argumentar primero que los valores morales se dan en actos o productos humanos, de tal forma que sólo lo que tiene una significación humana puede ser valorado moralmente; sin embargo, estos actos o productos deben guardar la característica de ser realizados consciente y libremente.

La noción de valor

"Ahora bien es en la autoconciencia racional y moral, donde aparece el bien como valor, pues el valor es el bien en cuanto objeto posible de elección racional. Así como los objetos del deseo entran en esquemas de recurrencia para dar ocasión al bien de orden captado por la inteligencia, así también, el bien de orden con sus contenidos concretos es un objeto posible de elección racional y por lo tanto, un valor.

Se sigue al mismo tiempo una triple división de valores. Son verdaderos en la medida en que la elección posible sea racional, pero falsos en la medida en que la posibilidad de elección resulte de una evasión de auto - conciencia, o de la racionalidad, o de la renuncia moral.

Son terminales en cuanto son objeto de elecciones posibles; pero son originantes en cuanto el escogerlos modifica directa y explícitamente.

2) Constitutivo intrínseco del valor moral.

La determinación del constitutivo intrínseco del valor moral es un elemento esencial de todo el sistema moral. Viene a coincidir con la determinación de cuál es el valor supremo dentro del orden moral. A través de ese valor que se considera como supremo se organiza todo el universo objetivo de la moralidad.

De este modo, la pregunta y la respuesta sobre el constitutivo del valor moral denotan la manera de entender y resolver el problema de la jerarquización de los valores morales dentro de un sistema moral determinado.

El problema de la fundamentación de la moralidad, del constitutivo intrínseco del valor moral, así como la jerarquización de los valores morales es lo que define a los distintos sistemas morales. Se da a continuación un breve esquema del constitutivo intrínseco de los diversos sistemas morales.

Se ha colocado el constitutivo intrínseco del valor moral en:
- La "obligación" como obediencia a un principio exterior legislante.
- El "placer" (epicureísmo, hedonismo, etc.).
- La "felicidad" o "eudemonía" (**Aristóteles**).
- La "ataraxia" (estoicismo).
- La "utilidad" (utilitarismo: **Bentham, Mill**, etc.).
- El "deber" por el deber (**Kant**).
- El "altruismo" (**Smith, Spencer**, etc.).
- La "libertad" (**Sartre**).

3)   Jerarquización De Los Valores Morales.

Al nivel de "moral vivida" y de "moral formulada" podemos ver diversas tablas de valores morales. Tales serían, por ejemplo, los valores morales del antiguo Egipto, de China, de la India, de Grecia, de Roma, del Cristianismo occidental, etc.

Pero en orden a una orientación pedagógica nos debemos preguntar por una tabla de valores éticos válidos hoy. ¿Podemos establecer una tabla de valores para hoy? No sólo podemos sino que debemos establecerla para ser fieles a nosotros mismos.

A título de ejemplo se proponen las que han hecho y tratado de vivir tres grandes españoles: **Ortega y Gasset, Gregorio Marañón** y **Aranguren**.
1.   *Ortega y Gasset.*
    Las virtudes orteguianas o, como él prefiere llamarlas, los imperativos vitales son:
    - La sinceridad.
    - La impetuosidad.
    - El deleite y la deportividad.
    Son virtudes creadoras, de grandes dimensiones, son las magnánimas.

2.   *Gregorio Marañón.*
    La moral de **Marañón**, según **Martín Bermúdez** p. 123, 1997, está dividida en cinco grandes capítulos.
    - Deberes que atañen a la muda condición humana.

- Deberes que impone a la edad en que se está.
- Deberes que atañen a la vida sexual.
- Deberes que impone la situación histórica en que se existe.
- Deberes que impone la vida civil.

3. Aranguren.

Según **Aranguren**, *el hombre moral de nuestro tiempo debe tomar sobre si, como principal valor, la tarea de la lucha por la justicia. Nadie puede permanecer ya neutral ante su demanda. El que no milita en pro de la justicia, en realidad ha elegido - inhibitoriamente, que es la peor manera de elegir - la injusticia.*

La conciencia y asunción de todas nuestras responsabilidades es una de las virtudes más necesarias al hombre hoy...

La persona abierta a la alteridad, a la transcendencia es la norma y el lugar adecuado de la moralidad, pero el hombre, en su naturaleza racional es para sí mismo la norma. Rectamente entendido vale aquí el principio de **Protágoras** de que *el hombre es la medida y norma de todas las cosas.*

El Personalismo Etico. El Compromiso Personal

Toda la concepción personalista del hombre y de la ética como dinamismo de hacerse más persona y de actuar como persona, realiza un proyecto histórico elegido; darle un sentido al compromiso con Dios con el mundo, con los otros y con sigo mismo.

Pero el compromiso es interpersonal. La realización de la comunidad de personas, es la condición fundamental de la realización del compromiso. Sólo como personas y como comunidad podemos realizar el compromiso de construir y realizar la comunidad humana.

Principio Para Pedagogía De Valores:

Los dos principios sobre los que se podría cimentar una educación axiológica son: **primero**, el reconocimiento de que la persona es el lugar de los valores (no hay valores fuera del hombre),

La Persona es un Ser Situado en el Mundo

Esta, quizás, es la primera característica de la persona ya que es el hecho más inmediato que tenemos ante nuestros ojos. Lo que nosotros vemos de una persona es su existencia encarnada, su ser en el espacio y el tiempo[12]

La Persona es un Ser Situado

La persona existe bajo específicas circunstancias que constituyen su propio entorno: "soy un habitante del universo, con una historia concreta, en este país donde he nacido, con unas circunstancias y en una familia muy específicas; el hombre que soy posee una naturaleza que ha sido condicionada por la intención creativa de Dios".

[12] E. Mounier, Personalismo, p.3.

La persona, está inmersa en su propia naturaleza espiritual, social, psicológica y física.

La Persona y su Relación al Espacio y Tiempo

La persona no puede prescindir de su relación espacio - temporal que su Ser - en - él - mundo le implica.

La persona debe asumir su espacio psicológico en el cual ella establece sus relaciones interpersonales adquiere una perspectiva par analizar problemas y se abre a un horizonte de superación.

La persona trasciende sus limites a través de unas acciones específicas:
- Por su capacidad de conocer y relacionarse con su mundo
- Por su capacidad de amar, comprometiéndose con otros y compartiendo con ellos sus sentimientos, sus ideas y sus acciones.
- La formación de nuevos pensamientos y concepciones a través de los cuales el mundo se modifica y transforma con algún instrumento (industria y maquinaria).

La persona es un ser libre y autónomo

Ser persona y ser libre son conceptos inseparables. Uno no existe primero y después es libre. Existir como persona es al mismo tiempo ser libre. Esta libertad es tan esencial a la persona como su ser- en- el- mundo y su ser- con- otros.

Aparentemente hay mucha confusión respecto a la libertad porque se han aislado ésta de la estructura total de la persona[13]. Esto significa que la libertad debe mirarse con relación a otros aspectos de la persona que también la constituyen como ser personal. En este contexto, la concepción de la libertad hecha por el liberalismo económico está desenfadada. En esta visión, la libertad esta en manos de aquellos pocos que poseen y controlan el capital, mientras la mayoría empobrecida está privada de ella. De esta manera, la persona es ahogada por los mecanismos del sistema capitalista y es definido en términos de mercado libre de la oferta y la demanda.

Dentro de un estado totalitario tampoco se integra adecuadamente la libertad. La libertad de la persona se identifica, en el totalitarismo, con la adhesión a un conformismo público; esto puede lograrse promovido por un entusiasmo de la multitud como por medio de la fuerza. La resultante es que la persona no puede comprometerse personal y responsablemente.

La libertad de la persona, es consecuencia, no puede ubicarse ni dentro del capitalismo ni dentro de sistemas totalitarios. Tampoco puede colocarse a la par de las fuerzas de la naturaleza como si la libertad fuera algo análogo, por ejemplo, a la fuerza de la gravedad. La libertad no puede probarse como si fuera una ley de la naturaleza.

La misma preparación que ha hecho el proceso milenario de la evolución respecto a la aparición del hombre, no podría verse como un proceso inmediato que originara la libertad. Esta no fluye de la evolución como el fruto de la flor. Es la persona la que se hace libre; es ella quien escoge ser libre. En otras palabras, la persona posee su libertad más como una *España.*

Segundo, que el eje de toda educación axiológica es la educación en la libertad y para la libertad. Si la persona es el lugar de los valores, entonces todo lo que contribuye a la

---

[13] E. Mounier, personalismo , p. 54.

humanización, realización y superación del hombre, se constituye en valor. Se da frecuentemente una relación dialéctica entre el valor y el hombre llamado a realizarlo. El cambio que exige la realización de un valor, es la mayoría de las veces dolorosas y puede llegar a procurar rupturas violentas. Pero es casualmente esta tensión la que conduce, al logro de la libertad humana. Puesto que ser libre se traduce, en la práctica, en la opción consciente por un valor preferente.

Así, pues, la educación en los valores es enseñanza de la libertad; porque los valores para ser tales en cada individuo, deben ser resultado de opciones personales y libres. La persona que elige y realiza o plasma en si misma valores, se convierte en protagonista de su propia liberación, desenvolvimiento y elevación.

La categoría ética de la dignidad humana tiene que ser analizada dentro de las coordenadas teóricas que enmarcan la discusión sobre el puesto de la persona en el universo moral. "Personalismo ético", expresión que puede tener su equivalencia en "humanismo ético", o "visión existencialista" de la ética, entendiendo por personalismo ético toda forma de fundamentar la moralidad en el valor autónomo libre y absoluto del hombre.

- En el sistema ético kantiano, la persona humana es el centro de los valores morales. El valor moral es algo que pertenece a la autonomía del hombre: *No hay absolutamente nada en el mundo - más aún, ni es posible pensarlo fuera del mundo - que pueda ser tenido por bueno sin limitación, sino una buena voluntad.* Por otra parte, el contenido de la bondad moral reside en la actitud coherente de la voluntad con la realidad del ser humano. En la segunda formulación del imperativo categórico se encuentra la valoración más fundamental del hombre: *Obra de tal modo que uses a la humanidad, tanto en tu persona como en la persona de cualquier otro, siempre como un fin y nunca como un medio.*
  Para **Kant**[14]., el hombre es un fin en sí y como tal debe ser tratado. De la consideración de cada hombre como un fin en sí nace "el reino de los fines", un concepto que para **Kant** es muy "fructífero". Dentro de ese reino, sólo el hombre tiene "dignidad" y sólo a la persona se le debe "respeto". La razón de tales valoraciones estriba en que el hombre es "santo".

- **Marx** apoya el aliento ético de su pensamiento sobre el valor del hombre. La "desfiguración" del hombre por la alienación es descrita por **Marx** como el reverso de la dignidad humana. *Ciertamente, el trabajo produce maravillas para los ricos, pero produce privaciones para el trabajador. Produce espíritu, pero origina estupidez y cretinismo para el trabajador.* A lo largo de sus obras, tanto en las de juventud como en las de madurez, va divisando **Marx** la futura sociedad en la cual vivirá el hombre, al que califica de "nuevo", "total", etc. Ese hombre futuro, que representa la positiva dignidad humana, es la razón de toda lucha por la emancipación del ser humano.

Estos tres sistemas éticos tan dispares, el estoicismo, el kantismo y el marxismo, ponen de relieve, a pesar de la diversidad de fondo, la unidad en la afirmación del valor del hombre como fundamento tanto de la estructura como del contenido de la eticidad.

En la **actualidad**, dentro del giro antropológico de la cultura moderna de la primacía axiológica del hombre, el Concilio Vaticano II afirma: *Creyentes y no creyentes están generalmente de acuerdo en este punto: todos los bienes de la tierra deben ordenarse en función del hombre, centro y cima de todos ellos*[15].

---

[14] KANT, I. (1785). *Fundamentación de la metafísica de las costumbres.* Madrid. Ed. Espasa Calpe. 1993.
[15] Concilio Vaticano II. *Ad Gentes* n.º 7. Ed. Paulinas. Bogotá. 1975.

La persona es para la ética actual el punto de partida y la meta de llegada. El "personalismo ético" constituye el horizonte ineludible para la reflexión moral de nuestro tiempo. Desde la propuesta de la "ética humanista" de **E. Fromm** hasta el "humanismo de responsabilidad" proclamado por el Vaticano II, la razón ética del presente ha adquirido rasgos netamente personalista. Si en la cultura actual existe una "primacía de la ética", en ésta se advierte la primacía de lo humano. La regla de oro de la ética sigue siendo la dignidad reconocida del otro, *no hagas al otro lo que no quieres que te hagan a tí*, y la afirmación radical de **Protágoras**: *el hombre es la medida de todas las cosas.*

Las corrientes de signo personalista han puesto de relieve la coherencia de la dimensión ética en la realidad global de la persona. De ahí que no sea importante leer en clave ética la dignidad óntica del ser humano.

El Contenido Ético de la Dignidad Humana

En la reconstrucción crítica del "lugar" ético de la dignidad humana juega un papel importante el contenido ético que se le asigna. ¿Cuál es el contenido de ese núcleo normativo que se trata de objetivar en la categoría ética de la dignidad humana?

En cuanto al ámbito de referencia del concepto ético de dignidad humana es necesario precisar lo siguiente:

a)   No se refiere a una naturaleza abstracta, sino a los seres humanos concretos, la dignidad humana ha de tener significación para hombres históricos concretos que se mueven dentro de las contradicciones de la realidad.

b)   No admite privilegios en su significación primaria. La dignidad humana es un a priori técnico común a todos los hombres. A este nivel no se puede admitir "opción de base". La dignidad humana es una cualidad óntica y axiológica que no admite el "más" o el "menos".

c)   Sin embargo, en su significación práxica la categoría ética de la dignidad humana tiene una "orientación preferencial" hacia todos aquellos hombres cuya dignidad humana se encuentra "desfigurada" (pobres, oprimidos, marginados, etc.).

En cuanto a la afirmación y significación ética de la dignidad humana, se dan dos posiciones que han de ser entendidos circularmente:

1.   *Afirmación del valor del individuo (el "yo")*. Frente a toda la tentación de resolver la realidad en "estructuras" o "mediaciones" sociales, la categoría de la dignidad humana recuerda permanentemente *la idea de que cada uno de nosotros es único, insustituible, necesario; de que tiene valor por sí mismo, es libre y puede elegir por sí mismo su destino, tiene que hacer su vida, existe para Dios, que lo conoce por su nombre y lo llamará un día*. Por supuesto, esta valoración del individuo como algo absoluto no supone una postura privatística y un subjetivismo desencarnado.

2.   *Afirmación de las estructuras como "mediaciones" éticas del individuo y de la alteridad*. A fin de recuperar el sujeto real concreto para el compromiso ético se requiere introducir en el mundo de las personas la realidad de las estructuras. La dignidad humana ha de entenderse políticamente mediada; solamente así tendrá la significación ética que le corresponde.

La Importancia de la Lógica en el Valor

El valor de lo lógico radica en apreciar el conjunto de valores con unidad y sin contradicciones, pero jerarquizándolos. Esta lógica se manifiesta en una serie de pensamientos y disposiciones de la voluntad que forman un todo consecuente y racionalmente ordenado.

Quien tiene una lógica tiene coherencia, en otras palabras, sabe diferenciar lo accidental de lo esencial, pone la causa que produce sus lógicos efectos, encuentra la razón de ser
de todas las situaciones humanas, guarda una relación lógica entre lo que se piensa, se dice
y se hace, y toma conciencia responsable de la propia limitación de la propia contingencia.

Intelectualmente competente es aquel que posee el valor de la creatividad y el discernimiento como actitud correspondiente, es decir, una comprensión actuante de que el mundo
ha sido entregado al hombre de manera inacabada y que a éste le corresponde encontrar los
caminos nuevos para llevarlo continuamente a una mayor perfección.

La aptitud más deseada para ello será el discernimiento, es decir, una capacidad gozosa
del ser humano para descubrir el camino más indicado una vez descontados otros imperantes,
lo que implica:

- Configurar diversas alternativas y encontrar diferentes salidas para cada una de ellas.
- Guardar el equilibrio entre el desánimo consiguiente a las dificultades percibidas en
el planteamiento de las actividades y el idealismo connatural de quien ahorra esfuerzos para
ver, con pleno realismo, el logro de sus propósitos.

El intelectualmente competente no vive en ideas prestadas, integra a su vida los rasgos
de la propia cultura, por eso tiene el valor de la originalidad autóctona. Tiene, por lo tanto,
capacidad de conocer, respetar, sentir, gustar, amar, impulsar, todo lo que implica nacionalidad: lengua, costumbres, folclor, tradición, símbolo, paisajes, etc.

La competencia intelectual nunca llega a metas de satisfacción, alienta siempre el valor
de una formación permanente; en otras palabras, una disposición de continua apertura al
mundo del espíritu y de la ciencia, una insatisfacción dinámica y continua de lo que se sabe
y de lo que se es.

El amor en las relaciones interpersonales debe tener en cuenta el valor de la dignidad
de la persona humana. Una percepción clara del hombre como sujeto de deberes y derechos
inalienantes nacidos de su trascendencia y de su misma naturaleza. Apertura, aceptación,
respeto.

Quiere decir:

- Comprensión de lo que los demás son y hacen en el encuadre de lo que el sujeto es y
hace.
- Aceptación de las personas como son: con sus riquezas y sus limitaciones porque él se
ha aceptado de la misma manera.
- Respecto de los derechos de los demás tomados individual y socialmente e íntimamente
de la función social de los bienes recibidos de Dios por el hombre.

La sensibilidad social es otro valor que no tendrá sentido sin el amor. Tiene sensibilidad
social aquel que siente:

- La miseria ajena como propia.
- Que trate de remediarla con el aporte de sus posibilidades.
- Que vea en el otro a su propio hermano.

No puede ser solidario y comunitario si no se ha interiorizado el valor de sociabilidad
y la solidaridad.

La sociabilidad es un valor del ser humano por el cual tiende connaturalmente a relacionarse amigablemente con sus congéneres y con la naturaleza que lo rodea.

Se manifiesta en el desprendimiento del egoísmo connatural, en orden a pensar sólo en
función del bienestar de sus congéneres.

La solidaridad se define como el sentimiento auténtico del individuo que se sabe parte integrante y responsable de una comunidad humana. Esto quiere decir que sabe:
- Percibir su puesto y papel en el engranaje de su sociedad.
- Vivenciar que la perfección de los hombres se lleva a cabo como pueblo peregrinante.
- Comprometerse, desde la óptica de la justicia, con todos los demás seres humanos.

La palabra comunitario nos está indicando el valor de la comunidad que significa sentirse parte integrante de un conglomerado con obligaciones y beneficios consecuentes. Esto a nivel colegio, ciudad y universo.

La generosidad responde a este valor de la comunidad porque nos lleva a comprender que los derechos propios están limitados, no sólo por derechos de los demás, sino por las necesidades del prójimo.

Para ello, el hombre generoso busca más trabajar en pro de la comunidad y con la comunidad (en equipo colaborativo) que de manera solitaria en pro de sus intereses particulares.

Una comunidad en franca solidaridad no se puede lograr sino en la práctica del valor del diálogo, equilibrio en el ser humano, entre su capacidad de manifestar sus convicciones y la prontitud para corregir lo que en ellas encuentre equivocado al escuchar las críticas correspondientes.

Quien practica el diálogo expresa lo que piensa y oye las contradicciones, creyendo en lo que dice y escucha, nace del amor y se fundamenta en la esperanza de progresar en la verdad, que particularmente se traduce en:
- La prescindencia de la parte emocional exagerada en las discusiones.
- En la modestia del que nunca se cree poseedor absoluto y exclusivo de la verdad.

Quien está abierto al camino en búsqueda de una sociedad más justa, quiere el cambio que supone una percepción clara de la necesidad de intervenir en el progreso de la humanidad, sintiéndose inmerso en todo su acontecer histórico.

Para esto, es necesario que el sujeto de la educación se encuentre siempre motivado para escudriñar, de manera inteligente y documentada, lo que quieran decir los signos del momento histórico. Frente al devenir dinámico de la historia no podemos anclarnos en soluciones que fueron buenas para una época pasada, pero no encuadran en el presente. Con imaginación creadora, con inquietud permanente, se deben encauzar los desafíos de la historia.

Esta apertura hacia esquemas mejores se hará siempre con la vista puesta en el valor de la justicia, que consiste en la percepción del deber de dar a cada uno lo que le corresponde.

La actitud del servicio manifiesta claramente este valor fundamental de nuestra pedagogía, actitud que se manifiesta en el deseo de remediar el desorden social, cuya causa radical se encuentra en el egoísmo humano. En consecuencia, el miembro de la comunidad educativa debe:
- Sentirse activamente implicado en un pecado social para remediar, el cual debe buscar seriamente los cambios.
- Poseer los bienes adquiridos con la conciencia de que todos ellos deben cumplir una finalidad social.
- Activar el celo por servir al hombre, tratando por todos los medios lícitos de cambiar las estructuras injustas.

Las cualidades del perfil ideal en una pedagogía de valores, aunque no están explícitamente presentes en el marco constitucional de la Ley de Educación Colombiana, sí lo están implícitamente.

Relaciones del Hombre con la Realidad y el Trabajo en Latinoamérica

Es obvio que el hombre se realiza siempre en la interacción que mantiene con el trabajo y la comunidad, desde su ser de hombre trascendente, pero la tecnología define sus objetivos no a partir de necesidades del hombre, sino a partir de las posibilidades económicas, en cuanto causan una relación de consumo y por ende una demanda que propicia una determinada cantidad de empleo, en el que el sistema de necesidad, determinado por propiedades somáticas y psíquicas del ser humano, no domina ya el en desarrollo tecnológico, sino que es el devenir de la misma tecnología que rige el sistema de necesidades laborales.

A medida que la ciencia cobra mas importancia en la vida social, la visión científica del mundo penetra y trasforma las relaciones laborales, las del hombre, la familia, la sociedad. Los efectos indirectos se producen básicamente por la repercusión de los cambios inducidos por la ciencia y la tecnología en las esferas económicas y políticas sobre las estructuras sociales e institucionales que hacen mas interdependiente las relaciones laborales y produce una transformación, que contribuyen a que el marco de la existencia cotidiana sufra una profunda metamorfosis.

La tecnología en relación con el trabajo desde el punto de vista histórico confronta impactos fuertes sobre la cultura que provocan la acción directa sobre sistema de representaciones, sobre el espíritu critico y relacional de los individuos. La acción indirecta del entorno artificial suscitado por la tecnología, implica que, mientras en la primera fase la técnica desplazó la producción física del hombre, la segunda fase produce información de tal forma que la tecnología queda en máquinas autómatas que imitan al ser viviente.

La autorealización de la persona, es un modo de ser consciente activamente" en el mundo, por eso el trabajo es:

- Aquel modo de ser consciente "activamente" en el mundo por medio del cual el hombre transforma la naturaleza a fin de obtener de ella lo que necesite para el consumo de su ser físico. No solo trabaja el hombre para vivir. Ni come y bebe solo para vivir. Trabajar, como comer y beber, si ha de ser acción específicamente humana se consignará como un modelo de vida.

- Aquel particular modo de ser hombre, haciéndose humano, que consiste en tomar conciencia activa, para trasformar la naturaleza y trasformarse en la naturaleza, a fin de arrancar un excedente con que poder brindar ayuda al hombre. Lo cual implica: a) Su exigencias físicas y espirutal-social. b) Brindar la fuerza de trabajo como servicio al hombre. c) Lograr un excedente como logro del propio auto - proyecto. d) todo lo cual implica la autorealización personal integral. De este modo de entender el trabajo se desprende que el trabajar nos lleva a la liberación del vínculo de presión, opresión con que nos acorrala una naturaleza inhóspita y una sociedad inhumana.

Para que logre el trabajo tener la dimensión auténticamente humana, se necesita que el trabajador mismo, brinde el excedente de su trabajo como servicio. Así se personaliza, toma conciencia activa y práctica del valor de su esfuerzo, se hace mas libre y se llena de felicidad cuando ve que el hombre, su hermano, es mas hombre y mas hermano debido a su servicio. El hombre se ha así desprendido y agraciado.

El trabajo en este nivel y sólo en éste se hace humano y consigue la autorealización de la persona. Por eso actualmente ni el trabajo, ni las condiciones de esfuerzo que supone el hombre son humanas. El trabajo, es especialmente productivo, pero no exclusivamente productivo como quieren los materialistas y el neoliberalismo económico propio de fines del siglo XX. El trabajo tiene como condición necesaria el ser productivo, pero no es una causa suficiente. Por eso es que se puede dar y se da desgraciadamente de hecho que muchos trabajos son "inhumanos.

En la realidad latinoamericana, este aspecto inhumanos hace que el hombre no quiere trabajar, porque :

Ve el trabajo como fatiga, como esfuerzo físico. Porque es indolente.

El hombre prefiere estar ocioso, estar libre sin hacer nada.

Porque no se le dan estímulos en su trabajo.

Nunca se sale de la miseria. Trabajar para el empresario a fin de que sea mas rico, y el trabajador cada vez mas pobre.

Porque faltan valores humanos como: afán de superación, elevación en el puesto, anhelo por una vida mas humana, culta.

El trabajo es una necesidad, exclusivamente una obligación.

Nadie ve otro fin al trabajar, mas que ganar unos pesos, y cuanto mas gane mejor.

Se dan muy pocos casos en que el trabajo guarde una realización personal.

El trabajo no se capta nunca como servicio libre al hermano. Esto mas bien suena como una utopía.

Alguno, rarísimo, trabaja sintiéndose autorrealizado y feliz.

Los intereses de todos los grupos de la sociedad, en los avances económicos que obedecen a metas de largo plazo, deben implicar la necesidad de una sociedad integrada cuyas normas o líneas generales garantizan el papel de los valores en aspectos sociales relevantes como, salud, vivienda, educación, recreación, estabilidad laboral y seguridad social en general.

Las transformaciones tendrían que ser realizadas en el diálogo consensuado, porque permiten participar de los proceso de modernización, de ajuste en los mecanismos de gestión, readecuación, de los mecanismos regulatorios para responder a los desafíos de las relaciones económicas cada vez mas desarrolladas y creadora de nuevos significados, de nuevas condiciones de vida, y de nuevas relaciones personales.

Cuando al hombre se le estimula y se le permite producir e innovar con plena autonomía, crea la consigna, de que cada día las cosas son nuevas, que todos los días, se estrenan triunfos, amigos y entonces se siente más responsable y se siente impulsado hacia lo mas noble y trascendente. Se hace mas hombre.

Como A Traves Del Pei Sus Componentes, Podemos Impulsar La Formación En Valores En Nuestras Instituciones.

La Educación se forja en la historia, en la toma de conciencia de una sociedad y un tipo de hombre donde ya no es posible los dogmatismos de imposición con estricta autoridad vertical.

El PEI desde sus componentes y utilizando como base, Los principios de la educación personalizada, maneja el respeto a la singularidad del individuo, la socialización, la libertad y autonomía personal como respuesta plena a ese marco de sociedad en la cual vivimos, y a ese tipo de hombre que se perfila para el tercer milenio.

Se presupone un sujeto crítico, histórico, creativo y dinamizador de procesos, que contribuye a la construcción y deconstrucción de realidades, abierto al diálogo permanente y dispuestos a reivindicar en cada una de sus acciones su proyecto de vida.

El proceso de construcción desde las conjeturas o ámbitos posibles desde donde se pueden construir realidades, es un proceso racional y de aprehensión y construcción del mundo, en donde la autonomía, la participación, la capacidad crítica, el mejoramiento continuo, la autocrítica y el compromiso comunitario forjan el proceso investigativo del sujeto que presupone la Coordinación de Educación.

Se quiere una persona con ganas de asumir nuevos retos como proyecto de vida, capaz de hacer construcción colectiva desde los siguiente parámetros:

- Proyecto vitales, es decir, lo que la persona cree que puede hacer de su vida, es un horizonte de horizontes, en donde se pueden conjugar saberes culturales en un innovador constructivismo dialógico. El trabajo co-constructivo a partir de esquemas conceptuales y de procesos experienciales, en donde el conocimiento es un proceso que se conquista en la integración, con el proceso dialéctico que se da entre la lógica y las ciencias y las lógicas culturales o la dialéctica entre el saber cotidiano y el saber científico.

- En la construcción de sujeto y de sentido, la universidad orienta procesos, en la medida en que se experimentan los fenómenos del mudo y forja una subjetividad trascendental, en la medida en que se experimentan los fenómenos a partir de las vivencias personales.

- Construir un sujeto que no pueda ser leído desde una sola perspectiva, por ser individuo multideterminado por factores de diferentes ámbitos que generan un sujeto psicológico, sociológico, antropológico, lingüístico y cultural. Podemos realizar el compromiso de construir y fortalecer la comunidad humana utilizando ejes temáticos, como el desarrollo humano, desarrollo del conocimiento, desarrollo de la comunicación, como se expresa en los siguientes gráficos, ejes temáticos que pueden ser trabajados como proyectos pedagógicos o problémicos.

Importancia histórica y actual.

La importancia que históricamente ha tenido el valor del hombre como fundamento primario de los diversos sistemas morales, como dice **Aranguren**, constituye el contenido o la "materia" de la Moral. La reflexión ética arrastra inconscientemente una determinada comprensión antropológica y, consiguientemente, está condicionada por el valor atribuido en cada época al ser humano.

Además de ese común sustrato antropológico de los sistemas morales, bastantes de ellos han proclamado explícitamente su marcado acento humanista. Baste mencionar tres ideales éticos: el estoico, el kantiano y el comunista.

La ética estoica, siguiendo un itinerario singular ("homología" con la naturaleza, "apatía" y "ataraxia" como formas de vida, etc.) culmina en un humanismo de grandes calidades. Para el estoicismo, el hombre no ha de sentirse ciudadano exclusivamente de una ciudad, sino de la humanidad entera. *En cuanto yo soy Antonio, mi patria es Roma; pero en cuanto que soy hombre, mi patria es el mundo* (**Marco Aurelio**). El valor de todo lo humano es uno de los axiomas vulgarizados por el estoicismo: *El hombre es una cosa sagrada para el hombre*. De este modo surge el concepto de la "humanitas" como el clima adecuado para las relaciones interpersonales.

CONTEXTO

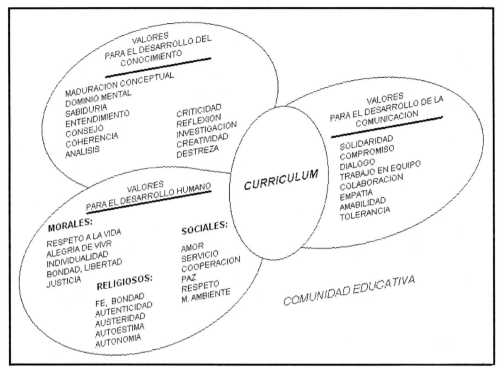

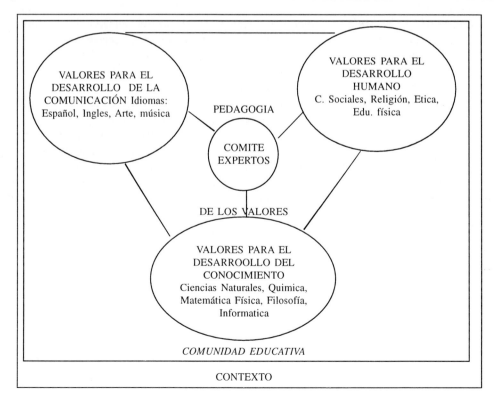

Bibliografía

ACCIÓN EDUCATIVA (1994): Valores. Monográfico. Núm 85. Madrid. Acción Educativa.

ALTAREJOS MASOTA, F. (1992): Valor y persona: una encrucijada pedagógica. (p. 157-170). Actas del II CONGRESO INTERNACIONAL DE FILOSOFÍA DE LA EDUCACIÓN: Filosofía de la Educación. Madrid. Uned.

ALLPORT, G. y VERNON, P. (1973): Estudio de valores. México. El Manual Moderno.

ANDERSON, L. W.: *Assessing Affective Characteristics in the Schools*. Ally and Bacon. Boston Mass.

ΣARROYO, M. (1980): El significado del valor educativo en la estructura axiológica. (p. 123-134). Vol. II. En VII CONGRESO NACIONAL DE PEDAGOGÍA: La investigación Pedagógica y la formación de profesores. Madrid. Sociedad Española de Pedagogía.

ASTELARRA, J. (1988): Tecnología y Valores. (P.95-103). En TELOS. CUADERNOS DE COMUNICACIÓN. Núm 13.

COLL, S. (1987): *Psicología y currículum*. Ed. Laia-Cuadernos. Barcelona.

CONCILIO VATICANO II. *Ad Gentes*. N.° 7. Ed. Paulinas. Bogotá. 1975.

CORTINA, Adela, MARTÍNEZ, Emilio (1996): *Ética*. Ed. Akal.

KANT, I. (1993): *Fundamentación de la metafísica y de las costumbres*. Madrid. Espasa Calpe.

KRECH, D. y CRUTCHFIELD, R. S. (1948): *Theory and Problems of Social Psychology*. McGraw-Hill. New York.

MORISSETTE, D. y GINGRAS, M. (1989): *Enseigner des attitudes?* De Boeck Universitè. Bruxelles.

NEWCOMBE, T. M. (1959): *Individual systems of orientation*, en KOCH, S. (Edit.): *Psychology: a estudy of a science*. Vol. 3. *Formulations of the person and the social context*. McGraw-Hill. New York.

ORIZO, ANDRES F. (1991): Los nuevos valores en los Españoles. España en la encuesta europea de valores. Madrid. SM / Fundación Santa María.

RODRÍGUEZ, A. (1980): *Interpretación de las actitudes*, en RODRÍGUEZ, A. y SEOANE (Coords.): *Creencias, actitudes y valores*. Ed. Alhambra. Madrid. pp. 199-314.

SARABIA, B. (1992): *El aprendizaje y la enseñanza de las actitudes, en* COLL, C. y otros: *Los contenidos en la Reforma*. Aula XXI. Ed. Santillana. Madrid, pp.133-198.

THURSTONE, L. L. (1931): *The measurement of social attitudes*, en Journal of Abnormal ad Social Psychology. Vol. 26, pp. 249-269.

ZABALZA BERAZA, M. A. (1998): *Evaluación de actitudes y valores*. Universidad de Santiago de Compostela.

LA ACTIVIDAD DOCENTE Y LA FORMACIÓN DEL PROFESORADO CON NUEVAS TECNOLOGÍAS

MIGUEL LACRUZ ALCOCER
Universidad de Castilla-La Macha.
Escuela Universitaria de Magisterio de Ciudad Real.

1. Introducción

En diversas ocasiones hemos señalado que un cambio en la educación no es posible sin un cambio en los currículum y en las actitudes y aptitudes del profesorado frente a las exigencias que exigen los procesos de reforma. El profesorado tiene que convencerse de que la reforma educativa era necesaria y conveniente para los alumnos y su vida profesional en la nueva sociedad y además, propicia realizar una actualización pedagógico-docente que facilite un cambio conceptual y metodológico. En este sentido las Nuevas Tecnologías ofrecen nuevas formas de producir el conocimiento y, por lo tanto, su dificultad estriba precisamente en esas nuevas formas de trabajar en la enseñanza. Para cualquier cambio en nuestros hábitos de trabajo se requiere no sólo comprensión, sino también una buena actitud al cambio. Una vez que el cambio se haya realizado la vida escolar será distinta en todos los elementos intervinientes en el proceso de enseñanza-aprendizaje.

Como señala Alvarez (1999): "*En todos los casos subyacen las ideas de que las tecnologías aplicadas a los procesos educativos producen importantes beneficios como, por ejemplo, el incremento de la calidad de la enseñanza, la modernización de los centros, y la mejor preparación del profesorado*".

De lo que no queda duda es de que son necesarias nuevas metodologías, nuevos objetivos, nuevos, currículos y nuevas formas de enseñar, mas con nuestra incorporación plena en la sociedad de la Unión Europea (1997), la cual, en el tema que tratamos propone. "*un paso de un saber objetivo a un saber construido, el paso de una sociedad industrial a una sociedad cognitiva, la sustitución de la instrucción por los métodos de aprendizaje personal (aprender a aprender), la adquisición de conocimientos a través de las tecnologías, y el cambio de los actuales modelos de instituciones educativas hacia otros modelos todavía no perfilados*"

El desarrollo de los medios tecnológicos se produce, de forma independiente a la formación de sus usuarios, por ello, la actualización del profesorado no puede estar de espaldas a la imprescindible innovación tecnológica en los centros. Cebrián (1997) señala que la innovación tecnológica de los centros exige un nuevo perfil del enseñante y plantea nuevos contenidos formativos como los siguientes:

- 1.- Conocimientos sobre los procesos de comunicación y de significación de los contenidos que generan las distintas N.T.I.C., así como, un consumo equilibrado de sus mensajes.
- 2.- Conocimientos sobre las diferentes formas de trabajar las nuevas tecnologías en las distintas disciplinas y áreas.
- 3.- Conocimientos organizativos y didácticos sobre el usos de NTIC en la planificación de aula y de centro.
- 4.- Conocimientos teórico-prácticos para analizar, comprender y tomar decisiones en los procesos de enseñanza y aprendizaje con las N.T.I.C.
- 5.- Dominio y conocimiento del uso de estas tecnologías para la comunicación y la formación permanente.
- 6.- poseer criterios válidos para la selección de materiales, así como, conocimientos técnicos suficientes para permitirle rehacer y estructurar de nuevo los materiales existentes en el mercado para adaptarlos a sus necesidades. Y cuando se den las condiciones, -tiempo, disponibilidad de recursos, dominio técnico, ...- crear otros totalmente nuevos.

2. Formación y actualización del profesorado en NN.TT.

Que se hace imprescindible y yo diría que casi urgente que las Administraciones educativas propicien los medios y recursos necesario para poner en marcha un plan de formación y actualización en el uso didáctico de las nuevas tecnologías, es algo que hoy nadie discute, así lo señala Ortega (1997): "... concienciar y formar a los educadortes adecuadamente en lo concerniente a las Nuevas Tecnologías Audiovisuales y Digitales en una doble vertiente: educar para la captación selectiva, el procesamiento crítico y el almacenamiento de la información proveniente de los mensajes producidos y transmitidos por dichas tecnologías y, alfabetizar en los lenguajes y habilidades que permiten acceder a las estrategias de creación y composición de mensajes multimedia".

Estamos de acuerdo con Cebrián de la Serna (1999) cuando afirma que para desarrollar un plan de formación del profesorado se debería disponer en principio de una concepción, al menos general, del papel del enseñante con el uso de recursos tecnológicos, para más tarde elaborar unos objetivos y contenidos básicos para su formación, a la vez que una metodología e itinerario formativo.

¿Cuáles deben ser los contenidos a desarrollar en un plan de formación o actualización del profesorado en nuevas tecnologías?. Ballesta (1996) al hablar de la formación y perfeccionamiento del profesorado en los aspectos que comentamos, señala que debe pretenderse alcanzar una serie de descriptores como los siguientes:

- Formación para el uso crítico de las nuevas tecnologías.
- Desarrollar la innovación en el usuario.
- Aprendizaje de situaciones reales.
- Diseño de modelos de experimentación.
- Realización de propuestas didácticas en el aula.
- Ampliación de tratamientos interdisciplinares.
- Colaboración de centros educativos y empresas comunicativas.

Gallego y Alonso (1996) nos indican cómo el profesorado debe facilitar principalmente el aprendizaje de los estudiantes y, por tanto, aprovechando las cualidades y posibilidades de los medios y recursos tecnológicos. La formación de enseñantes *"se percibe no como la adquisición rutinaria de conocimiento y estrategias, sino, más bien, como el desarrollo de capacidades de procedimientos, diagnóstico, decisiones, evaluación de procesos, reformulación de proyectos y génesis de pensamiento práctico"*.

Los programas de formación deben incidir en el desarrollo profesional del docente e implicar a éste en los procesos de cambio. Los mecanismos de resistencia son estructuras cognitivas, por tanto debemos cambiar los tradicionales modelos de formación, para ello tendremos en cuenta también, entre otros, los siguientes aspectos:

- Que los procesos de aprendizaje de los profesores, como adultos que son, resultan muy distintos a los empleados para otras edades.
- Enfocar los desafíos de las Nuevas tecnologías como retos temporales y asumidos en grupos.
- Enfocar los planes de formación en diversas tecnologías integradas. No necesitamos especialistas en distintos medios, sino un enseñante que integre racional, equilibrada y oportunamente los medios a su alcance.
- La formación del profesor debería dar respuesta a los problemas cotidianos.
- Hay que ofrecer una metodología mixta que se adapte a las distintas situaciones, intereses, ritmos de aprendizaje y circunstancias particulares.

Aunque ahora no podemos detenernos a analizar cada uno de los elementos que deberían intervenir en la formación para los nuevos medios del profesorado, si enunciaremos la conveniencia de tener en cuenta las quince propuestas que Catalina M. Alonso y Domingo J Gallego (1996, 41-42) proponen como funciones fundamentales y complementarias entre sí, que deberían integrarse en cualquier modelo actualizado de formación de profesores.

En el aspecto de la formación del profesorado en nuevas tecnologías de la información tampoco podemos olvidar las propuestas que nos hace el profesor Blázquez (1994, 257-258), que nos señala tengamos en cuenta el siguiente decálogo:

Cuadro 1.- Aspectos de la formación del profesorado en NN. TT. (Blázquez 1994).

1.- Despertar el sentido crítico hacia los medios.
2.- Relativizar el no tan inmenso poder de los medios.
3.- Abarcar el análisis de contenido de los medios como su empleo como expresión creadora.
4.- Conocer los sustratos ocultos de los medios.
5.- Conocer las directrices españolas y europeas sobre los medios.
6.- Conocimiento y uso en el aula de los denominados medios audiovisuales.
7.- Investigación sobre los medios.
8.- Pautas para convertir en conocimientos sistemáticos los saberes desorganizados que los niños y los jóvenes obtienen de los mass-media.
9.- Un mínimo conocimiento técnico.
10.- Repensar las repercusiones en la enseñanza de los nuevos canales tanto organizativas como sobre los contenidos y las metodologías.

Para terminar este apartado señalaremos las dimensiones a contemplar en la formación y el perfeccionamiento del profesorado en medios audiovisuales, informáticos y nuevas tecnologías de la información y comunicación que nos proponen Cabero y otros colaboradores (1999), y que se concretan en el siguiente decálogo:

Cuadro 2.- Dimensiones en la formación del profesorado en medios audiovisuales (Cabero, 1999).

Instrumental.
Semiológica/estética.
Curricular.
Pragmática.
Psicológica.
Productora/diseñadora.
Seleccionadora/evaluadora.
Crítica.
Organizativa.
Actitudinal.
Investigadora

3. La nueva actividad del docente del futuro

Cada día tenemos más claro que el papel del profesor no es ser un banco del saber, sino –en todo caso- un representante del mismo, que informa sobre su localización y uso más adecuado. Como señala Salinas (1998, 54-64):

"En la enseñanza presencial, nos movemos en la creencia de que solo el contacto visual entre profesor y alumno proporciona una comunicación didáctica más directa y humana que a través de cualquier sistema de telecomunicaciones. Ni la enseñanza presencial presupone comunicación efectiva y apoyo al estudiante, ni la enseñanza a distancia deja enteramente todo el proceso de aprendizaje en manos del alumno"

Si nos centramos en el proceso de enseñanza aprendizaje debemos enfocar nuestra mirada en el cómo enseñan los profesores, más que en los contenidos que explican. Las deficiencias didácticas y metodológicas del profesorado tienen su origen en la escasa formación pedagógica de los futuros profesores y en las deficiencias del sistema selectivo de los mismos, dado que en las pruebas selectivas del acceso del profesorado, tal y como están estructuradas en la actualidad se le da mucha más importancia a lo que saben los aspirantes que a cómo sabrían exponerlo, explicarlo, resumirlo y transmitirlo a sus futuros alumnos. Necesitamos un nuevo profesional de la educación con una doble cualificación: junto a la respectiva titulación oficial (Diplomatura o Licenciatura) se le debe exigir una titulación didáctico pedagógica, para que junto a su saber científico pueda demostrar su saber hacer didáctica en las clases de su materia.

Los profesores de mañana deben, además, tener conocimientos adecuados del uso didáctico de los nuevos medios tecnológicos, audiovisuales e informáticos, se hace imprescindible una nueva "alfabetización en NN.TT." de los docentes, para que incorporen a su quehacer docente, para que con la misma naturalidad cotidiana que ahora usan un libro, en el futuro apliquen cualquier software o CD-Rom educativo en sus clases,

Deberemos plantearnos la conveniencia de cambiar, de vez en cuando, la tiza por un disquette informático, la explicación oral por un programa de vídeo, el libro por un CD-Rom interactivo, nuestros apuntes por una proyección a color en acetatos, el dictado de un tema por una conexión a Internet, etc. y no es que lo digamos nosotros, es que así lo aconseja el currículo propuesto por la LOGSE que contempla, por ejemplo, la posibilidad de que se introduzcan a los alumnos de Educación Primaria en el uso de las tecnologías informático-digitales. A lo largo de los textos oficiales que desarrollan y concretan el currículo de la Educación Infantil, Primaria, Secundaria y Bachillerato, pueden encontrarse decenas de alusiones a esta temática. Un ejemplo de ello aparece en la orientación didáctica número once correspondiente al área de matemáticas en la que se dice:

"El ordenador puede considerarse un recurso didáctico que aporta nuevas posibilidades a la enseñanza y aprendizaje de las matemáticas. Un uso adecuado del mismo puede facilitar la adquisición y consolidación de conceptos y destrezas matemáticos. Son aconsejables los programas que se adaptan al ritmo de aprendizaje del alumnado y que interactúa con ellos, proponiendo distintos tipos de ejercicios en relación con los errores que se cometan. Es importante señalar que el ordenador no debe sustituir a la experiencia real del alumno ni debe utilizarse en actividades aisladas, mecánicas y repetitivas"(MEC, 1989, 412-413).

4. Nuevos roles docentes

La mediación tecnológica en la enseñanza y aprendizaje ha traído consigo toda una reconceptualización de la función docente, con especial atención a los referentes y condicionantes que en los últimos tiempos están emergiendo en la sociedad y por tanto, en su espacio educativo. En la actualidad se puede ya hablar de un nuevo "mercado del conocimiento", debido en gran medida a la incorporación de elementos multimedia e interactivos en las nuevas academias[1].

Autores como Lee y Reigeluth (1994) establecen dos tipos de roles para el docente del futuro, en concreto: Instruccionales y organizacionales. En el primer caso se incluyen las funciones de instrucción y facilitación del aprendizaje de los alumnos en entornos cooperativos, y las de tutoría o asesoría social y académica de los alumnos para ayudarlos a planificar y alcanzar sus objetivos educacionales.

En cuanto a roles organizacionales señalan: gestión de recursos y tecnología, desarrollo de recursos educativos, toma de decisiones administrativas, planeamiento, gestión y evaluación de sistemas financieros, desarrollo del equipo de profesores con actividades de selección y formación del profesorado.

Otros autores como Paulsen (1998) apuntan cuatro funciones específicas del profesor como moderador de entornos de formación en línea, en concreto:

- Organizacionales.
- Sociales.
- Intelectuales.
- Evaluativas.

---

[1] Academias de Idiomas, de mecanografía, ... o autoescuelas de conductores utilizan programas informáticos y multimedia para impartir sus clases, con programas individualizados de aprendizaje con los que obtienen grandes beneficios económicos.

Mercé Gisbert (1999) nos señala que el trabajo docente estará sujeto a una serie de dimensiones, entre ellas: socieconómica, tecnológica, organizativa y didáctica, sus principales ideas las resumimos en el siguiente Cuadro:

Cuadro 3.- Dimensiones del nuevo trabajo docente (Gisbert, 1999).

DIMENSIÓN SOCIOECONÓMICA	DIMENSIÓN TECNOLÓGICA
• Formación a lo largo de toda la vida. • Cambio de necesidades formativas. • Globalización de la economía. • Globalización del conocimiento. • Profesionales y formación • "Just in time"	• Expansión de Internet. • Herramientas telemáticas que faciliten la enseñanza del profesor y el aprendizaje del alumnado. • Nuevos espacios Tecnológicos de enseñanza-aprendizaje como son aulas virtuales.
DIMENSIÓN ORGANIZATIVA	DIMENSIÓN DIDÁCTICA
• El espacio. • El tiempo. • La gestión de recursos. • El papel del profesor. • El papel del alumno. • Organización y Gestión de nuevos Espacios Tecnológicos	• Modalidades de formación. • Programación y planificación. • Materiales didácticos. • Actividades de aprendizaje. • La evaluación contínua y final. • La Metodología.

Las nuevas tecnologías, y especialmente la web, aplicadas a la educación y a la formación propicia la aparición de nuevos paisajes de formación y educación, nuevas formas de concebir y realizar la actividad docente, nuevas maneras de ser instruidos los alumnos, que sin dejar totalmente de ser presencial, cada día es más semipresencial, virtual, a distancia, etc. Al mismo tiempo que cambian los objetivos formativos para los alumnos, dado que estos tendrán como objetivo formarse para utilizar, usar y producir con los nuevos medios.

Muchos autores se han referido a este asunto de la nueva concepción del tiempo y espacios educativos, especialmente desde que Internet se incorpora a nuestra vidas, dado que la presencia física del alumnado en el aula se ve reemplazada por una presencia virtual a través de la red, por medio de chat, correo electrónico, listas de distribución, o videoconferencias.

5. El profesorado del siglo XXI

De la misma manera que cada vez tenemos más asumidos conceptos como enseñanza, educación o universidad virtual y ciber-espacio escolar, poco a poco debemos asumir una nueva concepción del docente del futuro, esta es la de "ciberprofesor".

Las cualidades, actitudes y características que define a un ciberprofesor, nos las concreta Gisbert (1999) en las siguientes:
• La formación inicial.
• La formación permanente.
• El dominio de la Tecnología.
• La capacidad de adaptación.
• La flexibilidad.

Repercusiones que para los profesores tendrán la incorporación de las nuevas tecnologías al trabajo en el aula:
- Trabajo interdisciplinar.
- Utilización de la informática como herramienta de trabajo.
- La red como canal de comunicación.
- Las redes como espacio cooperativo y de formación.
- Las redes como espacio de trabajo.

De forma esquematica podemos señalar que el docente del futuro cambiará su rol, por que tiene que cambiar sus funciones, pero además:
- Necesita cambiar sus estrategias de comunicación.
- Será constructor y consultor de la información, ya que debe dedicar una parte de su tiempo a crear y desarrollar cursos y materiales didácticos.
- Aumentará su actividad de trabajo en grupo.
- Asumirá su función de facilitador del aprendizaje y supervisor académico.

A modo de ejemplo, ya que por razones de espacio no podemos extendernos en comentar todos y cada uno de los aspectos apuntados podemos señalar que el profesor como diseñador de materiales, debe ser al mismo tiempo planificador de todos los elementos que intervienen en los procesos de elaboración del currículo que se desea desarrollar, por ello, para cada material o unidad didáctica señalara aspectos como:
- Los principios orientadores del currículum.
- Los agentes establecedores del currículum.
- Las estrategias metodológicas.
- La temporalización y el espacio instruccional.
- Las estrategias de evaluación.
- Los procesos de autoevaluación, reflexión, experimentación y mejora.

El docente que acepte la necesidad de cambiar y de estar actualizado tiene necesariamente un compromiso con su desarrollo profesional continuado. Así que la formación inicial puede proveerle algunas herramientas básicas relacionadas sobretodo a un saber práctico sobre la tecnología, pero en el devenir de su vida profesional tendrá incesantemente que acometer tareas de estudio y reflexión sobre su propia práctica ante una realidad educativa nueva y cada vez más cambiante. Gisbert (1996) apunta que los profesores necesitan aprender a ser:
- **Usuarios de:** la red, ya que puede resultar una excelente fuente de información y de comunicación. Requiere formarse por tanto en el desarrollo de las habilidades y destrezas para el uso de los servicios ofrecidos en Internet.
- **Consumidores de:** productos que haya disponible y que pueda facilitarle su tarea educativa. El profesor debe reflexionar y establecer criterios que le permitan valorar los servicios existentes y en función de ello, decidir sobre su pertinencia en situaciones educativas específicas.
- **Productores de:** materiales educativos que puedan dejarse a disposición de alumnos y profesores en la red. Muchos son los autores que han destacado la necesidad de que los profesores se conviertan en productores de materiales hipermedias que puedan publicarse en Internet.

Manuel Área (1999) nos indica que, una persona culta y alfabeta en relación al acceso a la información a través de las nuevas tecnologías requiere que la misma:
- domine el manejo técnico de cada tecnología (conocimiento práctico del harware y del software que emplea cada medio).

- Posea un conjunto de conocimientos y habilidades específicos que les permitan buscar, seleccionar, analizar, comprender y recrear la enorme cantidad de información a la que se accede a través de las nuevas tecnologías.
- Desarrolle un cúmulo de valores y actitudes hacia la tecnología de modo que no caiga ni en un posicionamiento tecnofóbico (es decir, que se las rechace sistemáticamente por considerarlas maléficas) ni en una actitud de aceptación acrítica y sumisa de las mismas.

Parece necesario defender el cambio del significado y sentido de la educación (Bartolomé, s.f.) en relación a la cualificación y formación en el dominio de la tecnología. Esto debe significar el desarrollo de procesos formativos dirigidos a que la ciudadanía:

- Aprenda a aprender.
- Sepa enfrentarse a la información (buscar, seleccionar, elaborar y difundir).
- Se cualifique laboralmente para el uso de las NNTT.
- Tome conciencia de las implicaciones económicas, ideológicas, políticas y culturales de la tecnología en nuestra sociedad.

6. Algunas conclusiones

Por diferentes vías se nos viene planteando la necesidad de que la formación esté enganchada a la realidad cotidiana de los profesores. Es lo que Barroso (1992, 17-55) llama: *"integrar el lugar para aprender con el lugar para hacer"*.

La incorporación a la enseñanza de los nuevos medios no solamente van a influir en el currículo y sus componentes y en el papel del profesorado, sino que también tienen que cambiar la actitud del estudiante, que pasa de elemento receptor pasivo a observador, buscador e investigador activo. Cabero (1998) lo señala así: *"Estudiante que deberá de estar preparado, por una parte, para el autoaprendizaje mediante la toma de decisiones, y por otra para la elección de medios y rutas de aprendizaje, y la búsqueda significativa de conocimientos. Sin olvidar su actitud positiva hacia el aprendizaje colaborativo y el intercambio de información"*.

De cara al futuro más inmediato el trabajo colaborativo entre profesionales de la educación se hace imprescindible, los profesores necesitan trabajar juntos y las nuevas tecnologías y los nuevos canales les van a facilitar esta intercomunicación de forma sincrónica o asincrónica. Es la idea de Senge (1992,11) cuando habla de los centros como organizaciones inteligentes " donde la gente expande contínuamente su aptitud para crear los resultados que desea, donde se cultivan nuevos y expansivos patrones de pensamiento, donde la aspiración colectiva queda en libertad, y donde la gente continuamente aprende a aprender en conjunto

La formación docente en este campo va a favorecer irremisiblemente el cambio de actitudes y aptitudes docentes. La cualificación tecnológica de los profesionales de la educación favorecerá una mejor planificación de las actividades en clase. Estamos de acuerdo con Martínez Sánchez (1996,101-119) cuando afirma: *"la incorporación de estas NN.TT. a la enseñanza, deberá ir precedida de una organización de las mismas dentro del espacio curricular en el que se inscriben y de una preparación de los usuarios que haga posible su acceso a ellas"*

No podemos en la escuela, los docentes estar de espaldas a las nuevas tecnologías so pena de caer en la alienación, como señala Simón (1985,13-25): *"...en una sociedad altamente tecnificada, las personas que se sienten separadas del componente técnico de la sociedad entenderán que están también separadas de las decisiones más importantes adoptadas en esa misma sociedad y acabarán en el estado psicológico conocido como alienación"*

En la formación del profesorado no se exige en estos momentos que los docentes asistan a complicados y sesudos cursos sobre la materia de tecnología educativa, es algo mucho mas sencillo, como señala Camacho Pérez (1995, 413-444): *"En general se trata de preparar a los profesores para la selección de los medios adecuados, producción de material de paso, utilización en situaciones didácticas diferenciadas y evaluación de su rendimiento".* Y estos contenidos conceptuales y procedimentales los pueden conseguir los profesionales de la educación en el propio centro por medio de seminarios o grupos de trabajo colaborativo en los que se realicen las actividades apropiadas, contextualizadas a las necesidades formativas de los participantes.

La formación y el perfeccionamiento del profesorado en medios audiovisuales y nuevas tecnologías de la información y comunicación, como señalan Cabero, Duarte y Barroso (1999) deberían incluir, al menos, los siguientes principios:
- El valor de la práctica y la reflexión sobre la misma.
- La participación del profesorado en su construcción y determinación.
- Su diseño como producto no acabado.
- Centrarse en medios disponibles para el profesorado.
- Situarse dentro de estrategias de formación más amplias que el mero audiovisualismo, y alcance dimensiones más amplias como planificación, diseño y evaluación.
- Coproducción de materiales entre profesores y expertos.

Para concluir, queremos señalar que de cara al futuro más inmediato la formación inicial y permanente del profesorado en informática y nuevas tecnologías debe pasar por un trabajo colaborativo con otros expertos informáticos, así lo señalan diversas experiencias puestas en práctica en las universidades de Granada, Sevilla, Palma de Mallorca, Castilla La Mancha, Tarragona, etc.. Para finalizar una idea-síntesis de López Noguero (1994) con el deseo de que en el futuro próximo se haga realidad:

"El maestro debe reciclarse, alcanzar un bagaje de conocimientos que le permita el dominio de estos nuevos medios así como cambiar sus planteamientos didácticos, a fin de alcanzar la máxima efectividad en lo que es el "hecho social por naturaleza... La educación".

7. Bibliografía

ALONSO GARCÍA, Catalina y GALLEGO, D. J. (1996): "Formación del profesor en Tecnología Educativa", en GALLEGO, D. J. y ALONSO, C. M. (Coords.): Integración curricular de los recursos tecnológicos. Barcelona. Oikos-Tau, pp. 41-42.

ALVAREZ GARCÍA, M.C.(1999): "Los nuevos Centros Escolares Europeos. Las Euroredes de Centros", en PixelBIT, n° 13, julio 99, p. 63.

ÁREA MOREIRA, M. (1999): Desifualdades, educación y nn.tt.. en www.ull.es/didinv/tecnologiaeducativa/doctorado1rea moreira

BALLESTA, J. (1996): "La formación del profesorado en nuevas tecnologías aplicadas a la educación", en SALINAS, J. y otros (coods): Edutec95. Redes de comunicación, redes de aprendizaje, Palma, Universidad de las Islas Baleares.

BARROSO, J. (1992). Fazer da escola um projecto, en RUI CANARIO (ED.): Inovacao e Projecto Educativo de Escola. Lisboa, Educa, pp. 17-55.

BARTOLOMÉ, A.: "Preparándo para un nuevo de conocer". Biblioteca virtual de Tecnología Educativa. Universidad de Barcelona. http://:www.doc.d5.ub.es/te.

BLAZQUEZ, F (1994): "Propósitos formativos de las nuevas tecnologías de la información en la formación de maestros, en BLAZQUEZ, F. CABERO, J. Y LOSCERTALES, F. (coords): En memoria de Jose Manuel López-Arenas. Nuevas Tecnologías de la Información y Comunicación para la Educación, Sevilla, Alfar, 257-268.

CABERO, J. (cood) (1998): Usos de los medios audiovisuales, informáticos y las nuevas tecnologías en los centros andaluces, Sevilla, GID.

CABERO, J., DUARTE, A., y BARROSO, J. (1999): "La formación y el perfeccionamiento del profesorado en nuevas tecnologías: retos hacia el futuro", en FERRÉS, J., yn MARQUÉS, P.: Comunicación educativa y nuevas tecnologías. Barcelona, Práxis, actualización de febrero 99.

CAMACHO PÉREZ, S. (1995): "Formación del profesorado y Nuevas Tecnologías", en RODRÍGUEZ DIEGUEZ, J.L. y SÁENZ BARRIO, O.: Tecnología Educativa. Nuevas Tecnologías aplicadas a la educación, Alcoy, Marfil., pp. 413-444

CEBRIAN, M. (1997): "Nuevas competencias para la formación inicial y permanente del profesorado", en EDUTEC. Revista electrónica de Tecnología Educativa, n°. 6.

CEBRIÁN DE LA SERNA, M. (1999): o.c., p. 143.

COMISIÓN EUROPEA (1997): Accomplir l´Europe par la L´education et la formation. Bruselas, p. 26.

GALLEGO, D. y ALONSO, C. (1996): Integración curricular de los recursos tecnológicos. Barcelona. Oikos-Tau.

GISBERT, M. (1996): Recursos educativos distribuidos: Internet. Power Science, p. 19, n°. 5.

LÓPEZ NOGUERO, F. (1994): "¿Porqué usar los medios en el quehacer docente?", en Enseñar y aprender la actualidad con los medios de comunicación. Huelva/Sevilla: "Prensa y Escuela"/GIPDA, pp. 150-152.

MARTÍNEZ SÁNCHEZ, FCO. (1996): "La enseñanza ante los nuevos canales de comunicación", en TEJEDOR, F. J. y Gª. VALCÁRCEL, A. (eds.): Perspectivas de las Nuevas Tecnologías en la Educación", Madrid, Narcea, pp. 101-119.

M.E.C. (1989): Diseño Curricular Base de Educación Primaria, Madrid, pp.412-413.

ORTEGA CARRILLO, J. A. (1997): Comunicación Visual y Tecnología Educativa: Granada. Grupo Editorial Universitario, p.226.

SALINAS, J. (1998): "Enseñanza flexible, aprendizaje abierto. Las redes herramientas para la formación", en

CEBRIÁN, M. y otros (coords.): Recursos tecnológicos para los procesos de enseñanza y aprendizaje, Málaga, ICE-Servicio de Publicaciones de la Universidad de Málaga, pp. 54-64.

SENGE, P. (1992): La Quinta Disciplina. El arte y la práctica de la organización abierta al aprendizaje. Barcelona. Granica, p. 11.

SIMON, H.A. (1985): "Informática y educación: oportunidades que propicia el uso de ordenadores". Revista de educación, 276, pp. 13-25.

LA GESTIÓN DEL CENTRO: HACIA EL DISEÑO DE PROPUESTAS DESDE LA ENSEÑANZA PARA LA COMPRENSIÓN (EPC)

LUIS PORTA VÁZQUEZ
Universidad Nacional de Mar del Plata (Argentina)

1. Introducción

A través de nuestro trabajo, presentamos la propuesta de Enseñanza para la Comprensión (EpC), que se ha llevado adelante a través de la experiencia del Proyecto Cero en la Universidad de Harvard. Creemos que éste tipo de metodologías de enseñanza, que pueden ser objetivadas desde la Dirección del Centro, pueden llevarnos a modificar desde la práctica la enseñanza y concebir de una manera diferente la construcción del conocimiento escolar.

2. El problema de la comprensión

El marco conceptual dentro del cual elaboramos nuestro trabajo, es el denominado **Enseñanza para la Comprensión** (EpC) (Wiske, 1999) el cual se funda en una *"definición de la comprensión como un desempeño creativo"*. De esta forma, la comprensión es siempre construida a partir de la propia experiencia y del trabajo intelectual tanto del docente como del alumno, como desde la gestión del centro. Este marco conceptual surgió como resultado de una experiencia de trabajo llevado a cabo entre 1988 y 1995 por un grupo de investigadores de la Escuela de Graduados de Educación de Harvard y un gran número de docentes de escuelas cercanas dedicados a la investigación educativa.

Las bases teóricas del citado proyecto se apoyan en prolongadas investigaciones dirigidas por los principales investigadores del proyecto: David Perkins, Howard Gardner y Vito Perrone. Su compromiso y aquel de sus colaboradores condujeron a una investigación conjunta tendiente a una pedagogía de la comprensión.

Antes de entrar de lleno en los componentes de la EpC resulta interesante efectuar algunas reflexiones acerca de la **comprensión**. Al respecto dice Perkins *"comprender es cuestión de ser capaz de pensar y actuar con flexibilidad a partir de lo que uno sabe"*[1].

---

[1] Ob.Cit. P.73

Comprender un tema es poder explicar, justificar, extrapolar, vincular y aplicar ese tema de maneras que van más allá del conocimiento y la habilidad rutinaria.

Según Gardner[2], la calidad de la comprensión de los alumnos se basa en su capacidad para hacer uso productivo de los conceptos, teorías, narraciones y procedimientos provenientes de distintos dominios. Y añade: *"los alumnos deberían ser capaces de comprender la naturaleza humanamente construida de este conocimiento y remitirse a el para resolver problemas, tomar decisiones y finalmente transformar el mundo que los rodea".*

El marco conceptual de la Comprensión destaca cuatro dimensiones de la comprensión: **contenido, métodos, propósitos y formas de comunicación.** Dentro de cada dimensión, el marco describe cuatro niveles de comprensión: **ingenua, de principiante, de aprendiz y de maestría.**

3. Hacia la reconceptualización del conocimiento

Reconceptualizar el conocimiento de las disciplinas entendidas como herramientas entraña cuatro grandes movimientos de alejamiento de esta epistemología factual.

- **Primero,** exige pasar de la atención a los **contenidos** aislados en el mundo a redes conceptuales más amplias, y organizadas de ejemplos y generalizaciones que, habitualmente, se dan por sentadas en los dominios en que se enseñan.
- **Segundo,** exige que los individuos vean estas descripciones como construcciones humanas hechas según ciertos **métodos** y criterios en los que se coincide consensuadamente, lo cual los vuelven confiables (tales como la observación de la naturaleza, la interpretación de fuentes y la comprensión empática).
- **Tercero,** exige atender a los **propósitos** que motivan que se investiguen problemas específicos y los usos que se les puede dar a los cuerpos de conocimiento (tales como explicar, predecir y controlar la naturaleza o desarrollar la conciencia de clase o la identidad nacional).
- **Cuarto,** exige que los individuos encuentren **formas adecuadas de comunicar** y compartir el conocimiento (por ejemplo presentando datos que apoyan una afirmación, formulando un argumento o usando el poder poético de una narración.

En cuanto a los niveles de comprensión, dice Gardner, los desempeños de *comprensión ingenua* están basados en el conocimiento intuitivo. Describen la construcción del conocimiento como un proceso no problemático que consiste en captar información que está directamente disponible en el mundo. En estos desempeños, los alumnos no ven la relación entre lo que aprenden en la escuela y su vida de todos los días.

Los desempeños de *comprensión de aprendiz* están basados en conocimientos y modos de pensar disciplinarios. Demuestran un uso flexible de conceptos o ideas de la disciplina. Los desempeños en este nivel demuestran una expresión y comunicación de conocimiento flexible y adecuada.

Los desempeños de *comprensión de maestría* son predominantemente integradores, creativos y críticos. En este nivel, los alumnos son capaces de moverse con flexibilidad entre dimensiones, vinculando los criterios por los cuales se construye y se convalida el conocimiento en una disciplina con la naturaleza de su objeto de estudio o los propósitos de la investigación en el dominio. El conocimiento es expresado y comunicado a otros de manera creativa.

[2] Ob.Cit. P. 217

Según Perrone[3], desde el punto de vista educativo, la comprensión casi siempre ha sido valorada al menos retóricamente. Ha sido una meta permanente en las escuelas de los Estados Unidos (y seguramente en las de nuestro país) No obstante, ha habido desigualdades en la búsqueda y el logro de la comprensión.

Términos tales como 'aprender a captar plenamente, saber o aprehender el sentido, percibir por medio de la mente, asociar un sentido o interpretación a, apreciar la fuerza, ser inteligente y consciente" forman parte de la definición de comprensión según la conciben estos autores en el marco conceptual de la Enseñanza para la comprensión.

Muchas de las concepciones que subyacen la formulación de la EpC estaban presentes en las discusiones de las primeras escuelas comunes del siglo XIX, no obstante, que existieran desde el lenguaje no significa que funcionaran en la práctica

Dice Perrone[4] *"si la meta de la educación es comprender, entonces los alumnos deben comprometerse activamente en convertir las ideas en propias. El curriculum debe vincularse con las preocupaciones, intereses y experiencias de los alumnos".* Por su parte los docentes deben delinear parámetros generales que se adecuen a sus alumnos, y cambiar el énfasis y el ritmo del curriculum para mantener el compromiso intenso que exige la comprensión.

Se recomienda una indagación más completa de un número más pequeño de ideas, conceptos y temas que se estudian en profundidad, a los cuales se vuelve en forma recurrente y se conectan tanto con ideas que atraviesan diversos campos de indagación como con la vida personal de los alumnos.

Por último el concepto de comprensión, tal como se concibe en esta postura, está asociado a la idea de *desempeño flexible*. La comprensión se presenta cuando la gente puede pensar y actuar con flexibilidad a partir de lo que sabe. Cuando un estudiante no puede ir más allá de la memorización y el pensamiento y la acción rutinarios está señalando una falta de comprensión.

4. Hacia una pedagogía de la comprensión

Según Wiske[5] una pedagogía de la comprensión debe abarcar algo más que el conocimiento acerca de la naturaleza de la comprensión y su desarrollo. A su criterio debe dar respuesta a cuatro preguntas clave:

1. ¿Qué tópicos vale la pena comprender?
2. ¿Qué aspectos de esos tópicos deben ser comprendidos?
3. ¿Cómo podemos promover la comprensión?
4. ¿Cómo podemos averiguar lo que comprenden los alumnos?

La EpC da respuesta a estos interrogantes a través de cuatro elementos que constituyen la esencia de esta propuesta pedagógica. Estos son: *tópicos generativos, metas de comprensión, desempeños de comprensión y evaluación diagnóstica continua.*
—**Tópicos generativos:** El grupo de investigadores llegó a la conclusión de que *"es probable que un **tópico** sea **generativo** cuando es central para el dominio o la disciplina, es acccesible e interesante para los alumnos, excita las pasiones intelectuales del docente*

---

[3] Ob. Cit. Pág. 39.
[4] Ob. Cit. Pág. 66.
[5] Ob. Cit. Pág. 95.

y se conecta fácilmente con otros tópicos tanto dentro como fuera del dominio o disciplina particular"[6].

—**Metas de comprensión:** Las **metas de comprensión** son aquellas que afirman explícitamente lo que el docente espera que los alumnos lleguen a comprender. Su función es definir específicamente las ideas, procesos, relaciones o preguntas que los alumnos comprenderán mejor por medio de su indagación. Dado que estas metas generales tienden a ser aquellas a las que tanto alumnos como docentes vuelven en forma recurrente, algunos miembros del proyecto de la Enseñanza para la comprensión también las han denominado **hilos conductores** en alusión al método de actuación de Stanislavski, por el cual cada actor centra la caracterización de su personaje en el tema fundamental de la obra.

Las metas de comprensión son más útiles cuando se las define de un modo explícito y se las exhibe públicamente; cuando están dispuestas en una estructura compleja y cuando están centradas en conceptos claves para la materia.

—**Desempeños de comprensión:** El tercer elemento del modelo es denominado **desempeños de comprensión** y constituye el núcleo del desarrollo de la comprensión. Según afirma Blythe[7] *"los alumnos deberían comprometerse en desempeños que demuestren y desarrollen la comprensión desde el principio hasta el final de la unidad o del curso".*

Como lo sintetiza Wiske los desempeños de comprensión efectivos tienen las siguientes características:

• Se vinculan directamente con metas de comprensión.
• Desarrollan y aplican la comprensión por medio de la práctica.
• Utilizan múltiples estilos de aprendizaje y formas de expresión.
• Promueven un compromiso reflexivo con tareas que entrañan un desafio y que son posibles de realizar.
• Demuestran la comprensión.

—**Evaluación diagnóstica continua:** Finalmente, el cuarto elemento de la Enseñanza para la comprensión es la **evaluación diagnóstica continua** de desempeños, en relación con las metas de comprensión. Los autores sugieren que una forma de captar este concepto de forma más sencilla es equipararlo con la tarea de aprender deportes o artes. En estos tipos de aprendizaje los alumnos observan desempeños modelos tanto por parte de expertos como de sus propios compañeros. De este modo los aprendices emulan otros desempeños y desarrollan los propios, a la vez que reciben críticas constructivas sobre los mismos. El alumno está constantemente comparando su desempeño actual con el anterior y con aquel al que intenta llegar.

Los alumnos y los docentes *comparten* la responsabilidad permanente de ir analizando el progreso en búsqueda de desempeños de más alto nivel. La utilización de processfolios resulta de gran utilidad para el control de zonas de crecimiento.

Este elemento del marco conceptual de la EpC es, a menudo, uno de los que más desafios presenta para el docente. Es necesario comprender muy bien los otros elementos del marco con el objeto de definir criterios adecuados para evaluar desempeños. Exige que los docentes renunciemos a nuestro papel de únicos *"árbitros de excelencia"* y negociemos nuestra autoridad intelectual con nuestros alumnos.

El papel de este marco conceptual no es dictar una irreflexiva puesta en práctica de las prescripciones de un grupo de expertos, según lo señalan los propios autores, sino más bien

---

[6] Ob. Cit. Pág. 99.
[7] Ob. Cit. Pág. 47.

estimular a colegas educadores a ser reflexivos al momento de articular sus propias prescripciones. Está concebido de modo tal que los docentes podamos ejercer nuestras responsabilidades y compromisos personales a la hora de producir nuestros propios curricula y de este modo, debe ser apreciado como una estructura de guia para el propio desarrollo profesional.

Como bien afirma Wiske[8] *"determinar el contenido del curriculum es un problema espinoso"*. La EpC da respuesta a estos interrogantes a través de cuatro elementos que constituyen la esencia de esta propuesta pedagógica. Estos son: ***tópicos generativos, metas de comprensión, desempeños de comprensión y evaluación diagnóstica continua***.

En primer lugar señala que lo que se enseña en la escuela, en este caso en la Universidad, debe estar vinculado a los intereses y preocupaciones del alumno en su vida cotidiana. Desde esta perspectiva, y con el objeto de establecer tales relaciones, deben ser los docentes los encargados de tomar decisiones respecto del diseño curricular.

En segundo término, un curriculum diseñado para promover la comprensión, no debe limitarse a ofrecer información, sino que debe involucrar a los alumnos "en constantes espirales de indagación que los lleven desde un conjunto de respuestas hacia preguntas más profundas, que revelen conexiones entre el tópico que se está tratando y otras ideas, preguntas y problemas fundamentales".

Comprender este marco (en el sentido de utilizarlo para analizar, diseñar y ponerlo en acto en la práctica) significó el tránsito por un proceso cíclico y reflexivo, en el cual los diferentes elementos del marco entraron en juego en forma repetida en diversas secuencias.

El objetivo central gira alrededor de la creación de ámbitos de debate reflexivos y críticos para la elaboración de propuestas de este tipo. La organización y la gestión de la escuela pueden dar las herramientas y lugares para que esto pueda llevarse adelante.

Creemos que el marco conceptual de la EpC ofrece una estructura metodológica y un lenguaje adecuado para concebir la estructura de la organización escolar desde una visión reflexiva que tienda a recuperar la práctica como eje de investigación. Este tipo de experiencias estamos llevando a cabo en el marco de la Formación del Profesorado en algunas Universidades de nuestro país. Este es el caso del Ciclo de Formación Docente de la Facultad de Humanidades de nuestra Universidad, de la cual formamos parte integrando una cátedra de ese ciclo.

5. Bibliografía

APPLE, M. (1997). Escuelas democráticas, Morata, Madrid.

BLYTHE, T. (1999). "La enseñanza para la comprensión.Guía para el docente". Paidos, Buenos Aires.

BLYTHE, T. Y otros: (1999): Tópicos generativos, en su: La enseñanza para la comprensión: Guía para el docente. Buenos Aires: Paidos.

CONFORTI, N., ETCHEVERRY, L. Y PORTA, L. (1999). El docente escribiendo para la práctica. Propuesta de intervención en la cátedra problemática Educativa. Trabajo Final Carrera de Especialización en Docencia Universitaria, UNMDP, Mar del Plata.

GRUPO DE INVESTIGACIÓN EN CIENCIAS SOCIALES (GICIS) (1998): Análisis prospectivo en metodología y formación del profesorado en Ciencias Sociales. Informe de Avance, Secretaría de Investigación y Desarrollo Tecnológico, UNMDP.

---

[8] Ob. Cit. Pág. 97

HARGREAVES, A. (1996): Profesorado, cultura y posmodernidad, Morata, Madrid.

JACKSON, P. (1998): Sobre el lugar de la narrativa en la enseñanza, en: Mc EWAN H. Y
EGAN, K. : La narrativa en la enseñanza, el aprendizaje y la investigación. Buenos
Aires: Amorrortu.

LITWIN, E. (1997): Las configuraciones didácticas. Una nueva agenda para la enseñanza
superior. Buenos Aires: Paidos.

LITWIN, E. (1999): "Las variaciones en el arte de narrar: una nueva dimensión para una
nueva agenda didáctica", en: Propuesta Educativa. Año 10, N° 20. Pp 37/40.

PERKINS, D. (1999) ¿Qué es la comprensión?, en: STONE WISKE, M. (comp): La enseñanza para la comprensión. Buenos Aires: Paidos.

STONE WISKE, M. (comp)(1999): "La enseñanza para la comprensión. Vinculación entre
la investigación y la práctica". Paidos, Buenos Aires.

PREVENCIÓN E INTERVENCIÓN SOBRE LOS PROBLEMAS DE DISCIPLINA EN LA ESCUELA

JUAN ANTONIO AMEZCUA MEMBRILLA
M. CARMEN PICHARDO MARTÍNEZ
Departamento de Psicología Evolutiva y de la Educación.
Facultad de Ciencias de la Educación. Universidad de Granada.

1. Introducción

La disciplina es un tema de creciente interés dentro del ámbito educativo, incluso ha sido considerada en muchos casos, como el principal problema de la escuela de hoy. De nuestras escuelas se ha erradicado el castigo físico como medida disciplinaria y esto ha sido un logro importante. Sin embargo, son muchas las agresiones de una u otra parte que se producen en el entorno escolar, por lo que se hace necesario tomar conciencia de esta realidad e intentar entre todos crear un clima, un lugar donde sea posible un desarrollo integral de la educación en su acepción más amplia y el logro de todos y cada uno de sus objetivos (Amezcua y Pichardo, 1998).

El término disciplina se utiliza frecuentemente por los profesores, padres y directores, sin embargo es importante admitir que entre estos colectivos, entre los alumnos y entre los diferentes investigadores no existen puntos de vista coincidentes sobre el tema, lo que perjudica claramente su estudio y análisis. Por este motivo, no se puede dar una única definición de la expresión "disciplina escolar", puesto que una de las características básicas de este concepto es que incluso dentro de cada centro hay diversas concepciones. Este hecho viene confirmado en diferentes investigaciones como la realizada por Haroun y O'Hanlon (1997). Las autoras hicieron una comparación entre la definición de disciplina escolar ,y el papel que la disciplina juega en el proceso de enseñanza-aprendizaje de 28 profesores de secundaria y 40 de sus alumnos. Encontraron que ambos grupos consideraban que una buena disciplina es un aspecto necesario y esencial para enseñar y aprender. No obstante, existen claras diferencias en su visión sobre qué constituye una disciplina efectiva e incluso aparecen diferentes puntos de vista entre los alumnos mayores y sus iguales de menor edad.

Otro aspecto de interés es el hecho de que para cada profesor, una determinada acción de un alumno puede considerarse o no infracción dependiendo de una serie de variables como el momento, el lugar, las personas que interactúan, el sujeto que evalúa la situación o las propias características del alumno. Los juicios de los profesores no siempre son uniformes, y esto se debe a que el elemento clave en este proceso de decisión está en la finalidad de la conducta.. En la investigación llevada a cabo por Steed, Lawrence y Young (1983) demostraron que los profesores, consideraban como conductas perturbadoras aquellas que más se reiteraban y sobre todo las que eran percibidas como intencionadas y deliberadamente maliciosas. Desde este punto de vista, en el caso de un niño hiperactivo, por ejemplo, el profesor estaría cometiendo un grave error si se deja llevar por esa percepción , puesto que todos sabemos que las razones del exceso de energía en estos niños no son de tipo voluntario. Aunque es difícil dar una definición precisa de indisciplina, veamos algunas que aunque pueden ser criticables resultan útiles. En este sentido, Lawrence, Steed y Joung (1977) definen la conducta conflictiva o problemática como aquella que tiene una influencia negativa sobre el proceso docente y supone al mismo tiempo un trastorno grave para el desarrollo normal de la vida escolar. Por su parte Curwin y Mendler (1989) consideran que los problemas de disciplina no se producen en el vacío, son parte del sistema social en su totalidad, por esta razón definen un problema disciplinario como una situación o hecho en que las necesidades del grupo o de la autoridad entran en conflicto con las del individuo que forma parte del grupo. Cuando una persona se comporta de un modo que satisface sus necesidades pero impide, de alguna forma, satisfacer las de los miembros del grupo-clase, podemos decir que se presenta un problema de disciplina.

2. Prevención de problemas de disciplina

Como cualquier otro problema que se pueda plantear en el ámbito educativo, se debería actuar sobre los problemas de disciplina antes de que éstos aparezcan, a través de la realización de programas o actuaciones puntuales de prevención primaria. El primer objetivo del enfoque preventivo es crear un clima en el que los problemas de disciplina puedan evitarse. Esto nos lleva a pensar en la necesidad de proporcionar a los alumnos un ambiente escolar con una clara estructura y dirección por parte del profesor, pero lo suficientemente flexible para que los alumnos puedan ir satisfaciendo sus propias necesidades y participar de forma activa. El control de la clase no consiste en que el profesor imponga con mayor facilidad su autoridad sobre los alumnos, sino en facilitar un clima donde el ejercicio efectivo y directo de ese control sea cada vez menos necesario, consiguiendo una interiorización de las normas por parte de sus alumnos.

Para Curwin y Mendler (1989) existen seis etapas básicas que los profesores deben tener en cuenta para prevenir y minimizar los problemas de disciplina en clase. Las seis etapas serían las siguientes:

1. *Aumentar su autoconciencia*: Se debería acercar lo máximo posible la percepción del profesor sobre cómo debería enseñar y manejar la clase (yo ideal) y cómo lo hace realmente (yo real). El control de la clase se fundamenta en la comprensión, por parte del profesor de su propia conducta, y en el entendimiento de que muchos problemas de control que surgen en clase son consecuencia directa de cómo actúa en relación con los alumnos (Fontana, 1989).

2. *Aumentar la conciencia sobre sus alumnos*. El profesor debe conocer y comprender la conducta de sus alumnos, y debe igualmente tener un interés por sus características y necesidades, elementos que son necesarios para el adecuado desarrollo de los niños y adolescentes creando, al mismo tiempo, un ambiente preventivo. Cuanto más consciente sea el profesor de sus alumnos, tanto más eficiente será al trabajar con ellos.

3. *Expresar los verdaderos sentimientos.* Antes de enfrentarse a los alumnos el profesor debe conocer y aprender a expresar sus sentimientos con seguridad sin perder su equilibrio, a pesar de que los alumnos difíciles le planteen claros retos.

4. *Descubrir y reconocer las posibles alternativas.* Los profesores deben conocer modelos, teorías de disciplina y la investigación psicológica y educativa en relación con la disciplina. El conocimiento por sí sólo no va a hacer que el profesor obtenga un mejor manejo de la clase, pero sí puede facilitar la utilización de diversas alternativas viables tal y como son o con distintas modificaciones para adaptarlas a su grupo de alumnos.

5. *Establecer contratos sociales.* Un contrato social consiste en un listado de reglas y consecuencias de conducta, ya sea en el aula o en el centro, en la que el profesor y los alumnos deben elaborar y por lo tanto, estar de acuerdo con ellas.

6. *Realizar los contratos sociales.* Esta última etapa requiere realizar el contrato social, el profesor prepara el clima de la clase que será gobernado por las reglas asumidas por el grupo y cuando surja la indisciplina, se sigue la consecuencia acordada.

A nuestro juicio, además de estas seis etapas analizadas anteriormente, consideramos que para prevenir conductas inadecuadas dentro del aula se deben realizar actuaciones preventivas globales sobre el centro escolar. Los colegios tienen una influencia determinante en la conducta de sus alumnos, tal y como se demuestra en múltiples investigaciones realizadas sobre el tema (Cannan, 1970; Chapman, 1979; Reynolds y Murgatroyd, 1977; Rutter, et al., 1979; Steedman, 1980). El curriculum diseñado en el Plan de Centro, las técnicas pedagógicas empleadas y el clima rígido pueden ser causas de conflictividad. Las distintas formas de organización de unos centros comparadas con las de otros también inciden sobre los patrones de conducta de los alumnos en clase. En este sentido, se han analizado cuatro áreas: la flexibilidad y aplicabilidad del curriculum junto con la flexibilidad en los métodos de enseñanza, en la evaluación y en el apoyo al aprendizaje; la política organizativa, con aspectos como la distribución de alumnos por aulas, los horarios, la utilización de recursos y la implicación de los alumnos en la toma de decisiones; aspectos relacionados con el profesorado como los sistemas de apoyo, los niveles de comunicación, las actitudes y la movilidad y características amplias del sistema escolar, como su coherencia, los objetivos y su relación con el ámbito social en el que se inserta (Waltkins y Wagner, 1991).

Centrándose en la disciplina dentro del aula, algunos autores como Plaza del Rio, (1996) consideran que el núcleo de la prevención sería establecer y realizar contratos sociales entre el profesor y sus alumnos. El profesor para establecer contratos sociales deberá realizar los siguientes pasos:

a. El profesor elabora una lista de reglas que formarán parte del contrato social, agrupándolas en: conductas de clase, hábitos de estudio y rendimiento.

b. El profesor prepara las consecuencias que el incumplimiento de las reglas tendrá para sus alumnos, éstas deben redactarse con claridad y en caso de conducta disruptiva han de aplicarse de forma contingente.

c. Los alumnos preparan las reglas que debe cumplir el profesor. Éstas reglas tienen el propósito de dar a los alumnos una ocasión de hacerles conocer cuáles son los límites en relación con el profesor.

d. Los alumnos preparan las consecuencias que se derivarían para el profesor, en caso en que incumpla las normas fijadas.

e. Los alumnos preparan reglas que han de cumplir, elaborando un listado donde se definirán las conductas adecuadas e inadecuadas para cada uno. También se determinarán las consecuencias que se derivarán de cada una de ellas.

f. Comentar y discutir las reglas y sus consecuencias en la clase. Una vez elaboradas las listas de reglas y consecuencias, el profesor y sus alumnos deben llegar a una decisión para extraer aquellas que formarán parte del contrato social.

g. El profesor debe asegurarse que los alumnos comprenden y asumen las reglas y que éstas permanecen en un lugar visible.

3. Modelos de intervención sobre problemas de disciplina

A pesar de que los problemas de disciplina tengan un carácter social y político, resulta evidente que el tratamiento e intervención directa sobre este conjunto de problemas lo debe hacer el personal del centro, ya que éstos son los que mejor conocen las características de éste y de los colectivos que en él se encuentran. Existen fundamentalmente dos modelos de intervención sobre problemas relacionados con la disciplina: el modelo conductual o de modificación de conducta y el modelo cognitivo. Sin embargo, esto no quiere decir que ambos tratamientos estén opuestos. El modelo conductista se centra en el comportamiento observable y en las consecuencias de sus actos; el enfoque cognitivo dirige su atención al mundo interior del sujeto como pensamientos, motivos y emociones. El profesor podrá utilizar un planteamiento u otro en función de las circunstancias concretas e incluso combinar estrategias de ambos modelos, adoptando un modelo ecléctico de intervención.

3.1. Modelo de intervención conductual

Desde esta perspectiva se considera que los problemas de conducta son estrategias aprendidas con una finalidad determinada. El alumno aprende a través de lo que se denomina el condicionamiento operante que ciertas formas de comportamiento consiguen alcanzar una consecuencia placentera, por lo que éstas terminan por integrarse en el repertorio de sus comportamientos. A veces, los profesores, sin ser conscientes de ello, estimulan las conductas que pretenden eliminar.

Este enfoque de modificación de la conducta considera que el cambio en el comportamiento de los alumnos viene determinado por la modificación de la forma de reaccionar ante esa conducta. De hecho, se fundamenta en los siguientes principios básicos (Fontana, 1989): la conducta observable puede describirse en términos objetivos; la conducta se aprende, las conductas que son reforzadas tienden a repetirse en el futuro, el cambio de contingencias modifica las conductas y el comportamiento viene determinado por la especificidad contextual.

Para modificar las conductas problemáticas se plantea la necesidad de que el profesor realice los siguientes pasos:

- Observar objetiva y sistemáticamente al alumno y elaborar detalladamente un listado con las conductas problemáticas que realice. Una vez establecido el registro conductual, el paso siguiente consistirá en anotar frente a cada conducta negativa del alumno la respuesta habitual que realiza el profesor. Esta fase trata de concretar cuál puede ser la motivación del niño para actuar, a través de un análisis funcional.

- El profesor debe registrar las conductas correctas del alumno y sus respuestas en las ocasiones que se produzcan ya que se ha comprobado que en las pocas circunstancias en las que el niño hace lo que se le dice, el profesor no suele dar respuesta alguna (Fontana, 1989). Sin embargo, uno de los procedimientos más eficaces de eliminación de conductas inadecuadas consiste en reforzar la conducta contraria.

-   Una vez realizadas ambas listas de conductas y las respuestas correspondientes, se debe analizar la aparición de refuerzos de las mismas. Normalmente los refuerzos están relacionados con la actuación del profesor y/o de los compañeros.
-   Se debe analizar, igualmente, la influencia de los castigos del profesor sobre la conducta del niño. De igual manera que la conducta que se refuerza tiende a repetirse, la conducta que es castigada suele desaparecer. A veces lo que el profesor toma como castigo constituye en realidad un regalo o refuerzo para los niños.
-   Finalmente, se debe establecer un sistema de recompensas (materiales e inmateriales) y de castigos (carta del jefe de estudios, expulsión temporal, etc.) que se pondrán en práctica, de forma sistemática y contingente, ante la conducta del alumno.

Dentro de esta perspectiva, Cameron (1998) plantea un modelo de intervención, que según sus investigaciones ha resultado bastante prometedor para reducir el número de conductas problemáticas en los centros escolares. El modelo trata de enseñar a los profesores a eliminar las actividades realizadas por los alumnos, no deseadas, a través de técnicas de modificación de conducta y a promover conductas positivas alternativas. Además, a los alumnos se les enseñan diferentes estrategias de autorregulación, se utiliza a los iguales para colaborar y apoyar a los alumnos con problemas de disciplina y finalmente se intenta reforzar en los alumnos la motivación intrínseca.

Por su parte, Bear (1998), después de realizar un extenso análisis en las escuelas públicas de Estados Unidos sobre los profesores que habían demostrado poseer unas buenas estrategias para el manejo de la clase tanto a corto, como a largo plazo y que por tanto soportaban un menor número de problemas de disciplina, muestra que los profesores más eficaces eran aquellos que se distinguían por llevar a cabo estilos democráticos. Estos profesores se caracterizaban por combinar tres tipos de estrategias:
-   Manejo de la clase y creación de un clima social positivo, como estrategias básicas para prevenir conductas problemáticas en clase.
-   Utilización de estrategias de aprendizaje operante para manejar y controlar las conductas problema a corto plazo.
-   Enseñanza de estrategias de toma de decisiones y solución de problemas para crear en los alumnos, a largo plazo, una autodisciplina.

Este modelo de actuación defendido por Bear (1998) se está desarrollando actualmente en tres proyectos nacionales dentro de las algunas escuelas de los Estados Unidos: el proyecto *Child Development*, el programa *the Families and Schools Together Track* y el proyecto *ACHIEVE*.

3.2. Modelo cognitivo de intervención

El enfoque cognitivo centra su atención en el mundo interno del alumno, esto es, la actividad mental del niño referida a sus pensamientos, motivos, recuerdos y emociones. Desde esta perspectiva el profesor deberá evitar que en la clase surjan conductas problemáticas, realizando una clara programación de actividades, teniendo presente los siguientes elementos básicos:
-   Establecer estándares de conducta y objetivos académicos realistas.
-   Conocer las características de los alumnos y el por qué de sus comportamientos.
-   Reflejar aceptación, apoyo y altas expectativas hacia sus alumnos.
-   Crear un clima democrático, donde se responsabilice a los alumnos.
-   Prever las probables problemas de control, decidir las estrategias para su resolución y aplicarlas con rapidez.

-    Asignar a los niños tareas pedagógicas apropiadas e interesantes, teniendo en cuenta las características y posibilidades de cada uno de sus alumnos.
-    Modificar las actividades de forma continuada para evitar que los alumnos se aburran y aumente la probabilidad de comportamientos inadecuados dentro del aula.
-    Crear dentro de la clase un clima lo más agradable y estimulante posible.
-    Actuar como mediador del aprendizaje de los alumnos, proporcionando orientaciones a la clase antes de cualquier cambio de actividad y procurando que todos los alumnos alcancen el objetivo final.
-    Ayudar a los niños a comprobar las consecuencias de sus conductas

     Por otra parte, para la perspectiva cognitiva serán de especial interés, para evitar la aparición de conductas inadecuadas, el estudio de determinados temas como la motivación, el interés, el locus de control, las expectativas del profesor o el autoconcepto de los alumnos. Los psicólogos cognitivos plantean que analizando y optimizando cada uno de estos elementos, se podrían evitar gran parte de los conflictos que se producen en las aulas.

a. La motivación

Uno de los objetivos que debe plantearse el profesor es conocer a los alumnos en clase y descubrir las razones que hay detrás de sus actos. La motivación y el interés son de especial relevancia para la perspectiva cognitiva. En algunas ocasiones los problemas de disciplina están basados en la dificultad de suscitar el interés en los objetivos de la educación. Si a los niños se les crea la necesidad de aprender, se les presentan tareas relevantes que tengan conexión con su entorno físico y social, es muy probable que muestren atención y que no surjan problemas de control de la clase, ya que estarán ocupados en mejorar su aprendizaje. En este caso, la principal estrategia de intervención girará en torno a analizar la conducta del profesor con la finalidad de modificarla y que ésta se oriente a buscar estrategias para motivar a sus alumnos.

b. Locus de control

     La perspectiva cognitiva considera que si los niños tienen un locus de control interno, es decir creen que tiene cierto control sobre sus actos, es muy posible que persistan en los tipos de conducta que les da resultado en clase. Es más probable también que atiendan a las explicaciones del profesor y perseveren ante las dificultades (Fontana, 1989). Sin embargo, es importante que el profesor ayude a los niños a determinar objetivamente quién es el responsable de determinadas conductas y cómo corregir la situación creada si se obtienen resultados no deseados. De esta forma evitaremos que el niño considere que es el causante de todos sus fracasos debido a su falta de capacidad dando lugar a una "indefensión aprendida".

c. Expectativas del profesor.

     El profesor debería evitar juzgar de antemano a sus alumnos. El hecho de que se considere a un niño como una figura perturbadora significará que en el futuro cualquier comportamiento del niño suscitará en el profesor cierta sospecha. Este comportamiento puede generar en el niño resentimiento y comportarse mal en clase, tal y como espera el profesor. Si consideramos que un niño es difícil, nos comportaremos de un modo consecuente con nuestro pensamiento, provocando la aparición de la conducta que vaticinamos, dando lugar a lo que se conoce como la profecía autocumplida.

d. Autoconcepto

Diferentes investigaciones (Hoge, Smit Hanson, 1990; Marjoribans, 1980; Purkey y Novak, 1984; Villa, 1992) han demostrado la relación que existe entre autoestima y clima escolar. Los alumnos que tienen una pobre autoestima, es más probable que tengan problemas de comportamiento en clase. Desde esta perspectiva, la tarea del profesor en el tratamiento y prevención de los problemas de control en el aula, consistirá en ayudar a sus alumnos a desarrollar unos autoconceptos positivos tanto en el ámbito académico como no académico. Para ello es esencial que se proporcione a los alumnos oportunidades de experimentar el éxito asignándoles tareas acordes con sus aptitudes o llevando a cabo programas específicos de desarrollo afectivo como podrían ser, entre otros, los de Machargo (1997); Vallés Arandiga (1997) y Villa (1992).

Referencias Bibliográficas

AMEZCUA, J. A. y PICHARDO, M. C. (1998). *Análisis y modificación de los factores que determinan el clima del aula.* Actas de las III Jornadas Andaluzas sobre Organización y Dirección de Instituciones Educativas. (En prensa).

BEAR, G. G. (1998). School discipline in the United States: Prevention, correction, and long-term social development. *School Pscychology Review*, 27(1), 14-32.

CAMERON, R. J. (1998). School discipline in the United Kingdom: Promoting classroom behaviour which encourages effective teaching and learning. *School Psychology Review*, 27(1), 33-44.

CANNAN, C. (1970). Schools for delinquency. *New Society.* 16, 427-1004.

CHAPMAN, B.L.M. (1979). Schools do make a difference. *Journal British Educational Research.* 5 (1), 115-124.

CURWIN, R.L. y MENDLER, A. N. (1989). *La disciplina en clase. Guía para la organización de la escuela y el aula.* Madrid: Narcea.

FONTANA, D. (1989). *La disciplina en el aula. Gestión y control.* Madrid: Santillana.

HAROUN, R. y O'HANLON, C. (1997). Do teachers and students agree in their perception of what school discipline is?. *Educational Review*, 49(3), 237-250.

HOGE, D.R.; SMIT, E.K y HANSON, S.L. (1990). School Experiences Predicting Changes in Self-Esteem of Sixth and Seventh-Grade Students. *Journal of Educational Psichology*, 82, 117-127.

MARJORIBANS, K. (1980). Persons-school enviroment correlates of children´s affective characteristic. *Journal of Educational Psychology.* 72, 583-591.

MACHARGO J. (1997). *Programa de actividades para el desarrollo de la autoestima.* Madrid: Escuela Española.

POWER, M. J., ANDELSON, M. R., PHILLIPSON, C. M., SCHOENBERG, E. y MORRIS, J. M. (1967).Delinquent Schools. *New Society*, 10,542-543.

PURKEY, W. W. y NOVAK, J. M. (1984). *Inviting school success: A self-concept approach to training and learning.* Belmont, C.A: Wadsworth.

REYNOLDS, D. (1977). Towards a socio-psychological view of truancy. En B. Kahan (ed.). *Working Thogether for Children and their families.*

REYNOLDS, D. D. y MURGATROYD, S. (1977). The sociology of schooling and the absent pupil: the school as a factor in the generation of truancy. En H.C.M. Carroll (ed.). *Absenteeism in South Wales.*University College Swansea Faculty of Education.

RUTTER, M., MAUGHAN, B., MORTIMORE, P. y QUESTEN, J. (1979). *Fifteen Thousand Hours: secondary schools and their effects on children*. Open Book.

STEED, D., LAWRENCE, J., y YOUNG, P. (1983). Beyond the naughy child. *Times Educational Supplement*, 28, 10-83.

STEEDMAN, J. (1980). *Progress in Secondary Schools*. National Children's Bureau.

VALLÉS ARANDIGA, A. (1997). *Me gusta quién soy. Programa para mejorar el autoconcepto y la autoestima. Educación primaria*. Madrid: Escuela Española.

VILLA, A. (Coord.) (1992).Autoconcepto y educación. Teoría, medida y práctica pedagógica. Bilbao: Servicio de publicaciones del Gobierno Vazco.

WATKINS, C. y WAGNER, P. (1991). *La disciplina escolar. Propuesta de trabajo en el marco global del centro*. Barcelona: Paidos.

EL NIVEL DE FORMACIÓN DE LOS JEFES DE ESTUDIOS EN LA COMUNIDAD AUTÓNOMA DE ANDALUCÍA

JUAN CABALLERO MARTÍNEZ
Universidad de Granada
CARMEN FERNÁNDEZ CAMACHO
EDUARDO GARCÍA JIMÉNEZ
Universidad de Sevilla

1. Introducción

La constitución de los órganos de gobierno de los centros docentes se estableció en 1985, con la Ley Orgánica del Derecho a la Educación (Ley Orgánica 8/1985, de 3 de julio), que dedicaba dos títulos completos a tal circunstancia. Esta ley fue derogada en 1995, con la Ley Orgánica de Participación y Evaluación General de los Centros Educativos, que intenta ajustar el contenido de la LODE al nuevo sistema educativo establecido por la LOGSE. Ya en el Reglamento Orgánico de las Escuelas de Educación Infantil y de los Colegios de Educación Primaria (Real Decreto 82/1996, de 26 de enero, BOE de 20 de febrero) y el Reglamento Orgánico de los Institutos de Educación Secundaria (Real Decreto 83/1996, de 26 de enero, BOE 21 de febrero) se establecen las funciones de estos miembros del equipo directivo: coordinar las actividades de carácter académico, de orientación y complementarias de profesores y alumnos; elaborar los horarios académicos de alumnos y profesores, sustituir al director en caso de ausencia o enfermedad, coordinar y dirigir la acción de los tutores,...

Existe una preocupación cada vez más evidente por aumentar la calidad de los centros educativos, en los que juegan un importante papel sus equipos directivos. Por tanto, mejorar los centros docentes supone mejorar la dirección. La satisfacción del profesorado se halla altamente relacionada con el estilo de liderazgo del equipo directivo: los docentes se sienten más satisfechos cuando el equipo que ejerce la dirección promueve la participación y el compromiso (Villa Sánchez, 1990). La formación de los miembros del equipo directivo ayuda sobremanera a la resolución de los problemas más frecuentes en los centros y a comprender mejor el funcionamiento y la organización de los mismos. En este marco surge nuestro interés por conocer el nivel de preparación con el que desarrollan su labor el equipo directivo, en concreto, los Jefes de Estudios.

2. Metodología

2.1. Tipo de estudio

La finalidad de nuestra investigación consiste en tratar de identificar diferencias en los niveles de formación de los jefes de estudios en función de una serie de variables que más tarde presentaremos. Debido a esto, el tipo de estudio que emplearemos será causal-comparativo, que tiene como objetivo demostrar si exiyten o no diferencias significativas entre subgrupos de la muestra que comparten determinadas características.

2.2. Muestra

La muestra está compuesta por 803 Jefes de Estudios de centros docentes públicos de la Comunidad Autónoma de Andalucía, que se hallan repartidos de modo que la provincia con mayor porcentaje es la de Sevilla (19,4%) y la menor Almería (8,2%). De ellos, el 68,6% son hombres y el 31,3% son mujeres. El 10,6% de los Jefes de Estudios encuestados opinan que su nivel de preparación en temas vinculados con función directiva es alto, el 77,4% creen que es medio y el 12% piensan que es bajo. Destacamos el hecho de que la mitad de las personas que han respondido al cuestionario no han recibido formación sobre cuestiones relacionadas con el desarrollo de sus competencias.

2.3. Recogida de datos

Para la recogida de datos se les administró a estos miembros del equipo directivo de los centros docentes un cuestionario en el que se les preguntaba por su nivel de formación en cada uno de los siguientes ámbitos: Planificación (Proyecto Educativo, Plan de Centro/Memoria, etc.); Evaluación de Centros; Evaluación de Programas; relaciones interpersonales; legislación escolar en sus aspectos generales y específicos; técnicas de gestión; cumplimentar documentos oficiales; organización general del Centro (Dptos., Equipos, Horarios); organización de los servicios escolares (comedor, transporte); organización de actividades complementarias, infraestructura material y de espacios; relaciones con los padres; dinámica de grupos; modelos, estrategias y técnicas relativas a la Formación del Profesorado en ejercicio; Psicología Aplicada y Orientación Escolar; y Didáctica General: modelos didácticos, metodologías innovadoras, Sociología de la Educación, etc.

Cada uno de estos 16 ámbitos tiene una valoración de *Muy Bajo*, *Bajo*, *Medio*, *Alto* y *Muy Alto*. Además de estos ámbitos, se les pedía que se posicionaran respecto a: formación que han recibido para ser Jefe de Estudios, decisiones que la Administración educativa le permite, nivel económico predominante de los alumnos/as, años de ejercicio docente, zona en la que ejercen, nivel de preparación para desempeñar la función de Jefe de Estudios, curso/seminario/actividad realizados sobre temas relacionados con el cargo que desempeñan, Institución organizadora del curso, seminario o actividad, y utilidad del curso, seminario o actividad para el cargo.

2.4. Análisis de los datos

Con este estudio se pretende averiguar si es posible diferenciar distintos niveles de preparación en los ámbitos anteriormente señalados en función de las variables descritas. Para ello, se ha empleado como prueba estadística el análisis unidireccional de la varianza (ANOVA), habiéndose comprobado previamente la homogeneidad de las varianzas.

3. Resultados

Generalmente, el nivel de preparación de los ámbitos por los que se les preguntaba en el cuestionario es medio-alto, excepto en los aspectos relacionados con la organización de servicios escolares, las técnicas de gestión, relaciones interpersonales y la evaluación de centros, con una preparación media de baja. En la tabla siguiente se muestran los resultados relativos a las variables que identifican diferentes niveles de formación, por lo tanto, no aparecen recogidas las siguientes variables: decisión que la Administración educativa les permite, el nivel económico de las familias de los alumnos y el nivel de preparación para desempeñar el cargo.

ÁMBITOS	FORMACIÓN	AÑOS DOCENTE	ZONA	CURSO	INSTITUCIÓN	UTILIDAD
1. Planificación (Proyecto Educativo, Plan de Centro, etc)	Sin form. – cuenta propia / Sin form. – varias opc.	-	-	Sin formación – varias opciones	Sin form. – CEJA/MEC / Sin form. – varias opc.	-
2. Evaluación de Centros	Sin form. – cuenta propia / Por cuenta propia – por la Admón.	-		-	Sin form. – CEP / Sin form. – varias opc.	-
3. Evaluación de programas	Sin form. – cuenta propia	-	-	-	-	-
4. Relaciones interpersonales	·	-	-	·	·	·
5. Legislación escolar en sus aspectos generales y específicos	Sin form. – varias opc.	·	·	Sin form. – form. Direct. / Sin form. –varias	Sin form. –CEP / Sin form. – varias opc.	Sin formación - varias opciones
6. Técnicas de gestión	Sin form. –cuenta propia / Sin form. – varias opc.	·	·	Sin form. –varias / Varias – otros	·	Sin formación - varias opciones
7. Cumplimentar documentos oficiales	Sin form. – varias opc.	·	·	Sin formación – varias opciones	Sin formación –CEJA/MEC / Sin formación – CEP	Sin formación - varias opciones
8. Organización general del Centro (Dptos, Equipos, etc.)	Sin form. – varias opc.			·	Sin formación – CEJA/NEC/MEC	·
9. Organización servicios escolares (comedor, transporte)	·		Más de 5000 y zona deprimida	·	·	·
10. Organización de actividades complementarias	·	Hasta 10 – entre 11 y 20 / Hasta 10 – entre 21 y 30	·	·	·	·
11. Infraestructura material	Sin formación – varias op.		·	·	·	·
12. Relaciones con los padres	·	Hasta 10 – entre 21 y 30	Menos de 2500 – entre 2500 y 5000	·	Sin formación – CEJA/NEC/MEC	·
13. Dinámica de grupos	·		·	·	·	·
14. Formación del Profesorado en ejercicio	Sin formación – varias op. / Por la Admón – varias opc	·	·	Sin formación – varias opciones	Sin form. – CEJA/MEC / Sin form. – varias opc. / CEP- varias opc.	Sin formación – alto
15. Psicología Aplicada y Orient. Esc.	Sin formación – varias op		·	·		
16. Didáctica General			·	Sin formación – varias opciones	Sin form. – varias opc. / CEP - varias opc.	·

Observando detenidamente la tabla anterior, observamos que, por un lado, la PLANIFICACIÓN del Proyecto de Centro, Plan Anual de Centro, ..., la EVALUACIÓN del mismo, y su ORGANIZACIÓN GENERAL, y por otro lado, el conocimiento de la LEGISLACIÓN ESCOLAR, de las TÉCNICAS DE GESTIÓN, de EXPEDIR DOCUMENTOS OFICIALES y de modelos y técnicas de FORMACIÓN DEL PROFESORADO EN EJERCICIO identifican distintos niveles de formación en estos ámbitos respecto a los Jefes de Estudios han asistido o no a cursos organizados por el MEC o los CEPs.

Otro grupo de aspectos son los aquellos que sólo discriminan entre los Jefes de Estudios que no han recibido ninguna formación en relación con las funciones directivas y aquellos que bien por cuenta propia (pidiendo consejo a conocidos o documentándose sobre el tema) han acumulado conocimientos: EVALUACIÓN DE PROGRAMAS, INFRAESTRUCTURA MATERIAL y PSICOLOGÍA APLICADA Y ORIENTACIÓN ESCOLAR.

Finalmente, destacamos un conjunto de ámbitos que están relacionados con el desarrollo de habilidades de comunicación, como pueden ser las RELACIONES INTERPERSONALES y la DINÁMICA DE GRUPOS, en los que la mitad de los Jefes de Estudios que han participado en este trabajo de investigación opinan que no han sido formados en estos aspectos.

Conclusiones

A la luz de los resultados obtenidos, podemos extraer como principal conclusión el hecho de que el Jefe de Estudios haya recibido o no alguna formación para desempeñar su cargo cobra una vital importancia, sobre todo en aquellos aspectos relacionados con la gestión y la organización del centro: colaboración en la planificación del Proyecto Educativo de Centro, la Memoria Anual, etc.; el conocimiento de la legislación escolar; la organización del centro y de las actividades de la formación del profesorado del centro educativo, cumplimentar documentos oficiales.

Si el objetivo es mejorar la calidad de la educación, se debería incidir con mayor fuerza en la formación de los responsables de la misma, es decir, aquellas personas que ejercen las funciones directivas, puesto que son, en gran medida, los que toman las decisiones de mayor relevancia dentro del centro educativo. Para el desarrollo de las competencias como directivas, el profesional, ante todo, ha de obtener una formación sólida como docente, cuyos contenidos se hallaran vinculados con la realidad con la cual los directivos se encuentran en sus trabajos. Así, por ejemplo, algunas de las funciones que los Jefes de Estudios deben desarrollar son ser coordinador de los tutores, los jefes de departamento, fomentar la participación de los distintos sectores de la comunidad escolar, y ejercer la jefatura del personal docente. Todas tienen en común que el Jefe de Estudios ha de comunicarse con distintas personas, para lo cual será necesario que sea formado en aspectos relacionados con la dinámica de grupos y las relaciones interpersonales, aspecto éste último en los que los directivos encuestados han opinado que su preparación es baja. De la forma en que se dirijan y se lleven a cabo las reuniones dependerá el éxito de los acuerdos que se tomen en las mismas.

Creemos que la formación inicial de los jefes de estudios debería estar incorporada dentro de los planes de estudios universitarios, de forma que se combinaran teoría y práctica. Con esto queremos decir que la formación de los directivos debería incluir elementos de formación inicial y permanente, considerar las tareas que realizan y los problemas con los que se enfrentan. Asimismo, se debería incluir dentro de la metodología de formación la reflexión sobre la propia práctica (Laffitte Figueras, 1992). De esta forma, se facilitaría la relación entre teoría y práctica, al mismo tiempo que se encuentran soluciones a problemas prácticos. También sería necesario fomentar el intercambio de experiencias, puesto que nos llevaría a cuestionarnos nuestra forma de actuar, a percatarnos de cosas que dábamos por sabido. Creemos que la formación específica se encuentra unida a la idea de satisfacción y eficacia, pero esta formación ha de ser una formación previa o en el momento de acceso al cargo y continuada durante todo el período en el que el Jefe de Estudios permanece en el cargo (Armas Castro y Sebastián Junquera, 1992; Delgado Agudo, 1991; Gairín, 1995). Por tanto, es necesaria una formación específica y diferenciada de la docente, puesto que las tareas que llevan a cabo unos y otros son distintas.

Referencias bibliográficas

ARMAS CASTRO, M. & SEBASTIÁN JUNQUERA, A. (1992): «Necesidades formativas de los equipos directivos escolares en el contexto de la Reforma». *Actas del Primer Congreso Internacional sobre Dirección de Centros Docentes*. Bilbao: ICE- Universidad de Deusto.

DELGADO AGUDO, J. (1991): «La formación del profesorado para el ejercicio de las tareas directivas y de gestión». *Bordón*, 43 (2), pp. 135 – 145.

GAIRÍN, J. & DARDER, P. (1994): *Organización de centros educativos. Aspectos básicos..* Barcelona: Editorial Praxis.

GAIRÍN, J. (1995): *Estudio de las necesidades de formación de los equipos directivos de los centros educativos*. Madrid: CIDE.

GARCÍA GÓMEZ, R. D. & GÓMEZ GARCÍA, J. (1991): «La formación en ejercicio de los equipos directivos. La gestión del cambio y la mejora de la escuela». *Bordón*, 43 (2), pp. 151 – 158.

LAFFITTE FIGUERAS, R. M. (1992): «Intercambio de experiencias en la gestión de centros escolares a nivel europeo: un método de formación. *Actas del Primer Congreso Internacional sobre Dirección de Centros Docentes*. Bilbao: ICE- Universidad de Deusto.

VILLA SÁNCHEZ, A. (1992): «La dirección, factor clave de la calidad educativa», *Actas del Primer Congreso Internacional sobre Dirección de Centros Docentes*. Bilbao: ICE- Universidad de Deusto.

CEUTA:
PUNTO DE ENCUENTRO ENTRE DISTINTAS CULTURAS

MERCEDES CUEVAS LÓPEZ
ARTURO M. FUENTES VIÑAS
Universidad de Granada

Introducción

Ceuta, por su situación geográfica ejerce de puente entre dos civilizaciones muy diferentes. El Magreb que por su cultura, su religión, desarrollo económico, etc. ha estado en el olvido tiempos atrás; y la vieja Europa luchando por ocupar un lugar entre las grandes potencias mundiales y parece ser que lo está consiguiendo.

El paso entre dos mundos diferentes (uno rico y otro pobre) ha llevado a muchos magrebíes a dar el salto, pero muchos han acabado en nuestra tierra. Un dato relevante es que la población de origen magrebí se sitúa actualmente en torno al 48% de la población total de Ceuta.

Los primeros asentamientos ocuparon parcelas muy concretas del ámbito comercial y poco a poco fueron insertándose en la comunidad. Consiguieron formalizar su documentación cotizando a la Seguridad Social y pagando sus impuestos (época del protectorado).

Como consecuencia de políticas administrativas a principios de los ochenta, tuvo lugar un gran flujo inmigratorio. Al facilitarse el tránsito hacia una sociedad avanzada, miles de familiares tuvieron la oportunidad de adentrase en las puertas de Europa..

En un principio dichos asentamientos se realizaron en zonas suburbiales de la ciudad, que poco a poco se fueron convirtiendo en barriadas. Las primeras viviendas eran chabolas desprovistas de las más elementales condiciones.

Evolución de la población

La ciudad ha tenido que dar respuesta a esta situación diseñando tanto las redes de saneamiento, alumbrado, etc., introduciendo modificaciones en los planes urbanísticos.

Aparte de estas infraestructuras, también se han ido dando soluciones a otras necesidades como las creación de centros educativos y ambulatorios de atención primaria. Lo curioso es que como los asentamientos se han ido realizando precipitadamente antes de que hubiera un diseño urbanístico, nos encontramos con zonas con muchas carencias que, al transformarse en barriadas, empiezan a demandar a través de las asociaciones de vecinos una serie de servicios que van desde instalaciones sanitarias (dispensarios) a zonas verdes y deportivas, etc. Aunque desgraciadamente en este terreno aún queda mucho por hacer para que la situación de gueto vaya desapareciendo, pero sobre todo hay que crear conciencia de que son ciudadanos ceutíes (la gran mayoría tiene resuelta la nacionalidad española) y deben implicarse en la mejora y conservación de sus barrios.

No podemos pasar por alto otros factores significativos que posteriormente analizaremos desde la óptica educativa, y que van a tener un gran peso en cuanto al funcionamiento de los centros escolares de nuestra ciudad. Nos referimos al rápido crecimiento económico que una parte de este sector de la población ha experimentado proviniendo tanto del tráfico de drogas como del tabaco y también hay que señalar el hecho del paso de mercancías a través de la frontera con Marruecos, ya que al no ser una aduana, todas las mercancías se tienen que pasar a través de vehículos propios o a pie. Este hecho está repercutiendo en las economías familiares de forma positiva. Como anécdota, podemos comentar el movimiento de mercancías hacia Algeciras, sobre todo de tabaco y ropas. Estas últimas de fabricación marroquí (chandal, vaqueros, chaquetones, etc. de imitación de marcas conocidas).

En definitiva, de todos es conocida la tradición que tiene el pueblo árabe en cuanto al comercio; pero este colectivo no han resuelto sus problemas económicos únicamente con estas actividades, puesto que también desempeñan otras profesiones como la albañilería, el servicio doméstico, repartidores y otros sectores de servicio.

Pero lo que más ha repercutido en toda la población ha sido el incremento desmesurado del tráfico ilegal. Al ser una forma rápida de adquirir fortuna, se han constituido grandes redes, implicando a muchos jóvenes que han visto una forma cómoda de resolver su vida. Hasta tal punto que asumen la responsabilidad de que hay que pagar un tributo (tienen estudiado el tiempo de cárcel, etc.) y para ellos no está mal visto, sino todo lo contrario, ante su comunidad son auténticos héroes.

De este crecimiento se han beneficiado tan ampliamente algunas barriadas que si nos damos un paseo por determinadas calles, las chabolas se han convertido en auténticos palacetes. Muchas de ellas además se encuentran camufladas para no rendir cuentas al fisco. El crecimiento rápido d ha favorecido a grandes sectores, al remodelarse las viviendas, al invertir en nuevos comercios (todo para blanquear el dinero), este beneficio ha repercutido en terceros. La venta de coches y motos se ha disparado en nuestra ciudad. Podríamos seguir analizando todas las repercusiones tanto positivas como negativas, que en el ámbito económico han afectado al resurgimiento de esta ciudad, ya en los umbrales del siglo XXI, y que de alguna manera a todos los ciudadanos nos ha impregnado.

Contexto educativo

Como acabamos de ver, en el terreno social, las repercusiones han sido más negativas que positivas pues un enriquecimiento económico no conlleva el cultural o social. Es en este punto cuando entra la institución educativa en juego. Ya casi hemos superado problemas puntuales sobre los cuales se trabajaron en el primer y segundo congreso de Educación Multicultural que se celebraron en nuestra ciudad a principios de esta década.

En ellos discutimos sobre si el problema de la lengua era un factor determinante en el proceso educativo de las clases desfavorecidas de nuestra localidad.. A raíz de este debate se analizó si realmente podíamos hablar de bilingüismo o si se trataba de "diglosia de mudanza parcial", otro de los temas es si la lengua era el "cherja" u otor dialecto, etc.

Aunque este factor sigue teniendo un gran peso en el proceso de aculturamiento, sobre todo en los primeros niveles educativos, se han buscado todos los recursos disponibles para encontrar el mejor método para solucionar este problema. Incluso a nivel de MEC, el CPR realizó multitud de cursillos para concienciar y reciclar al profesorado en esta tarea. Es importante señalar como la gran mayoría de estos profesionales ha estado trabajando durante unos años, experimentando en sus aulas para ver cuales de las diferentes metodologías eran y son las más adecuadas para sus alumnos. Muchos de ellos también se han interesado por aprender la lengua árabe, o al menos lo indispensable para poder comunicarse con sus alumnos.

En cuanto a las iniciativas institucionales, baste recordar las actuaciones del Programa de Educación Compensatoria como refuerzo educativo en los centros con mayoría de alumnado de origen magrebí.

Podemos decir que hoy por hoy, la educación en este contexto multicultural realmente no tiene ya los problemas de antaño. Los alumnos conocen el sistema a través de generaciones anteriores, y el profesorado también está asumiendo la problemática intercultural.

Sin embargo, cuando nos encontramos en la enseñanza secundaria es cuando el perfil cambia completamente. Debemos situar el problema en la motivación (para aprender hay que querer).

Ante la obligatoriedad de la enseñanza hasta los 16 años, tenemos un gran porcentaje de alumnos que están dentro del sistema escolar, pero consideran que es una pérdida de tiempo, ya que con cruzar el estrecho un par de veces y con un poco de suerte, podrían solucionar sus problemas económicos para siempre. ¿Cómo vamos a cambiar esta mentalidad? Las preguntas serían infinitas, y la situación es aún más grave cuando influyen en una inmensa mayoría de la población juvenil de forma negativa.

La desmotivación acarrea también grandes conflictos en la disciplina de estos centros de secundaria. Cada día se hace más complicada la convivencia. Ello también repercute en el profesorado, el cual se siente sin armas para poder dar respuesta a esta situación.

En la investigación que venimos realizando relacionada con el liderazgo de los directores en estos contextos multiculturales se intenta conocer cuáles son los principales problemas que afectan a estos centros, cómo se contempla la diversidad cultural en los proyectos institucionales (educativo y curricular) y cuáles son las percepciones que tienen sobre la incidencia en el rendimiento académico de las características culturales de estos alumnos.

Mediante el cuestionario pasado a todos los directores de centros educativos de nuestra ciudad podemos analizar el fenómeno de la educación multicultural y su repercusión en el funcionamiento de los centros.

En los centros de primaria, podemos decir que este hecho no se manifiesta como un problema en la dinámica interna de los mismos. Incluso considerando que hay 4 centros donde la minoría es el profesorado.

Sin embargo, al analizar la situación en los centros de secundaria nos encontramos que el fenómeno sí tiene un gran peso en el rendimiento de los alumnos, y como consecuencia, en la calidad de la institución.

Como síntesis sólo comentaremos algunos ítems.

* *Cuanto menor es el número de estos niños en el aula/escuela, las clases resultan menos complicadas.*
- El 75% contestó totalmente de acuerdo y el 25% de acuerdo.
* *El progreso académico de los alumnos de minorías culturales depende:*
- Interés/motivación (100% de total acuerdo)

- El interés de los padres (100% de total acuerdo)
- Los condicionantes sociales externos (60% de total acuerdo)
* Los principales problemas con que se encuentra el profesorado cuando enseña a estos alumnos se debe a:
- El choque entre las costumbres, tradiciones y valores de los grupos culturales (40% no está de acuerdo)
- Diversidad de creencias (80% no influye)
- La diversidad lingüística (60% sí influye)
- Las relaciones con la familia y comunidades minoritarias (60% sí influye)
* *Los profesores que tienen alumnos de minorías culturales deberían tener una formación especial*: el 80% está totalmente de acuerdo y el 20% piensa que no influye

Conclusiones

Es desde el terreno educativo donde hay que buscar solución a toda la problemática expuesta anteriormente. Pero tampoco se puede exigir a la escuela que vaya dando respuesta a los problemas que la sociedad le plantea mientras esta última se inhibe. La problemática generada no es sólo escolar y por lo tanto se debe pedir la colaboración e implicación de los diferentes sectores.

Las peculiares características de la ciudad de Ceuta impiden que los principios de la educación intercultural puedan aplicarse sin más. Se trata de un contexto único en el que casi la mitad de la población escolar pertenece a una cultura minoritaria en la sociedad, pero mayoritaria en el contexto escolar.

Al mismo tiempo, Ceuta es una ciudad donde conviven cinco culturas y únicamente pensamos en los problemas de integración con respecto a este alumnado. ¿Acaso los otros alumnos no pertenecen a culturas minoritarias? ¿No tienen los mismos derechos a que se contemplen sus señas de identidad? Tal vez sea que no presentan problemas por ser muy minoritarios o por haberse integrado mejor en nuestra sociedad.

Se deben articular estrategias desde todos los sectores de la comunidad para que se tome conciencia sobre la importancia del problema. Al mismo tiempo, la familia debe jugar un papel fundamental en cuanto transmisora de valores, para lo cual hay que motivarla, es decir, la acción tutorial que se ha venido realizando desde los primeros niveles educativos (Educación Infantil y Primaria) se debe extender a los de secundaria.

Las escuelas de padres que tan buenos resultados están dando en muchos de los centros de primaria deberían encontrar una continuidad en los de secundaria.

Cualquier intento de poner en marcha una verdadera educación intercultural concebida como punto de encuentro entre culturas en un plano de igualdad y de intercambio de valores debe ir acompañada de las correspondientes iniciativas sociales destinadas a favorecer la integración de este colectivo.

ECOFORMACIÓN VIRTUAL: PROYECTO DE CREACIÓN DE UN CENTRO IBEROAMERICANO DE TELENSEÑANZA (CIEV21) AUSPICIADO POR LA UNESCO

JOSÉ ANTONIO ORTEGA CARRILLO
Departamento de Didáctica y Organización Escolar de la Universidad de Granada. Grupo de Investigación ED. INVEST. Centro UNESCO de Andalucía. E-mail: jaorte@platon.ugr.es
JUAN GARCÍA GALERA
FRANCISCO LUIS CINTRANO SERRANO
JESÚS DANIEL CARAVACA SOLANO
JOSÉ ANTONIO GÓMEZ FERNÁNDEZ
Sección de investigación de la Asociación para el Desarrollo de la Comunidad Educativa en España COM.ED.ES.: Equipo Info@Alfa. Seminario Virtual UNESCO sobre Educación y Tecnologías de la Información. E-mail: sevimeco@platon.ugr.es

1. Las aulas virtuales de telenseñanza: un futuro hecho realidad

Las comunidades educativas actuales conviven en el seno de esta tecnosfera que, como afirma Manuel Lorenzo (1998, 476), *puede convertir a los centros en contextos de aprendizaje de los alumnos y en contextos de trabajo de los profesores bastante diferentes a los actuales.* Coincidimos con Lorenzo en la teoría de que una respuesta organizativa eficaz ante este reto obliga a ver las escuelas como instituciones educativas en una triple dimensión ya que es necesario: educar en las tecnologías (como contenido curricular), educar para las tecnologías (comprendiendo y expresando los lenguajes propios de los diversos canales) y educar con las tecnologías (usándolas como recurso didáctico, como instrumento de gestión y como herramienta para mejorar la organización de los centros).

Jesús Salinas (1995, 104 y ss.), basándose en los estudios de Hiltz (1992), Van den Brende (1993) Maule (1993) y Pérez y Calvo (1994) llega a afirmar que en lo que respecta a la formación general, las redes de comunicación introducen una configuración tecnológica que potencia un aprendizaje más flexible y al mismo tiempo la existencia de tres escenarios: el aprendizaje en casa, en el centro de trabajo y en un centro de recursos.

Tal como venimos preconizando el teletrabajo educativo se realiza en espacios virtuales que trascienden las barreras de lugar y tiempo. Dice Philippe Quéau (citado por García, 1998, 276) que estos espacios virtuales equivalen a campos de datos de los que cada punto puede considerarse como una puerta de entrada a otro campo de datos hacia un nuevo espacio virtual que conduce a su vez a otros espacios de datos. Son como señalan Gisbert y otros (1997-98) lugares no existentes más que como experiencia subjetiva compartida por personas que utilizan un conjunto de formas de intercambio de información basadas en sistemas de ordenadores, redes telemáticas y aplicaciones informáticas.

En los últimos años el concepto que intenta explicar y unificar los procesos de educación en línea es el de *Aula Virtual* (virtual classroom). Dicen Gisbet y sus colaboradores que las aulas virtuales son la manera de incorporar los efectos didácticos de las aulas reales a contextos en los que no es posible reunir físicamente a los participantes en un proceso de enseñanza-aprendizaje. Completa esta descripción Adell (1998, 202) cuando señala que la metáfora del aula virtual incluye espacios para las clases (sesión en gran grupo), la biblioteca (mediateca), el despacho del profesor para la tutoría personalizada, el seminario para actividades en pequeño grupo, el espacio de trabajo cooperativo e incluso la cafetería para la charla relajada entre el alumno.

Existen diferencias sustanciales entre los ecosistemas (entornos) de formación presencial y virtual. Los primeros se componen de espacios biotopos cerrados (clases, laboratorios, salas de proyección, bibliotecas, provistos de mobiliario –soportes- estable, etc.) y de biocenosis (alumnado, profesorado, padres, personal administrativo, colaboradores, etc.) con poblaciones cuasi-estables que conviven en las proximidades y se comunican cara a cara estableciendo lazos profesionales y en ciertos casos afectivos. En las aulas presenciales la información que protagoniza los procesos didácticos procede de las exposiciones orales, la consulta de bibliografía impresa (texto), las prácticas y experiencias de laboratorio y las investigaciones realizadas en el entorno circundante (individuales o colaborativas).

En las aulas virtuales los sujetos se relacionan mediante herramientas de comunicación digital (correo electrónico, conversación digital por teclados y voz, videoconferencia, etc.). Estos procesos permiten la conformación de biotopos abiertos cuya materia prima son los bits que caminan por las autopistas de la información. Los sujetos reales que componen las biocenosis (alumnos y profesores) residen en cualquier lugar del planeta y las relaciones inter-diálogo, inter-aprendizaje e inter-afectividad se vehiculan a través de procesos de inter-comunicación digital desde la pantalla y el teclado del ordenador gracias a Internet. La intercomunicación electrónica puede realizarse en tiempo real o diferido, prefiriéndose lo primero. Los materiales de aprendizaje están confeccionados en código digital y generalmente en formato multimedia (combinación de texto-sonido-fotografía-vídeo), y su consulta puede realizarse de forma lineal (párrafo a párrafo o secuencia a secuencia) o de forma selectiva (activando enlaces electrónicos que vertebran los diversos apartados del documento o que permiten conectar instantáneamente con otros ordenadores que almacenan documentos electrónicos afines o complementarios ubicados de cualquier lugar del planeta).

2. Generaciones de la telenseñanza digital

En las aulas virtuales los procesos de enseñanza y aprendizaje combinan momentos de trabajo personal (autoconsulta, análisis, síntesis, comparación, experimentación mediante simulación de procesos, creación de monografías...), contacto bilateral con los profesores (mediante tutoría telemática, teleconferencia, etc.) y de trabajo inter-colaborativo (por medio de listas de correo, canales de conversación por teclados, etc.). Los materiales elaborados por alumnos y profesores se confeccionan con herramientas digitales (procesadores de textos, graficadores, programas de captura, síntesis y visionado/audición, maquetadores de hipertextos, etc.) y se transmiten vía módem por correo electrónico, FTP, depósito y visualización en un servidor web, videoconferencia, etc.

El equipamiento informático básico necesario para acceder al teletrabajo formativo que ofrecen las aulas virtuales existentes en la actualidad varía en función de la clasificación adjunta (Ortega, 1999):

Grado de desarrollo tecnológico del AV	Servicios formativos ofrecidos	Equipamiento informático y telemático mínimo necesario para acceder a los servicios
Primera generación	Consulta de documentos en formato texto. Correo electrónico con profesores y alumnos. Envío de documentos en formato texto. Evaluación mediante correo electrónico.	Ordenador personal compatible de bajas prestaciones equipado con módem y conexión telefónica. Programas de tratamiento de textos, bases de datos, hojas de cálculo, graficado, (Office, CorelWordPerfect, etc.). Programas de gestión de correo electrónico (Pegasus Mail, Eudora, etc.).
Segunda generación	Servicios de la anterior generación. Consulta de documentos hipertexto: consulta a bibliotecas electrónicas remotas. Servicio de acceso y envío de ficheros mediante FTP (incluyendo compresión/descompresión de archivos). Servicio de acceso y consulta a bancos de ficheros de texto en formatos especiales. Acceso a listas de correo y foros de discusión telemática. Conversación por teclados con profesores y alumnos (Internet Relay Chatting). Evaluación mediante conversación por teclados.	Ordenador personal multimedia de medianas prestaciones provisto de módem y conexión telefónica (preferible RDSI). Programas anteriormente referenciados. Programas de transferencia de ficheros (FTP). Programas especiales de captura y lectura de ficheros texto: Adobe Acrobat y otros. Programas hojeadores de hipertextos (Netscape, Internet Explorer, etc.). Programas de compresión y descompresión de ficheros (WinZip, ARJ, LZH, etc.). Interfaces de conversación por teclados: Programas de IRC (mIRC y NmmIRC.zip) y Multi User Dungeons (MUDs).
Tercera generación	Servicios de las dos anteriores generaciones. Audioconferencia digital con profesores y alumnos. Recepción de vídeos digitales (AVI y MPG). Recepción de emisiones en línea y archivos sonoros digitales (MID y WAV). Evaluación en línea mediante audioconferencia.	Ordenador personal multimedia de medianas prestaciones provisto de módem, micrófono y conexión telefónica de banda ancha (RDSI) provisto de tarjeta de sonido (preferible Full-Duples) y programas de conversación con voz del tipo Freetel o Iphone. Programas anteriormente referenciados. Programas de conversación por teclados en tiempo real y con mayor privacidad (ICQ). Visualizadores multimedia NetShow y MediaPlayer. Programas de escucha sonora (RealAudio y otros). Compresor y descompresor de ficheros sonoros MP3.

Cuarta generación	Servicios de las tres anteriores generaciones. Videoconferencia con profesores y alumnos (unipunto y multipunto). Tutor inteligente. Calendario académico (agenda) inteligente. Acceso a simuladores y vídeos de realidad virtual. Evaluación mediante videoconferencia o usando interfaces de realidad virtual con intercambio de voz (entrevista oral en línea).	Ordenador personal multimedia de altas prestaciones provisto de módem, micrófono, conexión telefónica de banda ancha (RDSI), cámara de vídeo analógica o digital, dispositivos de captación y reproducción sonora, tarjeta de captura de vídeo e interfaces visualizadores de entornos en 3D (realidad virtual). Programas anteriormente referenciados. Programa de gestión de videoconferencia (NetMeeting, CuSeeMe, etc.).

3. Creación de la infraestructura organizativo-comunicacional de un aula/centro de enseñanza virtual

El Centro UNESCO de Andalucía, la Asociación para el Desarrollo de la Comunidad Educativa en España (COM. ED. ES) y el Grupo de Investigación ED. INVEST. del Departamento de Didáctica y Organización Escolar de la Universidad de Granada, estamos inmersos en pleno proceso de creación de un aula/centro de enseñanza virtual merced a la dotación por parte de la UNESCO de un ordenador que actuará como servidor de Internet. Su objetivo final es la creación de un *aula virtual* en la que exista un agente inteligente, que evalúe de forma personalizada a los alumnos matriculados en los distintos cursos que se impartan a través de un sistema de telenseñanza. Para ello estamos creando un generador automático de material didáctico que haga posible que, tanto el personal relacionado con la informática, como aquellos sujetos menos introducidos en el manejo de estos códigos (profesorado en general), puedan producir unidades didácticas electrónicas e instrumentos de seguimiento y evaluación de forma rápida, sencilla e intuitiva.

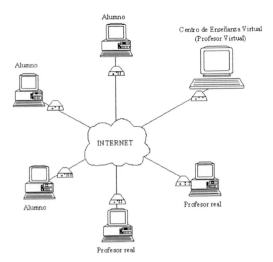

Fig.1. Esquema de la red de comunicaciones educativas electrónicas del CIEV21.

Además de un tutor virtual que gestione los cursos implantados por el generador de material didáctico hipermedia automático, se está creando un entorno virtual formado por hipertextos (páginas Webs), herramientas automáticas para la gestión de los cursos y diversos sistemas de búsqueda de información. Estas aplicaciones permitirán a los ciberalumnos crear un ambiente de estudio personalizado, caracterizado por una cómoda accesibilidad a todo tipo de material didáctico relacionado con la temática del curso de formación elegido así como construir conocimientos de forma individualizada y/o colaborativa.

Para conseguir estos propósitos, el centro de enseñanza virtual deberá estar dotado de un conjunto de bibliotecas virtuales de acceso libre, de un conjunto de hiperenlaces a otras bibliotecas en línea existentes en la w.w.w. y de un sistema de búsqueda y localización altamente eficaz.

Pero la comunicación electrónica alumno-formador no puede circunscribirse a la simple consulta de unidades didácticas y artículos electrónicos complementarios. Internet ofrece en la actualidad otros sistemas de interactuación comunicativa que la completan y hacen más eficaz: los *servidores de noticias* (*NEWS*), los vehículos para transferir *archivos* (*FTP/file transfer protocol*), el *correo electrónico* (*E-MAIL*) y conversaciones por teclados (*IRC – Internet Relay Chat*), descritos en el apartado primero de este trabajo.

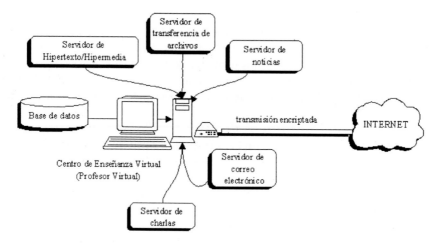

Fig.2. Esquema de los canales de interacción comunicativa del CIEV21.

En nuestro proyecto cada alumno tendrá asignado un tutor (profesor) con el cual podrá comunicarse en tiempo real, a través de la red, para plantearle dudas o problemas no resueltos en horas de tutoría preestablecidas. Inicialmente se realizará conectándose mediante un programa cliente, a un canal de IRC específico del curso en cuestión. Posteriormente y con la más que probable generalización de la videoconferencia doméstica, la tutoría electrónica podrá llevarse a cabo con mayor eficacia comunicacional al combinar vídeo+audio. Ello hará posible reforzar la componente emotiva del intercambio de conocimiento merced a la entrada en acción de la comunicación visual gestual (lenguajes no verbales).

La seguridad del sistema de teleformación es otra de las variables que estamos considerando en el proceso de puesta en marcha. El establecimiento de llaves electrónicas reguladoras del acceso (password) impedirá que personas no matriculadas en los cursos reglados conducentes a la obtención de titulaciones puedan acceder a la oferta formativa disponible en el futuro. Ello permitirá implantar un sistema de acceso restringido basado en el uso de protocolos de transporte de información electrónica criptográficamente seguros.

4. Hacia un modelo didáctico de interacción virtual de naturaleza ecológica

Un esquema de planificación basado en la secuenciación de unidades temporales no tiene cabida en un proyecto de teleformación virtual en línea ya que el uso de las modernas autopistas de la información ha imbuido al tiempo y al espacio dosis inimaginables de relatividad conceptual. En nuestro proyecto cada alumno decide las unidades de tiempo que va a usar para aprender (cantidad y horario confeccionado a la medida de las posibilidades y limitaciones de cada sujeto). Las únicas acotaciones organizativo-temporales de esta autonomía las provocarán el establecimiento por los profesores de los horarios de tutoría en línea para convesar por teclados en tiempo real (IRC) o los tiempos establecidos para celebrar las sesiones de videoconferencia punto a punto (profesor-alumno) o multipunto (alumno A -profesor- alumno B).

En la actualidad los modelos de planificación didáctica suelen bascular en torno a estas dos tendencias:

a)   lineal o tecnicista

b)   procesual

Los *modelos lineales o tecnicistas*, son aplicables a los sistemas de teleformación virtual basados en la puesta en circulación de *unidades didácticas* cuyo contenido es creado unilateralmente por el profesor. En ellos el alumno estudia dichos materiales electrónicos y a lo sumo realiza ejercicios de autocomprobación, examinándose electrónicamente con posterioridad de los conocimientos y habilidades conseguidos, siguiendo el esquema:

> Estímulo electrónico formativo respuesta electrónica evaluativa.

Compartimos con Díaz (1993, 13) la definición de este modelo que, adaptándolo al ámbito de la ciberformación lineal, se caracterizaría por:

1.   La necesidad de lograr unos objetivos formativos.

2.   Los objetivos habrían de estar formulados de manera que generaran respuestas electrónicas (conductas) observables y fácilmente evaluables.

3.   En el desarrollo del trabajo ciberformativo se daría más importancia al resultado final, al logro de los objetivos propuestos, que al proceso de aprendizaje.

4.   El proceso de aprendizaje tendría por tanto un valor muy relativo ya que interesan más los aspectos operativo-conductuales que los desarrollos cognitivos.

En cambio, la planificación de la actividad tecnológico-didáctica basada en las tendencias *procesuales* supone la adopción de un modelo en el que:

1.   Interesa conocer detalles del proceso de teleseñanza-aprendizaje.

2.   Se tiene en cuenta la complejidad de los problemas educativos y la diversidad de teorías didácticas.

3.   La acción madurativa se fundamenta en la consecución de finalidades pedagógicas y de objetivos de desarrollo intelectivo, socioafectivo y ético.

4.   Estos objetivos servirán de guía para conseguir las finalidades, por lo que han de

formularse de manera que induzcan al desarrollo de capacidades (por ello no es necesario operativizarlos).

5. Tendrán cabida objetivos relacionados con el desarrollo del pensamiento crítico y creativo (difícilmente concebibles en el modelo lineal por su escaso nivel de concreción y notable ambigüedad definicional).

6. Los contenidos pueden recibir un tratamiento globalizador y/o interdisciplinar merced a la interactuación de los sujetos que pertenecen a la intercomunidad ciberformativa virtual.

7. Se normaliza la comunicación y valoración del desarrollo de actividades, experiencias y vivencias virtuales.

8. Los medios o recursos son usados integrados dentro del mismo sistema.

9. Todos sus componentes (objetivos, contenidos, actividades, recursos, evaluación....) están interrelacionados de manera flexible.

10. Importa tanto el proceso enseñanza-aprendizaje y el desarrollo de capacidades como los resultados conseguidos.

11. Se contempla la investigación electrónica en la acción y el análisis crítico del teletrabajo como medio de mejorar el proceso educativo de forma casi inmediata.

12. Es un modelo totalmente abierto a continuas sugerencias que podrán concretarse en revisiones y rectificaciones instantáneas posibles gracias a la versatilidad que ofrecen los actuales sistemas telemáticos.

Comparativamente hablando puede deducirse que este modelo ciberformativo es mucho más complejo de implantar que el lineal y que sólo es posible hacerlo optimizando en calidad y cantidad las formas y momentos de interacción comunicativa profesor-alumno y alumno-alumno en el marco de la intercomunidad cibereducativa virtual de cada curso o seminario de formación.

Hasta ahora los sistemas de tutoría virtual existentes suelen contemplar únicamente mecanismos de interacción alumno-profesor. Un intento de hibridar los dos modelos anteriormente caracterizados nos conduciría a la definición de un modelo formativo que hemos denominado *ecológico-virtual* que caracterizamos esencialmente por:

•   La creación intercolaborativa de los materiales didácticos mediante la interactuación dinámica de alumnos y profesores y alumnos-alumnos-profesores. Este proceso podría desencadenarse mediante la puesta en circulación electrónica de una *guía matriz de teletrabajo* que, elaborada por el profesor tutor, se iría modificando y enriqueciendo con las aportaciones de los ciberalumnos. El objetivo final de este proceso es la construcción colaborativa del conocimiento que habría de estar supervisada por el profesor especialista en la temática de la unidad (como agente garante de calidad científica y didáctica). Éste actuaría como impulsor, mediador y reforzador en el acto teledidáctico.

•   La normalización de los sistemas y oportunidades de intercomunicación a la intercomunidad ciberformativa de los desarrollos procesuales de construcción de conocimiento. Éstos podrían difundirse mediante el uso de canales monográficos de IRC, listas de discusión, correo electrónico (anecdotarios y teleconsultas), videoconferencias, tutorías telemáticas, etc.

•   La cogestión de la evaluación electrónica de los procesos y resultados. Se trata de permitir a los alumnos que se autoevalúen, se interevaluen y diseñen indicadores de evaluación útiles para la confección de los instrumentos de telecontrol de calidad y resultados (ciberanecdotarios escritos e iconográficos, escalas de autoevaluación, controles en línea, etc.).

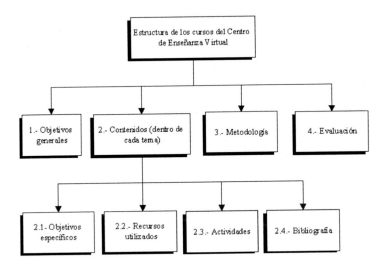

Fig.3. Estructura didáctica de un programa monográfico de telenseñanza en línea.

5. Arquitectura organizacional de aula virtual CIEV21

En una primera fase de nuestro proyecto CIEV21 estamos inmersos en el diseño de un sistema electrónico que permita *la construcción compartida de instrumentos de evaluación* aplicables en distintas etapas del proceso formativo. La teleaplicación personalizada de estos instrumentos por el sistema inteligente ofrecerá una lectura automática orientativa de los resultados formativos conseguidos y sugerirá a los alumnos que lo necesiten la realización de actividades de refuerzo o ampliación. Por consiguiente, en el caso de detectarse lagunas de aprendizaje el agente inteligente sugerirá nuevas actividades para la pertinente reconstrucción de aquellos conocimientos y habilidades inconclusos, aportando en este caso nuevos materiales didácticos en los que la construcción del conocimiento se sugiera mediante estructuraciones más sencillas y concretas (ofreciéndole, por ejemplo, hipertextos-guía más intuitivos y con mayor riqueza de recursos icónicos). Ello permitirá disponer de colecciones de materiales didácticos codificados con distintos niveles de abstracción utilizables de forma automática por los alumnos en función del grado de conocimiento inicial y de la diversidad de intereses, motivaciones y capacidades.

La arquitectura formativa de nuestro aula virtual se basa en el diseño de un sistema de información capaz de gestionar bases de datos sobre los alumnos, profesores y personal del centro. También se deberá implantar, al final del proyecto, un generador automático de materiales didácticos aplicables en el desarrollo intercomunitario de cursos y seminarios.

El mayor reto que asumimos es la necesidad de integrar eficazmente todos los elementos tecnológicos del CIEV21 para conseguir un funcionamiento armónico:

- Conexión del tutor inteligente con todo el sistema de información hipertextual gradual facilitador de la construcción del conocimiento.
- Conexión con las bases de datos internas y externas existentes en otros servidores remotos de información.
- Optimización del uso combinado de las herramientas de Internet para intensificar la intercomunicación de los procesos y resultados formativos.

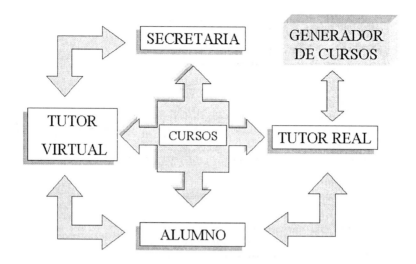

Para completar la automatización de gran parte del sistema, se está creando un software específico que se encargará de generar e implantar materiales didácticos hipertextuales idóneos para cursos y seminarios en el ordenador en el que reside el CIEV21.

Otro aspecto importante es la denominada interfaz de usuario. Cuando el alumno entre en él deberá encontrarse en un ambiente acogedor con una estructura organizativa similar la de un centro docente: Existirá, por ejemplo, una secretaría en la que se ofrezca información de la oferta formativa y en la que se pueda acceder a un sistema automatizado del proceso de telematriculación o de obtención de certificaciones.

Para mejorar la versatilidad investigadora cada alumno podrá acceder a *bibliotecas virtuales*, tanto propias del centro como de acceso público a través de Internet, que contengan información exhaustiva sobre la temática que se esté investigando. A su vez, cada curso o seminario ofertado en el CentroVirtual (CIEV21) tendrá un *servicio de News* al que podrán acceder los alumnos para el intercambio de opiniones y experiencias.

Cada curso tendrá asignado un canal en nuestro servidor de IRC, donde cada alumno podrá conversar y resolver problemas en tiempo real con los demás alumnos del curso, así como realizar tutorías telemáticas, para resolver dudas, con profesores-tutores reales asignados para la unidad didáctica en cuestión.

Existirá igualmente un módulo de *gestión automática de estadísticas* en línea. La restricción al acceso de datos producirá dos tipos de servicios estadísticos. Denominaremos *estadísticas externas* a aquéllas que hacen referencia a los datos generales del CIEV21 (oferta formativa, número de alumnos y profesores, procedencia del alumnado, etc.). Éstas podrán consultarse por cualquier cibernauta interesado. En este banco de información estadística se registrarán igualmente datos relacionados con:
- Accesos diarios a los distintos servicios del CIEV21.
- Accesos clasificados por dominios.
- Accesos clasificados por países.
- Máximos y mínimos de uso por horas, días de la semana, etc.

Por su parte, las *estadísticas internas* recogerán de forma automática los datos alusivos a la gestión de los cursos y seminarios del CIEV21 y a las estadísticas personalizadas relacionadas con el rendimiento de los alumnos. El acceso a estas informaciones será selectivo y restringido mediante un código clave de naturaleza alfanumérica.

Podrán contener datos institucionales relacionados con:
- Porcentaje de los cursos más/menos solicitados.
- Porcentaje de los cursos con más/menos aprobados.
- Porcentaje de los cursos con mayor/menor aceptación.

Igualmente ofrecerán información estadística personalizada a cada alumno relacionada con los resultados de evaluación de sus conocimientos y capacidades (regulada por una clave de acceso privada).

En el campo de la seguridad en redes, es necesario implantar en el sistema mecanismos de seguridad de la información que salvaguarden la privacidad de los datos tanto de los alumnos como del personal docente frente a posibles ataques de piratas informáticos (*hackers*).

En el momento de publicación de este trabajo los miembros del equipo Info@Alfa estamos inmersos en el diseño de los sistemas de protección para evitar que en el CIEV 21 existan:

1. Accesos no autorizados.
2. Usuarios autorizados realizando funciones no autorizadas.
3. Modificación o borrado de información no autorizada.
4. Confirmación de que se ha producido una transacción.
5. Denegación de ataques de servicio.

Los dos principales protocolos de seguridad que estamos considerando en esta fase de diseño son:

- **SSL** (*Secure Sockets Layer*) fue originalmente un estándar de Netscape; en la actualidad lo utilizan muchas aplicaciones. Proporciona encriptado de enlaces en el nivel de transporte.
- **S-HTTP** (*Secure Hypertext Transfer Protocol*) protege toda la información mediante sesiones de transporte seguras.

Referencias bibliográficas:

ADELL, J. (1998): "Redes y educación". En J. de PABLOS y J. JIMÉNEZ (coords.): *Nuevas Tecnologías, Comunicación Audiovisual y Educación*. Barcelona: CEDECS, pp. 177 a 212.

DECEMBER, J. (1995): "Transition in Studying Computer-Mediated Comunication." En *Computer-Mediated Communication Magazine*, nº 2 (1) January 1.

DE PABLO, P. y otros (1993): *Unidades Didácticas, Proyectos y Talleres*. Madrid: Ed. Alhambra Longman.

DE PABLOS, J. (1998): "Una perspectiva sociocultural sobre las Nuevas Tecnologías". En M. FERNÁNDEZ y C. MORAL (eds.): *Formación y desarrollo de los profesores de Educación Secundaria en el marco curricular de la reforma*. Granada: Grupo FORCE-Grupo Editorial Universitario, pp. 475-473.

DÍAZ RODRÍGUEZ, J. J. (1993): *Guía para la elaboración de unidades didácticas en la enseñanza secundaria*. Jaén: JPD.

GAGO, F. M. (1998): "Aldea Digital: ¿El retablo de las maravillas". En R. PÉREZ (coord.): *Educación y tecnologías de la comunicación*. Oviedo: Servicio de Publicaciones de la Universidad de Oviedo, pp. 431-443.

GARCÍA, F. (1998): "Realidad virtual y mundos posibles". En J. de PABLOS y J. JIMÉNEZ (coords).: *Nuevas Tecnologías, Comunicación Audiovisual y Educación*. Barcelona: CEDECS, pp. 273-292.

LORENZO, M. (1998): "El reto de la incorporación de las Nuevas Tecnologías a la enseñanza. Reflexiones desde la Organización Escolar". En M. FERNÁNDEZ y C. MORAL (eds.): *Formación y desarrollo de los profesores de Educación Secundaria en el marco curricular de la reforma.* Granada: Grupo FORCE-Grupo Editorial Universitario, pp. 475-492.

MARTÍNEZ BONAFE, J. y SALINAS FERNÁNDEZ, D. (1988): *Programación y evaluación de la enseñanza: problemas y sugerencias didácticas.* Valencia: MESTRAL.

ORTEGA CARRILLO, J. A. (1997): "Nuevas tecnologías y organización escolar. Propuesta ecocomunitaria de estructuración y uso de los medios y las tecnologías". En M. LORENZO, F. SALVADOR y J. A. ORTEGA (Coord.): *Organización y dirección de instituciones educativas.* Granada: Asociación para el Desarrollo de la Comunidad Educativa en España-Grupo Editorial Universitario, pp. 203-222.

ORTEGA CARRILLO, J. A. (1998): "La telenseñanza digital. Claves tecnológicas y organizativas". En M. LORENZO, J. A. ORTEGA y T. SOLA (Coords.): *Enfoques en la Organización y Dirección de instituciones educativas formales y no formales.* Granada: Asociación para el Desarrollo de la Comunidad Educativa en España-Grupo Editorial Universitario, pp. 335-354.

ORTEGA CARRILLO, J. A. (1999): *Comunicación Visual y Tecnología Educativa* (2ª Ed.). Granada: Grupo Editorial Universitario.

ORTEGA, J. A. y GARCÍA, J. (1997): "Las redes telemáticas y su posible incidencia en la organización de centros educativos". En M. LORENZO, F. SALVADOR y J. A. ORTEGA (Coords.): *Organización y dirección de instituciones educativas.* Granada: Asociación para el Desarrollo de la Comunidad Educativa en España-Grupo Editorial Universitario, pp. 473-487.

PÉREZ, CLARA M. y MORA, CARLOS de (1997): "Construcción de aulas virtuales como medio de soporte para la educación a distancia. Tutorial". En C. M. ALONSO y D. J. GALLEGO (Eds.): *La informática desde la perspectiva de los educadores.* Madrid: Universidad Nacional de Educación a Distancia, pp. 637-642.

RODRÍGUEZ, T. (1998): "La escuela del futuro: situaciones y programas." En R. PÉREZ (coord.): *Educación y tecnologías de la comunicación.* Oviedo: Servicio de Publicaciones de la Universidad de Oviedo, pp. 15-30.

SALINAS, J. (1997-98): "Modelos mixtos de formación universitaria presencial y a distancia: el Campus Extens". En *Cuadernos de Documentación Multimedia* (edición electrónica), número especial 6-7, URL: http://www.ucm.es/info/multidoc/revista/cuad6-7/salinas.htm

SEVILLANO, M. L. y SÁNCHEZ, M. E. (1998): "La participación de los alumnos de CC. de la Educación y Ciencias Químicas en sesiones de videoconferencia de la UNED". En R. PÉREZ (coord.): *Educación y tecnologías de la comunicación.* Oviedo: Servicio de Publicaciones de la Universidad de Oviedo, pp. 103-110.

VACCA, J. (1997): *Los secretos de la seguridad en Internet.* Madrid: Anaya Multimedia.

ANEXO

Relación comentada de experiencias y proyectos presentados en el Congreso Nacional de Informática Educativa (CONIED99, Puerto Llano-Ciudad Real, noviembre de 1999) que nos están sirviendo como referente en el proceso de creación del CIEV21.

- **Entornos Hipermedia para autoevaluación en Estadística. Modelos de enseñanza en Internet** (*Antonio Gámez Mellado* y *Luis Miguel Marín Trechera. Departamento de Matemáticas. Escuela Superior de Ingeniería de Cádiz*).
  En este trabajo se expone la utilidad y casi la necesidad de utilizar *Internet* en la educación y su justificación en el mundo de la enseñanza, tanto presencial como a distancia. Aunque se centra en el mundo de las estadísticas y en su enseñanza a través de la *Red*, nos introduce en el uso de tutoriales hipermedia que pueden personalizarse y aleatorizarse. De esta manera se intenta regular el proceso de aprendizaje del alumno. Siendo el enfoque muy prometedor, se usan páginas HTML estáticas, de esta manera, el profesor tendría que diseñar cada página si quisiera que cada alumno las viera de forma distinta y a diferentes niveles. CIEV21 se comportará de forma autónoma en este sentido, adaptándose al nivel del alumno, personalizándose de forma automática. Por otra parte, introducen algunos conceptos sobre la teleautoevaluación de los alumnos que se están teniendo en cuenta en el diseño del CIEV21.

- **Un modelo de verificación de aprendizajes mediante tests adaptativos con lógica difusa** (*José Antonio L. Brugos, Angel Neira, Víctor García, Alfredo Alguero. Departamento de Informática.Universidad de Oviedo*).
  Documento muy interesante por su referencia a la autoevaluación de los alumnos. Insiste en la adaptación del sistema a las peculiaridades del alumno, por medio de la recogida y análisis de la actividad ciberformativa del alumno. Se introduce el concepto de test adaptativo. En CIEV21 se pretende seguir el método Bayesiano, en el cual un alumno parte con un nivel prestablecido inicial para, mediante "bayes", asignar una puntuación al alumno en cada prueba.

- **Unidades de soporte a la docencia** (*Jordi Ministral Jambert, Ramon Fabregat Gesa, Jose-Luis Marzo Lázaro. Grupo de "Broadband Communications and Distributed Systems" (BCDS) Institut d'Informàtica i Aplicacions de la Universitat de Girona*)
  Presentan un trabajo que engloba muchos de los elementos que estamos considerando en el diseño del CIEV21a, aunque ya cuente con algún tiempo de experiencia y rodaje, adolece de la adaptación del sistema de forma automática al alumno, por medio de un seguimiento exhaustivo y personalizado que podría realizar un agente inteligente. Sin embargo, plantea de forma muy interesante las distintas opciones existentes para crear y relacionar los conceptos en el sistema, desde una simple secuencia ordenada de ellos (simples páginas HTML enlazadas), hasta el diseño de grafos de conceptos.

- **Módulo Tutor Inteligente Como Aplicación Pedagógica de La Ley Distributiva** (*Raúl Ernesto Gutiérrez de Piñerez Reyes. Profesor asistente de la Universidad Industrial de Santander. Bucaramanga-Colombia*).
  Esta experiencia intruduce un agente inteligente en *Internet* para la enseñanza asistida y a distancia. Documento muy interesante ya que detalla el proceso de creación del

agente tutor inteligente. Se centra en la enseñanza asistida de la ley distributiva, mediante un motor de inferencia que, apoyándose en una base de datos y de conocimiento, tutoriza el aprendizaje del alumno, proponiéndole diferentes ejercicios y su seguimiento.

- **Construcción de un entorno virtual de aprendizaje utilizando agentes** *(Alex Abad Rodon, Enric Mor Pera, Francesc Santanach Delisau. Universitat Oberta de Catalunya, Estudios de Informática y Multimedia).*
  Desde un punto de vista teórico este trabajo contiene un enfoque muy similar al modelo implícito en el CIEV21. Se usan agentes inteligentes para la enseñanza y posee capacidad de adaptación a los alumnos.

- **Aprender sin distancias a diseñar materiales didácticos para la formación asíncrona. Posgrado de Diseño Formativo de Materiales Didácticos Multimedia para Entornos Virtuales de Aprendizaje** *(Albert Sangrá y Josep M. Duart. Universitat Oberta de Catalunya).*
  Un interesante artículo sobre la teleeducación a distancia practicada de la Universidad Abierta de Cataluña para cursos de posgrado.

- **Internet y la Transición al Aprendizaje Centrado en el Alumno** *(Andrés Chordi Corbo, José Adserías Vistué, Alberto de Luis Calvo, Ignacio Enrique Sánchez, Carlos Marcos Porteros, Teresa Rivas Palá, José María Santos Cubino, Javier Simón Conde y Carmen Tejedor Gil. Universidad de Salamanca. Facultad de Farmacia Departamento de Microbiología y Genética. Grupo de Tecnología Educativa).*
  Un trabajo centrado en el aprendizaje del alumno que propone al profesor ser guía e introduce la necesidad de producir estadísticas del rendimiento del sistema.

EVALUACIÓN Y PROMOCIÓN DE ALUMNOS PERTENECIENTES A MINORÍAS ÉTNICAS

Mª SOCORRO ENTRENA JIMÉNEZ
Departamento de Pedagogía
Universidad de Granada

Introducción

Se concibe la evaluación como un proceso que debe llevarse a cabo de forma continua y personalizada y que debe tener por objeto, tanto los aprendizajes de los alumnos como los procesos de enseñanza. La evaluación es un instrumento que ha de servir para generar información pertinente y valiosa que permita fundamentar las decisiones del profesorado para orientar las actividades del alumnado. Los criterios de evaluación se refieren a los aprendizajes posteriores que deben constituir un punto de referencia y de orientación para la práctica educativa del profesorado en sus programaciones, así como en las actividades de enseñanza-aprendizaje.

Los criterios de promoción implican las decisiones que el equipo de profesores toma al finalizar un curso, ciclo o etapa, con el objetivo de determinar si el alumno ha conseguido los objetivos generales para pasar al curso siguiente.

En centros escolares donde asisten alumnos pertenecientes a minorías étnicas, la atención a la diversidad se plantea como una necesidad, de modo que en lo referente a la evaluación y promoción de los alumnos, deben tomarse medidas previas en documentos más generales de centros que nos van a proporcionar las vías de adecuación de la evaluación y posterior promoción.

1. Atención a la diversidad

En un centro con alumnos de minorías étnicas, el primer punto necesario a considerar es la reflexión y análisis de la educación y tratamiento intercultural en los distintos aspectos del currículo: objetivos, contenidos, metodología y evaluación.

Es necesario que las escuelas con este tipo de alumnado trabajen la educación intercultural en el proceso de planificación educativa desde todos los documentos del centro: P.E.C., P.A. y en todo el proceso de enseñanza-aprendizaje. Este requisito es mayor cuando se debe dar respuesta a las necesidades educativas del alumnado, por lo que se debe incorporar:

- *El reconocimiento explícito de las diferencias étnicas-culturales* a las que pertenecen los alumnos, de forma que la construcción de la convivencia no sea simple teoría. Crear una filosofía e identidad del centro que valore esas diferencias.
- La incorporación de *contenidos referidos a diferentes culturas* que permitan el desarrollo de la competencia multicultural en el alumnado.

Por otra parte, normalmente los alumnos de las diferentes minorías étnicas que asisten a la escuela suelen proceder de sectores sociales desfavorecidos, en situación de evidente marginación social en muchos casos, por lo cual, la atención a la diversidad debe definirse como "compensación de desigualdades". En este sentido, los centros con este tipo de alumnos deben plantearse:

- Tratamiento de las diferencias y deficiencias del alumno minoritario en su relación con el nivel de competencia en las tareas escolares y con el nivel de integración escolar.
- Transformación cualitativa de la actividad escolar a través de alternativas metodológicas y organizativas que faciliten la atención a todos los alumnos, mayoritarios y minoritarios en contextos heterogéneos social y culturalmente.
- Participación activa de todo el profesorado en el diseño y puesta en práctica de medidas de compensación educativa que den respuesta a las necesidades de los alumnos.

2. Criterios de evaluación

La evaluación es un *proceso continuo y formativo* que debe recogerse en documentos de centro y de aula, es decir, *una coordinación del profesorado debe favorecer la decisión de criterios de evaluación consensuados para atender a la diversidad* de los alumnos y más específicamente a los de minoría étnica.

Conviene recordar que los criterios de evaluación se refieren a los aprendizajes considerados básicos, es decir, necesarios para la realización de los aprendizajes posteriores.

También debe constituir un punto de referencia y de orientación para la práctica educativa del profesorado tanto en sus programaciones como en las actividades de enseñanza-aprendizaje.

a) El establecimiento de los mismo (criterios de evaluación) conlleva que se refieran a las capacidades y objetivos de etapa y área que han sido priorizados y destacados, así como, fundamentalmente, a los contenidos nucleares escogidos. Han de reflejar de forma equilibrada los cinco tipos de capacidades y los tres tipos de contenidos.

b) Deben servir como referente para las programaciones y actividades de enseñanza-aprendizaje, por tanto, no pueden formularse concretando las conductas que debe realizar el alumnado en una actividad, han de poderse contrastar en diferentes tareas de aprendizaje.

c) La formulación de los criterios de evaluación debe proporcionar orientación y clarificación. Es conveniente un enunciado para exponer qué capacidades se proponen, qué contenidos se promocionan y el nivel de exigencia de los mismos.

d) Un aspecto complementario y esencial es el establecimiento de los criterios de evaluación referidos sobre todo a las actitudes, valores y normas transversales, que deben formularse con referencia al ciclo más que a cada área, puesto que la adquisición de una actitud es algo compleja y de largo alcance.

Específicamente, cuando nos encontramos en un centro al que asisten alumnos de minorías étnicas, es imprescindible impulsar una serie de *principios y actuaciones:*

- La evaluación debe ser *continua,* en cuanto que debe ofrecer información permanente sobre las actividades de enseñanza-aprendizaje que se llevan a cabo en el aula. Deben establecerse procedimientos e instrumentos que permitan analizar tanto la práctica educativa del profesor como los aprendizajes de los alumnos.
- Los criterios de evaluación son un *referente* para la recogida de información del proceso de enseñanza-aprendizaje y, en consecuencia, hay que permitir al profesorado tomar las medidas pedagógicas necesarias para el progreso del alumno en cada área y en la etapa Deben contemplarse principalmente los aprendizajes que se consideran básicos, es decir, aquellos sin los cuales no se podrían iniciar aprendizajes posteriores y que desarrollan mejor las capacidades acordadas. En este sentido, deben referirse a los objetivos nucleares.
- Esencial es el aspecto referido a los tres tipos contenidos: *conceptos, procedimientos y actitudes,* cuando trabajamos con minorías étnicas. cuando a un centro asisten alumnos de minorías étnicas, que presentan dificultades al enfrentarse a las tareas escolares las cuales ven lejanas a su realidad, se debe dar prioridad a la evaluación de un tipo de contenido frente a los otros.

La conclusión a la que llegamos es que atender a la diversidad de los alumnos de minorías étnicas desde los criterios de evaluación de sus aprendizajes implica considerar en la práctica educativa aquellas capacidades que el alumno tiene y a partir de ellas resolver sus dificultades. Dichas capacidades deben quedar reflejadas tanto en las programaciones de aula como en el Proyecto Curricular.

En el proceso de evaluación y en la concreción de los criterios, deben considerarse las etapas del proceso global curricular:

1. *Evaluación inicial:* permitirá valorar los conocimientos, procedimientos y actitudes adquiridos por el alumno. Este paso facilitará la posibilidad de priorizar en la evaluación el contenido que se considere más nuclear.
2. *Evaluación formativa y continua* que detecte cómo los alumnos siguen el proceso de aprendizaje. Esta etapa de la evaluación nos guiará en el progreso del alumno minoritario, viendo las estrategias empleadas para resolver las dificultades que se encuentran y obtener éxitos escolares.
3. *Evaluación final* que considere todas y cada una de las etapas anteriores y que nos dará información sobre la promoción del alumno.

Para concluir el apartado referente a los criterios de evaluación, podemos hacerlo destacando la importancia que tiene exponer de forma explícita los objetivos que se desea alcancen los alumnos con relación a los contenidos y determinar los criterios y actividades que permitan detectar el progreso del alumno y su proceso de enseñanza-aprendizaje.

3. Criterios de promoción

La promoción de los alumnos, es decir, decidir si un alumno "pasa" o "no pasa" de un ciclo a otro, de un curso a otro o de una etapa a otra, es un proceso de gran importancia que debe ser adoptado por todo el conjunto de profesores y establecerse en el Proyecto Curricular.

Los Objetivos Generales de Etapa, área y los bloques de contenidos establecen en el P.C.E. lo que se considera básico e indispensable que aprenda el alumnado durante la etapa.

las capacidades que éstos promueven se deben entender como un proceso a potenciar a lo largo de la escolarización, pero nunca se puede afirmar que en un momento dado se han adquirido o no en toda su dimensión y completamente.

En esta dinámica, los criterios de evaluación "van comunicando" cómo se va progresando, qué dificultades aparecen, ofreciendo indicadores útiles y valiosos sobre cómo seguir avanzando.

Cuando especificamos en alumnos de minorías étnicas hay que considerar criterios de promoción más específicos que los que regula la normativa. En los criterios de promoción y titulación debe tenerse presente la *evaluación integradora,* es decir, el alumnado debe mostrar madurez con relación a las capacidades que se expresan en los objetivos generales y su concreción en el ciclo siguiente o de las modalidades de estudios posteriores. Hay que tener en cuenta las capacidades expresadas en los objetivos, no tanto las áreas. El desarrollo de las capacidades debe ser el principal objetivo de nuestro trabajo y considerar detenidamente las situaciones de los alumnos.

Para establecer los criterios de promoción de los alumnos pertenecientes a minorías étnicas, se deben tomar criterios excepcionales cuando no se superan los contenidos determinados en la normativa; de esta forma, algunos criterios a considerar son:

• *Contexto social del alumno.* El contexto social del alumno perteneciente a minoría étnica suele ser empobrecido y desfavorecidos, impidiendo una adecuada integración en los aprendizajes y consecución de los mismos.

• *Contexto familiar.* La gran discrepancia que encuentran los alumnos minoritarios entre lo que aprenden y conocen en su ambiente familiar y lo que exige la escuela supone que la familia no favorece el aprendizaje. Este hecho debe considerarse como imprescindible en el momento de promocionar a un alumno.

• *Historia académica del alumno.* La historia escolar anterior es un factor decisivo en la promoción, pues nos encontramos con alumnos que presentan ciertas dificultades por pertenecer a una minoría, pero su historia académica anterior es buena.

• *Expectativas e interés del alumno.* La realidad nos presenta que en muchas ocasiones las expectativas de los alumnos de minorías étnicas, como sucede con la población gitana, son muy específicas, lo mismo que sus intereses concretos; que el mantener a un alumno un año más en un mismo curso no tiene sentido cuando la desmotivación es muy alta e incluso hay riesgo de abandono escolar.

• *Integración del alumno en el grupo.* Los alumnos de minorías étnicas suelen presentar dificultades en la integración escolar a nivel de grupo-clase, esto conlleva que en muchas ocasiones hay que priorizar la interacción con los compañeros frente a otros aspectos a la hora de promocionar a un alumno.

4. Conclusión

Los criterios de evaluación y promoción constituyen un punto clave en el proceso de enseñanza-aprendizaje de los alumnos, es un proceso continuo a lo largo de un curso, ciclo, etapa, que debe regirse por unos objetivos muy concretos que se individualizarán en la mayoría de los casos. En centros educativos donde asisten alumnos de minorías étnicas, considerar los criterios de evaluación y promoción conlleva valorar y analizar excepciones frente a la mera normativa, de la misma forma que es un momento final dentro de un proceso más largo de atención a la diversidad. La realidad de estos alumnos obliga, en muchas ocasiones, a priorizar contenidos actitudinales y procedimentales, así como a valorar el contexto y realidad del alumno frente a los objetivos generales y las capacidades.

Bibliografía

DÍAZ-AGUADO, M.J. y BARAJA, A. (1.988): "Interacción educativa y desventaja sociocultural". CIDE, Madrid.

DÍAZ-AGUADO, M.J. (1.995): "Educación y Razonamiento Moral". Mensajero, Madrid.

GARCÍA RAMOS, J.M. (1.989): "Bases pedagógicas de la evaluación. Guía práctica para educadores". Síntesis, Madrid.

Libro Blanco para la Reforma de Sistema Educativo (1.989). M.E.C., Madrid.

ROSALES LÓPEZ, C. (1.990): "Evaluar es reflexionar sobre la enseñanza". Narcea, Madrid.

LA INVESTIGACIÓN MULTICULTURAL E INTERCULTURAL

ROSARIO ARROYO GONZÁLEZ
JUAN DAVID GALLEGOS PULIDO

1. Introducción

La diversidad cultural, no solamente en la sociedad, sino también en las aulas, es un hecho al que hay que atender específicamente para favorecer la convivencia de todos.

Debido a esta necesidad, surgen dos conceptos: hacia los años 70 en EE.UU aparece el concepto de **multiculturalidad,** que hace referencia a la constatación de diferencias culturales en las colectividades humanas (Arroyo González, 1997) y a la transmisión de actitudes, valores y conocimientos que pueden llevar implícitos o explícitos estereotipos y/o mensajes erróneos respecto a la diversidad (Marcelo García, 1992); más tarde, en Europa, aparece el concepto de **interculturalidad**, es un método y una estrategia para el intercambio, interacción, intercomunicación, respeto intercultural, reconocimiento de la propia carencia cultural que otro u otros grupos étnicos pueden completar, traspaso de ideas, valores, recursos, conocimientos...entre individuos (Arroyo González, 1997). Interculturalidad es intervención para dar respuesta y atender, tanto social como educativamente, a la diversidad cultural del ser humano.

De las anteriores afirmaciones se deriva el objetivo de esta comunicación: *abrir posibles líneas de investigación sobre la educación en contextos multiculturales e interculturales.*

2. Investigación sobre multiculturalidad e interculturalidad: una perspectiva metodológica

Banks (1995), admitiendo la gran variedad de temas (raza, grupo étnico, cultura, clase social, género) de investigación incluidos bajo el término multiculturalidad, describe las investigaciones llevadas a cabo sobre los efectos de la enseñanza de actitudes, percepciones y creencias de los estudiantes hacia los grupos étnicos. Constata que los científicos sociales en EEUU han estado interesados desde al menos los años veinte, en las actitudes étnicas expresadas por los niños. Los estudios revisados hasta la década de los 80 se caracterizan porque:

- Describen variables como actitudes étnicas, auto-identificación racial, componentes emocionales, que acompañan a los prejuicios raciales.
- Miden los efectos, principalmente a corto plazo, de las intervenciones educativas (cursos, currículos, técnicas, recursos) en dichas variables.
- Los instrumentos de recogida de datos preferidos son las escalas de actitudes.
- Se comparan los resultados de un grupo control con los del grupo experimental.
- Se utilizan estadísticos para establecer la fiabilidad y validez de las mediciones y comparaciones.

Son investigaciones de corte cuantitativo, que aportan "conocimientos muy inconsistentes sobre la intervención educativa y sus efectos en las actitudes étnicas" (Banks, 1995:624).

Esta inconsistencia se explica por los propios límites de los diseños de investigación empleados, que no contemplan la variedad de características culturales de los sujetos y la variedad de contextos en las que éstas se desarrollan.

Con respecto a la investigación intercultural en Europa, Bartolomé (1997), ofrece un panorama general de la investigación realizada en estos últimos años sobre educación intercultural, desde un enfoque metodológico. Según esta autora, los métodos, estrategias y diseños de investigación más utilizados en la investigación intercultural son:

1) La investigación ex post-facto, que constituye el bloque más amplio hasta mediados de los 80. Se orienta hacia temas tan diversos, que van desde los mapas multiculturales hasta el estudio de las competencias comunicativas. La crítica, que recibe este tipo de investigación se centra en "la selección de muestras, el sesgo cultural y la deficiente adecuación de los instrumentos, las dificultades de los procesos de generalización; el etiquetado que pueden producir (tendiendo a reforzar estereotipos) y el problema de la interpretación de resultados desde fuera de la cultura y de los grupos, que están siendo estudiados" (Bartolomé, 1997:15).

2) La investigación cualitativa multicultural, cuyo elemento a resaltar ha sido la interdisciplinariedad de planteamiento e investigadores y un pluralismo de enfoque, que se debe fundamentalmente a las finalidades de la investigación, a los criterios de validez y fiabilidad y a las ideologías de los grupos científicos, que los sustentan. Dentro de este tipo de investigación cabe destacar distintos modelos de intervención como:

- Las biografías e historia de vida.
- Las investigaciones etnográficas.
- El análisis de contenido.
- Las competencias comunicativas.

Estos modelos de investigación, que pretende la comprensión crítica de la realidad multicultural, son necesarios pero se reconocen insuficientes, planteándose en la actualidad nuevas líneas metodológicas de investigación, que den respuesta a los conflictos multiculturales.

Recogemos algunas de estas tendencias:

a) Enfoques interactivos políticos, sociales y educativos para el cambio de las relaciones interculturales a largo plazo y medio plazo, pensando globalmente los conflictos multiculturales y actuando localmente.

b) Trabajar con toda la población, con muestras amplias y representativas y no solo con las minorías culturales.

c) Considerar la interacción de múltiples factores (edad, cultura, valores, nivel socioeconómico y el género, entre otros)

d) Sistematización de las experiencias para comprobar la validez de las respuestas.

De acuerdo con la tradición investigadora en nuestro contexto más próximo sobre temas de interculturalidad, compartimos plenamente la premisa de recurrir a diseños multimétodo, que utilicen métodos complementarios para la investigación intercultural. En este sentido, Aguado (1997:240) propone "utilizar estrategias multimetodológicas, que aún en riesgo de solapamientos parciales, aporta soluciones a problemas planteados. Es preciso superar la dicotomía entre enfoques cualitativos y cuantitativos al abordar las cuestiones de interés en el área. Se propone un pluralismo integrador, entre otras aportaciones, permita una mayor preocupación por el contexto sociocultural".

3. Fundamentación metodológica del análisis de contenido

El análisis de contenido es una técnica de investigación que pretende *descubrir los componentes básicos de un fenómeno determinado, extrayéndolos de un contenido dado a través de un proceso, que se caracteriza por el intento de rigor de medición* (Bartolomé, 1982: 251).

Las fases metodológicas que requiere esta técnica de investigación son las siguientes:
Fase 1: Determinar los objetivos que se pretenden alcanzar con el análisis de contenido.
Fase 2: Definición del universo que se pretende analizar.
Fase 3: Recogida de datos.
Fase 4: Elección de documentos.
Fase 5: Elaboración de indicadores o definición de las unidades de análisis.
Fase 6: Reglas de enumeración o de recuento.
Fase 7: La categorización.
Fase 8: Exploración del material.
Fase 9: La fiabilidad y validez.

4. Revisión de tesis doctorales elaboradas en españa sobre multiculturalidad e interculturalidad

A continuación, se procede a la aplicación de cada una de las fases que requiere el análisis de contenido para nuestro objeto de estudio.

FASE 1: Determinar los objetivos que se pretenden alcanzar con el análisis de contenido

A) Describir la variedad de temas tratados sobre educación multicultural e intercultural en España.
B) Describir la intensidad con la que se tratan los temas sobre educación multicultural e intercultural.

FASE 2: Definición del universo que se pretende analizar

El universo de este estudio es el siguiente: 37 tesis doctorales sobre multiculturalidad e interculturalidad elaboradas en España desde el año 1976 hasta la actualidad.

FASE 3 y 4: Recogida de datos y elección de documentos

La recogida de información de este estudio deriva de la Base de Datos del Ministerio de Educación y Cultura "TESEO" (http: w.w.w.mec.es/teseo/) utilizando los siguientes descriptores: Educación Intercultural, Educación Multicultural, Cultura, Transculturalidad.

Partiendo de la información que se ofrece, llevaremos a cabo el estudio con la finalidad de conseguir los objetivos propuestos en la fase 1.

FASE 5: Elaboración de indicadores o definición de las unidades de análisis

Las unidades de análisis que se van a utilizar se denominan específicamente unidades de registro, entendiéndose las expresiones que hace referencia a la categorías para el recuento codificado. Las unidades de registro empleadas en este análisis de contenido fueron:

- Las palabras del título de la tesis doctoral.
- El objetivo de la tesis doctoral, planteado en su resumen.

FASE 6: Reglas de enumeración o de recuento

Se refieren a la forma de contabilizar las unidades de registro, codificadas según el Sistema de Categorías inducido a partir del análisis de todos los documentos. Se siguen las siguientes reglas de enumeración:

- *La frecuencia*, se refiere al número de veces que aparece un código determinado asociado a una unidad de registro determinada. El número de veces será expresado tanto en frecuencias absolutas como en frecuencias relativas porcentajes.

FASE 7: La categorización.

Consiste en la operación de clasificar los elementos de un conjunto a partir de unos criterios previamente definidos. La categorización es un proceso, que se desarrolla en tres operaciones:

- La *clasificación* de las unidades de significado asignado a cada unidad de registro, con el fin de establecer una cierta organización de los mensajes. El sistema de categorías realizada por inducción se presenta en la siguiente:

CATEGORÍAS	CÓDIGOS
Unidad historiográfica	UHI
Unidad conceptual	UCO
Unidad de identidad e integración sociocultural	UIS
Unidad comunicativa	UCM
Unidad lingüística	ULI
Unidad axiológica y actitudinal	UAX
Unidad formadora de docentes	UFD
Unidad escolar	UES
Unidad política educativa	UPE
Unidad psicológica	UPS
Unidad metodológica	UME

Es necesario definir cada una de las categorías:

- Unidad historiográfica: entendida como el estudio del contexto multicultural desde una vertiente histórico-artística, desde obras literarias hasta obras de arte gráfico.

- Unidad conceptual: se refiere tanto a la clarificación de conceptos relacionados con el contexto intercultural como a su fundamentación teórica.
- Unidad comunicativa, se refiere al estudio sobre la forma de abordar la comunicación multicultural e intercultural.
- Unidad de identidad e integración sociocultural: entendida como el estudio sobre los diferentes aspectos del proceso de identificación y socialización presentes en contextos multiculturales.
- Unidad lingüística: el estudio del lenguaje escrito como acto intercultural.
- Unidad axiológica y actitudinal: entendida como el estudio de los diferentes valores y actitudes presentes en contextos interculturales, así como el intercambio de los mismos entre diversos grupos culturales.
- Unidad formadora de docentes: se refiere al estudio de la educación intercultural como formación de profesores en contextos multiculturales.
- Unidad escolar: se refiere al estudio del aprendizaje escolar sobre procesos multiculturales.
- Unidad política educativa: son los estudios sobre las directrices políticas para una educación intercultural.
- Unidad psicológica: entendida como el estudio de la multiculturalidad e interculturalidad en los procesos mentales y cognitivos del ser humano.
- Unidad metodológica: se refiere al estudio sobre el método más adecuado para analizar el contexto multicultural e intercultural.

—*La codificación,* es la asignación códigos a cada categoría del sistema anterior para poder clasificar las unidades de registro.

—*El inventario,* se refiere a las palabras que ejemplificaban cada una de las categorías.

FASE 8: Exploración del material

Una vez que se han fijado las categorías y se han definido los indicadores, se procede a la exploración:

- Identificación de las unidades de registro, de acuerdo con los criterios establecidos.
- Asignación del código de la categoría correspondiente a las unidades de registro, o sea, la codificación de los documentos.
- La exploración realizada se presenta en el siguiente cuadro:

Categorías	Frecuencia absoluta	Porcentajes
• HISTORIOGRÁFICA	2	3,9%
• CONCEPTUAL	4	7,8%
• DE IDENTIDAD E INTEGRACIÓN SOCIOCULTURAL	9	17,6
• COMUNICATIVA	4	7,8%
• LINGÜÍSTICA	6	11,7%
• AXIOLÓGICA Y ACTITUDINAL	7	13,8%
• FORMADORA DE DOCENTES	4	7,8%
• ESCOLAR	5	9,8%
• POLÍTICA EDUCATIVA	2	3,9%
• PSICOLOGICA	8	15,9%
• METODOLÓGICA	0	0%
TOTAL	51	100%

FASE 9: La fiabilidad y validez

En el análisis de contenido este estudio se obtienen los criterios de validez y fiabilidad de la siguiente forma:

- *La fiabilidad* se estima calculando el porcentaje de veces que varios codificadores independientes coinciden cuando codifican los mismos documentos (Fox, 1981). En este estudio, tres han sido los codificadores que han trabajado el material, coincidiendo plenamente en la asignación de códigos.
- *La validez,* se estimó valorando si las categorías reunían las siguientes características (Fox, 1981):

  1. Exhaustividad: si las categorías permitían agotar el contenido de la totalidad de los documentos.
  2. Homogeneidad: que las categorías estuviesen definidas de acuerdo con un mismo principio de clasificación.
  3. Pertinencia: que las categorías estuviesen adaptadas al material de análisis seleccionado y al marco teórico elegido.
  4. Productividad: que el conjunto de categorías proporcione resultados ricos.

5. Conclusiones

1. La investigación multicultural e intercultural en España se aborda fundamentalmente desde estas tres visiones diferentes:

• Desde un punto de vista social, los procesos interculturales se estudian analizando la formación de la identidad del individuo o de los diversos grupos culturales, así como el proceso de integración social que se lleva a cabo.

• Desde un punto de vista psicológico, se estudia la forma que tiene el individuo de concebir y construir la cultura y el intercambio cultural en su propia mente.

• Desde un punto de vista axiológico, se analiza el intercambio de los diferentes valores, tanto individuales como colectivos, que contínuamente se expresan -mediante actitudes- en los contextos multiculturales.

2. La investigación multicultural e intercultural en España se ha abordado en menor medida desde las siguientes perspectivas:

• Desde una perspectiva metodológica, existe en España una escasez de tesis doctorales que investiguen sobre el método más adecuado para analizar el contexto multicultural e intercultural.

• Desde una visión político-educativa, existe una escasez de tesis doctorales que investiguen las directrices políticas para una educación intercultural.

3. De acuerdo con las anteriores conclusiones, estudios sobre el método de investigación más adecuado en la educación intercultural, constituye una línea de investigación fundamental para el desarrollo de posteriores investigaciones en contextos multiculturales e interculturales.

EL CENTRO EDUCATIVO COMO ORGANIZACIÓN QUE APRENDE. DESDE LA AUTOCRACIA AXIOLÓGICA A LA EDUCACIÓN EN VALORES DEMOCRÁTICOS

FERNANDO PEÑAFIEL MARTÍNEZ
Dpto. de Didáctica y Organización Escolar
Universidad de Granada

En la actualidad nos encontramos ante un reto importante tanto en el ámbito individual como colectivo que supone concretar nuevas perspectivas y redefinir un modelo integral y sistémico de sociedad y que habitualmente se define en base a las demandas que emergen y se desarrollan en su seno. Estas demandas no son otra cosa que exigencias que el propio y natural proceso de diversificación generan en torno a situaciones y escenarios determinados, organizando, eso sí, marcos y ambientes que con una incidencia muy particular se asientan en los centros y organismos educativos. Es en este contexto y en el desarrollo de proyectos institucionales en donde se deben plantear y diseñar estrategias y tácticas eficaces que posibiliten cuantas conexiones e interacciones se puedan producir, potenciando la convivencia, el respeto, la solidaridad, ... y en definitiva compensar las posibles desigualdades que se originen. Desde este ámbito, el educativo, intentaré incidir sobre aquellos argumentos que se aproximan al tema intentando aportar posibles líneas de reflexión, cuestionamiento y discusión.

Si entendemos la tarea educativa, como el proceso dinamizador que capacita al ser humano para reflexionar y abrir nuevos horizontes ante los problemas actuales, nos es fácil aseverar que el desarrollo de propuestas, intenciones y propósitos debe acometer con cierta garantía de éxito un sistema de valores capaz de fundamentar nuevos significados a los conceptos y planteamientos que determinen y establezcan nuevas condiciones de vida y de desarrollo humano.

En este sentido la Ley de Ordenación General del Sistema Educativo establece las líneas de un marco curricular muy general, con el fin de que, a partir de él, se estructuren los nuevos diseños que establecieron en la reforma, en base a una mejora de la calidad educativa y de la atención a la diversidad que los alumnos escolarizados en los centros puedan presentar. En ella se especifican tres tipos de contenidos interrelacionados entre sí y que garantizan en cierto modo las necesidades que estos alumnos demandan. Me refiero concretamente a los contenidos constituidos por hechos, conceptos y principios, los procedimientos y las actitudes, valores y normas capaces de generar procesos globales de intervención y porque no de compensación en el contexto escolar.

La Reforma implicó a toda la sociedad para llevar a cabo una formación en valores y actitudes favoreciendo el pleno desarrollo de la personalidad del alumno fuese cual fuese la respuesta que necesitara, el respeto de los derechos y libertades individuales y colectivas, la adquisición de hábitos y destrezas, la formación en el respeto a los demás, la cooperación y la solidaridad, etc.. Y todo esto porque la Educación sin un fundamento axiológico no es Educación. González Lucini afirma «... *lo tomemos como lo tomemos, la educación no está libre de valores. La educación tiene que ser ideológica. Si educar es dirigir, formar el carácter o la personalidad, llevar al individuo en una determinada dirección, la educación no puede ni deber ser neutra..*"

En consecuencia la Reforma optó por un currículo abierto y flexible, con unos aspectos básico comunes para todos, en el que la educación en valores no debe ser otra cosa que la de convertirse en propuestas educativas que den respuesta a aquellos alumnos que por algún motivo, condición,+ ya sea temporal o permanente necesitan de una atención más específica. Pero, ¿cuales son los valores que deben conformar el currículo? A esta cuestión no es fácil responder.

Teóricos de la educación reconocen su complejidad. Victoria Camps manifiesta: «...*no tenemos un modelo de persona ideal, como no tenemos un modelo platónico de sociedad ni un sólo modelo de escuela. No lo tenemos porque nuestro mundo es plural y aplaudimos esa pluralidad que es enriquecedora, así como la convivencia de las diferencias*».

Aunque nos falte un modelo de persona, común a todos, contamos con un **conjunto de valores universales** consensuables, un sistema valorativo que sirve de marco y de criterio de referencia para atender a "todos" nuestro alumnos. Ese es y debe ser nuestro punto de partida, la única referencia que tenemos para empezar a hablar, para resolver dialógicamente nuestros problemas y conflictos sobre una base indiscutiblemente común.

Dentro del currículo, los valores y las actitudes no conforman un área específica, sin embargo hay que hacer constar la importancia de dichos contenidos valorales y actitudinales. La Axiología, como ciencia, debe informar el currículo para establecer la forma adecuada el qué, cómo, cuando enseñar y evaluar en los distintos niveles de concreción, el Proyecto Curricular de Centro, la Programación de Aula y las Adaptaciones Curriculares. La característica de transversalidad de los valores en la nueva Ley de Ordenación Educativa aporta conocimientos y metodología desarrollando un currículo global en todas sus dimensiones capaz de dar respuesta al todo el proceso derivado de la atención a la diversidad que presenta la población escolar.

Se debe optar por una adecuación, adaptación o/y diversificación curricular para atender a la variedad de necesidades e intereses de los alumnos donde se potencie y facilite la configuración de los valores evitando la dispersión de éstos, elaborando un currículo a las distintos momentos, ya sean, evolutivos, ambientales,...de los alumnos.

La metodología, por tanto, ha de basarse no en la mera transmisión de conocimientos, sino que debe saber aprovechar aquellas circunstancias que se den en el aula para descubrir y percibir la dimensión valoral de la realidad y sea el mismo sujeto quien, por otro lado cree sus propios valores ante las nuevas situaciones que se presenten y por otro sea capaz de construir sus propias experiencias de aprendizaje.

La LOGSE desarrolló, también, una serie de principios que inspiraron la práctica docente, entendidos en términos de valores y capacidades tales como la formación personalizada y desarrollo de las capacidades creativas y del espíritu crítico, el rechazo de todo tipo de discriminación, la autonomía pedagógica de los centros, la actividad investigadora del profesorado, puesta en marcha de una metodología activa, atención psicopedagógica y relación con el entorno respetando y defendiendo el medio ambiente. Desde ella de establece una concepción del currículo como conjunto de objetivos, contenidos, métodos pedagógicos y criterios de evaluación de cada uno de los niveles, etapas, ciclos, grados y modalidades del sistema educativo.

Toda educación, es un proceso orientado hacia una finalidad, sea ésta explícita o implícita al proceso educativo y supone adquirir algo que no se posee, que se puede completar y, como no, perfeccionar y que intencionalmente pretende una modificación del ser humano más valiosa que la precedente (Gervilla, 1.988: 114). La educación como proceso y resultado implica en esencia una integración de valores en la naturaleza propia del hombre; éste como educando, asimila los valores que son en el mundo y los hace suyo en un proceso perfectivo. La educación vale los valores en los que consiste ser educados.

A través de un currículo, flexible y abierto, integraremos esta finalidad en un contexto educativo más amplio y global, dirigido a una sociedad que, desde la pluralidad, atienda la diversidad de escalas axiológicas, y como no de la propia persona. El curriculum es siempre fruto de decisiones, individuales y colectivas, y en consecuencia plurales, sin que sea posible probar, de modo científico o universalmente racional, la superioridad axiológica de un curriculum sobre otro.

No es suficiente proponer un currículo donde se fomenten, exclusivamente, saberes y disciplinas científicas, sino que es necesario además, integrar actitudes y valores para conseguir una educación más integrada, solidaria, democrática y de mayor calidad. Capaz de lograr conductas duraderas y facilitar al educador pautas y estrategias de actuación suficientes capaces de sobrepasar cualquier situación que se le plantee. En esta misma línea, Marín Ibañez propone un currículo equilibrado y completo en el que confluyan programas curriculares y categorías axiológicas, se unifiquen las posibles dimensiones de la persona e intervengan los distintos estamentos de la comunidad educativa.

Entendida en su sentido pleno, la educación pretende llevar a su plenitud al sujeto, desplegar equilibradamente sus energías, hacerle un hombre capaz de actuar eficazmente en el medio natural y social, y esto implica que la educación debe contemplar la totalidad de los valores. Llevar a cabo una educación basada en estos planteamiento nunca será considerado como un complemento a la planificación del centro, sino como un enfoque de trabajo, una forma de abordar los problemas y un estilo de educar desde un ángulo más personal y comunitario. Pero estos valores, normas y actitudes no conforman un área específica de concreción curricular. El Ministerio de Educación y Cultura los define como Temas Transversales y como tales «Contenidos educativos valiosos que responden a un proyecto válido de sociedad y a un modelo específico de educación, y que por consiguiente, están plenamente justificados dentro del marco social en el que ha de desarrollarse toda la educación». Son en consecuencia, aspectos de esencial relevancia para el desarrollo de la sociedad en relación con la solidaridad, la igualdad, la tolerancia, el respeto,+ La característica de transversalidad que los define integra a la Axiología junto a las demás ciencias, colaborando con ellas a conformar el currículo en todas sus dimensiones, favoreciendo el tratamiento de temas que hacen referencia no sólo a la instrucción sino también a todos aquellos aspectos relacionados con la atención a la diversidad de la persona y que por ese respeto hacia lo diverso han de ser valiosos.

Aunque esta opción, de transversalidad, ciertamente favorece la integración de los conocimientos en toda su complejidad cultural, bien es verdad que no podemos ignorar el peligro que supone su desarrollo en favor de los otros contenidos, conceptuales y procedí mentales. La autonomía pedagógica de los centros que la nueva ordenación del Sistema Educativo propone hace indispensable una formación específica del profesorado para llevar a cabo las tareas que se le encomiendan. Dado que la LOGSE apuesta por el desarrollo de todo proceso relacionado con la diversidad y, como no, por la educación en valores, la formación del profesorado, hoy de una especial y urgente necesidad, debe ir dirigida a fomentar aquellos, que, con carácter general, son coherentes con los derechos humanos, dignidad de la persona, pluralidad social y respeto. Más aún, cuando ciertos grupos sociales basan sus actuaciones en la intolerancia, marginación, violencia, discriminación,...el propio docente puede sentirse un tanto contrariado si intenta educar a sus alumnos en valores que la realidad social no siempre refleja fielmente.

Referencias bibliográficas

CAMPS CERVERA, V. (1.994): Los valores de la educación. Madrid. Anaya .

CEMBRANOS, Mª del C. (1.994): La educación en valores a través del desarrollo curricular y de la tutoría. Madrid. IEPS.

ESCÁMEZ, J. (1.983): Educación y Normatividad. En VVAA: Teoría de la Educación I. El problema de la Educación. Murcia. Limite.

FERMOSO, P. (1.976): Crisis de valores y crisis educativas. En VI Congreso Nacional de Pedagogía: La educación en función de los valores. Madrid.

FRONDIZI, R. (1.977): Qué son los valores? Introducción a la Axiología. México. Fondo de Cultura Económica.

GARCÍA LÓPEZ, R. (1.990): Marco de referencia de la acción educativa. En Actas del Congreso Internacional de Filosofía de la Educación II. Madrid. Uned.

GERVILLA CASTILLO , E. (1.987): Los fines de la educación hoy. Revista de Ciencias de la Educación. núm 131.

GERVILLA CASTILLO E. (1.990): «Fundamentos axiológicos del curriculum escolar. En VVAA: Filosofía de la educación hoy. Madrid. UNED. Vol. I.

GERVILLA CASTILLO, E. (1.988): *Axiología Educativa*. Granada. TAT.

GERVILLA CASTILLO, E. (1.994): Valores y contralores. En Revista de Anaya Educación: Valores hoy. Madrid. Anaya.

GIL FERNÁNDEZ, P. (1.983): Proceso. En Diccionario de Ciencias de la Educación. Vol. II. Madrid. Santillana..

GÓMEZ OCAYA, C. (1.987): Reconocimiento de patrones: aplicación al proceso educativo. En VVAA: Conceptos y propuestas IV. Valencia. Nau Libres.

GONZÁLEZ LUCINI, F. (1.994): Temas transversales y educación en valores. Madrid. Anaya.

JUAREZ, M. –Dir- (1.994): Informe sociológico sobre la situación social en España. Madrid. Informe FOESSA. Fomento de Estudios Sociales y de sociología Aplicada.

MARÍN IBAÑEZ, R. (1.989): «Los valores educativos de la filosofía de la educación. EN PAGES, A. comp.: Hombre y educación. Barcelona. PPU.

MARÍN, R. (1.985) « Los valores, fundamento de la educación. En VVAA: Teoría de la Educación. Madrid. Anaya.

MARÍN, R. (1.985): Los valores fundamento de la educación. En CASTILLEJO, J. L.; ESCÁMEZ, J. y MARÍN, R.: *Teoría de la Educación*. Madrid. Anaya.

PEÑAFIEL MARTÍNEZ, F. (1.996): Los valores en la LOGSE y sus repercusiones educativas. Granada. (Tesis Doctoral microfichas). Universidad de Granada.

VÁZQUEZ, G. (1.976): Lo permanente y lo cambiante en los valores educativas. En VI Congreso Nacional de Pedagogía. Madrid. VV.AA (1.992): Las necesidades educativas especiales en el nuevo currículo. *Siglo Cero*, 142, 12-16

DESARROLLO ORGANIZATIVO DE LA UNIVERSIDAD PERSPECTIVA DE LOS USUARIOS

"EL CONOCIMIENTO DE LOS DEPARTAMENTOS UNIVERSITARIOS"

ANA FERNÁNDEZ BARTOLOMÉ
CÉSAR TORRES MARTÍN
JOSÉ CARLOS SILLEROCROVETTO
JULIA GÁMEZ MONTALVO
Mª TERESA ÁLVAREZ DE CASTRO
JOSÉ DAVID CUESTA SÁEZ DE TEJADA
RAFAELA GUTIERREZ CÁCERES
FRANCISCO ANDRÉS GARCÍA MARTÍNEZ
NICASIO HIDALGO ARROYO
MIGUEL A. BOMBILLAR MOLINA
COORDINADOR: SEVERINO FERNÁNDEZ NARES
Dpto. de Didáctica y Organización Escolar
Campus de Melilla y Campus de Cartuja. Universidad de Granada

Introducción

Con el presente trabajo de curso de doctorado (desarrollado en el curso 1999-2000) del Departamento de Didáctica y Organización Escolar de la Universidad de Granada, inscrito dentro del programa *"Desarrollo curricular, organizativo y profesional"*, se ha pretendido conocer el funcionamiento de los Departamentos Didácticos como organización básica de ordanación docente y de investigación por parte de los usuarios.

Este documento consta de varias partes.

En primer lugar, hemos procedido a revisar los distintos documentos legislativos que hacen alusión a las diferentes características de los departamentos universitarios, cómo son sus estructuras, funciones y la participación, coordinación y acceso del profesorado a los mismos.

Los documentos analizados son:
- Ley Orgánica 11/1983, de 25 de Agosto, de Reforma Universitaria (BOE n° 209, de 1 de Septiembre),
- Real Decreto 2360/1984, de 12 de Diciembre, sobre Departamentos Universitarios (BOE n° 12, de 14 de Enero de 1985)
- Decreto 162/1985, de 17 de Julio, por el que se publican los Estatutos de la Universidad de Granada.

Siguiendo con el estudio funcional sobre los Departamentos, en la segunda parte del escrito hemos comparado el reglamento interno de varios departamentos, uno de los cuales corresponde al Departamento de Didáctica y Organización Escolar, y otro al Departamento de Psicología Evolutiva y de la Educación de la Facultad de Ciencias de la Educación de Granada.

Para obtener la información de los alumnos, se ha elaborado un cuestionario (Anexo) con la pretensión de saber el nivel de conocimiento que tiene el alumnado de la Escuela Universitaria de Formación del Profesorado del Campus de Melilla y el de la Facultad de Ciencias de la Educación de Granada tiene sobre la estructura, servicios, funciones etc... de los Departamentos Universitarios.

Dicho cuestionario se ha pasado a 115 alumnos de la Facultad de Ciencias de la Educación y 50 de la escuela de Formación del Profesorado de Melilla.

1. Revisión de documentos legislativos

Los documentos aludidos han sido analizados para comparar los distintos aspectos relevantes que sobre los Departamentos se mencionan en ellos.

En en la LRU se hace alusión a los Departamentos, de una manera significativa, en los artículos 7°, 8°, 11°, 31° y 45°; en el RD, lógicamente, en sus 10 artículos; y en los Estatutos se alude a los Departamentos en 46 artículos.

1.1. *Qué son*

En el artículo 7° de la LRU y en el artículo 8° de los Estatutos, se hace una primera cita a los Departamentos, como **estructura fundamental de la Universidad**.

En el punto 1 del artículo 8° de la LRU, coincidiendo con el punto 1 del artículo 1° del Real Decreto y con el artículo 9° de los Estatutos, **se definen a los Departamentos** como los órganos básicos encargados de organizar y desarrollar la investigación y las enseñanzas propias de su área de conocimiento respectiva en una o varias Facultades, Escuelas Técnicas Superiores, Escuelas Universitarias y, en su caso, en aquellos otros Centros creados al amparo de lo previsto en el artículo 7° de la misma Ley.

Por otro lado, en el punto 2 del artículo 8° y 1° de la LRU y del RD respectivamente, siendo el artículo 10° para los Estatutos, continúa recogiéndose que **los Departamentos se constituirán** por áreas de conocimiento científico, técnico o artístico, y agruparán a todos los docentes e investigadores cuyas especialidades se correspondan con tales áreas.

Ya en el punto 4 del mismo artículo 8° de la LRU y en el punto 3 del artículo 1° del RD, se habla de la **creación, modificación y supresión de Departamentos**, que corresponderá a la Universidad respectiva según sus Estatutos. Precisamente, en el artículo 12° de los Estatutos de la Universidad de Granada, se concreta que ello le corresponde a la Junta de

Gobierno de la Universidad, previa comunicación escrita de los Centros, Departamentos y docentes afectados, cuyos acuerdos han de ser remitidos al Claustro Universitario para su aprobación.

1.2. *Funciones*

El artículo 2º del presente RD nos refiere las funciones de un Departamento, al igual que ocurre en el artículo 16º de los Estatutos.

Las que aquí se reflejan son las recogidas en este último documento, en el que se describen las funciones genéricas de los Departamentos de todas las Universidades de España y las peculiares de la Universidad de Granada y que son:

- Organizar y desarrollar la docencia de acuerdo con las exigencias de los distintos planes de estudio, que incluyan disciplinas propias del mismo, y con las directrices generales dictadas por las Facultades y Escuelas de la Universidad.
- Organizar y desarrollar la investigación relativa al área o áreas de conocimiento de su competencia.
- Organizar y desarrollar los estudios de Doctorado en el área o áreas de su competencia, así como coordinar la elaboración de Tesis Doctorales realizadas en su seno.
- Promover la realización de trabajos de carácter científico, técnico o artístico, y el desarrollo de cursos de especialización.
- Impulsar la renovación científica y pedagógica de sus miembros.
- Fomentar las relaciones con otros Centros de la Universidad de Granada y cualesquiera otras Universidades y Centros españoles y extranjeros.
- Participar en los Órganos de Gobierno de la Universidad de Granada en los términos previstos en estos Estatutos.
- Intervenir en la elaboración de los planes de estudio correspondientes a las Facultades y Escuelas en que imparte sus enseñanzas.
- Cualesquiera otras funciones y tareas que específicamente le atribuyen estos Estatutos.

Por su parte, la LRU, en el punto 3 del artículo 8º, considera que corresponde a los Departamentos la **articulación y coordinación de las enseñanzas y de las actividades investigadoras** de las Universidades. Así también, el artículo 35º de los Estatutos recoge que serán los Departamentos los encargados de supervisar la docencia, investigación o actividad de creación artística que en la Universidad se impartan o lleven a cabo.

Del mismo modo, y en esta misma línea, en el punto 4 de su artículo 44º, menciona que los Departamentos elaborarán anualmente una **Memoria** de su **labor docente e investigadora**, la cual se hará pública en el tiempo y forma que señalan los Estatutos (artículo 17º de éstos).

1.3. *Estructura*

Cada Departamento contará con un Director, un Consejo de Departamento, un Secretario y una Junta de Dirección. Además del Reglamento de Régimen Interno, que puede contemplar la existencia de las Comisiones de docencia e investigación, así como otra cualquiera con la composición y fines que se establezcan (artículo 18º de los Estatutos).

En este apartado se hace referencia a la composición de un Departamento, tanto del profesorado que lo constituye como de su carácter científico.

1.3.1. Composición del personal

En el artículo 4º.1 del RD se dice que es competencia de los Estatutos de cada Universidad el establecimiento del **número mínimo de Catedráticos y Profesores titulares precisos para la constitución del Departamento.**

Así, éste estará compuesto por un número no inferior a 12 miembros con dedicación a tiempo completo (dos dedicaciones a tiempo parcial equivalen a una a tiempo completo).

De cualquier manera, y como a continuación se recoge en el punto 2 del mismo artículo 4º del RD, todo Departamento, al menos, debe contar con **cinco Catedráticos o Profesores titulares con dedicación a tiempo completo**. A todo ello se hace mención en el artículo 13º.1 de los Estatutos.

La Junta de Gobierno de la Universidad puede autorizar la **adscripción temporal** a un Departamento de hasta dos **profesores pertenecientes a otro u otros Departamentos**, siempre que el informe de estos y de los profesores afectados sea favorable. La duración de dichas adscripciones será de dos años, renovables por la Junta de Gobierno tras informe favorable del Departamento y profesores afectados. Estos docentes adscritos no contabilizan en el Departamento a efectos del cómputo para la constitución del mismo (artículo 8º del RD y artículo 15 de los Estatutos).

En el artículo 4º.3 del RD y en el punto 2 del artículo 13º de los Estatutos, se afirma que si el **número de plazas del profesorado es inferior** al establecido para la creación de un Departamento, la Junta de Gobierno podrá determinar otra u otras áreas con las que se agrupará o a qué otro Departamento se incorporará.

Por otro lado, en los artículos 7º del RD y 14º y 70º de los Estatutos, nos encontramos con la creación y dirección de las **Secciones Departamentales,** las cuales se originan cuando un Departamento cuenta con profesores que imparten docencia en Centros que están a una ostensible distancia en diferentes ciudades, siendo 2 el número de docentes que ya la pueden constituir. Este es el caso, por ejemplo, del Departamento de Didáctica y Organización Escolar de la Universidad de Granada y las Secciones Departamentales de Melilla y Ceuta.

1.3.2. Constitución científica

Según la información recogida en el artículo 10 de los Estatutos, los Departamentos estarán constituidos por una o varias áreas de conocimiento científico, técnico y artístico (aprobadas por el Consejo de Universidades). También serán únicos por área o áreas de conocimiento, y agruparán a todos los docentes e investigadores especializados con tales áreas.

Se denominará a los Departamentos por el área de conocimiento correspondiente, como se hace referencia en los artículos 9º del RD y 10º de los Estatutos.

En el caso de Departamentos que engloben varias áreas de conocimiento, la Junta de Gobierno determinará la denominación de aquéllos, previa consulta con los profesores afectados.

El artículo 5º.1 del RD nos informa sobre la **posibilidad de agrupamiento en áreas de conocimiento distintas** de las incluidas en el catálogo establecido por la Universidad, debiendo contar la constitución de tales Departamentos con el informe favorable del Consejo de Universidades, el cual valorará ante todo la coherencia científica, artística o técnica de los Departamentos. Dichas áreas de conocimiento no podrán afectar a los concursos previstos en los artículos 35º al 39º de la LRU, que hacen referencia al profesorado universitario.

Por otro lado, en el artículo 6º del RD se alude a la posibilidad de constituir Departamentos interuniversitarios, para lo que también se precisa, si no estuviera incluida en el catálogo del Consejo de Universidades, la aprobación e informe favorable de éste.

1.4. Del Gobierno de los Departamentos (Título II, Capítulo I, Sección Cuarta, de los Estatutos de la Universidad de Granada, artículos 64º- 71º)

1.4.1. Consejo de Departamento

a) **Es el Órgano superior de Gobierno del Departamento**, presidido por el Director y siendo Secretario el mismo del Departamento.

b) **Está integrado por todo el profesorado, ayudantes, investigadores y becarios de investigación** del Departamento. Además, una representación (no más de cuatro) del Personal de Administración y Servicios que trabaje en el Departamento, y una representación del estudiantado (equivalente al 50% del total de lo dicho anteriormente) que reciba enseñanza del Departamento, incluidos aquellos estudiantes de tercer ciclo.

c) Para los miembros pertenecientes al Consejo de Departamento que hayan sido elegidos**, será de un año la duración de su mandato.**

d) En período lectivo, se reunirá el Consejo de Departamento, al menos, **una vez cada dos meses**.

e) **El Reglamento de Régimen** Interno se presentará a la Junta de Gobierno de la Universidad en el plazo de cuatro meses a partir de la constitución del Departamento.

f) Las **funciones** del Consejo de Departamento son:
- Aprobar la programación docente e investigadora del Departamento.
- Elegir, o revocar, al Director, Secretario, Junta de Dirección y a los miembros de las Comisiones de Departamento.
- Elaborar la Programación económica anual del Departamento.
- Aprobar las propuestas de las Comisiones.
- Informar sobre todas las cuestiones referidas a plazas del Departamento, además de la participación del Profesorado en los Institutos Universitarios.
- Expresar la opinión del Departamento.
- Elaborar su propio Reglamento, dentro del marco de los Estatutos.
- Informar previamente sobre la concesión de venias docentes.
- Establecer los planes específicos de formación de Ayudantes y los de formación continuada del Profesorado.
- Aprobar la Memoria anual de actividades del Departamento.
- Proponer los convenios de investigación y docencia previstos en el artículo 11º de la LRU[1] ; informar los que soliciten el Profesorado del Departamento y determinar el uso de los beneficios correspondientes al Departamento obtenidos en esos convenios.

1."Los Departamentos y los Institutos Universitarios, y su profesorado a través de los mismos, podrán contratar con entidades públicas y privadas, o con personas físicas, la realización de trabajos de carácter científico,

1.4.2. Junta de Dirección

a) Es el Órgano Colegiado de Gobierno ordinario del Departamento.

b) **Está integrado por cinco miembros:** Director, Secretario y tres más elegidos por el Consejo de Departamento, dos docentes y un discente.

c) Las **funciones** de la Junta de Dirección son:

- Elaborar la propuesta de Programación económica y Memoria anual.
- Proponer al Consejo de Departamento la Programación docente e investigadora.
- Elaborar el orden del día de las sesiones del Consejo de Departamento.
- Emitir cuantos informes le sean encomendados por el Consejo de Departamento.
- Cuantas otras le sean delegadas expresamente por el Consejo de Departamento.

1.4.3. Director del Departamento

El Director del Departamento **será elegido** (artículo 109° de los Estatutos) por el Consejo respectivo, y nombrado por el Rector. El mandato durará cuatro años, pudiendo ser reelegible.

Para poder ser elegido Director es preciso obtener la **mayoría absoluta,** según el artículo 110°.2 de los Estatutos. Si no lo lograse, se procederá a una segunda votación (distanciada de la primera entre 24 y 72 horas); y si vuelve a no obtenerse la mayoría absoluta, se hará una última votación entre los candidatos más votados, para los que servirá la mayoría simple.

En todo caso**, si en un Departamento no pudiera efectuarse la elección,** será la Junta de Gobierno de la Universidad, tras oír al Consejo de Departamento, quien arbitrará las medidas provisionales oportunas.

La LRU, en su artículo 8°.5, y los Estatutos, en su artículo 110°.1, establecen que la dirección de los Departamentos corresponderá a uno de sus Catedráticos o, de no haber candidato en esta categoría, a uno de sus Profesores titulares.

Las **funciones** del Director del Departamento están determinadas en los Estatutos (artículo 111°):

- Presidir los Órganos Colegiados del Departamento, que convocará para sus reuniones ordinarias y extraordinarias, de acuerdo con lo establecido en su Reglamento.
- Dirigir y coordinar la actividad del Departamento en todos los órdenes de su competencia.
- Representar al Departamento en los supuestos previstos en estos Estatutos (de la Universidad de Granada).

---

técnico o artístico, así como el desarrollo de cursos de especialización. Los Estatutos de las Universidades establecerán el procedimiento para la autorización de dichos contratos y los criterios para la afectación de los bienes e ingresos obtenidos" (artículo 11°, Título I 'De la creación, régimen jurídico y estructura de las Universidades', Ley Orgánica 11/1983, de 25 de Agosto, de Reforma Universitaria, BOE n° 209, de 1 de Septiembre).

• Ejecutar los acuerdos del Consejo de Departamento.
• Cualquier otra que le encomiende o delegue el Consejo del Departamento.

1.4.4. Secretario del Departamento

Será elegido de entre el profesorado del Departamento por el Consejo del mismo.

Sus funciones serán asignadas en el Reglamento de Régimen Interno del Departamento. Deberá levantar actas de las sesiones del Consejo de Departamento y de la Junta de Dirección, además de expedir las certificaciones que le sean requeridas y cuidar el archivo y documentación del Departamento (artículo 112º de los Estatutos).

1.5. A modo de síntesis

Los Departamentos se configuran como Unidades Académicas suficientemente amplias y en condiciones de ofrecer una enseñanza coherente, así como Unidades con capacidad real en todo momento para estimular y llevar adelante actividades investigadoras.

La flexibilidad otorgada a la estructura de los Departamentos tiene como objetivo respetar el principio de autonomía, concediendo a las Universidades la capacidad de definir áreas de conocimiento propias.

Otras vías de flexibilización, al margen de lo referente a las áreas de conocimiento propias, se refieren a la adscripción temporal a un Departamento de Profesores pertenecientes a otros, o a la transformación de un Departamento en varios cuando su número de profesores sea superior al doble del mínimo establecido, o a la posibilidad de crear Secciones Departamentales.

2. Reglamento de régimen interno de varios departamentos

Los Reglamentos cotejados son los que rigen al Departamento de Didáctica y Organización Escolar de la Universidad de Granada (DOE) y al Departamento de Psicología Evolutiva y de la Educación (DPEE) y las respectivas Secciones Departamentales en el Campus de Melilla.

El Reglamento de Régimen Interno del DOE tiene un total de 40 artículos, estructurados de la siguiente manera:

• Título Preliminar: consta de los artículos 1º y 2º, en los cuales se recogen las características y funciones básicas del Departamento.
• Título Primero: contiene los artículos del 3º al 22º, y trata de la estructura, composición y órganos de gobierno. En este título se integran tres Secciones: la Primera (artículos 3º al 14º) trata de los Órganos Colegiados, que, a su vez, en varias subsecciones, trata de todo lo referente al Consejo de Departamento y a la Junta de Dirección. Respecto a la Segunda Sección (artículos 15º al 19º), podemos encontrar todo lo relativo a los Órganos Unipersonales del Departamento (Director y Secretario). En la Tercera Sección (artículo 20º al 22º) se detallan los aspectos que caracterizan a las Secciones Departamentales.
• Título Segundo: está integrado por los artículos 23º al 29º, cuyo contenido versa sobre la Organización Docente del Departamento.

- Título Tercero: formado por los artículos 30º al 36º. Se hace explícita otra de las principales funciones del Departamento: la investigación.
- Título Cuarto: consta de los artículos 37º al 39º, se hace referencia al régimen **económico** y financiero del Departamento.
- Título Quinto: integrado por el artículo 40º, en el cual se manifiesta la posibilidad de reformar el Reglamento de Régimen Interno del Departamento.
- Disposición Final: en la cual se dice: *"En todo lo no recogido en este Reglamento, así como las situaciones susceptibles de interpretación, se someterá, en primer lugar, a lo que decida el Consejo de Departamento y, ulteriormente, a la decisión del Órgano correspondiente de la Universidad, de acuerdo con los Estatutos y demás legislación vigente."*

El Reglamento de Régimen Interno del Dpto. de PEE tiene un total de 110 artículos, estructurados de la siguiente manera:

- Título Preliminar: formado por los artículos 1º al 3º, cuyos contenidos tratan de las características, funciones y componentes del Departamento.
- Título Primero: cuyos artículos son del 4º al 66º. El contenido trata de los Órganos de Gobierno. En su Capítulo Primero (artículos 5º al 56º) se recoge todo lo relativo a los Órganos Colegiados (Consejo de Departamento y Junta de Dirección), y en el Capítulo Segundo (artículos 57º al 66º) todo lo referente a los Órganos Unipersonales (Director y Secretario).
- Título Segundo: integrado por los artículos 67º al 70º. En ellos se alude a los representantes del Departamento en las Juntas de Centro, en la Comisión de Contratación y en la Comisión de Doctorado, al mismo tiempo que menciona cómo pueden cesarse a dichos representantes del Departamento.
- Título Tercero: que engloba a los artículos 71º al 74º, y trata específicamente de la forma y manera en que ha de llevarse a cabo, si se produjera, una moción de censura.
- Título Cuarto: trata de la constitución, dirección y toma de decisiones de las Secciones Departamentales, dentro de los artículos 75º al 77º.
- Título Quinto: formado por los artículos 78º al 86º, haciendo referencia a la Organización de la Docencia.
- Título Sexto: en este título toman parte los artículos 87º al 93º. El contenido del mismo trata las líneas prioritarias de investigación, concretando aquellas medidas necesarias para su desarrollo.
- Título Séptimo: encontramos los artículos 94º al 102º, que recoge aquellos aspectos propios del régimen económico y financiero. En un primer Capítulo (artículos 94º y 95º) se habla del patrimonio y de los recursos financieros, y en un segundo Capítulo (artículos 96º al 102º) se hace mención a la gestión del presupuesto.
- Título Octavo: que incluye los artículos 103º y 104º. En ellos se hace referencia al personal y a la organización de la administración y servicios del propio Departamento.
- Título Noveno: consta de los artículos 105º al 110º, y se hace alusión a cómo debe hacerse la reforma de este Reglamento de Régimen Interno.
- Disposiciones Finales: son tres, y en ellas se dice:
- Primera: *"La interpretación del Reglamento y la vigilancia de su aplicación corresponde a la Junta de Dirección."*

- Segunda: *"Se considerará como derecho supletorio el Reglamento de Régimen Interno del Claustro, los Estatutos de la Universidad de Granada y la Ley de Procedimiento Administrativo. En última instancia, se estará a lo que decida el Consejo de Departamento y al criterio de la Junta de Gobierno de Granada."*
- Tercera: *"El presente Reglamento cobrará vigor al día siguiente de su aprobación por el Claustro Universitario."*
- Disposición Derogatoria: en la que se expresa que *"quedan derogados todos los Reglamentos de Régimen Interno que hayan sido de aplicación a miembros de este Departamento antes de adscripción al mismo."*

En ambos reglamentos hemos podido hallar numerosas similitudes y quizá las mayores diferencias entre ellos, o al menos las que parecen ser más significativas, sean las que a continuación se destacan:

- El Reglamento de Régimen Interno del Dpto. PEE menciona en su Título Preliminar a los miembros que integran el Departamento, volviendo a citarlos en su Título Primero como participantes del Consejo de Departamento. En cambio, en el Reglamento de Régimen Interno del DOE, éstos son aludidos únicamente en esa segunda parte, como miembros del Consejo de Departamento, dentro de los Órganos Colegiados.

Por otro lado, se hace alusión a la Comisión de Docencia en el Reglamento del DPEE, concretamente en los artículos 85° y 86°; aspecto que no se concretiza en el Reglamento del DDOE. Esto mismo ocurre con la Comisión de Investigación, citada expresamente en los artículos 90°, 91° y 92° del Reglamento del DPEE.

- En cuanto a todo lo relacionado con el régimen económico y financiero de los Departamentos, se puede apreciar como aparece de una forma más detallada y específica en el DPEE, distinguiendo varios Capítulos que hacen mención al patrimonio, a los recursos financieros y a la gestión del presupuesto del Departamento.
- Así mismo, en el Reglamento de Régimen Interno del DPEE se dedica un Título, concretamente el VIII, al personal de la administración y servicios, mientras que en el DDOE, las alusiones a dichos miembros quedan incluidas en un artículo (7°), dentro de las funciones del Consejo de Departamento.
- Respecto a la Reforma del Reglamento, el DPEE afirma que es preciso, al menos, un tercio de los miembros del Consejo de Departamento para proceder a la reforma total o parcial de su Reglamento. En cambio, el DDOE manifiesta, en un solo artículo, que esa reforma del Reglamento podrá llevarse a cabo a petición de la cuarta parte de los miembros del Consejo de Departamento. En el Reglamento del DPEE, a lo largo de los seis artículos dedicados a ello, se describen los pasos que se siguen para esta Reforma del Reglamento.
- Por último, se añade en el Reglamento de Régimen Interno del DPEE una Disposición Derogatoria con la que se revocan o anulan los anteriores Reglamentos, dándole validez al actual Reglamento.

3. Conclusiones del cuestionario (Campus Universitario de Melilla)

En el Anexo se recoge el cuestionario al que respondió el alumnado que participó como muestra en este trabajo. Dicha muestra está formada por un total de 50 alumnos, de los cuales 20 son de Primero de Magisterio, 20 de Tercero de Magisterio y 10 de la Licenciatura de Psicopedagogía.

A continuación se comentan los resultados obtenidos por cada uno de los grupos respecto a cada ítem, haciendo una valoración conjunta de los tres grupos:

ITEM 1. ¿Conoces las funciones de un Departamento?

De toda la muestra (50 alumnos), solamente 11 contestan que sí conocen las funciones de un Departamento, representando un bajo 22% del total: 2 de Primero, 5 de Tercero y 4 de Psicopedagogía

ITEM 2. Cita al menos dos de ellas

De los 11 que respondieron favorablemente al conocimiento de las funciones de un Departamento, fueron 3 (1 de Primero y 2 de Tercero) los que citaron algunas de las funciones propias de un Departamento que se recogen en los documentos oficiales, como son: investigar y organizar programas de estudio.

ITEM 3. ¿Conoces el marco legal por el que se regulan las funciones de un Departamento?

Sólo un encuestado, perteneciente a la Licenciatura de Psicopedagogía, respondió conocer dicho marco legal.

ITEM 4. Indica al menos dos de ellas

El alumno que respondió positivamente al ítem anterior, mencionó los documentos legislativos de la Ley de Reforma Universitaria y los Estatutos de la Universidad.

ITEM 5. ¿Cuántos profesores deben componer un Departamento?

Ninguno de los encuestados responde correctamente. Los siguientes son los resultados obtenidos:
- Primero: 10 contestaron que no lo saben y otros 10 respondieron afirmativamente. De éstos últimos, 5 respondieron que son 3 los profesores que componen un Departamento; 1 que son entre 1 y 5 profesores; y 4 contestan que son entre 2 y 3 profesores.
- Tercero: 15 contestaron que no lo saben y 5 respondieron que sí, de los cuales, 2 contestan que lo forman entre 4 y 5 profesores; 1 que son tres profesores; 1 afirma que son más de uno; y 1 contesta que es un número indeterminado.
- Psicopedagogía: 7 responden que no lo saben y 3 que sí. Y de ellos, 2 responden que son 5 profesores; y 1 contesta que son varios.

Como puede apreciarse, efectivamente, ningún alumno conoce el número de profesores que debe componer un Departamento. Quizá las respuestas dadas estén condicionadas por el número de profesores que imparten la docencia en el Campus de Melilla.

ITEM 6. ¿Quién puede ser Director de un Departamento?

- Primero: 14 contestan no conocer la respuesta y 6 afirman conocerlo, aunque dichas afirmaciones no son válidas, ya que en esas manifestaciones no se dan las razones pertinentes a las que se aluden en los documentos oficiales que legisla dicha cuestión.

- Tercero: 15 no conocen la respuesta y el resto (5) si la conocen, dando criterios como: ser "doctor", "Catedrático", "el de más grado de experiencia", "el de más antigüedad" o "por votación de cualquiera de sus miembros".
- Psicopedagogía: 7 responden negativamente y, de los 3 restantes, responden afirmativamente que para ser Director de un Departamento es necesario "tener la condición de Catedrático", "ser Profesor Titular", "estar propuesto por el Departamento entre los Titulares".

Se puede observar que cierto alumnado de Tercero y Psicopedagogía tienen cierto grado de conocimiento al respecto.

ITEM 7. ¿Conoces las funciones de un Director de Departamento?

De los 50 alumnos encuestados, solamente 6 afirman tener conocimiento de las funciones de un Director de Departamento, de los cuales, 1 es alumno de Primero, 1 de Tercero y 4 son alumnos de Psicopedagogía.

ITEM 8. Cita al menos dos de ellos

De los 6 que respondieron afirmativamente, el alumno de Primero que respondió no da ninguna razón válida, sólo el alumno de Tercero se acerca a un conocimiento sobre la cuestión (moderar los Consejos de Departamento, velar por los intereses de sus miembros y el Departamento en su conjunto), y los 4 alumnos de Psicopedagogía han confundido las funciones de un Director de Departamento con las de un Jefe de Departamento de los Institutos de Educación Secundaria Obligatoria.

ITEM 9. ¿Sabes lo qué es una Sección Departamental?

De la muestra, sólo 12 alumnos responden afirmativamente, de los cuales, 2 alumnos (de Psicopedagogía) contestan correctamente al concepto que recogen los Estatutos de la Universidad.

ITEM 10. Explícalo brevemente

Las respuestas correctas que dan esos 2 alumnos de Psicopedagogía son las siguientes:

- "Cuando varios docentes de un Departamento están impartiendo docencia a una cierta distancia geográfica, pueden formar una Sección Departamental."
- "El grupo de profesores de un Departamento que está ubicado en un lugar diferente al del Departamento de referencia."

ITEM 11. ¿Sabes quién puede ser Director de una Sección Departamental?

Hay 7 alumnos que afirman conocer la respuesta

ITEM 12. ¿Conoces cuántos Departamentos componen este Campus?

De los 50 alumnos, 21 responden afirmativamente, y son 8 de Primero, 10 de Tercero y 3 de Psicopedagogía.

ITEM 13. Cita al menos tres de ellos

De los 8 de Primero, 6 nombran algunos de los Departamentos que integran este Campus; en cambio, todos los de Tercero señalan correctamente algunos de esos Departamentos.

La nota curiosa está en el alumnado de Psicopedagogía, que, aunque fueron 3 los que respondieron afirmativamente, se han obtenido respuestas en este ítem por parte de 7 alumnos, que han nombrado también algunos de los Departamentos que se hayan en este Campus.

Los Departamentos más nombrados son:

- Didáctica y Organización Escolar.
- Psicología Evolutiva y de la Educación.

ITEM 14. ¿Sabes qué criterios se siguen para denominar a un Departamento?

El desconocimiento es tal que solamente un alumno, de Psicopedagogía, responde de manera afirmativa a esta cuestión.

ITEM 15. Señálalos

El alumno mencionado anteriormente responde que el criterio para denominar a un Departamento es su área de conocimiento.

Como puede apreciarse en estas valoraciones que se han realizado ítem por ítem de los tres grupos de conforman la muestra, el conocimiento que sobre los Departamentos tienen los encuestados es mínimo.

Y ello se refleja en el bajo porcentaje del alumnado que ha contestado de forma afirmativa y con conocimiento a las cuestiones planteadas sobre, por un lado, las funciones del Departamento y el marco legal que las regulan, y, por otro lado, del profesorado que compone el Departamento, de la figura del Director y sus funciones, de las características de una Sección Departamental y del número de Departamentos que componen el Campus donde realizan sus estudios universitarios.

A raíz de estos resultados deberíamos plantearnos la siguiente cuestión: ¿De qué manera sería posible alentar al alumnado a conocer los aspectos que caracterizan a un Departamento?

Conclusiones del cuestionario
(Campus de Granada)

ITEM 1. Sabes lo que es un Departamento Universitario. Explícalo brevemente.

Al preguntar al alumnado si conocen lo que es un Departamento Universitario el 64,3 % contestan afirmativamente, sin embargo sólo es capaz de explicar correctamente el 48,8% de estos, de lo que se puede deducir la dificultad que encuentran a la hora de explicar lo que es el Departamento Universitario, aunque a priori creyeran que si podrían hacerlo.

ITEM 2. Conoces alguno. Escribe el nombre de al menos dos Departamentos Universitarios.

Cerca del 90% de los alumnos que han contestado el cuestionario conocen al menos el nombre de un departamento de su Facultad. En el caso de la Facultad de Ciencias de la Educación los más nombrados son Psicología Evolutiva y Pedagogía.

ITEM 3. Qué disposiciones o leyes regulan los Departamentos Universitarios.

Al preguntar a los alumnos de final de ciclo sobre las disposiciones o leyes que regulan los Departamentos se denota un escaso conocimiento de los mismos, ya que solo 21 personas de las 129 encuestadas, saben contestar correctamente este item.

ITEM 4. Cita, al menos, dos de las funciones propias de un Departamento Universitario.

Si bien en el caso de este item el tanto por ciento de respuestas correctas aumenta, al hacer un exhaustivo análisis de estas, se puede entrever que los alumnos se escudan mas en funciones propias de un departamento perteneciente a cualquier institución educativa, que las de un departamento universitario propiamente dicho. En todo caso las dos funciones más mencionadas son las de investigación y coordinación de la función docente.

ITEM 5. Conoces los órganos colegiados con los que cuenta un Departamento Universitario.

En este caso, al igual que pasaba en el item 1, de los alumnos que creyeron saber los componentes de los Órganos Colegiados de un Departamento Universitario no todos fueron capaces de contestar correctamente al menos uno de los mismos, existiendo un déficit de respuestas correctas de un 5, 7%. De lo que se deduce que sólo un 11,3% de los alumnos encuestados conocen realmente al menos un componente de dichos Órganos

ITEM 6. Cuáles son las funciones del Consejo de Departamento.

En el caso de este item queda claramente palpable el desconocimiento por parte del alumnado que ha cumplimentado dicho cuestionario de las funciones propias del Consejo de Departamento, ya que solo un 2,3% de los mismos han contestado correctamente el item.

Este tanto por ciento denota como a medida que nos vamos introduciendo en los componentes y funciones de los Departamentos Universitarios aumenta el desconocimiento de los mismos por parte de los alumnos de la Facultad de Ciencias de la Educación, lo cual denota, o eso entendemos, el conocimiento tan superficial que se posee de dichos Departamentos y por tanto del funcionamiento de la Facultad.

ITEM 7. Quiénes componen el Consejo de Departamento.

Aunque en este caso el tanto por ciento de personas conocedoras de la respuesta correcta aumenta de manera poco significativa, al hacer una revisión pormenorizada de estas, podemos entrever que las respuestas correctas se han podido hacer de manera intuitiva ya que todos mencionan a los profesores pero nadie hace mención de otros colectivos pertenecientes menos conocidos como por ejemplo los PAS.

ITEM 8. Cada cuánto tiempo se reúne el Consejo de Departamento.

Con este item nos introducimos en el ámbito de la organización y funcionamiento del Departamento al preguntar sobre la temporalización de las reuniones del Consejo de Departamento, y como era de prever el tanto por ciento vuelve a decrecer hasta un 3,1% lo cual ratifica lo mencionado en el item anterior.

ITEM 9. Cuáles son las funciones de la Junta de Dirección de un Departamento Universitario.

Sólo un 4,6% de los alumnos que han realizado el cuestionario conocen las funciones de la Junta de Dirección de un Departamento Universitario, lo que supone que solo 6 personas de las 129 encuestadas supieron darnos al meno una de estas funciones, mientras que el número restante de alumnos ni siquiera se preocuparon de inventarse alguna y dejaron la pregunta en blanco.

ITEM 10. Quiénes componen la Junta de Dirección de un Departamento Universitario.

Siendo coherente con el ítem anterior el número de respuestas contestadas de manera correcta se mantiene porcentualmente. Solo cabe destacar del análisis de este item que el mayor número de alumnos que contestan correctamente mencionan a las mismas personas que nombraron cuando se les pregunto por los componentes de Consejo de Departamento.

ITEM 11. *Conoces los órganos unipersonales con que cuenta un Departamento Universitario.*

El 24% de los alumnos que han realizado el cuestionario conocen al menos un componente del Órganos Unipersonales, dandose en este item la curiosa circunstancia de que todos los alumnos que dijeron que si lo sabía fueron capaces de contestar correctamente cuando se les pidió que los mencionarán, a diferencia de lo que sucedía en el item 1 y 5.

ITEM 12. ¿Cuáles son los procedimientos de elección de un Departamento?.

Atendiendo al porcentaje de aciertos (16.21%) podemos afirmar que el conocimiento de los alumnos acerca del modo de elección del Director del Departamento es muy bajo, apuntándose procedimientos que no vienen al caso y no se ajustan a lo regulado en la LRU.

ITEM 13. *¿A quién corresponde la dirección de un Departamento Universitario?*

Al igual que ocurre en el ítem anterior, el conocimiento de los/as alumnos/as acerca de a quién corresponde la dirección del departamento es muy bajo, pudiendo sospechar que quienes responden de forma correcta lo pueden hacer por conocimiento de lo dispuesto en la LRU o por pura lógica. Al no ser objeto de estudio de este trabajo esta cuestión, no se puede precisar a ciencia cierta en que grado influye la deducción lógica en la respuesta correcta.

ITEM 14. ¿Cada cuánto tiempo es elegido un Director de Departamento?

El conocimiento acerca de la duración del mandato del Director del Departamento es muy bajo (9.30%), precisándose entre las respuestas incorrectas periodos de tiempo comprendidos entre un año y tres años. Hay que precisar que la mayoría no responde, por lo que suponemos que no saben.

ITEM 15. Cita, al menos, dos funciones del director de un departamento Universitario.

Como en el caso del ítem anterior, el conocimiento de los/as alumnos/as es muy bajo, repitiéndose los mismos datos numéricos, por lo que se puede establecer como conclusión que el conocimiento acerca de las funciones del director del departamento es muy bajo, precisando que en la mayoría de los casos no se obtiene respuesta.

ITEM 16. ¿Conoces algún Director de Departamento?

El conocimiento de los directores de los Departamento es bajo entre el alumnado (29.46 %), pudiéndose deber el hecho de que estos directores/as sean mencionados/as a su relación directa (interacción profesor/a - alumno/a) con los alumnos preguntados, como suposición, en relación con los alumnos que no responden, se puede indicar que no existe relación directa con estos profesores o que la mayoría de los alumnos de esta Facultad no participan de la actividad universitaria de la estructura organizativa del Departamento, limitándose a asistir a sus clases y a la actividad docente.

ITEM 17. ¿Quién puede ser secretario de un Departamento Universitario?

El porcentaje de aciertos es muy bajo, si bien la mayoría de los alumnos/as no responde. Quienes lo hacen de forma incorrecta se pueden encuadrar en los siguientes supuestos:

a) La respuesta señalada en primer lugar, "Un miembro del Departamento", no tienen en cuenta que los miembros del Departamento también son los alumnos, por ello, se puede afirmar que falta conciencia de pertenencia al mismo por parte del alumnado o por creer erróneamente que esta función la puede realizar un alumno.

b) En cuanto a la respuesta señalada en segundo lugar, "Un profesor titular", no tienen en cuenta que puede ser cualquier profesor sea titular o no.

c) Las afirmaciones señaladas en tercer y cuarto lugar, no tienen en cuenta que el cargo de secretario puede ser desempeñado sólo por un profesor.

ITEM 18. ¿Cuánto dura el mandato del Secretario del Departamento Universitario?

El porcentaje de respuestas correctas es muy bajo, lo que refleja un gran desconocimiento a cerca del tiempo de mandato del secretario del Departamento, indicando **entre la** mayoría de los alumnos que responden incorrectamente periodos de un año y tres años. El resto de los alumnos/as no contesta lo que indica que no sabe. Estos representan un 93.03 % de la muestra.

ITEM 19. Cita, al menos, dos de las funciones que corresponden al Secretario del Departamento Universitario.

Los alumnos no conocen cuales son las funciones del Secretario del Departamento, el 10.07 % de los alumnos/as es un porcentaje muy bajo. Si tratásemos de generalizar los resultados de este trabajo de investigación a la población total de alumnos de esta Facultad estaríamos en situación de afirmar que los alumnos finalizan su ciclo de estudios universitarios sin conocer las funciones del Secretario, lo que una vez más refleja la baja participación del alumnado en los órganos de Gobierno y de las actividades departamentales.

ITEM 20. ¿Conoces algún grupo de investigación de un Departamento Universitario?. Cita al menos uno.

El conocimiento de los/as alumnos/as acerca de los grupos de investigación representa un porcentaje muy bajo. La mayoría de los alumnos no contesta lo que nos hace suponer que actúan de esta manera por desconocimiento.

Grupo de investigación más citados.
ED- INVEST (Dpto. de Didáctica y Organización Escolar)
MIDE (Dpto. de Métodos de Investigación)
FORCE (Dpto. de Didáctica y Organización Escolar).
COM.ED.ES (Dpto. de Didáctica y Organización Escolar).

Aunque es citado COM.ED.ES, tenemos que precisar que es una sección de investigación de la Asociación para el Desarrollo de la Comunidad Educativa en España. Por ello, no sabemos si COM.ED.ES es citada como asociación a como grupo de investigación.
Así mismo, MIDE es un Departamento (Métodos de Investigación en educación) pero sospechamos que cuando se indica MIDE como grupo de investigación, quienes responden lo hacen identificando a la profesora Leonor Buendía con el grupo y de investigación (Innovación y mejora de la Educación en Andalucía) y el departamento que ella dirige, debido a que:

• se desconoce el nombre real de este grupo de investigación, o a que
• es más fácil, por la brevedad del acrónimo, mencionar MIDE que el nombre del citado grupo, aunque no sea correcto.

Bibliografía

Decreto 162/1985, de 17 de Julio, por el que se publican los Estatutos de la Universidad de Granada.
Ley Orgánica 11/1983, de 25 de Agosto, de Reforma Universitaria (BOE nº 209, de 1 de Septiembre)
Real Decreto 2360/1984, de 12 de Diciembre, sobre Departamentos Universitarios (BOE nº 12, de 14 de Enero de 1985)

Reglamento de Régimen Interno del Departamento de Didáctica y Organización Escolar de la Universidad de Granada.

Reglamento de Régimen Interno del Departamento de Psicología Evolutiva y de la Educación de la Universidad de Granada.

INSTITUCIONES EDUCATIVAS Y VIOLENCIA ENTRE ALUMNOS

ANDRÉS SORIANO DÍAZ
Departamento de Pedagogía
Universidad de Granada

Introducción

La institución educativa transmite contenidos científicos y culturales. Pero la escuela también genera procesos al margen de los programas formales en los que se asienta su organización. Nos estamos refiriendo al currículum oculto que escapa al control planificado del profesorado que forma parte de la comunidad escolar. El sistema que más ajeno queda al control del profesorado es el que forman los escolares entre si y, por ende, las relaciones interpersonales y los estilos de convivencia que se dan entre ellos. Es lo que sucede con el maltrato entre iguales; éste es un fenómeno que se da en el contexto de la convivencia social, cuya organización y normas comunes generan procesos que suelen escapar al control de la propia institución y de sus gestores (Ortega Ruiz, 1998). La violencia y los malos tratos entre alumnos/as es un fenómeno que se viene produciendo desde antaño en la institución escolar y ello porque por ignornacia y/o desconocimiento viene siendo consentido. Es necesario, pues, el diseño así como la implementación de programas de prevención y detección de la violencia y maltrato entre iguales en las instituciones educativas.

Los primeros estudios sobre maltrato y violencia

Diversos documentos históricos muestran cómo el maltrato a la infancia es un hecho que viene ocurriendo desde los comienzos de la humanidad (Ariés, 1960; de Mause, 1974; Pollock, 1983, Walker, Bonner y Kaufman, 1988; Vizard, 1989; Doxiadis, 1989; Willis, Holden y Rosenberg, 1992). Sin embargo, este fenómeno no comienza a ser reconocido como tal hasta que Henry Kempe y sus colaboradores publicaran en 1962 el artículo "El síndrome del niño apaleado". Este artículo, describía los síntomas y características del niño maltratado, así como la personalidad de sus progenitores, convirtiéndose en la base de un gran número de estudios posteriores.

Nelson (1984), revisando los "Index" existentes desde el año 1950 hasta 1980, descubrió que en el "Index Medicus" aparecían 1235 artículos, de los cuales, sólo uno fue publicado antes de 1962. En el "Education Index" aparecieron 238 informes, en el "Social Science Index and Humanities Index" se encontraron 133 investigaciones y en el "Index to Legal Periodicals", se hallaron 150. En suma, se encontraron 1756 referencias relacionadas con el maltrato infantil en el periodo anteriormente indicado.

Se pone de manifiesto pues, que las primeras publicaciones sobre maltrato infantil se realizan de forma dispersa y aislada en aquellas revistas que aceptan artículos e investigaciones sobre el tema. Posteriormente se irán especificando en publicaciones relacionadas con la medicina, y menos en el ámbito de la educación. Será en 1976 cuando Henry Kempe edite una publicación específica denominada "Child Abuse Neglect: The International Journal", en la que se comienzan a publicar trabajos sobre maltrato infantil.

En la actualidad, las fuentes de información son numerosas. Entre ellas, podemos destacar "Clearinghouse on Child Abuse and Neglect Information", "Kidsrights", Child Welfare League of America", "C. Henry Kempe National Center", National Commitee for Prevention of Child Abuse", Networks Publications", "British Agencies for Adoption & Fostering", "National Foster Care Association", "Filmfair Communications", "Ontario Centre for the Prrevention of Child Abuse", etc.

Otros estudios e investigaciones Europeas

Como hemos visto, el estudio del maltrato infantil es reciente, pero aun lo son más las investigaciones sobre los malos tratos entre compañeros en los centros educativos.

A final de los años sesenta, Heinemann (1969), detectó, en sus investigaciones realizadas en escuelas suecas, la presencia de alumnos/as que maltrataban a otros, siendo estos últimos identificados como víctimas. De las primeras investigaciones realizadas se desprendían datos como que los chicos estaban implicados con más frecuencia que las chicas en este tipo de hechos, así como que había más alumnos/as víctimas que intimidadores.

Siguiendo a Ortega y Mora-Merchán (1998), vamos a realizar un recorrido sobre las investigaciones que, sobre violencia y maltrato escolar, se han venido realizando en Europa a lo largo de estos últimos años.

Noruega

En el año 1982 un estudiante noruego y posteriormente otro, sin relación entre ambos, se suicidaron debido a las situaciones de maltrato a que eran sometidos por algunos de sus compañeros. Esto generó una campaña nacional promovida por el Ministerio de Educación de este país en orden a informar y prevenir la aparición de situaciones de violencia entre compañeros en centros educativos. En la misma línea de actuación se subvencionó una importante investigación que albergó al 85% de los alumnos escolarizados entre los 8 y 16 años. Los resultados de esta investigación indicaron que un 15% aproximadamente de los alumnos estudiados se encontraban involucrados, como intimidadores, víctimas, o ambas cosas a la vez, en situaciones de este tipo. También se observó cómo el número de alumnos/as víctimas disminuía con la edad. Igualmente, se detectó que las niñas estaban implicadas en un porcentaje más bajo que el de los niños.

Inglaterra

Este país ha sido uno de los más representativos en el estudio del fenómeno al que no venimos refiriendo. Esto se debe a que varios escolares murieron por causas directa o indirectamente relacionadas con situaciones de malos tratos entre escolares lo cual generó una especial sensibilidad social hacia este problema. La comunidad científica tomó conciencia del problema y se realizaron un importante número de trabajos, estudios e investigaciones.

El más importante estudio (Proyecto Sheffield) de los realizados en este país abarcó una población de casi 7000 alumnos/as del nivel de primaria y secundaria. En esta muestra se constató la existencia de un 15% de chicos víctimas por un 14% de chicas. En cuanto a los intimidadores, un 8% de los chicos desempeñaban este rol por un 2% en el caso de las chicas.

Otros resultados extraídos de la investigación son los siguientes:

- Entre el 79% y el 82%, los intimidadores eran compañeros de la misma clase de las víctimas. En el 35% de los casos, los intimidadores eran de cursos superiores .
- En el 50% de los casos aproximadamente, la intimidación se da por un solo agresor. En el resto se trata de más de un intimidador o de un grupo que apoya la acción.
- Los chicos, en la mayor parte de los casos eran intimidados por chicos y raramente se realizaban estos hechos por parte de compañeras. Las chicas, más frecuentemente, eran intimidadas por chicos, aunque también lo eran por compañeras.
- Habitualmente las víctimas no solían informar a los adultos y se observaron las siguientes tendencias:
- Se informa más en la casa que a los profesores.
- En primaria se informa más a los adultos que en secundaria.
- Cuantas más veces son maltratados los chicos/as más posibilidad hay de que informen sobre los hechos.

Irlanda

En estudios realizados en este país con niños/as de entre 8 y 12 años, se encontró que, al menos una vez a la semana, el 8% de los alumnos/as experimentaban victimizaciones y el 3% intimidaban a sus compañeros. En un interesante estudio realizado por Byrne (1994), con alumnos de primaria y secundaria se detectó la presencia de un 5,37% de intimidadores y un 5,14% de víctimas. Se observó que los alumnos estaban implicados en el problema en un porcentaje mayor que en caso de las chicas. También se encontró que los alumnos/as que recibían algún tipo de educación especial tenían más posibilidades de ser víctimas. Los intimidadores acudían menos a clase y tenían más posibilidades de abandonar precozmente los estudios.

Italia

Menesini et a. (1996) y Genta et al. (1996), encontraron en los 1400 alumnos estudiados entre los 8 y 14 años que los niveles de implicación en el problema era prácticamente el doble que en el resto de países estudiados. Así, el 45,9% de los alumnos se identificaron como víctimas. Sin embargo y a pesar de la diferencia detectada en el número de implicados se apreciaron las mismas tendencias que en otras investigaciones realizadas:

- El número de víctimas decreció con la edad.
- Los intimidadores eran mayoritariamente chicos.
- Intimidadores y víctimas estaban normalmente en la misma clase.

España

Cerezo y Esteban (1992), en una investigación realizada con 316 alumnos/as de entre 10 y 16 años, obtuvieron los siguientes resultados:

- En todos los colegios estudiados se detectaron intimidadores y víctimas. Su número dependía de la ubicación geográfica del centro.
- El 11,4% eran intimidadores y el 5, 4% víctimas.
- El mayor número de implicados se reúne entre los 13 y 15 años.
- Los chicos estaban más implicados que las chicas, tanto a nivel de intimidadores como de víctimas.
- Los chicos son más intimidadores que víctimas, al contrario que las chicas.
- Encontraron una serie de rasgos comunes a los intimidadores:
- Son mayores a la media del grupo y físicamente más fuertes.
- A menudo son agresivos o violentos con los que consideran débiles o cabardes.
- Se consideran líderes y presentan una alto nivel de autoestima.
- Manifiestan escaso control en sus relaciones sociales.
- Perciben el ambiente familiar con cierto grado de conflicto.
- Presentan una actitud negativa hacia la escuela y su rendimiento escolar es bajo.
- Los rasgos más frecuentes en las víctimas fueron:
- Suelen ser más débiles que los alumnos que los intimidan.
- Se consideran tímidos y retraídos y son bastante introvertidos.
- Tienen escaso autocontrol en sus relaciones sociales.
- Perciben el ambiente familiar como sobreprotector.
- Su actitud hacia la escuela es pasiva.

Recomendaciones y sugerencias de la Conferencia de Utrech

El interés por el problema del maltrato y la violencia en los centro educativos de carácter formal ha ido en aumento desde aquellos primeros estudios realizados en los países nórdicos. En los últimos treinta años este problema ha pasado de ser prácticamente desconocido a ser objeto de estudio de investigadores, tema monográfico en Congresos y Simposium internacionales. De similar forma se está produciendo una especial sensibilización en la sociedad, en la administración pública y en los medios de comunicación.

En esta línea, en el año 1977, bajo el título "Escuelas más seguras" se reunieron representantes de la Unión europea para analizar los problemas de comportamiento social y malos tratos como uno de los más graves problemas a los que se ha de enfrentar la sociedad europea si se quiere mejorar la calidad de vida, formativa y educadora de las instituciones escolares.

Podemos resumir en las siguientes las recomendaciones y sugerencias elaboradas por la Conferencia de Utrech.

1. Es necesario investigar más sobre este problema con objeto de, entre otras cosas, evitar la falta de acuerdo en la conceptualización del fenómeno.
2. Es preciso fomentar la investigación conjunta de técnicos y educadores para avanzar más rápidamente en el conocimiento del tema.
3. Es necesario prevenir la aparición del problema haciendo especial hincapié en los alumnos que por sus circunstancias personales y/o sociales se encuentran en mayor situación de riesgo para incurrir en este tipo de hechos.
4. Tres sistemas son determinantes para la aparición y/o mantenimiento del problema: Familia, escuela y sociedad.
5. Destacar los buenos resultados de los modelos globalizadores y comprensivos como forma de prevenir la violencia y el maltrato infanitl y juvenil.
6. Es fundamental el apoyo de las distintas administraciones públicas para hacer de los centros educativos lugares más seguros.

Bibliografía

FERNÁNDEZ, I. y QUEVEDO, G. (1992): *?Cómo desenmascarar lo que no se deja ver? Violencia en la escuela.* Alfar. Madrid.

OLWENS, D. (1993): *Bullyng at school. What we know and what we can do.* Blackwell Publishers Ltd. Oxford.

ORTEGA, R. y MORA-MERCHÁN, J. (1998): *La convivencia escolar: Qué es y cómo abordarla.* Consejería de Educación y Ciencia. Junta de Andalucía.

ORTEGA, R. y MORA-MERCHÁN, J. (1997): Agresividad y violencia. El problema de la victimización entre escolares. En *Revista de Educación, 313.* MEC.

PIKAS, A. (1989): "The common concern method for the treatment of mobbing". En Roland and Muthe (eds.): *Bullyng, an international perspective.* David Fulton. London.

SORIANO, A. (1997): *El maltrato a la infancia.* Osuna. Granada.

LA "WWW" COMO RECURSO EN NUEVAS TECNOLOGÍAS DE LA INFORMACIÓN Y LA COMUNICACIÓN

ANTONIO CHACÓN MEDINA,
Mª DOLORES LÓPEZ JUSTICIA
Universidad de Granada

Introducción

Aunque parezca que Internet es ya algo conocido y se haya convertido en un tópico más de nuestra sociedad actual, la realidad es que la Red de redes sigue siendo una gran desconocida. A pesar de esto, y debido fundamentalmente a la amigabilidad de las interfaces de usuario que ha adoptado la WWW, es ya muy normal y cada vez se ve como menos novedoso el hecho de realizar búsquedas y consultas en Internet; nos hemos acostumbrado a manejar direcciones de la Web como si de direcciones de domicilios o instituciones se tratara. Estas direcciones se han hecho un hueco en nuestra sociedad de la comunicación y aparecen por doquier, en periódicos, revistas, folletos publicitarios, ... y nos pretenden llevar tanto a instituciones educativas (universidades, centros de enseñanza de cualquier nivel educativo, centros privados, o colegios profesionales) otras instituciones oficiales (ministerios, delegaciones del gobierno central o autonómico, ...), como a multitud de organizaciones comerciales.

Internet se ha convertido de este modo en el canal de información y comunicación más poderoso que jamás hubiésemos podido imaginar y, a diferencia de otros fenómenos revolucionarios para el avance de la cultura y el desarrollo de la sociedad como la aparición de la imprenta o la televisión, este nuevo canal tiene el atractivo añadido de hacer bidireccional la comunicación, algo que hasta ahora los otros medios no habían conseguido.

La interactividad, propiedad inseparable de Internet, hace que los internautas sientan más cercana la comunicación. Esta cercanía es la principal razón del crecimiento de la Red, y que, sin duda, es aprovechada, por aquellos que desean poner en la WWW sus mensajes con la certeza de que serán recibidos.

El objetivo de esta comunicación es realizar un "paseo" por algunos de los "sitios" que se pueden encontrar en la Web relacionados de manera directa con las Nuevas Tecnologías al servicio de la Educación y de algunos otros en los que se pueden encontrar algunas de esas tecnologías aplicadas a diferentes problemáticas educativas o curriculares.

Las direcciones que se ofrecen, debido fundamentalmente a la obligada extensión del texto, no pretenden ser únicas, ni siquiera las mejores de entre las que se pueden encontrar, pero sí son una muestra de la gran diversidad de páginas existentes en la red referidas a la temática que aludimos. Las páginas que se presentan en esta comunicación, en su mayoría, nos pueden conducir a otras páginas relacionadas con el tema de trabajo.

ALGUNAS PÁGINAS WEB RELACIONADAS CON LA TECNOLOGÍA EDUCATIVA.

- **Red Telemática Educativa de Andalucía (AVERROES).**
  Dirección: http://www.averroes.cec.junta-andalucia.es
  E-Mail: webmaster@averroes.cec.junta-andalucia.es

Figura 1.

La estructura principal de esta Web se articula en torno a cuatro bloques genéricos: Información general, Actividades de formación, Recursos de diferentes y el direccionamiento a otros enlaces.

Casi todos los contenidos están dirigidos, como queda definido en los objetivos de la red Averroes, a facilitar la participación de la comunidad educativa andaluza en cualquiera de las actividades que se derivan del uso de las Nuevas Tecnologías de la Información y la Comunicación (NTIC).

En las distintas páginas de Averroes encontramos desde una presentación institucional del Consejero de Educación y Ciencia de la Junta de Andalucía hasta, como es típico de casi todas las páginas, un buen número de enlaces a otras páginas de interés para el docente o los alumnos.

Entre los contenidos más significativos encontramos: secciones dedicadas a la convocatoria de cursos de formación a través de la propia Red y la información de los que se convocan en los Centros de Profesorado de cualquier provincia andaluza, convocatorias de concursos para profesorado y alumnos (referidos a temas relacionados con la Red), una biblioteca virtual (en construcción) en la que encontramos las versiones electrónicas de algunas revistas educativas y documentos de interés para el centro y, recursos para el centro y el profesorado como son logotipos, programas para la gestión del centro o programas educativos para los distintos niveles, este servicio se realiza de manera identificada estando obligados a introducir nuestro nombre de usuario contraseña.

En Averroes se ha instituido, además un horario de "Chat" con varios canales temáticos al servicio de profesores y alumnos.

- **Programa de Nuevas Tecnologías (MEC).**
  Dirección: http:www.pntic.mec.es/indice.html
  E-Mail: webmaster@alerce.pntic.mec.es

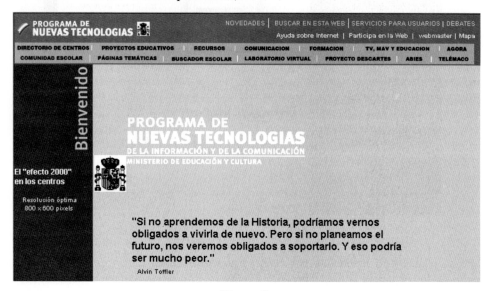

Figura 2.

El Ministerio de Educación y Cultura pone a disposición de cualquier persona interesada en la aplicación de las NTIC a la educación una Web que incluye gran cantidad de información estructurada en torno a varios centros de interés: Noticias, Servicios para usuarios, Buscadores y Debates.

A través de unos menús bastante bien estructurados nos lleva a las diferentes páginas en las que se ofrece información sobre los centros educativos, formación del profesorado, proyectos en funcionamiento relacionados con las NTIC, etc... como particularidad en esta Web se incluye un laboratorio virtual en el que los alumnos pueden experimentar algunos fenómenos físicos, diseñados por el profesorado, a través de animaciones interactivas. Otras páginas de esta Web se dedican al debate sobre la comunicación y a la televisión, Medios audiovisuales y educación.

De igual modo que otras Web de distintas instituciones educativas ofrece a los usuarios ayudas para la configuración y el posterior manejo del software necesario para moverse en la Red. No faltan en esta Web un buen número de enlaces a otras páginas, ni una colección de software de aplicación en los diferentes niveles educativos.

- **Xarxa Telemática Educativa de Catalunya.**
  Dirección: http:www.xtec.es
  E-Mail: info@pie.xtec.es

Figura 3.

Esta página está mantenida por el Departament d'Ensenyament de la Generalitat de Catalunya. En su página principal presenta a modo de titulares los contenidos más novedosos que se pueden consultar en cada momento.

El objetivo de la XTEC, como el de las Web del resto de instituciones educativas que mantienen alguna, es el fomento de la comunicación a través de las redes como medio de enriquecimiento personal y colectivo así como la búsqueda de información entre la comunidad educativa de su demarcación territorial o en cualquier otra parte del planeta.

Los contenidos de las distintas páginas que forman el sitio web de la XTEC se distribuyen en seis subapartados. El primero de ellos, "Áreas temáticas" está dededicado a las diferentes áreas del currículum: Educación física, Ciencias de la naturaleza, Matemáticas, Lengua y literatura catalana, Necesidades educativas especiales, Ciencias sociales, Recopilación de recursos sobre la tecnología, Lenguas extranjeras, Filosofia, Educar en la diferencia, ... en cada una de ellas aporta documentos sobre el currículo, recursos etc...

El segundo apartado "Formación" está dedicado a la formación del profesorado y a los servicios de documentación educativa (informática, educación, recursos pedagógicos, medios audiovisuales, ...) El tercero "Información técnica", resuelve las cuestiones de ayudas técnicas a la conexión y a la resolución de posibles problemas en aspectos técnicos de la red. Otro de los apartados, el denominado "Recursos educativos" es de los más completos que se pueden encontrar en las Webs españolas oficiales; en él se pueden encontrar numerosos materiales propios y multitud de enlaces. Es de resaltar el "Rincón del Clic" dedicado a esta aplicación que está siendo usada para el desarrollo de aplicaciones educativas por un gran número de profesores de todo el territorio nacional.

Otros bloques sirven para llenar de contenido aspectos relacionados con la gestión y la normativa de los centros, así como los enlaces que nos llevarán a los que están conectados a la red.

- **Servicio Intercentros de la Generalitat Valenciana.**
  Dirección: http://servicec.cult.gva.es/servicec/Default-C.htm
  E-Mail: webmaster@cult.gva.es

Configuración del PROXY

INFORMACIÓN SOBRE INFOVÍA PLUS

INFORMACIÓN PARA ALOJAR PÁGINAS WEB EN EL SERVIDOR DE CONSELLERÍA

Figura 4.

Esta página, dependiente de la Conselleria de Educació i Cultura de la Generalitat Valenciana tiene como objetivos principales: dotar a los centros docentes de un instrumento de gestión, difusión y trabajo telemático avanzado, acceso de los mismos a las bases de datos de la Conselleria, y posibilitar la agilización de los trámites administrativos mejorando el tiempo de respuesta.

Las principales áreas de trabajo son: Alojamiento de páginas Web de los centros docentes para darse a conocer y publicar sus aportaciones así como mejorar el intercambio entre los centros de la Comunidad Valenciana.

Como en el resto de las Web se ofrece ayuda para configurar el sistema operativo, el software de conexión, los programas y otras sugerencias.

La consulta a las bases de datos de la CCEC permite a los centros localizar gran cantidad de información referida a: guía de centros, calendario escolar, documentación, mapa escolar, ...

- **Programa "Aldea Digital" – Soria (MEC).**
  Dirección: http://adigital.pntic.mec.es/upe.de.soria/index.htm
  E-Mail: upesoria@adigital.pntic.mec.es

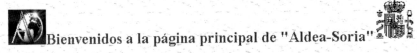

Figura 5.

Esta actuación del Ministerio de Educación y Cultura en materia de nuevas tecnologías, según sus promotores es el *proyecto piloto de educación más avanzado de Europa ... que incluso puede ser equiparado a los proyectos de desarrollo de las redes educativas más avanzados* que han emprendido paises como Estados Unidos o el Reino Unido.

En este proyecto, que se basa fundamentalmente en la conexión a través de Internet de las zonas rurales de algunas provincias tiene como objetivo: *dotar a los alumnos de la escuela rural de los mismos medios y oportunidades de que disfrutan los niños de la ciudad...*

Este proyecto se engloba dentro del Programa de Nuevas Tecnologías de la Información y la Comunicación en un apartado que bajo el título *España Educa Digital* pretende, entre otros logros, crear una red telemática (RTEE) a partir de los servidores web de los ministerios de educación europeos, una red de formación a distancia (Trends) con otros siete paises, una red de formación transcultural (Tel-Lingua), cursos de idiomas, gestión de bibliotecas escolares, y otra serie de actuaciones en colaboración con la UNESCO.

- **Interaulas.**
  Dirección: http://www.interaulas.org
  E-Mail: interaulas@mundivia.es

El proyecto educativo Interaulas, del Gobierno y la Asociación de la Prensa de Cantabria, tiene como objetivo la actuación en un campo concreto dentro del campo de los medios de comunicación: el de los contenidos relacionados con la prensa y su uso en las aulas.

Para este fin se proponen el uso de las tecnologías de Internet para la construcción de una revista digital en la que se integren los centros de las diferentes zonas de Cantabria y se usen y comenten las NTIC y su repercusión en los currícula de las diferentes materias.

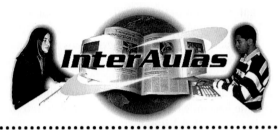

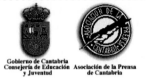

InterAulas
Gobierno de Cantabria
Consejería de Educación
y Juventud
Asociación de la Prensa
de Cantabria
Bienvenidos a
InterAulas,
un proyecto
educativo de
Cantabria para
la utilización de
Internet
como medio de
integración en las
aulas de contenidos
relacionados
con la prensa.
Visita nuestros
espacios:
El Proyecto
Foro
La Revista

Figura 6.

Cuenta además con un foro para profesores en el que éstos puedan proponer sus preguntas sobre cualquiera de los temas en uso y ofrecer sus aportaciones a cualquier otro miembro que lo solicite.

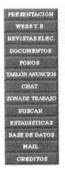

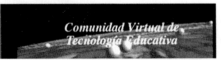

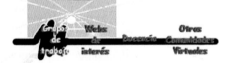

- **Comunidad Virtual de Tecnología Educativa.**
  Dirección: edutec.rediris.es
  E-Mail: web@edutec.rediris.es

PRESENTACIÓN
WEBS T. E.
REVISTAS ELEC.
DOCUMENTOS
FOROS
TABLÓN ANUNCIOS
CHAT
ZONA DE TRABAJO
BUSCAR
ESTADÍSTICAS
BASE DE DATOS
MAIL
CRÉDITOS
Comunidad Virtual de Tecnología Educativa
Comunidad Virtual de Tecnología Educativa
Webs de Tecnología Educativa
Grupo de Tecnología Educativa
Grupo de investigación del Departamento de Ciencias de la Educación de la Universidad de las Islas Baleares.

Figura 7.

La Comunidad Virtual de Tecnología Educativa tiene como objetivos: servir de plataforma y canal de difusión del conocimiento y uso de las nuevas tecnologías en el ámbito educativo mediante la distribución de materiales periódicos relacionados con la temática, y ser un espacio donde los profesionales de este ámbito compartamos, intercambiemos y promovamos proyectos relacionados con la explotación de las posibilidades educativas de las tecnologías de la comunicación, mediante el debate académico, el intercambio de experiencias, experimentación de herramientas de aprendizaje colaborativo (Web tools) y promover espacios dentro de la Comunidad Virtual.

Sus espacios principales actualmente son: Revistas Electrónicas, Documentos, Foros, Tablón de anuncios, Chat, Zona de trabajo, Estadísticas y Bases de datos.

- **Tecnología Educativa. NN.TT. aplicadas a la Educación.**
  Dirección: tecnologiaedu.us.es
  E-Mail: cabero@cica.es

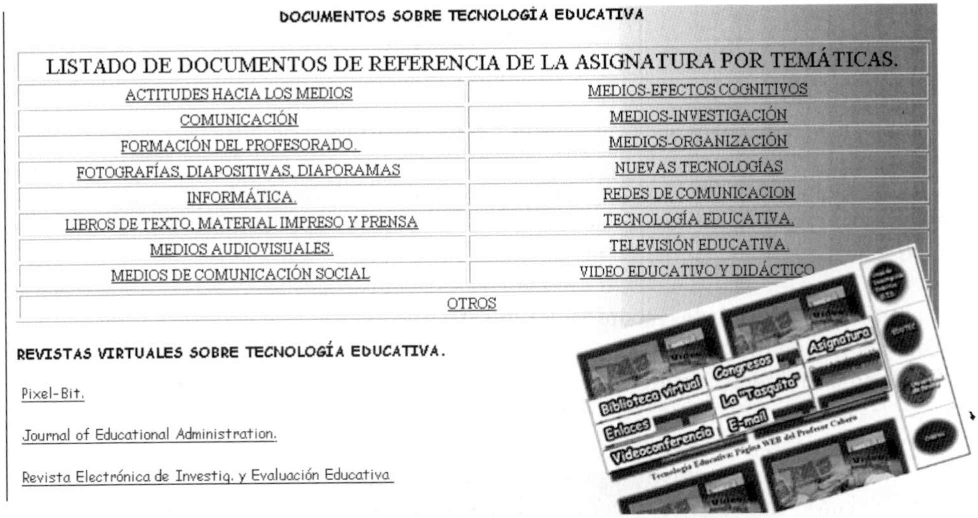

Figura 8.

La finalidad de esta página mantenida, desde el Departamento de didáctica de la Universidad de Sevilla, por el profesor Julio Cabero, es triple: de una parte, y como el resto de Web destinadas a este fin, pretende aportar documentación sobre el tema, en segundo lugar nos proporciona múltiples enlaces a otras páginas relacionadas y como tercer fin se propone mantener informados a los alumnos de esta asignatura en su facultad.

Esta última vertiente es realmente innovadora y posibilita a los alumnos desde la simple consulta de los programas de la asignatura, la tutoría no presencia mediante el contacto alumno-profesor a través de correo electrónico o, previa cita por E-Mail, de la realización de videoconferencia para tratar cualquier aspecto relacionado con la asignatura, hasta la consulta de las calificaciones a través de Internet.

Existe un apartado "La Tasquita" en el que los alumnos pueden comunicarse e intercambiar información en tiempo real mediante chat o de manera asíncrona a través de un libro de mensajes.

La relación de documentos que se presenta en su biblioteca virtual es bastante extensa y reune temas que van desde la percepción y actitudes hacia los medios hasta manuales y monográficos sobre cada uno de ellos.

- **ERIC. Educational Technology.**
  Dirección: ericir.syr.edu/ithome/edutech.htm
  E-Mail: eric@ericir.syr.edu

Associations | Journals | Resources | Links

Educational technology is a term widely used in the field of education (and other areas), but it is often used with different meanings. The word technology is used by some to mean hardware-the devices that deliver information and serve as tools to accomplish a task-but those working in the field use technology to refer to a systematic process of solving problems by scientific means. Hence, educational technology properly refers to a particular approach to achieving the ends of education. Instructional technology refers to the use of such technological processes specifically for teaching and learning. (from The Field of Educational Technology: Update 1997, ERIC Digest, by Donald P. Ely)

Figura 9.

Dentro de la base de datos de educación ERIC, podemos encontrar un apartado dedicado a la Tecnología Educativa. En su página principal se pueden encontrar cuatro palabras activas que nos llevarán a: - Asociaciones de diferentes partes del mundo que tengan cono tema de trabajo la materia que nos ocupa. – Revistas, nos informa de las direcciones de bastantes revistas (en inglés) sobre T.E. – Recursos de Tecnología Educativa, con enlaces a distintos organismos que se ocupan del estudio de esta materia y – Otros enlaces de interés en donde a través de cuatro grupos podemos dirigirnos hacia la búsqueda de información, bibliotecas, enlaces de tecnología educativa, enlaces de educación, tecnología e internet y otros enlaces hacia la propia base de datos ERIC.

- **ISTE.**
  Dirección: http://www.iste.org
  E-Mail: webmaster@iste.org

En la Web de la Sociedad Internacional para la Tecnología en la Educación (sólo en inglés) la información se distribuye en varios bloques: en el primero de ellos encontramos enlaces a una librería virtual a través de la cual podemos comprar sus publicaciones y libros especializados, el otro enlace de este bloque lleva a la revista electrónica "Learning and Leading with Technology" (L & L) y a todos sus contenidos.

A través de los enlaces de los otros bloques nos dirigiremos a servicios tales como información sobre conferencias, proyectos, programas,... Recursos para profesores (organi-

Figura 10.

zaciones, soft y hard, referencias, libros, aprendizaje a distancia, ... Proyectos de investigación sobre conexiones globales, Tecnología de la Información en la formación de profesores,
recensiones de otros proyectos, ...

Para acceder a la información más detallada y específica de esta Web es necesario
suscribirse a la asociación, y para ello se destina uno de los enlaces. En él se ofrecen las
distintas modalidades de suscripción posibles según tiempo y servicios.

ESTRATEGIAS METODOLÓGICAS PARA POTENCIAR EN LOS ALUMNOS CAPACIDADES CREATIVAS

BIENVENIDO MENA MERCHÁN
Departamento de Didáctica, Organización Escolar y M.I.
Universidad de Salamanca
MANUEL MARCOS PORRAS
Psicopedagogo y Maestro
JUAN JOSÉ MENA MARCOS
Maestro

Las curvas de desarrollo para la mayoría de las capacidades que se creen están incluidas en el pensamiento creador siguen un esquema muy diferente de otros muchos aspectos del crecimiento humano, por ello es posible identificar características pertinentes comunes en vicios de una edad determinada. Las etapas de desarrollo de la imaginación creativa en la primera infancia varían. GRIPPEN llega a la conclusión de que la imaginación creadora rara vez funciona en la infancia antes de la edad de cinco años.

MARKEY descubrió que el caudal total de la conducta imaginativa aumenta con la edad a través de todo el período preescolar. Sin embargo, ella nos informa que el cumplimiento en el Juego del Hogar y la denominación fantasiosa de estímulos visuales decrecen entre los niños mayores, descubrimiento que ella atribuye al interés y falta de información de los niños menores.No obstante, en líneas generales, podemos afirmar que:

- La imaginación creadora en el niño no es superior a la del adulto, ni en coherencia ni en amplitud.El adulto piensa sus ficciones; el Niño las juega y las realiza, tiende a la acción, es el poder motor de la imagen que exige completarla con movimientos.
- En el adulto la espontaneidad de la imagen se refrena por inhibición voluntaria; en el niño, en cambio, no se da inhibición voluntaria; en el niño en cambio, no se da este freno; por eso parece que es más imaginativo el niño.
- La imaginación infantil es cerrada, es para él sólo, no quiere intromisiones, en cambio el adulto quiere ser partícipe en su imaginación, es por tanto abierta, comunicable. Hasta el artista que se siente postergado, confía en que la posterioridad le hará justicia. Existen tres factores fundamentales en la capacidad creadora: Imaginación, Originalidad y Expresión. OSBORN considera la imaginación como el principal motor de toda actividad creativa. Le asigna dos funciones. Encontrar ideas, materiales a

trabajar y Transformar lo encontrado. La imaginación siempre está presente gracias a la memoria de síntesis de sensaciones y relaciones, ejerciendo un poderoso efecto motor en la actividad del hombre. La originalidad sería el criterio clave del producto creativo y sinónimo de novedad. Se define como lo que parece nuevo, inventado, sin recuerdo alguno de lo precedente, y al mismo tiempo está marcado con un carácter particular que hace que no se parezca a nada más. El índice expresivo abarca a su vez fluidez y forma expresiva. Estos elementos, junto con la flexibilidad, elaboraciones y contenidos, son piezas que al combinarse ofrecen la dimensión creativa del individuo. la fluidez se define como profusión de ideas sin tener en cuenta la calidad. La flexibilidad, teniendo en cuenta la producción en cantidad de ideas relacionadas con cualquier tema. la elaboración, en la medida en que un niño se muestra hábil para construir en base a una idea simple. El modelo teórico del desarrollo de la producción divergente se establece desde tres dimensiones, indicando qué **factores de la creatividad** pueden ser preferentemente fomentados:

a) Cinco áreas de materias: Lenguaje. Matemáticas. Estudios sociales Ciencias. Arte-música.

b) Ocho procesos de pensamiento productivo divergente: Fluidez de pensamiento. Flexibilidad de pensamiento. Elaboración de pensamiento. Originalidad de pensamiento. Pensamiento complejo. Curiosidad. Asumir Riesgos. Imaginación.

c) Veintitrés estrategias a tomar: Paradojas. Analogías. Deficiencias sensoriales. Crear conjeturas. Provocar preguntando. Listas de atributos de las cosas. Explorar los misterios de las cosas. Originalidad provechosa. Cambios. Búsqueda de hechos fortuitos. Ejemplos de hábitos. Técnicas de registro. Tolerancia hacia la ambigüedad. Expresión intuitiva. Procesos de invención. Cambios en el desarrollo. Análisis de personas creativas. Retorno al sentido popular de las cosas. Evaluar situaciones, causas, consecuencias. Receptividad ante lo inesperado. Técnicas de lectura creativa. Técnicas de escucha creativa. Técnicas de visualización.

La creatividad en la enseñanza

¿Qué influencia tiene la creatividad en las relaciones interpersonales profesor-alumno?

¿Qué papel se otorga a la creatividad en los programas educativos?. Las relaciones profesor-alumno acontecen en situaciones dependenciales, en las cuales al primero le corresponde un papel activo y al segundo receptivo.La relación educativa basada en la influencia y respeto mutuos entre profesor y alumno supone la aceptación de conductas e iniciativas originales, que son fruto de la expresividad personal. Estimular la creatividad discente supone flexibilidad! y apertura del profesor. Deberá esforzarse en lograr un ambiente que incite al trabajador creador, habrá de fomentar la crítica en todas las etapas e idear métodos para desarrollar y premiar el trabajo creador.

¿Cómo fomentar la creatividad?:

• La rutina es el peor enemigo de la creatividad
• Hay que formular los "porqués" de cuanto nos rodea, para intentar penetrar en la causalidad.
• Convencer al alumno de que él puede y debe ser original en muchos aspectos.
• Hacer de la creatividad una constante, no un apartado sometido a cierto horario o actividad concreta.
• Aceptar las ideas originales, sin menosprecio, aunque luego se razone sobre su viabilidad o consecuencias.

- La competitividad nunca será el recurso válido para que las actuaciones originales sean aceptadas en el grupo de condiscípulos, antes al contrario.
- Evitar la creencia de que la completa libertad, esto es, la ausencia total de normas, es el marco más adecuado para el fomento de la creatividad.

"Libertad exagerada conduce con frecuencia a obras reiterativas y carentes de imaginación... es deber del profesor abrir puertas a los niños; puertas que de otro modo quedarían cerradas ante ellos para siempre" POWELL.

La creatividad en los programas educativos

Originalidad y creatividad escolares son una necesidad para el desarrollo personal del alumno y requisito par ala mejora social. Su desarrollo es posible siempre que seamos capaces de romper la barrera de la rutina docente. "Los niños tienen derechos a experiencias que les brinden oportunidades de tratar de usar materiales e ideas para ver qué sucede.

Merecen tener numerosas oportunidades para trabajar con ideas originales. Necesitan experiencias en el descubrimiento de sí mismos como personalidades en crecimiento con roles distintos y únicos a desempeñar en su propio mundo. las áreas de la escuela designadas para la investigación y el descubrimiento individual por el hecho e existir, estimula a los niños a tomar la responsabilidad de elegir una actividad para ellos significativa y a experimentar el autogobierno en el aprendizaje" DARROW y VAN ALLEN.

a) La creatividad en *la expresión:*

Las posibilidades expresivas humanas, especialmente durante la infancia, son múltiples y diversas. En ellas se pueden repetir modelos simplemente, o ser campo abonado para el ingenio, fantasía y originalidad. La expresión oral se puede fomentar: Cuentos, que los niños puedan narrar, modificar, concluir, adivinar, etc.; juegos de marionetas, encarnando personajes; debates públicos; narraciones de acontecimientos, o simplemente de sentimientos. Como requisito de la expresión escrita original, figura la lectura creadora, lo que implica ir más allá de lo leído, buscar aplicaciones, transformar, completar con otras actividades. El texto libre constituye una verdadera institución en el fomento de la creatividad escolar, cuyo método corresponde en gran parte a FREINET al igual que el desarrollo de la correspondencia interescolar, y el periódico escolar, vehículos para materializar por escrito la imaginación e inventiva infantiles. La música en su manifestación de canto y ritmo, ha sido desde la más remota   antigüedad manifestación del sentimiento.

La expresión corporal encontrará en la danza y el teatro campo abonado para su manifestación. La danza creadora no es más que la actualización espontánea de la emoción en el movimiento; especialmente durante la infancia, el cuerpo llega a expresar con mayor docilidad un sentimiento que el lenguaje oral o escrito. la escuela habrá de ocupar ocasiones en que el Niño pueda usar de la expresión corporal, sea a través del mimo o de la danza, como fuente para conocer sus propios sentimientos y emociones. La competitividad hay que desecharla puesto que supondría la pérdida de la espontaneidad y ambiente original necesarios para la creatividad. Principios semejantes son válidos en todos los campos del arte: dibujo, pintura, escultura, etc., que constituyen otras tantas maneras de expresión personal. El principio general es que la creatividad ha de ser guiada y liberada más bien que enseñada y dirigida, lo cual se logra con el elogio y el reconocimiento de los productos realizados.

b) La creatividad en *las ciencias*

El proceso de investigación científica toma la forma de un problema para el cual se buscan respuestas inéditas. El pensamiento propiamente matemático es un proceso lógico de descubrimiento. La búsqueda de relaciones, principios, teoremas, la invención de problemas, su resolución por distintos conductos, las representaciones gráficas, etc., son tareas aplicables. Hablar de creatividad en Física, Química y Biología supone fomentar la investigación en el laboratorio, para que los alumnos constaten los experimentos y sus consecuencias. El aprendizaje creativo en las Ciencias Sociales se apoya en la natural curiosidad que el niño siente por cuanto le rodea y atañe personalmente. Todo estudio creador en este campo tiene como base inicial la exploración y exacto conocimiento del medio.

Condiciones que aseguran el aprendizaje creador

La condición más importante es la consecución del autocontrol del alumno y la creencia en sí mismo y en su obra. Pero un requisito sigue siendo la dedicación del profesor, junto con la creencia apasionada en la importancia de lo que intenta transmitir o enseñar. A su ve también es importante la confianza del profesor en el poder de la mente del alumno sobre las que influye decisivamente. Los buenos profesores evitan meter a los alumnos en situaciones que no puedan dominar. para poner en marcha el proceso, los profesores deben ayudar a los alumnos a superar los obstáculos que se presenten y a evitar frustraciones que puedan imponerse. Sin embargo, y al mismo tiempo, su ayuda ha de ser de tal naturaleza que los alumnos han de seguir siendo libres para expresarse a su modo. Muchas veces el mantenimiento de la disciplina en clase constituye un obstáculo. El profesor que sea capaz de elevar el nivel desde !a rutina a la creatividad, dominará el control de la disciplina en el aula. La enseñanza creadora no es una enseñanza sin objetivos, ni deja hacer a los alumnos lo que les plazca. La enseñanza creativa tiene una estructura como la tiene un poema, y tiene un objetivo como lo tiene un proyecto de investigación. Los profesores que practican tal enseñanza se ven recompensados cuando ven que los alumnos desbloquean sus talentos ocultos o so n capaces de un trabajo creador.

Con frecuencia, la creatividad consiste en el modo de acometer el aprendizaje. A veces no es tan importante conseguir un objetivo como progresar, pero es necesaria una dirección.

Y no siempre se consiguen resultados creadores.

Bibliografía

ANDER-EGG (1994), **La planificación Educativa.Conceptos,métodos, estra-tegias y técnicas para educadores,** Librería Pedagógica, Madrid

BARNES, D.(1994), **De la comunicación al curriculo,**Librería Pedagógica, Madrid, 205 pp.

COLL, C. y otros (1988), **El marco curricular en una escuela renovada,**MEC-Ed. Popular, Madrid, 118 pp.

COLL, C.(1989, 4ª ed.), **Psicología y curriculum,** Laia, barcelona, 174 pp.

CONTRERAS D. (1990), **Enseñanza, Curriculum y profesorado,** Akal, Madrid, 260 pp.

EGGLESTON, J. (1980), **Sociología del curriculo escolar,** Troquel, Buenos Aires.

ELLIOT, J. (1990), **La investigación-acción en la educación,** Morata, Madrid, 331 pp.

ESCUDERO MUÑOZ, Juan M.(1981), **Modelos didácticos,**Oikos-tau,Barcelona, 168 pp.

GIMENO SACRISTAN, J. (1981) **Teoría de la enseñanza y desarrollo del curriculo,** Anaya, Madrid, 238 pp.

GIMENO SACRISTAN, J. (1988), **El curriculum:una reflexión sobre la práctica,**Morata, Madrid,415 pp.

GIMENO SACRISTAN, J. y PEREZ GOMEZ A. (1983), **La enseñanza:su teoría y su práctica**, Akal, Madrid, 482 pp.

GIMENO SACRISTAN, J. y PEREZ GOMEZ, A. (1992), **Comprender y transformar la enseñanza**, Morata, Madrid.

GONZALEZ GONZALEZ, María T. y ESCUDERO MUÑOZ, J.M.(1987),**Innovación educativa: teorías y procesos de desarrollo**, Humanitas, Barcelona, 174 pp.

GRUNDY(1993), **Producto o práxis del curriculum,**Morata, Madrid.

HERNANDEZ, P. (1989), **Diseñar y enseñar. Teoría y técnicas de la programación y del proyecto docente**, NARCEA-ICE, Universidad de La Laguna, Madrid,350 pp.

JACKSON, Ph. W. (1993), **La vida en las aulas**, Coedición Morata-Paideia, Madrid.

LUNDGREN, V.P.(1993), **Teoría del curriculum y escolarización**, Morata, Madrid.

McCARTHY, C., (1994), **Racismo y Curriculum**, Coedición Morata-Paideia, Madrid.

MARTINEZ SANTOS, S. (1989),**Estructura curricular y modelos para la innovación**, Nieva,Madrid,266 pp.

MENA MERCHAN, B. (1994), **La inadaptación psicopatológica de la infancia. La prevención en el tratamiento de la indaptación infanto-juvenil**, Tesis Doctoral, Universidad de Salamanca, 325 pp.

MENA MERCHAN, B. y MARCOS PORRAS, M. (1994), **Nuevas Tecnologías para la Enseñanza (Didáctica y Metodología)**, Ediciones de la Torre, Proyecto Educativo Quirón, Madrid, 141 pp.

MENA MERCHAN, B. (1997): Didáctica y Curriculum Escolar, Ediciones Anthema, Salamanca, 323 pp.

DE PABLOS PONS, J. (Ed.) (1988), **El trabajo en el aula. Elementos didácticos y organizativos**, Alfar, Sevilla, 305 pp.

PEREZ GOMEZ, A. y ALMARAZ, J. (1981), **Lecturas de aprendizaje y enseñanza**, Zero, Madrid, 499 pp.

PEREZ PEREZ, R. (1994), **El curriculum y sus componentes. Hacia un modelo integrador**, Librería Pedagógica, Madrid, 197 pp.

POZO,J.I.(1989), **Teorías cognitivas del aprendizaje**, Morata, Madrid,286 pp.

RODRIGUEZ DIEGUEZ, J. L. (1980), **Didáctica General. Objetivos y evaluación**, Cincel-Kapelusz, Madrid, 432 pp.

RODRIGUEZ DIEGUEZ J. L. (1985), **Curriculum, acto didáctico y teoría del texto,**Anaya, Madrid,187 pp.

RODRIGUEZ DIEGUEZ, J. L. y BELTRAN DE TENA R.(1983), **La programación del curso escolar**, Escuela Española, Madrid, 107 pp.

ROMAN M. y DIEZ,E. (1994), **Curriculum y Programación. Diseños curriculares en el aula.** Librería Pedagógica, Madrid,431 pp.

ROSALES,C.(1981), **Criterios para una evaluación formativa,**Narcea, Madrid, 188pp.

STENHOUSE, L. (1987,2ª ed.),**Investigación y desarrollo del curriculum**, Morata, Madrid, 310 pp.

TANN, C. S. (1990), **Diseño y desarrollo de unidades didácticas en la escuela Primaria**, MEC-Morata, Madrid, 217 pp.

TORRES, Jurjo (1995), **Globalización e interdisciplinariedad: su poder en la enseñanza**, Ediciones Morata, S.A., Madrid.

CLAVES ORGANIZATIVAS PARA LA INSERCIÓN CURRICULAR DE LA RED AVERROES EN LOS CENTROS EDUCATIVOS

CARLOS HERVÁS GÓMEZ
Dpto. de Didáctica y Organización Escolar y M.I.D.E.
Universidad de Sevilla

1.Introducción

Aproximadamente hace más de 40 años que se inició la aplicación de la informática al ámbito educativo, durante este tiempo han sido muchas las formas en las que el ordenador ha tenido un papel destacado en el mundo de la enseñanza. Así, se puede concretar su aplicación en las siguientes categorías:

- Como fin (aprender sobre ordenadores).
- Como medio (aprender del ordenador/aprender con el ordenador).
- Como herramienta (para el profesor/para el alumno).

En España, a diferencia de otros países europeos como Francia, Gran Bretaña o Dinamarca, que llevan más de dos décadas experimentando con programas de introducción del ordenador en los niveles de Primaria y Secundaria, se inició la aplicación de estas nuevas tecnologías en 1984 con la puesta en marcha del proyecto ATENEA por el Ministerio de Educación y cuyo objetivo era introducir en el mundo de la educación la utilización de los elementos informáticos como herramientas de trabajo.

Con bastante frecuencia y ligereza se asocia Internet a cambio, reforma, innovación, como si su simple utilización fuera la respuesta a los problemas de la práctica docente diaria.

La red Internet, como cualquier otro recursos didáctico, es un instrumento más para la formación. Para Insa y Morata (1998):

"En la sociedad de la información la escuela se queda pequeña y los conocimientos llegan por muchos canales, previéndose que la red Internet sea muy pronto uno de los principales. Los profesores serán los encargados de integrar este nuevo medio en su

actividad docente, de acuerdo con su área de conocimiento y sus estrategias de enseñanza-aprendizaje, convirtiendo la Red en un recursos didáctico más, dentro del proceso educativo" (124).

Según Cabero (1989), no basta con la inserción de los nuevos medios, si no pasan a formar parte integrada y organizada en el currículum:

" Uno de los factores que afectan más a la operatividad de los medios, es su falta de curricularización, al ser percibidos la mayoría de las veces como elementos ajenos al proceso de enseñanza, movilizados por una idea pseudoinnovadora y de calidad de la enseñanza, con una fusión de enriquecimiento y vistosidad de la actividad docente" (16).

Por su parte, para Salinas (1999):

"La introducción de las tecnologías de la comunicación en la enseñanza provoca, en mayor o menor medida, un conjunto de cambios que afectan a todos los elementos del proceso educativo: organización, alumno, currículum, profesor" (134).

En el momento actual, la evolución creciente y vertiginosa de las tecnologías de la información y comunicación está teniendo como consecuencia el podernos ofertar nuevos servicios (inimaginables hace unos años), que poco a poco influyen, condicionan, etc..., nuestra sociedad y en consecuencia nuestra propia forma de vivir. Todos estos cambios innovadores tienen profundas implicaciones para el centro educativo. Así, Escudero (1989) nos dice que:

"La investigación sobre innovación ha venido destacando, de un lado, la importancia decisiva que tienen diversas variables organizativas en la potenciación y desarrollo del cambio; de otro, la existencia de barreras, también organizativas, que dificultan seriamente la efectiva realización de procesos y resultados innovadores" (313-314).

2. Objetivos de la investigación

Objetivos del estudio

Los objetivos concretos que planteamos en este trabajo de investigación son los siguientes:

1.- Conocer el grado de formación en Internet (técnica y didáctica) de los profesores participantes en la investigación.
2.- Obtener información sobre los recursos informáticos disponibles en los centros y del grado y condiciones de utilización.
3.- Identificar los usos que se hace de Internet en los centros (áreas en las que se utiliza, funciones a las que se destinan, frecuencia de utilización, recursos específicos disponibles en los centros...) y valorar su incidencia en los procesos de enseñanza-aprendizaje.
4.- Obtener información sobre la valoración que los profesores y alumnos realizan de las posibilidades que Internet aporta al proceso educativo.

5.- Conocer los problemas organizativos más destacados que facilitan o dificultan la inserción eficaz de Internet en los centros educativos y la práctica docente.

6.- Identificar las propuestas que los profesores hacen para mejorar la inserción de Internet en sus centros y su utilización por profesores y alumnos.

7.- Conocer la formación técnica y didáctico-educativa que los profesores tienen para la inserción curricular de Internet..

8.- Conocer el tipo de formación recibida y de perfeccionamiento del profesorado para la utilización de Internet y la valoración que realizan de la misma.

9.- Hallar algunos factores que influyen en las actitudes de los profesores hacia Internet.

9.1.- Identificar algunas variables relevantes, propias del contexto de la Comunidad de Andalucía y de las condiciones sociales y técnicas del mismo, que permitan diferenciar grupos de población de profesores con actitudes significativamente distintas respecto a Internet.

9.2.- Describir y comparar las actitudes hacia Internet de los profesores de Infantil, Primaria y Secundaria.

9.3.- Describir y comparar las actitudes hacia Internet de los profesores pertenecientes a la red pública y concertada.

10.- Proponer pautas para la elaboración de programas especificos de formación y cambios actitudinales en función de las variables especificas que pudieran adscribir a los profesores de la Comunidad Autónoma a diferentes 'tipos de población" en función de sus actitudes hacia Internet.

3. Metodología

3.1. Muestra y recogida de datos

El estudio se ha basado en la recogida de opiniones de 149 profesores que contestaron el Cuestionario de Actitudes hacia Internet y 139 profesores que contestaron el Cuestionario del Profesor sobre Claves Organizativas, de centros públicos de enseñanza de Sevilla capital y su provincia (de ellos, 83 profesores fueron entrevistados), de diferentes niveles educativos, y con el factor común que son profesores pertenecientes a centros conectados a la Red Telemática de Centros Docentes de Andalucía (Red Averroes, Orden de 26 de Enero de 1998, BOJA de 3 de Marzo).

Un total de 149 sujetos respondieron a una breve escala de 38 cuestiones cerradas de actitudes hacia Internet (Hervás y Martín, 1999), solicitando de los profesores que se situaran en una de las cinco posiciones definidas: completamente de acuerdo, acuerdo, indeciso, desacuerdo y completamente en desacuerdo. Por el contrario, los 139 profesores que contestaron el Cuestionario del Profesor sobre Claves Organizativas, se encontraron tanto con preguntas cerradas como con preguntas abiertas. Al mismo tiempo, también les pedimos a los profesores que nos proporcionaran otros datos como: edad, género, años de experiencia docente, nivel educativo en el que trabajan, áreas, etc...

La selección de la muestra no ha seguido criterios probabilísticos que permita inferencias a la población general, ya que nos interesaba simplemente contar con un número amplio de sujetos que facilite la exploración de opiniones, actitudes, problemas organizativos para la inserción de Internet en los centros educativos. Por lo tanto, los criterios para la elección de estos profesionales fue simplemente la facilidad de acceso a los mismos (y que no les importaba que sus entrevistas fueran grabadas en audio). Las 83 entrevistas realizadas pretendían conocer los problemas reales de la práctica diaria con los que se encuentran estos profesionales en la institución escolar con respecto a la inserción de Internet.

En este informe de progreso que presentamos, nos centramos en el análisis de las respuestas al Cuestionario del Profesor sobre Claves Organizativas. Así, los 139 profesores que contestaron el cuestionario se distribuyen en función del sexo en:

SEXO

3%   24%   73%

☐ Mujer ■ Hombre ☐ No contesta

Como podemos observar en la siguiente Tabla, en función de la Titulación académica, nos encontramos que el 14,4% son licenciados en letras; el 38,8% son licenciados en ciencias y el 27,3% son profesores de Primaria.

Tabla de frecuencia Titulación Académica

		Frecuencia	Porcentaje	Porcentaje válido	Porcentaje acumulado
Válidos	Lcdo. Letras	20	14,4	17,9	17,9
	Lcdo. Ciencias	54	38,8	48,2	66,1
	Prof. Primaria	38	27,3	33,9	100,0
	Total	112	80,6	100,0	
Perdidos	Perdidos del sistema	27	19,4		
	Total	27	19,4		
	Total	139	100,0		

Por niveles educativos se distribuyen como vemos en la siguiente tabla:

Tabla de frecuencia Niveles Educativos

		Frecuencia	Porcentaje	Porcentaje válido	Porcentaje acumulado
Válidos	**Infantil**	4	2,9	3,1	3,1
	Primaria	27	19,4	20,6	23,7
	ESO	87	62,6	66,4	90,1
	Bachillerato	4	2,9	3,1	93,1
	Otros	5	3,6	3,8	96,9
	Ciclos Formativos	3	2,2	2,3	99,2
	Ed. Especial	1	,7	,8	100,0
	Total	131	94,2	100,0	
Perdidos	**Perdidos del sistema**	8	5,8		
	Total	8	5,8		
Total		139	100,0		

3.2. Diseño

El proceso de investigación ha supuesto básicamente las siguientes fases:

1.- Se ha administrado el Cuestionario de Claves Organizativas a los distintos profesores.

2.- A continuación los profesores objeto del estudio contestaron el Cuestionario de Actitudes hacia Internet.

3.- Una vez realizado ambos pases de Cuestionarios, se han realizado 83 entrevistas a profesores que quisieron acceder a ser entrevistados.

3.3. Instrumentos

Fundamentalmente, dos son los instrumentos básicos de recogida de información: los cuestionarios y las entrevistas. Respecto a los cuestionarios se elaboraron dos tipos, uno para describir las actitudes hacia Internet, compuesto de 38 declaraciones. Y un segundo cuestionario de Claves Organizativas (sus resultados son los que constituyen la presente comunicación), que pretendía recoger información sobre las siguientes dimensiones: Datos de Identificación; Equipamiento y recursos; Utilización de Internet; Formación en Internet; Incidencia en la calidad de la enseñanza, y Problemas organizativos. Este cuestionario se compone de 59 preguntas tanto abiertas como cerradas.

Con respecto a las entrevistas, de las diferentes posibilidades existentes para la recogida de datos en la investigación cualitativa en general (Goetz y Lecompte, 1984; Cohen y Manion, 1980 y 1981; Cook y Reichardt, 1986; Patton, 1980; Walker y Adelman, 1985; Woods, 1987), nos decidimos por utilizar entrevistas como el mejor recurso de todos ellos.

3.4. Análisis de datos

El análisis de los datos recogidos por medio de los cuestionarios se ha llevado a cabo a partir del análisis estadístico de los mismos, utilizando para ello el paquete estadístico SPSS para Windows (versión 7.5). Realizando primero una codificación numérica para su posterior análisis estadístico.

Para el análisis del contenido de las 83 entrevistas, grabadas en audio y posteriormente transcritas, estamos creando un sistema categorías que se aplicaran a las transcripciones. A través del programa descriptivo/interpretativo Hyperresearch (Hesse-Biber y otros, 1991-1994) estableceremos una matriz de frecuencias de códigos y con los textos seleccionados de las distintas categorías crearemos una narrativa.

4. Resultados

4.1. Resultados del Cuestionario de Claves Organizativas

Datos de Identificación. Los profesores que han respondido este cuestionario, desempeñan su labor docente en centros públicos, tanto del centro de la ciudad como en centros de la periferia. La edad de los docentes no es homogénea y no se distribuye igual. Encontramos casi el mismo porcentaje en los tramos de edad de 31 a 35 años; 36 a 40; 41 a 45 y el tramo de 46 a 50. El menor porcentaje se da en el tramo de profesores menores de 30 años, seguido del tramo de profesores mayores de 51 años. La muestra colaboradora se caracteriza por estar representada por un 24,5% de mujeres y un 72,7% de hombres. Los años de experiencia docente marcada en intervalos se expone de la siguiente forma: con menos de 5 años hay un 15,6% de profesores; de 6 a 10 años hay un 14,8%; de 11 a 15 años hay un 24,4%; de 16 a 20 años hay un 18,5%; de 21 a 25 años hay un 14,1%; de 26 a 30 años hay un 8,9%; y con más de 30 años de docencia hay un 3,7% de profesores. Respecto a la titulación hay que indicar que el 14,4% son licenciados en letras, un 38,8% son licenciados en ciencias, y un 27,3% son maestros de primaria. Como curiosidad, hay que indicar que encontramos un profesor doctor en químicas, titulo que no responde a la exigencia de la etapa educativa en la que imparte su docencia. La distribución por niveles educativos no está equilibrada. Un 2,9% trabaja en centros con Educación Infantil, un 19,4% en centros de Primaria; un 62,6% en centros de ESO; un 2,9% en Bachillerato; un 3,6 lo incluímos en un apartado denominado otros; un 2,2% en ciclos formativos; y un 0,7% en Educación Especial. La formación de Internet que poseen los profesores se puede calificar de media-baja, y en su mayoría es una formación autodidacta. El valor medio de la formación técnica de Internet que señalan los encuestados es de 4,10 y del 3,02 en el dominio didáctico-educativo de Internet, en una escala de 0 (nada) a 10 (muchísimo). En consecuencia, nos gustaría matizar que no alcanzarían una puntuación de "5" como índice aceptable (aprobado utilizando una terminología usual en nuestro terreno educativo) de dominio del medio. Las mayores frecuencias de respuestas se encuentran en las puntuaciones 5 (f= 28), 0 (f= 23) y 4 (f = 17), en la pregunta de dominio técnico de Internet y 0 (f= 45), 5 (f= 24) y 6 (f= 14), en el dominio didáctico-educativo de Internet. El dominio técnico y didáctico-educativo de Internet señalan haberlo adquirido mayoritariamente a través del trabajo individual (42,4%), seguido por cursos de formación realizados por la Administración (24,5%) y a gran distancia porcentual (3,6%), en trabajo en grupo con los profesores de su centro. También hay que señalar que algunos profesores señalan que este dominio lo han adquirido a través de proyectos europeos. Utilizan Internet en su práctica docente sólo el 30,2% de los profesores (f= 42). Frente a la pregunta de que si el uso de Internet es beneficioso para los procesos de enseñanza-aprendizaje, el 75,5% de los profesores contestan que si es beneficioso, ya que es una inagotable fuente de información actualizada. Entre las medidas que proponen los profesores para la mejora del profesorado en el dominio técnico-didáctico para la introducción de Internet en el aula están: mayor dotación a los centros; formación del profesorado (facilidad de acceso a cursos, valoración y reconocimiento del esfuerzo en autoformacion); divulgación de proyectos existentes; etc... El 62,6% de los profesores consideran que su centro no cuenta con material suficiente para que el profesorado pueda introducir Internet en el aula, y tan sólo 5,8% contestan que lo ignoran. Entre las isuficiencias que encuentran los profesores están las siguientes: medios técnicos (hardware y software insuficientes); faltan aulas preparadas; sólo existe un equipo disponible; el aula de informática no está conectada a la Red. El material que posee el centro es conocido por el 79,1% de los profesores; el resto de profesores no lo conoce por razones de falta de interés personal por Internet (2,9%), y que sólo está a disposición de un grupo de profesores (2,9%); otras razones que apuntan los profesores son: que es el primer año de funcionamiento en el centro, y la falta de preparación del profesorado para utilizarlo. Entre las principales razones por las que no utilizan Internet en su práctica docente están las siguientes: no existen los medios necesarios (material y técnico) para la utilización de Internet; falta de espacio; insuficiente formación; las materias que imparten no lo demandan; o bien por la falta de conexión del aula de informática a la red..

Equipamiento y recursos. Un 10,1% de los profesores dicen que el centro cuenta con un presupuesto específico para la Red Internet. Asimismo, un 12,2% consideran que su centro está equipado adecuadamente para la inserción de la Red Internet en el aula. Con la matización de que tan sólo un 19,4% tienen un aula de informática con acceso a Internet.

Un 12,9% de los profesores responden que no tienen dificultad para utilizar Internet cuando lo necesitan. El 15,1% de los ordenadores con acceso a Internet han sido adquirido por el propio centro, frente al 10,8% que provienen de la Administración. También nos encontramos con centros donde los ordenadores han sido adquiridos por el A.P.A., o bien por empresas privadas. Según el 20,9% de los profesores, responden que los ordenadores se encuentran en la sala de informática del centro. También nos encontramos ordenadores en: secretaría; despachos; sala de profesores, biblioteca; o el alguna sala habilitada espontáneamente.

Utilización de Internet. Ante la pregunta de que si la inserción de Internet es positiva para la labor educativa, nos encontramos que sólo el 28,1% consideran que sí es positiva.

Las asignaturas en las que más se utiliza son: informática; matemáticas; sociales; lengua; conocimiento del medio; astronomía; física-química; inglés; música. El 17,3% de profesores de la muestra consideran que Internet puede ser utilizada en el centro aunque no tengas algún tipo de formación sobre el tema, ya que todo el mundo tiene derecho a las nuevas tecnologías, y porque es fácil de usar. El 17,3% consideran que son necesarios otros recursos materiales además del ordenador para enseñar el manejo de Internet. Según los profesores de la muestra, los alumnos aprenden a utilizar Internet en actividades extraescolares (10,8%), o en materias propias del curriculum (7,9%), pero sobre todo porque tienen Internet en su casa. A veces los profesores pueden utilizar Internet cuando ellos quieren (15,1%). El tiempo que se dedica al uso y aprendizaje de Internet (por parte de los alumnos) es de: 1 hora a la semana (10,8%); más de dos horas (2,2%) y 2 horas a la semana (1,4%). Durante este tiempo, utilizan Internet para: buscar información bajo el asesoramiento del profesor; correo electrónico; solicitar información; realizar proyectos integrados y para el diseño de páginas web. Hay que señalar que la media por alumno de utilización de Internet en cada sesión es de aproximadamente 15-30 minutos. Los agrupamientos que se llevan a cabo con los alumnos al trabajar con Internet son: un 12,9% en pequeños grupos de dos o tres alumnos por ordenador; en gran grupo un 2,9% y tan sólo un 2,9% de forma individual. Los aspectos con los que los profesores han encontrado más dificultades para introducir Internet en sus clases, están los siguientes: falta de tiempo para programar y buscar la información; falta de ordenadores conectados a Internet y demasiados alumnos delante de un solo ordenador.

Formación en Internet. Entre las razones que esgrimen los profesores por las que creen que sus compañeros no utilizan Internet en su actividad profesional, están las siguientes: existen pocas posibilidades de formación; no inicados en informática; falta de motivación y tiempo; por desconocimiento de su utilización; falta de equipamiento; les da miedo; inseguridad; o bien porque no conocen el verdadero alcance de Internet. Los profesores ven necesario realizar cursos de formación sobre Internet para una mayor aplicación didáctica en sus aulas (26,6%). Esta formación ha sido facilitada tanto por parte de la Administración en un 10,8%, como por el equipo directivo del propio centro (4,3%); aunque también de forma autodidacta.

Incidencia en la calidad de la enseñanza. Nos encontramos que en la metodología de trabajo de los profesores ha habido cambios con el uso de Internet, así lo expresan el 8,6%.

Las clases han pasado a ser más dinámicas, activas, donde existe una constante actualización y motivación de los alumnos. Solamente el 4,3% de los profesores consideran que ha alterado la forma de estructurar los contenidos, ya que se da prioridad al aprendizaje de Internet; y un 2,9% ha alterado la forma de evaluar a los alumnos, realizando actividades en las que son los propios alumnos los que se evalúan. En respuesta a la pregunta de que si la presencia de Internet ha significado un aumento de la participación y motivación de los alumnos en el aula, el 10,1% de los profesores consideran que sí ha aumentado la participación, frente a un 4,3% que consideran que no. Para el 10,8% de los profesores Internet no ha favorecido una relación de interdisciplinariedad entre las distintas asignaturas, frente a un 8,6% que consideran que sí. La enseñanza-aprendizaje de Internet es un aspecto que no se evalúa (12,9%), frente a los que lo evalúan dentro de una asignatura (9,4%).

Problemas organizativos. Los profesores consideran que para llevara cabo sus clases no necesitan ayuda de otros profesores (19,4%), frente a los que consideran que sí (5,8%).

Internet no ocasiona conflictos entre los profesores por ser de uso restringido; tan sólo un profesor considera que sí. El 20,9% de los profesores consideran que las tareas burocráticas del centro obtienen mejores resultados gracias a la utilización de internet, frente a un 2,9% que consideran que no. Para el 24,5% de los profesores la presencia de internet en el centro no ha creado tensión entre el profesorado y la dirección, mientras que un 2,2% consideran que esta tensión a ocurrido a veces. No existe en los centros (18,0%) un calendario (reserva) para la utilización de internet por cada profesor y grupo-clase, frente a un 7,2% que dicen que sí. La escasez de ordenadores con internet en el centro influye en la actitud de los alumnos/as hacia el medio (14,4%), frente a un 7,2% que dicen que no. Los aspectos en los que han encontrado más problemas al introducir internet en su práctica docente son: a) En los horarios: un 12,9% dicen que no, frente a un 10,1% que dicen que sí, ya que hay muy poco tiempo para tantos alumnos, así como que la red por la mañana es muy lenta; b) En el espacio físico disponible: un 15,8% manifiestan que sí, ya que el aula es muy pequeña, o bien el ordenador está en la sala de profesores...; frente a un 8,6% que dicen que no; Problemas relacionados con los profesores: un 21,6% dicen que no han tenido problemas con otros profesores, aunque existen muy pocos ordenadores y muchos profesores, mientras que un 2,2% dicen que sí; c) En el acceso a los medios informáticos: un 17,3 exponen que no han tenido problemas, frente a un 6,5% que exponen que sí han tenido problemas. d) Problemas relacionados con los órganos de Dirección del Centro: un 23,7% de los profesores expresan que no han tenido problemas con la Dirección del centro. Entre las sugerencias que formulan los profesores para mejorar la utilización de Internet en la práctica docente están: más formación del profesorado; creación de grupos de profesores que utilicen internet; más y suficientes medios materiales; más apoyo a las iniciativas de los profesores en los centros; instalación de equipos en una sala específica; mayor número de ordenadores; usar internet como un punto de encuentro para intercambiar experiencias; usar internet como forma de aprendizaje (aulas virtuales, educación a distancia...); usar internet como medio de comunicación hacia el exterior y en el propio centro; velocidad mayor; dotación de personal técnico de ordenadores; etcétera.

4.2. Resultados del análisis de las entrevistas

Como comentábamos anteriormente, actualmente estamos en el proceso de elaboración del sistema categorial, una vez que hemos terminado de transcribir las 83 entrevistas, y realizas las correcciones oportuna. Por lo que, una vez que tengamos el sistema categorial, procederemos a la codificación de las mismas, y posterior análisis con el programa Hyperresearch.

5. Conclusiones

Las conclusiones más significativa que podemos destacar son las siguientes:

Datos de Identificación
- La formación de Internet que poseen los profesores se puede calificar de media-baja, y en su mayoría es una formación autodidacta.
- El dominio técnico y didáctico-educativo de Internet señalan haberlo adquirido mayoritariamente a través del trabajo individual.
- Los centros no cuentan con material suficiente para que el profesorado pueda introducir Internet en el aula.

Equipamiento y recursos

- Sólo un 12,2% consideran que su centro está equipado adecuadamente para la inserción de la Red Internet en el aula.

Utilización de Internet.

- Las asignaturas en las que más se utiliza son: informática; matemáticas; sociales; lengua; conocimiento del medio; astronomía; física-química; inglés; música.
- El 17,3% de profesores de la muestra consideran que Internet puede ser utilizada en el centro aunque no tengas algún tipo de formación sobre el tema.
- El tiempo que se dedica al uso y aprendizaje de Internet (por parte de los alumnos) es de 1 hora a la semana. Hay que señalar que la media por alumno de utilización de Internet en cada sesión es de aproximadamente 15-30 minutos.
- Los aspectos con los que los profesores han encontrado más dificultades para introducir Internet en sus clases, están los siguientes: falta de tiempo para programar y buscar la información; falta de ordenadores conectados a Internet y demasiados alumnos delante de un solo ordenador.

Formación en Internet

- Los profesores ven necesario realizar cursos de formación sobre Internet para una mayor aplicación didáctica en sus aulas (26,6%).
- Esta formación ha sido facilitada tanto por parte de la Administración en un 10,8%, como por el equipo directivo del propio centro (4,3%); aunque también de forma autodidacta.

Incidencia en la calidad de la enseñanza

- Los profesores han realizado cambios en la metodología de trabajo. Las clases han pasado a ser más dinámicas, activas, donde existe una constante actualización y motivación de los alumnos.
- Solamente el 4,3% de los profesores consideran que ha alterado la forma de estructurar los contenidos, ya que se da prioridad al aprendizaje de Internet; y un 2,9% ha alterado la forma de evaluar a los alumnos.
- La presencia de Internet ha significado un aumento de la participación y motivación de los alumnos en el aula.

Problemas organizativos

- Para el 24,5% de los profesores la presencia de internet en el centro no ha creado tensión entre el profesorado y la dirección.
- La escasez de ordenadores con internet en el centro influye en la actitud de los alumnos/as hacia el medio.
- Los aspectos en los que han encontrado más problemas al introducir internet en su práctica docente son: a) En los horarios, ya que hay muy poco tiempo para tantos alumnos; b) En el espacio físico disponible: aula muy pequeña; c) En el acceso a los

medios informáticos. Entre las sugerencias que formulan los profesores para mejorar la utilización de Internet en la práctica docente están: más formación del profesorado; creación de grupos de profesores que utilicen internet; más y suficientes medios materiales; más apoyo a las iniciativas de los profesores en los centros; instalación de equipos en una sala específica; mayor número de ordenadores; usar internet como un punto de encuentro para intercambiar experiencias; usar internet como forma de aprendizaje (aulas virtuales, educación a distancia...); usar internet como medio de comunicación hacia el exterior y en el propio centro; velocidad mayor; dotación de personal técnico de ordenadores; etcétera.

Bibliografía

CABERO (1989). La formación del profesorado en medios audiovisuales. *El siglo que viene*, 4-5, 14-19.

COHEN, L. y MANION, L.(1981). *Perspectives on classrooms and schools*. Londres: Holt Rinehart and Winston.

COOK, T. y REICHARDT, CH. (1986). *Métodos cualitativos y cuantitativo en investigación evaluativa*. Madrid: Morata.

ESCUDERO, J. M. (1989). La escuela como organización y el cambio educativo. En Q. Martín-Moreno (Coord.). *Organizaciones educativas*. Madrid: UNED, 313-348.

HERVÁS, C. y MARTÍN, J. (1999). La investigación educativa a través del correo electrónico: una experiencia denominada CACINET. En J. Cabero y otros (Coords.) *Nuevas tecnologías en la formación flexible y a distancia. EDUTEC'99*. Sevilla: SAV.

HESSE-BIBER, S. y OTROS (1991-1994). *Hyperresearch. A Content Analysis Tool for the Qualitative Researcher*. Randolph, Research Ware, Inc.

INSA, D. y MORATA, R. (1998). *Multimedia e Internet*. Madrid: Paraninfo.

PATTON, M. (1980). *Qualitative evaluation methods*. Beverly: Sage Publications.

SALINAS, J. (1999). *Las Redes en la enseñanza*. En J. Cabero (1999) (Coord.). *Medios audiovisuales y Nuevas tecnologías para la formación en el siglo XXI*. Murcia: Diego Marín.

WOODS, P. (1987). *La escuela por dentro. La etnografía y la investigación educativa*. Barcelona: Paidós.

LA INFLUENCIA DE LAS ACTIVIDADES EXTRAESCOLARES EN EL CONTEXTO MULTICULTURAL DE UN CENTRO ESCOLAR DE MELILLA. UN ESTUDIO DE CASO EN BALONCESTO

CÉSAR TORRES MARTÍN
ANGEL C. MINGORANCE ESTRADA
Departamento de Didáctica y Organización Escolar
Campus de Melilla. Universidad de Granada

Introducción

Sin lugar a dudas, Melilla es una ciudad que se caracteriza por la riqueza multicultural que respiran todos sus rincones.

Se trata de un lugar en el que podemos descubrir la constante interrelación social que mantienen las distintas culturas que en ella se dan cita, como son la cristiana, la musulmana, la hebrea y la hindú.

Evidentemente, este cotidiano intercambio entre las diversas culturas también se puede apreciar en ámbito educativo.

La escuela, como agente social que es, se convierte así en un escenario también caracterizado por esa peculiar interculturalidad.

Y este desarrollo intercultural también se manifiesta en el ámbito no formal, es decir, la formación del ser humano no se produce exclusivamente en la escuela, se trata de una tarea que va más allá de los formales parapetos escolares.

La educación es un proceso continuado, no descansa, el desarrollo del ser humano está en continuo proceso. De este modo, desde el ámbito no formal, se pretende llevar a cabo el desarrollo de aquellas facultades intelectuales y morales de un sujeto desde fuera de la esfera institucional, al margen de las regularidades del sistema educativo.

Ese es el caso de las cada vez más significativas actividades extraescolares, sobre todo las de carácter deportivo, ya que no se debe perder de vista la capacidad de interrelación social que desde la actividad deportiva es capaz de producir en los individuos.

En cuanto a la práctica deportiva, según SORIA y CAÑELLAS (1991), se ha indagado sobre las numerosas posibilidades que aquélla puede proporcionar y promover desde la participación en el ámbito social y comunicativo de las personas, revalorizando de esta manera tan elocuente todo lo que rodea al deporte y, en el caso que nos ocupa, las actividades extraescolares llevadas a cabo en los centros escolares desde el ámbito no formal.

Más concretamente, el presente documento trata de reflejar las relaciones socio–afectivas que se pueden producir en un club deportivo de la ciudad de Melilla, caracterizado por el ya mencionado carácter multicultural.

La intención de los siguientes epígrafes es la de mostrar, por un lado, la capacidad socializadora que posee el deporte, y especialmente el baloncesto, de cara a potenciar esos contactos socio–afectivos en el alumnado practicante. Y, por otro lado, mostrar de una manera más concreta la convivencia y la interrelación multicultural que coexiste en el seno de uno de los conjuntos de dicho deporte.

1. El baloncesto, deporte de colaboración-oposición

Debemos tener presente que la práctica deportiva extraescolar llevada a cabo en el centro se va a desarrollar siempre con niños, niñas y adolescentes. Por lo tanto, son seres que se encuentran en plena fase de desarrollo y maduración personal.

Es por ello que nos interesa en este trabajo la vertiente lúdica y educativa del baloncesto, y no tanto la faceta competitiva.

El baloncesto, como deporte que es, puede ser considerado como un medio muy apropiado para ayudar a la formación integral de niños, niñas y adolescentes en este ambiente multicultural de la ciudad de Melilla.

Por ello, a la hora de plantearse qué es lo que pretende enseñar con este deporte, no se puede limitar exclusivamente a aspectos puramente técnicos–tácticos y físicos del juego.

Se debe intentar cargar las tintas en transmitir aquellos valores y aquellas actitudes consideradas socialmente como favorables, tales como el respeto, la colaboración, el compañerismo o la amistad, fomentando de esta manera esos hábitos sanos de convivencia.

El baloncesto se encuadra dentro de los llamados deportes colectivos o de asociación, también denominados deportes de colaboración–oposición.

En dichos deportes, la acción de juego emerge como el resultado de una interacción entre los compañeros de un mismo equipo en torno, en este caso, a un balón, con el objetivo de lograr unas singulares metas.

Se puede considerar que la práctica deportiva del baloncesto viene determinada por una serie de factores tanto de naturaleza interna como externa.

Teniendo en cuenta los factores internos que pueden influir en la actividad del baloncesto, se pueden mencionar los siguientes (LAPIERRE, 1993): la técnica, la táctica y la estrategia, el reglamento, el espacio, el tiempo, la comunicación, el gasto energético.

Pero también hay que distinguir la influencia de otros factores considerados como externos a la propia acción del juego, y que podrían ser la dinámica del grupo, las relaciones con el entorno, con la directiva, con la familia, con los medios de comunicación, con los profesionales de apoyo y con el equipo técnico auxiliar (SÁNCHEZ, 1995).

Estas variables han de apreciarse de una manera holística, desde un punto de vista global, en donde todos los aspectos mencionados con anterioridad son considerados como un todo que participa de la formación de esos niños, niñas y adolescentes.

Las interacciones sociales que se dan durante el entrenamiento, la competición e incluso fuera de ambos, a nivel extradeportivo entre los miembros del mismo equipo, influyen en la conducta de los deportistas en particular, y, como consecuencia de ello, también en el devenir del grupo en general.

2. Descripción del trabajo

Lo que se pretende destacar con el presente documento son las relaciones de carácter socio-afectivo que se pueden establecer en un determinado grupo de chavales, dentro de un singular ambiente multicultural y desde la práctica deportiva del baloncesto.

El grupo al que se hace referencia es el equipo de baloncesto en la categoría cadete (15-16 años) del Club Deportivo del colegio concertado La Salle El Carmen de Melilla.

Este equipo lo forman un entrenador y once jugadores, en el cual se puede apreciar la representación de las culturas cristiana, musulmana y hebrea: tanto el entrenador como tres de los chavales son musulmanes, otros seis miembros del equipo son cristianos y dos de ellos son hebreos.

En las siguientes líneas se reflejan los nombres de los componentes del equipo, junto al dorsal que llevan en la equipación (que servirá de referencia para el análisis de los resultados en la ultima parte del texto) y también citando entre paréntesis su tendencia étnica (C= cristiano, M= musulmán, H= hebreo):

4. SIMÓN (H)	10. REDUAM (M)
5. JUAN (C)	11. ANTONIO A. (C)
6. GUILLERMO (C)	13. RAÚL (C)
7. SELAM (M)	14. MOHAMED (M)
8. ANTONIO (C)	15. DANIEL (C)
9. ALBERTO (H)	Ent. JALID (M)

El trabajo llevado a cabo ha consistido en conocer las mencionadas relaciones socio–afectivas en el ámbito multicultural en que se desarrolla deportivamente dicho grupo, utilizando para ello un sociograma, cuyas cuestiones se detalla a continuación:

1. ¿A qué compañero de tu equipo consideras el mejor jugador?
2. ¿Qué compañero de tu equipo te merece la máxima confianza en un partido?
3. ¿A quién pasarías para que resolviera una situación limite en un partido?
4. ¿A qué compañero elegirías si el entrenador planteará un ejercicio por parejas?
5. ¿A qué compañero elegirías para ir al cine, a comer, a tomar un refresco, etc.?
6. ¿A qué compañero solicitarías ayuda para solucionar un problema personal?

Este cuestionario fue contestado por cada uno de los miembros del equipo de forma individual, reflejando en cada uno de los apartados los compañeros elegidos por orden de preferencia a cada cuestión.

De este modo, se han obtenido una serie de resultados, los cuales los podemos encontrar reflejados en el epígrafe siguiente.

3. Análisis de los resultados del sociograma

De cada uno de los ítems se han obtenido dos gráficos. Los denominados con la letra "A" reflejan la primera opción seleccionada por los miembros del equipo, mientras que los nombrados con la letra "B" muestran la segunda elección. El primero y el segundo respectivamente, por orden de preferencia.

Dichos gráficos se recogen en el anexo del documento. Ahora se pretenden comentar los resultados obtenidos de los mismos, abordando los resultados de cada una de las cuestiones por separado, para posteriormente poder extraer conclusiones.

3.1. Resultados de las cuestiones

Item 1. ¿A qué compañero de tu equipo consideras el mejor jugador?

Se puede decir que el jugador número 8 es el líder del equipo, no existiendo un liderazgo compartido con otro compañero debido a la gran dispersión que se puede comprobar en la segunda opción de la elección.

Item 2. ¿Qué compañero de tu equipo te merece la máxima confianza en un partido?

El grupo muestra su confianza mayoritariamente en varios jugadores, siendo éstos el número 8 y el número 10, existiendo en el resto del grupo una confianza relativamente descentrada y dispersa de un compañero hacia otro.

Item 3: ¿A quién pasarías para que resolviera una situación limite en un partido?

En esta ocasión destacan tres jugadores, de los cuales dos repiten con respecto al ítem anterior, los números 8 y 10, a los que se suma un nuevo jugador, el n° 15.

En una segunda elección, vuelven a destacar los dos primeros jugadores de la primera elección (el número 8 y el número 10), lo que demuestra claramente la tendencia del equipo en confiar en ellos en dichas situaciones límites.

Item 4: ¿A qué compañero elegirías si el entrenador planteará un ejercicio por parejas?

En una primera elección despunta el número 4, mientras que es el número 8 el que destaca en una segunda elección, aglutinando en ambos caso un número importante de compañeros que trabajarían con ellos en pareja.

Item 5: ¿A qué compañero elegirías para ir al cine, a comer, a tomar un refresco, etc.?

En la primera elección destaca como líder el n° 15, mientras que en la segunda elección existe un liderazgo compartido entre el n° 14 y el n°15.

Item 6: ¿A qué compañero solicitarías ayuda para solucionar un problema personal?

A pesar de la igualdad existente, debemos destacar al número 9 en la primera elección, mientras que en la segunda elección comparten esta situación los números 7 y 15.

Se produce un gran número de reciprocidad en segunda instancia entre los números 7 y 11, 4 y 13, 14 y 15.

3.2. Análisis de los resultados

Se ha podido comprobar que en el seno de este equipo existen dos tipos de líderes, dos jugadores que son destacados por sus compañeros según el ámbito de referencia.

Es decir, en la faceta deportiva el líder del grupo es el número 8, mientras que en el espacio extradeportivo es el número 15 el adalid del colectivo.

Al otro lado de la balanza, en contraposición a ese liderazgo, hay que mencionar la escasa mención que han recibido los jugadores con los dorsales 6, 11 y 13.

A través de este pequeño sociograma se ha intentado mostrar la providencial cualidad que presenta la práctica deportiva en las interrelaciones socio–afectivas de los seres humanos.

En el ámbito deportivo se puede apreciar como la convivencia y la colaboración transcurre y se desarrolla sin tener en cuenta la raza, la cultura o la religión de aquellas personas que participan.

Lo que verdaderamente interesa son las personas como tales, los compañeros, su forma de ser y su manera de actuar, ignorando aquellos aspectos poco relevantes a la hora de interactuar y comunicarse entre si.

Esto mismo se ha podido apreciar en el grupo estudiado. Por ejemplo, en el ítem 4, desde un punto de vista deportivo, al preguntar por el compañero que se elegiría para realizar un ejercicio por parejas, el jugador número 10, musulmán, ha sido nombrado por tres compañeros de distintas etnias, por el número 4 (hebreo), el 11 (cristiano) y el 14 (musulmán).

Así mismo, desde un punto de vista extradeportivo, también se puede observar esta convivencia multicultural.

Aún tratándose de una segunda elección, cuando se pregunta a los chavales por el compañero al que se elegiría para compartir el tiempo libre (ir al cine, a comer, tomar un refresco, etc.), el jugador con el dorsal número 14 es elegido por otros cuatro compañeros de distinta creencia religiosa.

Y es que no siempre va a existir una noticia de actitud racista en nuestro país, también se puede encontrar una convivencia normalizada entre seres de distinta cultura, raza o doctrina, como así puede suceder en la ciudad de Melilla y como así ocurre en el centro escolar de La Salle El Carmen de la misma localidad.

Es muy probable que las actividades deportivas que son posibles realizar en los centros educativos en el tiempo no formal de la enseñanza hayan contribuido indudablemente para poder conseguir este tipo de convivencia tan adecuada como próspera.

ANEXO

Item 1. ¿A qué compañero de tu equipo consideras el mejor jugador?

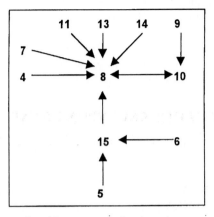

Gráfico 1-A. Primera elección como mejor jugador.

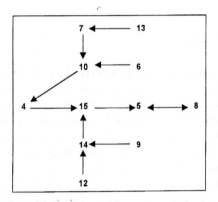

Gráfico 1-B. Segunda elección como mejor jugador.

Item 2. ¿Qué compañero de tu equipo te merece la máxima confianza en un partido?

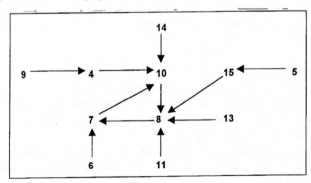

Gráfico 2-A. Primera elección máxima confianza en un partido.

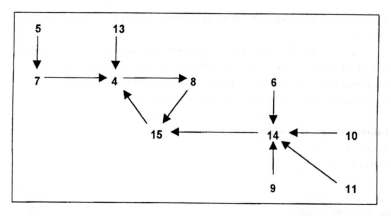

Gráfico 2-B. Segunda elección máxima confianza en un partido.

Item 3. ¿A quién pasarías para que resolviera una situación limite en un partido?

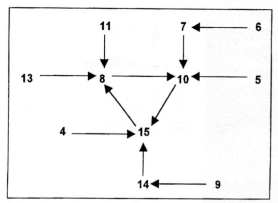

Gráfico 3-A. Primera elección para resolver una situación límite en un partido.

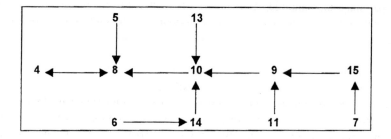

Gráfico 3-B. Segunda elección para resolver una situación límite en un partido.

Item 4. ¿A qué compañero elegirías si el entrenador planteará un ejercicio por parejas?

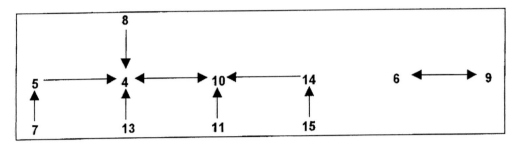

Gráfico 4-A. Primera elección de un compañero en el trabajo por parejas.

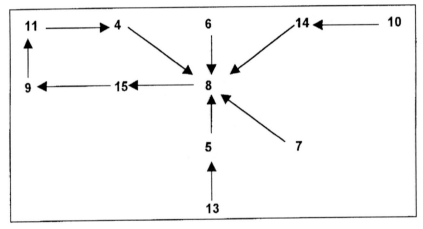

Gráfico 4-B. Segunda elección de un compañero en el trabajo por parejas.

Item 5. ¿A qué compañero elegirías para ir al cine, a comer, a tomar un refresco, etc.?

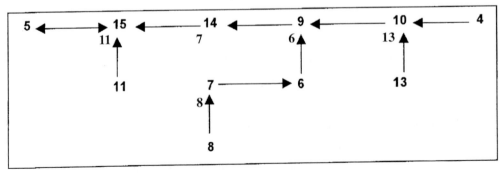

Gráfico 5-A. Primera elección para actividad de ocio.

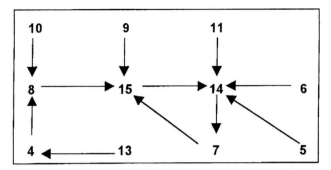

Gráfico 5-B. Segunda elección para actividad de ocio.

Item 6. ¿A qué compañero solicitarías ayuda para solucionar un problema personal?

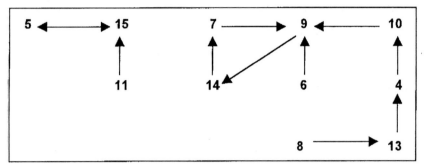

Gráfico 6-A. Primera elección para ayudar en cuestiones personales.

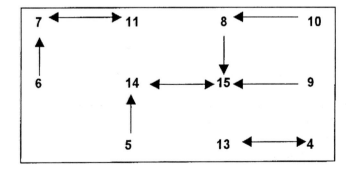

Gráfico 6-B. Segunda elección para ayudar en cuestiones personales.

Bibliografía

LAPIERRE, (1993):
SÁNCHEZ, F (1995): *Deportes de equipo: análisis funcional, evaluación y aprendizaje de la táctica*, UAM–COES, Madrid.
SORIA, M.A y CAÑELLAS, A (1991): *La animación deportiva*, INDE, Barcelona.

LA ATENCIÓN A LA DIVERSIDAD EN LA ESO

CONXA MACIÀ I SÀNCHEZ
Profesora del área de Didáctica y organización escolar de la Facultad de Psicología y Ciencias de la Educación Blanquerna, Universidad Ramon Llull de Barcelona

Esta comunicación presenta una experiencia de diseño, supervisión y evaluación de una innovación curricular de atención a la diversidad en la etapa educativa de secundaria obligatoria.

Está organizada en dos apartados: a) la descripción de los antecedentes estructurales y teóricos de la propuesta y b) la planificación.

1. Problemática

La realidad detectada, después del segundo año de funcionamiento de la ESO en un centro escolar de Barcelona mostró al equipo directivo que, para algunos alumnos de segundo curso que presentaban desajustes graves en su proceso de aprendizaje no habían sido suficientes las medidas curriculares y organizativas de atención a la diversidad adoptadas hasta ese momento para que consiguieran superar con éxito el primer ciclo.

El equipo directivo se planteó la necesidad de buscar vías alternativas para posibilitar a estos chicos y chicas desarrollar al máximo sus potencialidades y acreditar la etapa de la enseñanza secundaria obligatoria, sin obviar el objetivo final de mejorar sus capacidades intelectuales y afectivas para conseguir con éxito la formación necesaria para integrarse en la sociedad y en el mundo laboral.

La propuesta es incorporar a su curriculum de secundaria obligatoria una innovación basada en las orientaciones elaboradas por el *Departament d'Ensenyament de la Generalitat de Catalunya* para la organización de una aula de adaptación curricular (UAC)[1].

La característica principal de esta medida de atención a la diversidad es que el grupo de alumnos a los que va dirigida asiste, durante el curso, a unas asignaturas con su grupo y a otras con sus compañeros en la UAC.

---

[1] Resolución de 19 de junio de 1997, y el Decreto 299/1997, de 25 de noviembre de 1997.

2. El diseño de la innovación

En primer lugar se considera que las características del centro y las de este grupo de alumnos en particular son en parte diferentes a las que pueden tener otros grupos de alumnos de centros públicos[2] y, por tanto, planteamos un diseño de UAC diferente al que propone la institución, pero basado en los mismos principios normativos.

En los contenidos curriculares incidimos en las mismas áreas que señala el Departament d'Ensenyament, pero no minimizándoles para ocupar su lugar aprendizajes más manuales, sino cambiando la metodología de implementación e individualizando al máximo el aprendizaje del alumno y del grupo.

3. Finalidades y objetivos del proyecto

a) con relación a la gestión de centro:
• Diseñar, planificar y evaluar una unidad de adaptación curricular adecuada a las necesidades de determinados grupos de alumnos escolarizados en el momento presente y en el futuro.
• Elaborar la planificación curricular de la UAC (programación general y proyectos de un curso de duración) para que pueda ser implementada en el próximo curso.
b) con relación al proyecto de innovación:
Que determinados alumnos:
• consigan los objetivos del ciclo y de etapa, a través de una metodología y unos contenidos adaptados a sus necesidades
• puedan cursar el segundo ciclo de manera ordinaria, después de haber conseguido superar los objetivos del primer ciclo, a través de una metodología y unos contenidos adaptados a sus necesidades
• cursen *ciclos formativos* adecuados a sus capacidades.

4. Criterios de identificación y caracterización del grupo a quien va dirigido

Dado que esta unidad de adaptación curricular es un recurso de carácter extraordinario que intenta dar respuesta a las necesidades de aquellos alumnos que tienen dificultades generalizadas de aprendizaje, deben establecerse criterios sistemáticos de incorporación de los alumnos a la UAC y estos las afectan en las siguientes situaciones:
a)   Que sean alumnos de 2º de ESO que no hayan conseguido los objetivos del primer ciclo y que mantengan las expectativas de integración en un 3º de ESO ordinario si consiguen las capacidades mínimas con una organización y un planteamiento metodológico diferente.
b)   Que sean alumnos de 1º de ESO con retrasos graves de aprendizajes funcionales detectados por el equipo educativo y valorado por el departamento de orientación. Este retraso grave de aprendizaje puede estar relacionado con: la desmotivación , un ritmo de aprendizaje lento, una base insuficiente de las habilidades instrumentales, etc.
También se considera que:
a)   Los alumnos que además de las dificultades ya descritas presenten trastornos de conducta

---

[2] No presentan ningún tipo de deficiencia, sino un retraso de aprendizaje producido por diversas causas.

importantes, rechazo a la escuela o desventajas graves y permanentes deberán tener una atención compartida en el aspecto de la orientación personal y la didáctica.

b) La relación con la familia de los alumnos relativa a la asistencia de su hija o hijo a la UAC se abordará desde la vertiente legal y pedagógica.

5. Los objetivos y contenidos del primer ciclo de ESO como punto de partida

Para poder elaborar el currículum adaptado de las áreas que integran la UAC se partirá del PCC del centro y se adaptarán los objetivos generales, terminales y los criterios de evaluación y contenidos a las posibilidades de aprendizaje de los alumnos que se deberán detectar en un proceso evaluatorio.

• El diseño de las áreas

Les áreas que forman la UAC son: lengua catalana y castellana, matemáticas, ciencias experimentales, ciencias sociales y tecnología.

La planificación de estas áreas se iniciará priorizando las capacidades relacionadas con sus objetivos. Esta selección se orienta con los siguientes criterios que ayudarán a identificar los objetivos mínimos que los alumnos han de conseguir para poder superar el primer ciclo:

a) Aprendizajes procedimentales (per ejemplo, en el área de lengua, las habilidades comunicativas).

b) Aprendizajes procedimentales y actitudinales relacionados con la autonomía y la independencia personal.

c) Los compensatorios de las carencias de este grupo de alumnos.

d) Los relacionados con la iniciación a las habilidades propias del mundo laboral.

Cada uno de los objetivos generales de área y de ciclo se ha relacionado con las capacidades generales de etapa, con los objetivos terminales y los contenidos correspondientes, con la finalidad de que el proceso curricular mantenga la coherencia y la cohesión entre los elementos.

6. Planificación pedagógica

• Aspectos generales:

a) Diseño del proyecto

b) Selección del equipo de profesores que ha de atender la UAC, elaborar el desarrollo curricular, implementar el proyecto, hacer el seguimiento y las mejoras consiguientes.

c) Formación del equipo en capacidades específicas necesarias para planificar y atender a este tipo de alumnos.

d) Elaboración de la planificación de la UAC a partir de los objetivos y contenidos del segundo nivel curricular del PCC del centro correspondiente al primer ciclo de ESO.

e) Elaboración de la planificación organizativa de la UAC.

f) Establecimiento de los mecanismos de coordinación entre el profesorado que atiende a los alumnos en el currículum ordinario y en la UAC.

g) Descripción del plan de divulgación del proyecto.

• Aspectos para el desarrollo de la elaboración curricular:

a) Definición de las necesidades de aprendizajes ya detectados a nivel grupal e individual.

b) Análisis de los aspectos legislativos y normativos del sistema educativo que regulan este tipo de adaptación curricular.

c) Valoración de las finalidades y los objetivos del proyecto educativo (PEC) de la escuela y su relación con la propuesta UAC de atención a la diversidad.

d)   Metodología y estrategias de elaboración de una innovación curricular.
e)   Establecimiento de las finalidades y objetivos de la innovación
f)   Estrategia de planificación, criterios y método.
g)   Selección de los objetivos generales y criterios de evaluación que han de configurar la UAC.
h)   Elección de los temas de los tres proyectos que conformarán el tercer nivel de concreción y reparto de los objetivos y contenidos correspondientes.
i)   Elaboración de los créditos/ unidades de aprendizaje de cada uno de los proyectos.
j)   Elaboración del diseño de evaluación en sus tres fases: inicial, de seguimiento, y sumativa o final.
k)   Establecimiento de mecanismos de adaptación de los créditos, según la evolución del alumno y del grupo.
l)   Definición de los criterios de retorno del alumno al currículum ordinario o a participar en otra UAC el siguiente curso.

7. Aspectos organizativos del curso y la UAC

La estructura curricular de la UAC se basa en la metodología de proyectos.
Los alumnos seguirán, tal como la normativa indica, asistiendo con su grupo de segundo curso de ESO a las asignaturas que no se trabajen en la UAC: lengua, matemáticas, ciencias sociales y naturales, y tecnología.

Estas áreas que integran la UAC se estructuran en forma de proyectos, tres en el curso y cada proyecto con tres créditos.

El alumnado a quien va dirigido la UAC necesita adquirir los aprendizajes curriculares correspondientes a su etapa educativa, pero, además y por su situación ya descrita en apartados anteriores: la motivación, la organización y la planificación del trabajo personal, la autonomía, la reflexión, la relación personal, la autoestima, las técnicas de grupo, etc.

Con esta metodología, el alumno se siente implicado y motivado porque es el protagonista de su aprendizaje. Recoge, organiza, selecciona y analiza la información y la aplica a realidades concretas (desarrolla estrategias cognitivas de nivel superior como el análisis, la síntesis, la evaluación, la interpretación, la crítica).

El docente actúa más como mediador y facilitador de los aprendizajes previamente planificados y transmite conocimientos, a través de una gran diversidad de recursos, que favorecen la comprensión de la realidad en situaciones contextualizadas de los hechos.

Los proyectos de trabajo que forman el tercer nivel de concreción curricular están relacionados con tres grandes ámbitos de conocimientos: el lingüístico-comunicativo, el científico-tecnológico y el social-natural.

Se proponen unos proyectos de trabajo relacionados con la vida diaria de los alumnos, donde el producto final es el pretexto para organizar y trabajar los diferentes contenidos de aprendizaje des de diversos puntos de vista. Los contenidos son los básicos previstos en el currículum de las áreas de lengua, ciencias sociales, experimentales, matemáticas y tecnología, organizadas y secuenciadas, según las exigencias del proyecto.

El desarrollo curricular de la UAC tiene unos objetivos que son comunes a todos los proyectos y a su vez cada proyecto tiene objetivos específicos relacionados con su temática. La relación entre las áreas es interdisciplinar, por eso todos los proyectos tienen objetivos y contenidos de todas las áreas.

8. Los proyectos. Objetivos de aprendizaje comunes a todos los proyectos

a) Ayudar al alumno a ser consciente de sus posibilidades y a desarrollar un nivel de autoestima suficiente que le permita actuar con autonomía.

b) Potenciar el desarrollo de la capacidad de relación con otras personas y la de participación en trabajos de grupo.

c) Facilitar el conocimiento de la lengua y la reflexión sobre su utilización como transmisora de valores y prejuicios.

d) Posibilitar la mejora de la capacidad de reflexión y de comunicación.

e) Facilitar la consecución de procedimientos de trabajo para poder aplicarlos de manera sistematizada.

f) Posibilitar el desarrollo de estrategias que conduzcan a la solución de problemas, a actuar y a reflexionar sobre el proceso y los resultados obtenidos.

g) Estimular en el alumno el interés por conocer los valores de nuestra cultura y los que están implícitos en nuestro carácter propio y en el proyecto educativo de centro.

h) Estimular y desarrollar en el alumno el interés para la observación y la conservación de su entorno físico natural más inmediato.

i) Facilitar los aprendizajes necesarios para la integración en la sociedad y en el mundo laboral.

9. Pauta para el trabajo de los proyectos en el aula

*   Presentación del proyecto al alumnado y recogida de sus impresiones incorporando al proyecto aspectos demandados por el grupo
*   Evaluación de los conocimientos previos que los alumnos han de tener en relación al proyecto
*   Modificación si es preciso de objetivos y contenidos
*   Presentación de la información sobre el tema de interés del proyecto y los objetivos de aprendizaje a los alumnos y del material que vamos a utilizar
*   Trabajo individual y grupal de los alumnos con la siguiente secuencia de desarrollo de los contenidos:

a) reconocimiento de la información presentada

b) elaboración de la información

c) proyección de la información

*   Plasmación de los resultados: subproductos intelectuales o manuales al acabar unidades de contenido y producto final al acabar el proyecto.
*   Valoración final (autoevaluación y coevaluación).

10. Diseño de evaluación: finalidades, objetivos, criterios, técnicas, instrumentos de medida y temporalización

El objetivo de la evaluación es doble: valorar los aprendizajes de los alumnos y evaluar la idoneidad de la programación.

A) La evaluación del alumnado ha de ser individual, contínua, formativa y global, tomando como punto de referencia al alumno, valorando su evolución en la adquisición de conocimientos y destrezas, y el grado de desarrollo de las actitudes previstas en los objetivos. Esta evaluación nos servirá tanto para introducir los refuerzos y las adaptaciones necesarias en cada momento, como para orientar los alumnos en los momentos de dificultad y valorar los éxitos conseguidos.

Son tres los momentos en que se ha de hacer la evaluación:

* Al comenzar el proyecto y en cada uno de los créditos, a través de actividades de motivación
* A lo largo del proceso de enseñanza/ aprendizaje para poder introducir los cambios necesarios
* Al finalizar cada crédito y el proyecto, para constatar el nivel de aprendizaje conseguido.

Los instrumentos que se pueden utilizar son varios: la observación sistemática, las producciones de los alumnos, los cuestionarios, las mismas actividades de aprendizaje, etc. La autoevaluación (se evalua el alumno) y la coevaluación (evaluan el alumno y el profesor conjuntamente) y la evaluación de grupo son otras maneras de evaluar al alumno.

B) Respecto a la idoneidad de la programación, es necesario evaluar el diseño y el desarrollo; revisar si la selección y la organización de los contenidos han sido las adecuadas; valorar la eficacia de las actividades, según los objetivos previstos y los contenidos seleccionados, los recursos utilizados, la temporalización , los métodos, la adecuación a los ritmos y posibilidades de alumnado, etc.

10.1 Finalidades de la evaluación

La información recogida servirá para:
* Ajustar la programación a las necesidades del alumnado
* Posibilitar la detección de puntos débiles en la planificación del PCC.

10.2 El diseño de la evaluación se desarrollará en tres aspectos:

a) **Evaluación de la innovación curricular de la UAC en relación** al currículum del centro, las finalidades y objetivos de la creación de la UAC, la valoración, los recursos y la estructura.

b) **Evaluación de la adquisición de los aprendizajes previstos** en los objetivos generales de cada una de las áreas que formen la UAC.

c) **Evaluación de los conocimientos puntuales de los alumnos** en relación a los aprendizajes que se presentan en los créditos.

10.3 Técnicas para evaluar

* Forma parte de la asesoría del diseño y la implementación de la innovación
* Evaluación por parte del profesorado: se valoran los aspectos relacionados con la organización, la coordinación, los recursos, los horarios y el sistema de evaluación, utilizando pautas de observación, debates, encuestas de opinión, etc. en diferentes momentos
* La evaluación del alumnado se hace principalmente a través de la autoevaluación y la coevaluación, con pautas de observación y valoración del producto final.

11. Calendario de planificación e implementación del proyecto

a) Primera fase

De abril a setiembre de 1998
- Elaboración del diseño
- Selección de objetivos, contenidos y metodología
- Formación del profesorado
- Elaboración del protocolo de evaluación
- Realización de la primera estructura del tercer nivel de concreción de la UAC.

b) Segunda fase

Implementación de septiembre de 1.998 a junio de 1.999
- Supervisión de las evaluaciones de seguimiento de los alumnos, a cargo de la asesora y del equipo de profesores, para modificar los elementos que sean necesarios de la planificación, dejando escrito un informe trimestral para la dirección.
- Evaluación de los resultados en los diferentes niveles y reelaboración del proyecto. Actualmente el proyecto se encuentra en su segundo año de implementación.

Algunas indicaciones de los resultados

Todos los alumnos que participaron el curso anterior en la UAC han mejorado sus aprendizajes aptitudinales y actitudinales. De los doce alumnos que iniciaron la innovación cuatro cursan este año el curso de ESO correspondiente con su grupo ordinario y el resto participan en una segunda UAC.

Un nuevo grupo ha iniciado su participación en la innovación y la están recibiendo con las modificaciones que la experiencia del año anterior nos ha aportado. El trabajo no es fácil y conlleva una gran entrega económica y personal, sobre todo de los profesores que atienden al grupo; pero creemos que merece la pena.

Bibliografía

ELLIOT, J. (1990): La investigación-acción en educación. Madrid. Morata

GENERALITAT DE CATALUNYA, Departament d'Ensenyament. Normativa académica curso 97/98 Resolución 19 de junio 1997. Barcelona

GENERALITAT DE CATALUNYA, Departament d'Ensenyament. *Disseny curricular bàsic per l'ensenyament secundari obligatori*. Barcelona

HANKO, G. (1993): *Les necesidades educativas especiales en las aules ordinarias*. Barcelona. Paidós

NOVACK, J. A. (1982): *Teoría y práctica de la educación*. Madrid. Alianza Universidad.

LAS DIDÁCTICAS DE LA LENGUA EXTRANJERA Y DE LA TRADUCCIÓN Y EL ORDENADOR COMO HERRAMIENTA DE TRABAJO

ELVIRA CÁMARA AGUILERA
Profesora del Dpto. de Traducción e Interpretación de la Universidad de Granada

1. La didáctica de la lengua extranjera y la didáctica de la traducción

Es frecuente, en ámbitos externos al campo de la traducción, confundir la enseñanza de esta materia con la enseñanza de idiomas. Si quisiéramos buscar "culpables" no podríamos hacerlo entre aquéllos que involuntariamente y de buena fe confunden dos aspectos, por una parte tan diferentes pero por la otra tan relacionados, de un idioma. De nuevo, intentar buscar "culpables" no obedecería sino al propósito de hallar la raíz del problema para poder redireccionarlo. Y es que si la enseñanza de idiomas supone la puesta en escena de todo un complejo sistema didáctico y receptivo, la enseñanza de la traducción, aunque relacionada, implica un proceso más minucioso que, aun necesitando del primero, se presenta como independiente.

Cuando los alumnos llegan a la Facultad de Traducción e Interpretación lo hacen con un nivel bastante elevado desde el punto de vista de adquisición y dominio de un idioma puesto que, además del filtro que supone la nota media obtenida en el bachillerato y los exámenes de selectividad, deben superar un examen de ingreso que implica un determinado nivel de conocimiento de una de las lenguas extranjeras con las que van a trabajar. Por tanto, salvo en contadas ocasiones, los alumnos han adquirido previamente la competencia gramatical, que supone actualizar las unidades y reglas del sistema de la nueva lengua; la competencia sociolingüística, que implica adaptar dichas unidades y reglas a las diferentes situaciones de comunicación; la competencia discursiva o, lo que es igual, la utilización y organización de los discursos en función de una situación de comunicación dada; y finalmente la competencia estratégica, que consiste en realizar las aclaraciones, precisiones y ajustes necesarios a la situación concreta de comunicación (Rozas 1999: 25).

Que los campos de la traducción y la enseñanza de idiomas están muy emparentados lo demuestra la percepción y opinión generalizada de los alumnos antes de su acceso a los estudios de traducción. Recientemente y con motivo de mi incorporación al Departamento de Traducción e Interpretación como profesora de esta materia, pedí a los alumnos de tercer y cuarto curso que me expresaran por escrito su paracer acerca de la carrera en general y de la asignatura en particular. Lo que más atrajo mi atención fue descubrir que, sin pretenderlo, una gran mayoría de los alumnos, ya en puertas de terminar, habían optado por estos estudios porque sentían gran atracción hacia el estudio de lenguas y todo lo relacionado con éstas. De la misma manera, manifestaban a continuación que se habían dado cuenta de que su planteamiento inicial distaba mucho de la realidad. Es decir, lenguas sí, pero con las competencias antes mencionadas ya adquiridas por el alumno.

2. Aprendizaje de una lengua y de su traducción

Entonces cabría preguntarse ahora ¿qué relación existe entre la adquisición de una lengua y su traducción? Ambas son objeto de la Didáctica en tanto que deben estructurarse y sistematizarse para ser incluidas dentro del proceso de enseñanza-aprendizaje. Es decir, no pueden ser objeto de adquisición discente sin antes haber pasado por el filtro regulador de la Didáctica. Por tanto, ésta da forma, sistematiza y estructura cualquier proceso de enseñanza-aprendizaje, facilitando su realización.

Encontramos, pues, que la enseñanza de una lengua y su traducción hunden sus raíces y un terreno común: el terreno de la Didáctica. Esto puede aclarar la identificación generalizada (incluso por parte de estudiantes de Traducción) de la enseñanza de idiomas y la enseñanza de la traductología. Lejos de constituir un inconveniente, pone de manifiesto que ambas disciplinas juegan con la ventaja de poder servir y servirse recíprocamente de material, instrumentos, ideas o conceptos sin por ello perder su identidad o particularidad.

Los enfoques metodológicos evolucionan y en la enseñanza de un idioma el enfoque imperante en la actualidad es el comunicativo (McLaren 1996) que engloba las cuatro competencias mencionadas anteriormente. Es decir, se trata de que el alumno aprenda un idioma desde todas las vertientes posibles, resaltando la importancia de su función instrumental frente a la de fin último del proceso de enseñanza-aprendizaje. Se convierte así en el canal y no en el mensaje dentro del proceso de comunicación. Ahora los alumnos deben, en la medida de las competencias adquiridas, expresarse en un idioma diferente al suyo, potenciándose la comunicación escrita, la escritura comprensiva, la composición y el análisis de textos, la generación de ideas y el tratamiento de la información documental (Rozas 1999: 25).

Desde el punto de vista de la Didáctica de la traducción, se potencian también todos los aspectos mencionados para la enseñanza de idiomas, resaltando (y en esto se difiere) la importancia y la necesidad del perfecto conocimiento de la lengua materna por parte del futuro traductor. "No puede ser buen traductor quien no sea maestro en su propia lengua" (García Yebra 1983: 101).

El buen traductor procura evitar las interferencias de la lengua del original sobre la lengua receptora y las evita con eficacia tanto mayor cuanto más diestro es en el manejo de su propia lengua (García Yebra 1983: 95-6).

Conectando con la idea que acabo de expresar, el análisis de textos, también presente en la enseñanza de idiomas, se convierte en una herramienta de trabajo imprescindible en las tareas previas a la realización de la traducción. No es posible traducir un texto si antes no hemos realizado una minuciosa labor de análisis. Nida nos habla de "bloque de sentido" (1982: 68). Es decir, el traductor "debe recoger unidades de significación en la lengua origen y trasladarlas a la lengua término, logrando así un paralelismo en el contenido que normalmente no se corresponde en las estructuras" (Cámara 1999: 56). Por tanto, para poder llevar a cabo una buena labor traductora, debemos asegurarnos de haber comprendido el texto original. En este sentido, y haciendo referencia a la metodología empleada en clase, los alumnos deben leer el texto, analizarlo desde el punto de vista de la estructura y el contenido, extraer conceptos cuando sea posible y señalar aquellas partes en las que el contenido no se presenta de forma clara por defectos del original o por la aparición de ambigüedad. Una vez realizadas estas tareas, deben proceder a realizar un esquema, identificando las ideas fundamentales, así como las secundarias. Deben aprender a gradar la información y descubrir los aspectos redundantes de un texto, saber cuándo esa información es precisa y necesaria y cuándo no. De esta forma, sabrán enfrentarse a cualquier tipo de texto, sea cual sea su contenido y estructura, y podrán abordarlo teniendo en mente la idea central contenida en el mismo.

3. El ordenador y la didáctica de la traducción

Si el odenador destaca en la enseñanza de idiomas como un instrumento muy útil porque puede contribuir "a desarrollar los cuatro aspectos de la competencia comunicativa y ayudar a utilizar un idioma cercano en una situación de comunicación real" (AA. VV. En Rozas 1999: 25), debemos decir que en la enseñanza de la traducción va a desempeñar también un papel fundamental debido a varios factores:

a) **La búsqueda documental**: Ésta constituye una de las bases de todo proceso de traducción. Tanto si la traducción se realiza hacia la lengua materna (traducción directa), como si se realiza hacia la lengua extranjera (traducción inversa), se debe realizar una búsqueda documental de lo que denominamos *textos paralelos* que nos ayuden a conocer y profundizar más en el contenido del texto objeto de nuestro trabajo.

b) **La elaboración de glosarios**: Una vez que se ha llevado a cabo la búsqueda documental, debemos elaborar un glosario con la terminología específica o especializada del texto a traducir. Para ello, servirán de base tanto los textos paralelos encontrados anteriormente como los diccionarios especializados, preferentemente monolingües, y las bases de datos terminológicas, como puede ser EURODICAUTOM, creada por la CE como apoyo para sus traductores.

c) **Realización de la traducción**: Dentro de las pautas de trabajo, se incluye la realización de la traducción en los mismos términos en que se realizaría en el mercado de trabajo. Para ello deben utilizarse los procesadores de textos, dando a la traducción la estructura y la configuración adecuadas antes de ser entragada en formato definitivo al cliente.

Vemos, pues, que el ordenador, además de constituir una herramienta necesaria para el futuro traductor, representa un instrumento de primera necesidad para el profesor y también para el alumno de traducción. No sólo no podemos prescindir de él sino que la interdependencia traductor-ordenador es cada vez mayor, al ser mucha y muy diversa la documentación necesaria para la realización de una labor traductora en sí misma cada vez más exigente.

Bibliografía

CÁMARA AGUILERA, E. (1999). *Hacia una traducción de calidad. Técnicas de revisión y corrección de errores*. Granada: Grupo Editorial Universitario.

GARCÍA YEBRA, V. (1983). *En torno a la traducción*. Madrid: Gredos.

MADRID, D., N. MCLAREN. (1995). *Didactic Procedures for TEFL*. Valladolid: La Calesa.

MCLAREN, N., D. MADRID. (Eds.) (1996). *A Handbook for TEFL*. Alcoy: Marfil, 1995.

NIDA, E. A., C. R. TABER. (1982). *The Theory and Practice of Translation*. Leiden: E. J. Brill.

ROZAS BELMONTE, M., BOSCO CAMÓN, J. (1999). "Internet y las lenguas extranjeras". *Cuadernos de Pedagogía*. Núm. 285: 24-31.

MODELO ACTUAL DE DIRECCIÓN DE INSTITUCIONES EDUCATIVAS NO UNIVERSITARIAS EN ANDALUCÍA

FRANCISCO ANDRÉS GARCÍA MARTÍNEZ
Doctorando del Departamento de Didáctica y Organización Escolar de la Universidad de Granada
Miembro del Grupo ARRAYÁN de Investigación educativa

Introducción

Por lo general, se considera que la dirección de una institución educativa es una función importante y necesaria en la vida de los centros escolares (LORENZO DELGADO, M. 1997: 7). La figura de la dirección, pero esta está sometida, al mismo tiempo, a una seria crisis por presiones y por razones administrativas, políticas personales y materiales, hasta el punto que, el Consejo Escolar de Cataluña (1994, 3) ha dejado escrito en un informe lo siguiente:

El de la dirección escolar ha conseguido actualmente una rara unanimidad: la insatisfacción

Sin embargo, es importante tener presente, ahora que se insiste tanto en la calidad de la enseñanza, que en un centro educativo no puede haber altas cotas de calidad sin un director de calidad (LORENZO DELGADO, M., 1997,7). Tal vez, el verdadero problema relacionado con la Organización Escolar y la gestión del centro, sea el contar con un director y un equipo directivo capaces de dar respuesta a las necesidades Organizativas de una institución que pretende alcanzar las metas definidas en los documentos elaborados por la comunidad educativa y aprobados en sus órganos de gobierno (proyecto educativo de centro, reglamento de régimen interior, programación general del centro y las actividades escolares), así como de la convivencia y la participación.

Dos años antes, la LOPEGCD (Ley Orgánica 9/1995 de 20 de noviembre, de la Participación, Evaluación y Gestión de los Centros Docentes) trata de poner las bases normativas que por un lado tienden a desarrollar los principios recogidos en el Art. 27 de la Constitución española, el cual consagra la responsabilidad de los poderes públicos como garantía fundamental del derecho a la educación, los cuales se consolidan en la LODE (Ley Orgánica 8/1985 de 3 de julio, reguladora del derecho a la educación); ley que reconoce y afianza el régimen mixto, público y privado de los centros docentes, las condiciones de financiación pública de los centros y establece los órganos de gobierno de los centros financiados con fondos públicos.

Posteriormente la LOGSE (Ley Orgánica 1/1990 de 3 de octubre, de Ordenación General del Sistema Educativo) trata de adecuar a la nueva realidad educativa el planteamiento participativo y los aspectos referidos a la organización y el funcionamiento establecido en la LODE, se refuerzan las propias funciones encomendadas al Consejo Escolar, entre ellas la elección del Director como resultado de un procedimiento que garantice al máximo el acierto de la comunidad, de modo que sean seleccionados para desempeñar la dirección los profesores más adecuados y mejor preparados para realizar la tarea de la dirección, al tiempo que se asegura un funcionamiento óptimo de los equipos directivos y el ejercicio eficiente de las competencias que tienen encomendadas.

La LOPEGCD, a través de su Título II, **"de los órganos de gobierno de los centros docentes públicos**, regula:

- el procedimiento de elección de director,
- los requisitos para ser candidatos y para ser acreditado para el ejercicio de la dirección y su designación por la administración educativa,
- las competencias que le corresponden,
- las condiciones de su cese,
- el nombramiento y cese de los miembros del equipo directivo
- la duración del mandato de los órganos de gobierno del centro, así como
- el apoyo a los equipos directivos.

Propósitos de este trabajo

Difundir y dar a conocer las bases legales que regulan el ejercicio de la función directiva y de los órganos unipersonales de gobierno de los centros docentes sostenidos con fondos públicos, recogidas en el Capítulo III del Título II de la LOPEGCD, dedicado a la dirección de los centros públicos.

Los criterios de valoración del trabajo desarrollado, según la Disposición Octava de la Orden de 7 de marzo de 1996 de la Junta de Andalucía, relativos a la función directiva (Dimensión 1) y a la labor docente en el aula (Dimensión 2); de cara a la acreditación para el ejercicio de la dirección (Art. 19 de la LOPEGCD).

Así mismo, tomar conciencia de los problemas de la dirección escolar, tal y como reconocen la mayoría de las investigaciones, informes, estudios realizados hasta el momento y los documentos oficiales de los países de nuestro entorno. Según éstos, la función directiva se reconoce como uno de los factores que favorecen la calidad y la mejora de la enseñanza.

Imagen de la función directiva

Afirma BALL (1989) que "el papel de director es fundamental y decisivo para la comprensión de la micropolítica de la escuela", BURGESS (1983) lo considera como el *"definidor de la realidad crítica"*, PASCUAL (1988) destaca la imagen del director como "formador de grupo" y "motor de la cultura axiológica".

En nuestro Sistema Educativo actual, la figura de la dirección está inmersa en una situación de crisis (LORENZO DELGADO, M., 1994), tal y como revelan diversos estudios y los informes del Consejo Escolar del Estado, dado que "continúa siendo preocupante la ausencia de candidatos a las elecciones de directores a los Centros Públicos" (MEC, 1993), a la vez que reconoce que no se han "generado las condiciones que animarán a los profesores a asumir la responsabilidad de la dirección".

El informe del Consejo Escolar del Estado (1996) reconoce una mejora respecto a los cursos precedentes, pero cabe preguntarnos ¿a qué se debe que los profesores no quieran asumir la responsabilidad de gobernar, coordinar y gestionar su propio centro?.

La LOPEGCD (Ley Orgánica de la participación, evaluación y gestión de los Centros docentes, 9/1995 de 20 de Noviembre), define la figura de la dirección, dentro de un marco de adecuación a la realidad educativa y de los planteamientos de participación, organización y funcionamiento de la LODE (Ley Orgánica reguladora del Derecho a la Educación, 8/1985 de 3 de Julio), dedicando el Título II al gobierno de los centros.

El Capítulo III del Título II, de la dirección de los centros públicos, dedica el Artículo 17 al procedimiento para la elección del Director, prescribiendo que el director será elegido por el Consejo Escolar entre los profesores del centro que hayan sido previamente acreditados para el ejercicio de esta función, será nombrado por la Administración con un mandato de cuatro años.

Esta elección se producirá por mayoría absoluta de los miembros del Consejo Escolar del Centro (Art. 17,2). en el caso de que concurran más de un candidato y ninguno de ellos obtuviera mayoría absoluta, la elección pasará por una segunda votación en la que figurará como candidato único el más votado en la primera, requiriendo igualmente mayoría absoluta (Art. 17, 3).

Los candidatos a dirección han de elaborar un proyecto de dirección, el cual ha de conocer el Consejo Escolar y en el que se incluirá una propuesta de los órganos unipersonales, los méritos de los candidatos y las condiciones que les permitieron su acreditación para el ejercicio de la función directiva (Art. 17, 4).

Los candidatos deben de reunir los siguientes requisitos (Art. 18):

• Tener una antigüedad de al menos 5 años en el cuerpo de la función pública docente y haber sido profesor durante ese periodo de tiempo en un centro que imparta enseñanzas del mismo nivel y régimen.
• Tener destino definitivo en el centro, con una antigüedad de al menos 1 curso completo.
• Haber sido acreditado para el ejercicio de la función directiva.

En los centros específicos (de E. infantil, incompletos de Primaria, de ESO con menos de 8 unidades, enseñanzas en régimen especial y Centros de Educación de adultos con menos de 8 unidades) la Admón. pública podrán eximir a los candidatos de cumplir algunos de los requisitos anteriores (Art. 18, 2).

La acreditación para el ejercicio de la dirección

Para ser candidato a la dirección de un Centro escolar sostenido con fondos públicos, la LOPEGCD prescribe que los profesores han de solicitarlo y han de estar acreditados para el ejercicio de la dirección, además de haber seguido los programas de formación organizados por la Administración educativa o poseer alguna titulación relacionada con la función directiva (Art. 19).

En el proceso de acreditación se deberá reunir como requisito experiencia previa en el ejercicio de un cargo unipersonal (director, jefe de estudios, secretario, coordinador de un centro de Educación de Adultos, etc..) con valoración positiva, o haber sido valorada positivamente su labor docente en el aula y en tareas de coordinación pedagógica, al igual que la participación en funciones de gestión, organización y participación en órganos de gobierno.

Según la LOPEGCD, cada Administración educativa establecerá las condiciones de aplicación de estos requisitos, los criterios objetivos y el procedimiento para la valoración de la experiencia previa en cargos unipersonales, la labor docente y la tareas de coordinación y/o participación en funciones de gestión, de organización, en órganos de gobierno (Art. 19. 2).

El artículo 19 de la LOPEGCD se desarrolla en Andalucía a través del Real Decreto 2192/1995, de 28 de diciembre, por el que se regula la acreditación para el ejercicio de la Dirección de los Centros Públicos docentes, y de la Orden de 7 marzo de 1996, por medio de la cual se establecen las fases y los criterios de valoración del trabajo desarrollado dentro de la función directiva (dimensión 1) o de la labor docente (dimensión 2). Cada una de estas dimensiones se divide en subdimensiones, recogidas en el Anexo V y VI de la mencionada Orden.

Dentro de la dimensión 1, se tienen en cuenta:

La realización o no por parte del candidatos de una planificación de objetivos, de actuaciones y evaluación de procesos y resultados en el periodo del ejercicio del cargo.
- La dinamización de los órganos de gobierno y de coordinación docente del Centro e impulso de la participación de las relaciones de colaboración entre los miembros de la Comunidad Educativa. .
- La organización y la gestión de los recursos disponibles para proporcionar una oferta educativa amplia y ajustada a las demandas sociales.
- Impulso y puesta en marcha de programas institucionales e iniciativas de innovación y formación que mejoren el funcionamiento del centro.
- La atención a los miembros de la Comunidad Educativa.
- El establecimiento de vías de colaboración con instituciones, organizaciones y servicios que favorezcan la apertura del centro conectándolo con su entorno.

A la hora de valorar las subdimensiones de la dimensión 2, las Comisiones de Acreditación a través de la inspección de educación de cada Delegación Provincial (Resolución de 27 de septiembre de 1999, de la Dirección General de Gestión de Recursos Humanos, BOJA 116 de 5 de octubre) han de centrar su atención en:
- El cumplimiento de las responsabilidades propias del centro de trabajo. Participación en los órganos colegiados y de coordinación docente, así como en iniciativas para la mejora e innovación de la práctica docente y el trabajo en equipo.
- La colaboración y puesta en marcha de actividades extraescolares y de otras que dinamicen la vida del centro y contribuyan al aprovechamiento de los recursos.
- La atención a las familias, al alumnado, y en su caso, al ejercicio de la tutoría.
- La organización y el desarrollo de la actividad docente en el aula. Preparación de la clase en el marco de las decisiones adoptadas en la programación.
- La utilización de metodologías de enseñanza adecuadas para promover el aprendizaje

significativo de los contenidos escolares. Organización del trabajo en el aula para favorecer la adecuada marcha de la clase y la aplicación del alumnado en su proceso de aprendizaje.

- El procedimiento de evaluación de los aprendizajes y decisiones adoptadas para su mejora, información que sobre la evaluación de los aprendizajes se proporciona al alumnado.
- La utilización de medidas ordinarias y extraordinarias para atender la diversidad del alumnado y especialmente a aquellos que poseen mayores dificultades de aprendizaje.

El inspector responsable de la valoración notifica al interesado el informe final, de carácter confidencial, en el que ha de constar la puntuación en cada uno de los apartados de los anexos V y VI antes aludidos; pudiendo interponer reclamación ente el Jefe de Servicio de Inspección de Educación.

La posesión de la acreditación para el ejercicio de la Dirección facultará al interesado para ser candidato a Director en los centros docentes públicos que impartan enseñanzas establecidas en la Ley Orgánica 1/1990 de 3 de Octubre, así mismo la acreditación permitirá su designación como Director en los términos establecidos en el Art. 20 de la LOPEGCD.

La designación del director por la Administración educativa (Art. 20)

Puede darse el caso de que en un centro educativo no existan candidatos o que ninguno de los profesores no tenga la acreditación requerida, en estas circunstancias corresponde a la Administración educativa el nombrar a un profesor que independientemente del centro en el que esté destinado, esté acreditado para el ejercicio de la función directiva (Art. 18. c) y tener una antigüedad de al menos 5 años en el cuerpo de la función pública docente y haber sido profesor durante un periodo de igual duración en un centro que imparta enseñanza del mismo nivel o régimen (Art. 18. a).

La duración del mandato del Director designado será de 4 años (Art. 20. 2), excepto en el caso de los centros de nueva creación que será nombrado por 3 años un profesor que reúna los requisitos mencionados en el Art. 18 puntos a y c

Cese del Director. (Art. 22)

El Director del centro puede ser cesado en los casos siguientes:

1. Haber terminado su mandato.
2. Aún no habiendo concluido su mandato, la Administración puede cesarlo por incumplimiento grave de sus funciones, previo informe razonado del consejo escolar del centro y audiencia del interesado.
3. De acuerdo con el Artículo 11.b la Administración educativa puede cesarlo, cuando por acuerdo de los miembros, adoptado por mayoría de dos tercios del Consejo escolar, proponga su renovación.

Nombramiento y cese de los miembros del Equipo Directivo (Art. 23)

El Jefe de Estudios, el Secretario, así como cualquier otro órgano unipersonal de gobierno que pueda formar parte del equipo directivo - excepto el Administrador del centro

- serán designados por el Director entre los profesores del centro, previa comunicación al Consejo escolar y serán nombrados por al administración.

En los centros de nueva creación los cargos antes mencionados serán nombrados por al Administración educativa (Art. 23. 2).

Los nombramientos del equipo directivo designado por el director cesarán en sus funciones al término de su mandato o cuando se produzca el cese. Ahora bien, la Administración educativa puede cesar o suspender a cualquiera de los miembros del equipo directivo designado por el director, antes del término de su mandato, cuando hayan incumplido gravemente sus funciones, previo informe razonado del director, dando audiencia al interesado y oído el Consejo Escolar del centro.

Las Competencias de la Dirección (Art. 21)

Las competencias que reserva la LOPEGCD al Director de un centro educativo sostenido con fondos públicos son numerosas, entre ellas:

a) Dirigir y coordinar todas las actividades del centro hacia la consecución del proyecto educativo del mismo, de acuerdo con las disposiciones vigentes y sin perjuicio de las competencias atribuidas al Consejo Escolar y a su Claustro de profesores.

b) Ostentar la representación del centro y representar a la Administración educativa en el centro, sin perjuicio de las atribuciones de las demás autoridades educativas.

c) Cumplir y hacer cumplir las leyes y demás disposiciones vigentes.

d) Colaborar con la administración educativa en todo lo relativo al logro de los objetivos educativos del centro.

e) Designar al Jefe de Estudios, al Secretario, así como a cualquier otro órgano unipersonal de gobierno que pueda formar parte del equipo directivo, salvo el administrador, proponer sus nombramientos y ceses a la Administración educativa.

f) Ejercer la jefatura de todo el personal adscrito al centro.

g) Favorecer la convivencia en el centro e imponer las correcciones que correspondan, de acuerdo con lo establecido por las Administraciones educativas y en cumplimiento de los criterios fijados por el consejo escolar del centro.

h) Convocar y presidir los actos académicos y las reuniones de todos los órganos colegiados del centro y ejecutar los acuerdos adoptados en el ámbito de su competencia.

i) Autorizar los gastos de acuerdo con el presupuesto del centro, ordenar los pagos y visar las certificaciones y documentos oficiales del centro.

j) Realizar las contrataciones de obras, servicios y suministros de acuerdo con lo establecido en el Art. 7.2 de la LOPEGCD, por el cual las Administraciones educativas podrán delegar en los órganos de gobierno de los centros públicos la adquisición de bienes, contratación de obras, servicios y suministros, con los límites que en la normativa correspondiente se establezcan, atendiendo al ejercicio de la autonomía de los centros para administrar estos recursos y al cumplimiento de las disposiciones que regulan el proceso de contratación, de realización y justificación del gasto para las Administraciones educativas.

k) Cuantas otras competencias se le atribuyan en los correspondientes reglamentos orgánicos.

La duración del mandato (Art. 24)

La duración del mandato de los órganos unipersonales de gobierno del centro se contempla que sea por un periodo de cuatro años (Art. 24.1), excepto en los centros de nueva creación, en los que la duración del mandato será de tres años (Art. 24.2). Así mismo el máximo de periodos consecutivos del mandato de los directores es de tres (Art. 24.4).

El apoyo a los equipos directivos (Art. 25)

Para tratar de minimizar la situación de crisis de la dirección, la Administración educativa adopta una serie de medidas destinadas a apoyar la función directiva y a estimular la participación de los profesores en los procesos de elección de los directores y la participación en los equipos directivos como cargos unipersonales, así como el ejercicio de la función directiva. Otra cuestión es que estas sean suficientes o satisfagan plenamente al profesorado, ayudando a resolver la situación de crisis de la dirección.

Podemos hablar de medidas:

a) Organizativas

(Art. 25.1) Los órganos unipersonales de gobierno constituirán el equipo directivo y trabajarán de forma coordinada en el desempeño de sus funciones.

(Art. 25.2) Las Administraciones educativas favorecerán el ejercicio de la función directiva en los centros docentes mediante la adopción de medidas que permitan mejorar la actuación de los equipos directivos en relación con los recursos humanos y materiales.

b) Formativas

(Art. 25.3) Las administraciones educativas organizarán programas de formación para mejorar la cualificación de los equipos directivos.

c) de compensación profesional acorde a la responsabilidad y dedicación exigida por el cargo (Art. 25.4)

d) de compensación económica de la Administración educativa, acorde a la responsabilidad y dedicación exigida por el cargo (Art. 25.4). Además, Los directores de los centros de públicos nombrados de acuerdo con el procedimiento establecido en la LOPEGCD, que hayan ejercido su cargo, con valoración positiva, durante el periodo que cada Administración determine, mantendrán mientras que permanezcan en situación de activo, la percepción de una parte del complemento retributivo correspondiente, de acuerdo con el número de años que hayan ejercido su cargo (Art. 25.5).

Bibliografía

ALVAREZ, M. (1987): *El equipo directivo. Recursos técnicos de gestión.* Madrid: Popular.
—(1990): "La formación de equipos directivos". *Cuadernos de pedagogía, núm. 187,* Barcelona.
—(1993): "Elección y aceptación de los Directores: Análisis de un estudio empírico". I Congreso Internacional sobre Dirección de Centros Docentes. Bilbao: ICE de la Universidad de Deusto.

—(1994): "¿Hacia la profesionalización del sistema educativo?". *Revista Organización y Gestión Educativa núm. 1.* Madrid: Escuela Española.

—(1998): *El liderazgo de la calidad total.* Madrid: Escuela Española.

ANTUNEZ, S. y GAIRÍN, J. (1990): "El curriculum de formación de los directivos de centros docentes". I Congreso Interuniversitario de Organización Escolar. Barcelona.

—(1996): *La organización escolar, práctica y fundamentos.* Barcelona: Graó.

BASS, B. (1988): "El impacto de los directores transformacionales en la vida escolar" En PACUAL, R. (Ed.): La gestión educativa ante la innovación y el cambio. Madrid: Narcea.

BLAZQUEZ, F. (1998): "La autonomía escolar, una cultura a desarrollar" En Actas del V Congreso Interuniversitario de Organización de Instituciones Educativas. Madrid.

DRUCKER, P. F. (1993*): La administración para el futuro. La década de los noventa y más allá.* Barcelona: Parramón.

FERNANDEZ NARES, S. (1998): "Liderazgo y toma de decisiones en la Universidad Pública española". En Actas del V Congreso I. de O. de Instituciones Educativas. Madrid, 825 - 835.

—(1999): *La formación de los directores para la toma de decisiones.* Granada: Grupo Editorial Universitario.

GAIRIN, J. (1995): *Estudio de las necesidades formativas de los equipos directivos de los centros educativos.* Madrid: MEC CIDE.

—(1997): "Modelos organizativos. Modelos directivos".. En GARRAGORRI, X. Y MUNICIO, P. (Coord.): Participación, autonomía y dirección en los centros educativos. Madrid: Escuela Española.

—(1998): "La función directiva en el contexto español". En VILLA SANCHEZ, A. y otros: Principales dificultades de la dirección de centros educativos en los primeros años de ejercicio. Bilbao: ICE de la Universidad de Deusto.

GIMENO, J. y OTROS (1995): *La dirección de los centros educativos: Análisis de tareas.* Madrid: MEC.

GONZALEZ, M. T. (1990): *La función del liderazgo instructivo como apoyo al desarrollo de la escuela. El centro educativo: Nuevas perspectivas Organizativas.* GiD, Universidad de Sevilla.

LODE (1985): *Ley Orgánica 8/1985 de 3 de julio, Reguladora del Derecho a la Educación,* de 15 de marzo (BOE 4-7-85).

LOGSE (1990): *Ley Orgánica 1/1990 de 3 de octubre, de Ordenación General del Sistema Educativo* de 13 de septiembre (BOE 4-10-90).

LOPEGCD (1995): *Ley Orgánica 9/1995 de 20 de noviembre, de la participación, la evaluación y el gobierno de los centros docentes* (BOE 21-11-95).

LORENZO DELGADO, M. (1994): *El liderazgo educativo en los centros docentes*, La muralla, Madrid.

—(1995): *Organización Escolar. La construcción de la escuela como ecosistema*, Ed. Pedagógica, Madrid.

—(1996): "La participación de la comunidad educativa en la gestión y la planificación de los centros: Autonomía y liderazgo democrático", en VIII Jornadas Estatales del Forum Europeo de Administradores de la Educación, Murcia.

—(1996): "El director escolar en la estructura organizativa del centro". En PÉREZ, M. y TORRES, J.A.: Desarrollo curricular, organizativo y profesional, Grupo de investigación DIEA, Universidad de Jaén.

—(1997): "El liderazgo del director en el actual movimiento de Gestión de la calidad en educación", en Actas I Jornadas Andaluzas de Organización y dirección de centros educativos, Universidad de Granada.

—(1997): *La función directiva, Materiales para la formación de directivos de APAs*, vol. 4, CONCAPA, Madrid.

—(1997): "La dirección de los centros educativos como ejercicio de liderazgo pedagógico". En GALLEGO, J. L . y MESA, R. (directores): Educación Acción. Las Gabias (Granada): Ediciones Adhara. pág. 5-21.

—(1997): "El liderazgo para la promoción de calidad en una institución educativa". En LORENZO, M., SALVADOR, F. y ORTEGA, J.A.(1997): Organización y dirección de instituciones educativas. Perspectivas actuales. Grupo Editorial Universitario y COM.ED.ES. Granada. pág. 13 - 32.

—(1997): "El modelo socialista de dirección de centros educativos en los informes del Consejo Escolar del Estado y de las Comunidades Autónomas, Publicaciones". *Revista de la E.U. de EGB.*, Homenaje a Manuel Olmedo. Melilla.

—(1997) (Coord.): *Organización y gestión de centros educativos. Análisis de casos prácticos.* Madrid: Univérsitas.

—(1998): "Las visiones actuales del liderazgo en las instituciones educativas". En LORENZO DELGADO, M.; ORTEGA CARRILLO, J. A. y SOLA MARTINEZ, T.: Enfoques en la organización y dirección de instituciones educativas formales y no formales. Granada: Grupo Universitario y COM.ED.ES

MARCELO, C. (1994): *Formación del profesorado para el cambio educativo.* Barcelona: PPU.

MEDINA, A. (1996): "La formación de los directores en el marco de las instituciones educativas". En Actas del IV Congreso Interuniversitario de Organización de Instituciones Educativas. Madrid.

PASCUAL, R.; VILLA, A. y AUZMENDI, E. (1993*): El liderazgo transformacional en los centros docentes.* Bilbao: Mensajero.

SAENZ, O. y DEBÓN, S. (1995): "Teoría sobre el deterioro de la dirección escolar". *Revista Interuniversitaria de Formación del Profesorado, núm. 24.* Zaragoza.

VILLA, A. y OTROS (1998): *Principales dificultades de la Dirección de Centros Educativos en los Primeros años de ejercicio.* Bilbao: ICE de la Universidad de Deusto.

VILLAR, L. M. (1990): *El profesor como profesional: Formación y desarrollo personal.* Servicio de publicaciones de la Universidad de Granada.

CONTRIBUCIONES DE LA UNESCO A LA INTEGRACIÓN CURRICULAR Y ORGANIZATIVA DE LAS TECNOLOGÍAS DE LA COMUNICACIÓN

JOSÉ ANTONIO ORTEGA CARRILLO
Departamento de Didáctica y Organización Escolar de la Universidad de Granada:
Grupo de Investigación ED. INVEST. – Centro UNESCO de Andalucía.
YOLANDA ARAGÓN CARRETERO
Sección de Investigación de la Asociación para el Desarrollo de la Comunidad Educativa en España (COM. ED. ES).
BELÉN ROSALES FUENTES
UNESCO (Centro del Patrimonio Mundial).

1. Sensibilidad fundacional

La influencia de las actuaciones promovidas por la Organización de las Naciones Unidas para la Educación, la Ciencia y la Cultura (UNESCO) en pro del desarrollo de la Tecnología Educativa y de la integración en los currícula escolares del uso crítico de las Teclologías y Medios de Comunicación es incontestable. En 1949 este organismo transnacional convocó la I Conferencia Internacional de Educación de Adultos (Dinamarca, Elsinor 16-25 de junio). En el capítulo cuarto de sus conclusiones -referido a los métodos y técnicas - se estudió uno a uno el uso didáctico de *"los medios audiovisuales tales como film, proyecciones, televisión, epíscope, etc"*. En la citada resolución se alude a su utilidad como ayudas para el aprendizaje, cuando al estudiar el potencial didáctico de las películas se apunta que, *"los films llamaron especialmente la atención porque pueden ser utilizados de diversas maneras, sea para ilustrar una conferencia, sea para ilustrar temas de debate"*. No obstante los expertos reunidos reconocen la necesidad de profundizar en los criterios de selección de los medios y recursos audiovisuales cuando señalan que *"la principal dificultad consiste en conseguir filmes que respondan a las necesidades de los grupos (escuelas, asociaciones) y siendo al mismo tiempo de buena calidad"* (OEI, 1981, 24).

Seis años más tarde, en 1955, la UNESCO publica en París el primer *Catálogo de Materiales Visuales de Educación Fundamental*. Sus ciento treinta y dos páginas recopilaban las principales publicaciones, películas y películas fijas existentes en el mundo desarrollado.

2. Una década de clarificación conceptual

En 1960 la UNESCO vuelve a promover la reflexión sobre el impacto socioeducativo de los medios y las tecnologías de la información. Fue entonces cuando convocó la Segunda Conferencia Mundial de Educación de Adultos, celebrada en Montreal. En la Declaración que lleva el nombre de esta ciudad canadiense se recogen unas reflexiones sobre *el cine, la radio y la televisión*, que serían precursoras de los ideales que inspirarían posteriormente las políticas de la UNESCO relativas a la Educación para el *análisis crítico* de los productos provenientes de los Medios de Comunicación:

Dada la influencia considerable que las distracciones populares como el cine, la radio y la televisión ejercen de manera constante en los adultos del mundo entero.

Reconociendo que esas distracciones ofrecen un medio adecuado para llegar al corazón del hombre, influir en su espíritu, preservar y enriquecer el patrimonio artístico y cultural de las comunidades.

Considerando los efectos positivos o negativos que las distracciones ofrecidas por los grandes medios de información pueden tener en una sociedad que empieza a vivir en condiciones económicas y sociales distintas y atraviesa crisis culturales.

La conferencia invita:

1. A las organizaciones y organismos de los que forman parte personas que controlan los medios de distracción popular, como el cine, la radio y la televisión, a que estudien la manera de dar efectivamente a ciertos programas un espíritu constructivo, incitando así a una vida mejor, más plena y más culta.

2. A la UNESCO a que adopte las medidas oportunas para que los educadores y los dirigentes culturales entablen un contacto amistoso con el personal directivo de los medios de distracción popular, y para facilitar el intercambio de ideas entre unos y otros, a fin de preparar propuestas concretas relativas a la producción de un nuevo tipo de programas recreativos que, a la vez que sigan interesando al público, enriquezcan el pensamiento y el modo de vida del hombre medio" (OEI, 1981, 45).

En 1963 la organización convocó un *Encuentro de Expertos para el Desarrollo y Uso de los Nuevos Métodos y Técnicas en Educación*. Las conclusiones del mismo se publicaron en una obra titulada *Nuevos Métodos y técnicas de Educación*, en la que se abordan temáticas tales como: recursos audiovisuales, tecnología educativa, radio educativa, televisión educativa, laboratorios de idiomas, instrucción programada e innovación educativa.

La extensión cuantitativa y cualitativa del uso escolar de los medios audiovisuales como ayudas de aprendizaje y de la enseñanza programada como metodología didáctica fueron reconocidas en la 28ª Conferencia Internacional de Instrucción Pública, convocada por la UNESCO y la Oficina Internacional de Educación y celebrada en 1965, en Ginebra. A ella asistieron expertos representantes de noventa y cinco países, quince de ellos procedentes de naciones hispanoamericanas. En sus recomendaciones existen múltiples alusiones a este hecho. Entre ellas destacamos la nº 58, punto nº 45 en la que se alude a la estrategia didáctica denominada *"enseñanza programada utilizable con o sin máquinas, parece especialmente conveniente para los adultos; la obra llevada a cabo en esta esfera, los grandes experimentos realizados han dado resultados positivos; pero el costo elevado de la prepara-*

ción de los manuales y las máquinas deberían incitar a coordinar los esfuerzos; debería de procederse a un intercambio de estudios críticos y de documentación... (OEI, 1981, 114).

En 1967 la organización publicó la obra de Schramm, Coombs, Hall, Kahnert y Jack titulada *Técnicas modernas y planeamiento de la educación*. En ella se abordan temáticas de gran interés tales como los objetivos de la Tecnología Educativa, el planeamiento educativo, la instrucción multimedia y los métodos de enseñanza.

Dos años mas tarde, en 1969, la UNESCO, consciente de la importancia presente y futura del enfoque tecnológico de la educación, convocó una Conferencia sobre Programas de Formación para Tecnólogos de la Educación.

3. Un nuevo impulso a la Tecnología Educativa en la década de los setenta

La década de los setenta se inició con la publicación en 1971 por la Oficina regional de Educación de la UNESCO en América latina y el Caribe (Chile), de la obra titulada *la Tecnología de la educación y enseñanza de la ciencia*, enj la cual, Cláudio Zaki, analizaba tres grandes tópicos: La tecnología educativa, la evolución de las ciencias de la educación y los procesos de aprendizaje.

1974 fue fecundo en la aparición de publicaciones UNESCO:

-La Oficina regional de Educación de la UNESCO en América latina y el Caribe (Chile) y la Dirección General de Planeamiento Educativo publicaron la obra *Bibliografía sobre Tecnología Educacional* en la que se catalogaron estudios y experiencias relacionados con la Tecnología educativa, la radio educativa, la televisión educativa y los recursos audiovisuales.

-El Consejo Internacional de Uniones Científicas (Comité de Ciencias de la Educación) convocó el Encuentro de Expertos en Nuevas Tecnologías Aplicadas a las Ciencias de la Educación. De él surgió un informe titulado *Nueva tecnología en la enseñanza de las ciencias*, en el que se analizaban las tendencias educativas, la evolución de la Tecnología Educativa, la instrucción multimedia, la instrucción asistida por ordenador, la instrucción programada, los recursos audiovisuales, la radio y la televisión educativa.

-Ese mismo año la organización publicó la obra de Jonh Hilliard titulada *Hacia la estrategia de la Agencia Internacional para el Desarrollo (AID) en educación,* en la que se abordan globalmente temáticas relacionadas con la asistencia educativa, las estrategias educativas, el binomio educación y desarrollo, la economía educativa, la Tecnología Educativa, la educación no formal y la educación superior.

En 1975, la UNESCO celebró en Irán (Persépolis) el Simposio Internacional de Alfabetización, en cuya declaración se subraya nuevamente la importancia de poner los medios audiovisuales y de comunicación al servicio de esta acción educativa. No obstante, la UNESCO, fiel a su función de concienciación ética de la humanidad, vuelve a advertir de los peligros de la manipulación audiovisual señalando que, *"es preciso oponerse a que, so pretexto de imperativos técnicos, se apropien de esos medios fuerzas económicas y políticas que escapan al control de los pueblos interesados, y a que se les utilice como instrumentos de colonización cultural. Conviene rechazar toda manipulación de los medios audiovisuales cuyo efecto sea obstaculizar la participación activa y el diálogo humano... La alfabetización debería incitar a los participantes a adquirir una amplia gama de competencias en todos los campos de la comunicación"* (OEI, 1981, 152).

Ese mismo año este Instituto especializado de la ONU publicó el trabajo de Babacar Sine denominado *El desarrollo de métodos educativos y medios técnicos de las condiciones específicas de los países en desarrollo – Educación y mass media en la África negra; problemas presentados en la adaptación de las tecnologías educativas.*

También en 1975 la UNESCO convocó el Seminario sobre Tecnología Educativa en el Medio rural del que surgió en denominado *Informe final Turrialba*, publicado por el Centro Agronómico Tropical de Investigación y Enseñanza de Costa Rica. En él se abordaron en el marco de la Tecnología Educativa: la educación agrícola, el desarrollo rural, la educación rural, los mass media y los servicios de información y la ingeniería agrícola.

Un año más tarde la UNESCO publicó en colaboración con la Unión Internacional de Universidades (UNESCO/IAU) un trabajo coordinado por MacKenzie, Eraut y Hywel sobre el desarrollo de la educación superior, en el que se abordan temáticas tales como los métodos de enseñanza, la innovación educativa, los métodos de aprendizaje, los recursos audiovisuales, la Tecnología Educativa, la radio y la televisión educativa, la evaluación educativa, la investigación educativa, los procesos de aprendizaje y el diseño de materiales de enseñanza.

En 1977 la UNESCO convocó el Seminario de instrucción para expertos en educación tecnológica (SEPEXTE II) del que surgió un informe titulado *Presentación de paquetes de instrucción multimedia.* En el mismo, y a la luz de la Tecnología Educativa, se abordaban las principales problemáticas relacionadas con la formación de educadores, los métodos de instrucción, la instrucción multimedia y los materiales audiovisuales.

Un año más tarde, la organización efectuó una misión educativa en Colombia que se desarrolló del 28 de agosto al 27 de septiembre de 1978 dentro del marco de ayuda a los estados miembros para mejorar las estructuras, los contenidos, los métodos y las técnicas de educación. J. Le Merle coordinó en informe de esa misión que titulado *Papel de la Tecnología Educativa en el campo del desarrollo: Colombia,* reflexionaba sobre la influencia de la televisión educativa en el desarrollo rural.

Esta década terminó con enorme fecundidad. En 1979 la UNESCO convocó en Bogotá el *Seminario Internacional de Tecnología* apropiada en educación. Bottaro, Gladis y otros coordinaron la edición del informe final que fue publicado por la Oficina regional de Educación de la UNESCO en América latina y el Caribe (Chile). En él se abordan temáticas de gran interés tales como la definición y caracterización de la tecnología apropiada, la importancia de fomentar la participación comunitaria, el desarrollo de materiales de enseñanza, la educación no formal, el estudio de casos y la educación medioambiental.

Ese mismo año ve la luz la obra coordinada por Ricardo Nassif denominada *Nuevos pensamientos sobre alternativas en el currículo y la Tecnología Educativa.* Editada por la Oficina regional de Educación de la UNESCO en América latina y el Caribe (Chile) y la Dirección general de Planeamiento Educativo, aborda temáticas tales como el desarrollo del curriculo desde la perspectiva de la tecnología educativa, los métodos de eseñanza para educación básica, la instrucción programada, la educación rural, la educación de adultos y los proyectos educativos.

La última de las obras aparecidas en 1979 resultó de gran interés para el desarrollo epistemológico de la Tecnología Educativa. Titulada *Repertorio de instituciones y programas de tecnología educacional en América Latina: addenda 1,* fue editada, al igual que las dos anteriores, por la Oficina regional de Educación de la UNESCO en América latina y el Caribe (Chile) y la Dirección general de Planeamiento Educativo.

**4.	La década de los ochenta o de la reflexión crítica sobre los aspectos éticos de las tecnologías de la comunicación**

Se inicia este periodo con la convocatoria en Córdoba (Argentina) en 1980 de un *Seminario-Taller sobre Desarrollo del Currículo y Tecnología Educativa* cuyo informe final editó ese mismo año la Oficina regional de Educación de la UNESCO en América latina y el Caribe (Chile).

Preocupada por la necesidad de relanzar a nivel mundial la educación para la lectura crítica de los medios de comunicación la UNESCO organizó en 1982 en la ciudad de Grünwald (República Federal Alemana) *el Simposium Internacional sobre la Educación con los Medios de Masas* en el que participaron educadores, comunicadores e investigadores de diecinueve países y en el que se elaboró la conocida ***"Declaración sobre Educación para los Medios"***.

Ese mismo año (1982) la organización publicó once trabajos de gran interés:

-*Bibliografía anotada sobre tecnología apropiada en educación* de Velasco Barraza y Río editada por la Oficina regional de Educación de la UNESCO en América latina y el Caribe (Chile).

-*El ordenador en la escuela* de Austin, Gilbert y Lutterodtes. Obra clave sobre instrucción asistida por ordenador.

-*Auge y decadencia de la tecnología de la educación en Suecia* de Christer Brusling.

-*Conjuntos pedagógicos de medios múltiples en Hungría.* Obra de Nádasi, Subay y Tompa.

-*La Tecnología de la educación en América Latina* Trabajo de Clifton Chadwick de amplias repercusiones internacionales.

-*El Buen uso de la Tecnología de la Educación* de João Batista Araújo Oliveira.

-*Situación y perspectivas de la Tecnología de la Educación, interesante trabajo de* David G. Hawkridge.

-*¿Tecnología aplicada a la educación o tecnología educativa?* Obra de Michael Clarke en la que se abordan temáticas tales como el cambio tecnológico, la conceptualización de la Tecnología Educativa, los métodos innovadores de enseñanza, la impresión y reprografía, la fotografía, el cine, la radio educativa, la televisión educativa, el equipo de grabación, las aplicaciones informáticas y la tecnología apropiada.

-*Nuevos pensamientos sobre alternativas en el currículo y la tecnología educativa. III.* Obra colectiva de J. Searles, F. Arbab, P. da Silva y otros editada por Oficina regional de Educación de la UNESCO en América latina y el Caribe (Chile).

-*Repertorio de instituciones y programas de tecnología educacional en América latina* la Oficina regional de Educación de la UNESCO en América latina y el Caribe (Chile).

-*La Economía de los nuevos medios de enseñanza.* Consejo Internacional de Medios Educativos. Grupo de Trabajo para el cambio de información sobre estudios técnicos y económicos relacionados con la tecnología educativa. Trabajo de Jean Claude Eicher y Jean Claude y François Orivel en el que se abordan cuestiones relacionadas con los materiales educativos, economía educativa, costes efectivos, la Tecnología Educativa, las investigaciones educativas, la organización de instituciones educativas, la instrucción programada, la radio y la televisión educativa.

Al año siguiente se publicaron dos trabajos. El primero de Franco de Machado sobre *Experiencias sobre utilización de tecnologías apropiadas en la formación de educadores de zonas marginales* (Oficina regional de Educación de la UNESCO en América latina y el Caribe) y el segundo de Michel Souchon *sobre Computadoras en las aulas*

En 1984 este instituto especializado de las Naciones Unidas, tras revisar las tendencias y experiencias de las cuatro primeras décadas de evolución, editó el primer *Glosario de términos de Tecnología Educativa*, en el que formuló una doble acepción del concepto Tecnología Educativa:

•*Originalmente ha sido concebida como el uso para fines educativos de los medios nacidos de la revolución de las comunicaciones, como los medios audiovisuales, televisión, ordenadores y otros tipos de hardware y software.*

•*En un nuevo y más amplio sentido, como el modo sistemático de concebir, aplicar y evaluar el conjunto de procesos de enseñanza y aprendizaje, teniendo en cuenta a la vez los recursos técnicos y humanos y las interacciones entre ellos, como forma de obtener una más efectiva educación* (UNESCO, 1984, 43 y 44).

Ese mismo año la UNESCO publicó la obra de Zaghloul Morsy titulada *La Educación en materia de comunicación.*

En 1986 la editorial de la UNESCO saca a la luz el trabajo de Raymond Lallez titulado *La tecnología educativa en las universidades de los países en desarrollo*

Dos años después se publican:

-*Modernización: un desafío para la educación*. Editado por la Oficina regional de Educación de la UNESCO en América latina y el Caribe, el Centro de investigación y desarrollo de la educación de Chile, el programa interdisciplinario de Investigaciones en educación de Chile y el Instituto de Ontario para los Estudios en educación de Canadá. Son autores del mismo Marianela Cerri, Luis Eduardo González, West Gordon. En esta obra se analiza la recesión económica, el binomio educación y empleo y la discriminación educativa a la luz de las aportaciones de la Tecnología Educativa.

-*Problemas pedagógicos de la enseñanza a distancia*. Trabajo de Onkar Singh Dewal.

5. La década virtual o de las autopistas de la información

En 1989 la 25ª Conferencia General de la UNESCO (1995 a) estableció un plan de acción a medio plazo para el quinquenio 1990-1995 que se concretó en su resolución nº 104. Bajo el lema *" la comunicación al servicio de la humanidad"* y tras la reafirmación de que, entre otras cuestiones, corresponde a la UNESCO y a sus estados miembros contribuir a:

h) "fomentar la **educación relativa a los medios de comunicación** tanto para los productores como para los usuarios, con miras a favorecer el desarrollo del espíritu crítico y la capacidad de reacción de los individuos y los pueblos frente a toda forma de información recibida, y favorecer al mismo tiempo una comprensión adecuada de los medios de que disponen los usuarios para conocer y defender sus derechos".

Se invitó al Director General a basar la programación para el periodo 1990-1995 en los programas siguientes:

IV.1. *Libre circulación de la información y solidaridad.*

IV.2. La comunicación al servicio del desarrollo.

IV.3. Las repercusiones socioculturales de las nuevas tecnologías de la comunicación.

La Conferencia General autorizó al Director General a realizar un amplio conjunto de actuaciones en el marco de estos tres programas. De ellas resaltamos las referidas al programa IV.3. cuyo objeto es profundizar en el análisis de las repercusiones socioculturales de las nuevas tecnologías de la comunicación mediante:

a) El estudio de las repercusiones económicas y socioculturales de las nuevas tecnologías de la comunicación.

b) La mejora de la educación relativa a los medios de comunicación, insistiendo en la formación del espíritu crítico, la capacidad de reaccionar ante toda forma de información recibida y la educación de los usuarios para la defensa de sus derechos.

La citada declaración invita además al Director General a que en dicho periodo se incluyan actividades de *investigación y formación* relacionadas con el fomento de la libertad de prensa, la independencia, el pluralismo y la diversidad de medios de comunicación; la instalación de medios técnicos apropiados, incluida la transmisión de programas por satélite y por vía terrestre y, finalmente con el conocimiento de las repercusiones de la comunicación en las sociedades, en la cultura y en las identidades culturales (incluyendo la educación relativa a los medios).

En 1994 la UNESCO convocó en Manila (Filipinas) *la Conferencia internacional de tecnologías para la enseñanza del hoy y del mañana* (SEAMEO INNOTECH). De ella surgió una publicación coordinada por Jacques Hallak y Moiko Saito en la que se abordan cuestiones relacionadas con la Tecnología educativa, los métodos de enseñanza, la instrucción asistida por ordenador y el binomio estado y comunicación.

En 1995 se publica por la Organización la obra *Objetivos y modalidades de la tecnología educativa en el umbral del siglo XXI* de Jean-Louis Martinand.

En el último quinquenio del siglo la UNESCO se ha mostrado especialmente interesada por favorecer el debate científico y la investigación en torno a los medios de comunicación y las nuevas tecnologías.

Así la comisión IV de la UNESCO, en su sesión plenaria celebrada el 15 de noviembre de 1995, elaboró un informe que sirvió para que la Conferencia General en su vigésima octava reunión aprobara la resolución 4.5 relativa al *apoyo a las actividades culturales y educativas del servicio público de radio y televisión, a los profesionales de los medios de comunicación y a los periodistas para reducir la violencia en los medios.*

El citado texto invita a los Estados Miembros de la UNESCO a:

a) Apoyar el servicio público de radio y televisión para que pueda cumplir su mandato cultural y educativo;

b) alentar a los profesionales de los medios de comunicación a estudiar las vías y los medios posibles para reducir la violencia en la pantalla, sobre todo en los programas de ficción;

c) estimular entre los periodistas una reflexión sobre la violencia en los programas informativos y animarlos a tomar iniciativas encaminadas a reducir dicha violencia, en el respeto de las reglas deontológicas establecidas por la profesión única y exclusivamente;

d) aportar una contribución positiva al debate internacional al respecto.

Con anterioridad a la fecha de promulgación de esta resolución, la UNESCO promovió el debate sobre la violencia en los medios de comunicación con diversas iniciativas tales como las mesas redondas internacionales celebradas en Nueva Delhi (1-4-1994) y París (3-5 de julio de 1995) y los seminarios internacionales que sobre la imagen de la familia en los medios de comunicación se celebraron en Courmayeur (19-21 de marzo de 1995) y sobre la violencia en la pantalla y los derechos del niño, llevado a cabo en Lund (Suecia, 26-27 de septiembre de 1995).

En la misma reunión de la Conferencia General (28ª) se aprobaron la denominada resolución nº 15 referida a las nuevas tecnologías de la información y la comunicación y la Estrategia a Plazo Medio para 1996-2001 para la promoción de la libre circulación de la información y el desarrollo de la comunicación.

El texto de la citada resolución subraya la importancia de *los problemas sociales que plantean las nuevas tecnologías, que se manifiestan tanto en el aislamiento de los individuos como en los riesgos que suponen para la conservación de la diversidad cultural y lingüística y en el aumento de la distancia entre los países industrializados y los países en vías de desarrollo* (op. cit. pág. 93).

Igualmente se remarca el potencial de estas tecnologías para el desarrollo de los métodos de enseñanza, la circulación de información y la intensificación de los intercambios culturales, y se recuerda que la misión intelectual y ética de la UNESCO abarca todas sus esferas de competencia.

En este marco introductorio la citada resolución invita al Director General a:

a) Adoptar las disposiciones necesarias para que en la versión definitiva de la Estrategia a Plazo Medio para 1996-2001 se destaque el rápido avance de las nuevas tecnologías de la comunicación a fin de suscitar una reflexión *interdisciplinaria e intersectorial* sobre estas tecnologías como factores de desarrollo...

b) Iniciar paralelamente una reflexión global sobre las consecuencias de estas tecnologías para los programas de la UNESCO, con objeto de que la Organización pueda adaptarse a esta evolución y anticiparla a partir de 1996-97 sobre la base de consultas regionales.

c) Promover un enfoque deontológico conforme a la misión ética de la UNESCO y orientado a un desarrollo armonioso de estas tecnologías en el respeto del pluralismo lingüístico y cultural y del derecho a la vida privada.

d) Iniciar en el presente bienio gestiones para elaborar, junto con los diversos interlocutores interesados, proyectos bien definidos y rigurosamente controlados, en particular en las esferas de la *educación a distancia* y de las *bibliotecas virtuales*.

En el marco de la segunda parte de la Estrategia a Plazo Medio la UNESCO se propone seguir fomentando el desarrollo de la capacidad de los Estados Miembros en los ámbitos de la comunicación, la información y la informática. Sus esfuerzos estarán esencialmente encaminados a fortalecer las infraestructuras y a mejorar la formación profesional de los países en vías de desarrollo y en los que han iniciado un proceso de transición democrática. Su papel catalítico apuntará, en particular, a movilizar la cooperación técnica internacional por medio de los programas intergubernamentales creados con tal fin:

* Programa Internacional para el Desarrollo de la Comunicación (PIDC).
* Programa General de Información (PGI).
* Programa Intergubernamental de Informática (PII).

La mejora de la organización y el funcionamiento de las bibliotecas, los archivos y los sistemas de información en los países en vías de desarrollo es otro de los objetivos de la UNESCO. La Organización intentará lograr en concreto que puedan beneficiarse de las nuevas aplicaciones tecnológicas que permiten mejorar las condiciones de gestión y de acceso a los conocimientos acumulados por dichas instituciones y servicios, cuya función de "polo" educativo y cultural va a aumentar considerablemente en los años venideros. Desde ese punto de vista, va a profundizarse y a ponerse a prueba en distintos contextos socioeconómicos el concepto de *"biblioteca virtual"* (op. cit. pág. 101).

Esta Nueva Estrategia a Medio Plazo propone igualmente la intensificación de esfuerzos para establecer *redes regionales de informática*, ya que pueden constituir, para los países en vías de desarrollo, las primeras etapas que lleven hacia esas *"autopistas electrónicas"* que empiezan a crearse; con el tiempo, deberían permitir también establecer relaciones con naciones con las que existen actualmente pocas comunicaciones. La UNESCO contribuirá, para lograr dicho objetivo, a que se garantice su compatibilidad técnica y su interconexión con las *redes de investigación* que existen en el plano internacional.

El documento que estamos comentando anuncia finalmente que la creación de redes -tanto nacionales como regionales e internacionales-, la aparición de los multimedia y los adelantos tecnológicos actuales pueden convertirse en un factor decisivo de *desarrollo educativo, científico y cultural*. La Organización intentará, por consiguiente, promover, mediante *proyectos piloto*, la aplicación de las tecnologías de la información y la comunicación en todas sus esferas de competencia. Dichos proyectos, elaborados en colaboración con las comunidades profesionales interesadas, estarán encaminados a conseguir instrumentos y servicios de información que utilicen las posibilidades que brindan los multimedia, a explorar las posibilidades que el concepto de *"laboratorios virtuales"* ofrece de superar el aislamiento de los medios académicos y los centros de investigación en los países en vías de desarrollo, y a fomentar las relaciones entre comunidades de usuarios y concesionarios de las telecomunicaciones para que tengan condiciones más favorables de *acceso a las redes*. (op. cit. pág. 102).

Alemania (Hamburgo) fue sede durante los días 14 al 18 de julio de 1997 de la V Conferencia Internacional de Educación de Adultos en la que participaron 1.507 especialistas de todo el mundo. Tras largas sesiones de debate los reunidos aprobaron la denominada "Declaración de Hamburgo sobre la Educación de Adultos" cuya resolución número 20 hace una llamada de atención a la utilización ética y solidaria de las Nuevas Tecnologías como vías de acceso a la Información:

"La expansión de las nuevas tecnologías de la información y la comunicación conlleva nuevos peligros de exclusión social y laboral para grupos de individuos y aun para empresas incapaces de adaptarse a este contexto. Por lo tanto, una de las funciones de la educación de adultos en el futuro debe consistir en limitar estos peligros de exclusión de modo que la sociedad de la información no pierda de vista la dimensión humana" (UNESCO, 1997, 25).

Para llevar a cabo las resoluciones adoptadas en esta Conferencia los participantes (entre ellos 41 ministros y 18 viceministros y diputados) diseñaron un Plan de Acción para el Futuro en el que se agruparon las actuaciones en diez temas. El número siete lleva por título: *"Educación de Adultos, cultura, medios de comunicación y nuevas tecnologías de la información"*. En la introducción epistemológica de dicho tema se señala que:

"La educación de adultos brinda a estos últimos la ocasión de participar en todas las instituciones culturales, los medios de comunicación y las nuevas tecnologías para establecer una comunicación interactiva eficaz y fomentar el entendimiento y la cooperación entre los pueblos y las culturas. El respeto de las personas, sus culturas, y sus comunidades es la base para establecer un diálogo e infundir confianza, así como para posibilitar el aprendizaje y la formación pertinentes y duraderos. Es necesario realizar esfuerzos que garan-

ticen a todas las culturas y grupos sociales un mayor acceso a los medios de comunicación y una mayor participación en ellos, a fin de que todos puedan compartir sus concepciones, sus objetos culturales y sus modos de vida particular y no se limiten simplemente a recibir los mensajes de otras culturas (UNESCO, 1997, 39).

En este marco los ministros, viceministros, diputados, representantes gubernamentales (de 135 estados miembros) y demás participantes en la Conferencia se comprometieron a *establecer una mejor sinergia entre los medios de comunicación, las nuevas tecnologías de la información y la educación de adultos:*

a) *contribuyendo a reforzar la función educativa de los medios de comunicación;*

b) *aprovechando más los medios de comunicación para la educación de adultos e instando a otros a participar en el desarrollo y la evaluación de dichos medios;*

c) *reconociendo que los medios de comunicación pueden facilitar considerablemente el acceso a la educación de adultos a grupos que carecen de esta posibilidad, mediante campañas publicitarias destinadas a fomentar su participación;*

d) *examinando el desarrollo y la difusión de las nuevas tecnologías desde una perspectiva regional, local y cultural, habida cuanta del desarrollo desigual de las infraestructuras y de la disponibilidad de los equipos;*

e) *garantizando un acceso equitativo a sistemas de enseñanza abierta y a distancia, a los medios de comunicación y a las nuevas tecnologías de la información y comunicación y la sostenibilidad de estos, así como utilizando nuevas tecnologías para explorar formas de aprendizaje no convencionales;*

f) *fomentando la educación relativa a los medios de comunicación y los contenidos relacionados con estos para ayudar a los usuarios a reaccionar de manera crítica y con discernimiento ante dichos medios;*

g) *impartiendo formación a los educadores y los trabajadores culturales para estimular la elaboración y aplicación de recursos adecuados para la educación de adultos;*

h) *promoviendo la difusión de materiales didácticos en los planos regional y mundial...*(UNESCO, 1997, 39).

Ese mismo año la Organización fundó el *Instituto UNESCO de Tecnologías de la Información en Educación* y se publicaron tres obras de gran interés:

-*El Ciberespacio: una red planetaria de personas y de ideas*, obra que forma parte de la serie *Guías de la UNESCO: una ventana abierta en el mundo*. Firma este trabajo Nyíri, J. C. abordando temáticas tales como la red de telecomunicaciones, la red informática, correo electrónico, los medios electrónicos, la educación a distancia.

-*El Trabajo en red y las tecnologías de la información en el sistema educativo francés.* Obra François Louis.

-*¿Pueden contribuir las redes a la modernización de la escuela?: la red de investigadores rurales de Tolima (Colombia).* Estudio de Miryam L. Ochoa, y Betty Monroy Henao en el que plantean cuestiones relacionadas con el uso de la informática en educación, la evolución de tecnología de la información y de la comunicación, la importancia de la tecnología educativa, las actitudes del profesorado y su formación y los sistemas de información educativa en las áreas rurales de Colombia.

Un año después, en 1998, la UNESCO convocó la Conferencia Mundial sobre la Educación Superior (París, 5-9 de octubre) en la que se promulgó la denominada *"Declaración*

Mundial sobre la Educación Superior en el siglo XXI: visión y acción". Es esta la última ocasión en la que este instituto especializado de las Naciones Unidas hace una múltiple llamada de atención a los científicos de la educación y docentes que pueden influir en la orientación futura de los desarrollos epistemológicos y aplicativos de la Tecnología Educativa. Por su relación directa con el contenido de este capítulo reseñamos el artículo n° 14 de la citada declaración cuyo texto afirma que: *"Los rápidos progresos de las nuevas tecnologías de la información y la comunicación seguirán modificando la forma de elaboración, adquisición y transmisión de los conocimientos. También es importante señalar que las nuevas tecnologías brindan posibilidades de renovar el contenido de los cursos y los métodos pedagógicos, y de ampliar el acceso a la Educación Superior. No hay que olvidar, sin embargo, que la nueva tecnología de la información no hace que los docentes dejen de ser indispensables, sino que modifica su papel en relación con el proceso de aprendizaje, y que el diálogo permanente que transforma la información en conocimiento y comprensión pasa a ser fundamental. Los establecimientos de Educación Superior han de dar el ejemplo en materia del aprovechamiento de las ventajas y el potencial de las Nuevas Tecnologías de la información y la comunicación, velando por la calidad y manteniendo niveles elevados en las prácticas y resultados de la educación, con un espíritu de apertura, equidad y cooperación internacional por los siguientes medios*:

a)   construir redes, realizar transferencias tecnológicas, formar recursos humanos, elaborar material didáctico e intercambiar las experiencias de aplicación de estas tecnologías a la enseñanza, la formación y la investigación, permitiendo así a todos el acceso al saber;

b)   crear nuevos entornos pedagógicos que van desde los servicios de educación a distancia hasta los establecimientos y sistemas "virtuales" de Enseñanza Superior, capaces de salvar las distancias y establecer sistemas de educación de alta calidad, favoreciendo así el progreso social y económico y la democratización así como otras prioridades sociales importantes; empero, han de asegurarse de que el funcionamiento de estos complejos educativos, creados a partir de redes regionales, continentales o globales, tenga lugar en un contexto respetuoso de las identidades culturales y sociales;

c)   aprovechar plenamente las tecnologías de la información y la comunicación con fines educativos, esforzándose al mismo tiempo por corregir las graves desigualdades existentes entre los países, así como en el interior de estos, en lo que respecta al acceso de las nuevas tecnologías de la información y la comunicación y a la producción de los correspondientes recursos;

d)   adaptar estas nuevas tecnologías a las necesidades nacionales y locales, velando porque los sistemas técnicos, educativos, institucionales y de gestión las apoyen;

e)   facilitar, gracias a la cooperación internacional, la determinación de los objetivos e intereses de todos los países, especialmente de los países en desarrollo, el acceso equitativo a las infraestructuras en este campo y su fortalecimiento y la difusión de estas tecnologías en toda la sociedad;

f)   seguir de cerca la evolución de la sociedad del conocimiento a fin de garantizar el mantenimiento de un nivel alto de calidad y de reglas de acceso equitativas;

g)   teniendo en cuenta las nuevas posibilidades abiertas por el uso de las tecnologías de la información y la comunicación, es importante observar que ante todo son los establecimientos de educación superior los que utilizan esas tecnologías para modernizar su trabajo en lugar de que éstas transformen a establecimientos reales en entidades virtuales *(UNESCO, 1998, 11 y 12)*.

Para concretar estos principios la Conferencia propone la realización de acciones prioritarias en el plano de los sistemas y las actuaciones entre las que destacamos la número ocho en la que se apunta al hecho de generalizar en la mayor medida de lo posible la utilización de las nuevas tecnologías para que ayuden a los establecimientos de educación superior a reforzar el desarrollo académico, a ampliar el acceso, a lograr una difusión universal y extender el saber, y a facilitar la educación durante toda la vida. Los gobiernos, los establecimientos de enseñanza y el sector privado deberán procurar que se faciliten en un nivel suficiente infraestructuras de informática y de redes de comunicaciones, servicios informáticos y formación en recursos humanos.

En ese mismo año la UNESCO publicó:

-*La utilización de los medios electrónicos de comunicación en el aprendizaje abierto y la educación a distancia*, obra de Euler y Berg.

-*La Declaración Universal de derechos Humanos y los derechos morales y patrimoniales en materia de medios audiovisuales* Asociación Internacional de escritores y directores audiovisuales (AIDAA) y Federación europea de cineastas audiovisuales (FERA).

-*De lo tradicional a lo virtual, las nuevas tecnologías de la información: debate temático* Informe de la Conferencia Mundial de Educación Superior en el siglo XXI: visión y acción.

La década culmina con la publicación por parte de la UNESCO en 1999 del Informe del Consejo de Administración del Instituto de la UNESCO para la utilización de las Tecnologías de la Información en la Educación sobre las actividades del Instituto, 1998-1999 y del Proyecto de Reglamento Financiero de la Cuenta Especial para el Instituto de la UNESCO para la utilización de las Tecnologías de la Información en la Educación (ITIE).

Bibliografía

OEI (1981): *Reuniones Internacionales Mundiales sobre Educación de Adultos*. Madrid: Oficina de Educación Iberoamericana.

UNESCO (1984): *Glossary of Educational Tecnology Terms*. UNESCO. París.

UNESCO (1995): *Textos básicos de comunicación*. París.

UNESCO (1997): *Informe final de la V Conferencia Internacional de Educación de Adultos*. UNESCO: París.

EL MEDIO RURAL Y LOS ALUMNOS CON NECESIDADES EDUCATIVAS ESPECIALES EN LOS LIBROS DE TEXTO

EUDALDO CORCHÓN ÁLVAREZ
ANTONIO JOSÉ GONZÁLEZ JIMÉNEZ

1-. Introducción

Desde que Jakson denominara por primera vez "currículum oculto", muchos autores (Gimeno, Gimeno y Pérez, Lorenzo Delgado, Santos Guerra, Ortega...), le han dedicado su esfuerzo e, igualmente, muchas investigadores han acometido trabajos con el fin de esclarecer lo que Gimeno y Peréz le denominan también currículum no escrito, latente o implícito. Y en esta de afloramiento de lo oculto como se debe de entender nuestra humilde aportación a este foro de debate que constituyen las IV Jornadas de Organización y Dirección de Instituciones Educativas.

Creemos que el mundo rural y los alumnos con necesidades educativas especiales como título de esta comunicación, ya por si sugerente, refleja ciertas dudas sobre el tratamiento curricular que ambos contenidos les otorgan los libros de texto y a que:

"El equilibrio entre contenidos, la ausencia de algunos de ellos, no es algo fortuito, sino fruto de decisiones o reflejo de valoraciones, aunque no sean manifiestas" (Gimeno y Pérez, 1983:17).

En el momento de diseñar el currículum, los profesionales de las aulas de Educación Infantil, Primaria, Secundaria Obligatoria, ..., generalmente no intervienen, bien sea porque sería más difícil el acuerdo o consenso, o simplemente no interesa que dichos profesionales participen porque pondrían obstáculos de una cultura sobre otra.

"Se contesta - dice Torres Santomé- que existe una cultura burguesa...que se transmite sin problemas. Al mismo tiempo se niega u oculta la cultura que poseen los grupos sociales desfavorecidos... Desde los supuestos de la teoría de la reproducción y principalmente de la cultura, los recursos didácticos funcionan como filtro de selección de aquellos conocimientos y verdades que coinciden con intereses de las clases y grupos sociales dominantes" (1991: 98).

A la hora de confeccionar un libro de texto, forzosamente tienen que haber un proceso de selección de contenidos por cuanto la cultura se continua, pero la selección cultural no debe de ser a costa de silenciar otras porque:

"Es en los significados silenciosos del texto, en sus ausencias, donde la presencia de la ideología puede sentirse de manera más positiva"(Torres Sntomé, 1991: 103)

En otros espacios (Corchon Álvarez, 1997), se denunció teóricamente el predominio de la cultura urbana sobre la rural, y ahora aportamos datos cualitativos y cuantitativos a ese hecho desde los libros de texto que no hacen otra que ratificarnos en lo que otros foros ya denunciamos. Pero en esta aportación incluimos a los alumnos con necesidades especiales (ANEES) y cuyos resultados son claramente la omisión total del título Primero, capítulo de la LOGSE, que trata de la Educación Especial. Vemos estos aspectos en la investigación siguiente.

2-. Investigación

Para llevar a cabo la investigación, hemos revisado un amplio número de libros de texto de ESO de diferentes editoriales, pero en esta comunicación nos hemos centrado en la editorial Edelvives, en el área de Geografía e Historia de la Etapa de Enseñanza Obligatoria Secundaria.

El objetivo de la presente comunicación, sería mostrar como es tratado el mundo rural frente al urbano y los alumnos necesidades educativas especiales en los contenidos curriculares de la editorial Edelvives.

Como punto de partida, nos hemos planteado la siguiente hipótesis:

"Los libros de texto no reflejan en sus contenidos curriculares los ámbitos del medio rural y de los alumnos con necesidades educativas especiales".

3-. Resultados

A)   Datos Cuantitativos.

Las categorías que hemos propuesto para el análisis cuantitativo son:

3.1-. Análisis de la frecuencia y extensión de las escenas

Las escenas (dibujos y fotografías) han sido dividido en tres categorías: Grande (2 hojas); mediana (1 pág o 2 pág.); dibujo (1/4)

3.2-. Análisis dibujo - fotografía:

Esta categoría ha sido clasificado en 5 subcategorías: Naturaleza, Urbana, rural, Alumnos con N.E.E y otras.

3.3-. Análisis de los temas de las escenas

Los temas que hemos propuestos son: Naturaleza, Bélico, Científico, Religioso, Artístico, Contaminación, Marginación, Familia Rural, Urbana, Escuela Rural, Urbana y Alumnos con N.E.E.

3.4 Análisis de la frecuencia de aparición del hombre, la mujer y los alumnos con necesidades educativas especiales en el ámbito urbano y rural

La categoría hombre y mujer ha sido clasificado en: Niño/as, adolescentes, adulto y personas mayores.

Debido a problemas de espacio en la comunicación, solo vamos a comentar dos categorías:

1-. Frecuencia y extensión de la escena.

2-. Frecuencia de aparición del hombre, mujer y alumnos con necesidades educativas especiales

1-. Frecuencia y extensión de la escena.

1º ESO

CATEGORÍA TAMAÑO FOTO	GRAN ESCENA (2 HOJAS)	%	ESCENA MEDIA (1O2 PÁG.)	%	DIBUJO (1/4 PG.)	%
Naturaleza	1	1205	44	36.36	15	44.11
Urbana	2	25	32	26.44	11	32.35
Rural	2	25	25	20.66	3	8.82
Otras	3	37.5	20	16.52	5	14.7
Alumnos con N.E. E	0	0	0	0	0	0
TOTAL	8	100	121	100	34	100
% TOTAL	4.91		74.23		20.86	

2º ESO

CATEGORÍA TAMAÑO FOTO	GRAN ESCENA (2 HOJAS)	%	ESCENA MEDIA (1 O 2 PÁG.)	%	DIBUJO (1/4PÁG.)	%
Naturaleza	1	9.09	30	14.92	2	1.31
Urbana	5	45.45	63	31.34	90	59.21
Rural	3	27.27	46	22.38	52	34.21
Alumnos con N.E.E.	0	0	0	0	0	0
Otras	2	18.18	62	30.84	28	18.42
TOTAL	11	100	201	100	172	100
% TOTAL	2.86		52.34		44.8	

3º ESO

CATEGORÍA TAMAÑO FOTO	GRAN ESCENA (2 HOJAS)	%	ESCENA MEDIA (1 O 2 PÁG.)	%	DIBUJO (1/4 PÁG.)	%	TOTAL	
							N1	%
Naturaleza	0	0	0	0	8	1.7	8	1.5
Urbana	3	13.64	0	0	68	14.2	71	12.9
Rural	0	0	0	0	22	4.6	22	3.98
Alumnos con N.E.E	0	0	0	0	0	0	0	0
Otras	19	86.36	52	100	380	79.5	451	81.7
TOTAL	22	100	52	100	478	100	552	100
% TOTAL	3.98		9.42		86.6			100

4º ESO

CATEGORÍA TAMAÑO FOTO	GRAN ESCENA (2 HOJAS)	%	ESCENA MEDIA (1 O 2 PÁG.)	%	DIBUJO (1/4 PÁG.)	%	TOTAL	
							N1	%
Naturaleza	0	0	0	0	0	0	0	0
Urbana	2	40	23	35.39	214	44.2	239	40.7
Rural	0	0	6	9.23	38	7.8	44	7.5
Alumnos con N.E.E.	0	0	0	0	0		0	0
Otras	3	60	36	55.38	250	51.6	289	51.8
TOTAL	5	100	65	100	484	100	552	100
% TOTAL	0.85		11.07		88.08			100

En lo que se refiere al primer ciclo predomina la escena media, mientras que en segundo ciclo, predomina el dibujo.

En el primer curso predomina el tema de la naturaleza, en el segundo curso predomina lo urbano, y en el tercer y cuarto curso se le da más importancia a la categorías "otros", formada por mapas, monumentos,...

1° ESO

CATEGORÍA: HOMBRE-MUJER. MEDIO RURAL-URBANO	FRECUENCIA NIÑOS/AS		FRECUENCIA ADOLESCENTES		FRECUENCIA ADULTO		FRECUENCIA PERSONAS MAYORES		TOTAL	
	O	A	O	A	O	A	O	A	O	A
Escena rural	1	0	1	1	6	3	2	1	10	5
Escena urbana	3	1	7	5	13	11	2	0	25	19
Alumnos con N.E.E	0	0	0	0	0	0	0	0	0	0
TOTAL	4	1	8	6	19	14	4	1	35	24

2° ESO

CATEGORÍA: HOMBRE-MUJER. MEDIO RURAL-URBANO	FRECUENCIA NIÑOS/AS		FRECUENCIA ADOLESCENTES		FRECUENCIA ADULTO		FRECUENCIA PERSONAS MAYORES		TOTAL	
	O	A	O	A	O	A	O	A	O	A
Escena rural	7	2	1	1	10	11	9	3	27	17
Escena urbana	5	9	8	6	25	8	8	26	46	49
Personas con N.E.E	0	0	0	0	0	0	0	0	0	**0**
TOTAL	12	11	9	7	35	19	29	35	66	31

3°ESO

CATEGORÍA: HOMBRE-MUJER. MEDIO RURAL-URBANO	FRECUENCIA NIÑOS/AS		FRECUENCIA ADOLESCENTES		FRECUENCIA ADULTO		FRECUENCIA PERSONAS MAYORES		TOTAL	
	O	A	O	A	O	A	O	A	O	A
Escena rural	1	1	6	2	10	5	1	2	18	10

Escena urbana	3	2	7	4	23	8	10	0	43	14
Alumnos con N.E.E.	0	0	0	0	0	0	0	0	0	0
TOTAL	4	3	13	6	33	13	11	2	61	24

4º ESO

CATEGORÍA: HOMBRE-MUJER. MEDIO RURAL-URBANO	FRECUENCIA NIÑOS/AS		FRECUENCIA ADOLESCENTES		FRECUENCIA ADULTO		FRECUENCIA PERSONAS MAYORES		TOTAL	
	O	A	O	A	O	A	O	A	O	A
Escena rural	17	14	0	2	10	18	1	1	28	35
Escena urbana	9	8	6	5	125	24	48	0	188	37
Alumnos con N.E.E.	0	0	0	0	0	0	0	0	0	0
TOTAL	26	22	6	7	135	42	49	1	216	72

En la etapa, predomina el sexo masculino sobre el femenino y las escenas urbanas frente a las rurales.

El grupo de edad que más predomina es el de los adultos del sexo masculino y el de las personas mayores.

Los grupos de edad que aparecen con menor frecuencias son : niños y adolescentes, sobretodo los del sexo femenino.

B). Datos cualitativos

El análisis cualitativo del libro se divide en dos ejes:

a) **Conclusiones del análisis de las iconografías**. Compuesto por once categorías, con el fin de ver sus características más destacables, tanto en el ámbito rural como urbano. Las categorías son: 1) zona rural y urbano; 2) familia rural y urbana; 3) jóvenes rurales y urbanos, 4) adulto rural y urbano 5) Adulta rural y urbano; 6) anciano rural y urbano;7) anciana rural y urbana; 8) escuela rural y urbana; 9) viviendas rurales y urbanas;10) niños rurales y urbanos, 11) alumnos con necesidades educativa especiales.

1-. ZONA.

RURAL:
- Paisaje rural compuesto por: caseríos o cortijos blancos, rodeados de montañas o tierras sembradas de olivos, trigo, etc. Con carreteras sin asfaltar. No aparece gente y si lo hacen es trabajando en el campo.

- El típico paisaje rural compuesto por: una montaña rodeada de casas chicas de color marrón o blanco y en lo alto de la montaña un castillo u otro tipo de monumento.

URBANA

- Esta categoría va a estar caracterizada por numerosos rascacielos, fábricas, polideportivos, tiendas de ropa, gente paseando por la ciudad...
- Las vías de comunicación son totalmente diferentes a la zona rural, pues aquí podemos ver autopistas, autovías, tren de alta velocidad....
- También en la zona urbana nos da la impresión de que hay más gente, que se pueden hacer más actividades de ocio y que en lo rural no hay diversión y hay poca gente.

2.- Familia

Urbana
- Nos transmite una familia bien acomodada y de clase alta.
- Siempre que aparece esta familia va a ser en su totalidad; el padre vestido de chaqueta y con corbata; la madre guapa, delgada y con joyas; los niños siempre suelen ser dos o tres, están bien vestidos, con jerseys de punto, vaqueros, zapatos, etc.
- Otra cosa que hay que destacar es que esta familia casi nunca aparece trabajando, sino de ocio y_tiempo libre (viendo la televisión, visitando un museo, almorzando o desayunando todos juntos)

Rural
- Sería la contraposición de todo lo anterior, pues siempre que aparece esta familia están trabajando en el campo en equipo (padre, abuelo, hijo...).
La forma de vestir es con ropa de trabajo, botas de campo, monos azules, camisas de cuadros, vaqueros sucios...

3.- Jóvenes

Urbanos
- Cuando son representados estos jóvenes de ciudad, siempre son reflejados haciendo actividades de ocio y tiempo libre, como: hablar en un parque soleado, de paseo por la ciudad e incluso hay una foto del libro en la que aparecen montados en unas motos que están aparcadas y están hablando.
Otro aspecto que hay que destacar, es la forma de vestir, todos van casi iguales: vaqueros, jersey de punto, zapatillas de deporte, etc.

Rurales
- Cuando aparecen, los jóvenes rurales están realizando actividades agrícolas en el campo y aparecen mal vestidos.

4.- Adulto

URBANOS
- Aparecen siempre vestidos de chaqueta y realizando trabajos de alto status como banqueros, analista de laboratorios, etc.

Cuando no aparecen trabajando, están de ocio y tiempo libre, jugando con sus hijos, visitando museos, etc.

RURAL

Siempre y siempre están trabajando en el campo, ya sea segando el trigo o recogiendo la uva. Su forma de vestir es la siguiente: boina o sombrero, camisas de cuadros o lisa, vaqueros sucios y botas de campo.

5.-.Adulta

Rural

Igual que el adulto rural, aparece mal peinada, vestida con chandal y trabajando en el campo.

Urbana

• Todo lo contrario que la adulta rural, pero en el caso más extremo, pues siempre son reflejadas bien vestidas y peinadas.

Las profesiones que realizan son de altas posiciones como médicas, químicas, biólogas o arqueólogas y sino aparecen así, están de ocio y tiempo libre.

6.- Niño

URBANO

Aquí podemos ver dos cosas esenciales:
1) Los niños están con otros niños paseando por las calles o jugando en un polideportivo.
2) O están con sus padres de ocio y tiempo libre.

RURAL. En muy pocas ocasiones aparece.

7- Anciano

Urbano

• Todos aparecen también de ocio y tiempo libre, paseando por la ciudad y su forma de vestir es muy elegante (chaqueta, gabardina, sombrero de vestir y zapatos castellanos).

En esta categoría, tengo que decir, que aparece un anciano muy bien vestido, (con las mismas características antes mencionadas), pero que está buscando algo en una papelera de la calle.

RURAL

• Es reflejado al igual que los adultos/as rurales, trabajando en el campo; ya sea recogiendo uvas, u otra actividad.

Su forma de vestir es el típico estereotipo de anciano de pueblo: boina española, camisa de cuadros, pelo blanco, pantalones sucios y botas de campo.

8- Anciana

Urbana

• También es representada haciendo actividades de ocio como paseando o viendo monumentos.

Su aspecto es: bien peinada, jersey, falda y medias.

RURAL

Para comentar esta categoría nos vamos a basar en un dibujo que lo dice todo. En el dibujo aparece una mujer vieja con arrugas, pelo largo y blanco, con velo. La anciana está friendo huevos en una cacerola de barro y con leña.

9- Escuela

Urbana

Podemos observar los siguientes estereotipos:
• Niños bien vestidos y profesor con camisa y pantalones de vestir.
• Recursos materiales como: sillas, mesas, pizarra, láminas ilustrativas, etc.

Rural

De esta categoría hemos encontrado una foto muy representativa, donde aparecen unos niños marginales y de otra cultura distinta a la nuestra.

La foto está compuesta por sólo niños, sentados en el suelo, sin sillas, mesas, pizarra...

10- Vivienda

Urbana

Nos propone dos tipos de vivienda:
1) Cosas familiares, de dos plantas o tres, con grandes ventanas y jardín.
2) Grandes bloques de pisos con coches aparcados a su alrededor de diferentes marcas.

Rurales

También podemos ver dos tipos:
1) Cortijos blancos de una sola planta, rodeados de campo y aislados.
2) Casas de una o dos plantas que parecen haber sido construidas con materiales pobres.

11-. Atención a las necesidades educativas especiales

No hemos encontrado nada, solo gente con deprivación sociocultural, como negros trabajando en el campo, argentinos vendiendo en las calles, etc.

b)   Conclusiones del análisis de las lecturas.

En la pág.. 11 (libro de 1ºESO Historia y Geografía), la editorial nos dice que la ciudad ofrece mayores facilidades de vida y de esparcimiento, que es un lugar organizado, que reúne enormes recursos de todas clases sociales: mercados para los productos y el trabajo,... Por lo tanto, expone la idea implícitamente de que en los pueblos no hay facilidades de vida, de esparcimiento y están mal organizados.

En la pág. 12 (libro de 1ºESO Historia y Geografía), otra vez retoma la misma idea, diciendo:

"La llegada masiva de personas modifica la forma de las ciudades... ya que la población joven se traslada de los pueblos a las ciudades, en busca de trabajo en los sectores industriales o de servicios y mejores condiciones de vida".

Más adelante, no sólo dice que ofrece mejores condiciones de vida, sino también que tiene barrios modernos alrededor de la ciudad, gracias al bajo precio del suelo permite que los jóvenes puedan asentarse.

También nos comenta, que los núcleos rurales se han quedado deshabitados casi por completo a causa de la influencia que ejerce la ciudad sobre sus habitantes más jóvenes en la pág.. 14 (libro de 1º de ESO Historia y Geografía). Otra idea que expone la editorial a favor de lo urbano, es que la ciudad lleva consigo un distanciamiento entre las personas. Se ha pasado de una vida pública en los pueblos, donde todo el mundo se conocía a una vida privada, en las ciudades donde todo el mundo quiere pasar desapercibido en la pág.. 14,(libro de 1º Eso Historia y Geografía).

Por último, para rematar estas ideas en pro, de lo urbano propone estas actividades:
• Qué factores explican el crecimiento urbanístico de las zonas periféricas de las ciudades?
• Qué ventajas proporciona la ciudad a los habitantes?

Hemos podido encontrar otras ideas a favor de lo urbano. Analicemos el siguiente fragmento:

"... la mayor parte de los jóvenes abandonan los pueblos y se dirigen a la ciudad en busca de trabajo y mejores condiciones de vida. Los pocos que se quedan son los de mayor edad. De esta forma, numerosos pueblos se están deshabitando y el campo sólo recobrará su vitalidad cuando se convierta en residencia de vacaciones y de fines de semana". (pág, 92, del libro 1º ESO de Historia y Geografía).

Del análisis de este fragmento, podemos sacar las siguientes ideas en contra de todo lo rural:
• Los jóvenes abandonan los pueblos porque no hay trabajo y quieren mejores condiciones de vida; todo esto se encuentra en la ciudad.
• Los únicos que se quedan en los pueblos son los viejos, por lo tanto, lo rural tiende a envejecer.
• La última idea, da una idea triste, algo preocupante, va referida al futuro que le dan a los pueblos, diciendo que se tienen que convertir en zona turística para las vacaciones o fines de semana. Es decir, para servir a la gente de la ciudad (pág. 92, del libro 1ºESO de Historia y Geografía).

Después de que el libro exponga estas opiniones, propone esta actividad para enfatizarla más:
• De las siguientes expresiones relacionadas con el éxodo rural, unas son consecuencias y otras son sus causas.
—Falta de empleo
—Mayor empleo en el sector servicios.
—Financiación del sector terciario.
—Transformación del campo en un lugar de vacaciones.

Este libro va en contra de lo rural, de su ganadería, agricultura, pesca y propone el turismo como desarrollo de los pueblos. Plantea la transformación del campo en lugar de vacaciones.

Ahora vamos a ver como es tratada la familia rural en este libro. Veamos el estereotipo de familia que propone con este ejemplo.

"El modelo de familia tradicional, en que la mujer se dedicaba a las labores domésticas y el hombre trabajaba fuera... Andalucía conserva estos valores tradicionales de familia, sobre todo en las zonas rurales de Huelva, Sevilla, Cádiz y Málaga. Son numerosos los hogares complejos, donde vive bajo un mismo techo dos o más generaciones de una misma familia". (pág. 96 del libro de 1º ESO de Historia y Geografía):

En conclusión, podemos decir que la imagen que ofrece el libro de familia rural, es la típica donde la mujer se dedica a limpiar y a cocinar, para cuando su marido regrese de trabajar, se encuentre la comida preparada y la mesa puesta.

No sólo dice esto de las familias rurales, sino que también nos dice que aquí, "en la Andalucía rural", vivimos todos revueltos bajo un mismo techo. Sólo nos faltan las gallinas y los burros paseándose por el comedor de la casa.

Otro aspecto que nos gustaría destacar de este análisis cualitativo, son las condiciones de trabajo, pues sólo hace referencia al trabajador que trabaja para una gran o mediana empresa, que tiene derecho a la huelga, a filiarse a un sindicato, vacaciones,... ¿Pero, que pasa con el agricultor o ganadero? ¿Dónde se reflejan sus derechos en el libro de texto?

Ya por último para terminar este análisis cualitativo del texto, vamos a exponer como se tratan estas tres cuestiones:

a) Viviendas rurales y urbanas
b) Tradiciones y costumbres
c) Alumnos con necesidades educativas especiales

a) Viviendas rurales y urbanas

Cuando el libro de texto habla sobre las casas rurales, establece tres tipos de casas: cortijos, casas bloque y cuevas. Pero cuando tiene que referirse a la ciudad, resalta la idea de que hay grandes edificios, ciudades universitarias, cines, teatros, tiendas...

Además dice, que la calidad en las viviendas se aprecia en su entorno: asfaltado de las calles, espacios verdes, zonas deportivas... y como ejemplo de mala calidad el libro se refiere que: En 1981, todavía existían 384.000 familias sin agua corriente en zonas rurales

b) Tradiciones y costumbres

Sobre este apartado vamos a poner un párrafo de la pág..176 del libro (libro de 1º ESO de Historia y Geografía), que es una muestra para el autor de la forma que tiene de entender la vida la gente de los pueblos:

"Para el conocimiento de la realidad social de un pueblo, resulta especialmente recomendable el estudio de sus fiestas y costumbres, ya que representan una de las más fieles expresiones de su forma de entender la vida" (Pág. 176 del libro de 1º ESO de Historia y Geografía).

c) Alumnos con necesidades educativas especiales

En el libro no existe ningún fragmento que hable sobre estas personas.

4-. Bibliografía

COLCHÓN ÁLVAREZ,E. (1997): *"Estudio comparativo de la escuela rural andaluza"*. Tesis Doctoral Inédita. Universidad de Granada.

CLEMENTE PITA, C y POSADAS SÁNCHEZ, J. (1996): Geografía e Historia. Secundaria. Edelvives. Zaragoza.

GIMENO SACRISTAN, J. (1982): *Pedagogía por objetivos. Obsesión por la eficacia.* Morata. Madrid.

GIMENO SACRISTAN, J. y PÉREZ GÓMEZ. (1983): *La enseñanza de teoría y su práctica.* Akal. Madrid.

GIMENO SACRISTÁN, J. (1988): *El currículum: una reflexión sobre la práctica.* Morata. Madrid.

MARTÍNEZ BONAFÉ, J (1996): Interrogando al material curricular. En MÍNGUEZ, J. y BEAS, M : *Libro de texto y Construcción de Materiales Curriculares.* Proyecto Sur. Granada.

LORENZO DELGADO, M. (1994): *Teorías Curriculares.* En SAÉNZ ORO, O.: Didáctica general: Un enfoque curricular. Marfil. Madrid.

ORTEGA, M, A. (1995): *La parienta pobre. (Significante y Significados de la escuela rural).* CIDE. MEC. Madrid.

TORRES SANTOME, J. (1991): *El Currículum Oculto. Morate.* Madrid.

DISCAPACIDAD, TRANSICIÓN A LA VIDA ADULTA Y EMPLEO

JUAN ANTONIO AMEZCUA MEMBRILLA
Mª CARMEN PICHARDO MARTÍNEZ
Departamento de Psicología Evolutiva y de la Educación
Facultad de Ciencias de la Educación
Universidad de Granada

Introducción

Llegar a ser un adulto con éxito no sólo significa tener un puesto de trabajo, sino además integrarse como miembro independiente y activo de la sociedad. Una persona adulta independiente es aquélla que posee "la capacidad de participar en la sociedad, de trabajar, de tener un hogar, de formar una familia y de compartir las alegrías y las responsabilidades de la vida comunitaria" (Stoddard, 1978)[1].

A la hora de considerar que la transición a la vida adulta se ha logrado con un nivel de éxito aceptable hay que tener en cuenta una serie de variables. A este respecto, Halpern (1985) propone como criterios para valorar la bondad de esa transición: a) realizar un trabajo adecuado ya sea temporal o permanente, encargarse de las tareas del hogar, estudiar a tiempo completo o integrarse en un programa de entrenamiento laboral; b) vivir de manera independiente o con un amigo o cónyuge, y c) intervenir en actividades diferentes de tiempo libre.

Sitlington, Frank y Carson (1993) realizan un estudio de ámbito estatal con graduados de educación especial en la universidad de Iowa, con el resultado de que un año después de terminar la educación secundaria, de los 737 alumnos con dificultades de aprendizaje, sólo el 5,8% habían logrado una transición a la vida adulta con ciertas garantías de éxito. Esto sólo sucedía en el 3,5% (de 142 alumnos) de los deficientes mentales y en el 1,6% (de 59 alumnos) de los que presentaban trastornos de conducta.

La mayoría de las investigaciones americanas de seguimiento durante el período de transición se han centrado en el primer año o los dos primeros años siguientes al abandono de la escuela. Aplicando los criterios de adaptación exitosa a la vida adulta establecidos por

---

[1] Citado por Fisher.

Halpern, ya expuestos, cuando se utilizaban períodos menores de dos años después de abandonar el colegio, sólo el 6,4% de todos los jóvenes con discapacidad satisfacen esos criterios. Sin embargo, cuando se realizaron las mismas evaluaciones entre tres y cinco años después de abandonar la escuela, el 20% de los jóvenes discapacitados fue clasificado como independiente en las tres áreas (Wagner et al., 1993). A pesar de ese importante incremento, cuatro de cada cinco antiguos alumnos de la educación especial aún no habían logrado la independencia en la vida adulta después de pasar hasta cinco años fuera del colegio.

Los datos expuestos hasta aquí han llamado la atención de múltiples investigadores que han concedido hoy día una gran importancia y centrando su preocupación en uno de los temas de más relevancia en la educación especial: la transición de los alumnos con discapacidad a la vida adulta en comunidad. Los profesores y demás especialistas en educación especial ya no podemos conformarnos con que nuestros alumnos consigan mejorar su ejecución en las tareas académicas. Debemos trabajar también para asegurar que la preparación que reciben los alumnos durante su vida escolar produzca un efecto directo y positivo en su adaptación con éxito a la sociedad adulta.

Planificación de la transición

El paso de la escuela a la vida adulta, para que sea eficaz, debe considerarse como un proceso que, con una programación adecuada, se debe iniciar ya en la escuela infantil, tener continuidad en las enseñanzas primaria y secundaria, para culminar en la formación profesional; todo ello con la finalidad de que estos jóvenes adultos se incorporen a un puesto de trabajo en la comunidad a la que pertenecen.   .
Verdugo (1995) señala que ese proceso de transición debe de organizarse mediante un programa individualizado que contemple las siguientes claves :
1. *Informar a los beneficiarios: estudiantes y padres.* Por parte de los profesionales deben llevarse a cabo reuniones periódicas en las que se les ofrezca la máxima información y ayuda para que conozcan las posibilidades reales de los alumnos y puedan forjarse expectativas adecuadas.
2. *Crear una red de relaciones entre todas aquellas entidades públicas y privadas que puedan contribuir con su esfuerzo a la planificación del proceso*: los empresarios, proporcionando oportunidades laborales; los centros públicos y privados de ámbito local, autonómico y estatal, financiando, regulando y evaluando los programas de transición; los profesionales, ofreciendo la formación y apoyos necesarios; los padres y representantes de asociaciones locales, eligiendo de entre los distintos servicios y proporcionando ayuda fuera del lugar de trabajo y finalmente, las personas discapacitadas (o en su caso sus representantes), tomando la decisión de participar o no en estos programas. El equipo encargado del plan de transición, que ha de ser individualizado para cada uno de los alumnos discapacitados, debe incluir en el mismo los objetivos que se persiguen y el tipo de apoyo que requerirá el sujeto en cada uno de los siguientes factores: empleo, vivienda (en el ámbito familiar o centros residenciales), ocio, tiempo libre, desplazamientos, acceso a la comunidad .

Modalidades de empleo (España)

La Ley de Integración Social de los Minusválidos de 1992, en su artículo 37, dice: "será finalidad primordial de la política de empleo de trabajadores minusválidos su integración en el sistema ordinario de trabajo". Se dispone, pues, con claridad que una vez que las personas con discapacidad han terminado su escolaridad obligatoria, en la que se sobreentiende que han sido formadas profesionalmente, el paso siguiente debe ser su inserción laboral.

La inserción laboral, de las personas con discapacidad, en España está configurada en las siguientes modalidades: centros de empleo ordinario, centros especiales de empleo y centros ocupacionales.

Los centros de empleo ordinario

La Administración los bonifica con una cantidad a fondo perdido y con la exención de la cuota que los empleadores han de pagar a la Seguridad Social por cada obrero. Además, por ley se obliga a las empresas públicas con más de 50 trabajadores a reservar el 3% (a las privadas el 2%) de los puestos de trabajo para emplear a personas con discapacidad, normativa que apenas se cumple. Según las estadísticas de Herrero (1994) únicamente superó las pruebas de acceso a la condición de funcionario (en 1992) un 0,5 % de personas con discapacidad y un 2,3%, en el caso de acceso por la vía laboral..

Dentro de este tipo de empleo protegido podemos señalar tres modalidades fundamentales:

a) Grupos de trabajo: de 4 a 6 sujetos con discapacidades severas acompañados por un supervisor que se encarga de entrenarles en las tareas de que se trate. Reciben su remuneración de la agencia promotora y pueden desempeñar su actividad laboral en entornos comunitarios.

b) Enclaves: se trata de grupos más numerosos, pueden oscilar entre 10 a 20 personas; trabajan en negocios que los contratan de forma directa o a través de organizaciones no lucrativas, bajo la supervisión continua de un profesional entrenado o de un miembro de la empresa.

c) Empleo competitivo con apoyo: los trabajadores reciben un salario real y están integrados y rodeados de compañeros no discapacitados. Aunque cuentan con un profesional de apoyo, la presencia de éste se va desvaneciendo a medida que el sujeto adquiere autonomía para realizar su trabajo, pasando progresivamente la supervisión a los propios compañeros de la empresa.

La importancia de los compañeros de trabajo es algo que afecta no sólo a las personas con discapacidad, sino también al resto de la población en general. La interacción social es una característica natural en los lugares de trabajo, constituye una fuente importante para cualquier trabajador, padezca o no discapacidad, y está relacionada con el desempeño y la satisfacción con el trabajo (Nisbet y Hagner, 1988). Al hallarse permanentemente en el sitio de trabajo, los compañeros pueden ser una fuente de apoyo para los empleados con discapacidades (Rusch y Minch, 1988).

Curl, (1990) y Hughes et al. (1990) señalan que aunque el apoyo del especialista se va desvaneciendo progresivamente a medida que la persona discapacitada va siendo más autónoma en el trabajo, lo cierto es que la presencia del especialista presenta diversos inconvenientes: puede perturbar las actividades laborales; el empleado discapacitado puede realizar sus tareas de manera diferente en presencia del especialista; es difícil que el especialista conozca los cambios que se producen en la modalidad de trabajo y que sus servicios sean coherentes con ellos; los beneficios que pueden prestar los compañeros de la persona discapacitada pueden ser mejores que los que le aporta el especialista, que además de resultar un servicio caro; puede resultar en una dependencia que dificulte el desarrollo de independencia y flexibilidad.

A pesar de todas estos inconvenientes, no puede negarse que los especialistas expertos en apoyo constituyen un importante recurso para lograr la integración de la persona discapacitada en el lugar de trabajo. Por otro lado, aunque algunos compañeros apoyen espontáneamente a los discapacitados, la experiencia nos dice que por lo general necesitan de cierto entrenamiento formal.. Con este objeto se han desarrollado diversos métodos de entrenamiento para los compañeros de trabajo con la finalidad de que den instrucciones, hagan demostraciones de la tarea, observen al empleado discapacitado y refuercen su éxito cuando realice la tarea adecuadamente. Todo ello con la finalidad de que los propios compañeros de las personas discapacitadas sean las que se encarguen de supervisar y apoyar a estas personas en el trabajo

Los centros especiales de empleo

Son aquéllos que emplean exclusiva o mayoritariamente a personas con discapacidad, que pueden tener una productividad razonable y están en condiciones de seguir los horarios y ritmos de cualquier empresa ordinaria.

Martínez (1989) señala para ellos las siguientes características:
- tienen como finalidad realizar un trabajo productivo;
- las personas empleadas son trabajadores a efectos legales y fiscales;
- los salarios de los trabajadores están regidos por la legislación laboral ordinaria y por los respectivos convenios colectivos;
- tienen tratamiento fiscal protegido.

Los centros ocupacionales

Tienen como fundamental finalidad la integración social de las personas discapacitadas a través del trabajo y, al mismo tiempo, la de continuar la formación de dichas personas. Están regulados por una legislación específica, amparados por subvenciones muy ventajosas y gestionados en su mayoría por asociaciones o por los ayuntamientos.

En este tipo de centros se realizan actividades profesionales que tienen que ver con la agricultura, la decoración, la imprenta, la cerámica, el servicio de *cathering*, la carpintería, etc.

El empleo con apoyo

Es un modelo de integración laboral para personas con dificultades graves que empezó a desarrollarse en los Estados Unidos en los años 80. En España se dio a conocer en el I Simposium Internacional sobre Empleo con Apoyo, celebrado en Mallorca en Diciembre del 1991. Pretende la integración laboral de las personas discapacitadas en un entorno laboral ordinario. Su metodología se basa, principalmente, en la intervención de un profesional especializado y el desarrollo de estrategias específicas en el puesto de trabajo. Los objetivos que pretende son: conseguir un empleo ordinario, real y remunerado para el discapacitado; formarle en las tareas propias del puesto en el mismo lugar donde se desarrolla el trabajo; integrar en el trabajo y en la sociedad a personas con deficiencias severas, normalizando su actividad y mantenerlas en el puesto de trabajo mediante un seguimiento sistemático de su actividad laboral.

Los elementos fundamentales que intervienen son el preparador laboral–profesional especializado, que es la persona responsable de la preparación, apoyo y seguimiento del trabajador en el desempeño del trabajo. Entre sus principales funciones podemos señalas las siguientes: establecer las relaciones pertinentes con la organización promotora del programa de empleo; preparación, desarrollo y evaluación periódica del programa individual de transición analizando, constatando los aspectos concretos del programa; entrenar al discapacitado en el ámbito del trabajo, apoyándole y orientándole en los posibles problemas que le surjan (horario más adecuado, método de trabajo, etc.); establecer las relaciones necesarias con la familia del trabajador para facilitarle datos sobre la evolución de su hijo en el trabajo y requerir la participación plena de ésta en el desarrollo del programa propuesto.

Otros elementos, no menos importantes que los mencionados, son el propio interesado y la entidad empleadora. Esta última es la que proporciona el trabajo y debe favorecer una estrecha relación laboral con el trabajador y permitir que el preparador laboral pueda desempeñar su actividad.

De la interrelación entre estos tres elementos (preparador, trabajador y empresario) depende que el desarrollo del programa de transición se plasme de una manara o de otra en la realidad laboral.

Situación actual de la adaptación del discapacitado a la sociedad adulta

Según los estudios de seguimiento puntual y prolongado realizados mediante entrevistas, encuestas y observaciones en los Estados Unidos, se obtienen los siguientes resultados (Heward, 1997):

El estatus laboral

Mientras las tasas de empleo de los jóvenes sin discapacidad es del 82% la de los discapacitados procedentes de la educación especial llegaba entre el 55% y el 62%.(Hasazi, Gordon y Roe, 1985; Hasazi, Gordon y Hull, 1989).

Sólo el 23% de las alumnas discapacitadas tenían empleo frente al 71% de las mujeres sin discapacidad (Hasazi et. al., 1989).

Si bien el estatus laboral de todos los jóvenes discapacitados es insatisfactorio comparado con el de la población general, las perspectivas de quienes padecen discapacidades graves son peores: los 117 adultos jóvenes con retraso mental moderado, grave o profundo del estudio de Virginia tenían una tasa de desempleo del 78,6%. (Wehman, Kregel y Seyfarth, 1985b).

Sólo el 39% de los adultos con retraso mental y trastornos del desarrollo relacionados con él tenían trabajo remunerado; y de ellos, el 77% trabajaba en centros especiales como talleres protegidos (Lakin, Hill, Chen y Stephens, 1989).
Entre el 50% y el 75% de todos los adultos discapacitados no tienen trabajo, dependiendo esa oscilación de la investigación de que se trate (Wehman, 1992).

Los salarios y las prestaciones sociales

El salario medio anual que se paga a los discapacitados está muy por debajo del que recibe la población general (*NLTS*)[2].

---

[2] *El National Longitudinal Transition Study (NLTS)* que es una investigación longitudinal que evalúa y hace el seguimiento de los cambios que se verifican en la adaptación a la vida adulta de jóvenes discapacitados una vez que terminan los programas de educación especial de secundaria, se ha centrado entre 1985 y 1987 en 8.700 de estos jóvenes publicando a través de diversos informes sus descubrimientos (Wagner, 1991; Wagner, D´Amico, Marder, Newman y Backorby, 1993; Wagner et al., 1991)

Menos de la mitad de los jóvenes empleados con retraso mental se benefician con seguro médico, baja por enfermedad o vacaciones pagadas (Franck y Sitlington, 1993). Los ingresos de las personas discapacitadas rozan los umbrales de la pobreza (Scucimarra y Speece, 1990).

La vivienda y la participación en la comunidad

Dos años después de abandonar la secundaria, el 83% de los jóvenes con discapacidad vivían con sus padres; tres años después, representaban el 55%; a los tres años y medio, la población general representaba el 60%, frente al 30 % de los discapacitados (*NLTS*). Una encuesta realizada en 1986 descubrió que el 56% de los adultos afirmaban que su discapacidad les impedía desplazarse de manera autónoma a los diferentes lugares debido a las barreras arquitectónicas.

Con relación a la situación actual del empleo en España, como todos sabemos, se trata de un bien escaso, siendo el problema principal de la política nacional. Si esto es así para la población general, las dificultades se hacen mayores para las personas con alguna discapacidad, ello a pesar de los incentivos, subvenciones y centros especiales de empleo destinados a este colectivo.

La situación real del empleo de las personas con discapacidad es poco conocida debido a la falta de datos actualizados y a la dispersión de la escasa información existente. No obstante, el análisis de los datos disponibles permite hacernos una idea de la situación:

-   las tasas de inserción laboral de las personas con discapacidad son inferiores a las de la población general;
-   al igual que ocurre en otras parte del mundo, no sólo en cuanto a la población general sino también con relación a las personas con discapacidad, el empleo de las mujeres es bastante menor que el de los varones.

Según Molina (1994) y a la luz de los datos que nos ofrece la revista *MINUSVAL* (1989)[3], se observa un desalentador panorama:

- Población minusválida estimada entre 15 y 64 años 1.156.965
- Población activa minusválida en paro 432.704
- Número de minusválidos que solicitaron trabajo 28.000
- Tasa de minusválidos que encontraron trabajo 10-15%
- Tasa de paro entre los que buscaban trabajo activamente: 85-90%

A la vista de estos datos cabe preguntarse si esas tasas tan alarmantes de paro en las personas con discapacidad afectan por igual a cada uno de los tipos de discapacidad. Parece ser que el tipo de discapacidad influye en la inserción laboral. Así, por ejemplo, las personas con discapacidad sensorial son las que presentan mayores niveles de inserción seguidas de las que padecen discapacidad física. Los mayores problemas de inserción se localizan en las personas afectadas por deficiencias mixtas y en menor medida las personas con deficiencias psíquicas. Dentro de estas últimas, los deficientes mentales ocupan el mayor número de puestos en los centros especiales de empleo y centros ocupacionales.

Por otro lado, cabe pensar que la falta de oportunidades ocupacionales, más que la incapacidad para el trabajo, es el factor más importante de exclusión del mercado laboral de las personas con discapacidad. Otro factor de exclusión importante y uno de los más influyentes sería la falta de preparación que afecta a un gran número de personas con discapacidades.

En cuanto a la situación actual del empleo con apoyo en España, Verdugo, Jordán y

[3] N°.66.

Bellver (1998), en un estudio sobre la situación cuantitativa del Empleo con Apoyo en España, comprueban que se están llevando a cabo 35 programas, con un total de 1389 beneficiarios de sus servicios. Analizan una serie de variables como evolución, distribución por autonomías, puestos mantenidos, personas integradas por tipos de discapacidad,, permanencia en el puesto, necesidad de apoyo, preparadores por puesto y participación de los fondos de financiación de la Comunidad Europea.

Referencias bibliográficas

CASTANEDO, C. (1999). *Deficiencia mental. Aspectos teóricos y tratamiento*. Madrid Editorial CCS.

CURL, R.M. (1990). A Demonstration project for teaching entry-level job skills: The Coworker Transition Model for Youths with Disabilities. *Exceptional News*, 13 (3), 3-7.

DONALSON, J. (1987). Cambio de actitudes hacia las personas deficientes. *Siglo Cero nº 112*.

FISHER, A.T. (1989). Independent living. In D.L. Harhish & A.T. Fisher (Eds.). Trnsition literature review: Educational, employment, and independent living outcomes. Champaing. IL: University of Illinois at Urbana-Champaing.

HALPERN, A.S. (1985). Transition: A look at the foundations. *Exceptional Children*. 51, 476-486.

HERRERO, A. (1994). Administraciones públicas y empleo de las personas con discapacidad.. *Minusval*, 88, 25-27.

HEWARD, W.L.(1997). Niños excepcionales. Una introducción a la educación especial. Madrid: Prentice Hall.

HUGHES, C., RUSCH, F. R., & CURL, R.M. (1990). Extending individual competence, developing natural support, and promoting social acceptance. In F. Rusch (Ed.), Supported employment: Models, methods, and issues, pp. 181-197.

MARTINEZ, A. (1989). Centros especiales de empleo/C.O., similitudes y diferencias. *Minusval*, 63, 27-29.

MOLINA, G. S. (1994). Deficiencia mental. Aspectos psicoevolutivos y educativos. Granada: Aljibe.

NISBET, J. y HAGNER, D. (1988). Natural supports in the workplace: A reexamination of supported employment. *The Journal of The Association for Persons with Severe Handicaps*, 13, 260-267.

RUSCH, F.R. & MINCH, K.E. (1988). Identification of co-woprker involvement in supported employment: A review and analysis. *Research in developmental Disabilities*, 9, 247-254.

SITLINGTON, P.L; FRANK, A.R. y CARSON, R. (1993). Adult adjustment among high school graduates with mild disabilities. *Exceptional Children*, 59, 221-233.

VERDUGO, M.A (Dir.) (1995). Personas con discapacidad: perspectivas psicopedagógicas y rehabilitadoras. Madrid:Siglo XXI.

VERDUGO, M. A., JORDÁN DE URRIES, F. B. y BELLVER, F. (1998).Situación actual del empleo con apoyo en España. *Siglo Cero nº 75*, vol 29, (1) pp. 23-31.

WAGNER, M.; D´AMICO, R.; MARDER, C.; NEWMAN, L. & BLACKORBY, J. (1993). What bappens next? Trends in postschool outcomes of youtt with disabilities. The second comprehensive report from the national Longitudinal Transitions Study of Especial Education Students. Menlo Park, CA: SRI International.

EL NIVEL DE FORMACIÓN DE LOS SECRETARIOS DE LOS CENTROS EDUCATIVOS DE ANDALUCÍA

JUAN CABALLERO MARTÍNEZ
Universidad de Granada
CARMEN FERNÁNDEZ CAMACHO
EDUARDO GARCÍA JIMÉNEZ
Universidad de Sevilla

1. Introducción

El propósito de este trabajo consiste en el estudio de la formación de los secretarios de los centros públicos de la comunidad autónoma de Andalucía. La constitución de los órganos de gobierno de los centros docentes se estableció en 1985, con la Ley Orgánica del Derecho a la Educación (Ley Orgánica 8/1985, de 3 de julio), que dedicaba dos títulos completos (el título III para los centros públicos y el título IV para los concertados) a tal circunstancia. Esta ley fue derogada diez años más tarde, en 1995, con la Ley Orgánica de Participación y Evaluación General de los Centros Educativos, que intenta ajustar el contenido de la LODE al nuevo sistema educativo establecido por la LOGSE. Ya en el Reglamento Orgánico de las Escuelas de Educación Infantil y de los Colegios de Educación Primaria (Real Decreto 82/1996, de 26 de enero, BOE de 20 de febrero) y el Reglamento Orgánico de los Institutos de Educación Secundaria (Real Decreto 83/1996, de 26 de enero, BOE 21 de febrero) se establecen las funciones de estos miembros del equipo directivo: actuar como secretario de los órganos colegiados de gobierno del centro, la expedición de certificaciones, el cuidado y mantenimiento del material didáctico, ordenar el régimen económico del centro,...

La necesidad de la formación de los directivos es algo asumido de forma generalizada por expertos en temas relacionados con la organización y la gestión escolares, y por los propios miembros del equipo directivo. El propósito último de esta preocupación por la formación es la mejora de la calidad de la educación. Esto implica la necesidad por la realización de una formación y específica de calidad que les habilite para el desarrollo de sus funciones. En este marco surge nuestro interés por conocer el nivel de preparación con el que desarrollan su labor el equipo directivo, en concreto, los Secretarios de los centros educativos.

2. Metodología

2.1. Tipo de estudio

La finalidad de nuestra investigación consiste en tratar de identificar diferencias en los niveles de formación de los secretarios de los centros educativos en función de una serie de variables que más tarde presentaremos. Debido a esto, el tipo de estudio que emplearemos será causal-comparativo, que tiene como objetivo demostrar si existen o no diferencias significativas entre subgrupos de la muestra que comparten determinadas características.

2.2. Muestra

La muestra está compuesta por 866 Secretarios de centros docentes públicos de la Comunidad Autónoma de Andalucía, que se hallan repartidos de modo que la provincia con mayor porcentaje es la de Sevilla (18,7%) y la menor Almería (6,6%). De ellos, el 73,3% son hombres y el 26,6% son mujeres. Asimismo, el 17,6% de los encuestados opinan que su nivel de preparación en temas vinculados con función directiva es alto, el 70,2% creen que es medio y el 12,2% piensan que es bajo. Finalmente, un dato que destacamos es que 453 secretarios de los 866 que han respondido al cuestionario, es decir, la mitad, no han recibido ninguna formación sobre temas vinculados con el desarrollo de sus funciones, y el 0,3% la ha recibido antes del nombramiento.

2.3. Recogida de datos

Para la recogida de datos se les administró a estos miembros del equipo directivo de los centros docentes un cuestionario en el que se les preguntaba por su nivel de formación en cada uno de los 16 ámbitos siguientes: PLANIFICACIÓN (Proyecto Educativo, Plan de Centro/Memoria, etc.); EVALUACIÓN DE CENTROS; EVALUACIÓN DE PROGRAMAS; RELACIONES INTERPERSONALES; LEGISLACIÓN ESCOLAR en sus aspectos generales y específicos; TÉCNICAS DE GESTIÓN; CUMPLIMENTAR DOCUMENTOS OFICIALES; ORGANIZACIÓN GENERAL DEL CENTRO (Dptos., Equipos, Horarios); ORGANIZACIÓN DE LOS SERVICIOS ESCOLARES (comedor, transporte); ORGANIZACIÓN DE ACTIVIDADES COMPLEMENTARIAS; INFRAESTRUCTURA MATERIAL Y DE ESPACIOS; RELACIONES CON LOS PADRES; DINÁMICA DE GRUPOS; modelos, estrategias y técnicas relativas a la FORMACIÓN DEL PROFESORADO en ejercicio; PSICOLOGÍA APLICADA Y ORIENTACIÓN ESCOLAR; y DIDÁCTICA GENERAL: modelos didácticos, metodologías innovadoras, Sociología de la Educación, etc. Cada uno de estos 16 ámbitos tiene una valoración de *Muy Bajo, Bajo, Medio, Alto* y *Muy Alto*. Además de estos ámbitos, se les pedía que se posicionaran respecto a: formación que han recibido para ser Secretarios, nivel de decisión que la Administración educativa les permite, nivel económico predominante de los alumnos/as, años de ejercicio docente, zona en la que ejercen, nivel de preparación para desempeñar la función de Secretarios, curso/ seminario/actividad realizados sobre temas relacionados con el cargo que desempeña, Institución organizadora del curso, seminario o actividad, y utilidad del curso, seminario o actividad para el cargo.

2.4. Análisis de los datos

Para averiguar si es posible diferenciar distintos niveles de preparación en los ámbitos anteriormente señalados en función de las variables descritas, se ha empleado como prueba estadística análisis de la varianza, habiéndose comprobado previamente la homogeneidad de las varianzas.

3. Resultados

En la tabla siguiente se muestran los resultados relativos a las variables en las que sí se identifican diferentes niveles de formación, por lo tanto, no aparecen recogidas las siguientes variables en las que no se encontraron diferencias estadísticamente significativas: decisión que la Administración educativa les permite, el nivel económico de las familias de los alumnos y el nivel de preparación para desempeñar el cargo.

ÁMBITOS	FORMACIÓN	AÑOS DOCENTE	DECISIÓN	CURSO	INSTITUCIÓN	UTILIDAD
1. Planificación (Proyecto Educativo, Plan Centro, etc)	Sin form. – varias	-10/11-20; 11-20/+30; 21-30/+30	Algunas – sólo admón.	Sin formación –gestión dirección	Sin form. – varias opc.	-
2. Evaluación de Centros	Sin form. – varias opc.	-10/11-20; 11-20/+30 21-30/+de 30	-	-	-	-
3. Evaluación de programas	-	-10/11-20; 11-20/+30 21-30/+de 30	-	-	-	-
4. Relaciones interpersonales	-	-	Algunas – sólo admón.	-	-	-
5.Legislación escolar en sus aspectos grales. y específicos	Sin form. – varias opc. / Sin form. – cuenta propia	-10/11-20; -10/21-30 / -10/+de 30;11-20/+30	-	Sin form.– gestión / Gest. direc. –varias opc.	Sin form. – CEP	Sin form. –varias opc. / Baja- varias opc
6. Técnicas de gestión	Sin form. –cuenta propia / Sin form. – varias opc.	-10/11-20; 11-20/+30 21-30/+de 30	-	Sin form. – form. Directiva	Sin form. – CEP	Sin form. – alta / Sin form. – muy alto
7. Cumplimentar documentos oficiales	Sin form. – varias opc.	-10/11-20; -10/11-20 -10/21-30	Algunas – dos opciones	Sin form. – form. Direcc. / Sin form. - varias	Sin form. – CEP	Sin formación – varias opciones
8. Organiz. gral del Centro	Sin form. – varias opc.	-	-	-	-	-
9. Organización servicios esc.	-	- 10 / + de 30	-	-	-	-
10. Org. Activ. Complement.	-	- 10 / + de 30	Algunas – sólo admón.	-	-	-
11. Infraestructura material	-	-	Cualquier – algunas	-	-	-
12. Relaciones con los padres	-	- 10 / 21-30; - 10 / + 30 11-20 / más de 30	Algunas – sólo admón.	-	-	-
13. Dinámica de grupos	-	-	Algunas – sólo admón.	-	-	-
14. Formación del Profesorado en ejercicio	Sin form. – varias opc.	-	Cualquier – algunas / Cualquier – sólo admón.	-	-	-
15. Psicología Aplicada y Orientación Escolar	Sin form. – varias opc.	-	Cualquier – algunas / Cualquier – sólo admón.	-	-	-
16. Didáctica General	Sin form. – varias opc.	-	Cualquier – algunas	-	-	-

En relación con los resultados, destacamos que en ámbitos como PLANIFICACIÓN, LEGIS-LACIÓN ESCOLAR, TÉCNICAS DE GESTIÓN y CUMPLIMENTAR DOCUMENTOS OFICIALES se han encontrado diferencias estadísticamente significativas en función del nivel de formación: entre los que no han recibido ninguna formación en la planificación de proyecto educativo, programación de aula, etc. y los que han asistido a cursos o seminarios sobre la gestión de la dirección, ya sean organizados por los CEPs, el MEC o la Universidad. Asimismo, observamos que existen distintos niveles de formación en este aspecto en función de los años de experiencia que tenga el secretario como docente.

El nivel de conocimientos sobre EVALUACIÓN DE CENTROS que posee los secretarios que han participado en la investigación es diferente en función de la posibilidad de que haya recibido o no formación en relación a este aspecto y de los años de ejercicio docente, pero no teniendo en cuenta otro tipo de variables como puedan ser la entidad que organiza el curso, los contenidos del mismo o la utilidad que tenga para los interesados.

Encontramos tres aspectos en los que existen distintos niveles de preparación en éstos en función únicamente de la experiencia que los secretarios lleva como docente. Estos ámbitos son: EVALUACIÓN DE PROGRAMAS, LA ORGANIZACIÓN DE LOS SERVICIOS ESCOLARES y DE LAS ACTIVIDADES COMPLEMENTARIAS. En estos casos no existen diferencias estadísticamente significativas en función de la forma en la que hayan recibido la formación (por cuenta propia, por asistencia a cursos o seminarios, ...), la institución que imparte el curso o el nivel de decisión que la Administración educativa les permite.

El hecho de que estos miembros del equipo directivo hayan recibido formación o no mediante cursos, documentándose o por la Administración, y el que se les autorice a tomar cualquier decisión, algunas o sólo ejecuten las que vienen de instancias superiores nos ha permitido diferenciar grados de formación en MODELOS Y TÉCNICAS DE FORMACIÓN DEL PROFE-SORADO EN EJERCICIO, LA PSICOLOGÍA APLICADA y LA DIDÁCTICA GENERAL.

Existe otro grupo de materias en las que el hecho de que la Administración le permita al secretario tomar cualquier decisión o sólo ejecute las que le ordene, es determinante para el grado de formación en estos aspectos, que son: RELACIONES INTERPERSONALES, INFRAESTRUC-TURA MATERIAL y DINÁMICA DE GRUPOS.

Finalmente, destacamos el hecho de que los ámbitos en los que muestran diferencias significativas en mayor número de variables son aquellos que están más directamente vinculados con las competencias de los Secretarios: técnicas de gestión y cumplimentar documentos oficiales. Mientras que las distintas variables no identifican distintos niveles de formación en aspectos relacionados con las relaciones interpersonales, la evaluación de programas, la organización general del Centro y de los servicios escolares, la infraestructura material y de espacios, y la dinámica de grupos.

4. Conclusiones

Hemos encontrado diferencias en función del nivel de preparación sobre todo en aquellos ámbitos más relacionados con las competencias que desarrollan como secretarios de centros docentes: expedir certificaciones, gestionar la burocracia del centro, participar en la elaboración de la propuesta del proyecto educativo y de la programación anual,... Por otro lado, destacamos que no identificamos diferenciación en los niveles de formación en los siguientes ámbitos las relaciones interpersonales, la evaluación de programas, la organización general del Centro y de los servicios escolares, la infraestructura material y de espacios, y la dinámica de grupos. Esto puede ser debido a que el hecho de que el secretario sólo está formado en aspectos directamente relacionados con sus competencias. Además, debemos tener en cuenta que algo más de la mitad de los secretarios que han participado en la investigación no han sido formados en ningún tema relacionado con la dirección de los centros educativos.

El hecho de que la duración del mandato muy breve, una formación muy prolongada sería costosa y de dudosa eficacia. Por tanto, se pueden plantear estrategias que se desarrollen en el puesto de trabajo y de intercambio de opiniones y experiencias entre directivos y entre éstos y la Administración (Gimeno Sacristán et al, 1995), de forma que se fomentaría la contrastación de la práctica y la reflexión de la propia práctica. Pensamos que en la formación del secretario debería tenerse en cuenta, además de la dimensión profesional, cuyos contenidos versarían principalmente sobre conocimientos teórico-prácticos sobre los procesos de enseñanza-aprendizaje, y organización y gestión de los centros educativos, la dimensión personal, que consistiría en el desarrollo de habilidades como la participación, la comunicación, las relaciones interpersonales, etc. Es necesario tener presente que el secretario antes de ser profesor y miembro del equipo directivo es persona y que su labor la lleva a cabo con personas.

Y todo esto con un propósito: mejorar la calidad de la educación. En el artículo 55 de la LOGSE se nos informa que "los poderes públicos prestarán una atención prioritaria al conjunto de factores que favorecen la calidad y mejora de la enseñanza, en especial: a) la cualificación y formación del profesorado, b) la programación docente, c) los recursos educativos y la función directiva ...". Por tanto, uno de los factores que incide de manera especial en la calidad de la enseñanza es la formación del equipo directivo, porque en las manos de estas personas está el éxito o el fracaso de las decisiones tomadas.

Por tanto, abogamos por una formación inicial, previa al nombramiento del secretario, y una formación continuada, desarrollada durante el tiempo en el que el docente permanece en su cargo como miembro del equipo directivo (Armas Castro y Sebastián Junquera, 1992; Delgado Agudo, 1991; Gairín, 1995). Por tanto, es necesaria una formación específica y diferenciada de la docente, puesto que las tareas que llevan a cabo unos y otros son distintas.

Concluyendo, creemos conveniente que la formación que reciban los miembros del equipo directivo en general y los secretarios en particular, ha de estar vinculada con las tareas que realizan.

5. Referencias Bibliográficas

ARMAS CASTRO, M. & SEBASTIÁN JUNQUERA, A. (1992): «Necesidades formativas de los equipos directivos escolares en el contexto de la Reforma». *Actas del Primer Congreso Internacional sobre Dirección de Centros Docentes*. Bilbao: ICE- Universidad de Deusto.

DELGADO AGUDO, J. (1991): «La formación del profesorado para el ejercicio de las tareas directivas y de gestión». *Bordón*, 43 (2), pp. 135 – 145.

GAIRÍN, J. (1995): *Estudio de las necesidades de formación de los equipos directivos de los centros educativos*. Madrid: CIDE.

GIMENO SACRISTÁN, J.; BELTRÁN LLAVADOR, F.; SALINAS FERNÁNDEZ, B. & SAN MARTÍN ALONSO, A. (1995): *La dirección de centros: análisis de tareas*. Madrid: CIDE.

VILLA SÁNCHEZ, A. (1992): «La dirección, factor clave de la calidad educativa», *Actas del Primer Congreso Internacional sobre Dirección de Centros Docentes*. Bilbao: ICE- Universidad de Deusto.

LA ACCIÓN EDUCADORA EN LA ÉPOCA DEL PROTECTORADO MARROQUÍ (1912-1956), EJEMPLO DE EDUCACIÓN INTERCULTURAL

MERCEDES CUEVAS LÓPEZ
ARTURO M. FUENTES VIÑAS
Universidad de Granada
Dpto. Didáctica y O. Escolar. Campus de Ceuta

1. Conceptos previos

Sabido es por todos la extrema sensibilidad que ante el fenómeno multicultural tenemos hoy día los ciudadanos de los países occidentales, y más concretamente los educadores a todos los niveles; un asunto este tan antiguo como la propia humanidad y que hoy en día los muy diversos avatares sociales y políticos lo colocan en candelero.

Son muchas las circunstancias que actualmente favorecen el desarrollo de la multiculturalidad convirtiéndolo en un hecho evidente y constatable. Por citar algunas, nos decantaríamos por la facilidad de desplazamientos gracias a los medios de comunicación, el bombardeo constante de noticias a través de los medios de comunicación de masas ofreciendo las bondades de un "opulento" sistema occidental frente a la opresión y precaria situación económica de los países subdesarrollados; la necesidad de conocer nuevas lenguas para contactar más fácilmente con ciudadanos de otros países y costumbres a los que visitamos en muchos casos por turismo y en otros de forma clandestina buscando nuevos medios de vida, buscando una nueva realidad cultural donde haya mayor riqueza que la de origen; es el caso del fuerte flujo migratorio al que asistimos hoy día de esos países africanos, donde el diálogo se ha sustituido por el lenguaje de las armas, donde se sufre el genocidio más despiadado y unas condiciones de vida impropias de los tiempos que corren. Estas y otras muchas casuísticas han favorecido el acercamiento de culturas de diferente origen, llenas de costumbres diametralmente opuestas. Hoy en día, Europa y, más concretamente España, se va convirtiendo poco a poco en un auténtico crisol multicultural, lo que nos ha obligado a remover nuestros cimientos educativos para buscar un nuevo acomodo para la nueva educación que cada vez se hace más real y la sociedad nos empieza a exigir: la escuela multicultural, que se ha convertido en objeto de estudio en numerosos foros conscientes del presente que atravesamos, y que sin duda en el que hoy tenemos la suerte de participar se van a extraer una serie de conclusiones que van a contribuir a su desarrollo.

Cuando llegó a mis manos el sugestivo programa de estas IV Jornadas Andaluzas sobre Organización y Dirección de Instituciones educativas, me llamó poderosamente la atención el subtítulo: "una mirada a la organización de centros educativos en los países del Magreb, desde Andalucía". Dos culturas confluyen en un foro de debate: Andalucía y Marruecos o viceversa, la primera, Comunidad Autónoma del Estado Español y la otra, el reino Alahuita, vecinos con referencias históricas comunes, separados por una estrecha franja de mar que en estos tiempos poco significado tiene. Tan cercanos y a veces tan lejanos, a pesar de las profundas huellas que el mundo islámico ha dejado en nuestra tierra en otra época.

Mi cercanía al reino de Marruecos ha despertado siempre en mí la curiosidad por conocer algunos aspectos de su peculiar cultura, centrando mi atención casi siempre en los aspectos educativos, de ahí que sin pensarlo haya decidido preparar unas líneas a modo de comunicación para estas jornadas, pero no lo voy a hacer desde la óptica del presente o del futuro, de ello seguro que se va a hablar en estos días en profundidad. He querido mirar al Magreb desde el pasado, acercándome a su organización escolar, porque después de haber leído bastante en relación al tema, estoy plenamente convencido de que España en su época de protectorado en la zona norte de Marruecos (1912-1956), llevó a cabo una verdadera educación intercultural con el pueblo marroquí de su zona de influencia, y con ello podemos refrescar algo nuestra memoria histórica, que siempre es un buen referente para el devenir, y llegar también a la conclusión que lo que hoy pretendemos con tanto ahínco, esa escuela multicultural, ya se hacía, de la mano de muchos profesionales de la educación españoles conjuntamente con los musulmanes, por aquel entonces, donde convivían españoles y marroquíes en un ejemplo de convivencia y con enriquecimiento mutuo del flujo cultural de ambos países, y por qué no decirlo con el esfuerzo improbo de nuestros maestros, que en la mayoría de las ocasiones atravesaban cada mañana temprano los montes a pie o en burro para llegar a las pequeñas escuelas unitarias de las cabilas más perdidas en la orografía marroquí y en el tiempo.

2. La acción cultural española semilla de la interculturalidad

Según consta en lo publicado en el Boletín Oficial de la Zona nº 1, del 10 de Abril de 1913, en su primera página: "la misión espiritual de España en Marruecos, convergencia de los imperativos históricos y geográficos, de una parte, y de otra, sus intereses materiales en este país..." llevaron a nuestro país a pactar con Francia el 30 de marzo de 1912 un tratado que ponía en vigor el régimen de Protectorado en el hoy vecino reino de Marruecos.

Es, a partir de entonces, cuando se pone en marcha toda una maquinaria burocrática en nuestro país para acometer tal empresa y así sacar de la pobreza, enriquecer espiritual y culturalmente esta zona, y enseñarles a explotar sus ricos recursos naturales. Serían 19.256 aproximadamente los kilómetros que abarcaría toda la zona norte bajo nuestra protección, dividida administrativamente en cinco territorios. Yebala, con cabecera en la ciudad de Tetuán, con 3.083 Km2 y 229.062 habitantes; Lucus, con cabecera en Larache, con 3.114km2 y 229.497 habitantes; Chauen con cabecera en la ciudad que lleva el mismo nombre, 3.912 km2 y 131.692 habitantes; Rif con cabecera en Villasanjurjo, con 3.475 km2 y 154.602 habitantes y, por último, Quert con cabecera en Villa Nador y una extensión de 6.117 Km2 y 265.264 habitantes. El total de la población ascendía a 1.082.000 habitantes.

Más que un dominio del país protector se trataba de una administración compartida, a la que España supo llevar nuestra cultura, la occidental, para compartirla con la Islámica, en un proceso intercultural del que no sólo se iban a beneficiar los ciudadanos marroquíes sino los propios españoles que allí decidieron, por voluntad propia o por motivos laborales y económicos, establecer su hogar.

El gobierno de la Zona, bajo la autoridad civil y religiosa del Sultán, estaba compuesto por una Alto Comisario, español, y el Jalifa, que era nombrado por el Sultán de entre dos personas propuestas por el gobierno español, ejerciendo las funciones de Delegado de la autoridad imperial en este espacio geográfico.

La acción española en materia de enseñanza, fue dictada en Consejo de Ministros al Delegado especial de Educación nombrado al efecto, en los siguientes términos:

"la enseñanza musulmana podrá disponer de recursos hasta más importantes que ahora y darse, por lo tanto, de manera más eficaz.

El Estado Español, por su parte contribuirá con las subvenciones necesarias para elevar el nivel intelectual de los indígenas por medio de la instrucción y el Delegado correspondiente propondrá las medidas al efecto.

Vigilará el Delegado de que viene hablándose el régimen de las escuelas al presente sostenidas por el Ministerio de Estado en Larache, Arcila, Alcázar, Tetuán, vecindarios de Ceuta, Nador, Zoco el Had de Benisicar y Cabo de Agua, proponiendo las reformas que estimen útiles y prácticas para el desarrollo de la Instrucción Pública en beneficio de nuestros numerosos compatriotas y de los europeos en general".

Para esta obra educativa se señalaba como importante la colaboración de la Orden Religiosa Franciscana, que ya ejercían las labores de enseñanza de forma gratuita, tanto española como musulmana.

Entre las Bases en las que había de desarrollarse el programa de acción educativa destacamos los siguientes:

a) Instrucción única, sin diferenciación regional ni lingüística.
b) Considerar el árabe como el vehículo de formación cultural en las cabilas (....) las escuelas se denominarían todas hispano-árabes.
c) La experiencia escolar con musulmanes en la zona de las "plazas de soberanía" (Ceuta y Melilla) serán aprovechadas en el fomento cultural de la Zona.
d) La enseñanza de Alcorán sería fundamental en la instrucción primaria.
e) Cuidar la enseñanza del árabe y de la religión islámica paralelamente a la construcción de mezquitas y a la ayuda de la educación religiosa en general.
f) Enseñanza de la lengua española como vehículo de la cultura moderna en los primeros tiempos y como lengua formativa luego.

Se completa el listado de Bases con aspectos culturales que pretenden impulsar la riqueza cultural del país un tanto desordenada y hasta perdida, así se dedican a incidir en la recogida y salvamento de los restos de las obras artísticas, y de paso fomentar la formación de artesanos que permita mantener la rica tradición artística marroquí compartida con la vida moderna. Conservación y restauración de monumentos artísticos. Catalogación y protección de manúscritos. Estudio y publicación de la música árabe andaluza. Fomento de la investigación científica, literaria e histórica, etc.

Es fácil comprender que este vasto y ambicioso proyecto iba a suponer una acción indudablemente intercultural donde españoles (europeos) y marroquíes (africanos) iban a entregar lo mejor de sí mismos para el logro de una sociedad cultural y económica más próspera y un mayor enriquecimiento por ambas partes que iban a ser partícipes de un ambiente multicultural (musulmanes, cristianos, hebreos), del que, sobre todo, la gente joven se iba a beneficiar bebiendo en las propias fuentes de forma directa y cotidiana. Las Bases antes señaladas quedarían implantadas en los primeros años del Protectorado y se irían desarrollando de forma paulatina, aunque bien es cierto, y así hay que significarlo, que la puesta en marcha no estuvo exenta de dificultades debido fundamentalmente a los ambientes más o menos propicios: entusiasmo, preparación y medios económicos han sido todos los factores que de alguna forma han marcado su impronta sobre la tarea emprendida. Varias han sido las circunstancias claves para el desarrollo de la evolución cultural de la Zona en un contexto islámico y con el marco de referencia que marcaba la lengua árabe, entre ellas cabe destacar las inversiones en el capítulo económico para la preparación del profesorado adecuado para acometer la tarea. A lo largo del tiempo se observa un claro descenso del profesorado español en favor del marroquí que con el tiempo, y gracias a la preparación recibida, va asumiendo funciones de las que se encontraban limitadas en principio. La creación de la Junta de Enseñanza (12 de Agosto de 1942) supuso un paso importante para el desarrollo de la enseñanza. Esta Junta denominada de "Enseñanza en Marruecos", estaba integrada por representantes de las administraciones centrales de los Ministerios de Estado e instrucción Pública, Facultades de letras, Junta de Ampliación de Estudios, Centro de Estudios marroquíes, Real Sociedad Geográfica y centros hispanos-marroquíes. Entre sus funciones destacamos:

- Desarrollar en la esfera de influencia española instituciones de enseñanza para hebreos, mediante las cuales se asegure el empleo entre éstos del rito judaico español y de la lengua castellana.
- Mejorar en la expresada Zona la enseñanza mora, sea con los recursos propios del Estado español, sea con los del Jalifa, aconsejado por el Alto Comisario español.
- Preparar en la Península o en el extranjero personal idóneo, así para el cumplimiento de los expresados fines, como para el desempeño de cargos que exijan estudios especiales de las leyes y costumbres marroquíes.
- Cuanto contribuya al desarrollo de los estudios relacionados con la geografía, la historia, la literatura y el derecho del pueblo marroquí, mediante la presentación que en la Junta tienen los diversos organismos y entidades que dedican su atención a estas materias, la unidad de los esfuerzos de los mismos.

3. Las escuelas, ejemplos de multiculturalidad

Uno de los objetivos fijados por la Administración española a través del Alto Comisariado se centraba en la mejora de la cultura del pueblo marroquí, y de otras etnias menores (hebreos), acercándola al mundo occidental, por los caminos de la modernidad, sin que ello supusiera la pérdida de su esencia, constituida, como antes comentábamos, de una parte, por la religión musulmana, y de otra, por la lengua árabe, y así las escuelas van a constituir auténticos foros para proyectar toda esta carga de intenciones.

Las escuelas hispano-árabes, surgen a modo de red de las entonces conocidas Escuelas Nacionales, hoy públicas, situadas generalmente en núcleos fuertes de población, con una doble dependencia. A efectos administrativos, pertenecían al Ministerio de Educación Nacional de España, quien respondía económicamente a los sueldos del profesorado, Muchas de estas escuelas tenían carácter unitario, y las había de niños y niñas por separado y, las menos, mixtas.

El Majzen (gobierno jalifiano) aportaba el profesorado musulmán y el personal subalterno, a la vez que también aportaba subvenciones para atender a los alumnos en el desayuno, roperos y la biblioteca de los centros y cuantas salidas realizaran los alumnos al exterior.

Desde el punto de vista organizativo y control de inspección estaban sujetas al Ministerio de Instrucción Pública del Majzen.

El Director de la escuela hispano-árabe era un maestro español, y el conjunto de profesores lo conformaban españoles y marroquíes; ya en la última época del protectorado los profesionales marroquíes gozaban de la titulación apropiada para impartir las enseñanzas.

Los escolares estudiaban el Alcorán con un "mudarrir" (maestro de Alcorán) y las materias árabes con un "mudarris"(maestro de enseñanza general). El maestro español se encargaba de impartir en castellano las materias fundamentales, además las niñas recibían una formación complementaria sobre Labores y Economía Doméstica, algo muy propio de la época en nuestro sistema educativo.

Curiosamente en las ciudades de Ceuta y Melilla existieron este tipo de Escuelas. Las de Ceuta en las barriadas de Hadú, hoy denominada San José y en el Principe Alfonso, incorporadas en 1942, con una asistencia media de 50 alumnos, y sólo para niños. Tanto una escuela como otra disponían de dos aulas amplias: una para la enseñanza coránica y otra para la enseñanza moderna, generalmente este tipo de escuela se situaba próxima a la mezquita del barrio.

En Melilla la tradición de este tipo de escuela es anterior a la Ceuta, arrancado de 1907, habiéndose llamado anteriormente "escuela indígena", y de similares características a las de Ceuta, con la diferencia sustancial de que eran para niños y niñas.
Este tipo de escuela hispano-árabe de Ceuta y Melilla era más completa en su formación que las nacionales, al complementar las enseñanzas propias del currículum escolar con las propias de la lengua árabe y las de Alcorán.

4.   La escuela primaria musulmana. Interculturalidad en el mundo rural. Su organización

Una de las obras más destacadas de la acción educativa española, siempre canalizadas a través del alto Comisariado y del gobierno del Jalifa, fue la creación de las Escuelas Primarias Musulmanas. Se trataba de ir sustituyendo el fusil por la pluma, a la vez que prepararlos en las labores propias del campo, que fueran conociendo nuestro idioma y las costumbres occidentales junto con las autóctonas, al igual que las hispano-árabes, la lengua islámica y las enseñanzas de Alcorán.

La religión musulmana y la lengua árabe constituían los pilares básicos de la enseñanza, es decir, su esencia. A partir de esta concepción comenzó a construirse la Escuela Musulmana, que va a adquirir su máximo esplendor en la segunda década de los años 40 y en los 50. Aparte de las ya establecidas en las zonas más o menos urbanas se trataba de llegar a aquellas zonas rurales donde la cultura era o muy rudimentaria o casi nula.

El primer problema que se planteaba en su constitución era la carencia de profesorado marroquí en condiciones óptimas para desarrollar en árabe un determinado currículum de Enseñanza Primaria. Para la enseñanza de la Religión y de forma rudimentaria del lenguaje árabe no era difícil encontrar personal, pero no tanto con capacidad para explicar a los alumnos las matemáticas, la geografía general, la historia universal, las ciencias, la agricultura moderna, el dibujo, los trabajos manuales, las enseñanzas artísticas, etc.

Ante la situación antes expuesta es el maestro español quien asume la responsabilidad

de atender estas materias, además de enseñar la lengua española, que era su misión fundamental.

En un principio se asignaron a este tipo de escuelas el "murradisin" que sólo enseñaba
árabe, la Religión y aspectos muy simples de la Geografía e Historia del Islán. El resto lo
asumía el maestro español.

El problema era evidente ante la escasez de profesorado cualificado musulmán, por lo
cual fue preciso preparar profesores capaces de formar a los futuros profesores, es decir,
"maestros marroquíes", algo que se planteaba a largo plazo, porque esto suponía llegar a los
niveles superiores de enseñanza, algo que no ocurrió hasta 1938, donde ya se disponía de
un grupo de jóvenes con la formación suficiente para ser enviados a El Cairo y regresar en
el año 1944, con la formación superior deseada, y a partir de entonces crear los estudios de
Magisterio Marroquí, utilizando a estos jóvenes como profesores de la primera Escuela
Normal, y es a partir de entonces cuando surgen las sucesivas promociones de maestros
marroquíes que van sustituyendo poco a poco a los "mudarrisin" en las escuelas de niños
y a las "maalmat", que enseñaban a las niñas las labores, pero personas carentes de la
mínima cultura.

Es el maestro español el auténtico protagonista de esta Escuela Musulmana que supo
llevar la cultura occidental y dar a conocer a los marroquíes nuestras señas de identidad e
introducirlos en el mundo de la modernidad y su apertura al mundo occidental desarrollado,
haciéndoles reconocer la existencia de otros tipos de sociedades distintas a la suya.

El Maestro español contó con la inestimable ayuda de la figura del Auxiliar, que se
denominaron "auxiliares contratados" cuyo destino estaba en las escuelas rurales. Era condición indispensable para ejercer la tarea de auxiliar tener aprobados los cuatro cursos de
Bachiller o ser estudiante en la Escuela de Magisterio, además realizar un curso de 9 meses
en la ciudad de Tetuán, a fin de prepararlos en las técnicas pedagógicas y conocimiento de
los aspectos sociológicos del pueblo marroquí. Una vez superado con éxito el curso reciben
su nombramiento, con la obligación de llevar a cabo los estudios de magisterio en las
ciudades de Ceuta o Melilla como alumno libre. Una vez finalizada la carrera se les nombraban maestro en la zona con carácter provisional. Era tal la demanda de plazas escolares
para este tipo de escuelas que estos auxiliares tuvieron que responsabilizarse totalmente de
algunas escuelas unitarias. Anteriormente a la aparición de estos auxiliares existían unos
monitores, cuya obligación era tener a su cargo las clases de español en las escuelas rurales
y los primeros grados en las urbanas.

La mayoría de estas escuelas se construían en cabilas y próximas a los ríos, que con
la crecida dejaba aislados en muchas ocasiones al maestro y sus auxiliares dificultándoles
enormemente su salida para reincorporarse en sus horas de descanso al campamento más
próximo a 4 o 6 Km de distancia. Para el traslado, el gobierno jalifiano ponía a disposición
del personal un burro, aunque la mayoría, según cuentan ellos, preferían ir a pie todos los
días, ante la inestabilidad de los burros en la difícil a veces orografía marroquí. Esta era una
tarea que realizaban a diario, para ellos se intentaba acoplar sus horarios en la jornada de
mañana o primeras horas de la tarde a lo sumo a fin de que pudieran volver de día.

El Reglamento de Enseñanza primaria musulmana establecía que este tipo de escuelas estaba dirigida por un profesor marroquí de la categoría de "maestro marroquí" cuando los
había o "mudarrís" en su defecto. Junto a él aparecía el maestro español que desempeñaba
el cargo de Asesor. En las escuelas graduadas hay más de una maestro español, de los cuales
uno de ellos desempeñaba ese cargo de Asesor.

A ellos hay que añadir el "mudarrirín" para las enseñanzas de Alcorán y los Auxiliares
y, anteriormente monitores.

Los maestros españoles ingresaban al Servicio del protectorado en virtud del Decreto de Presidencia del gobierno de fecha 24 de junio de 1941. (B.O. del Estado nº 188 de 7 de julio).

Con anterioridad a este decreto el ingreso se hacía por oposición directa, que después fueron ingresado en el escalafón del Magisterio nacional.

La Escuela musulmana también estaba dotada de personal subalterno, divididos en dos categorías: porteros y ordenanzas, los primeros accedían por concurso-oposición, los segundos de libre designación, generalmente eran mutilados de guerra.

Conviene considerar algunos aspectos referidos directamente a su organización escolar:

a) La distribución horaria:
El horario se establecía en lo que hoy conocemos como jornada partida, empleando cuatro horas por las mañanas y dos horas y media por las tardes.
El horario era amplio, entre otras razones por la gran cantidad de materias a impartir, a las que había que sumar las enseñanzas de Alcorán y las propias de la lengua española que exigían una dedicación especial.

b) El calendario escolar:
El calendario escolar fijaba en 212 el mínimo de días lectivos en el curso académico. En él quedaban prefijados los días de vacaciones: las tardes de los jueves y los viernes; el primer día del año de la Hégira; El Achor; el día 8 de Noviembre, fecha del aniversario de la proclamación de S.A.I. el Jalifa; el 18 de Noviembre, aniversario de la proclamación de S.M. el Sultán, y otros tantos días con motivos religiosos.
El período vacacional iba del 1 de Julio al 20 de Septiembre, fecha en que se abría el plazo de matrículas para comenzar el curso el día 2 de Octubre. Pensemos en que la época de estío, con altas temperaturas, en esta zona se prolonga mucho más que en la Península Ibérica, de ahí la tardía fecha de comienzo del curso.

c) La distribución de clases:
La enseñanza primaria estaba dividida en siete grados, en cada uno se impartían 45 sesiones por semana, incluidas las de Alcorán. De ellas en teoría 28 eran impartidas por el maestro marroquí, 7 por el mudarrir y 10 por el español. En la práctica, gran parte del horario del maestro marroquí era asumido por el español por la falta de conocimientos de aquellos, por ello la distribución horaria del profesorado variaba sensiblemente de una escuela a otra en función de la preparación del mudarrir, lo cual favorecía enormemente la labor de interculturalidad que citábamos antes.
En esa distribución horaria se intentaba que no se acumulara una materia en más de una hora al día.
El criterio de distribución de las clases de Alcorán también variaba de unas escuelas a otras. En las zonas más urbanizadas se impartían a primeras horas y en las más rurales a últimas de la jornada de tarde. El sistema utilizado para su impartición también variaba, algunas seguían el método tradicional agrupando a los alumnos sentados sobre una estera y la mayoría hacían uso del mobiliario moderno que estaban dotadas las escuelas, mesas o bancas, y el uso de libretas y lápices, que dicho sea de paso era abundante, ya que las autoridades no escatimaban esfuerzos para su dotación, más que en las escuelas nacionales. En cualquier caso el criterio a seguir nunca venía impuesto por el Asesor, era el Director quien asumía tal responsabilidad.

d) La Enseñanzas artísticas:

En las clases de dibujo y trabajos manuales se intentaba despertar el sentimiento artístico de los escolares, algo al que se prestaba fácilmente el alumno marroquí, ya que las artes industriales en Marruecos iban adquiriendo en esta época un gran desarrollo. El trabajo manual se apoyaría fundamentalmente en la afición a la industrial local. Algunos alumnos aventajados cuando tenían la formación suficiente tenían la opción de poder asistir como alumnos a la Escuela de Artes y Oficios de Tetuán donde recibía una amplia preparación, además de una gratificación económica. Gran número de alumnos de esta Escuela procedía del Orfanato de Melusa, que enfocaba todo su currículum hacia esta Escuela.

Las enseñanzas del canto y la música se enfocaban a tres clases de músicas:

1. La música marroquí con sabor popular y sus variantes racionales.
2. La música árabe andaluza. Es la música cuyas partituras recibían el nombre de "nubas" que iba siempre acompañadas de canto.
3. La música árabe moderna que llegaba de oriente, principalmente de Egipto.

Los alumnos se ejercitaban también en un cancionero escolar que comprendía:

a) Canciones escolares españolas, todas en castellano.
b) Canciones compuestas con música popular marroquí o música clásica y letra española.
c) Canciones compuestas con músicas españolas y letra árabe.

La enseñanza agrícola jugaba un papel importante, porque no olvidemos que gran número de estas escuelas se localizaba en el medio rural, y el futuro de la mayoría de los escolares estaba en el campo; eran los menos los que progresaban en el ambiente intelectual siguiendo sus estudios de enseñanza media, por tanto, uno de los objetivos de la escuela se centraba en beneficiar el futuro de los escolares en su medio de existencia. Se impartían dos clases de Agricultura por semana.

e) El alumnado español en la escuela musulmana.

A este tipo es escuela asistían todos los hijos de funcionarios, empleados, comerciantes o agricultores españoles que vivían en la zona correspondiente.

El problema estribaba fundamentalmente en que estos alumnos progresaban más lentamente en las escuelas unitarias que en las graduadas, por la dificultad que plateaba su atención a no poderlos clasificar en ninguno de los grados de los alumnos musulmanes por su conocimiento del idioma. Sin embargo, la convivencia establecida ayudaba enormemente a los niños musulmanes en la enseñanza del español y de nuestras costumbres. La conversación tanto en clase como fuera de ella ayudaba a los musulmanes a ir adquiriendo de forma progresiva mayor riqueza respecto del vocabulario de español. A la vez que el español participaba del idioma árabe y también de sus costumbres.

e) Las exigencias al profesorado.

En virtud del Reglamento antes citado, se establecía la obligación de todo maestro de llevar escrupulosamente a diario la preparación de lecciones, que presentarían al Director o al Asesor y quienes darían su visto bueno con las observaciones escritas o verbales que estimaran oportunas.

Esta será una de las labores del Asesor, en cuanto a orientador de la tarea educativa junto al profesorado musulmán, guiando al maestro hasta que éste estuviera en condiciones de desenvolverse en la clase de la forma más adecuada. Era una labor de fiscalización y a la vez de consejo.

Todos los trabajos escritos de los alumnos deberían ser corregidos a modo individual por el maestro, especificando las observaciones correspondientes, y estos se iban recogiendo en carpetas individuales, que en un momento determinado serviría para conocer el historial académico del alumno.

Se estableció el cuaderno de rotación en todos los grados, menos en párvulo, a efectos de inspección. Cada día sería un alumno el encargado de reflejar todo aquello que se impartía en clase, y que debiera tener cada alumno en el suyo. Al final del día el alumno firmaría.

f) La disciplina escolar.

El maestro debería servir de modelo en todo momento ante sus alumnos para poder obrar con entera libertad a la hora de imponer el premio o castigo.

Los alumnos deberían observar y adquirir los hábitos de puntualidad, buena presencia, limpieza, amabilidad y orden. La escuela debía ser un modelo donde se cultivara el amor a la verdad y la justicia.

El maestro adquiere gran relevancia en la materia disciplinaria impartiéndola con justicia, evitando malas interpretaciones. Todas las partes deben de estar de acuerdo con los premios y castigos.

Queda desterrado el castigo corporal.

Será el Director quien imponga los castigos o premios a propuesta del Asesor.

g) El Certificado de Primera Enseñanza.

Al término de los estudios primarios y tras superar un examen en convocatoria de junio o septiembre se les expedía el Certificado de Primera Enseñanza, documento creado por un decreto de 29 de mayo de 1938, publicado en el Boletín Oficial de la Zona. Este Certificado les habilitaba para proseguir otros estudios de grados más superiores.

5. Reflexión final

La temática aquí tratada es lo suficientemente sugestiva para profundizar más si cabe, ante el rico caudal informativo que existe, pero las limitaciones de espacio nos obliga a ser lo más escueto posible. Si queremos hacer hincapié en la premisa de que partimos, referida al fenómeno intercultural que se llevó a cabo en este tiempo, donde se compartieron cultura e ilusiones, al margen de intereses de otro tipo pero en el sentido que nos afecta, pensamos que ha sido un momento histórico para España y Marruecos excepcional para unir dos mundos diferentes y compartir idioma, formas de vida, que de alguna forma han servido para que dos pueblos permanezcan unidos, pese a las diferencias, siempre soslayables cuando existe buena voluntad.

La Evolución de la escuela primaria musulmana, en cuanto a alumnado e instalaciones nos muestra claramente el interés por ambas administraciones de actuar en el sentido antes expuesto.

Bibliografía

ALTA COMISARIA DE ESPAÑA EN MARRUECOS: *Acción de España en Marruecos*. Instituto Geográfico y Catastral. Tetuán.1948.
ALTA COMISARIA DE ESPAÑA EN MARRUECOS: *Último anuario del Protectorado*. Instituto Geográfico y Catastral. Tetuán. 1956.

ALTA COMISARIA DE ESPAÑA EN MARRUECOS- DELEGACION DE ASUNTOS INDIGENAS: *Nombres de los musulmanes habitantes en la Zona del Protectorado de España en Marruecos.* Ceuta. Imp. Imperio. 1937.

GARCIA FIGUERAS, TOMÁS: *Notas sobre el Islam en Marruecos.* Ceuta. Imp. Imperio.1939.

LARA GUERRERO y otros: *Educación Intercultural para la paz.* Ceuta. Algaida-Universidad. 1997.

MARÍN IBAÑEZ y otros: *Educación Multicultural e intercultural.* Granada. Impredisur, 1992.

MINISTERIO DE INSTRUCCIÓN PÚBLICA DEL MAJZEN: *Reglamento y Cuestionarios de las Enseñanza Primaria Musulmana.* Tetuán. Imp. Majzen. 1949.

VALDERRAMA MARTÍNEZ, FERNANDO: *Historia de la acción cultural en Marruecos*(1912-1956). Talleres Edit. Cremades. Tetuán. 1946.

VALDERRAMA MARTÍNEZ, FERNANDO: *Manual del Maestro español en la Escuela Marroquí.* Editora Marroquí. Tetuán. 1955.

VALDERRAMA MARTÍNEZ, FERNANDO: *Temas de Educación y Cultura en Marruecos.* Editora Marroquí. Tetuán.1954.

METODOLOGÍAS EN EL PROCESO DE ENSEÑANZA-APRENDIZAJE DE LA LENGUA INGLESA: INCIDENCIAS ORGANIZATIVAS EN LA AGRUPACIÓN DEL ALUMNADO, DEL ESPACIO Y DEL TIEMPO

MARÍA TERESA REYES MARTÍN
Maestra
JUAN ANTONIO FUENTES ESPARRELL
Doctorando del Departamento de Didáctica y Organización Escolar
de la Universidad de Granada.
Miembros de la Sección de Investigación de la Asociación para el Desarrollo
de la Comunidad Educativa en España *COM.ED.ES.*

Introducción

Desde finales de los años 60, se ha producido un cambio en la concepción del papel didáctico de las lenguas extranjeras. Nos referimos a la aparición del enfoque comunicativo como estrategia metodológica de la enseñanza de las lenguas extranjeras.

Este nuevo enfoque supone una superación de los métodos tradicionales, basados fundamentalmente en un predominio del lenguaje escrito.

De forma general, podemos decir que todos los posicionamientos en los que basamos la enseñanza de las lenguas extranjeras parten de los principios de la psicología cognitiva en los que se ha apoyado la Reforma (LOGSE).

Algunos de estos principios parten de considerar al alumnado como el protagonista del proceso de enseñanza-aprendizaje. Para esto, se le concede también importancia a otros aspectos tales como el espacio, el tiempo y los recursos didácticos, como mediadores entre la realidad y el alumnado.

Como vamos a exponer en este trabajo, podríamos decir que las nuevas tendencias metodológicas implican una determinada estructura organizativa, tanto a nivel del propio alumnado, como del espacio y del tiempo.

En consecuencia, analizaremos las influencias que el uso de determinadas metodologías en la enseñanza del inglés puede tener en una especial distribución del espacio, del tiempo y de agrupación del alumnado.

Antes de iniciar este trabajo consideramos pertinente hacer una distinción entre dos conceptos que suelen confundirse, especialmente hoy en día. Nos estamos refiriendo a la diferenciación desde el punto de vista lingüístico entre *enfoque y método*.

Como dice Cerezal (1995), ambos términos hace referencia a dos niveles distintos en las decisiones y análisis que toma el profesor en el aula. Por un lado, entendemos por enfoque como aquellos principios lingüísticos, psicolingüísticos y sociolingüísticos que subyacen en todos los métodos. En este sentido, un método ocupa un lugar intermedio entre la teoría y la práctica.

1. Análisis metodológico en el proceso de enseñanza-aprendizaje del inglés

Desde hace muchos siglos, el hombre ha sentido la necesidad de comunicarse y de aprender de otras lenguas por motivos tan diversos como la propia subsistencia, o por el estudio de las mismas, como es el caso del Sumerio por los Babilonios.

En muchos casos, este interés por aprender otras lenguas ha ido originando una serie de métodos para lograr este fin. Ya desde la época egipcia se tienen datos de traductores, siendo los romanos los que empezaron a utilizar el método de gramática-traducción para estudiar griego.

No fue hasta 1779 cuando tuvo lugar el primer estudio sobre una lengua extranjera en la Universidad de Harvard que introdujo en su programa el estudio del francés.

A lo largo del siglo pasado y de este se han ido produciendo cambios en las diferentes metodologías como el predominio del método tradicional, el posterior rechazo a este o el origen del conocido como Inglés Básico.

Esta evolución metodológica que vamos a desarrollar a lo largo del presente trabajo se relaciona directamente con unas determinadas pautas organizativas como veremos a continuación.

A lo largo de este trabajo nos centraremos en los enfoques que consideramos más relevantes en la historia de la enseñanza de las lenguas, especificando dentro de estos los métodos más relevantes.

1.1. El Enfoque Tradicional

Se pueden considerar varios métodos con un enfoque tradicional siempre apoyados en la teoría de "Gramática y Traducción". Las características que engloban a todos los métodos de este enfoque son:

- Siendo su objetivo conocer bien las reglas de la gramática del idioma, memorización de listas de palabras y traducir a la perfección una serie de textos con la ayuda del diccionario. Por lo tanto, podemos ver cómo el peso de las actividades metalingüísticas se apoya más en una explicación y memorización de reglas gramaticales.
- Actualmente, este enfoque está más obsoleto por utilizar exclusivamente la lengua materna, por centrarse en la corrección gramatical y en la traducción, dejando de lado los aspectos sociales y culturales de la lengua, además del comunicativo. De esta forma podemos ver cómo la comunicación oral queda relegada a favor de la escrita.
- Desde un punto de vista didáctico, es inviable este método para la enseñanza del inglés en primaria por varios motivos, destacando el nulo valor comunicativo que se

le da al lenguaje, en contra de la finalidad comunicativa del área de lengua extranjera que nos indica el Decreto. Otro motivo es el escaso conocimiento gramatical de los niños a estas edades, incluso de su lengua materna.

1.2. Enfoques Modernos

En los últimos tiempos la influencia de las Ciencias del Lenguaje y de la Comunicación, ha dado lugar a la proliferación de métodos que tratan de facilitar la adquisición de un idioma extranjero presentando en común una cierta tendencia a la comunicación.
Todos ellos pretenden lograr una mayor eficacia porque se atribuyen unas bases científicas con opciones teóricas más explícitas y contenidos mejor definidos, aunque en la práctica no presentan un logro definitivo.

A continuación vamos a analizar algunos de ellos, desde su concepción, pasando por sus características y así hasta comentar algunos de los inconvenientes de su aplicación al aula de inglés en primaria.

a) Método directo o natural

Es entendido como un método de enseñanza de las lenguas modernas a través de la conversación, la discusión y lecturas en el idioma extranjero, sin usar la lengua materna del alumno, sin traducción y sin estudio formal de la gramática (al contrario que el método gramática-traducción). Las primeras palabras se enseñan señalando objetos o dibujos o mediante acciones o gestos.
Enfatiza el uso del idioma extranjero exponiendo al alumno bastante al idioma "baño de idioma". También se centra en el trabajo con ejercicios de nominación y descripción de lo real, haciendo presentar la lengua como una serie de significantes cuyos significados habría que buscarlos en la realidad que se muestra, significantes que equivaldrían de forma indirecta a unos significados en lengua materna, lo que implícitamente nos llevaría a la traducción.
Tiene gran similitud con el método activo, que introduce el texto escrito y ejercicios gramaticales para apoyar el proceso de enseñanza-aprendizaje.
El fallo principal de esta teoría se debe a las diferencias de actitud y de necesidades de los alumnos a la hora de aprender una lengua que no es la materna, y que por lo tanto, no se ven obligados a estudiarla para comunicarse. A esto hemos de unirle el hecho de que se necesitan profesores muy cualificados o nativos, así como obviar el estudio de la gramática.
Este enfoque ha dado lugar a un nuevo enfoque del mismo nombre elaborado por Tracy Terrell y Stephen Crashen (1983). Consiste en el uso del idioma en situaciones comunicativas sin recurrir a la lengua materna. Enfoque basado en el *"input"* (lenguaje que el alumno recibe para asimilar) y el "affective filter" (forma de responder a los mensajes recibidos).

b) El método audio-oral

Este método nace de la escuela psicológica americana conductista y del programa intensivo del ejército americano basándose en los experimentos de Watson y Skinner, en el terreno psicológico y en el plano de la enseñanza de las lenguas Nelson Brook (1966) y R. Politzer (1981)

Este método impone la presentación exclusivamente oral de la materia, en forma dialogada y en los ejercicios estructurales intensivos con la eliminación del análisis gramatical y en una minuciosa comparación entre la lengua materna y la extranjera.

Considerar el aprendizaje de lenguas extranjeras como un proceso mecánico de formación de reflejos, para ello intentan crear hábitos con el ejercicio ininterrumpido de frases modelo *"pattern sentences"* (utilizados en ejercicios o *drills*), que suelen presentarse en primer lugar en un diálogo.

Se intenta evitar que el alumno cometa errores, presentando la materia en unidades mínimas *"step by step"*. A lo que hay que unirle el hecho de que no se hace referencia a la escritura en las primeras etapas, además de evitar la traducción y limitar la cantidad de vocabulario.

Uno de los aspectos negativos que se le ha achacado a este método es la cercanía con una manipulación, ante el esquema estímulo-respuesta predeterminado. Así mismo, se elimina al máximo las dificultades de la lengua, desmontándola en patterns, lo que influye en una eliminación de la significación, puesto que dificulta la adquisición de los patterns, pudiendo ocasionar abusos en la interpretación.

c) Método audiovisual

Basado en las teorías de la unidad fonética y acústica de Saussure, bajo concepciones estructuralistas del lenguaje.

Cada unidad se basa en un diálogo que recrea situaciones reales, creando una enseñanza activa en la que el alumno es el centro del proceso. Recurre a la imagen en sintonía con el sonido. La presentación de la materia se hace en conjuntos (método global, también), integrando los elementos en estructuras. Utiliza una variedad de materiales y actividades graduando las dificultades partiendo de las más concretas a las abstracciones, algunos recursos como, juegos de audición, *flash-cards*, ilustraciones, pizarra, cassette, textos, diccionarios, laboratorio de idiomas, ejercicios o proyectos.

Igualmente, pretende evitar las interferencias con la lengua materna, por lo que adquiere especial relevancia la formación de los profesores.

1.3. El Enfoque Comunicativo

Este enfoque es conocido como comunicativo aunque también se le conoce, especialmente en sus primeros años, como nocional-funcional. El término comunicativo, en relación con la enseñanza de la lengua, denota una preocupación por los aspectos semánticos del lenguaje.

Hasta finales de los años 60, el método tradicional, el audio-oral y el audio-lingual habían dominado la escena del FLT *(Foreign Language Teaching)*. Este dominio comenzó a cambiar a partir del concepto de que las producciones orales tienen un significado en sí mismas y, que además, expresaban los significados e intenciones de los hablantes y escritores.

La ola de crítica y las nuevas concepciones corrían paralelas a una insatisfacción entre los métodos de FLT, debido al énfasis puesto en las estructuras del lenguaje y en la manipulación de formas gramaticales.

El Consejo de Europa decidió afrontar la realidad encargando a algunos expertos que estudiaran las necesidades de los estudiantes europeos. Wilkins (1973, 1976 y 1978), desarrolló un análisis del significado funcional que subyace al uso comunicativo del lenguaje.

Según este autor, en el lenguaje nos encontramos con una categoría nocional y otra funcional. Este trabajo culminó con el documento *Threshold Level* que, junto con el trabajo de lingüístas como Widdowson (1990), consolidó el nuevo enfoque como Comunicativo.

Actualmente, en la enseñanza de las lenguas suele basarse en metodologías influenciadas por este enfoque. De hecho, una de los objetivos que el Decreto 105 propone en cuanto a la enseñanza de las lenguas consiste en desarrollar en el alumno la competencia comunicativa.

Aunque no exista unanimidad a cerca del concepto de competencia, podemos adoptar la definición que Canale y Swain (1980) dan de esta: "Sistemas de conocimiento y destrezas subyacentes requeridas para la comunicación". El dominio de la competencia comunicativa requiere incluir cinco áreas de conocimiento y destrezas: la competencia gramatical, la competencia discursiva, la competencia sociolingüística, la competencia estratégica y la competencia sociocultural.

Este enfoque parte de la diferenciación de dos aspectos en el lenguaje. Por un lado el funcional, es decir, el referido a la comprensión y producción de mensajes según el contexto. Y, por otro, el nocional, o sea, aquel referido a los elementos língüísticos que conforman el lenguaje.

1.4. Nuevos enfoques y teorías

Las diversas teorías lingüísticas han dado origen, como hemos visto a diversos enfoques. Algunos de estos enfoques comenzaron a diferir de teorías como las del *Cognitive Code Learning* de J. B. Carroll (1980). Esta teoría aboga por un papel activo del alumno en el que lo importante es que este consiga un control de la fonética, gramática y léxico.

Esta teoría se convirtió en la base del Enfoque Humanístico el cual partía de un análisis psicológico del lenguaje y de las emociones del alumno para conseguir la adquisición de la competencia comunicativa mediante continuos actos de comunicación.

Partiendo de este enfoque, nacen una serie de teorías cuyas características vamos a comentar a continuación.

a) El Community Language Learning

Este método está basado en la teoría de Charles Curran (1972) del *"Counseling learning"*, en el que lo importante en un idioma son los sentimientos de los alumnos y sus reacciones psicológicas.

El profesor, por tanto, se convierte en *"counselor"*, mostrándose paternal, mientras que el alumno se apoya en otros miembros del grupo *"client or understander"* en un ambiente de compañerismo. Al principio el alumno depende completamente del profesor, llegando al final a la autosuficiencia *"self-assertiveness"*.

b) The Silent Way

Método ideado por Gattegno (1972) y que se basaba en la utilización de gestos, ayudas visuales y principalmente unas regletas de madera de distintos colores y tamaños para representar objetos distintos y para estimular al alumno en sus intervenciones.

Su nombre hace referencia a los momentos de silencio durante el proceso de aprendizaje. Durante los cuales el material lingüístico se graba en la mente de los alumnos. Lo fundamental es la actividad del alumno de la que se aprovechan las experiencias y procesos mentales, recibiendo más atención las estructuras gramaticales y la pronunciación que el vocabulario. Los alumnos construyen por sí solos palabras y frases apoyándose en las regletas.

c) La Sugestopedia

Método elaborado por Georgi Lozanov (1979) en el que intentó considerar los aspectos no racionales e inconscientes al comportamiento humano. Presta atención al clima de clase, en el que la organización de esta juega un papel fundamental.

Para desarrollar este método, se basa en el yoga y en la psicología soviética, según la cuál todos los alumnos son capaces de aprender una materia del mismo modo si se le proporciona un ambiente adecuado.

d) Total Physical Response

Método desarrollado por James Asher (1969, 1977) y en el que se pretende coordinar diálogo y acción, o sea, aprender una lengua a través de acciones físicas.

Basado en una especie de psicología conductista, aparece un proceso de estímulo-respuesta. Los elementos del lenguaje se presentan en formas de órdenes que requieren una respuesta física, de manera que cuando el alumno establece la relación entre el lenguaje utilizado y el significado, reproduce verbalmente lo aprendido.

Su eficacia se debe a que el alumno primero comprende y después produce, sin sentirse obligado a hablar. Además, es muy motivador por su continua actividad física, siendo especialmente eficaz para niños pequeños. En este caso, los errores son aceptados como algo normal del proceso de aprendizaje.

II. Implicaciones organizativas en cuanto a tipos de metodologías en el proceso de enseñanza-aprendizaje del inglés

Como hemos podido ver en el apartado anterior, los nuevos enfoques y metodologías para la enseñanza del inglés adquieren en el proceso de enseñanza y aprendizaje un papel fundamental, en cuanto a que facilitan la adquisición de la lengua extranjera.

La decantación por un determinado enfoque y, más concretamente una metodología, supone una estructuración de todos los aspectos que rodean a la enseñanza. Evidentemente, el papel del profesor dependerá de la opción metodológica de este y, por consiguiente, el papel del alumno.

Otros aspectos que influyen en la adopción de una determinada metodología son la distribución del tiempo, la del espacio y la agrupación del alumnado. En el trabajo que nos ocupa, analizaremos brevemente estos tres últimos aspectos en relación, desde una perspectiva general, con el enfoque metodológico elegido.

2.1. La distribución del espacio

La organización física de la clase es importante como elemento participante del proceso de enseñanza-aprendizaje de las lenguas, es por eso que es básico que esta cuente con unas características como son la flexibilidad, movilidad y adaptabilidad del espacio escolar.

Lamentablemente no siempre contamos con estas aulas "modelo" por lo que el profesor se ve obligado a redistribuir la misma para poder llevar a cabo ciertas actividades. Si queremos que el aprendizaje de la lengua extranjera se centre en el niño y que él mismo actúe en él, necesitamos disponer de la organización espacial que permita:

—La comunicación más variada y rica entre el grupo de la clase.
—El encuentro más fácil con los diversos materiales y recursos.
—El acceso a la curiosidad y experimentación.
—El trabajo cooperativo.
—La expresión libre de los niños, si es posible.
—Facilidad de movimiento.
—Posibilitar el contacto visual.

Especialmente relevante en lengua extranjera, es la división del aula en pequeños talleres o rincones de trabajo en los que el niño pueda relacionarse y moverse, aspectos que son fundamentales para la adquisición de una lengua.

Partiendo de un enfoque comunicativo, cualquier agrupamiento que favorezca la comunicación es positivo, sin olvidar la edad de los alumnos, el tiempo disponible y el tipo de actividad que hemos elegido.

No obstante, analizaremos algunos agrupamientos posibles y su relación con ciertas tendencias metodológicas en el aula de lengua extranjera:

a.- *"Traditional management"*, es la distribución tradicional en la que los alumnos se sitúan en líneas horizontales y verticales, uno detrás de otro mirando al profesor, propio de los enfoques tradicionales en los que el alumno tiene un papel pasivo.

b.- *"Circle teacher out"*, esta distribución favorece la comunicación ya que todos se ven las caras. Al no ser el profesor el centro de atención, los alumnos se sienten más libres y tranquilos. Esta distribución es adecuada para actividades dónde todos los alumnos participen activamente como *drills,* juegos y debates.

c.- *"Horse-shoe"*, este agrupamiento en semicírculo con el profesor en la mitad del círculo favorece el diálogo. Es bueno para todo tipo de actividades como juegos, dramatizaciones, debates o discusiones.

d.- *"In circle teacher inside"*, puede provocar alguna incomodidad por parte de los alumnos, sobre todo al principio, pero él puede guiarles y orientarles.

e.- *"Boarding meetings"*, los alumnos se sientan alrededor de una mesa. Es especialmente útil para aquellas actividades en las que se trabaja con muchos materiales y por lo tanto, para realizar proyectos, trabajos de cooperación y participación.

f.- *"Streams"*, agrupamiento en líneas paralelas que favorece todas las técnicas comunicativas, usado para debates.

g.- *"Learning stations"*, se realizan grupos en cada uno de los cuales se trabaja una actividad, de manera que los niños pueden ir cambiando de uno a otro.

Como podemos ver, todas los posibles agrupamientos, excepto el primero, se enmarcan en un tipo de enfoque comunicativo y humanístico. No obstante, estos agrupamientos no implican por sí solos que la metodología de enseñanza se base en estos aspectos, sino que son un aspecto más a tener en cuenta.

2.2. Distribución del tiempo

El tiempo, como ya hemos mencionado, influye aunque en menor medida, en el enfoque en el que el profesor basa su metodología. No obstante, es importante mencionarlo puesto que mediante la temporalización, el profesor distribuye un calendario de aplicación a los contenidos y actividades de acuerdo con las características psicoevolutivas de los alumnos.

En Educación Primaria, el tiempo dedicado al área de lengua extranjera es de dos horas en el segundo ciclo y tres en el tercero. En función del tiempo existen diversas planificaciones horarias de las clases de lengua extranjera. Estas normalmente son determinadas por el colegio, aunque siempre será el profesor en última instancia en sus programaciones el que proponga una temporalización más o menos flexible, fundamentalmente a la hora de desarrollar las sesiones diarias.

Existen divisiones horarias algo utópicas en la medida en que suponen un gran cambio organizativo como son el horario modular, el flexible o el abierto.

Dejando un poco de lado estas teorizaciones sobre la temporalización, los profesores en clase de inglés suelen utilizar el horario tradicional en el que el comienzo de la clase se inicia con un período de calentamiento (*warm up activity*) de unos 10 minutos. Después se va introduciendo los nuevos contenidos intercalando actividades que combinen diferentes destrezas en tramos que no superen los 10 o 15 minutos. Para trabajar la comprensión oral podemos realizar varias escuchas seguidas de una explicación de vocabulario (10 minutos), terminando con ejercicios escritos cuya corrección nos puede servir de repaso para la clase siguiente.

Es importante tener en cuenta que ninguna temporalización es definitiva ni rígida, pues esta siempre dependerá del tipo de metodología a seguir y de factores como:

—El horario de clase (según hora del día)
—La edad de los alumnos.
—La composición del grupo humano.
—La prioridad de los objetivos a alcanzar.
—Los recursos disponibles.
—Características culturales y económicas del entorno.
—Trabajar las cuatro destrezas, aunque siempre se dedique más tiempo a la comprensión oral hasta que el alumno tenga competencia comunicativa para expresarse.

2.3. Agrupación del alumnado

Uno de los fundamentos que contempla la nueva Reforma es la consideración del alumno como eje principal del proceso de enseñanza y aprendizaje, si además a esto le unimos que una de las perspectivas desde la que se define la educación es como transmisión y ejercitación de valores, podemos darnos cuenta de que la importancia de agrupar al alumnado va más allá de la mera intención pedagógica.

Basándonos en el enfoque comunicativo, la agrupación del alumnado nos permitirá:

—Ayudar al proceso de socialización.
—Desarrollar actitudes como las de cooperación, participación o respeto.
—Ayudar al desarrollo de la competencia comunicativa y por lo tanto al uso funcional del lenguaje.
—Mejorar la capacidad de producción oral del alumno.
—Individualizar la enseñanza.
—Motivar al alumno.

—Romper con la rigidez del trabajo individual.
—Enriquecer con las experiencias de los compañeros.
—Enseñar de forma más activa.
—Fomentar la amistad y compañerismo.

Entre las diferentes agrupaciones con las que podemos contar en clase de inglés están:

a.- *Pair-work* o trabajo en parejas. Se suele trabajar con ella cuando practicamos la expresión oral en las que se hacen preguntas, diálogos o role plays.

b.- *Small groups* o pequeños grupos de 3 o 4 alumnos para realizar actividades como juegos o diálogos.

c.- *Medium groups*, son grupos medianos de unas 5 personas con los que podemos trabajar en actividades como *proyects*.

d.- *Big group*, en cuanto al grupo clase, para realizar actividades de debate, role plays o canciones.

Observando las directrices bajo las que hemos definido los enfoques anteriores, comentaremos como sería el agrupamiento individual o por parejas el característico de una enseñanza más tradicional, mientras que los otros tipos de agrupamiento se trabajarían bajo enfoques más comunicativos.

Al igual que con los dos anteriores aspectos organizativos, la agrupación del alumnado es un elemento más que conforma una determinada forma de enseñar del profesor. Aunque también cabe decir que aspectos de este tipo son precisamente los que conducen a una determinada elección metodológica.

3. Bibliografía

ASHER, J. (1977): *Learning another Languages through Actions: The Complete Teacher's Guide Book*. Los Gatos California. Sky Oaks Production.

BROOKS, N. (1966): *Language and Language Learning*. New York. Harcourt Brace and Co.

CANALE, M. and SWAIN, M. (1980): Theoretical bases of communicative approaches to second language teaching and testing. Applied Linguistics 1: 1-47.

CARROLL, B. J. (1980): *Testing Communicative Perfomance*. Oxford. Pergamon Press.

CURRAN, C. A. (1976): *Counselling-Learning in Second Languages*. Apple River. Apple River Press.

GATTEGNO, C. (1972): *Teaching Foreing Languages in Schools: The Silent Way*. New York. Educational Solutions.

KRASHEN , S. and T. TERREL (1983): *The Natural Approach*. Oxford. Pergamon.

LOZANOV, G. (1979): *Suggestology and Outlines of Suggestopedy*. New York. Gordon and Breach, Science Publishers.

R.D. 105/1992 de 9 de junio, por el que se establecen las enseñanzas correspondientes en la Educación Primaria en Andalucía.

WIDDOWSON, H. G. (1990): *Aspects of Language Teaching*. Oxford University Press.

WILKINS, D. A. (1976): *Notional Syllabuses*. Oxford. Oxford University Press.

ENCUENTRO CON LA CULTURA ISLÁMICA: UNIDAD DIDÁCTICA MULTIMEDIA CREADA PARA LA EDUCACIÓN INFANTIL

Mª ESTHER CABALLERO CORDÓN
Seminario Virtual UNESCO sobre Educación y Tecnologías de la Información
- Sección de Investigación de la Asociación para el Desarrollo de la
Comunidad Educativa en España. COM. ED. ES.
ANA Mª CABRERA CÉSAR
Doctoranda del Departamento de Didáctica y Organización Escolar
de la Universidad de Granada - Sección de Investigación de la Asociación
para el Desarrollo de la Comunidad Educativa en España. COM. ED. ES.
JOSÉ ANTONIO ORTEGA CARRILLO (Coordinador).
Departamernto de Didáctica y Organización Escolar
de la Universidad de Granada: Grupo de Investigación ED. INVEST.

1. Necesidad y utilidad de introducir la educación intercultural en la Educación Infantil

El racismo se ha convertido en la última mitad del siglo XX en un problema acuciante. Acaso las corrientes migratorias procedentes de los países del Magreb e Iberoamérica han provocado la aparición en los países europeos más desarrollados de prácticas violentas, racistas y xenófobas, contrarias a la carta de Derechos Humanos. Ha surgido en estas sociedades una auténtica problemática pluricultural.

El fomento del diálogo intercultural en los centros educativos puede ser una herramienta de gran utilidad para la prevención y corrección de este tipo de conductas antisociales. En España, la educación intercultural está considerada como materia transversal y sus objetivos aparecen repartidos en la educación moral y cívica, educación para la paz y educación para la igualdad de oportunidades entre los sexos (García, A. y Sáez, J., 1998).

El objetivo de este trabajo es contribuir al acercamiento de los alumnos de Educación Infantil a la cultura islámica a través del uso de un programa informático multimedia diseñado a tal efecto por los autores. Este material se ha confeccionado teniendo en cuenta las características de los niños y niñas de edades comprendidas entre 3 y 6 años (desarrollo motor y cognitivo) y nace como un material tecnológico-curricular artesanal elaborado para la consecución de ciertos objetivos relacionados con la educación intercultural y alfabetización informática que se han de iniciar en esta etapa educativa.

1. Partiendo de las características del niño/niña de 3 a 6 años.

Las características evolutivas de los niños y niñas de 3 a 6 años relacionadas con aspectos físicos y cognitivos y conocimiento de la realidad tenidas en cuenta a la hora de desarrollar el software de educación intercultural han sido:

1.1 Desarrollo físico y motor

Una de las capacidades a desarrollar en esta etapa, según establece el Decreto 107 que regula la Educación Infantil, en sus objetivos a) y b), es adquirir una mayor autonomía y dominio de su cuerpo a través del conocimiento de sus posibilidades y límites.

En el segundo ciclo de Educación Infantil y de la mano del material didáctico elaborado ayudaremos a los alumnos y alumnas a lograr:

—*Madurez neurológica.*
—*Madurez sensorial* (favoreciendo el desarrollo perceptivo con riqueza de estímulos).
—*Dominancia lateral* y su incorporación al propio esquema cognitivo, permitiendo así el desarrollo y dominio espacial y temporal.
—*Experiencias sociales*, mediante la imitación corrige posturas y aprende gestos nuevos.

1.2. Desarrollo cognitivo del niño

En la actualidad se sabe que los niños con pocos meses de vida poseen ya un mundo perceptivo semejante al de los adultos. Los niños con cuatro y cinco meses muestran cierta atención selectivo-perceptiva ya que se fijan en unos estímulos despreocupándose de otros. Según Palacios (1993), prefieren los objetos brillantes, con gran gama de colores y objetos móviles.

Estas preferencias son de gran importancia, puesto que nos están indicando que realiza una atención estimular específica, lo que supone un gran punto de partida para planificar los recursos y las actividades que vamos a desarrollar en el aula, y de manera especial nuestro material curricular artesanal.

Habremos de centrar nuestra atención en aquellas imágenes que permiten a los niños y niñas ir creando su mundo perceptivo que será el cimiento para su desarrollo cognitivo posterior.

Nos encontramos en la etapa que Piaget denomina preoperatoria que comprende los subestadios: preconceptual que va de los 2 a los 4,5 años y del pensamiento intuitivo, comprendido entre los 4,5 y los 7 años.

El pensamiento preconceptual se caracteriza por ser un paso intermedio entre la generalización de los conceptos y la distinción de los elementos de los mismos.

Del mismo modo el pensamiento intuitivo está caracterizado por la fijación en unos datos perceptivos en detrimento de otros. En esta etapa los sujetos no son capaces de ejercitar el principio de compensación multiplicativa o de proporcionalidad inversa entre magnitudes, es decir, aún no cuentan con la reversibilidad del pensamiento. Este hecho le lleva a cometer errores tan usuales como pensar que un vaso largo y estrecho contiene la misma cantidad de líquido (volumen) que otro bajo y ancho, que para ellos contendrá más cantidad de agua.

Igualmente a estos sujetos les cuesta mucho trabajo eliminar creencias erróneas que se habían forjado en su mente y sustituirlas por otras nuevas ya que tienden a almacenar datos inconexos que olvidarán con facilidad.

Por consiguiente, dan mayor importancia a la acción y a todo lo manipulable y observable (figurativo) que a lo abstracto y esquemático.

Estos sujetos suelen estar fuertemente influenciados por su egocentrismo, aunque al parecer no tan profundamente como han venido sosteniendo las teorías piagetianas ya que son muchos los investigadores que sostienen que el/la niño/niña razona lógicamente en muchas situaciones, siendo la diferencia más cuantitativa que cualitativa (Bryant, Trabasso, 1971; Wellman, 1985; Flavel, 1977).

1.3. Conocimiento de la realidad

En el diseño del material tecnológico-didáctico intercultural habremos de tener en cuenta las orientaciones didácticas para la Educación Infantil, es decir, el trabajo globalizado, realizado mediante actividades motivadoras y significativas basadas en el juego como principal vehículo de aprendizaje. Del mismo modo, consideraremos estrategias específicas el conocimiento y descubrimiento a través de la observación y experimentación.

A) La observación:

Es una cualidad innata del hombre que permite el desarrollo de capacidades sensoriales, asimilación de emociones, precesión en elementos separados de objetos, seres, acontecimientos...

La observación puede tener diferentes modalidades en función de la planificación previa que realice el profesorado. Así podemos distinguir entre *observación espontánea* en la que el alumno elige el objeto a observar y las pautas a seguir y *observación sistemática*, que requiere una detallada planificación por el profesorado. Ésta última es la que intentaremos promover con nuestro programa educativo.

B) La experimentación:

La experimentación permite al sujeto ir más allá de la simple observación; con ella se adentra en los procesos del entorno pudiendo modificarlos y aportando soluciones a los mismos. Gracias a esta estrategia el escolar se adentrará en el entorno como un ser activo que puede aportar soluciones a infinidad de problemas, desarrollando la capacidad de autonomía y mantener relaciones sociales satisfactorias comprendiendo a los demás. Nuestro software está basado en un conjunto de experiencias visuales que van sucediéndose en las diversas pantallas de ordenador.

2. La unidad didáctica visual como instrumento de programación intercultural

La programación es una herramienta de trabajo que contiene cuándo y cómo actuar en el aula convirtiendo al niño en el objeto y fin último de la educación.

El tipo de programación más aconsejado para la Educación Infantil es la Unidad Didáctica. En ella se articulan todos los elementos curriculares: objetivos, contenidos, actividades... alrededor de un tema de interés para el niño/a. En el caso de los niños granadinos y por su relación familiar con el conjunto monumental de la Alhambra, el Generalife y el barrio árabe del Albayzín se ha optado por acercarnos, jugando, al conocimiento de algunas señas de identidad de la cultura islámica y su influencia en la vida granadina.

Dada la enorme influencia que los musulmanes han tenido en nuestra historia pasada y presente pensamos que es necesario introducir algunas nociones de la misma ya en el segundo ciclo de Educación Infantil a través de imágenes y de juegos interactivos.

El conocimiento de otra cultura diferente puede contribuir decisivamente a entender otras formas de pensar y actuar y a respetarlas tal como proponen los objetivos c) y d) del Decreto 107 del 9 de junio de 1992, por el que se regulan las enseñanzas mínimas de este nivel:

* Preparación para participar activamente en la vida social y cultural.
* Formación en la paz, cooperación y la solidaridad entre los pueblos.

La llamada al diálogo intercultural aparece reflejada de forma indirecta en el artículo 8 de la LOGSE en el que se establecen las capacidades a desarrollar en la etapa de Educación Infantil:

a) Conocer su propio cuerpo y sus posibilidades de acción.
b) Relacionarse con los demás a través de las distintas formas de expresión y comunicación.
c) Observar y explorar su entorno natural, familiar y social.
d) Adquirir progresivamente una autonomía en sus actividades habituales.

En el segundo ciclo de Educación Infantil se pretenden alcanzar las capacidades que permitan el pleno desarrollo del alumno/a en cuanto a su equilibrio personal tanto físico como cognitivo, en lo tocante a las relaciones interpersonales y en el conocimiento del entorno.

En este sentido el trabajo con textos visuales puede promover el desarrollo de los tres ámbitos de conocimiento y experiencia de la Educación Infantil:

—Ámbito de la *Identidad y Autonomía Personal*: al conocer los elementos de su cuerpo y moverse libremente por el espacio que le rodea.
—Ámbito del *Medio Físico y Social*: al descubrir su entorno inmediato mediante fotos de su ciudad, de su barrio, de su colegio, y al relacionarse con sus compañeros para trabajar y comunicarse lo observado.
—Ámbito de la *Comunicación y Representación*: nuevo método que enriquece lectura y escritura tradicional al ampliar las formas de comunicarse (electrónicamente).

Las imágenes se caracterizan por ser globales, inmediatas, concretas y móviles, lo que contribuye al mantenimiento de la atención y la motivación.

El niño en este segundo ciclo posee un pensamiento representativo, cuyos contenidos son esencialmente las imágenes que se suceden dando lugar a distintas formas de actuación. El párvulo que es aún egocéntrico encuentra en las imágenes elementos y modelos que le ayudarán a construir realidades relativas diferentes. Asimismo la introducción a la lectura analítica de textos visuales mediante la localización y comentario de detalles (descripción de objetos, colores, texturas, luces, sombras, etc.) ayudará a mejorar la capacidad de captación y procesamiento de la información.

3. Informática y Educación Infantil: Desarrollando el material didáctico multimedia de temática intercultural

La introducción del uso del ordenador en los desarrollos curriculares de la Educación Infantil facilita la creación de situaciones que favorecen la evolución del alumno/a en diversos aspectos (Tavernier, 87):

—En el campo *Psicológico*: permite el desarrollo de la autonomía y organización, estimulando el desarrollo de aspectos cognitivos más complejos a través de la manipulación y observación.
—En el campo *social*: se puede desarrollar mediante trabajos en grupo y mediante la comunicación de lo descubierto en gran asamblea.
—En el campo *lingüístico*: aumentan su vocabulario con el específico de la informática.
—En el campo *matemático*: permiten la exploración del espacio.

3.1. Entrada del *MICROSOFT POWERPOINT en el aula*

Microsoft PowerPoint es un software mediante el cual se pueden crear magníficas presentaciones, tanto orales como escritas, para exponer ante cualquier tipo de público. Los niños del segundo ciclo de E.I. pueden aprender a usarlo jugando. Veamos un ejemplo:

Antes de ponernos a trabajar con el programa en sí, necesitamos preparar con anterioridad la actividad a realizar. Una vez diseñada (tomemos como ejemplo la actividad del vestuario), los niños dibujan los personajes con los que se va a trabajar y sus ropas. En concreto para esta actividad necesitamos dibujar:

—Personajes (niño y niña) en ropa interior.
—Personajes vestidos completamente.
—Ropa suelta de ambos personajes.

El profesor digitalizará estos dibujos mediante un escáner y los guardará en el disco duro del ordenador en archivos individuales con formato JPEG.

Una vez preparados los dibujos, introducimos a los alumnos/as la aplicación de Microsoft PowerPoint para realizar la presentación.

La creamos usando una presentación en blanco. Seguidamente seleccionamos el fondo de la diapositiva con un color acorde a nuestra presentación, en este caso de colores llamativos, al tratarse de niños/as de educación infantil: amarillo, azul, rojo,...

Una vez que tenemos el fondo, insertamos los dibujos con los siguientes pasos:

—Insertar imagen desde el archivo.
—Seleccionar el archivo donde se encuentra el dibujo que queremos.
—Aceptar.

Al terminar estos pasos aparece en nuestra presentación, y sobre nuestro fondo, el/los dibujo/s seleccionado/s.

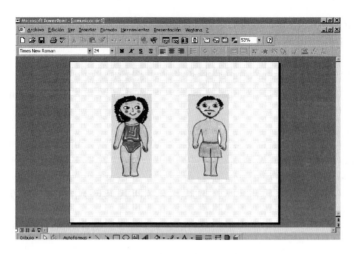

Fig.1. Ejemplo de diapositiva electrónica creada insertando imágenes escaneadas.

El programa permite dotar a las imágenes y los textos de animación. Veamos descrito un ejemplo: "aparece la niña, luego el niño, y seguidamente la ropa que va volando desde los lados y esquinas de la pantalla hasta colocarse encima del cuerpo del personaje al que pertenezca". Para conseguir este efecto se selecciona el objeto que queremos animar y lo señalamos con el puntero visual del ratón (botón derecho). Nos aparecerá, entre otras, la opción *"personalizar animación"*. Una vez dentro escogemos el efecto que deseamos aplicar (por ejemplo, "aparecer"). Antes de cerrar esa herramienta, abrimos la pestaña de intervalo y escogemos la opción de animar automáticamente un segundo después del evento anterior. Esto nos permite que la presentación vaya avanzando por sí sola en los intervalos de tiempo programados.

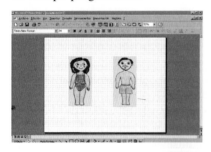

Fig.2. Secuencia resultante de vestir mediante animación a los muñecos.

3.2. Creación de la unidad didáctica: "DIVIÉRTETE CON FÁTIMA Y ALÍ"

La siguiente unidad didáctica va dirigida a niños/as del tercer curso del segundo ciclo de educación infantil, cuyas edades están comprendidas entre los 5 y 6 años.

Objetivos específicos:

1. Conseguir el progresivo desarrollo de la psicomotricidad fina.
2. Conocer el entorno próximo de la ciudad en la que vive.
3. Identificar otras culturas mediante diversos elementos de su vida cotidiana: vestido, alimento, construcciones e influencia en nuestra cultura.
4. Valorar la pluralidad cultural, respetando las opiniones propias y las de los demás.
5. Adquirir nociones elementales sobre medios tecnológicos.
6. Saber identificar colores.
7. Reconocer las diferentes partes del cuerpo.

Contenidos:

Conceptuales:

Diferenciar,
- Los colores: rojo, amarillo, azul, rosa,
- Las partes del cuerpo: brazos, manos, piernas, cabeza...
- Ciertos elementos de la cultura islámica: alimentación, vivienda, vestimenta, legado, etc.

Procedimentales:
- Introducir el uso lúdico-creativo del ordenador.
- Adquirir agilidad manual al desplazar el ratón.
- Conocer la ciudad en la que vive.

Actitudinales:
- Valorar las costumbres de otras culturas.
- Colaborar con otros compañeros en la realización de los trabajos en clase.
- Respetar otras opiniones.
- Aprender a distinguir sin discriminar a otros por su raza, sexo, ideología...

Actividades:

Actividades de motivación:

En primer lugar contaremos a los niños una historia para motivarlos, en la que aparezcan los personajes del programa informático que desarrollaremos después.

Desarrollo de las actividades:

- **Actividad sobre el vestuario**: Consistirá en una exposición de las principales ropas usadas por los musulmanes. Dicha exposición constará de tres partes:
  * Aparecen los dos personajes (niño/a) en ropa interior.
  * Aparecen los personajes con la ropa a los lados.

* La ropa va colocándose en el personaje donde proceda.

* Los personajes quedan totalmente vestidos.

- **Actividad sobre la alimentación**: Van apareciendo diferentes alimentos junto con su grafía. Los niños/as deberán pronunciar el nombre de la imagen que están visualizando.

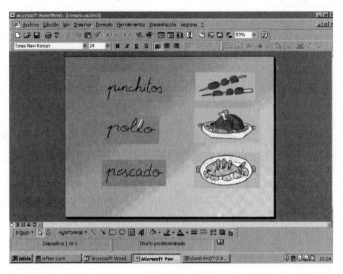

Fig.3. Pantalla creada para el debate sobre la alimentación musulmana.

* **Actividad sobre la vivienda de las autoridades**: Se presenta una imagen de la Alhambra, como construcción típica musulmana que existe en nuestra ciudad. Una narración irá describiéndola: colores, materiales, vegetación, formas... el niño deberá seguir la descripción con su dedo.

Fig.4. Pantalla creada para ejercitar la lectura analítica de un texto visual (paisaje).

* *Actividad sobre la influencia de su cultura en la nuestra*: En esta actividad se les presentan algunos de los objetos o técnicas usadas por los musulmanes que han llegado hasta nuestros días y que los/as niños/as deberán identificar y observar explicando su importancia.

Fig. 5. Pantalla creada para motivar el diálogo sobre los sistemas de regadío heredados de los árabes.

Evaluación:

La evaluación ha de ser procesual, es decir:

—*Inicial:* En la que desarrollaremos una asamblea general para ver los conocimientos previos de los niños/as, partiendo así de sus necesidades e intereses.
—*Continua*: Observando el desarrollo de las actividades.
—*Final:* Una asamblea general con todos los alumnos/as para saber lo que han aprendido. Realizar dibujos y murales sobre lo que más les ha gustado.

Bibliografía

CASTILLEJO, J. L. y otros (1989): *El currículum en la escuela infantil.* Aula XXI. Santillana. Madrid.
CONSEJERÍA DE EDUCACIÓN Y CIENCIA. JUNTA DE ANDALUCÍA (1993): *Materiales curriculares de Educación Infantil.* Sevilla.
PALACIOS, J. (1993): *Desarrollo psicológico y educación.* Alianza. Madrid.
PIAGET, J. INHELDER, B. (1984): *Psicología del niño.* Crítica. Barcelona.
TAVERNIER, R. (1987*): La escuela antes de los seis años.* Martínez Roca. Barcelona.

ABAD, L., CUCÓ, A. e IZQUIERDO, A. (1993): *Inmigración, pluralismo y tolerancia*. Editorial Popular.

GARCÍA MARTÍNEZ, A. y SÁEZ CARRERAS, J. (1998): *Del racismo a la interculturalidad. Competencia de la educación*. Editorial Narcea.

VÁZQUEZ, S. y GARCÍA, R. (1997): *PowerPoint para Windows 95*. Anaya. Madrid.

EDUCACIÓN PARA TODOS/AS: INTEGRACIÓN SOCIAL Y CULTURAL

TAKELI RAMÓN DYSSYRAMA
Vicedecano de Estudiantes y Docencia de la Facultad de Ciencias de la Educación
Universidad de Granada.

Según *Froebel*, de gran influencia en la España del siglo XX a través de su obra "La Educación del Hombre", defiende el desarrollo de personas capaces de verse a sí mismas y a su mundo como parte de un orden natural, social y divino, por lo que hay que potenciar la creatividad del muchacho. *Herbart*, afirma esa idea diciendo que "el fin básico de la Educación es el desarrollo de la moralidad y el cultivo de la inteligencia para utilizar flexiblemente el saber"

Como pedagogo y miembro de la *UNESCO* (12 AÑOS), quiero compartir con toda la comunidad educativa unas reflexiones sencillas respecto al papel que la *EDUCACIÓN* debe jugar en el desarrollo de cualquier país y mucho más en aquellos que buscan una vía de escape al desarrollo que padecen.

Después de siglos de colonización, los países tercermundistas, países pobres, *llamados países en vías de desarrollo,* han conseguido tener su independencia. De hecho, la independencia, que yo llamo *independencia envenenada,* hoy es sinónimo de democracia en esos países. Sin embargo, también es una de las causas de subdesarrollo, puesto que los dictadores sedientos del poder causan disturbios, temores y, como no, guerras fratricidas para perpetuarse en la cima del poder absoluto. Consciente de este hecho, los países ricos salvaguardan sus intereses aportando sólo aquella ayuda que no ponga en peligro sus beneficios.

De forma elemental, todas y todos nosotros sabemos que la Educación de un pueblo es la base de su desarrollo. Si bien es cierto que sin los recursos económicos no hay lugar para educación. Ambos son conceptos interdependientes y, a la vez, íntimamente ligados.

¿Para qué sirven las periódicas campañas de recaudación de dinero? Para nada. Estas recaudaciones de miles de millones de pesetas han tenido por fuerza que ser mal distribuidas, pues hasta ahora esos fondos no han dado ningún resultado positivo en el área de la educación, mientras que la situación socio-política y económica va de mal en peor.

Si los países ricos no cambian su política, será difícil que haya desarrollo en todos los ámbitos. ¿Cómo se ayuda a un país pobre? ¿Entregándole armamento a cambio de materias primas? ¿Por qué los países pobres son cada vez más pobres? ¿Cómo se explica el hecho de que un país pobre, que no es autosuficiente para alimentar a su población, tenga un potente ejército armado con miles de soldados que sólo saben disparar a las ordenes de los jefes manipulados y ansiosos del poder? ¿Son robots o humanos? Para mí es muy simple: los gobernantes ven en el ejército armado la única vía de permanencia en el poder; por tanto, no se privan de endeudarse más y más con los países ricos.

Si verdaderamente los países ricos quieren que el fenómeno migratorio cese, o al menos disminuya, tienen que dirigir sus ayudas, sobre todo, al ámbito de la Educación. La ayuda en forma de alimentos, ropa, medicamentos, etc. Es muy importante... en Educación, aún más: es imprescindible.

Hay que empezar por la base; sin Educación no habrá desarrollo posible, democracia auténtica. Derechos humanos y libertades serán conceptos vacíos de contenido y los países pobres acabarán llamándose países en vías de subdesarrollo.

¿Qué hacer para la mejora de la Educación – la verdadera Educación- que conducirá a un posible desarrollo de los países pobres que a su vez llegarán a ser totalmente independientes?

Federico Mayor Zaragoza – Presidente Director General de la UNESCO Saliente- dijo que: "hay que estimular a los responsables políticos e interlocutores sociales de todo el mundo a aprovechar las oportunidades y redefinir las prioridades". Todos y todas no estamos lejos saber de qué prioridades nos habla el señor presidente de la UNESCO. Sin duda ninguna, una de las prioridades – la más importante- es la Educación. La UNESCO está actuando con la más absoluta urgencia para alcanzar esa verdadera misión. Fácil no lo es, imposible tampoco. No dejaremos de lado el apoyo al desarrollo de la Educación de Federico García Lorca en todas sus obras. Decía que: " Antes de llenar mi habitación de comida, prefiero un bollo de pan y un libro". Es obvio saludar la idea de Lorca que se hizo más que nunca mucho eco en el ámbito del desarrollo de la Educación.

Desde esas perspectivas que acabamos de citar, las finalidades educativas del autor Pestalozzi, pretenden el desarrollo de personas capaces de contribuir a la creación de un nuevo orden social.

ESTRATEGIAS DE MEJORA DE LA ARQUITECTURA COMUNICACIONAL DEL SERVIDOR WEB DEL "SEMINARIO VIRTUAL UNESCO SOBRE EDUCACIÓN Y TECNOLOGÍAS DE LA INFORMACIÓN"

JOSÉ ANTONIO ORTEGA CARRILLO
Departamento de Didáctica y Organización Escolar de la Universidad de Granada - Centro
UNESCO de Andalucía: jaorte@platon.ugr.es
JOSÉ ANTONIO GÓMEZ FERNÁNDEZ
JUAN GARCÍA GALERA
FRANCISCO LUIS CINTRANO SERRANO
JESÚS DANIEL CARAVACA SOLANO
Sección de Investigación de la Asociación para el Desarrollo de la Comunidad Educativa en
España. Equipo Info@Alfa: sevimeco@platon.ugr.es

1. Evolución tecnológica de la comunicación hipermedia

La evolución de los hipertextos (páginas web) los ha convertido en documentos hipermedia provistos de enlaces y elementos dinámicos. Inicialmente surgieron las páginas web primitivas, compuestas únicamente de textos superpuestos sobre fondos cromáticos. Posteriormente se añadieron gráficos estáticos y dinámicos (en formato GIF89). En una tercera generación se insertaron secuencias de vídeo (en formatos AVI y MPEG) y de audio (WAV y MIDI). Hoy en las páginas web más avanzadas no existen elementos estáticos: el lector puede moverse e interactuar con el resto de los elementos de la página con gran libertad. Las esquinas han dejado de ser cuadradas adoptando formatos curvilíneos, los menús han dejado de presentarse como gráficos estáticos para convertirse en árboles de menús y submenús con ventanas que se abren en la pantalla con sólo pasar el ratón sobre algún elemento visual.

Los creadores de hipertextos hemos dejado de usar exclusivamente el lenguaje HTML (HyperText Markup Language) para, tomándolo como base, crear mensajes mediante otros efectos tales como los que proliferan los applets Java (pequeñas aplicaciones que se ejecutan del lado del cliente, es decir, en el ordenador del usuario), las rutinas en JavaScript (programas que se incluyen dentro del mismo código HTML de la página web) y HTML dinámico entre otras formas de codificación hipermedia.

El siguiente ejemplo es una muestra de tal evolución comunicacional. Puede comparar-se los dos gráficos adjuntos extraídos de la página web de un operador de telecomunicaciones. La segunda pantalla es una evolución de la primera obtenida desplazando el puntero del ratón y pulsando el botón izquierdo del mismo.

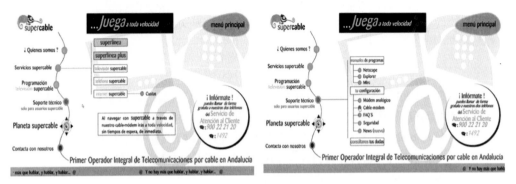

Figura 1. Web de teleoperador.   *Figura 2. La misma web tras pulsar el botón izquierdo del ratón.*

En este trabajo describiremos la evolución de la web del *Seminario Virtual Interuniversitario UNESCO sobre Educación Tecnologías de la Información* (**www.ugr.es/ ~sevimeco**) cuyas modificaciones han sido diseñadas para facilitar la consulta a las distintas bibliotecas electrónicas del mismo.

2. Optimización comunicacional mediante las aplicaciones del lenguaje JAVA.

Entre las necesidades más frecuentes que suelen presentarse a la hora de gestionar y renovar páginas webs destaca el hecho que se produce cuando, al aumentar el volumen y la variedad de la información, se introducen organizativo-visuales que facilitan al navegante que ya la ha visitado con anterioridad encontrar los nuevos contenidos.

Una alternativa consiste en crear un menú o pizarra dinámica en la que aparezcan exclusivamente enlaces a las nuevas entradas del hipertexto. Es conveniente que esta pizarra se ubique en una de las primeras páginas (portada o primer túnel de entrada). De esta forma, el usuario que ya conoce la organización de la información de la web puede acceder directamente a las novedades informativas.

La pizarra puede ser creada por el programador empleando el lenguaje Java o recurriendo a herramientas (programas) dedicados que personalizan el aspecto del applet que implementa la figura.

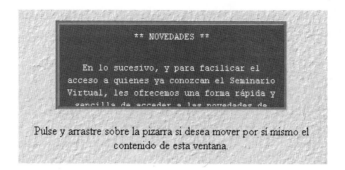

Figura 3. Pizarra interactiva creada mediante lenguaje Java que muestra las novedades informativas del Seminario Virtual

De esta manera es posible diseñar menús dinámicos en los que se despliegan informaciones al pulsar sobre alguna de las opciones o, simplemente, al pasar sobre ellas con el puntero del ratón. En nuestro caso, hemos optado por esta segunda opción para crear los dos menús que conducen a las principales utilidades del Seminario.

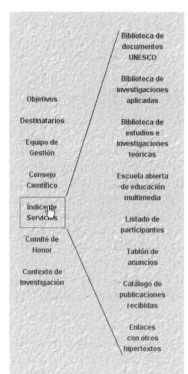

Figura 4. Menús de opciones del Seminario creado mediante aplicaciones del lenguaje Java.

Otra figura visual que permite optimizar la comunicación hipermedia es la creación de botones dinámicos. Estos sustituyen a los ya clásicos creados usando las posibilidades del lenguaje JavaScript caracterizados por ser monocromáticos y estrictamente rectangulares. La programación en Java permite crear botones dotándolos de colores y formas, fijas o cambiantes, así como de movimiento (animación).

3. Creación de sistemas organizados de búsqueda e inserción de información mediante programación en lenguaje Scripts (CGI)

A continuación describimos otra serie de mejoras comunicacionales diseñadas mediante el lenguaje de *scripts* CGI (Common Gateway Interface). Se trata de un conjunto de programas que se ejecutan en el servidor (máquina remota) y se encuentran asociados a la página visitada. Su función es la de agilizar el proceso de actualización de los contenidos de la web mediante la automatización de ciertas tareas:

-   Motor de búsqueda de documentos: *se trata de una aplicación que permite la localización de términos en los distintos documentos que componen las bibliotecas electrónicas del Seminario. La zona editable permite introducir el término o los términos a buscar. El botón 'Buscar' inicia la operación y el botón 'Borrar' limpia el interior de la zona editable para poner en marcha el proceso de permitir una nueva búsqueda. Una vez concluido el visualizador obtiene en su pantalla una relación de enlaces a los documentos que contienen el término (en función de la frecuencia de aparición).*

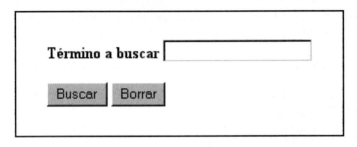

Figura 5. Pantalla de acceso al motor de búsqueda.

- Carga automática de los documentos en la máquina servidora: A medida que el volumen de hipertextos almacenados en las bibliotecas electrónicas aumenta se complejizan los procesos de organización y actualización de la información. Para evitar tal situación se ha optado por crear una aplicación informática que sea capaz de generar automáticamente un directorio e introducir en él el nuevo hipertexto (con gráficos, vídeos, sonidos, ficheros de texto que contienen funciones JavaScript, etc.). Este proceso permite mantener constante la estructura interna del contenido del Seminario, evitando que pueda crearse desorden en la catalogación bibliográfica y en la localización documental. Se ha introducido un control de autentificación para evitar que cualquier individuo, por error o mala intención, pueda insertar contenidos dentro de la máquina servidora cuya calidad no haya sido contrastada por el Consejo Científico.
- Proceso de alta en la lista de participantes del Seminario: dentro del Seminario existe una relación pública de participantes. Los usuarios que deseen aparecer en ella han de enviar sus datos mendiante un formulario electrónico. Esta nueva aplicación informática recoge dichos datos y automáticamente actualiza la página web que contiene el listado de participantes. Esta actividad es funcionalmente similar a la anterior, pero difiere en dos aspectos:
  - El resultado es mostrado al navegante en el mismo instante en que realiza la operación.
  - No requiere control de autentificación.

4. Creación de dinamismo textual mediante las aplicaciones de la programación en JavaScipt

Otra de las herramientas que se emplean para animar lo estático es el lenguaje JavaScript. Se trata de un lenguaje de programación cuyo código se puede insertar dentro del mismo fichero de la página web.

Una posibilidad interesante que permite este lenguaje es presentar una larga lista de opciones o documentos (Índice) en forma de barra desplegable.

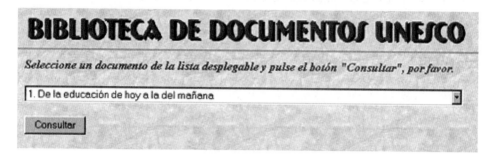

Figura 6. Lista desplegable creada mediante aplicaciones de JavaScript.

Basta pulsar sobre la flecha para que se despliegue el listado. Tras ello es posible seleccionar mediante el ratón uno de los documentos, pulsar el botón 'Consultar' y en pocos segundos aparecerá en pantalla el documento hipertextual referenciado.

Para implementar esta aplicación hemos incluido el siguiente código a continuación de la etiqueta <BODY> de la página web. Su consecuencia es realizar el salto una vez pulsado el botón.

```
<script language="JavaScript"><!—
function salto(formulario)
{
    var indice=formulario.lista_doc.selectedIndex;
    var direccion=formulario.lista_doc.options[indice].value;

    if (direccion=="")
    {
      alert("Seleccione un destino, por favor");
    }
    else
    {
      location.href=direccion;
    }
}
// —></script>
```

Y este otro código que especifica la lista de opciones y cada uno de sus elementos u opciones constituyentes:

```
<form method="POST">
<p>
<select name="lista_doc" size="1">

<option value="documentos/unesco/bdu01.htm">
1.    De la educación de hoy a la del mañana
</option>

<option value="documentos/unesco/bdu02.htm">
2.    Declaración de la UNESCO relativa a la educación sobre los medios de comunicación
</option>

</select>
</p>
<p>

<input type="button" name="BConsultar" value="Consultar" onclick="salto(this.form);">

</p>
</form>
```

Las etiquetas <OPTION>...</OPTION> se repiten por cada una de las opciones que deseamos que aparezcan en la lista.

Como última novedad introducida merced a las posibilidades del elemento implementado en JavaScript mencionaremos el *texto en movimiento*. Consiste en un texto que aparece progresivamente en una ventana de la pantalla de forma similar a como si lo estuviésemos tecleando.

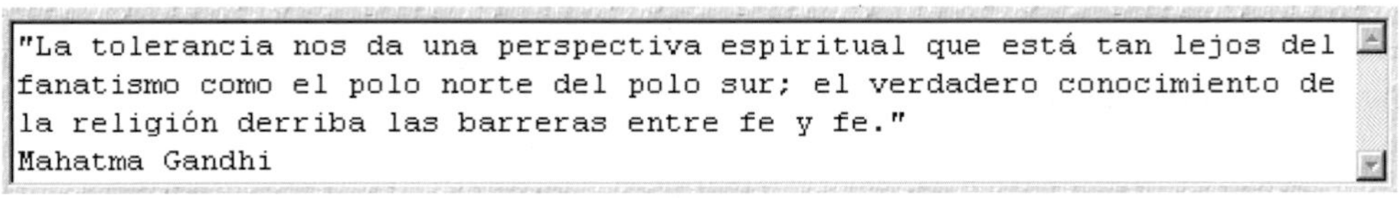

```
"La tolerancia nos da una perspectiva espiritual que está tan lejos del
fanatismo como el polo norte del polo sur; el verdadero conocimiento de
la religión derriba las barreras entre fe y fe."
Mahatma Gandhi
```

Figura 7. Texto dinámico desplegable creado en JavaScript.

Para finalizar, describimos dos modificaciones en la estructura visual comunicacional realizadas utilizando elementos gráficos:

• La primera de ellas consiste en la sustitución de los fondos texturizados de los hipertextos. Se han eliminado las distintas texturas que se asociaban perceptivamente a los diversos tipos de documento, para introducir un fondo común, la imagen corporativa (logotipo del Seminario), provisto de tonalidades diversas en función de la biblioteca en la que se encuentre archivado el documento (investigaciones teóricas, aplicadas, temas UNESCO, etc.).

• La segunda consiste en asociar a cada novedad del Seminario (documentos, unidades temáticas, etc.) un gráfico o icono que resalte este aspecto novedoso. Dicho pictograma se ha dotado de movimiento para resaltar su potencial perceptivo. Sería una buena opción, además de una combinación de colores llamativos. Estas aplicaciones se están creando mediante un gráfico animado en formato GIF89.

Bibliografía

ÁLVAREZ, A. (1996): *Tecnología WWW (HTML, CGI, JAVA, Servidores...)*. Madrid: Anaya Multimedia.

FERNÁNDEZ-COCA, A. (1998): *Producción y diseño gráfico para la WWW*. Barcelona: Paidós.

FRENTZEN, J. y SOBOTKA, H. (1999): *Superutilidades para JavaScript*. Madrid: McGraw-Hill.

SIEGUEL, D. (1997): *Técnicas avanzadas para el diseño de páginas web*. Madrid: Anaya Multimedia.

UN ESPACIO EDUCATIVO PARA LA EXPANSION Y RENOVACION DEL CONOCIMIENTO ANTE LOS NUEVOS RETOS DE UN MUNDO EN PERMANENTE CAMBIO: LA DIVERSIDAD DE CULTURAS COMO ORIGINALIDAD Y RIQUEZA DE LA SOCIEDAD EUROPEA

BIENVENIDO MENA MERCHÁN
MARÍA JOSÉ NAVARRO PERALES
Profesores de la Universidad de Salamanca
Departamento de Didáctica, Organización Escolar y Métodos de Investigación

La estructura social se entiende como el conjunto de las instituciones (económicas, políticas, culturales, de parentesco, educativas...). Dado que las instituciones y grupos se pueden analizar en términos de posiciones y roles sociales, la estructura social se conceptualiza a veces como sistema de relaciones entre los diferentes roles desempeñados por los actores sociales. Entre los tipos de fenómenos que determinan los rasgos de la estructura social tenemos: Procesos psicológicos del comportamiento individual. Factores sociales (para Durkheim, la división del trabajo y el conjunto de valores y normas que integran la- conciencia colectiva) Fenómenos de orden económico, cultural, político... En todo caso, las estructuras sociales son el resultado tanto de las acciones intencionales de los sujetos (individuos o grupos) como de las consecuencias no intencionales de la acción. Y una vez constituidas, influyen en los actores sociales produciendo regularidades observables en su comportamiento. De forma general y a modo de síntesis podemos decir que la sociedad está constituida por un conjunto de personas organizadas, sujetas a unas normas de bien común, tradiciones e ideales comunes que deben transmitirse a las generaciones futuras para que la sociedad perviva. La transmisión se realiza, de forma institucional, a través de la educación que se imparte en la escuela. De la naturaleza misma de la sociedad (búsqueda del bien común y necesidad de asegurar su pervivencia y progreso) se deriva que deben existir instituciones sociales que tengan encomendadas estas funciones. Una de ellas es la escuela, que va a realizar esta función de forma intencional, sistemática, continua y planificada. Desde otro punto de vista cabe preguntarse ¿Puede contribuir la escuela al cambio de la sociedad?. Históricamente la contestación afirmativa a esta pregunta ha estado vinculada a las posibilidades de que la escuela incida, mediante la educación, en: el incremento en la calidad de vida, el incremento del bienestar individual y colectivo y la mejora de la convivencia y la solidaridad

1. Escuela: institución social y subsistema social

La escuela puede ser estudiada desde diversas perspectivas. Desde la perspectiva social es un sistema institucional de socialización progresiva del individuo... para integrarlo en la sociedad mediante la formación de la personalidad, la transmisión de conocimientos y la preparación para la vida adulta. La escuela, como institución social, tiene encomendadas una serie de funciones o tareas sociales que se orientan al doble plano -individual y social- de la persona: contribuir al desarrollo personal físico, intelectual, afectivo y social del individuo y fundamentalmente, integrar a la persona en la comunidad como miembro activo y participativo. La escuela es una institución social que se caracteriza por constituir un subsistema social específicamente dedicado a la finalidad educativa. Debe reflejar, a través de su actuación, las intenciones de la sociedad en un determinado momento histórico. Con su extraordinario auge en las sociedades modernas, que han desarrollado la escuela obligatoria para todos los ciudadanos hasta cierta edad, la escuela es un importante subsistema social dentro del contexto y sistema global de la sociedad. Ocupa en ella un lugar preeminente y es ampliamente dependiente del sistema social. La dependencia recíproca da lugar a los tipos de relación entre escuela y sociedad. Al ser la educación un hecho social, entre sociedad y escuela se producen una serie de interacciones y relaciones de variado signo. En consecuencia, se impone un equilibrio entre ambas realidades: Sociedad y Escuela. La escuela debe ir cambiando al ritmo de las modificaciones externas, no solamente para apoyar estos cambios sino, fundamentalmente, para someterlos a reflexión crítica e integrar sus aspectos positivos en un proceso educativo sistemático, en una línea integral e integradora capaz de conseguir que el alumno decida por su cuenta.

2. Institucionalización de la educación y universalización de la escuela

La especialización e institucionalización de la actividad educativa en una organización formal (sistemáticamente ordenada)no es una innovación reciente. Desde siempre ha existido una organización e instituciones, distintas de la familia, específicamente consagradas a educar a los niños y jóvenes. La escuela es por tanto una institución tan antigua como nuestra civilización. Lo que sí es relativamente reciente es la extensión de prácticas educativas institucionalizadas y garantizadas por los poderes públicos para el conjunto de la población infantil y juvenil. El establecimiento de un sistema educativo como servicio público constituye un logro irrenunciable de las modernas sociedades democráticas. Pese a las numerosas críticas que este modelo de escolarización ha recibido y que han llegado hasta la propuesta de una sociedad desescolarizada, lo cierto es que no han surgido alternativas viables. Universalizar la escuela supone para una sociedad un punto de no retorno a partir del cual sus políticas tienen que garantizar determinados mínimos: uno de ellos es el derecho a enseñar y aprender en libertad, en el marco de una escuela que sea un espacio abierto a todos los ciudadanos. Desde el momento en que se institucionaliza la educación y se universaliza la escuela, el sistema educativo constituye una pieza esencial de la política social de un país. Todos los ciudadanos realizan el largo proceso de "aprender a ser", hacen su aprendizaje de seres humanos a través de la educación y, en gran medida, gracias al sistema educativo formal. El reconocimiento de este hecho puede llegar incluso a concebir la sociedad entera como lo que ha dado en llamarse la "ciudad educativa". Es una concepción del aprendizaje que no se ve circunscrita a unos espacios y tiempos determinados, sino que en cierto modo impregna todas las relaciones sociales.

3.- Funciones de la escuela como espacio educativo

A) Función reproductora y de transformación social. Toda sociedad humana genera prácticas educativas -formales e informales- cuyos destinatarios son, fundamentalmente, las nuevas generaciones En todos los tiempos y en todas las sociedades conocidas los seres humanos educan a sus hijos transmitiéndoles un lenguaje, unos instrumentos, unas habilidades y, en definitiva, una cultura determinada. Así se asegura la tradición, la continuidad social y la cultura. La educación proyecta sobre las nuevas generaciones un reflejo de la jerarquía social y de la cultura dominante en un momento histórico determinado, reproduciendo los valores y hábitos en que se fundamentan las prácticas sociales. A través de la acción educativa que se ejerce en la escuela, el futuro no sólo se enraíza en el pasado, sino que, al mismo tiempo, lo transciende. Los proyectos de futuro individuales y colectivos, están intensamente mediatizados por proyectos educativos, implícitos o explícitos. El porvenir de una sociedad, sus esperanzas mejores para el mañana, se hayan en gran medida retardados o impulsados por las prácticas educativas que se dan en el seno de la sociedad. Junto al papel reproductor, es un hecho que existen en el seno de las sociedades cambios sociales que, en parte, son debidos a procesos educativos que han contribuido a liberar energías transformadoras.

B) La escuela, lugar del aprendizaje intencional y sistemático. La educación escolar responde al hecho de que el desarrollo de ciertas facetas de la persona, relativas fundamentalmente a aspectos ligados a la cultura, sólo está asegurado si se lleva a cabo una intervención planificada desde la escuela. Ello se debe a que el avance cultural que se ha ido produciendo a lo largo de la evolución de los grupos sociales no viene incorporado en; las capacidades que toda persona tiene por el hecho de serlo ni se asegura por la mera interacción del sujeto con su entorno. Se precisa la mediación de los agentes sociales, y entre ellos de la educación escolar, para promover el desarrollo integral de los alumnos. Para que la escuela pueda cumplir sus cometidos sociales se precisa de una intervención intencionada, continua y sistemática. Desde esta perspectiva, la educación se entiende como un conjunto de prácticas y actividades mediante las cuales los grupos sociales tratan de promover el desarrollo individual de sus miembros.

C) Escuela y socialización. La escuela tiene unas funciones sociales que cumplir para intentar conseguir que los alumnos lleguen a ser miembros activos y responsables de la sociedad a que pertenecen. Las funciones se refieren a las »demandas sociales y culturales que debe satisfacer el sistema educativo

4. Sistema educativo y sociedad en permanente cambio

El sistema educativo se encuentra inmerso en un proceso de profundos cambios, reformas e innovaciones como consecuencia de las transformaciones que de todo orden acontecen en la sociedad. Esta dinámica se orienta a la búsqueda de modelos y estrategias adecuados para responder a los retos de la sociedad actual y cristaliza en formulaciones de principios, elaboraciones normativas y propuestas de intervención. En la búsqueda del equilibrio entre los cambios convenientes y el mantenimiento de la continuidad, se han aportado una serie de soluciones de innovación y reforma que van desde las que afectan a la estructura física de los centros educativos hasta posturas radicales que cuestionan la esencia misma de la escuela y propugnan la desescolarización total, pasando por propuestas de tipos alternativos de escuelas. Respecto a los edificios escolares se señala, además de las condiciones estéticas, que deben adaptarse a las condiciones del medio natural y hacer posible el desarrollo de nuevos tipos de agrupamiento. Los retos para el sistema educativo en una sociedad cambiante, entre otros, podrían ser:

A) Ofrecer respuestas satisfactorias a demandas específicas. El sistema educativo tiene que satisfacer demandas específicas de una sociedad tecnológicamente avanzada, constitucionalmente democrática y culturalmente plural. La sociedad actual se caracteriza por el acelerado ritmo de cambios que acontecen en su seno como consecuencia de múltiples factores Todo ello configura un tipo de demanda que exige a los sistemas educativos un formidable esfuerzo para ofrecer respuestas satisfactorias.

B) Impulsar el interés por la educación permanente. La necesidad de capacitar al individuo para afrontar con eficacia las nuevas situaciones que le deparará el ritmo acelerado del mundo contemporáneo constituyen algunas de las arduas exigencias cuya realización se confía a la educación. El acelerado ritmo de innovaciones tecnológicas reclama un Sistema Educativo capaz de impulsar en los estudiantes el interés por aprender y que el interés por nuevos conocimientos y técnicas se mantenga a lo largo de una vida profesional que posiblemente se desarrollará en planos diversos de la actividad productiva... Lo que obligará a un esfuerzo continuado para actualizar los saberes.

C) Equilibrio entre desarrollo social y dimensión humana de la existencia. Así, el progreso tecnológico plantea serios desafíos a la hora de lograr un desarrollo social equilibrado, que sea respetuoso con la dimensión humana de la existencia. El problema subyacente consiste en que la. humanidad progresa más rápidamente en desarrollo tecnológico que en sabiduría. El sistema educativo debe dar respuesta tratando de formar hombres y mujeres con tanta sabiduría, en el sentido socrático del término, como cualificación tecnológica y científica.

Por otra parte, los retos para el sistema educativo en una sociedad plural, podríamos concluir que serían:

A) Asumir la diversidad. La sociedad actual es pluralista en valores y en ideologías. En la gestación de este pluralismo desempeña un papel decisivo la abundancia de imágenes e informaciones transmitidas por los distintos medios de comunicación. La fragmentación cultural y pluralismo ideológico resultantes plantea a la escuela complejos problemas si es que quiere ser escuela de todos, sin que ello suponga imponer un universo cultural homogéneo. El reto consiste en que el sistema educativo asuma esta diversidad e integre la gran abundancia de informaciones que se transmiten a través de los medios de información.

B) Oferta educativa plural, variada y no impositiva. Una sociedad plural, como la actual, se caracteriza, también, por la diversidad de opciones y valores de los protagonistas principales del proceso educativo: padres, profesores y alumnos. Por otra parte, en una sociedad pluralista son plurales y diversas las demandas de los distintos grupos sociales respecto al sistema educativo Un S.E. moderno debe tener en cuenta estas exigencias a la hora de hacer su ofertas educativa a la sociedad a la que sirve

C) Hacer de la escuela un lugar de respeto y tolerancia. Un último aspecto nos falta por analizar. La sociedad pluralista y democrática se asienta en la escuela, que es donde los ciudadanos inician el aprendizaje de aquellos valores y actitudes que aseguran una convivencia libre y pacífica. A ello contribuyen el conocimiento de la sociedad, la cultura, la historia... Esto, por sí sólo, no es suficiente; la escuela debe ser un lugar donde se conviva en la tolerancia y la igualdad, contribuyendo con ello, más incluso que con los conocimientos, a iniciar a los niños y jóvenes en la vida social y pluralista.

5. El contexto social en el que se pretende educar

El ámbito educativo ya no queda reducido al Centro, abarca todo el contexto socioambiental donde está ubicado. El mundo socio-ambiental que rodea la escuela pueblo, barrio, familia, instituciones -tiene una riqueza cultural que el Centro debe asumir como algo positivo. El contexto próximo o niveles englobantes. Los elementos que conforman este nivel tienen una incidencia más directa en el proceso educativo. La educación, el cumplimiento de sus fines, adquiere sentido y se justifica en un nivel amplio que engloba todo el acontecer durante el proceso educativo. Los medios de comunicación. La escuela ha perdido su potencial de influencia socializadora en favor de los mass-media (prensa, TV, cine...), cuya incidencia en la sociedad en general y en la permeabilidad de los jóvenes en particular, es manifiesta. Los ámbitos de carácter específico relacionados con el proceso educativo serían:

A) **Contexto global del centro**. El ámbito del centro condiciona la acción educativa y en el se distinguen cuatro dimensiones:

1. Objetivos del centro. Hacen explícitas las intenciones educativas, se recogen en el P.E.C, hacen referencia a temas transversales, atención a la diversidad, las necesidades educativas especiales....
2. Clima del centro". Trata de las relaciones entre los distintos agentes de la comunidad escolar, el sistema relacional interno y las conexiones del centro con el entorno
3. Organización y funcionamiento. Dinámica organizativa del centro y su funcionalidad, cumplimiento de las normas generales (tanto las establecidas con carácter prescriptivo como las del propio centro), diferentes instancias de la organización del trabajo: equipos de ciclo, tutores, claustro, Consejo Escolar, Comisión Pedagógica...
4. Recursos. Agrupa tanto los recursos materiales del centro en su conjunto y de las aulas, como los recursos personales, incluyendo las actividades de formación que han podido enriquecer la vida del centro.

B) **La planificación del proceso educativo**. Dos cuestiones adquieren importancia especial en el aspecto que estamos analizando:

a) La interacción del Proyecto Educativo con la realidad sociocultural. Entendiendo la educación como la integración de todos los subsistemas que engloban el ámbito social donde está ubicado el Centro, deben tenerse en cuenta todos los factores que conforman el medio en el que el centro desarrolla sus actividades ya que el conjunto de los factores condicionan la eficacia del trabajo del centro. Por ello es tan importante considerar el tipo de relaciones que se establecen entre la institución educativa y el medio. El centro recibe del todo que lo integra influencias constantes a las cuales ha de ser sensible y tenerlas en cuenta cuando planifica, realiza y evalúa su trabajo. La eficacia de la actividad del centro depende de los subsistemas de su mismo entorno, sobre los que debe influir constantemente para que la actuación de los mismos coadyuve a los fines propios del centro.

b) Currículo y ámbito social. El currículo plasma de modo operativo gran parte de las finalidades y objetivos generales de la educación. Incluye la definición de objetivos, opciones, valores, destrezas, estrategias de aprendizaje material de apoyo y técnicas de evaluación.

C) Desarrollo del proceso de enseñanza, en el que se concretan" los dos anteriores, y en el que cabe distinguir, por una parte, la práctica educativa y, por otra, los aprendizajes del alumno. En definitiva, todos estos elementos definen el contexto sociocultural del centro y contribuyen a que éste pueda realizar de modo eficaz el proceso educativo, esté abierto al entorno y a la participación activa de todos los agentes educativos. Como señala Mariet "el mundo de la escuela debe adaptarse a la escuela del mundo".

6. Diversidad cultural. Factores culturales y lingüísticos

La cultura se refiere a todo cuanto en una sociedad determinada es adquirido, aprendido y puede ser transmitido. La cultura hace referencia, pues, a todo el conjunto de la vida social desde los basamentos tecnológicos y las organizaciones institucionales, hasta las formas de expresión de la vida del espíritu, todo ello considerado como un orden de valores que dan una ciertas calidad humana al grupo. Comprende: el lenguaje, la religión, los principios éticos, económicos, políticos, las estructuras sociales, y todo aquello creado por el hombre.

El contexto cultural caracteriza tipos de culturas, es decir, conjuntos de conocimientos, de ideas, de creencias, de valores y de conductas específicas de cada cultura. La cultura es la educación de la naturaleza humana, y por ser una educación especial, es, asimismo: *"una manera concreta de pensar, creer, sentir y querer un conjunto de conocimientos que determinan la vida de un grupo de personas. Un legado social y motivo de unión entre los individuos que la heredan. Un modo distintivo de vida que se transmite como legado social de un pueblo"* El lenguaje verbal es el sistema que emplean los humanos para comunicar a sus semejantes sus experiencias, sentimientos e ideas. Permite representar, expresar y comunicar ideas o sentimientos por medio de un conjunto ordenado de signos.

El lenguaje es una forma transmitida de conducta aprendida.

7. Cultura, lenguaje y herencia social

La herencia social de los seres humanos es la cultura.... que se adquiere a través del lenguaje. El lenguaje, como instrumento de comunicación, ha jugado el papel más importante en la constitución de la herencia social humana. Sin la transmisión fácil y exacta de ideas, que ha hecho posible el lenguaje, la cultura nunca hubiese llegado a existir. Del mismo modo que la cultura debe al lenguaje el rico contenido que la distingue de la herencia de los animales, así también el lenguaje es una parte integrante de la cultura. La cultura ofrece a los hombres formas de comportamiento. Una de estas formas, imprescindible en toda cultura, es el lenguaje. Así, el lenguaje sería la forma de hablar que la cultura proporciona a los individuos que en ella viven. El lenguaje y la cultura implican una organización de la vida, un sistema de valores y actitudes. Existe un conjunto de variables que configuran el contexto cultural y que pueden favorecer o inhibir el desarrollo intelectual, uno de los objetivos generales de la educación que se imparte en las escuela. Vamos a exponer algunas de ellas, las que tienen una incidencia más directa en la educación: Las primeras experiencias infantiles. Influyen decisivamente en el desarrollo de las funciones perceptivas, cognitivas e intelectuales (los hijos adoptados desarrollan capacidades intelectuales y lingüísticas que correlacionan mas con los padres adoptivos que con los padres naturales). Por otra parte, la variedad y riqueza de estímulos desempeñan un papel fundamenta en la estructuración del Sistema Nervioso. y en el aprendizaje de las conductas inteligentes. La estimulación debe producirse en edades tempranas ya que, de no ser así, se frustrarían las posibilidades de un desarrollo normal (caso de los "niños lobo") El clima educativo familiar. "La adaptación del niño a la vida en general y al medio escolar en particular dependen en gran parte de la educación familiar y de la naturaleza de las relaciones niños-padres, padres-escuela. El nivel cultural de la familia. La permanencia continua en hogares de bajo nivel económico y cultural produce un deterioro progresivo de la capacidad intelectual (experiencia de Gordon, en Inglaterra, con hijos de familias de barqueros) El status económico y social.

Bibliografía

ESCUDERO MUÑOZ, Juan M. (1981), **Modelos didácticos,** Oikos-tau, Barcelona, 168 pp.

FERNANDEZ PEREZ, M. (1994), **Las tareas de la profesión de enseñar. Práctica de la racionalidad curricular. Didáctica aplicable**, Librería Pedagógica, Madrid, 1047 pp.

GERVILLA, A. (Coord.) (1988, 2ªed.), **El curriculum. Fundamentación y modelos,** Innovare ,Málaga, 310 pp.

GIMENO SACRISTAN, J. (1985, 3ª ed.) **La pedagogía por objetivos: obsesión por la eficiencia**, Morata, Madrid, 176 pp.

GIMENO SACRISTAN, J. (1988), **El curriculum: una reflexión sobre la práctica**, Morata, Madrid, 415 pp.

GIMENO SACRISTAN, J. y PEREZ GOMEZ A. (1983), **La enseñanza:su teoría y su práctica**, Akal, Madrid, 482 pp.

GIMENO SACRISTAN, J. y PEREZ GOMEZ, A.(1992), **Comprender y transformar la enseñanza**, Morata, Madrid.

LISTON, D.P. y ZEICHNER, K.M., (1994) **Formación del profesorado y condi-ciones sociales de la escolarización,** Coediciones Morata-Paideia, Madrid.

LOUGHKIN, C.E. y SUINA, J. H. (1987), **El ambiente de aprendizaje: diseño y organización** Morata-MEC, Madrid, 270 pp.

MARTINEZ SANTOS, S. (1989), **Estructura curricular y modelos para la innovación**, Nieva, Madrid, 266 pp.

DE PABLOS PONS, J. (Ed.) (1988), **El trabajo en el aula. Elementos didácticos y organizativos**, Alfar, Sevilla, 305 pp.

PEREZ PEREZ, R. (1994), **El curriculum y sus componentes. Hacia un modelo integrador**, Librería Pedagógica, Madrid 197 pp.

RODRIGUEZ DIEGUEZ J. L. (1985), **Curriculum, acto didáctico y teoría del texto,** Anaya, Madrid,187 pp.

RODRIGUEZ DIEGUEZ, J. L. y BELTRAN DE TENA R.(1983), **La programación del curso escolar**, Escuela Española, Madrid, 107 pp.

ROMAN M. y DIEZ, E. (1994),**Curriculum y enseñanza. Una didáctica centrada en procesos.** Librería Pedagógica, Madrid,436 pp.

STENHOUSE,L.(1987, 2ª ed.), **Investigación y desarrollo del curriculum**, Morata, Madrid, 310 pp.

TABA, H. (1980, 5ª ed.), **Elaboración del curriculo,** Troquel, Buenos Aires, 662 pp.

WHEELER, D.K. (1976), **El desarrollo del Curriculum escolar,** Narcea, Madrid, 343 pp.

ZABALZA, M.A. (1989, 3ªed.), **Diseño y desarrollo curricular,** Narcea, Madrid, 310 pp.

ZABALZA BERAZA, M. A. (Coord.) (1990), **La formación práctica de los profesores,** Tórculo, Coruña, 547 pp.

PROGRAMA PILOTO DE TELEFORMACIÓN DE DIRECTIVOS DE INSTITUCIONES EDUCATIVAS

FRANCISCO ANDRÉS GARCÍA MARTÍNEZ
Departamento de Didáctica y Organización Escolar de la Universidad de Granada

Introducción

En la tecnología multimedia confluyen varias técnicas que proporcionan formas distintas de codificar y de decodificar los contenidos de conocimiento o la información. Para CHARTE (1994), el uso de imágenes, animación y sonido combinados en un programa de ordenador presenta ventajas tales como:

- **Ofrecer un material más atractivo** que el clásico. De esta forma se aumenta la asimilación de los mensajes, y, lo que es más importante, se evita el natural rechazo inicial que algunos sectores de la población (como los ancianos) presentan ante la informática.
- Permite aumentar el número de canales de comunicación relacionados fundamentalmente con el sentido del oído (canal sonoro), de la vista (canal de imágenes) y de una combinación de ambos (canal audiovisual), por los que el usuario recibe o transmite la información. Esto es fundamental cuando la población objetivo cuenta con discapacidades como la falta de visión, deterioro auditivo, etc. ; ya que la combinación de varios canales de comunicación a la vez, nos permite el reforzar ciertos contenidos de información y/o de conocimiento, que por otros medios o mediante otros soportes, no sería posible.

Como afirma JIMÉNEZ SEGURA (1998), no es cuestionable que los sistemas multimedia reúnan características técnicas nuevas, tales como el hacer posible una **gran interactividad** de los materiales empleados, el aportar una **gran cantidad de información** - disponible en cada unidad de soporte CD-ROM o DVD - y una **forma de presentar la información propia y diferente** tanto respecto a los programas audiovisuales convencionales como respecto a los libros tradicionales. Además, afirma, los costos de publicación son relativamente baratos. Para este autor, la característica más revolucionaria de los sistemas multimedia es lo que se ha dado en denominar hipertexto o hipermedia.

SALINAS (1994), apoyándose en los trabajos publicados en 1990 por JONASSEN y WANG, asigna cuatro elementos básicos de los sistemas hipermedia que, en síntesis, son:

a) *Nodo* formado por fragmentos de texto, gráficos, vídeo u otra información. Es la unidad básica de almacenamiento de la información.

b) *Conexiones* o enlaces entre nodos que establecen la interrelación entre la información de los mismos.

c) *Red de ideas* que proporciona la estructura organizativa al sistema. Está compuesta por un grupo o sistema de ideas interrelacionadas o interconectadas.

d) *Itinerarios*, determinados por el autor, el usuario o mediante un sistema de responsabilidad compartida.

El mismo SALINAS define el hipertexto como una tecnología software para organizar y almacenar información en una base de conocimientos cuyo acceso y generación es no secuencial tanto para autores como para usuarios (pág. 17).

Con la llegada del hipertexto se modifican los hábitos de lectura convencionales. En el hipertexto la textualidad se configura, según JIMÉNEZ SEGURA, a partir de nexos y conexiones electrónicas, lo que multiplica los trayectos de lectura. Se ofrecen elementos visuales que no aparecen en la obra impresa, siendo el más básico de ellos el cursor... Rompe en el lector el hábito de lectura secuencial, ofreciéndole a éste la posibilidad de abandonar el texto principal para consultar otros apartados a la vez que desarrolla la capacidad de asociar una gran cantidad de materiales, sean o no de la misma materia (op. cit. pág. 143).

Génesis del programa de teleformación de directivos de instituciones educativas

Este programa nace en 1999 en el Departamento de Didáctica y Organización Escolar de la Universidad de Granada como una respuesta alternativa a las propuestas de formación de directivos que, de acuerdo con la LOPEGCE (1995), ofrecen el MEC y las Comunidades Autónomas con competencias en educación, para obtener la obligatoria acreditación de los aspirantes a la dirección de los centros educativos.

El programa se implementará en el curso académico 1999-2000 en el aula virtual que se pretende crear en el servidor del Seminario Virtual Interuniversitario UNESCO sobre Educación y Tecnologías de la Comunicación al que anteriormente se ha hecho referencia. **http://www.ugr.es/-sevimeco**

Su diseño se ha iniciado con la realización de un estudio comparativo de diversos programas de formación presencial puestos en práctica por diversas Administraciones Educativas en estos momentos. Tal estudio ha permitido detectar los tópicos más repetidos en los diversos programas y constituir una especie de subprograma dentro del marco general de la investigación.

La realización de una consulta a los potenciales usuarios sobre sus intereses y necesidades formativas relacionadas con el ejercicio de la función directiva puede aportar datos muy sugerentes a la hora de delimitar el contenido final del programa formativo. Ello será posible mediante la adopción de decisiones relacionadas con la definición de los objetivos formativos, los tópicos curriculares y las fuentes científicas de consulta que han de orientar el proceso de elaboración de las unidades didácticas del programa.

La confección del texto, gráficos, cuestionarios de evaluación y demás recursos de aprendizaje propios de cada unidad didáctica y su conversión a formato hipertextual mediante las herramientas de autor apropiadas permitirá la creación de los prototipos de unidades didácticas hipertextuales que serán juzgadas por diversos miembros del Consejo Científico del Seminario Virtual Interuniversitario, especialistas en Didáctica, Organización Escolar y Tecnología Educativa. Tal validación permitirá realizar las modificaciones tendentes a la optimización de los productos didácticos multimedia que han de ser ensamblados en la biblioteca virtual del curso de formación. Idéntico proceso habrán de sufrir los instrumentos de evaluación construidos para cada unidad didáctica (cuestionarios electrónicos).

La organización temporal del programa y de las funciones de apoyo tutorial telemático habrán de concretarse en la sesión inicial de presentación del mismo con los alumnos afectados y los profesores tutores implicados.

La *aplicación experimental* de este programa de teleformación virtual a un grupo de aspirantes a tal habilitación, la *evaluación* del proceso tecnológico-formativo y de los resultados de aprendizaje se realizará en las siguientes etapas:

* Evaluación inicial mediante pre-test.
* Puesta en marcha del proceso de teleenseñanza - teleaprendizaje, en el que se contempla:
  • El Autoestudio asistido de las unidades didácticas.
  • El Trabajo colaborativo virtual.
  • La Tutoría telemática.
  • Las Conferencias y Videoconferencias monográficas adicionales.
  • La Realización de actividades de autoevaluación.
* Evaluación del proceso de EA:
  • Cuestionario electrónico a cumplimentar por cada alumno al final de cada sesión de trabajo.
  • Anecdotario personal de los participantes incluido en el cuestionario final de sesión
    - Autoevaluación cada alumno.
    - Tratamiento de datos (cuantitativo y cualitativo).
* Evaluación de los resultados académicos (pos-test):
  • Evaluación de tareas propuestas en cada unidad didáctica.
  • Autoevaluación.
  • Tratamiento de datos (cuantitativo y cualitativo).

Valoración de resultados y contraste de hipótesis (informe final).

  • Del programa (procesos y productos).
  • De los aprendizajes (procesos y productos).

Para el tratamiento de la información y de los datos de investigación, el servidor sobre el cual se va a montar el programa de teleformación de directivos de instituciones educativas, contempla una gestión estadística dividida en dos bloques:

  a) *estadísticas externas* sobre conexiones. De carácter público.
  b) *Estadísticas internas* (de cada alumno) de carácter privado. A ellas sólo tendrán acceso los responsables del programa de teleformación.

Soportes informáticos y telemáticos de las Unidades Didácticas

Hasta el presente, han sido numerosas las publicaciones en las que se han recogido propuestas de Unidades didácticas en soporte papel. Estas han supuesto un aporte valioso para la mejora de los procesos de enseñanza - aprendizaje y de la Enseñanza en general; sirviendo de orientación, de guía y aveces de fuente de inspiración para el trabajo docente y el desarrollo de nuevas experiencias educativas, pero tal vez, mediante su rediseño o adaptación y se presentaran a los alumnos tal y como fueron proyectadas en su origen.

Los nuevos soportes digitales y los recursos informáticos - al servicio de la educación - facilitan la tarea creadora del profesor, a la vez que permiten la modificación del original, la utilización de parte del material para integrarlo con otros dando cuerpo a una nueva producción de materiales formativos y educativos. La captura de materiales procedentes de diversas fuentes (imágenes fijas, sonidos, imágenes en movimiento, imágenes audiovisuales, materiales interactivos, etc.), la inclusión de imágenes dinámicas y de sonido, la continua solicitud de respuesta a los alumnos, las correcciones sobre la marcha - en tiempo real -, etc. contribuyen apara dotar a la nueva unidad didáctica diseñada de dinamismo, dándole al sujeto que trabaja con ella:

- la oportunidad de sentirse protagonista de su propio proceso de aprendizaje, caracterizado por la flexibilidad en cuanto al tiempo, a partir de la selección por parte del propio alumno de la duración de las sesiones de trabajo, cuando comienzan y cuando terminan, el momento del día en el que realizar las tareas y actividades de aprendizaje, etc.
- El espacio o escenario educativo es cambiante. No es preciso que el alumno emplee los recursos informáticos del centro educativo - en el propio centro -, desde su casa o cualquier otro lugar puede conectar con "el sitio" de Internet donde se encuentren los materiales con los que trabajar, o hacerlo con el empleo de otros soportes tales como el CD-ROM o el DVD.   ·
- técnicamente la presentación en formato digital de una unidad didáctica presenta grandes ventajas sobre aquellas que han sido elaboradas y presentadas en los formatos tradicionales. A juicio de NEGROPONTE, N. (1995: 30) *Las más evidentes son la* **compresión de los datos** *y* **la corrección de los errores,** *ambas importantes en la distribución de la información a través de un canal costoso o ruidoso. Los emisores ahorran dinero y los receptores reciben una imagen y un sonido con calidad de estudio, no obstante las consecuencias de la digitalización son aún mucho más importantes. ... el número de bits que se emplean por segundo ... está directamente relacionado con la calidad del sonido o la imagen. Por ejemplo una imagen en color se puede digitalizar con una resolución muy alta para imprimir la copia final pero para un sistema de compaginación de originales por ordenador no será necesario disponer de toda la capacidad de resolución. La economía de bits determinan en parte las restricciones del medio en que se almacena la imagen o el sonido o el medio por el cual se difunde.*
- El propio itinerario formativo del alumno puede ser diseñado de forma activa y personal por parte del propio alumno, no debiendo sujetarse a una linealidad establecida por los diseñadores de los materiales didácticos

Además de las ventajas técnicas existen otras, para el autor antes citado, que inciden en la difusión de nuestro trabajo (la unidad didáctica) aportando un elemento de mejora. Nos referimos a la *información añadida para corregir errores, tales como la estática del teléfono, el zumbido de la radio o la nieve del televisor. Estos parásitos se pueden eliminar si se utilizan unos pocos bits adicionales y se aplican técnicas sofisticadas de corrección de errores a las distintas formas de ruido y en cada uno de los media. En un CD de audio, un tercio de los bits se usan para la corrección de errores.*(NEGROPONTE, N. 1995: 32).

Otra de las preocupaciones que hemos de tener presente a la hora de presentar nuestra unidad didáctica es el medio que ayude a una difusión eficaz y sobre todo, aún más eficaz que el ya existente. El medio digital (INTERNET) hace que aparezcan contenidos totalmente nuevos, que surjan *nuevos profesionales, inéditos modelos económicos e industrias locales proveedoras de información y entretenimiento.* (NEGROPONTE, N.,1995: 33).

La tecnología del diseño de materiales didácticos en formato digital pasa por el empleo de modernas herramientas, que vienen denominándose las **herramientas de autor** , las cuales juegan un importante papel en los procesos de generación de los hipertextos educativos.

La experiencia iniciada en el curso académico 1997-98 en la Universidad de Granada para la formación de profesionales de la enseñanza en el campo del diseño y producción de materiales didácticos digitales (unidades didácticas virtuales) mediante el curso de posgrado de **Aplicaciones Educativas de las Nuevas Tecnologías Informático-Digitales,** ha servido para conocer las utilidades y posibilidades de las siguientes herramientas informáticas:

- **Propias de Internet e Intranet** (HTML, CGI, Java, Java script, Active X, Vbscript, ASP Microsoft, ORACLE Web Server, Microsoft Interdev, Borland Intrabuilder.
- **Ofimáticas** (WORD, EXCEL, PowerPoint, MS Project, ABC FlowCharter, Etc.)**.**
- **Gestión de Imagen, Multimedia y Herramientas de Autor propiamente dichas, tales como:** Authorware, Photoshop, Corel Draw, etc.
- **Bases de Datos Relacionales** (ORACLE, INFORMIX, MS SQL Server, ACCESS, XBASE, FOXPRO).
- **Bases de Datos Documentales** (FULCRUM, TOPIC, BRS, BASIS, KNOSYS).

Durante el desarrollo del curso se ofrece a los alumnos la posibilidad de adiestrarse en el uso de algunas de estas herramientas cuyo conocimiento y estudio se inserta en su programa formativo:

La elección de la/s herramienta/s multimedia apropiada/s

Ante la elección de las herramientas de autor JORGE PASCUAL (1998) propone hacer uso de lenguajes de programación visual, lo que requiere conocer bien las necesidades planteadas por la aplicación (especificidad de las pruebas, flexibilidad frente a cambios de los contenidos, etc.). Ello contribuirá a la elección de un determinado lenguaje de programación visual. Por ejemplo, en el actual abanico de posibilidades de elección, se puede optar por Visual Basic (Microsoft Co. 1993a), atendiendo a características tales como:

- Su facilidad para el desarrollo de entornos visuales.
- La incorporación de módulos de tratamiento de datos multimedia (imágenes y sonido).
- La posibilidad de extensión del entorno básico por medio de productos de terceros.
- El grado de flexibilidad aceptable, frente a otras herramientas de autor.

No obstante, existen opiniones críticas que señalan que este lenguaje de programación resulta ser poco eficiente y no proporciona mayores posibilidades de manejo de recursos de sistema; por lo que en ocasiones, los programadores con experiencia, deben recurrir a otras aplicaciones de programación tales como el Visual C++ (Microsoft Co. 1993b).

El tratamiento hipertextual del material didáctico comienza por el diseño y construcción de los textos visuales, sonoros, audiovisuales y literarios. Por su especificidad resaltaremos:

- *El Sonido,* como complemento de la información visual contenida en el hipertexto, para introducir una traducción texto-voz (Microsoft Co. 1992-1995c), para emitir los mensajes sonoros al usuario, para proporcionar el reconocimiento del habla como parte de algunas pruebas, o en los casos de adaptación curricular para alumnos con necesidades educativas especiales (ceguera, recuperación del habla, etc.). El empleo de textos sonoros, grabados en voz por ejemplo, es hoy día una tarea fácil y enriquecedora gracias a aplicaciones informáticas que emplean técnicas de compresión/descompresión de sonido, como ocurre en el caso de los compresores/descompresores de ficheros MP3.
- *La Animación* supone la ampliación de las capacidades comunicativas ofrecidas por la información textual y visual estándar. Para obtener una adecuada animación se precisa desarrollar módulos específicos de vídeo, con imágenes capturadas de televisión, cinta magnética, DVD, etc., o bien creadas con la ayuda de programas para el tratamiento gráfico tales como Corel Draw, siguiendo la técnica de generación de dibujos animados. Las *imágenes* (dibujos y fotografías) pueden ser digitalizadas a través de escáner y procesadas con programas tales como el Adobe Photoshop 3.0 o Paint Shop Pro. Los fotogramas que componen estas secuencias animadas suelen almacenarse como ficheros GIF, por lo que se las conoce comúnmente como GIF anidamos.

¿Cómo se puede organizar el contenido de los materiales multimedia?

El tratamiento informatizado de los contenidos curriculares y la presentación de los mismos con ayuda de las NTIC, requiere, por un lado, la existencia de un alto nivel de sistematización del trabajo de diseño, planificación y elaboración, y, por otro, de la creación de una estructura básica capaz de agilizar la articulación de la información.

Para asegurar el buen funcionamiento del sistema de información deberemos crear un sistema de base de datos sobre alumnos, profesores, además de la correcta ubicación y organización - mediante un sistema relacional - de la toda la información a disposición de los usuarios del programa de teleformación. En este sentido, será de gran ayuda el generador automático de unidades didácticas, en estrecha conexión con el tutor inteligente, en cargado de dirigir los itinerarios formativos de cada alumno.

A modo de ejemplo reproducimos el tratamiento estructural de la información planteado por el programa AIRE, estructurado en tres niveles:

Nivel 1	Bloque de conocimiento 1	Bloque de conocimiento 2	Bloque de conocimiento 3	Bloque de conocimiento n
2	Actividad 1	Actividad 2	Actividad 3	Actividad n
· 3	Módulo de sesión para su aplicación en un entorno concreto.			

CUADRO 1. Esquema de la estructura interna de la aplicación.

- La *base de conocimiento multimedia* (Nivel 1) almacena la información referente a bases de datos, imágenes de fondo, dibujos, textos, etc., que van a necesitar los distintos módulos del sistema.
- Las *actividades* (Nivel 2) representan un conjunto de estrategias didácticas, pruebas diseñadas por expertos, donde se define un conjunto de acciones y funciones interactivas que se deben presentar a un usuario para lograr un determinado objetivo. Cada actividad tiene elementos (objetos) y acciones que pueden variar en función del usuario. Esta variación se indica en la información de control que cada actividad lleva asociada en la base de conocimientos multimedia. Cuanto mayor sea el nivel de información de control acerca de una actividad de enseñanza aprendizaje en esta base de conocimientos, más flexible será la misma.
- *Módulo de sesión.* Este módulo llama a cada una de las pruebas previstas con los valores concretos de los parámetros definidos para el usuario actual. Con esta estructura de los módulos multimedia, se puede indicar que se conciben como específicos para cada usuario, a la vez que facilita la actualización del sistema con nuevos módulos o la modificación de los existentes. Los módulos multimedia se pueden aplicar en distintos entornos y escenarios de enseñanza aprendizaje. La adaptación de los mismos es una tarea sencilla, ya que como precisábamos en una publicación anterior, (GARCÍA MARTÍNEZ, F. A. y ROMERO BARRIGA, F. J.,1998: 705), tal vez, *"la solución a muchos de los problemas de Enseñanza - Aprendizaje pase por la disponibilidad de materiales curriculares adaptados a los ritmos de aprendizaje de los alumnos"*.

Si la solución a algunos problemas de EA pasa por el empleo de materiales de naturaleza digital y en formato hipermedia, adaptados a las necesidades educativas y formativas de los alumnos, la evaluación de estos materiales didácticos *"ha de ser, pues, el resultado del análisis y de la reflexión acerca de los datos aportados/obtenidos a lo largo de la fase preactiva, ... de la puesta en práctica de la misma (fase activa) y de la fase posactiva, en la que se ha de procesar toda la información recogida"* (GARCÍA, F. A. y ROMERO, J. F., 1998: 705).

Especificaciones del Centro Iberoamericano de Enseñanza Virtual

En sí, el Centro Iberoamericano de Enseñanza Virtual constituye una oferta formativa más ofertada desde la Universidad de Granada, en la cual participan miembros del Departamento de Lenguajes y sistemas Informáticos y el Departamento de Didáctica y Organización Escolar, y además cuenta con el patrocinio del Centro UNESCO de Andalucía. Esta oferta formativa trata de implementar la ya existente en el Seminario Virtual Interuniversitario UNESCO sobre Educación y Tecnologías de la Información (~http://www.ugr.es/~sevimeco), con la incorporación de un "**tutor inteligente**", en cargado de la gestión inteligente de las tareas de evaluación y orientación del proceso de EA de los alumnos matriculados en el curso de teleformación de directivos de instituciones educativas.

Entre otras tareas, la evaluación continua y personalizada de los alumnos matriculados será fundamental, lo que contribuirá a dar un nuevo sentido y orientación a la fase activa de los procesos de teleformación y teleaprendizaje (autoaprendizaje llevado a cabo a distancia y con ayuda de medios telemáticos).

Si el tutor inteligente va a suponer un avance en la estructura organizativa y funcional de los actuales centros de formación a distancia (de teleformación), el **generador automático de lecciones en formato de páginas Web** representa una novedad y un avance en el campo de materiales didácticos en formato digital. Su funcionamiento estará basado en **herramientas automáticas** tanto para la gestión del programa de teleformación como para la búsqueda de información.

Además, el servidor contará con aplicaciones que se emplearán como apoyo a la docencia tales como un **sistema de noticias (News), transferencia de ficheros (FTP), correo electrónico (E-mail) moderada, sistema de charla (IRC), sistema de videoconferencia, audioteca, videoteca, biblioteca virtual.**

El sistema de seguridad va suponer una parte importante dentro del servidor, limitando el acceso a sus servicios de teleformación a los alumnos matriculados y a los profesores del mismo, así como a los responsables del mantenimiento del sistema.

Estructuración del programa de teleformación

Partimos de la base de que los procesos de EA representan un continuo en el que se relaciona lo nuevo con lo anterior, que facilita la consolidación de los aprendizajes recientes y la generalización de los mismos aplicados a otras situaciones y/o problemáticas diferentes (DE PABLO, 1993: 28) relacionadas con la organización y gestión de instituciones educativas.

Para el desarrollo de los procesos de EA contaremos con un instrumento valioso, la unidad didáctica, tomada esta como el elemento que permite a los profesores la organización de la práctica docente y la articulación de los procesos de EA, ajustados a parámetros de calidad educativa y a las necesidades reales de sus alumnos (DE PABLO, 1992: 17).

Como pone de manifiesto DE PABLO (1992: 90) existe una gran interdependencia entre los aprendizajes de los alumnos y las unidades didácticas. Así para abarcar diferentes ámbitos del desarrollo de la persona hemos de definir objetivos didácticos para diferentes tipos de capacidades, hemos de tener en cuenta que el aprendizaje no es un proceso uniforme en todos los alumnos por lo que tendremos en cuenta el punto de partida para conectar con los nuevos aprendizajes con los ya adquiridos, y esta actividad ha de implicar a toda la persona que se forma y que aprende, por ello, hemos de dar protagonismo al alumno en su proceso de aprendizaje autónomo. Los aprendizajes no están desconectados del medio físico y social, por ello, hemos de intentar que los alumnos del programa de teleformación participen en experiencias de la vida cotidiana de su centro - como organización - en el que se producen intercambios de puntos de vista, de experiencias, etc. Es importante que los alumnos se sientan motivados por la propia funcionalidad de los aprendizajes adquiridos .

Por ello, las Unidades Didácticas del programa de teleformación , como planificaciones, se realizarán dentro de marcos flexibles y abiertos que nos posibiliten:

1. Desarrollar una serie de conceptos.
2. Tomar decisiones en función del desarrollo de los procesos de EA.
3. Contemplar el *feedback* o interacción entre los participantes.
4. Controlar las variables propias del curriculum oculto.

Estas programaciones se realizarán dentro de sistema cíclico, en el que los aciertos y los errores de los alumnos juegue un papel determinante, de forma individualizada, dentro de amplios márgenes de flexibilidad y en una línea investigativa, en la que tengan cabida la elaboración de hipótesis, refutantes, confirmaciones y conclusiones (MARTINEZ SALINAS, 1988).

La estructura general del programa de teleformación de directivos de instituciones educativas adoptará la distribución siguiente, según se muestra en el gráfico:

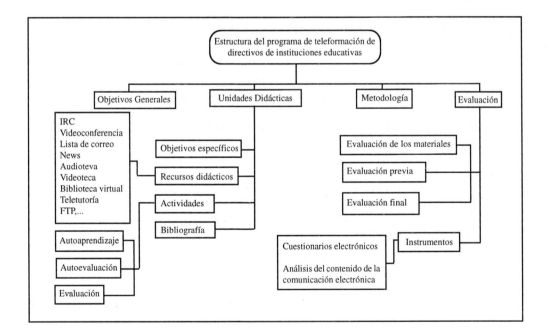

Bibliografía

CHARTE, F. (1994): *Programación en Windows multimedia*. Madrid: Anaya Multimedia.

DE PABLO, E. y otros (1992): *Diseño del curriculum en el aula. Una propuesta de autoformación*. Madrid: Mare nostrum, Col Fórum didáctico.

DE PABLO, J. y otros (1993: *Unidades didácticas, Proyectos y talleres*. Madrid: Alhambra Longman.

DÍAZ RODRÍGUEZ, J. J. (1993): *Guía para la elaboración de unidades didácticas en la enseñanza secundaria*. Jaén: Junta de personal docente de centros no universitarios de la provincia de Jaén.

EDDON, G. Y. (1994, abril). "Técnicas fundamentales para la animación de objetos en aplicaciones bajo Windows". En *Revista Microsoft para Programadores,* pág. 5-15.

GARCÍA-CAMINO, M. (1994, octubre). "Reflexiones en torno a la aplicación de las telecomunicaciones a las personas mayores". En *FUNDESCO. Boletín de la Fundación para el desarrollo de la función social de las comunicaciones,* 157, 17-18.

GARCÍA MARTÍNEZ, F. A. y ROMERO, J. F. (1998): "Evaluación de una Unidad didáctica". En LORENZO, M., ORTEGA, J. A. y SOLA, T. (Coord.): *Enfoques en la Organización y Dirección de Instituciones Educativas Formales y no Formales.* Granada: Grupo Editorial Universitario y COM. ED. ES. (705-712).

IZQUIERDO, V. et al. (1993) *Metodología Métrica versión 2. Guía de referencia.* Madrid: Ministerio para las Administraciones Públicas.

JIMÉNEZ SEGURA, J. (1995): "Sistemas multimedia". En J. de Pablos y J. Jiménez (Coordres.): *Nuevas tecnologías, comunicación audiovisual y educación.* Barcelona: CEDECS, pp. 125-147.

MARTÍNEZ BONAFÉ, J. y SALINAS FERNÁNDEZ, D. (1988): *Programación y evaluación de la enseñanza: problemas y sugerencias didácticas.* Valencia: Mestral.

MICROSOFT CO. (1992-1995a). *New multimedia data types and data techniques. SDKs: multimedia standards update.* Microsoft Development Library.

MICROSOFT CO. (1992-1995b). *Recording and playing waveform audio. Technical articles: multimedia.* Microsoft Development Library.

MICROSOFT CO. (1992-1995c). *Speech API developer's guide.* Microsoft Development Library.

MICROSOFT CO. (1992-1995d). *Third-party Component Products and Services for Microsoft Development Tools. Backgrounders and White Papers.* Microsoft Development Library.

MICROSOFT CO. (1992-1995e). *The Windows Interface. An Application Design Guide.* Microsoft Development Library.

ORTEGA CARRILLO, J. A., (1997). *Comunicación visual y tecnología educativa.* Granada: Grupo Editorial Universitario.

PASCUAL, J. (1998, abril). "Herramientas personales para la creación de aplicaciones multimedia". *PC-World,* 166-186.

SEGOVIA, R. (1994): "Nuevas prestaciones en telecomunicaciones para personas con discapacidad y ancianos". *FUNDESCO. Boletín de la Fundación para el Desarrollo de la Función Social de las Comunicaciones,* 157, 8-9.

SHAMMAS, N. C. (1993): *Librería Microsoft Foundation Class.* Madrid: Anaya Multimedia.

SALINAS, J. (1994): "Hipertexto e hipermedia en la enseñanza universitaria". En *Pixel bit,* nº 1, 15-29.

SNELL, N. (1995): *Internet, qué hay que saber.* Madrid: Prentice Hall.

VAQUERO, A. (1998): "Las TIC para la enseñanza, la formación y el aprendizaje". *Novática. Revista de la Asociación de Técnicos de Informática,* 132, marzo - abril, 4-16.

LA ACULTURACIÓN: UN RETO PARA LA EDUCACIÓN INTERCULTURAL

MARÍA GERVILLA ZAPATA
Licenciada en Pedagogía

Introducción

El planeta en que vivimos está organizado por grandes multinacionales y redes internacionales, donde los grupos que detentan el poder a nivel global nos hacen cambiar nuestra visión de la realidad.

Al mismo tiempo, aparecen defensores de lo local, de lo específico de cada pueblo o grupo social.

En la actualidad, dentro de cualquier grupo social nos podemos encontrar vecinos de todas partes del mundo con culturas diferentes, por lo que es posible que tengamos que aprender a convivir en ambientes multiculturales e interculturales.

Esta nueva realidad nos presenta a los educadores nuevos retos educativos implícitos en la relación educación – cultura/s, que deberemos plasmar en nuestra práctica pedagógica diaria.

1. La aculturación

Según Berry (1987), el término aculturación hace referencia a "los cambios culturales que resultan cuando dos grupos con diferentes culturas entran en contacto y se influencian mutuamente". Generalmente, el inmigrante sufre una distancia cultural entre su sociedad de origen y la de acogida, tiene que reorganizar su vida para adaptarse a los nuevos contextos; pero la sociedad que acoge igualmente padece los trastornos reorganizativos al aumentar su comunidad humana, por tanto se modifican mutuamente a consecuencia de los contactos establecidos en el proceso de aculturación.

De todas formas, este proceso es vivenciado a lo largo del tiempo de desigual manera por cada individuo pudiendo llegar a suponerle un estrés por aculturación, bien por querer mantener su cultura original bien al iniciar nuevos contactos y aprender acerca de la nueva cultura en la que se encuentra inmerso.

El inmigrante pronto se adherirá a una red social establecida o construirá una red social funcional para cubrir gran parte de sus necesidades en el nuevo contexto. Estas redes se convierten en mediadores del proceso de integración.

Cada individuo para integrarse en la sociedad de acogida desarrolla distintas estrategias para asimilar e integrarse en el contexto en función de los factores que predicen la adaptación o ajuste personal. De acuerdo con Scott y Scott estas estrategias se agrupan:

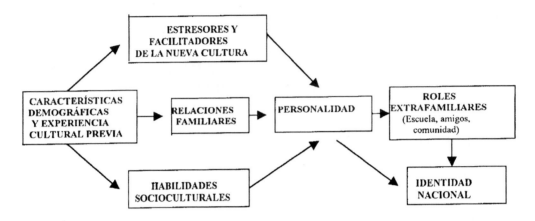

En este sentido, los inmigrantes desde que inician el proceso migratorio han de desarrollar "un plan de construcción de una nueva vida en un nuevo lugar" (Martínez,1999), donde no siempre se mantienen relaciones recíprocas de acogida, interacción y reconocimiento mutuo de sus respectivos valores y formas de vida. No obstante dichas relaciones van a configurar los elementos constitutivos de la cultura.

2. De la cohesión social a la acción educativa

En el mundo actual podemos obsevar una movilidad social permanente. Cada cultura refleja el esfuerzo que cada colectivo humano realiza para adaptarse y sobrevivir en la sociedad. La civilización occidental recibe incesantemente grupos humanos con distintas culturas.

Estos procesos han hecho que las sociedades desarrolladas, que se enmarcan en la cultura occidental, hayan sufrido un importante cambio en cuanto a su composición.

Esta idea coincide con la propuesta del Club de Roma "pensar globalmente y actuar localmente". Cada vez somos más conscientes de la corresponsabilidad de la supervivencia del planeta promocionada por nuestra actuación cohesionada cotidiana en una realidad concreta.

Entre las distintas acepciones del término cohesión podemos encontrar "la acción o efecto de reunirse o adherirse las cosas entre sí" (Nuñez Cubero, 1999). La cohesión entre grupos de iguales es fácil generalmente, sin embargo, no resulta tan sencillo lograr la igualdad de las diferencias, requiere la búsqueda de interacción y de solidaridad, exige pensar en los demás, en los otros, para fomentar el bienestar social de todos.

Para Nuñez "La escuela hace iguales a las personas respetando sus orígenes y diferencias, aun cuando por encima de ello nos encontramos con un objetivo mucho más general y amplio: dar sentido a la vida de los seres humanos haciéndoles tomar conciencia de la pertinencia a un grupo social por el que se sientan identificados y, por ende, vinculados."

No obstante, no podemos olvidar que vivimos en una sociedad democrática y plural en la que necesitamos compartir unos mínimos con otros individuos que no pertenecen a nuestro grupo social. En este sentido, Adela Cortina (1999) nos dice que:

"Una sociedad pluralista es aquella en la que los ciudadanos ya comparten unos mínimos, que son los que le permiten tener una base común para ir construyendo desde ellos, responsablemente y en serio, un mundo más humano. Se trata ahora de indagar cuáles son esos mínimos".

Cortina nos plantea un nuevo desafío educativo ¿Cuáles son los mínimos válidos en los currículos escolares?. Posiblemente, una respuesta a este interrogante sea la puesta en práctica de acciones que den como resultado la educación en valores de cohesión.

Todo ello desencadena un cambio en los procesos educativos y una transformación de la escuela, que como indica Perrenoud (1996):

La escuela cambia, para anticipar los cambios de la sociedad o para responder a ellos.

Cambia de estructura, de programas, de tecnologías, de maneras de enseñar y de evaluar. Estos cambios siguen diferentes direcciones: de una parte, la modernización de los contenidos y de los métodos, unidos a la evolución de los conocimientos científicos y pedagógicos, y de las tecnologías; de otra parte, la humanización de la relación pedagógica en función de una nueva concepción de los derechos del hombre y del niño, de los valores, del pluralismo cultural, de las libertades.

En este sentido, es necesario formar ciudadanos con autonomía de pensamiento, capaces de manifestar juicios reflexivos y de actuar de forma responsable y colaborativa.

3. La educacion intercultural

Desde la UNESCO participamos de los planteamientos interculturales a la vez que promueve la identidad de las naciones/estados. Dándose la circunstancia de que conviven diferentes grupos étnicos, religiosos o culturales minoritarios en un mismo estado, a los que los poderes públicos les reconocen igualdad de derechos; sin embargo casi nunca entre estos grupos se establece una situación de simetría interaccional.

En estos contextos podemos seguir observando fenómenos de exclusión social, en los que se está lejos de alcanzar la cohesión entre los individuos y entre los diferentes grupos, por lo que sería necesario continuar desarrollando procesos educativos interculturales.

La educación intercultural define un proceso social dinámico que potencia la convivencia entre los participantes, orientándose hacia la consecución de un futuro más coherente, tolerante y solidario.

Esta idea coincide con la propuesta del Club de Roma "pensar globalmente y actuar localmente". Pués, cada vez somos más conscientes de la corresponsabilidad de la supervivencia del planeta promocionada por nuestra actuación cohesionada cotidiana en una realidad concreta.

En este sentido Leurin (1987) y Galino (1999) definen la educación intercultural como "un enfoque, un procedimiento, un proceso dinámico de naturaleza social en el que los participantes son positivamente impulsados a ser conscientes de su interdependencia".

Por otro lado, Aguado, (1991) indica que "La propuesta de educación intercultural implica una toma de conciencia acerca de la interdependencia entre los distintos grupos que integran el cuerpo social y plantea el desarrollo de paradigmas educativos complejos, holísticos, pluridimensionales y multifactoriales".

En esta línea y de acuerdo con Escribano (1992), la educación intercultural exige una opción personal porque supone "una elección de prioridad entre otras educaciones. Esta opción comporta un pensamiento, un proceso y una acción a través de tomas de posturas personales y con los ojos puestos en un horizonte de mundialidad".

4. Conclusión

Podemos considerar que la educación intercultural propicia que cada individuo y grupo alcancen una verdadera plenitud cultural, viéndose favorecido el proceso, el desarrollo de la diversidad cultural y el desarrollo sostenible.

Posiblemente, si cada escuela desea comprometerse en la construcción de una sociedad democrática y solidaria deberá ponerse a trabajar urgentemente desde una perspectiva intercultural a nivel local, propiciando encuentros y la participación de todos y todas sin excepción para la mejora de los pueblos.

Bibliografía

ELOSUA, Mª R. (1994): Interculturalidad y cambio educativo. Madrid. Narcea.
GALINO, A. (1990): La Educación Intercultural en el enfoque y desarrollo del curriculum. Madrid. Narcea.
PÉREZ SERRANO, G. (1999, a): (Coord.). Exclusión e integración social. Sevilla. Universidad de Sevilla.
PÉREZ SERRANO, G. (1999, b): (Coord.). Temas Transversales en educación social y animación sociocultural. Sevilla. Universidad de Sevilla.
SARRATE CAPDEVILLA, Mª L. (1997): Educación de adultos. Madrid. Narcea.

PROPUESTA DE MODIFICACIÓN DE LOS CONSEJOS ESCOLARES DE CENTRO

LUIS ORTIZ JIMÉNEZ
Universidad de Granada

Problemática actual

El transcurso de los años de existencia de los Consejos Escolares, nos permite realizar un análisis con cierto rigor acerca de su evolución, sus aciertos y errores, así como poder prever sus posibilidades de futuro.

Su nacimiento viene a coincidir con la recuperación de la democracia en nuestro país, vino a suponer un aliento fresco en un estancado sistema educativo. Muchos quisieron ver en esta apertura democrática de los centros escolares la panacea para la solución de múltiples problemas que convivían en un sistema poco explorado e injustamente tratado (L.G.E., 14/1.970 de 4 de agosto), haciendo un análisis histórico-contextual lógicamente.

Ya, la olvidada LOECE, recogía la constitución de órganos que asumieran la representación de los sectores implicados. Pero no es hasta la LODE (ley orgánica 8/1985 de 3 de julio) cuando se recoge, con fervor dogmático, la constitución de los Consejos Escolares, dotando a este nuevo ente una composición, competencias y funciones que aseguren su viabilidad. Hubo que tener en cuenta la coexistencia de tres modelos paralelos que aún hoy perduran: centros públicos, centros privados concertados y centros privados. A cada modelo se le dotó de una estructura. Creando una brecha entre dos de los modelos que acogen a la gran mayoría de sujetos escolarizados: centros públicos y centros sostenidos con fondos públicos.

Pero entiendo que el principal problema de los Consejos Escolares es precisamente aquél al que se quiso dar solución con la creación de los mismos. Incluso las distintas reformas que se han llevado a cabo sobre los mismos, no han hecho mas que enturbiar aún mas su existencia y sobre todo funcionalidad.

¿Dónde están esas deficiencias?

Voy a centrarme en dos principalmente:

* La escasa representatividad de los mismos
* Su escasa funcionalidad.

Uno de los motivos fundacionales de los consejos escolares fue conseguir la participación de las familias en la gestión de los centros docentes. Esta lícita inquietud ha sido desgraciadamente contestada con una cada vez más escasa participación de este sector. Basta echar un vistazo a los índices de participación en las votaciones para que el más optimista se sienta profundamente decepcionado. Las campañas que animan a la participación cada vez son más intensas y con una gran dotación económica, utilizando todos los medios modernos al alcance de la publicidad para conseguir que aumente esa participación. Finalmente las cifras son elocuentes.

El decreto 486/1996 trató de dar una solución, propiciando una reforma, en el proceso de elección, permanencia y representatividad. Nuevamente los datos son significativos:

En el año 1.996, en el ámbito andaluz, la participación fue del 13, 73 %, en Granada la participación fue del 14,93. En las últimas elecciones celebradas, año 1.998, en el ámbito andaluz la participación fue del 12,23% mientras que en la provincia de Granada fue del 15,33%. (Fuente C.E.J.A.).

A la vista de los datos reales de participación nos podemos hacer varias preguntas. ¿Dónde está, por tanto, la representatividad de los Consejos Escolares?, podemos ver claramente que, a poco que se organice un colectivo, acaparará los puestos de los Consejos. Éstos han sido presa fácil de intereses personales e incluso de sectores sociales con una clara intencionalidad (sindicatos, partidos políticos, religiosos, etc.). Esta circunstancia ha derivado en una desmotivación continua, los Consejos Escolares no responden a las expectativas en ellos depositadas.

En el ámbito funcional nos encontramos con que una de las mayores quejas del sector padres/madres, es la desinformación. Es raro que los acuerdos, iniciativas, resoluciones, sean dadas a conocer a la comunidad educativa. Salvo, claro está, cuando es un tema en el que puede haber una clara intencionalidad. Como digo, es por norma general. Como en toda norma hay honrosas excepciones. Y no hago referencia a aquellos casos en que debe existir la lógica prudencia y recato, temas personales, de aplicación disciplinaria individual, etc. El Consejo Escolar, que debería ser, por su configuración, el motor del centro, se ve convertido en un ente casi desconocido, en el que se discuten cosas triviales, meramente formalismos. Insisto, a veces generalizar acarrea injusticia, ya que los hay con un funcionamiento ejemplar, y es por ellos, porque mantengan su espíritu, por lo que estimo necesaria una reforma profunda que aborde estos problemas de forma directa, ya que de no ser así sería lógico plantearnos: ¿Son necesarios los Consejos Escolares o más bien son un adorno, un pacificador de conciencias?. Claro con esos índices de participación, es lógico pensar que al sector padres/madres no les interesa lo más mínimo la participación y por tanto sirve como amparo a medidas y respuestas a determinadas actuaciones con la famosa coletilla "lo ha aprobado el Consejo Escolar". Con el añadido de la imagen que se tiene de ellos

¿Hace algo la administración educativa por mejorar esos índices?. Salvo, como decía con anterioridad, gastarse grandes cantidades económicas en campañas publicitarias que, vista la experiencia, no conducen a nada, poco más.

Soy consciente de estar dando una visión pesimista, pero los datos están ahí. ¿Acaso debemos eliminar los Consejos Escolares de Centro?, rotundamente no. Es necesaria una reforma con detenimiento de este órgano. Una reforma destinada a subsanar los errores que se observan y que afecte a su composición y funcionalidad, de manera que sean un auténtico órgano de participación de la Comunidad Educativa en la gestión de los centros, tal y como ampara el artículo 27 de la Constitución Española, confirma la LODE y recientemente la LOPEGCE.

Composición y funciones actuales del Consejo Escolar

Por razones de espacio y operatividad, remito a los artículos 10 y 11 de la LOPEGCE, así como artículos 6 y 8 del Decreto 486/1996 de la Junta de Andalucía.

Aunque si me referiré brevemente al decreto 486/96 que representó un intento por dotar de un nuevo espíritu a los consejos escolares de centro.

Se modificó la composición de los mismos, aunque solo en los centros públicos, tratando de igualar la representación de los sectores padres/madres y profesorado. Los centros sostenidos con fondos públicos (privados concertados) se mantuvieron con la misma composición (al parecer no interesa cual sea su composición).

Se modificó el proceso de elección así como el tiempo de permanencia se pasa de dos a cuatro años, con renovación parcial del 50 % cada dos años, (dictando normas específicas para la primera renovación).

Se le otorga representación en el Consejo Escolar a la A.P.A. con mayor implantación en el centro (caso de haber más de una).

En cuanto a las funciones, permanecieron prácticamente las mismas.

Propuesta de Reforma

- COMPOSICIÓN

Asamblea general de la comunidad educativa
- Dos representantes de padres/madres por grupo clase
- Dos alumnos/as por grupo clase (desde el tercer ciclo de primaria)
- Tutor de cada grupo clase
- Personal de Administración y servicios (en función de su presencia)

Sistema de votación
- voto ponderado, de manera que iguale los sectores profesorado, padres/madres
- Voto de calidad, para caso de empate, por parte de un defensor de la comunidad educativa que será elegido de entre los miembros de la comunidad educativa por mayoría de 2/3.

Calendario de reuniones.
Como mínimo tres reuniones ordinarias durante el curso:
- Comienzo de curso
- Mes de enero
- Final de curso

Reuniones extraordinarias
- A petición de la mayoría de los miembros representantes de cada sector.
- Por convocatoria del presidente del Consejo Escolar.

Comisiones de trabajo
- Actividades extraescolares
- Económica administrativa
- Disciplinaria
- De participación y coordinación
- Permanente
- Formación (Padres/madres)
- Atención a necesidades educativas especiales.

- De escolarización (admisión de alumnos/as
- Especiales (a constituir según las necesidades específicas o concretas)

La adscripción a cada comisión se realizará de forma voluntaria por los miembros de la asamblea.

- FUNCIONES

Asamblea General

- Aprobación del Proyecto de Centro
- Aprobación del P.A.C
- Aprobación del ROF
- Elección y cese del Presidente del Consejo Escolar (de entre los propuestos por el Claustro)
- Fijar las directrices de interacción con el entorno
- Elección del Director/a del centro. Así como su revocación.
- Aprobar el reglamento de régimen interior, a propuesta de la comisión correspondiente.
- Analizar y valorar la evolución del rendimiento escolar general del centro. A propuesta de la comisión correspondiente.
- Aprobación del Presupuesto anual del centro
- Analizar y evaluar el funcionamiento general del centro
- Elección y cese del defensor de la Comunidad Educativa (de entre los miembros del Consejo Escolar por los sectores del claustro y padres/madres).
- Conocer e impulsar las relaciones con las instituciones del entorno.
- Aprobación del programa de actividades escolares complementarias y extraescolares
- Promover la renovación de las instalaciones y equipamiento del centro.
- Aprobar la creación de comisiones especiales de trabajo.
- Decidir sobre la admisión de alumnos/as a propuesta de la comisión correspondiente.
- Conocer y aprobar los trabajos de las comisiones.

Comisiones de trabajo

- Estudio y resolución de asuntos de su competencia, que serán posteriormente respaldados por la asamblea.
- Realizar propuestas e informes a la Asamblea.
- Adoptar acuerdos y resoluciones urgentes en su ámbito de competencias

Defensor de la comunidad educativa

- Actuar de mediador en los conflictos que puedan surgir en el seno de la misma.
- Mediador ante la administración para asuntos de interés de la Comunidad educativa.
- Auxiliar al Presidente del Consejo Escolar en las labores de coordinación de las comisiones de trabajo.
- Miembro nato de la comisión disciplinaria.
- Consultor inmediato de las familias para asuntos que requieran una adecuada discreción, orientación específica y/o consejo.
- Relaciones con el entorno.

Bibliografía

DECRETO 486/1996 de 5 de Noviembre, sobre órganos colegiados de gobierno de los centros docentes públicos y privados concertados a excepción de los centros para la educación de adultos y de los universitarios. Junta de Andalucía.

LODE (Ley orgánica del derecho a la educación) 8/1.985 de 3 de Julio de 1.985.

LOGSE. Ley 1/1990 de 3 de octubre de Ordenación General del sistema educativo.

LOECE. Ley orgánica del Estatuto de Centros Escolares. (1.978).

LOPEGCE. Ley Orgánica 9/1.995 de 20 de noviembre de la Participación la Evaluación y el Gobierno de los Centros Docentes.

ASPECTOS ORGANIZATIVOS DE UN PROGRAMA DE FORMACIÓN INFORMÁTICA PARA NIÑOS DE PRIMARIA: FUTUREKIDS

Mª DOLORES PÉREZ ARÉVALO
Doctoranda del Departamento de Didáctica y Organización Escolar y miembro de la Sección de Investigación de la Asociación para el Desarrollo de la Comunidad Educativa en España (CO.ME. DES).

1. Introducción

El desarrollo de la informática está marcando nuestra sociedad, tanto en los aspectos que se refieren al mundo del trabajo, como en los que dependen de las costumbres y los hábitos. Los niños necesitan recibir una preparación adecuada desde su formación inicial, por esto el proyecto de Futurekids plantea el aprendizaje de la informática a edades tempranas (a partir de los tres años).

El profesor Robert Sherwood, que imparte Ciencias de la Educación en la Universidad de Nueva York, ha establecido tres categorías para clasificar la utilización del ordenador personal desde el punto de vista didáctico. Son: **aprenderse el ordenador, aprender a través del ordenador**, y **aprender con el ordenador**.

No es difícil aprender a utilizar el ordenador personal; por lo que se refiere a los niños, parecen tener una predisposición natural para imponerse en este tipo de tecnología. El ordenador es un magnífico instrumento para la enseñanza con el que se puede aprender prácticamente todo. El profesorado que posea un proyecto educativo de informática tiene que conseguir que su alumnado se aprenda el ordenador.

Cuando se plantea la enseñanza de la informática a niños de Primaria es fundamental que los niños toquen y por lo tanto usen el ordenador sin inhibiciones. Para familiarizarse con el hardware se debe ofrecer la posibilidad de levantar la tapa de la máquina y poder ver sus componentes. Saber identificar sus partes, conocer sus funcionamientos y poder llevar a cabo las sustituciones permitidas es una manera de desmitificar el ordenador y de colocarlo en una dimensión de uso correcta.

Un proyecto informático dirigido a niños de Primaria normalmente incorpora el trabajo con juegos didácticos. El juego didáctico tiene como objetivo lograr un resultado que es inmediato. Desde el punto de vista didáctico esto es un hecho importantísimo. La interacción que se produce con el ordenador implica reflexión y razonamiento inmediato. Además el juego exige la resolución de problemas, que se desarrollen procesos de decisión, que se planteen estrategias. A menudo el juego puede desembocar en la creatividad y el ordenador personal lo hace posible. No hay que pensar que los niños se dedican a aniquilar marcianos. Ellos aprenden a ver al ordenador como una herramienta de trabajo, útil para el colegio y para el futuro, pero a la vez divertida.

2. ¿Qué enseña Futurekids?

Con esta comunicación se pretende dar a conocer el proyecto educativo de un centro de enseñanza especializado en enseñar a niños. Futurekids es una compañía fundada en Los Ángeles (California) en 1983. Su programa educativo está desarrollado por el grupo de educadores de El Programa de Avance Académico de la universidad de UCLA (Los Ángeles). Los cursos de formación se imparten en más de 3.000 centros y colegios en 100 p o Antonio de Alarcón n° 36, así como con aulas en colegios como Regina Mundi, Los Agustinos, La Asunción, Compañía de María, Santo Domingo, Santo Domingo, los Escolapios, Sagrado Corazón, Santa María, Alquería. Imparte también clases en centros como: Centro Cultural Atenea y CL.

El programa educativo que ofrece Futurekids va cambiando con cada curso académico, de manera que un alumno pueda continuar ligado al "proyecto Futurekids" durante toda su etapa escolar. La perfecta estructuración y adaptación de los programas a cada edad permite enseñar sólo lo que el niño es capaz de asimilar.

El objetivo es ayudar a los niños a comprender y a utilizar de forma positiva toda la capacidad educativa y acceso a la información que ofrecen los ordenadores; es enseñarles a utilizar el ordenador como herramienta habitual de trabajo y aprendizaje desde edades muy tempranas. Para ello desarrolla un proyecto basado en la creatividad, la participación y el trabajo en equipo.

Cada curso consta de una serie de **módulos temáticos** que tiene una duración de unas seis semanas. Cada módulo trabajará un contenido tecnológico (sistema operativo, diseño gráfico, base de datos, hoja de cálculo, procesador de textos) y reforzará áreas académicas como Inglés, Lengua, Matemáticas, y Conocimiento del Medio.

Estos contenidos son adquiridos por el alumnado de una manera muy original. Así, el tema central del curriculum que este año se está impartiendo en los colegios gira en torno a la ayuda que los alumnos de Futurekids tendrán que prestar a una empresa internacional de medios de comunicación que tiene su sede en la ciudad Futurekids y que se llama FMI.

Esta inestimable ayuda está basada en los conocimientos informáticos adquiridos por los alumnos y en la capacidad de estos para integrar los últimos avances tecnológicos en las actividades de esta empresa, la cual ha quedado un poco desfasada con respecto a los avances tecnológicos en el mundo de los medios de comunicación.

Entre otras cosas, los alumnos crearán una revista informática para niños donde plasmarán todo lo que van aprendiendo. Deberán verificar la información que les llegue, ayudándose de la creación de bases de datos para recopilar y ordenar todos los datos que vayan a cotejar.

Usarán las hojas de cálculo para calcular la audiencia necesaria de una emisora de radio, los formatos de programación y los gastos publicitarios. Investigarán en un campamento de verano para niños, para determinar si la dieta y ejercicios programados son los más adecuados, realizando una labor de investigación periodística para el periódico de la empresa.

Este es uno de los cursos que Futurekids ofrece y como se puede apreciar se presenta de manera atractiva, ya que se centra en el mundo de los Medios de Comunicación, apasionante y de gran importancia en nuestros días.

Los *objetivos tecnológicos* del programa son los siguientes: fundamentos de hardware y software, sistema operativo, procesador de textos, bases de datos, hojas de cálculo, diseño gráfico y multimedia.

Los *objetivos académicos* con los que el curriculum va a relacionar cada unidad temática serán: Lengua, Conocimiento del Medio, Matemáticas, Inglés y Dibujo. Por ejemplo, el módulo donde el alumnado crea la revista se relaciona con el área de Lengua y Literatura, el módulo en el que trabajan en el periódico se relaciona con el Conocimiento del Medio o aquel en el que los alumnos usan una hoja de cálculo para lanzar una emisora de radio se ha relacionado con las Matemáticas.

•

3. ¿Cómo enseña Futurekids?

Los alumnos trabajan en equipo (dos alumnos por ordenador) y en grupos muy reducidos (6 a 10 alumnos por grupo).
La distribución de alumnos por niveles es la siguiente:
* **Bronce** - no lectores: de *3 a 5 años.*
* **Plata** - alumnos que comienzan al leer y escribir: *6 y 7años.*
* **Oro***: 8 a 10 años.*
* **Platino**: *11-13 años.*
* **Junior**: *14-17 años.*
Esta diferenciación de niveles permite una mayor flexibilidad para satisfacer las necesidades individuales de cada niño. Además, dentro de un nivel específico nos podemos encontrar con distintos niveles para una misma lección, lo que permite al profesor adaptarse al grupo de alumnos.

A continuación se recoge la filosofía educativa en la que se basan los proyectos educativos de Futurekids. La *filosofía de Futurekids* se concreta en 10 principios básicos:
1. Aprender de forma divertida. (Ante todo la informática no debe ser una "carga" para el niño).
2. Dejar que los alumnos aprendan haciendo.
3. Dar oportunidades para expresar la creatividad.
4. Proporcionar un ambiente basado en la autoconfianza, la honestidad y el respeto.
5. Fomentar el aprendizaje cooperativo, el trabajo en equipo y la actividad de grupo.
6. Proporcionar atención personalizada, evitando las comparaciones y consiguiendo que los alumnos trabajen a su propio ritmo.
7. Hacer del aprendizaje una actividad relevante.
8. Enseñar con estilos de aprendizaje diferentes.
9. Reconocer el trabajo realizado y el rendimiento, animando a los alumnos de forma continua.
10.   Enseñar en el "Momento Educativo".

4. Un programa educativo adaptado a la LOGSE.

Las actividades específicas para cada uno de los niveles en los que Futurekids distribuye a su alumnado se basan en el sistema educativo español.

Uno de los objetivos generales de la educación primaria es la capacidad de "utilizar de forma crítica los recursos tecnológicos", con el fin de plantearse y resolver problemas de forma autónoma y creativa, partiendo de los conocimientos del medio físico y social (D.C.B. Educación Primaria, 1989, p. 80, apartado 4). Este objetivo recoge de nuevo la idea de que la informática puede constituir un medio de aprendizaje adecuado.

Al analizar una a una las áreas currriculares, aparecen consideraciones explícitas sobre la informática en el área de Conocimiento del Medio, Lengua y Literatura, Lenguas Extranjeras y Matemáticas.

Los contenidos académicos de los programas que Futurekids ofrece están adaptados a la LOGSE y relacionados con lo que cada alumno aprende en el colegio para el grupo de edades en las que se encuentra. Como se ha descrito antes son un medio para reforzar otras áreas curriculares. Todo ello en un ambiente divertido favoreciendo el uso del ordenador como una herramienta de trabajo.

El ordenador ofrece la posibilidad de potenciar una de las interacciones personales en las que la Reforma ha puesto mucho hincapié y que, no obstante, es desestimada en la mayoría de aprendizajes escolares: la *interacción entre iguales*.

Numerosos estudios han demostrado en estos últimos años la importancia de las interacciones entre alumnos en el proceso de aprendizaje (Coll y Columina, 1990; Johnson, 1981; Webb; 1989).

Los procesos interactivos que destacan por su importancia son: confrontación de puntos de vista, controversias conceptuales, explicitación de informaciones que han de compartirse, solicitar, ofrecer y recibir ayuda, guiar y rectificar la actuación del compañero.

5. Conclusiones

Despúes de analizar el proyecto educativo de Futurekids se puede apreciar la originalidad de este proyecto. Se trata de una enseñanza avalada por la garantía que ofrece el estar respaldada por un departamento en el que trabajan conjuntamente personas con diferentes capacidades (técnicas, pedagógicas, psicológicas y creativas) y por el hecho de recibir toda la colaboración de las mayores compañías de software.

Con proyectos de esta calidad se consiguen objetivos como los siguientes:

1. Introducir a los niños en el apasionante mundo de la informática.
2. Enseñarles todas las posibilidades que brinda el ordenador.
3. Aprenden a manejar las más usuales aplicaciones informáticas, mientras que refuerza a otras áreas académicas que están viendo en el colegio.
4. Desarrollo del razonamiento constructivo y la imaginación.
5. Se favorece el respeto a los demás puesto que se trabaja en equipo.

A continuación y para terminar se presenta un gráfico sobre "los datos que una persona puede retener en función del modo de presentación". Sería interesante que todo el profesorado tuviera en cuenta datos como estos, observando que en Educación Infantil y Primaria los sentidos se convierten en las principales fuentes de aprendizaje.

Como se puede apreciar si en la enseñanza se utilizan medios que presenten los datos de forma "Oral y Visual" la retención de la información, es decir, de lo que se enseña, será mucho más duradera. Por tanto, se puede deducir que la enseñanza a través del ordenador puede ser especialmente efectiva a edades tempranas.

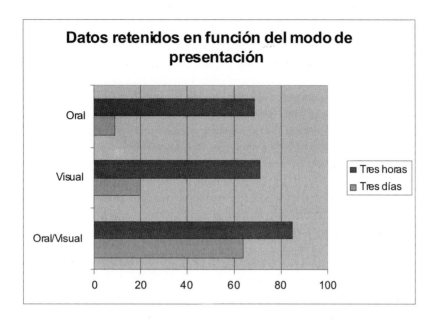

6. Bibliografía

ERIGIO PENTIRARO (1984): **"El ordenador en el aula"**. Madrid. Anaya

GALLEGO ORTEGA J. L. (1994): **"Educación Infantil"**. Málaga. Ediciones Aljibe. Capítulo XX.

DELVAL JUAN (1986): **"Niños y maquinas, los ordenadores y la educación"**. Madrid. Alianza Editorial.

MARTÍ EDUARDO (1992): **"Aprender con ordenadores en la escuela"**. Barcelona. Cuadernos de Educación.

LAS MEDIDAS DEL MEC EN RELACIÓN CON LA CALIDAD DE LA ENSEÑANZA VISTAS POR LOS EQUIPOS DIRECTIVOS DE LA COMUNIDAD AUTÓNOMA DE ANDALUCÍA

JUAN CABALLERO MARTÍNEZ
Universidad de Granada
CARMEN FERNÁNDEZ CAMACHO
EDUARDO GARCÍA JIMÉNEZ
Universidad de Sevilla

Introducción

La constitución de los órganos de gobierno de los centros docentes se estableció en 1985, con la Ley Orgánica del Derecho a la Educación (Ley Orgánica 8/1985, de 3 de julio), que dedicaba dos títulos completos (el título III para los centros públicos y el título IV para los concertados) a tal circunstancia. Esta ley fue derogada diez años más tarde, en 1995, con la Ley Orgánica de Participación y Evaluación General de los Centros Educativos, que intenta ajustar el contenido de la LODE al nuevo sistema educativo establecido por la LOGSE. En ésta se presenta como una exigencia fundamental la formación de los directivos, puesto que en su art. 58.3 dice que "las Administraciones educativas favorecerán el ejercicio de la función directiva en los centros docentes mediante la adopción de medidas que mejoren la preparación y la actuación de los equipos directivos de dichos centros". Asimismo, la LOGSE reconoce la función directiva como uno de los factores que favorecen la calidad y mejora de la enseñanza.

La acción directiva se desarrolla, principalmente, en tres ámbitos de actuación (Gairín, 1995): a) pedagógico, que está relacionado con todo lo tiene que ver con el curriculum y la organización del centro; b) de relaciones, referido a los contactos externos con la comunidad eduacativa y entidades (Ayuntamientos, empresas, etc.); c) administrativo, que incluye todo aquello que está vinculado con los procesos administrativos y económicos. Por tanto, las funciones de los directivos van desde la programación y planificación (del Proyecto Educativo de Centro, de la programación del aula, ...), establecer y fomentar las relaciones con el entorno.

2. Metodología

2.1. Tipo de estudio

El propósito de nuestro trabajo consiste en tratar de comprobar si existen o no diferencias dentro del equipo directivo en la valoración de las medidas que el MEC ha propuesto para mejorar la calidad de la enseñanza. Debido a esto, el tipo de estudio que emplearemos será causal-comparativo, que tiene como objetivo demostrar si existen o no diferencias significativas entre subgrupos de la muestra que comparten determinadas características.

2.2. Muestra

En este trabajo han participado un total de 2790 miembros del equipo directivo: el 30,3% son Jefes de Estudios, el 32%, secretarios y el 37,7% restante son directores de centros docentes. Todos ellos ejercen en centros públicos andaluces.

2.3. Recogida de información

A la hora de proceder a recoger la información se empleó para ello un cuestionario formado por los items que aparecen recogidos en la tabla 1, los cuales expresan las medidas presentadas por el MEC para mejorar la calidad la enseñanza que hacen referencia a la dirección. Cada uno de ellos se valoraba con una escala en los siguientes términos: *Totalmente de acuerdo, Más bien de acuerdo, No puedo pronunciarme, Más bien en desacuerdo* y *Totalmente en desacuerdo*.

ITEMS
1. El Consejo Escolar y Claustro colaborarán con los servicios de Inspección en la evaluación del Centro.
2. Podrán ser candidatos a Director/a profesores pertenecientes a otros Centros.
3. Los nuevos Directores/as recibirán una formación inicial con carácter obligatorio y una formación continua con carácter voluntario.
4. La duración del mandato del Director/a será de 5 años.
5. Los Directores/as participarán en el funcionamiento de las Direcciones Provinciales.
6. El acceso a la dirección podrían consolidar parte del complemento retributivo tras 10 años en el cargo, siempre que la evaluación sea positiva.
7. Al término de sus mandatos, los Directores/as podrán ser adscritos, si lo piden, a otro Centro de la zona.
8. Ser Director/a será mérito relevante para acceder a puestos de responsabilidad en al Administración Educativa, en concursos, etc.
9. Para elegir Director/a, el Consejo Escolar deberá valorar méritos de los candidatos y tener en cuenta los informes de la Inspección.
10. Para facilitar a los profesores el acceso a la Dirección, se flexibilizarán las condiciones laborales para que no se vean inducidos a renunciar.
11. El Director/a designará a los miembros del Equipo Directivo.
12. Los Institutos de más complejidad organizativa contarán con Administrador desde que comienza a impartirse la Educación Secundaria Obligatoria.

13. La formación del profesorado incluirá una oferta específica para los Jefes de Estudio y los demás miembros de la Dirección.

14. Desempeñar un cargo directivo será un mérito para acceder a otros puestos de la Administración Educativa, en concursos, etc.

15. Se prolongará el mandato del Consejo Escolar a 3 años.

Tabla 1. Medidas presentadas por el MEC para mejorar la calidad de la enseñanza.

2.4. Análisis de los datos

Con objeto de averiguar si existen o no diferencias estadísticamente significativas en la valoración de los distintos items del cuestionario en función del cargo que desempeña (director, jefe de estudios o secretarios), se ha utilizado la prueba de Kruskal- Wallis, debido a que no ha podido comprobarse la homogeneidad de las varianzas.

3. Resultados

En relación con los resultados obtenidos nos parece sorprendente el hecho de que en sólo dos items («*Para facilitar a los profesores el acceso a la dirección, se flexibilizarán las condiciones laborales para que no se vean inducidos a renunciar*» y «*Los Institutos de más complejidad organizativa contarán con Administrador desde que comienza a impartirse la Educación Secundaria Obligatoria*») tanto los directores, como los secretarios como los Jefes de Estudios están de acuerdo en que no parece que incida en la mejora de la enseñanza. En el resto de los items hemos comprobado que existen diferencias estadísticamente significativas en función del cargo que desempeña dentro del equipo directivo.

Otros resultados que destacamos hacen referencia a la circunstancia de que en sólo un item («*2. Podrán ser candidatos a Director/a profesores pertenecientes a otros Centros*») las personas que han participado en la investigación están de acuerdo, pero en distintos grados (*totalmente* o *más bien*) en que podría ser una medida para mejorar la calidad de la enseñanza. Quizás con esto se nos esté indicando que no parece algo atractivo ni interesante ejercer la dirección en los centros docentes. En los demás items los miembros del equipo directivo los valoran desde no saben que responder hasta que totalmente en desacuerdo. Por tanto, se repite como tónica general el hecho de que no están de acuerdo con que esas medidas sean las idóneas para mejorar la calidad de la enseñanza.

Conclusiones

Es evidente que, a la luz de los resultados obtenidos, las medidas ofrecidas por el Ministerio de Educación y Cultura no son las adecuadas si se piensa en mejorar la calidad educativa. Por tanto, creemos que debe ser conveniente analizar las causas de estas respuestas. Según los resultados los incentivos económicos o que sirva como méritos en concursos no es algo que motive al profesorado para el acceso a la dirección.

Para algunos items podríamos encontrar respuestas que, seguramente, tendrían que ver con el desánimo, el desinterés o el cansancio que supone ejercer sus funciones como miembro del equipo directivo. Quizás por ello la respuesta al item en que se decía «*Podrán ser candidatos a Director/a profesores pertenecientes a otros Centros*» haya sido como *Totalmente de acuerdo* o *Más bien de acuerdo*. Es decir, no se presentan voluntariamente para acceder al cargo. En la obra de Armas Castro y Sebastián Junquera (1992) el argumento que se nos da hace referencia a la negativa del acceso por su falta de preparación. Por tanto, será necesaria una formación inicial, para acceder al cargo, y una formación permanente, para actualizar sus conocimientos y contribuir a los procesos de mejora. Pero creemos conveniente que esta formación esté basada en las necesidades y las demandas de los interesados, centrada sobre todo en el desarrollo de habilidades interpersonales , teoría sobre el curriculum, organización escolar, habilidades de resolución de problemas, ...

El equipo directivo ha de facilitar la mejora de la enseñanza en un ambiente en el que el desarrollo de normas y valores sea posible, en el que el Centro sea un lugar al que gusta ir (San Fabián, 1992). Asimismo, deben construir relaciones de cooperación y de compromiso con los padres y con otros sectores de la comunidad educativa, propiciar relaciones con y entre el profesorado, con el objeto de favorecer la participación en la toma de decisiones, creando condiciones de perfeccionamiento. Hay que fomentar el sentido de pertenencia al Centro.

Creemos que sería interesante introducir en la preparación el trabajo de miembros de equipo directivo con experiencia, que ayuden a directivos principiantes a introducirse en su trabajo, orientándoles y supervisándoles. Con ello se conseguiría el desarrollo de competencias y acercar la teoría a las situaciones prácticas cotidianas.

El equipo directivo, con el objeto de mejorar la calidad de la enseñanza, ha de ser capaz de impulsar el compromiso entre los distintos sectores de la comunidad educativa, potenciar la formación del profesorado, fomentar la innovación educativa ... Asimismo, ha de seguir de cerca las actividades que se desarrollan dentro del aula, realizar un diagnóstico de las necesidades de los alumnos, valorar e informar sobre los progresos, ... Esto exige una alta cualificación profesional y un cierto dominio de los recursos relacionados con la dirección.

En definitiva, se deberían analizar los factores que están influyendo a la hora de acceder a la dirección de los centros docentes públicos.

Referencias bibliográficas

ARMAS CASTRO, M. & SEBASTIÁN JUNQUERA, A. (1992): «Necesidades formativas de los equipos directivos escolares en el contexto de la Reforma». *Actas del Primer Congreso Internacional sobre Dirección de Centros Docentes*. Bilbao: ICE- Universidad de Deusto.

DELGADO AGUDO, J. (1991): «La formación del profesorado para el ejercicio de las tareas directivas y de gestión». *Bordón*, 43 (2), pp. 135 – 145.

GAIRÍN, J. & DARDER, P. (1994): *Organización de centros educativos. Aspectos básicos..* Barcelona: Editorial Praxis.

GAIRÍN, J. (1995): *Estudio de las necesidades de formación de los equipos directivos de los centros educativos*. Madrid: CIDE.

GARCÍA GÓMEZ, R. D. & GÓMEZ GARCÍA, J. (1991): «La formación en ejercicio de los equipos directivos. La gestión del cambio y la mejora de la escuela». *Bordón*, 43 (2), pp. 151 – 158.

LAFFITTE FIGUERAS, R. M (1992): «Intercambio de experiencias en la gestión de centros escolares a nivel europeo: un método de formación. *Actas del Primer Congreso Internacional sobre Dirección de Centros Docentes*. Bilbao: ICE- Universidad de Deusto.

VILLA SÁNCHEZ, A. (1992): «La dirección, factor clave de la calidad educativa», *Actas del Primer Congreso Internacional sobre Dirección de Centros Docentes*. Bilbao: ICE- Universidad de Deusto.

LOS RECURSOS DIDÁCTICOS EN LA ENSEÑANZA

JUAN ANTONIO FUENTES ESPARRELL
Doctorando del Departamento de Didáctica y Organización Escolar
de la Universidad de Granada.
MARÍA TERESA REYES MARTÍN
Maestra.
Miembros de la Sección de Investigación de la Asociación para el Desarrollo
de la Comunidad Educativa en España. COM. ED. ES.

«En una sociedad como la actual, sometida a tan profundos y acelerados cambios, las funciones y los comportamientos del profesor tienen que experimentar alteraciones significativas. Sin menospreciar el componente "artístico" de la tarea docente, resulta evidente que la tecnificación de los procesos educativos es un hecho irreversible.»

(Camacho, S., 1989)

1. Introducción

Con la implantación de la LOGSE la utilización de los recursos didácticos en las instituciones educativas adquiere una relevancia especial. Esta queda de manifiesto en la medida en que los recursos didácticos contribuyen a la consecución de dos de los principios fundamentales en las que se fundamenta nuestra reforma educativa y que son:

- Conseguir que el alumnado sea capaz de aprender por sí mismo.
- Conseguir que el alumnado adquiera un aprendizaje significativo.

Según los estudios realizados por autores como LURIA, para lograr el aprendizaje significativo es necesario trabajar los aspectos visuales, psicomotrices y auditivos. El uso de los recursos didácticos incrementan el trabajo de dichos aspectos.

Lo que pretendemos con este trabajo es visualizar uno de los problemas que día a día estamos observando en el desarrollo de la tarea profesional de todo docente; nos referimos a la utilización de los recursos didácticos. Quizás sea un "defecto de fabricación" –si nos comparamos con una máquina de producir formadores- o, quizás, un defecto de intransigencia y "ceguera" voluntaria ante las demandas sociales de hoy día.

Estamos viendo como nuestro alumnado nos reclama indirectamente motivación, incentivación... y vemos, por otro lado, que cada día hay más recursos para poder incentivarlo acudiendo a las nuevas tecnologías, a los diversos materiales impresos y audiovisuales o, por otro lado, seguir con lo que podríamos denominar "la vieja escuela" o "a la vieja usanza" donde sólo vale lo que el docente habla y lo que pone el libro de texto y no me pidas más.

Con anterioridad hemos dicho eso de "defecto de fabricación" refiriéndonos claro está a la formación del docente en las diversas Escuelas Universitarias y/o Facultades. Defecto porque no nos están formando teniendo en cuenta las demandas sociales, sino que es como si se quedara estancada la renovación de los planes de estudios y por tanto, nuestra preparación para el día a día, pero bueno, esto es otra batalla que no tiene cabida a lo que nosotros pretendemos hacer llegar con este trabajo.

Para facilitar el acceso de los docentes a los recursos didácticos y dada la relevancia anteriormente citada, analizaremos en este trabajo varios aspectos relativos con los recursos didácticos. Partiendo en primer lugar de su definición y diferenciación con respecto a los recursos curriculares, para centrarnos posteriormente en:

- Su tipología.
- Su didáctica.
- Su organización y/o distribución en la institución.

2. Conceptos clave

Aquí intentaremos dar una clara definición y/o diferenciación, en su caso, de aquellos términos que solemos utilizar cuando tocamos temas sobre recursos. Nos vamos a centrar principalmente en medios, materiales o recursos curriculares y medios, materiales o recursos didácticos, sin olvidar claro está, de otros como: medios audiovisuales (MAV), nuevas tecnologías (NN.TT.), tecnologías de la información y de la comunicación (TIC), etc...

2.1. Materiales curriculares y recursos didácticos

La diferenciación entre recursos curriculares y didácticos se ve apoyada por los tratadistas de tecnología educativa. La primera relacionada con los elementos del currículum y la segunda referida a la práctica inmediata.

En este sentido, la idea de recurso relacionada con la Educación puede referirse, como dice Zabalza, a dos concepciones diferentes:

- Una de máxima reducción: relacionada con el material didáctico.
- Otra de máxima expansión: que sitúa como recurso a cualquier tipo de proceso, instrumento pedagógico o material. Desde esta perspectiva se identifica loa materiales y recursos curriculares como medio para conseguir los objetivos establecidos, de ahí que los contenidos, actividades, espacio, tiempo y la evaluación deben ser entendidos como recursos curriculares dirigidos a desarrollar las capacidades enunciadas en los objetivos.

A continuación vamos a analizar sus características y funciones, habiendo intentado realizar previamente una definición y diferenciación de los mismos.

2.1.1. Materiales curriculares

Insistiendo en la posterior división, la referencia a recursos curriculares está en estrecha relación con los elementos del currículum. De aquí deducimos que los contenidos, actividades de enseñanza-aprendizaje, el espacio y el tiempo, así como la propia evaluación, deben ser entendidos como recursos curriculares, con la función de conseguir desarrollar las capacidades enunciadas en los objetivos.

Estos materiales son de uso exclusivo del profesorado, pudiendo distinguir entre los que describen la elaboración de proyectos curriculares del centro y los que describen la práctica en el aula, dentro de los cuales aparecen los elementos del currículum.

Dentro del *primer grupo* se incluyen los **libros que tratan de la teoría del currículum**, contestándonos a preguntas como ¿para qué se establece el currículum? Por ejemplo, para la clase de lengua inglesa se establece un programa (syllabus) que está estrechamente unido al método elegido. No olvidemos que **los programas** tienen su origen en un currículum, que en el caso actual de la enseñanza de las lenguas es el language centred curriculum. Otro tipo de materiales son los propios **Proyectos curriculares** ya completos con todos los documentos que lo componen.

El segundo tipo de materiales curriculares son los materiales para orientar la práctica en el aula. En primer lugar, están las **guías didácticas** que acompañan al libro de texto; el **diseño y desarrollo de las unidades didácticas** que elaborará el profesorado con vista hacia su alumnado en concreto; la organización de la clase y por último, las **guías de utilización de recursos**.

2.1.2. Recursos didácticos

A diferencia de la educación que el alumnado recibe de manera informal, o también llamada "natural", la escuela en su experiencia educativa produce un aprendizaje conducido, reglado, medido, de forma que la relación niño/a-contenido se realiza mediante algún recurso de enseñanza que le represente, le aproxime o facilite el acceso a la realidad para producir el conocimiento de la misma. Los recursos didácticos producen esa mediación entre la realidad y el niño/a.

La bibliografía consultada no nos ofrece una concepción unánime de los medios educativos, así se habla de: material didáctico, recurso didáctico, soporte tecnológico, técnicas diversas, operador didáctico. No obstante, recabando información de autores como, y hablando siempre en términos generales, nos atreveríamos a decir que un medio didáctico es "cualquier forma de recurso o equipo que sea usado normalmente para transmitir información entre personas".

De cualquier modo, los recursos didácticos poseen unas características:

- *Función pedagógica*, haciendo referencia al conocimiento que el alumnado debe tener de las posibilidades del recurso.
- *Nivel de simbolización en los mensajes*, fomentando la adquisición de esquemas de conocimiento significativos.
- *Participación de los receptores*, no olvidemos el grado de implicación y participación del alumnado como protagonista que es de su propio aprendizaje.
- *Poder de definición metodológica*, la metodología condiciona al recurso.

La utilidad y eficacia de todo recurso didáctico va a depender en gran medida de sí cumple o no las siguientes funciones:

- *Innovadora:* cada material nuevo debe plantear un nuevo tipo de interacción alumno/a-aprendizaje, produciendo una modificación en los procesos y estrategias de enseñanza.

- *Motivadora:* los materiales deben acercar el aprendizaje a la vida cotidiana del alumnado y dejar así patente su funcionalidad.

- *Estructuradora de la realidad:* organizan los datos que constituyen la realidad y el conocimiento de la misma.

- *Configuradora de la actividad cognitiva:* el tipo de recurso condicionará la actividad mental que se desarrolle. Pudiendo facilitar ésta contenidos figurativos (presentan la realidad y provocan el pensamiento intuitivo, esenciales en los primeros años); estructurales (esquemas, resúmenes, que organizan la realidad); semánticos (dominan la realidad y generan el pensamiento técnico) y conductuales (recogen el aspecto humano de la realidad generando pensamiento social).

- *Facilitadora de la acción procedimental y actitudinal y de la expresión de valores, emociones y comunicaciones.*

La escuela no puede permanecer insensible al proceso tecnológico en el que estamos inmersos. De acuerdo con la LOGSE, estas nuevas tecnologías deben ir introduciéndose en los centros de forma racionada. Hemos de utilizarlos como recursos didácticos y, por lo tanto, han de sufrir los mismos procesos de selección y utilización que el resto de los materiales.

2.1.3. Medios

Como dice CAMACHO (1989), los términos *recurso, medio, instrumento, ayuda* o *material* son, a menudo, intercambiables y con este carácter se consignan en la literatura especializada.

ESCUDERO (1983) entiende por medio cualquier objeto o recurso tecnológico (hardware) que articula en un determinado sistema de símbolos ciertos mensajes (software) en orden a su funcionamiento en contextos instructivos.

BRIGGS (1973) considera a los medios como recursos físicos utilizados con el fin de presentar estímulos al educando.

Para CASTAÑEDA (1978) medio es todo objeto, recurso instruccional que proporciona al alumno una experiencia indirecta de la realidad y que implica tanto la organización didáctica del mensaje que se desea comunicar como el equipo técnico necesario para materializar ese mensaje.

Cuando hacemos referencia a los dispositivos y materiales que facilitan la acción didáctica o educativa, la expresión "medios didácticos" debe quedar reservada para los que intencionadamente son utilizados para la transmisión de información o para complementar y perfeccionar el sentido de la comunicación (MAS, 1970); pero no debemos quedarnos con esta única función, ya que tenemos los llamados "medios audiovisuales", cuyo uso afecta a la estructura perceptiva e influyen en la manera de enseñar (GRIEGER, 1973), pero no hay que quedarse sólo aquí, pues además, motivan intrínsecamente, facilitan la adquisición de automatismos, enriquecen la percepción, amplían el campo cognoscitivo, estimulan el desarrollo de experiencias y facilitan el estudio independiente (MATEO, 1982).

BLAZQUEZ (1988) señala que al hablar de "medios" en didáctica, generalmente se alude a la serie de recursos utilizados para favorecer el proceso de enseñanza-aprendizaje con lo que los términos "recursos" o "medios" de aprendizaje adquieren un carácter instrumental y forman parte como una variable más del proceso.

Por último, para CABERO (1990), los medios de enseñanza serían los elementos curriculares que, por sus sistemas simbólicos y estrategias de utilización, propician el desarrollo de habilidades cognitivas en los estudiantes, en un contexto determinado, facilitando la intervención mediada sobre la realidad, la puesta en acción de determinadas estrategias de aprendizaje y la captación y comprensión de la información por el alumno.

3. Principales conceptos claves en cuanto a Medios Audiovisuales y Nuevas Tecnologías

Altavoz: Dispositivo que convierte señales eléctricas en sonido (voz, música).

Analógico: Que almacena la información mediante señales continuas, generalmente de naturaleza eléctrica o magnética.

Base de datos de un programa: Es la información específica que gestiona un programa.

Cañón de proyección de vídeo: Aparato que permite proyectar en una pantalla de gran formato las imágenes procedentes de un vídeo, televisor u ordenador.

Ciberespacio: Designa el ámbito en el que se mueven los usuarios y ordenadores conectados a la red. El término se debe al novelista William Gibson que lo utiliza por primera vez en la obra de ciencia-ficción "Neuromante".

Comunicación: Es un proceso que se desarrolla entre sujetos humanos o no, que disponen de algún tipo de convención, y que mediante su utilización intercambian algo, indiferentemente de la situación espacio-temporal de cada uno de ellos.

Correo electrónico o E-mail: Sirve para poder enviar todo tipo de ficheros (sonido, textos, imágenes,...) a cualquier otro usuario/s de internet o incluso a usuarios de fuera de internet pero accesibles mediante correo electrónico.

Diapositivas: Son imágenes en un soporte de celulosa o acetato realizadas generalmente mediante una cámara fotográfica, aunque también se pueden hacer mediante otros medios. Se proyectan mediante el diascopio.

Diascopio: Aparato que sirve para proyectar diapositivas.

Digital: Que almacena la información mediante señales binarias. Estas señales se suelen representar con los dígitos 0 y 1.

Discos compactos: Discos que almacenan el sonido mediante unas señales de naturaleza binaria (digital) formando unas pequeñas muescas en la superficie del disco. Se reproducen mediante un rayo láser desde un aparato lector de discos compactos.

Discos de vinilo: Discos que almacenan las señales eléctricas portadoras de sonido de manera analógica formando unos surcos en el disco. Se reproducen mediante una aguja en un tocadiscos.

Emisora de radio: Sistema que permite emitir señales radiofónicas al espacio.

Epidiascopio: Aparato que proyecta tanto cuerpos opacos como transparentes.

ftp: File transfer protocol. Protocolo para la transferencia de ficheros entre dos ordenadores de Internet.

Gestor de bases de datos: Programa que permite almacenar información de manera organizada y posteriormente recuperarla y modificarla. Sirve para generar potentes sistemas de archivo.

Grabadores/reproductores de casetes: Aparatos que sirven para grabar y reproducir sonido en un casete.

Hipertexto: Conjunto de toda la información enlazada y estructurada, de modo que es posible recorrerla accediendo a la que nos resulta más relevante o interesante. También es el modo de organizar la información, no lineal, basado en pequeños paquetes con significado completo, enlazados entre sí, permitiendo navegar de uno a otro paquete según las necesidades.

Hoja de cálculo: Programa que convierte al ordenador en un versátil y rápida calculadora programable, facilitando la realización de actividades que requieran efectuar muchos cálculos matemáticos.

html: hypertext markup languaje. Lenguaje de marcas de hipertexto. Codificación (lenguaje) que permite incluir enlaces/anclas a otros documentos. La mayoría de documentos en el Web están formateados con este lenguaje.

http: hypertext transfer protocol. Protocolo para la transferencia de hipertextos. Es el protocolo que permite transferir ficheros html.

Internet: Denominada también red de autopistas de la información, es un inmenso conjunto de redes de ordenadores que se encuentran interconectados entre sí.

Interactividad: La posibilidad de que el usuario dé instrucciones o responda a la información que se genera desde la máquina, y viceversa.

Lector de discos compactos: Aparato que permite reproducir discos compactos.

Libro: Medio de comunicación cuya parte material está formada por hojas de papel unidas por un extremo y que utiliza como medio de comunicación el alfabeto fonético de forma escrita.

Medios de imagen fija proyectable: Son los medios que permiten la proyección de imágenes estáticas sobre una pantalla que puede ser de gran formato.

Minidisc: Discos de pequeño formato que tienen características similares a los discos compactos pero además pueden ser grabados por los usuarios.

Micrófono: Dispositivo que convierte el sonido (voz, música) en señales eléctricas.

Módem: Aparato que MOdula y DEMdula es decir, convierte información digital en analógica y viceversa. Permite conectar redes o equipos informáticos a redes analógicas como la red telefónica o la red de televisión por cable (aunque se están o se prevee digitalizar). También se aplica al RDSI.

Montaje audiovisual o diaporama: Es una presentación que compagina la proyección de diapositivas con la audición sincronizada de música y explicaciones a través de casete.

Opascopio: Aparato que sirve para proyectar hojas de papel con imágenes y textos o cuerpos opacos en general.

Pantalla de cristal líquido: Aparato que, con la ayuda de u retroproyector, permite proyectar imágenes procedentes de un ordenador sobre una pantalla de gran formato.

Procesador de texto: Programa que, con la ayuda de la impresora, convierte el ordenador en una máquina de escribir electrónica.

Programa de comunicaciones: Programa que permite que ordenadores lejanos (si disponen de módem) se comuniquen entre sí, a través de las líneas telefónicas, y puedan enviarse mensajes, gráficos, programas,...

Programa informático de presentaciones: Programa informático que facilita la realización de diapositivas informatizadas.

Programa multimedia: Programa que integra información articulada a través de medios de distinta naturaleza: textos, fotografías, animaciones,...

Programación televisiva: Organización temporal de los espacio televisivos, cuya finalidad principal es informar l espectador, y que al mismo tiempo pretende captar y mantener al mayor número de espectadores, el mayor tiempo posible, utilizando para ello la continuidad que garantiza la identificación de la audiencia con una cadena.

Protocolo: Normativa de transmisión de datos. Definición del sistema de comunicación entre ordenadores, que permite el intercambio de datos entre distintas máquinas.

Radio: Es un medio de comunicación de masas que aprovecha las ondas electromagnéticas para transportar los mensajes de un emisor a muchos receptores a través del espacio.

RDSI: Red Digital de Servicios Integrados. En inglés, ISDN (Integrated Services Digital Network). Red de comunicación alternativa ala telefónica y que permite una mayor velocidad de comunicación.

Receptor de radio: Aparato que permite localizar señales radiofónicas de diversas emisoras y escuchar sus programas.

Retroproyector: Aparato que sirve para proyectar las transparencias en una pantalla.

Servidor o host: Suele tratarse de un gran ordenador que gestiona servicios y ficheros a disposición de los ordenadores conectados (clientes).

Sistema multimedia: Sistema basado generalmente en ordenadores que permite la integración de imágenes, texto, sonido, vídeo y animaciones, con un elevado grado de participación del usuario en lo que se denomina interactividad.

Software educativo: Programas para ordenador creados con la finalidad específica de ser utilizados como medio didáctico, es decir, para facilitar los procesos de enseñanza-aprendizaje.

Tecnología: Es el campo de conocimiento que se ocupa de diseñar y planear su realización, operación y mantenimiento a la luz de conocimientos científicos, que sean reproducibles y con la intención de que complementen las capacidades humanas.

Telenseñanza: Se refiere a todo proceso de enseñanza que utiliza las telecomunicaciones como medio de acceso al alumnado.

Televisión educativa: Se trata de un tipo de emisiones, dentro de la programación general televisiva, que por su contenido o por su tratamiento, presenta posibilidades de aplicación educativa y cultural.

Tocadiscos: Aparato que permite reproducir discos de vinilo.

Transparencias: Son gráficos, fotografías y esquemas impresos o fotocopiados sobre unas hojas transparentes de acetato que se pueden proyectar sobre una pantalla mediante un retroproyector.

Vídeo: Conjunto de instrumentos tecnológicos que poseen como elemento común el tratamiento electrónico y/o magnético de la imagen.

Videoconferencia: Sistema de telecomunicación mediante el que se realiza la transmisión simultánea de imagen y sonido a usuarios situados en diferentes lugares.

Videojuegos: Juegos basados en programas informáticos, generalmente basados en consolas específicas, pero que también pueden funcionar en ordenadores de uso genérico.

World Wide Web: Telaraña del ancho del mundo. Red formada por todos los servidores (ordenadores) que distribuyen documentos html utilizando el protocolo http. Se abrevia www o también Web.

4. Tipos de recursos didácticos y su aplicación didáctica

«El uso de los medios y recursos didácticos en la actualidad, y por tanto la utilización de un tipo de lenguaje específicamente tecnológico, ponen de relieve que la información que les hacemos llegar a nuestros alumnos pueden llegar a suponer el soporte más adecuado en el desarrollo de su proceso de aprendizaje.»

(Sola, T. y otros, 1998, p.323)

Vamos a organizar o distribuir la variedad de recursos en dos grandes bloques, que a su vez, sufren variadas ramificaciones:

- **Imagen Fija: Proyectada y No Proyectada.**

Es muy diverso el stock de recursos audiovisuales de imagen fija que pueden ser utilizados en el proceso de enseñanza-aprendizaje. Éstos se podrían clasificar en dos subgrupos, según la imagen se observe directamente o a través de un sistema de proyección.

Entre los recursos didácticos más difundidos, es la imagen fija no proyectada la que más es utilizada. Tal es el caso por ejemplo el de los tableros didácticos (pizarras, franelogramas, tableros de corcho, etc.) y los murales (láminas, mapas y carteles). No hay que olvidar que también existen otros tipos de materiales que también son utilizados con bastante frecuencia en las aulas y que pertenecen a éste grupo de recursos de imagen fija no proyectada, como son: el cómic, el material impreso, las fotografías, etc.

Centrándonos en los medios audiovisuales que precisan de un sistema de proyección, son las diapositivas las más utilizadas generalmente. Cabe reseñar, que en estos tiempos, están tomando un carácter muy fuerte la retroproyección de transparencias.

Los MAV de imagen fija ofrecen caracterizaciones que les hace idóneos, atractivos para su utilización didáctica: lo económico que resultan la mayoría de ellos, la fácil utilización y la que creemos que es la principal de todas ellas, son medios que se adaptan a las necesidades específicas del profesorado, del alumnado y de la temática. Esto último, queda de manifiesto al caber la posibilidad de modificar y/o añadir datos sobre la marcha de la explicación (pizarra, transparencias).

a) La imagen fija no proyectada

En este grupo entran a formar parte una gran cantidad de MAV que son de uso muy generalizado y tradicional, siendo de gran eficacia en lo concerniente a la función didáctica.

1. Los Tableros Didácticos

Son soportes sobre los que se crea la imagen.

1.1. Las pizarras

La **pizarra de tiza** es el recurso audiovisual más utilizado por la mayoría del profesorado. Generalmente está fija en la pared.

La **pizarra blanca** es de material plástico, sobre el que se escribe con rotuladores.

Existen pizarras, de tiza y blancas, adaptadas para usos específicos, tal es el caso de pizarras con pentagramas impreso para la enseñanza música, pizarras con cuadrícula o líneas para el aprendizaje de la escritura (Ed. Infantil y primeros cursos de Primaria), etc.

La **pizarra electrónica copiadora**, que consta de un panel de escritura blanco, sobre el que se escribe con rotulador, y un sistema de copia, que hace posible la reproducción rápida sobre papel de la información contenida en el tablero. El inconveniente que presenta es su elevado conste.

La **pizarra de papel**, formada por láminas grandes de papel reunidas en algo parecido a un block, se cuelga sobre un caballete provisto de un sistema especial de proyección.

En general, un problema que se presenta frecuentemente en el uso de las pizarras es la aparición de reflejos, que pueden a llegar a impedir la visión desde algunos ángulos.

Las **aplicaciones didácticas** de la pizarra, se centran sobre todo, a constituir un refuerzo visual a las explicaciones orales del profesorado.

1.2. Otros tableros didácticos

Son soportes sobre los que se fija la imagen mediante diferentes sistemas de sujección: chinchetas, imanes, velcro, etc.

El **franelograma** es un tablero recubierto de una tela áspera sobre la que se adhieren figuras realizadas en tela o cualquier material que presente una de sus caras de textura también áspera: lija, esponja, velcro, etc.

Las **aplicaciones didácticas** de estos tableros permiten la narración de historias, situaciones o procesos secuenciales, colocando los objetos o personajes protagonistas sucesivamente en el tablero.

En la mayoría de las aulas existen pequeños **tableros de corcho** fijos, en los que se expone información de interés para el alumnado: horarios, normas, etc.

Los tableros didácticos más frecuentes en las aulas, a excepción de las pizarras, son los tableros de corcho; aunque no hay que olvidar, que en algunos centros existen también los tableros magnéticos y/o franelogramas.

En general, las **aplicaciones didácticas** de estos otros tableros didácticos son:

· Exponer informaciones.
· Desarrollo de la expresión oral y escrita.
· Adquisición de conceptos espacio-temporales.
· Aprendizaje de números y palabras.
· Desarrollo de habilidades manuales.
· Reforzar conceptos.
· Etc.

2. Los Murales Didácticos

Bajo esta denominación se abarca a **láminas**, **carteles**, **mapas** y/o cualquier material con imágenes impresas realizado en un tamaño que permita la observación "fácil" y colectiva al ser expuesto en la institución.

La información contenida es cerrada, ofreciendo muy pocas o casi ninguna posibilidad de modificación.

A la hora de confeccionar un mural didáctico, hay que tener muy en cuenta a quién va dirigido, que la imagen predomine sobre el texto, los colores a utilizar así como el tamaño del trazo.

En cuanto a las **aplicaciones didácticas** de los murales didácticos nos encontramos por ejemplo:

· Descripción de estructuras e ilustración de procesos *(Láminas)*.
· Localizar y concretar referencias *(Mapas)*.
· Campañas, desarrollo de habilidades, llamar la atención e informar de actividades *(Carteles)*.

3. El material impreso

Como dice NADAL (1991), en la denominación de material impreso podrían incluirse una variedad muy amplia de materiales, muchos de los cuales se pueden encontrar directamente en el mercado; pero son muchas las ocasiones en que estos no cubren las expectativas ni las necesidades del profesorado.

La **fotocopiadora** ha alcanzado una amplia difusión en la sociedad debido a sus interesantes y rápidas prestaciones, unido a su facilidad de uso.

La ventaja primordial de la fotocopiadora es la de permitir un rápido acceso a la información, pudiendo seleccionar aquella que interese de un contexto más amplio: revista, libro, etc.

La fotocopiadora, también ofrece la posibilidad de manipular materiales, permitiendo la realización de montajes, e incluso puede llegar a constituir un medio de expresión artística, técnica más conocida como *copy-art*.

El **copy-art** es una técnica artística basada en un recurso cotidiano: experimenta con la fotocopiadora como instrumento expresivo.

Las **aplicaciones didácticas** pueden ser entre otras:

- Acceder rápidamente a la información.
- Adaptar el material original (ampliándolo, reduciéndolo, etc.).
- Ahorrar tiempo.
- Eliminar posibles errores de transcripción.
- Favorecer el trabajo individual.
- Proporcionar material para analizar imágenes.
- Copy-art.

4. El Cómic

El cómic es una narración secuenciada en la que se integra estrechamente dibujo y texto.

Resumiendo, el cómic lo que intenta proporcionarlos es: una integración del lenguaje verbal y visual, elementos comunes al lenguaje cinematográfico, arquetipos, etc.

Las **aplicaciones didácticas** pueden ser:
- Permite plantear actividades en todas las áreas y/o niveles.
- Aglutina proyectos interdisciplinares.

5. La Fotografía

El mensaje visual que se transmite en la fotografía es una interpretación de la realidad, en el que interviene tanto el punto de vista del autor como del receptor del mensaje.

La **función didáctica** que se le puede atribuir a la fotografía sería:
- Favorece el trabajo activo, individual o en pequeño grupo.
- Cubre objetivos generales y específicos del aprendizaje.
- Es punto de partida de estudios interdisciplinares.

b) La imagen fija proyectada

La proyección de imágenes fijas es un recurso excelente para acercar una imagen a un colectivo. Se precisa para ello un instrumento de proyección, que proporciona imágenes de gran tamaño y que habitualmente es de buena calidad. Los que más se suelen utilizar en las aulas son: el proyector de diapositivas, el proyector de transparencias y el de cuerpos opacos.

1. Las Diapositivas

Las diapositivas son imágenes fotográficas transparentes.

La gran ventaja que nos ofrecen las diapositivas, es la alta calidad de imagen que nos ofrecen.

Las **aplicaciones didácticas** que se le pueden atribuir son:

· Que es un excelente medio para la descripción de estructuras.

· Que permite otras funciones: realizar actividades creativas, ilustrar trabajos, repasar, etc.

1.1. Los Diaporamas

Los diaporamas son montajes audiovisuales en los que se integra la imagen, aportada por una secuencia de diapositivas, con una banda musical.

La dificultad de elaboración y la coincidencia en muchas funciones didácticas, han hecho que el vídeo desplace a este recurso.

Las funciones didácticas del diaporama pueden abarcar objetivos diversos, como son la visualización de procesos, la narración de acontecimientos y biografías, etc. Pero hay que resaltar que también sirve como elemento motivador y desencadenante de emociones por su fuerte carga estética.

Las **aplicaciones didácticas** que le podemos atribuir son:

· Fomentar el sentido estético.

· Investigar y profundizar en temas.

2. La Proyección de Opacos

El proyector de cuerpos opacos o también llamado episcopio, opascopio, epidiascopio o epidiáscopo proyecta imágenes de materiales opacos, por un sistema de reflexión.

La aplicación más inmediata es la proyección de fotografías, láminas, ilustraciones de libros o revistas, etc., de las que por cualquier circunstancia no se dispone de ejemplares suficientes para ser observadas por el alumnado directamente, o de las que se pretende realizar un estudio colectivo.

La ventaja más interesante del proyector de opacos es la posibilidad de mostrar a colectivos objetos de muy variada naturaleza, evitando de ese modo su deterioro. Además, sobre la pantalla se pueden hacer indicaciones y comentarios, con lo que se consigue acercar los planteamientos teóricos a objetos reales.

3. Las Transparencias

Según MARQUÉS (1999), las transparencias son gráficos, fotografías y esquemas impresos o fotocopiados sobre unas hojas transparentes de acetato, normalmente de tamaño DINA4 pero también en formato de rollos continuos, que se pueden proyectar sobre una pantalla mediante el retroproyector o proyector de diapositivas.

El proyector de transparencias es un aparato provisto de un sistema de iluminación y de sistema óptico, de lentes y espejos, montados sobre un soporte mecánico. Proyecta una imagen, ampliada del original, sobre una pantalla situada por detrás de la persona que lo utiliza; de ahí su nombre más frecuente de retroproyector.

La **aplicación didáctica** que le podemos atribuir es:

· Facilita la estructuración de la información.
· Aplicable a todas las áreas y/o niveles.
· Gran versatilidad.
· Permite la vuelta atrás.

· **Imagen en Movimiento**

Los medios que emplean esta imagen son fundamentalmente el cine, la televisión y el vídeo.

Las características comunes a todos ellos son, además de emplear imágenes en movimiento, presentar sonido y utilizar elementos comunes del lenguaje icónico.

Tanto la imagen como el sonido aportan elementos expresivos que interaccionan formando un verdadero lenguaje audiovisual.

1. El Cine

El uso didáctico de este medio tiene la ventaja de la buena calidad y el tamaño de la imagen, y los inconvenientes de la dificultad del manejo del proyector de cine y la necesidad de oscurecimiento.

Actualmente, las películas didácticas se realizan en soporte vídeo, por lo que la función didáctica del cine se restringe en la institución educativa.

La actividad más específica en relación con el cine es el cine-fórum, en donde después de visionar la película se analiza coloquialmente la misma, no limitándose a tan sólo al contenido temático, sino a todos los elementos que la componen y a cómo se armonizan para construir la obra.

Las **aplicaciones didácticas** que le podemos dar son:
· Estudio del lenguaje cinematográfico.
· Investigar temas a través de películas.
· cine-fórum.

2. La Televisión

La televisión ocupa un papel muy importante en la mayoría de las casas, donde los niños/as pasan una elevada parte de su tiempo enfrente de la "caja tonta". El continuo bombardeo de informaciones que reciben es mayor que el percibido en la escuela. La televisión, como medio de comunicación de masas, transmite continuamente informaciones que se presentan de una forma atractiva, y que son recibidas en muchos casos, sin ningún sentido crítico. Desde la institución educativa se deben de dar los instrumentos necesarios para desarrollar la capacidad crítica, imprescindible para evitar en la medida de lo posible la manipulación.

3. El Vídeo

El vídeo es un sistema capaz de generar, emitir y recibir señales electrónicas de imagen y sonido.

Si nos centramos en el papel didáctico que juega el vídeo habría que decir, que la pluralidad de funciones didácticas que cumple el vídeo están en relación con las características propias del medio, con la naturaleza del documento videográfico que se emplea y con la forma en que lo usa el profesorado de turno.

Las características del vídeo permiten realizar funciones muy interesantes desde el punto de vista didáctico. El magnetoscopio hace factible seleccionar secuencias e imágenes rápidamente, detener la reproducción para hacer comentarios o proponer actividades, congelar la imagen para su estudio más detallado, pasar las imágenes a cámara lenta para visualizar mejor las etapas de procesos, revisar el documento para incidir en los aspectos más interesantes o repasar, visionar si sonido para sustituir el mensaje verbal por comentarios del alumnado o del profesorado, etc.

Las **aplicaciones didácticas** que le podemos endosar son del tipo:

- Potenciar la expresión, comunicación y manifestación artística.
- Implicar al alumnado en el medio.

4. Los Sistemas Multimedia

Los sistemas multimedia consisten en la integración de varios medios: imagen, sonido, gráficos, textos, etc., tratados en imagen fija o en movimiento y gobernados o dirigidos por ordenador.

Estos sistemas prometen un papel didáctico muy importante en la enseñanza del futuro, al transmitir información por canales diversos y poderse utilizar de modo interactivo e individual, produciéndose el aprendizaje según la capacidad y el interés individual.

La diferencia básica ente los diferentes sistemas multimedia estriba en la naturaleza de la imagen, analógica en unos y digital en otros.

El sistema que utiliza la imagen analógica es el videodisco, también llamado vídeo interactivo o laservisión. Contiene imagen fija y en movimiento y dos canales de audio. Su lectura se realiza a través de un aparato lector (vídeo lector) que emplea rayos láser: la imagen se reproduce en una pantalla.

El sistema que utiliza imagen digital es el CD-ROM, que son discos parecidos a los compact disc. Son capaces de almacenar gran cantidad de información.

Las principales ventajas que nos presentan los sistemas multimedia son:
- Interacción del usuario con el medio.
- Videodisco y sistemas de imagen digitalizada.

Bibliografía

BLAZQUEZ, F. (1988): *Medios Didácticos. El medio ambiente y otros recursos para la enseñanza*. En SÁENZ, O. (Dir.). **Didáctica General**. Anaya. Madrid.

BRIGGS, J.L. y otros (1973): *Los medios de la instrucción*. Guadalupe. México.

CABERO, J. (1990): *Análisis de medios de enseñanza. Aportaciones para su selección, utilización, diseño e investigación*. Alfacar. Sevilla.

CABERO, J., MARQUÉS, P., BARTOLOMÉ, A., MARTÍNEZ, F. y SALINAS, J. (Coords.) (1998): Medios Audiovisuales y Nuevas Tecnologías para la Formación en el S. XXI. DM. Murcia.

CAMACHO, S. (1989): *Medios Audiovisuales y Recursos Didácticos. Guía Didáctica.* Granada.

CASTAÑEDA, M. (1978): *Los medios de comunicación y la tecnología educativa.* Trillas. México.

ESCUDERO, J.M. (1983): *Las investigaciones sobre medios de enseñanza: revisión y perspectivas.* Enseñanza. Anuario Interuniversitario de Didáctica, 1, pp. 87-119.

GRIEGER, P. (1973): *Renovación pedagógica de la escuela. Problemas y Orientaciones.* Bruño. Madrid.

MÁS, J. (1970): *Manual de ayudas audiovisuales.* Ministerio de Agricultura. Madrid.

MATEO, R. (1982): *Medios de comunicación educativa.* ICEUPV. Valencia.

NADAL, M.A. Y PÉRZ, M.V. (1991): *Los medios audiovisuales al servicio del centro.* Editorial Castalia, S.A. y MEC. Madrid.

ORTEGA, J.A. (1997): *Comunicación Visual y Tecnología Educativa: Perspectivas curriculares y organizativas de las Nuevas Tecnologías aplicadas a la Educación.* Grupo Editorial Universitario. Granada.

SOLA, T., PEÑAFIEL, F., DOMINGO, J. y PEÑA, M..A. (1998): *Los lenguajes audiovisuales como factor de calidad en el proceso de aprendizaje de los alumnos.* En ROMERO,A. (Dir.) y SALINAS,F. (Coord.) (1998): **Lenguajes y Comunicación: consideraciones estéticas y didácticas.** Grupo Editorial Universitario y Movimiento de Renovación Pedagógica SIGLO XXI. Granada.

EL ANÁLISIS DE CONTENIDO COMO INSTRUMENTO PARA INVESTIGAR EL PENSAMIENTO DEL PROFESOR RELACIONADO CON LA INTEGRACIÓN CURRICULAR DE LAS TECNOLOGÍAS Y MEDIOS DE COMUNICACIÓN: UNA INVESTIGACIÓN CON SUSTRATO CUANTITATIVO

JOSÉ ANTONIO ORTEGA CARRILLO
Departamento de Didáctica y Organización Escolar de la Universidad de Granada. Grupo de Investigación ED. INVEST.
JUAN ANTONIO FUENTES ESPARREL
INMACULADA AZNAR DÍAZ
Doctorandos del Departamento de Didáctica y Organización Escolar de la Universidad de Granada. Equipo GRAN@DATEC.
MARÍA DEL CARMEN COMINO VENEGAS
MÓNICA LÓPEZ PARDO
CRISTINA ARRABAL CASTRO
Miembros de la Sección de Investigación de la Asociación para el Desarrollo de la Comunidad Educativa en España. COM. ED. ES.

1. Motivación

En 1999 la Asociación para el Desarrollo de la Comunidad Educativa en España ha publicado una investigación realizada conjuntamente con el Grupo de Investigación ED. INVEST. del Departamento de Didáctica y Organización Escolar de la Universidad de Granada sobre el conocimiento y utilización didáctica de las tecnologías y medios de comunicación en centros públicos de enseñanza (Ortega, 1999). El estudio se realizó entre el profesorado de dos comarcas granadinas: Huéscar, una de las de menor renta per-cápita de la Unión Europea y Granada capital.

En el desarrollo investigador se pasó en cinco fases un cuestionario especialmente diseñado para la misma a la totalidad de la plantilla de docentes de:

Los Centros de EE. MM. de la comarca de Huéscar: IES *"Alquiviria"* y *"La Sagra"*. En estos prestaban sus servicios 66 profesores a los que se les entregó el cuestionario y un sobre blanco con el fin de garantizar el anonimato de la respuesta. Tras diversas visitas a los mismos se pudieron recoger 23 protocolos, lo que traducido a porcentaje significó que respondieron a nuestras preguntas el **34.84**% del profesorado destinado en los mismos.

Los once centros de Educación Primaria de la comarca de Huéscar en los que prestaban sus servicios. Se pudieron recoger 77 protocolos, con lo que respondieron de forma válida a nuestras preguntas el **61.1%** del profesorado de los mismos.

La *Escuela de Artes y Oficios de Huéscar* (12 profesores) y en los centros públicos municipales de Educación de Adultos de Castilléjar (1profesor), Castril (1) Galera (1), Huéscar (3) y Puebla de Don Fadrique (1). Se recogieron un total de 16 protocolos válidos lo que supone un **84.21%** de respuesta válida.

Los 28 centros públicos de Educación Primaria de Granada capital en los que prestaban sus servicios 333 docentes. Se pudieron recoger **143** protocolos, lo que representó un porcentaje de respuesta válida del **42.94%** del profesorado destinado en los mismos.

Once de los trece Centros Públicos de Educación Secundaria (ESO, Bachillerato y F.P.) ya que dos se negaron a colaborar en la investigación. En ellos prestaban sus servicios **842** profesores y se pudieron conseguir **288** cuestionarios válidos, lo que alcanzó un índice de respuesta equivalente al **34.20%** de población sometida a estudio.

En la citada investigación se ofrecen datos de gran interés sobre:

- El grado de conocimiento teórico-práctico que de los medios y tecnologías presentes en el nuevo currículo y existentes en la mayor parte de los centros educativos declara poseer el profesorado: sistemas de captación y almacenamiento de imágenes (cámara fotográfica y videográfica), sistemas de reproducción y manipulación (laboratorio fotográfico, proyectores, magnetoscopios y ordenador), sistemas de captación, almacenamiento, manipulación y reproducción de sonidos (magnetófonos, lectores de discos, emisoras de radio, amplificadores y mezcladores) y sistemas de almacenamiento, organización, transmisión y reproducción de información digital (ordenadores, impresoras, etc.).
- La frecuencia con la que los profesores elaboran sus propios materiales didácticos artesanales, así como la tendencia a integrar el uso de los medios de comunicación en los desarrollos del currículum.
- El conocimiento que los profesores tienen de la existencia y estado de uso de los diversos aparatos y materiales didácticos existentes en su centro de trabajo.
- Las actitudes del profesorado relacionadas con su contribución a la mejora de la organización colegial de los medios y recursos tecnológicos mediante la asunción de fórmulas tales como la organización de talleres, centros de recursos, programas específicos de alfabetización tecnológica, etc.

Los resultados obtenidos al procesar los datos de la primera parte del cuestionario relativa al *nivel de conocimientos declarado por el profesorado sobre uso, diseño y producción de materiales didácticos con las diversas tecnologías y soportes,* muestran que aproximadamente:

1. Tres de cada cuatro profesores encuestados en centros de enseñanza urbanos y rurales declaran tener conocimientos Muy bajos/bajos relacionados con las habilidades básicas relacionadas con el uso de la *cámara fotográfica.*
2. Cuatro de cada cinco profesores encuestados en centros de enseñanza urbanos y rurales declaran tener conocimientos Muy bajos/bajos relacionados con las habilidades básicas relacionadas con el uso del *laboratorio fotográfico.*
3. Tres de cada cuatro profesores encuestados en centros de enseñanza urbanos y rurales

declaran tener conocimientos Muy bajos/bajos relacionados con las habilidades básicas relacionadas con el diseño y grabación de *programas de radio*.

4. Tres de cada cuatro profesores encuestados en centros de enseñanza urbanos y rurales declaran tener conocimientos Muy bajos/bajos relacionados con las habilidades básicas relacionadas con los procedimientos de confección de *diaporamas*.

5. Tres de cada cuatro profesores encuestados en centros de enseñanza urbanos y rurales declaran tener conocimientos Muy bajos/bajos relacionados con las habilidades básicas relacionadas con el *diseño y rodaje de filmaciones en vídeo*.

6. Uno de cada tres profesores encuestados en centros de enseñanza urbanos y rurales declara tener conocimientos altos/muy altos relacionados con las habilidades básicas relacionadas con el *diseño y elaboración de periódicos escolares*. A la vista de los resultados globales de esta parte del cuestionario puede afirmarse que esta tecnología es de las más conocidas por el profesorado junto a la informática a nivel de usuario.

7. Tres de cada cuatro profesores encuestados en centros de enseñanza urbanos y rurales declaran tener conocimientos Muy bajos/bajos relacionados con las habilidades básicas relacionadas con *la lectura crítica de textos visuales, sonoros y audiovisuales*. En este caso se observa que los porcentajes más elevados se encuentran en la categoría bajo, a diferencia de las anteriores tecnologías descritas en las que los porcentajes mayores correspondían a la columna de conocimientos muy bajos (salvo en la tecnología de elaboración de prensa escolar).

8. Uno de cada tres profesores encuestados en centros de enseñanza urbanos y rurales declara tener conocimientos altos/muy altos relacionados con el manejo de habilidades informáticas básicas, siendo el procesador de textos la utilidad más conocida.

No se han detectado diferencias porcentuales apreciables entre las respuestas ofrecidas por el profesorado destinado en los centros públicos de enseñanza de Huéscar y de Granada capital.

En segundo lugar se comentan los resultados obtenidos en la segunda parte del cuestionario con la que se trataba de *valorar el nivel de utilización escolar (integración curricular) de los medios de comunicación y de las tecnologías de la comunicación sonora, visual, audiovisual y digital, la frecuencia de elaboración de material didáctico artesanal y la integración en el desarrollo del currículum de la enseñanza del uso de las distintas tecnologías:*

Los resultados del grupo de items que interrogan sobre el uso de los medios de comunicación y las tecnologías como recursos educativos indican que la actividad de formación multimedia de más frecuente realización es la *lectura crítica de la imagen* con un 23.3 % en los centros de la Comarca de Huéscar y un 23.4% en los de Granada capital, de uso frecuentemente/siempre. El medio de comunicación más usado como recurso didáctico es *la prensa* con un porcentaje de uso frecuentemente/siempre de 24.2% en los centros de Huéscar y un 22.5% en los de la capital.

La confección de periódicos escolares es la técnica más enseñada (15% frecuentemente/ siempre en centros rurales y 11.3% en los centros de la capital), seguida de la enseñanza del uso del ordenador con un 13.4% en Huéscar y un 9.8% en los centros de Granada (porcentajes referidos a la categoría frecuentemente/siempre). La enseñanza del resto de las tecnologías se sitúa en porcentajes que en la categoría frecuentemente oscilan entre el 0% el 1.9%, lo que indica un bajísimo nivel de integración curricular de estas enseñanzas en sendos ámbitos geográficos.

Tal como puede observarse, las diferencias porcentuales existentes en las respuestas ofrecidas por el profesorado destinado en los centros públicos de enseñanza de Huéscar y de Granada capital son muy pequeñas y en muchos casos inapreciables.

Los resultados de la tercera parte del cuestionario que recoge datos sobre el grado de conocimiento del profesorado relativos *a la existencia en el centro de medios y recursos tecnológico-didácticos en buen estado de uso* (aparatos y materiales de paso):

Es el magnetófono-cassette-radiocassette (92.4% en Centros rurales y 92.3% en los de la capital) el recurso declarado como de mayor disponibilidad en los centros. Tras él se sitúan la fotocopiadora con un 86.3% (Huéscar) y 91.7% (capital), el proyector de diapositivas con un 81.5% (Huéscar) y 87.4% (capital) y el aula de informática con un 74.8% y 72,2% de disponibilidad declarada respectivamente.

Los porcentajes más altos de respuestas negativas dan pista de la ausencia o existencia en mal estado de la emisora de radio (90.8% y 76.8% respectivamente), la cinemateca (87.3 % y 71.2%), la mesa de montaje y producción de vídeo (87.2% y 69.2%), la mesa para mezclas de sonido y locución (86.6% y 64.1%), el laboratorio fotográfico en color (84.9 % y 84.6%) y el proyector de cine (72.9% y 53.8% respectivamente).

Son especialmente reseñables los porcentajes de duda sobre la existencia de ciertos medios y recursos tales como los archivos de montajes audiovisuales (24.6% y 25.2%), el archivo de programas informáticos (20.3% y 19.7%), la fonoteca (15.4% y 20,2%) y el magnetoscopio de vídeo con su monitor con un 14.5% y 18.5%.

Al igual que en las anteriores partes del cuestionario las diferencias porcentuales existentes en las respuestas ofrecidas por el profesorado destinado en los centros públicos de enseñanza de Huéscar y de Granada capital son relativamente pequeñas.

Finalmente los resultados de la cuarta parte del cuestionario cuyos items pretenden detectar el tipo de disposición del profesorado a colaborar en la *organización y potenciación del uso de los medios y recursos tecnológico-didácticos*:

I. Es significativo que al menos la mitad de los profesores/as de los Centros de Huéscar y Granada capital que han contestado el cuestionario se muestren favorables a implicarse en tareas de organización y potenciación del uso escolar de los medios de comunicación y las tecnologías audiovisuales y digitales relacionados con la puesta en marcha de un periódico escolar, la organización de sesiones de cine/vídeo/telefórum, el montaje y puesta en marcha de un aula de informática, la realización de programas de alfabetización visual y lectura crítica de la imagen y la organización de audiciones musicales.

II. La predisposición favorable a la organización de un centro de recursos tecnológicos se sitúa en un 46.1% entre los profesores de la comarca de Huéscar y en un 49.2% en los de la capital.

III. Mientras que al menos el 50% de los profesores de centros rurales superan la predisposición favorable a colaborar en ocho de los nueve ámbitos preguntados, los de la capital sólo llegan a ese porcentaje en cinco de ellos, quedándose por debajo en aspectos tales como la organización y potenciación de uso del laboratorio fotográfico, del estudio de grabación de montajes audiovisuales, de la emisora de radio y del centro de recursos.

Las conclusiones de esta investigación ponen de manifiesto la existencia de graves lagunas en la formación tecnológico-didáctica del profesorado que ejerce la docencia en los centros públicos de los distintos niveles educativos. Ni la formación inicial que ofrece la Universidad ni la continua que imparten los Centros de Profesorado han conseguido cubrir tan grave déficit formativo.

Las entidades responsables de esta investigación pretenden catalizar la creación de un foro de diálogo interdisciplinar que busque soluciones a esta preocupante problemática.

La Asociación para el Desarrollo de la Comunidad Educativa en España (COM.ED.ES.), formada mayoritariamente por profesionales de la docencia, va a proponer a la administración educativa provincial la asunción de medidas tendentes a mejorar la formación continua del profesorado en el campo de las Tecnologías de la Información y la Comunicación. Igualmente va a proponer a los órganos de gobierno de la Facultad de Ciencias de la Educación de la Universidad de Granada la creación de nuevas asignaturas optativas que permitan la mejora de la formación inicial de los futuros profesores relacionada con las tecnologías de la información y la comunicación (TIC).

2. Metodologías de investigación cualitativa: El análisis de contenido.

El análisis de contenido se basa en la lectura como instrumento de recogida de información; lectura que debe realizarse de modo científico, es decir, de manera sistemática, objetiva, replicable, válida. En este sentido, su problemática y su metodología es semejante, excepto en algunos detalles prácticos concretos, a la de cualquier otro método de recogida de información que se pretenda calificar de científico (observación, experimento, survey, entrevista en profundidad). El análisis de contenido no puede ser encerrado en un "ghetto" metodológico distinto y separado de las demás técnicas de investigación.

Esta metodología de investigación se del análisis documental en que éste último se limita estrictamente al contenido del texto mismo, mientras que el primero elabora, a partir del texto, inferencias sobre el contexto del mismo (Bardin, 1977, 34-35).

En nuestro caso queremos aplicar este método sin pretender, ni insinuar siquiera, una exclusión o marginación del procedimiento cuantitativo. El análisis de contenido, en su vertiente cualitativa, parte de una serie de presupuestos según los cuales un texto cualquiera equivale a un soporte en el que, y dentro del cual, existen una serie de datos que:

- Tienen sentido simbólico y dicho sentido puede ser extraído de los mismos.
- Este sentido o significado no es único, sino que es (o puede ser) múltiple.
- El sentido del texto puede ser diferente para lectores diferentes.
- Un texto puede tener un sentido del que el propio autor no sea consciente.

El análisis de contenido acepta, pues, los documentos tal como le llegan pero, dado que éstos no vienen preparados para el estudio científico, el analista se ve obligado (si quiere entenderlos, sobre todo en lo que a su significado subjetivo se refiere) a procesarlos, es decir, a transformarlos mediante un proceso de manipulación. Es una técnica totalmente "desestructurada", sin que el texto imponga de antemano categorías específicas de análisis y "dependiente" de su contexto.

El análisis de contenido, al igual que otras técnicas de investigación, puede ser utilizado para múltiples objetivos. Berelson (1952) señaló algunos de los más destacados:

- Identificar intenciones u otras características del emisor.
- Determinar el estado psicológico de personas o grupos.
- Discernir la información de la propaganda.
- Reflejar patrones culturales de personas, grupos, instituciones.
- Captar y seguir las tendencias y cambios en el contenido de la comunicación.

El análisis de contenido cualitativo procede de forma cíclica y circular, y no de forma secuencial lineal. Concluido el primer paso, se pasa al siguiente para, con frecuencia, volver de nuevo a la fase primera y reiniciarla con una información más rica y completa. El proceso implica que un texto es sometido a múltiples lecturas y manipulaciones, sin que basten una lectura y una categorización iniciales, por muy detalladas que éstas sean. Es éste uno de los aspectos en los que el análisis cualitativo se diferencia más drásticamente del cuantitativo, dado que, en éste último, tras una primera lectura, se efectúa sobre datos "ya codificados" y no en su forma original.

Es importante reconocer que los problemas del análisis de contenido provienen principalmente del tipo de categorización con el que se clasifican las unidades de registro. La categorización no es otra cosa que el hecho de simplificar reduciendo el número de unidades de registro a un número menor de clases o categorías.

La categorización ha de llevarse a cabo respetando una serie de reglas básicas:

- Ha de construirse de acuerdo con un criterio único.
- Ha de ser exhaustiva de forma que no quede ningún dato sin que pueda ser incluido en alguna de las categorías establecidas.
- Han de ser mutuamente excluyentes de forma que un dato no puede ser incluido en más de una categoría.
- Tienen que ser significativas, esto es, que posean capacidad descriptiva y significativa suficiente.
- Tienen que ser claras, no ambiguas, y consistentes consigo mismas.
- Deben ser replicables, es decir, dos autores deben ser capaces de incluir los datos en las mismas y no en diferentes categorías.

Una de las razones básicas del éxito o del fracaso de un análisis de contenido depende del acierto o desacierto en la elección del criterio. Dos normas fundamentales deben ser tenidas en cuenta a la hora de seleccionar el criterio de codificación o de categorización:

1. La codificación empieza siempre con un sistema abierto de categorías para ir progresando a medida que las categorías se hacen más definitivas y completas hasta acabar con un sistema cerrado de codificación. Strauss (1987, 30) sugiere cuatro guías básicas para proceder desde esta codificación abierta a la definitiva y cerrada:

   - Preguntar a las unidades de registro una serie de cuestiones específicas y consistentes.
   - Analizar las unidades minuciosamente.
   - Interrumpir frecuentemente la codificación para elaborar alguna nota teórica que pueda derivarse de la codificación provisional efectuada hasta el momento.
   - No dar por supuesta la relevancia teórica de variables tradicionales como el sexo, la edad... hasta que se compruebe que tal relevancia existe.

2. Cada una de las diferentes estrategias de análisis conlleva la construcción y utilización de categorías específicas. El código resultante es un mapa al que en todo momento se pueden añadir categorías, lo mismo que suprimirlas o reformularlas.
3. Mapa inicial de categorías relacionadas con las posibles barreras de la integración curricular de las tecnologías de la información.

En este marco teórico-conceptual y desde un punto de vista prospectivo, el Grupo de Investigación ED. INVEST. del Departamento de Didáctica y Organización Escolar de la

Universidad de Granada y la Sección de Investigación de la Asociación COM. ED. ES. han diseñado y puesto en marcha en el curso académico 1998-99 una nueva investigación, de naturaleza cualitativa, que pretende profundizar en las barreras que obstaculizan la formación permanente y la integración curricular de las tecnologías de la información y la comunicación. Esta investigación se está llevando a cabo mediante la realización de medio millar de entrevistas a profesores de toda Andalucía en las que se les está preguntando, entre otras cosas, sobre:

a) La cantidad de información que poseen en materia de TIC, el tipo de formación y el momento en el que la han adquirido.

b) Las carencias formativas que poseen, la utilidad de la formación recibida, el conocimiento y acceso a la oferta formativa continuada y las dificultades de acceso a las distintas fórmulas de perfeccionamiento existentes.

c) Las oportunidades tenidas en su vida profesional para mejorar su formación, las agencias que han ayudado a esa formación, los motores que motivan la continuación de ésta, las oportunidades ofrecidas por el medio escolar y la valoración crítica de la formación recibida.

d) La frecuencia y dificultades de uso de las TIC en el medio escolar.

e) Los objetivos que se persiguen con el uso de las TIC y las ventajas e inconvenientes del trabajo sistemático con las mismas.

f) La tendencia a elaborar materiales didácticos artesanales, sus ventajas, inconvenientes y tipos de dificultades.

g) La tendencia y metodología que se sigue para evaluar la calidad de los materiales tecnológico-didácticos.

h) Las fórmulas más usuales de integración curricular de las TIC y su utilidad educativa.

Para tal fin se ha constituido el equipo GRAN@DATEC formado por profesores e investigadores en Tecnología Educativa del Departamento de Didáctica y Organización Escolar de la Universidad de Granada que junto con la citada Sección de Investigación están codificando los más de cuatro centenares de encuestas realizadas a otros tantos profesores de centros públicos y privados de Andalucía.

El mapa provisional de categorías obtenidas al analizar el contenido de diez encuestas seleccionadas al azar es el siguiente:

Focos temáticos de la entrevista	Categorías	Subcategorías
1. Formación en Nuevas Tecnogías	1.Cantidad de formación	Nula, escasa, suficiente/mucha.
	2.Tipo de formación	2.1. Cursos, 2.2. Conferencias, 2.3. Congresos, jormadas 2.4. asignaturas sueltas 2.5. Autoformación (libros, imitación, análisis de materiales y contacto con los medios)
	3. Momento formativo	3.1. Pre-Universitaria. 3.2. En la carrera, 3.3. Posgrado 3.4. En el ejercicio profesional.

2. Carencias formativas en NN. TT.	1. Diferenciación en cuanto a: 2. Utilidad de la formación recibida 3. Escaso conocimiento de la oferta formativa existente 4. No tener acceso a los aparatos/ medios como fuente de investigación personal (autoformación) 5. Dificultad de acceso a las distintas fórmulas de formación	1.1. Aparatos 1.2. Materiales didácticos 2.1. Nula, 2.2. escasa, 2.3. suficiente/mucha. 　Económica, 　No cumplir las condiciones exigidas, 　Coincidencia horarios, 　No disponer de autorización administrativa, 　Distancia.
3. Oportunidades en su vida profesional de mejorar su formación en NN. TT.	1.Si oportunidad 2. No portunidad 3. Agencias formadoras	3.2. Centros de profesores 3.1. Congresos/jornadas 3.3. Asociaciones profesionales 3.4. Asesoramiento de la inspección. 3.5. Autoformación 3.6. Otras instituciones públicas / privadas.
	4. Motores que motivan la formación	4.1. Curiosidad 4.2. Necesidad de elaborar materiales 4.3. Estar al dia 4.4. Exigencias epistemológicas 4.5. Por inducción de otros 4.6. Por exigencias del alumnado.
	5. Tipo de oportunidades	5.1. Oportunidad de aprender manejo de aparatos 5.2. Oportunidad de aprender a construir materiales curriculares
	6. Valoración crítica de la formación recibida	6.1. Adecuada a la realidad escolar 6.2. Excesivamente teórica 6.3. Alejada de la realidad escolar.
4. Frecuencia de uso en el aula de los medios y recursos tecnológico-didácticos.	Frecuencia de uso Naturaleza del material de paso Medios impresos	1.1. Nulo 1.2. Escaso 1.3. Frecuente 2.1 Artesanal 2.2. Industrial 3.1 Impresión manual 3.2. Fotocopia

	Medios sonoros	3.3. Imprenta/multicopia 3.4.Impresión digital
	Medios de imagen fija proyectable	4.1. Transmitidos por ondas 4.2. Grabados 4.3. Instrumentos musicales
	Medios audiovisuales proyectables	5.1. Diapositiva 5.2. Transparencia analógica 5.3. Trasparencia digital 5.4. Cuerpos opacos 5.5. Diakinas 6.1. Vídeo 6.2. Cine 6.3. Grabación digital (CD-Rom y DVD) 6.4. Internet 6.5. Televisión 6.6. Ordenador
	Medios de visión directa y manipulación	7.1. Microscopio 7.2. Telescopio 7.3. Lupa/telelupa 7.4. Maquetas, regletas y ábacos
	Escenográficos	8.1. Teatro/mimo/guiñol 8.2. Huerto escolar 8.3. Animalario/terrario
5. Objetivos que se persiguen con el uso de cada uno de los medios	1. Motivación 2. Enseñar 3. Familiarizar con las NN. TT. 4. Desarrollar la creatividad 5. Educación estética 6. Lectura crítica 7. Trabajo colaborativo	
6 y 7. Dificultades en el uso de los medios en el aula	1. Desconocimiento del catálogo 2. Obsolescencia 3. Inexistencia 4. Difícil encaje con el contenido del área/asignatura	1.1 de aparatos 1.2. de materiales de paso 3.1. Aparatos 3.2. Materiales de paso 3.3. El profesor se ve obligado a aportar los aparatos de su propiedad.

	5. Dificultades organizativas	5.1. Dificultad en la localización del aparato 5.2. Dificultad de localización del material de paso 5.3. Dificultad de traslado del aparato 5.4. Dificultades de visionado/audición 5.5. Tiempo que se pierde en montarlo 5.6. Dificultad de reparación 5.7. Desconocimiento de las instrucciones de uso 5.8. Estar embalado y nadie se ocupa de abrirlo 5.9. Dificultades de conexionado 5.10. Dificultades de ubicación en el mobiliario de la clase 5.11. Inexistencia de pantalla.
	6. Dificultades de renovación/incremento (presupuestarias)	6.1. Aparatos 6.2. Materiales de paso 6.3. Locales
	7. Dificultades derivadas del tiempo de preparación/uso	7.1. Inadecuación de la duración de la clase al tiempo necesario para el uso del audiovisual 7.2. Dificultades derivadas del uso simultáneo del mismo medio y/o material de paso (solapamiento) 7.3. Dificultades a la hora de solicitar materiales y aparatos a los DERES
	8. Dificultades derivadas de la carencia de información necesaria para el uso	
	9. Dificultad de acceso a aparatos y materiales de paso aptos para alumnos con necesidades educativas especiales	
	10. Dificultades derivadas de la mala experiencia (fracaso de uso)	

	11. Dificultades para autoproducir material didáctico artesanal 12. Dificultades derivadas del excesivo celo en la conservación 13. Dificultades derivadas del acaparamiento de los equipos por los órganos directivos	
	8.6 Materiales audiovisuales analógico proyectables 8.7 Materiales de visión directa y manipulación 8.8 Materiales teatrales y escenográficos 8.9. Materiales informático-digitales *¿Cómo?*: 8.10 Por imitación de modelos 8.11 Mediante autoformación y experimentación (ensayo/error). 8.12 Apoyo de compañeros (aprendizaje artesanal) *Motivación a la producción*: 8.13 Adaptarse a las necesidades e intereses de los alumnos 8.14 Hacer los contenidos más intuitivos 8.15 Cubrir lagunas existentes en la mediateca del centro 8.16 Aprender a dominar los lenguajes multimedia y a desarrollar la creatividad 8.17. Desarrollar capacidades estéticas	

9. Evaluación de la calidad científica, ética y estética de los materiales didácticos	9.1. Hábito de evaluar la calidad 9.2. No se suele evaluar la calidad Procedimiento: 9.3. Uso de escalas normalizadas 9.4. Uso de criterios personales (intuitivo)	9.1.1 Científica 9.1.2 Ética 9.1.3 Estética
10. Fórmulas de integración curricular de los medios de comunicación	Actitud: 10.1. No se preocupan de integrarnos 10.2. Si se preocupan por integrarlos 10.3. Duda de la existencia de prescripciones curriculares. 10.4. Integración forzada por las prescripciones curriculares (no por convencimiento) 10.5. Integración por convencimiento de su utilidad educativa Fórmulas: 10.6. Trabajo en clase con los medios. 10.7. Trabajo en casa con los medios 10.8. Actividades extraescolares (talleres) 10.9. Visitas a los medios	
11. Uso de los medios de comunicación y las nuevas tecnologías para dinamizar la clase	11.1. Aumentar la práctica de la asignatura 11.2. Romper el ritmo y salvar la monotonía 11.3. Atraer la atención y motivar. 11.4. Como refuerzo de aprendizajes 11.5. Como resumen y recordatorio de los contenidos 11.6. Para diseñar y crear sus propios medios (prensa, radio escolar)	

	11.7. Para desarrollar la capacidad de comunicación con los lenguajes no verbales 11.8. Para crear tiempos lúdicos. 11.9. Para alfabetizar tecnológicamente 11.10. Para desarrollar la creatividad 11.11. Para despertar la curiosidad por el conocimiento de los medios y las tecnologías 11.12. Creencia de que no dinamizan	

Referencias Bibliográficas:

BARDIN, L. (1997): *El Análisis de Contenido*, París: P.U.F.

BERELSON, B. (1952): *Content Analysis in Communnication Content*. New York: Free Press.

KRIPPENDORFF, K. (1990): *Metodología del Análisis de Contenido*. Barcelona: Paidós.

STRAUS, A. L. (1975): *Qualitive Analysis for Social Scientists*. New York: Cambridge Univ. Press.

ORTEGA, J. A. (1999): *Tecnologías y medios de comunicación en el desarrollo del currículum*: Granada: Asociación para el Desarrollo de la Comunidad Educativa en España y Grupo Editorial Universitario.

QUÉ PERCEPCIONES TIENE EL ALUMNADO DE PSICOPEDAGOGÍA SOBRE SU LICENCIATURA EN LA FACULTAD DE EDUCACIÓN Y CIENCIAS HUMANAS DE CEUTA

JOSÉ ANTONIO PAREJA FDEZ. DE LA REGUERA
Dpto. de Didáctica y Organización Escolar
E. U. de Formación del Profesorado de Ceuta

1. Introducción

Con esta comunicación no se pretende otra cosa que continuar el estudio que al respecto se empezó en la, también reciente, Facultad de Ciencias de la Educación y Humanidades de Melilla (Torres Martín, 1.998). Por tanto, y para mantener la homogeneidad y coherencia en esta pequeña investigación, el cuestionario que se ha utilizado no puede ser sino una adaptación del que en su día se pasó al alumnado de Melilla. En él se intentan abarcar determinadas parcelas que permitirán captar y conocer las motivaciones, inquietudes, miedos y percepciones, en definitiva, de aquéllos que cursan esta incipiente Licenciatura.

Para este tipo de estudio nos parece conveniente conocer, no sólo esas motivaciones e inquietudes de las que hablábamos, sino también el tipo de alumnado que accede a esta carrera; por este motivo, los ítems referidos a la edad, sexo, estudios… no pueden faltar en el cuestionario.

1.1. Contextualización

La implantación de la Licenciatura de Psicopedagogía en la Escuela de Formación del Profesorado de la Ciudad Autónoma de Ceuta es una realidad que alcanza su segundo año de vida en el presente curso 1.999 – 2.000.
Para acceder a ella es necesario estar en posesión de la Diplomatura de Magisterio –en cualquiera de sus Especialidades- o bien la Diplomatura en Educación Social; también permite el acceso a ella el haber cursado el Primer Ciclo de las Licenciaturas de Pedagogía o Psicología.

Aunque de todos sea conocido, no podemos obviar el que sea una enseñanza de Segundo Ciclo que tiene una duración mínima de dos años conformada, mayoritariamente, por los

Departamentos de "Didáctica y Organización Escolar", "Métodos de Investigación y Diagnóstico en Educación" y "Psicología Evolutiva y de la Educación". Asimismo la expedición del título requerirá la superación de un mínimo de *300 créditos* (Art. 6.2. del Real Decreto 1497/87). Aquellos alumnos que lo necesiten completarán dicho número de créditos con asignaturas optativas de este Plan de Estudios. Los créditos están distribuidos de la siguiente manera:

<table>
<tr><th></th><th></th><th>Troncales</th><th>Obligatorios</th><th>Optativos</th><th>Libre configuración</th><th>Totales</th></tr>
<tr><td rowspan="3">Curso</td><td>1º</td><td>42</td><td>0</td><td>16</td><td>7</td><td>65</td></tr>
<tr><td>2º</td><td>22</td><td>0</td><td>37</td><td>6</td><td>65</td></tr>
<tr><td>Créditos Totales</td><td>64</td><td>0</td><td>53</td><td>13</td><td>130</td></tr>
</table>

2. Datos que se han obtenido

Antes de presentar los datos recogidos, se ha de especificar que la muestra está compuesta por 17 sujetos pese a los 43 que están matriculados en las asignaturas troncales de 1er Curso de la Licenciatura. El porqué hay que buscarlo en algún que otro solapamiento de las asignaturas –dato que encontraremos reflejado en las contestaciones de algunos ítems– lo que impide que los alumnos puedan asistir con regularidad a éstas dificultando, así, encontrar una muestra con mayor número de sujetos. En cualquier caso somos de la opinión que, al igual en Melilla, esta muestra es suficiente para encontrar esas *percepciones, esos indicios* que vamos buscando.

2.1 Edad y Sexo

Las edades oscilan entre los 21 – 44 años estando distribuidas de la siguiente forma:

<table>
<tr><th colspan="10">Edades</th></tr>
<tr><th></th><th>21</th><th>22</th><th>23</th><th>24</th><th>25</th><th>27</th><th>31</th><th>33</th><th>44</th></tr>
<tr><td>Sujetos</td><td>5</td><td>2</td><td>2</td><td>1</td><td>1</td><td>2</td><td>1</td><td>1</td><td>2</td></tr>
</table>

La media de edad del alumnado es: **26.47** oscilando éstas entre los 21 y 44 años. Con respecto a la variable **sexo** queda distribuida así: *4 Hombres y 13 Mujeres.*

2.2. Estudios

Toda la muestra posee la Diplomatura de Magisterio predominando la Especialidad de Educación Infantil sobre el resto, si bien en la mayoría de las respuestas no aparecen especificadas las especialidades cursadas. Además algunos alumnos poseen otros estudios adicionales. Así, **uno** es *Técnico de Laboratorio* y **otro** posee los títulos de *F.P. en Jardín de Infancia* y *F.P. Administrativo (I)*.

2.3. Trabaja además de cursar esta Licenciatura

De la muestra utilizada:·
* *7 no trabajan*
* *1 Monitor Deportivo*
* *1 cuida niños (canguro)*
* *Taxista (eventualmente)*
* *Vendedor comercial (eventualmente)*
* *6 Maestros (sólo dos aclaran que pertenecen a Educación Primaria)*

2.4. Modo de acceder a la Licenciatura

Toda la muestra ha cursado, o está cursando (dependiendo de que sean alumnos de 1º ó 2º curso de Licenciatura) los *Complementos de Formación* y provienen de la Diplomatura de Magisterio.

2.5. Motivaciones que le han llevado a matricularse en Psicopedagogía

Parafraseando a S. Tomás de Aquino, "Cada persona es un *microcosmos"*, esto se ve reflejado a la hora de argumentar las razones que le han llevado a cursar estos estudios. Para facilitar la comprensión del lector hemos intentado agruparlas en distintas categorías (junto con la cantidad de alusiones a éstas) que detallamos a continuación.

* Obtener una mayor puntuación en las Oposiciones de Magisterio (2)
* Por ser la única Licenciatura en Ceuta (6)
* Adquirir una mayor formación (7)
* Para continuar estudiando (2)
* Promocionar en el trabajo (1)
* Actualización de los estudios cursados anteriormente (1)
* Interés por la Licenciatura (6)
* Inquietud personal (1)
* Amplitud del mercado laboral (3)

2.6. Opinión al respecto del Programa de la Licenciatura

Del mismo modo que en el ítem anterior, recogemos en una tabla las opiniones expresadas junto con la cantidad de veces que aparecen. *

* Obligatoriedad en la matriculación de las asignaturas "pasarela" en el primer año de Licenciatura con la consiguiente masificación horaria.

Apretado, sin descanso (1)
- Poca libertad a la hora de elegir las asignaturas* (3)
- Extenso, denso (8)
- Se podría mejorar (1)
- Suficiente (1)
- Bueno (2)
—En esta categoría incluimos, además, la opinión de 4 alumnos que especifican que "lo consideran *bueno* pero que realmente desconocen lo que realmente se debería de impartir por lo que confían en que el Programa está diseñado teniendo en cuenta lo que es más conveniente para el alumnado.
Por tanto, nos encontramos con un total de **6** alusiones en esta categoría.
—Aceptable, pero mejorable (menos créditos de teoría y más de práctica) (1)

2.7. Qué añadirías y/o suprimirías del Programa

La opinión generalizada hace referencia a la *supresión* de créditos teóricos en beneficio de los prácticos –esto mismo lo encontramos ya en el apartado anterior- En la misma línea *eliminarían* algunas materias (aunque no llegan a especificar cuáles) y, dentro ya de las propias materias, *acabarían* con el material que no fuese estrictamente necesario. Asimismo y de forma coherente con estas opiniones, también se hace eco el cuestionario de la *falta de especificación* encontrada en el Programa (requieren una mayor aplicación en el ámbito laboral, no sólo la educativa).

También hay quien opina que las asignaturas son las *adecuadas* y (del mismo modo que en el apartado 2.6) se incluirían aquí dos opiniones que aluden al desconocimiento de "qué es y qué no es necesario" en los programas que cristalizan en una Licenciatura de esta índole.

Una opinión recoge la necesidad de *transformar* algunas asignaturas en anuales debido tanto a su extensión como a su importancia (recordemos que todas las asignaturas son cuatrimestrales en la actualidad).

En otro ámbito que el meramente referido a la ordenación académica, un alumno requiere una "mayor organización y experiencia por parte del profesorado".

2.8. Preocupaciones con respecto a la Licenciatura

De forma abrumadora la *salida profesional* –oferta laboral- que poseen los licenciados en Psicopedagogía es la mayor preocupación que tiene el alumnado. Puntualmente, pero sin dejar esta opinión de lado, se expresan desde el punto de vista de la *especificidad laboral* que rige ésta (colegios e instituciones educativas), esto redunda en el *reducido campo profesional* al que ya hacían referencia. Piden una mayor información sobre las posibles salidas profesionales.

Otra opinión mayoritaria recogida en este apartado, es el *miedo* a si se sabrá aplicar lo que se enseña en estos años de carrera (**5 opiniones**). Esta opinión se ve reforzada por el cuestionarse "si lo que se enseña o trabaja en la Licenciatura es realmente válido" (**2 opiniones**).

Encontramos también referencias que aluden a la falta de tiempo e información (sobre la carrera, en general, y el practicum en particular) aunque en relación con las anteriores su relevancia en cuanto a su presencia general es inferior a aquéllas.

Alguien responde a este ítem con la frase textual "estamos pagando la novatada" y, anecdóticamente a un alumno tan solo le preocupan los *exámenes*.

2.9. Cuál es la función del Psicopedagogo

Coloquialmente podríamos decirse que, este apartado, "se lleva la "palma" la *función orientadora* con 14 apariciones y a partir de ésta existe una gran ramificación que en pos de una mayor claridad se recoge en la siguiente tabla.

CATEGORÍAS APARECIDAS	ALUSIONES
Orientar	14
Intervención y Diagnóstico	1
Prevención	2
Dinamizador de las relaciones docentes	5
Selección de personal/optimización recursos humanos	2
"Poco claro"	1

2.10. Cómo se está llevando a cabo esta Licenciatura

Evidentemente esta es la cuestión más importante puesto que ella se cimentan los sentimientos/percepciones que el alumnado tiene de cómo va la marcha de la Licenciatura.

Es el *horario*, su mala estructuración, lo que más se critica. En este sentido, si esta mala estructuración hace referencia al solapamiento existente en algunas asignaturas y en consecuencia a la "obligada elección" de a cuál de ellas asistir, creemos que es un aspecto importante que se deberá solucionar, en la medida de lo posible, en cursos venideros pues con la situación actual se restringe la libertad del alumnado –y su innegable derecho- a asistir a *todas* las asignaturas de las que se matricula. Ahora bien, si esta *mala estructuración* solo se refiere al hecho de que las clases se imparten en horario de tarde y de forma intensiva (16:00 – 22:00) no se respalda, desde esta comunicación, dicha opinión. De cualquier modo, y puesto que en ningún caso se especifica nada al respecto, no podemos profundizar más de lo que ya se ha hecho en el análisis de esta cuestión.

En este apartado se han recogido, nuevamente, opiniones que han aparecido con anterioridad en otros ítems; se hace así referencia al exceso de materias, a la poca información con respecto a las prácticas (también para con la licenciatura en general) o a la falta de datos y desconocimiento personal para poder dar una opinión válida a este respecto.

A tener en cuenta son las opiniones que involucran a "la falta de profesores" y, en su defecto, "su tardía incorporación" como máximos responsables de la irregular marcha de esta Carrera.

Como resumen de las opiniones recogidas en relación a este aspecto, podríamos citar de forma textual las siguientes: "Retraso y poca previsión", "Estamos abandonados por la Administración" o "Lenta y costosa"

A pesar de todo lo anterior, que puede ser considerado sin lugar a dudas como el sentir general del alumnado, se encuentran también opiniones que, sin abandonar este cariz pesimista, aportan un punto de esperanza en este coctail de opiniones. Así, **dos** alumnos reconocen que "está mejor que el año pasado", **un** alumno afirma que los problemas económicos patentes en el curso anterior parecen haberse solventado. A modo de epítome citaremos la opinión: "Está bien para el poco tiempo que lleva funcionando", en la que se recogen todos los sentires más optimistas al respecto del desarrollo de esta licenciatura.

3. Conclusiones

A la luz de lo recogido hasta el momento, puede afirmarse que prácticamente la opinión –y conjunto de percepciones- general coincide con la descrita por Torres Martín (1.998).

De este modo, existe un sentimiento de indefensión ante las directrices que provienen de la Administración que se conjuga con el miedo* al respecto de la validez formativa en el momento de la inserción laboral. De forma más determinista, pero auspiciada por esta inquietud de la que hablábamos, también se observa el requerimiento –por parte del alumnado, pero al que también nos sumamos- de una ampliación del campo práctico en referencia a las disciplinas impartidas en la Licenciatura, lo que redunda y cristaliza en la especificidad con la que está enfocada la carrera que básicamente está dirigida al campo educativo dejando de lado gran parte de las demás vertientes laborales.

Anexo I

La licenciatura de psicopedadogía en facultad de ciencias de la educación y humanidades de ceuta

Cuestionario alumnado

1. Edad.

2. Sexo.

3. Estudios.

4. Además de estudiar, en qué trabaja.

5. Cómo ha accedido a esta licenciatura.

6. Qué motivos le han llevado a cursar esta licenciatura.

7. Qué opinión le merece el programa.

8. Qué añadiría o suprimiría del mismo.

9. Qué es lo que más le preocupa de la licenciatura.

10. Cuál cree que es la función que debe desempeñar un psicopedagogo.

11. Cómo cree que se está llevando a cabo la implantación de esta licenciatura en la nueva Facultad de Ciencias y Humanidades de Melilla.

Anexo II

Relación de asignaturas propias de la Licenciatura en Psicopedagogía

Primer curso

Materias Troncales –entre paréntesis número total de créditos-Diseño, Desarrollo e Innovación del Currículum (6), Educación Especial (6), Dificultades de Aprendizaje e Intervención Psicopedagógica (6), Métodos de Investigación en Educación (6), Modelos de Orientación e Intervención Psicopedagógica (6), Psicología de la Instrucción (6), Diagnóstico en Educación (6).

Materias Optativas.

Psicobiología de la Educación (6), Psicopatología Infantil (5), Tª e Hª de la Institución Escolar y la Escolarizac. (6), Metodología Observacional en Educación (6), Desarrollo Profesional del Psicopedagogo (6), Evaluación Psicológica en Contextos Educativos (6), Procesos de Intervención Psicopedagógica (6).

Segundo curso

Materias Troncales

Intervención Psicopedagógica en Trastornos del Desarrollo (6), Orientación Profesional (4´5), Practicum (12).

Materias Optativas

Aprendizaje, Memoria y Cognición (6), Psicopatología y Terapéutica del Lenguaje (5), Terapias Psicológicas para el Psicopedagogo (5), Intervención Didáctica en Educación Especial (6), Organización Escolar de la Educación Especial (6), Adaptaciones Curriculares (6), Psicopedagogía del Desarrollo Intelectual (6), El Desarrollo Social, Moral y Sexual (6), Psicologías de los Grupos (6), Aprendizaje y Enseñanza de las Matemáticas (4), Enseñanza de la Lengua Materna y Dif. de Aprendizaje (4), Enseñanza y Dificultades de Aprendizaje en Ciencias Sociales y Experimentales (4), Educación Artística y Corporal y Dificultades de Enseñanza-Aprendizaje (4).

Bibliografía

Art. 6.2. del Real Decreto 1497/87 (Ministerio de Educación y ciencia: Normativa sobre directrices generales de los Planes de Estudio de Títulos Universitario oficiales).

BELLERÍN FERNÁNDEZ, D. y otros (1.998): "Análisis y reflexión acerca de la titulación de Psicopedagogía". En Peñafiel F. y otros (Coords.): "La Intervención en Psicopedagogía" (Actas de las 1ªs Jornadas Interdepartamentales de Psicopedagogía). Grupo Editorial Universitario. Granada.

TORRES MARTÍN, C. (1.998): "La Licenciatura de Psicopedagogía en la nueva Facultad de Ciencias de la Educación y Humanidades de Melilla". En Peñafiel F. y otros (Coords.): "La Intervención en Psicopedagogía" (Actas de las 1ªs Jornadas Interdepartamentales de Psicopedagogía). Grupo Editorial Universitario. Granada.

ANÁLISIS DE LA ORGANIZACIÓN DE LA FORMACIÓN PROFESIONAL REGLADA EMANADA DE LA LOGSE

INMACULADA AZNAR DÍAZ
Doctoranda del Departamento de Didáctica y Organización Escolar de la Universidad de Granada - Sección de Investigación de la Asociación para el Desarrollo de la Comunidad Educativa en España (COM.ED.ES.).
FRANCISCO JAVIER HINOJO LUCENA
Asociación para el Desarrollo de la Comunidad Educativa en España (COM.ED.ES.).

> *"Considerar la educación y la formación en relación con la cuestión de empleo no significa que se reduzca la educación y la formación a una oferta de cualificaciones, su función es la integración social y el desarrollo personal, mediante la comparación de valores comunes, la transmisión de un patrimonio cultural y el aprendizaje de la autonomía."*
>
> (Libro Blanco de la Reforma Educativa, 1989).

1. Marco organizativo general

El modelo de Formación Profesional que se establece en la LOGSE comprende:

* La Formación Profesional de **Base**
* La Formación Profesional **Específica**
* Los Programas de Garantía Social

La Formación Profesional de Base se imparte en la Educación Secundaria Obligatoria (E.S.O.) y en el Bachillerato.

La Formación Profesional Específica se imparte a través de los correspondientes Ciclos Formativos de Grado Medio y Grado Superior.

Los Programas de Garantía Social (P.G.S.), están orientados a los alumnos que no han obtenido la titulación en sus estudios de Educación Secundaria Obligatoria.

Entre los objetivos específicos de los diferentes subsistemas de Formación Profesional, se ha puesto especial énfasis en el desarrollo de una Formación Profesional de calidad, tratando de adecuar los medios existentes, tanto materiales como humanos, a las nuevas exigencias.

La Comunidad Educativa y la misma sociedad veían la Formación Profesional, surgida de la Ley de 1970, como una enseñanza de segunda clase a la que se acogían los alumnos que no habían obtenido el Graduado Escolar (alumnos con fracaso en la E.G.B. que accedían con un simple Certificado de Escolaridad de los años cursados en la etapa), aquellos que fracasaban en el BUP o aquellos cuyas familias preferían que sus hijos estudiaran "algo" antes que tenerlos en casa sin saber qué hacer. Eran pocos los alumnos que conscientemente optaban por la Formación Profesional como una enseñanza acorde con sus expectativas educativas y de futuro laboral.

Por otro lado, la antigua Formación Profesional estaba muy alejada del mundo de la empresa y el diseño de las familias profesionales era obsoleto en comparación a la evolución del mercado de trabajo.

Para dotar a la Formación Profesional de entidad propia, hacerla atractiva a los alumnos como alternativa al Bachillerato, en definitiva, para dignificarla socialmente, se concibió que se acercasen a ella los alumnos durante la Enseñanza Secundaria Obligatoria a través de la Formación profesional de **base**, que al finalizar la ESO todos los alumnos obtuviesen la misma titulación y que por tanto "todos" pudiesen elegir libremente entre Bachillerato y Formación Profesional, sin que estuviesen predeterminados a ir hacia una u otra enseñanza postobligatoria.

Para acercar la Formación Profesional a la empresa y dotarla así de mayor valor instrumental se concibió la Formación en Centros de Trabajo (FCT) y para adecuar el perfil de las Familias profesionales a las nuevas realidades, a las exigencias de cualificación que demandan los tiempos, se reformaron sus contenidos apareciendo los Ciclos Formativos y los Módulos.

2. Características de cada modalidad

La Formación Profesional es un conjunto de enseñanzas que, dentro del Sistema Educativo regulado por la LOGSE, capacitan para el desarrollo cualificado de las distintas profesiones.

La finalidad es la de preparar a los/las alumnos/as para la actividad en el campo profesional.

Se caracteriza por:

* Proporciona una formación polivalente que permite a los /las jóvenes adaptarse a las modificaciones laborales que pueden producirse a lo largo de su vida.
* Continúa la formación básica de carácter profesional que han recibido los/las alumnos/as a lo largo de la E.S.O. y el Bachillerato.
* Contribuye a la formación permanente de los ciudadanos y atiende a las demandas de cualificación del Sistema Educativo.
* Promueve la adquisición e integración de diferentes tipos de contenidos: científicos, tecnológicos y organizativos.
* Favorece en el alumnado la capacidad para aprender por sí mismo y para trabajar en equipo.

2.1. Formación profesional de base

Constituida por un conjunto de conocimientos, habilidades, actitudes y destrezas comunes a un número amplio de técnicas o perfiles profesionales, que son garantía de una formación polivalente y preparación para cursar la Formación Profesional Específica.

La integración de la Formación Profesional de Base en la Educación Secundaria supone por un lado, introducir objetivos y contenidos que ofrezcan, junto con la formación general, una adecuada formación de base para el acceso a los Ciclos Formativos de Grado Medio.

En esos contenidos se incluyen, para las distintas áreas, objetivos que favorecen la *transición a la vida activa*; se pone más énfasis, reforzando los procedimientos de trabajo y las actitudes relacionados con tal dimensión.

Se introduce en la ESO la *Tecnología*, una nueva área para todos los alumnos, de enfoque general, con objetivos y contenidos que garantizan la adquisición de una formación tecnológica elemental, como factor cultural imprescindible en la actualidad, y que al mismo tiempo constituyen una base fundamental para todo el sistema de Ciclos Formativos de Grado Medio.

Además, aparecen las materias *optativas*, que permiten responder a diferentes necesidades e inclinaciones de los alumnos, ampliar sus posibilidades de orientación y reforzar los objetivos de transición a la vida activa.

Respecto al Bachillerato, la exigencia de Formación Profesional de Base para todos los Ciclos Formativos de Grado Superior tiene que ver con decisiones relativas a su estructura general de modalidades, modalidades semiespecializadas y la configuración interna de todas ellas, que son una primera concreción de la Formación Profesional de Base en esta etapa. Por otra parte, la renovación de los contenidos de las materias tradicionales y la introducción de nuevas materias que permitirán elegir itinerarios formativos que asegurar en una buena preparación para el acceso a Ciclos Formativos de Grado Superior.

Sintetizando podemos señalar que la Formación Profesional de Base intenta proporcionar la base científico-tecnológica y las destrezas comunes para la adaptación al cambio y la movilidad en el área laboral.

3. Formación profesional específica

La Formación Profesional Específica comprende un conjunto de Ciclos Formativos que tienen una estructura modular de duración variable, entre uno y dos años. Están constituidos por áreas de conocimiento teórico-prácticas en función de los diversos campos profesionales. (Art. 30.4, LOGSE).

Se ordena en ciclos formativos de grado medio y de grado superior que conducen a la obtención de títulos profesionales, estando constituida por el conjunto de conocimientos, habilidades, destrezas y actitudes particularmente vinculados a la competencia profesional característica de cada título, que culminan en la preparación para el ejercicio profesional.

La organización modular de los Ciclos Formativos de Formación Profesional Específica está pensada como instrumento de formación continuada de la población trabajadora; como adaptación al entorno socio-económico; como referencia a un perfil, competencia profesional de un sector propio.

Además incorpora la Orientación Profesional y la formación para la inserción laboral como función propia de los Centros Educativos. Y contempla la formación práctica en centros de trabajo como parte del desarrollo curricular de los Ciclos Formativos. El artículo

30.5. de la LOGSE señala al respecto: *"La Formación Profesional Específica facilitará la incorporación de los jóvenes a la vida activa, contribuirá a la formación permanente de los ciudadanos y atenderá a las demandas de cualificación del sistema productivo"*.

El *Ciclo Formativo de Grado Medio* constituye un instrumento tanto para la inserción laboral de los/las jóvenes, como para la formación permanente de los profesionales de las distintas especialidades.

Podrán cursar la Formación Profesional de Grado Medio quienes posean el título de Graduado en Educación secundaria Obligatoria.

Su duración se establece de la siguiente manera:

—1.300 h. —> un curso y un trimestre
—1.700 h. —> un curso y un semestre
—2.000 h. —> dos cursos.

Las enseñanzas que comprende son de dos tipos:

—Unas están organizadas en módulos profesionales, que se imparten en los centros educativos y que son de tres tipos: módulos profesionales asociados a la competencia, módulos profesionales socioeconómicos y módulo profesional integrado.
—El otro tipo de enseñanza es la relativa a los módulos profesionales de formación en centros de trabajo.

El alumnado que haya cursado con éxito la Formación Profesional de Grado Medio recibirá el Título de *Técnico* en la correspondiente especialidad. Este título habilita para el ejercicio de la actividad laboral y permite acceder a la modalidad de bachillerato relacionada con la especialidad correspondiente.

El *Ciclo Formativo de Grado Superior* constituye un instrumento para la inserción laboral de los/las jóvenes, para la formación permanente de los profesionales de las distintas especialidades y para el acceso a los estudios universitarios.

Para el acceso a la Formación Profesional Específica de Grado Superior será necesario estar en posesión del título de Bachiller (Art.- 31.2, LOGSE).

Su duración y las enseñanzas que comprende son similares a las descritas para el Grado Medio.

El alumnado que haya cursado con éxito la Formación Profesional de Grado Superior recibirá el Título de *Técnico Superior* en la correspondiente especialidad. Con este título se puede acceder al mundo laboral y a determinados estudios universitarios.

La normativa legal vigente señala otros requisitos para el acceso los Ciclos Formativos descritos:

Para el Ciclo Medio:

—Título de Enseñanza Secundaria Obligatoria
—Título de F.P. I
—Haber terminado el 2º de B.U.P.
—Haber superado los tres cursos comunes de los estudios de Artes Aplicadas y Oficios Artísticos.

* Aquellos que no reúnan estos requisitos y hayan cumplido 17 años, pueden acceder mediante la superación de una prueba.

Para el Ciclo Superior:

—Bachillerato LOGSE (en consonancia con el Ciclo a seguir).
—F.P. II (dependiendo de la rama, especialidad o ciclo a seguir).
—C.O.U.
* Aquellos que no reúnan estos requisitos y hayan cumplido 20 años, pueden acceder mediante la superación de una prueba.

4. Los programas de garantía social (P.G.S.)

Los fundamentos legales de los Programas de Garantía Social se encuentran en la Ley Orgánica de Ordenación General del Sistema Educativo que establece, en su artículo 23, puntos 2 y 3, que las Administraciones educativas garantizan la oferta suficiente de Programas específicos de Garantía Social, dirigidos a aquellos alumnos que hayan abandonado la etapa de Educación Secundaria Obligatoria sin alcanzar los objetivos correspondientes.

La finalidad de los PGS es proporcionar una formación básica y profesional que permita al alumnado incorporarse a la vida activa o proseguir sus estudios en la Formación Profesional de Grado Medio.

Las condiciones de acceso son: alumnos que estén escolarizados en 2º ciclo de ESO; que hayan permanecido, al menos un año, en un programa individualizado de diversificación curricular; que el equipo educativo observe que no está en condiciones de alcanzar los objetivos de la etapa por la diversificación. Para ello se realizara una evaluación psicopedagógica del alumno, se consultará a los padres y al propio alumno y se emitirá un informa a la inspección educativa.

El alumnado debe de poseer una edad comprendida entre los 16 y 21 años, si el programa empieza y el alumno/a tiene 15 años, pero en ese año cumple los 16, podría realizarlo. Este alumnado también se caracteriza porque tiene dificultades para su inserción profesional ya que sólo tienen cursado unos estudios primarios los cuales no le permiten poseer un título oficial y hoy día sin un título que nos avale no vamos a parar a ningún sitio dentro del mercado laboral.

La estructura de los PGS se organiza en módulos de cualificación profesional que se dividen en cinco áreas formativas: tecnológico-práctica (12-15 horas semanales), formación básica (8-10 horas semanales), actividades complementarias (1-3 horas semanales), formación y orientación laboral (1-3 horas semanales) y acción tutorial (2 horas a la semana). Como estos módulos están relacionados con profesiones de Formación Profesional de Grado Medio, pueden ser convalidados y así se atendería a la finalidad de proseguir con esos estudios.

La evaluación de los Programas de Garantía Social se caracteriza por ser continua, formativa, individualizada e integrada. Los alumnos y alumnas que terminan un PGS reciben un certificado de cualificación profesional en donde se expresan las áreas cursadas, las horas y su calificación; y también se acompañará de una orientación sobre el futuro académico y profesional que tendrá carácter confidencial.

Bibliografía

Documentación del Encuentro de Educación y Formación en España a las Puertas del Siglo XXI. (1998). El Escorial (Madrid).

MEC. (1989): *Libro Blanco para la Reforma del Sistema Educativo.* Madrid: Dirección General de Renovación Pedagógica del MEC.

MEC. (1990): *Ley de Ordenación General del Sistema Educativo.* Madrid: Centro de Publicaciones del MEC.

MINISTERIO DE TRABAJO Y ASUNTOS SOCIALES. (1998). *Nuevo Programa Nacional de Formación Profesional 1998-2002.* Madrid: Closas-Orcoyen.

RELACIONES ENTRE LA FAMILIA Y EL EQUIPO DOCENTE

JOSÉ ÁLVAREZ RODRÍGUEZ
Ave-María

Introducción

Para la organización y gestión de un centro educativo es necesario que exista una buena y estrecha relación entre la familia y el equipo docente. Por lo tanto, todas las necesidades que la familia plantea al centro, es necesario que se recojan, sean atendidas, para así mejorar el buen funcionamiento del colegio.

Uno de los documentos dónde se plasma este tipo de relación (familia-equipo docente), es en el Proyecto de Centro, tanto en sus aspectos de redacción como de aprobación.

Antúnez en 1987, definía el Proyecto de Centro como un instrumento para la gestión del centro y que enumera las notas de identidad del mismo, así como sus objetivos y estructuras organizativas.

En este documento, tienen que reflejarse las aspiraciones de los tres contextos en los que el hombre se desenvuelve: la familia, la escuela y la sociedad (García Hoz y Medina Rubio, 1987).

El equipo docente debe explicar a las familias las directrices que van a seguir con sus hijos, los objetivos propuestos solicitando el apoyo y la colaboración de ellas, para conseguir todas las tareas propuestas.

Otro documento importante que existe dentro del centro es el Reglamento de Organización y Funcionamiento (ROF).

Ramírez Villar plantea la necesidad de formular unos objetivos respecto a la familia. Son los siguientes:

- Fortalecimiento de los vínculos familiares, a la vez que se potencia el progreso, la autonomía y la autoconfianza de cada uno de sus miembros (Ríos González, 1984).
- "Dotar a la familia de los medios formativos para realizar su misión de educadores.
- Derrumbar las barreras de recelo hacía la escuela fomentando la participación en el vida escolar.
- Mejora de la calidad de vida mediante la participación en el barrio o del municipio, así como el acceso a los beneficios de la acción social institucionalizada" (1995: 222).

La relación entre la familia y el equipo docente puede llevar a desarrollar experiencias colaborativas, en las cuáles se estrechan todo tipo de vínculos entre los padres y la escuela.

A continuación vamos a desarrollar una experiencia llevada a cabo en un centro de Granada (Ave-María), fruto de la buena relación entre las familias y el equipo docente.

2. Escuela de padres: marco de relación entre familia-equipo docente

Introducción

El origen de la Escuela de Padres, lo podemos situar en Estados Unidos y Francia. En E.E.U.U. surge en el año 1815, creándose la Asociación de Madres de Familia, poco después se editan varias revistas (1832 Mothes Magazine, 1940 Parents Magazine, etc.), celebrándose el I Congreso Nacional (1897) y en 1923 surge la Fundación Rockefeller que apoya y fomenta la formación de especialistas en educación de Padres. (Cuadernos pedagogía 1991).

En Francia ya en 1909 la Sra. Moll-weis funda una Escuela de Madres. Apareciendo en 1910 la revista Education y el libro l'enfance (1930), donde se defiende la formación continua de los padres. A partir de 1939 se imparten cursos para Educadores Familiares, de forma más sistemática. Surge otra revista en 1956 llamada Le Granpe Familial. (Cuadernos Pedagogía 1991).

Brunet Gutiérrez y negro Failde definen la Escuela de Padres como: *"Un plan sistemático de formación para padres en los aspectos psicopedagógicos y ambientales. Que se desarrollo a lo largo de un periodo relativamente extenso de tiempo"* (1994:21).

Osborne Elsie y Dowling Emilia defienden que debe existir un puente de unión entre los padres y la escuela. Sugieren: *"un modelo de trabajo conjunto entre las familias y la escuela"* (1996:17).

Andrés Manjón en su obra: *"Hojas circunstanciales"* nos comenta la necesidad de educar a la familia y sobre todo a la mujer: *"La mujer es no sólo escoba que barre, el agua que lava, el jabón que limpia... sino que es la reina de la casa... la luz del hogar... quien siendo buena, y bien educada conquista el amor y el respeto..."* (1905: 276).

"Por eso conviene sobremanera educar a la mujer que ha de ser madre" (1905: 278).

"... para la buena formación del hombre, no hay cosa más interesante, que la recta formación de la familia..." (1905: 284).

"... Se fundaran en las escuelas del Ave-Maria varios de adultos, unos diarios y nocturnos y otros semanales o dominicales, en todos ellos se intentaba no olvidar lo aprendido y apuntar hacia algo práctico, como el dibujo para los artesanos, costura y corte de prendas..." (1905. 285).

De todas aquellas experiencia llevadas a cabo por Andrés Manjón, quedan todavía la imprenta.

Existen varias tendencias sobre Escuelas de Padres que son: académica, grupal, proselitista, participativa y burocrática. (Cuadernos de Pedagogía 1991).

La experiencia que hemos llevado a cabo en las Escuelas del Ave-María (Casa-Madre), podemos encuadrarla dentro de la tendencia académica, en donde ha prevalecido el aprendizaje de programas establecidos por consenso entre todos los padres.

3. Escuela de padres: experiencia

Al principio del curso 1995-96, surge la demanda por parte de los padres de la necesidad de conocer un poco más la escuela.

Después de las reuniones informativas que mantenemos con los padres para explicarles como hemos planificado todo el curso, un grupo de ellos, nos plantearon la idea de formar un grupo de trabajo después del horario escolar. A cabo de varios días, después de haber estudiado la propuesta, conectamos con los padres interesados y nos pusimos en marcha.

Lo primero que hicimos fue conocer sus inquietudes, necesidades, etc... Se nombró un portavoz del grupo, y con todos las propuestas que tenían, comenzamos a trabajar.

Los objetivos que nos planteamos fueron los siguientes:

1. Adquirir mayores conocimientos, para poder ayudar a sus hijos.
2. Obtener más información sobre temas de interés.
3. Acercar la escuela a los padres y viceversa.

Las técnicas que utilizamos fueron desde exposiciones teóricas por parte de los profesores, charlas y conferencias por expertos, diálogos, discusiones, dirigidas etc...

La estrategia a utilizar ha sido la informativa, en donde la metodología ha pretendido ser participativa.

Las actividades realizadas por este grupo son:

1. Clases de lengua y matemáticas (lunes y miércoles de 5 a 6 horas)
2. Charlas o conferencias (final de trimestre).
3. Gimnasia de mantenimiento (Martes y jueves de 5 a 6 hora).
4. Convivencias o salidas culturales.

1. Clases de lengua y matemáticas

Lo primero que hicimos fue elaborar una prueba de Evaluación Inicial, para ver el grado de conocimiento sobre estas materias que tenían estos padres. Después de la misma, hicimos dos grupos en cada clase. Un grupo con un nivel tanto de lengua, como en matemáticas de 2° curso de Educación Primaria. Otro, el más avanzado, con un nivel de 3° curso de Educación Primaria.

A primeros del mes de Octubre de 1996, empezamos a trabajar en sesiones de una hora, para cada materia. Los lunes, de 5 a 6, trabajamos lenguaje y el miércoles matemáticas.

Señalar que algunas tareas se realizaban fuera de la escuela, en su casa.

2. Charlas o Conferencias

Una vez que recogimos todas la ideas sobre los temas que les interesaban, seleccionamos varias charlas.

Una de las preocupaciones más importantes y solicitadas por los padres, fue el tema de la nutrición.

A través de una campaña, encargada de esta cuestión, se puso en contacto con la Escuela de Enfermería y de allí nos vino una profesora experta en nutrición infantil.

El tema de la charla fue: La nutrición en Edad Escolar. Esta profesora, conocedora del tema, con un lenguaje sencillo, planteó el tema a los padres, dándoles muchas sugerencias, contestando a todas las preguntas que se le plantearon.

De la Biblioteca Pública Central de Granada, tuvimos la fortuna de contar con la presencia, tanto de su Director como Subdirector, para hablarnos de otro tema que preocupaba enormemente a este grupo de padres.

El título de esta charla-conferencia fue: Animación a la Lectura. Conocedores del tema, nos dieron una agradable charla sobre los métodos, estrategias, técnicas etc., para motivar a los niños en casa para que lean más. Aportando su experiencia, conocimientos etc.. Después se entabló un diálogo entre todos los asistentes.

Por último, aunque no pudo realizarse, teníamos planificando un último tema, para hablar de la droga en la adolescencia.

Cada una de estas conferencias, fueron celebradas en el salón de Actos del Colegio, al final de cada trimestre.

3. Gimnasia de mantenimiento

Los martes y jueves por la tarde, de 5 a 6, con un par de alumnos de la Escuela de Magisterio de la especialidad de Educación Física, comenzamos a cultivar y a cuidar nuestro propio cuerpo.

4. Convivencia

Al final del curso, todos aquellos padres que pudieron, junto con alumnos del Colegio, nos marchamos para tener un día de convivencia, en el cual compartimos alegrías, comida, disfrutamos del campo, comentamos la marcha del curso, los ratos buenos y otros no tan buenos, las adversidades, etc...

Conclusión

Fruto de las buenas relaciones entre la familia y el equipo docente, hacen que experiencias como estas sirvan para estrechar más las relaciones entre estos dos agentes, que van a redundar en beneficio de los alumnos y de la escuela.

La escuela puede ser un lugar, no sólo para educar a los niños, sino un espacio en donde los padres puedan formarse y ser partícipes de ella. El centro cuenta con una serie de locales, recursos, tanto materiales como personales que ha mi forma de entender no se les saca el rendimiento que tienen.

Quizás, una forma de rentabilizar estos recursos, sea la actividad que hemos expuesto. Además de ella, se pueden y se organizan actividades enfocadas principalmente al alumnado.

Para concluir, decir que la experiencia que hemos llevado a cabo tanto por parte de padres, profesores, personal especializado, etc... ha sido muy gratificante.

Los objetivos propuestos al principio de la misma han sido cumplidos.

Bibliografía

ANTUNEZ, S. (1987): El proyecto educativo de centro. Barcelona: Graó.

ARRANZ, Mª C. HERVAS Mª A. (1997): *Evaluación de programa: Una Escuela de Padres en Chirchon. En : VII jornadas sobre la LOGSE. Evaluación Educativa.* Grande: Grupo Editorial Universitario.

BERTRAN, M. (1981): *Escuela de Padres.* Barcelona: Herdar.

BRUNET, J. NEGRO, J.L. (1987): *¿Cómo Organizar una escuela de padres?.* Madrid: Ediciones San Pío X.

DOWLING, E Y OSBORNE, E. (1996): *Familia y escuela. Una aproximación conjunta y sistémica a los problemas infantiles.* Barcelona: Paidos.

GARCIA HOZ, y MEDINA RUBIO, R. (1987): Organización y gobierno de los centros educativos. Madrid: Rialp.

IGLESIAS DE USSELL, J.(1998): La familia y el cambio político en España. Madrid: Tecnos.

MANJÓN, A. (1905): *Hojas circunstanciales, históricas y cronológicas del Ave-María.* Granada: Patronato de las Escuelas del Ave-María.

MANJÓN, A. (1920): *El catequista. Hojas Catequistas del Ave-María.* Granada: Patronato de las Escuelas del Ave-María.

NORBERTO, G. (1976): *La pedagogía Familia hoy.* Barcelona: Herder.

RAMIREZ VILLAR, A.M.(1995): "La familia en el Proyecto de Centro". En: LOPEZ-BARAJA. (Ed).(1995): *La familia en el tercer milenio.* Madrid: U.N.E.D.

RIOS GONZALEZ, J.A.(1984): Orientación y terapia familiar. Bilbao: Instituto de las Ciencias del Hombre.

VARIOS (1991): *¿Qué es una escuela de padres?* Cuadernos de pedagogía. Barcelona: Fontalba. Secam: Tema mes. Nº 191 p. 10 - 34.

PARTICIPACIÓN Y AUTONOMÍA PARA LA IGUALDAD DE OPORTUNIDADES SOCIO-CULTURALES EN LOS CENTROS ESCOLARES
El proyecto curricular desde una perspectiva crítica

ROSARIO ARROYO GONZÁLEZ
Dpto. de Didáctica y Organización Escolar. Universidad de Granada.

Introducción

El proyecto curricular se enmarca entre las actuaciones o procesos, que debe de desarrollar un Centro Educativo para cumplir las funciones asignadas por la sociedad. El Centro Educativo es un organización con una finalidad educativa claramente definida. Su función es formar a las nuevas generaciones en los valores imperantes en la sociedad, pero con un espíritu reflexivo y crítico, que permita el cambio y la transformación de los estereotipos prejuicios, y situaciones de discriminación de esa sociedad. Tal es la visión más extendida de la Institución Educativa en el momento actual.

El centro educativo como organización humana, que persigue un fin definido, se constituye de manera intencional, por lo tanto su acción educativa no podrá ser azarosa, sino sistemática, para promocionar el aprendizaje de los sujetos implicados de acuerdo al modelo humano o valores propuestos. Es decir la actividad del centro educativo es la enseñanza a todos los niveles y en todas sus situaciones, no solamente en el aula. El centro educativo es un institución que se organiza para la enseñanza de todos sus agentes y en todos las situaciones y experiencias que tiene lugar dentro o fuera del centro, en las que éste se halla implicado de alguna forma. Como tal el centro tendrá que planificar sus acciones, diseñando:

.- La relaciones formales e informales y la resolución de conflictos entre todos los miembro implicados en la organización.

.- El desarrollo y perfeccionamiento profesional del profesorado dentro de la dinámica de funcionamiento del propio centro.

.- La utilización y equipamiento de los espacios, la distribución sincrónica y diacrónica de los tiempos.

.- El ambiente, clima o cultura del centro para el aprendizaje de acuerdo a los valores propuestos.

.- Los objetivos, contenidos, metodologías, actividades y recursos escolares y extra-escolares para la consecución de las finalidades y sus posibles modificaciones para atender necesidades educativas.

.- La administración económica y burocrática del centro.

.- La participación del alumnado en el ejercicio de sus deberes, obligaciones, compromisos y responsabilidades.

.- Las funciones, competencias y tareas de los profesores.

.- La participación de los padres, administrativos, personal de servicios y agentes de la comunidad en el ejercicio de su deberes y obligaciones, funciones, competencias, tareas, responsabilidades y compromisos.

.- La evaluación de todos los aspectos planificados, incluso de aquellos que suceden en la dinámica de funcionamiento del centro y no ha sido planificado, el llamado curriculum oculto.

Estas necesidad de planificación del centro para cumplir con su sentido social se traduce, para conocimiento de toda la sociedad en una serie de documentos, entre los que se halla el Proyecto Curricular. Curriculum puede referirse a todo lo que sucede en el centro y que acabamos de mencionar, sin embargo el Proyecto Curricular recoge un significado más restringido de curriculum, refiriendose a la planificación del mismo en aquellos aspectos que están más íntimamente relacionados con la enseñanza de los alumnos.

1. Sentido legislativo del proyecto curricular

Recogemos en este apartado la legislación educativa más significativa y sus referencias al Proyecto Curricular, como lo entiende, y con que espíritu se propone.

En la Ley Orgánica 8/1985, de 3 de julio, Reguladora del Derecho a la Educación (LODE) se establece los fines de la actividad educativa que tendrá lugar en los centros docentes (art.2) y la libertad de cátedra del profesorado (art.3). Se plantea la autonomía de los centros para establecer materias optativas (diversificar contenidos), para adaptar los programas a las características del medio en que está insertos, para adaptar métodos de enseñanza y para organizar actividades escolares y extra-escolares (art.15), dentro de los límites que establece la ley y de acuerdo al valor de la igualdad de derechos o no discriminación.

En este sentido será competencia del Claustro de Profesores programar las actividades docentes del centro, fijar y coordinar criterios sobre la labor de evaluación y recuperación de los alumnos (art. 45) y será el Consejo Escolar (art.42) el que:

.- Aprobará y evaluará la programación anual del centro elaborada por el Equipo Directivo.

.- Elaborará las directrices para la programación y desarrollo de las actividades escolares complementarias, visitas y viajes, comedores y colonias escolares.

.- Establecerá los criterios sobre participación del centro en actividades culturales, deportivas, y recreativas, así como relaciones de colaboración cultural con otros centros.

La Ley Orgánica 1/1990, del 3 de octubre, de Ordenación General del Sistema Educativo (LOGSE) entiende por currículum *el conjunto de objetivos, contenidos, métodos pedagógicos y criterios de evaluación de cada uno de los niveles, etapas, ciclos, grados modalidades del sistema educativo, que regulan la práctica docente* (art.4,p.1). El curriculum está pues referido a los elementos didácticos de la enseñanza en situaciones en las que están íntimamente implicados los alumnos y desde el plano del diseño y la programación.

En este mismo artículo la ley otorga al Gobierno y las Administraciones Educativas la competencia de fijar y establecer el currículo de los distintos niveles, etapas, ciclos, grados y modalidades del sistema educativa a fin de garantizar una formación común para todos. Este currículum constituirá las enseñanzas mínimas referidas, principalmente, a objetivos, contenidos, orientaciones metodológicas y criterios de evaluación, que serán los mismos para todos los alumnos en la Educación Primaria y la Educación Secundaria Obligatoria. Se constituye así el Diseño Curricular Base o primer nivel de concreción del currículum en el territorio español. Sin embargo la ley también establece ya la diversificación de contenidos en los últimos años de la Educación Secundaria (art.5 y 6). En los siguientes artículos la LOGSE prescribe el curriculum mínimo (objetivos, contenidos, orientaciones metodológicas y criterios de evaluación) para la Educación Infantil, la Educación Primaria, la Educación Secundaria Obligatoria, el Bachillerato, la Formación Profesional y la Educación Especial, así como para otras modalidades como son la Música y la Danza, el Arte Dramático, Artes Plásticas y de Diseño, Idiomas y Educación de Adultos.

La presente Ley Orgánica en su Título IV, sobre la calidad de la enseñanza establece, entre otras medidas, la responsabilidad de los Centros Docentes de *complementar y desarrollar el curriculum de los niveles, etapas, ciclos, grados y modalidades de enseñanza en el marco de su programación docente* (art 57, p.1). De la misma forma se pretende fomentar la autonomía pedagógica y organizativa de los centro favoreciendo el trabajo en equipo (art57, p.4) si bien insta a las administraciones educativas a que contribuya al desarrollo del curriculum en los siguientes aspectos:

.- Elaboración de modelos de programación y materiales didácticos, que atiendan a las distintas necesidades de educativas de los alumnos y profesores (art,5,p.2,) y propicien la igualdad de derechos (art.5, p.3).

.- Impulsar actividades extra-escolares, que promuevan la relación entre la programación del Centro y el entorno socio-económico (art. 57, p.5).

En este punto la ley plantea el desarrollo del curriculum en un doble sentido:

.- Como concreción y adaptación del diseño curricular realizado por el gobierno por parte de los centros docentes, sería este el segundo nivel de concreción del curriculum.

.- Como implementación o puesta en práctica del diseño o programación realizada, también llamado curriculum real, que necesita mantener la coherencia con los principios o valores plasmados en el diseño curricular y sus concreciones.

La ley igualmente insta a las administraciones educativas a participar en este desarrollo del curriculum con lo que de alguna forma se limita la pretendida autonomía organizativa y pedagógica de los centros cuando la administración utilice esa participación para el control y no para facilitar la reflexión, la toma de decisiones de acuerdo al espíritu de la ley y el trabajo creativo de las comunidades educativas.

La Ley Orgánica 9/1995, de 20 de noviembre, de la Participación, la Evaluación y el Gobierno de los Centros Docentes (LOPEG) en su preámbulo pretende asegurar, en primer lugar, la participación del profesorado, alumnado, las familias, el personal de administración, los representantes municipales y titulares de los centros privado, en los aspectos organizativos y de funcionamiento de los centros, en segundo lugar, el ejercicio de una mayor autonomía en la determinación de directrices para la elaboración del proyecto educativo del centro desde la concreción de los objetivos hasta la oferta específica que el alumnado recibe y, por último, reafirmar con garantías plenas el derecho a la igualdad educativa de toda la sociedad.

La autonomía y participación de los centros para definir su modelo de gestión organizativa y didáctica se concreta en el Proyecto Educativo (art. 6). En ese proyecto se fijaran los objetivos, las prioridades y procedimientos de actuación, con la participación del:

. Consejo Escolar marcando las directrices de acuerdo a las características del entorno escolar (art.6, p1). Será también competencia del Consejo Escolar aprobar y evaluar del proyecto educativo, así como la programación general del centro y las actividades escolares complementarias (art.11).

. Claustro de Profesores realizando propuestas de acuerdo a las necesidades educativas de los alumnos (art.6, p1) para garantizar la igualdad atendiendo a la diversidad. La Ley le reconoce competencias en relación a la planificación y organización docente (art.11, p.1, a):

. Aprobando y evaluando los proyectos curriculares y los aspectos docentes, conforme al proyecto educativo del centro y la programación general del centro (art.15, b).

. Coordinando las funciones referentes a la orientación, tutoría, evaluación y recuperación de los alumnos (art.15, f).

. Director, dirigiendo y coordinado todas la actividades del centro hacia la consecución del proyecto educativo (art.21, a).

Todo ello de acuerdo a los fines establecidos en Ley Orgánica 8/1985 de 3 de julio, de Regulación del Derecho a la Educación (art.6, p.3).

Así pues aquí aparece el proyecto curricular con identidad independiente al proyecto de centro, pero con el que ha de mantener coherencia. Mientra que el proyecto educativo depende en su configuración más del Consejo Escolar, el proyecto curricular pasa ha ser responsabilidad del claustro, por lo que se relaciona con aquellos aspectos educativos del centro ligados de forma directa e intencional con la enseñanza de los alumnos y las funciones profesionales de los profesores.

La legislación regula el funcionamiento y la actividad educativa de los centros proclamando como valores supremos la autonomía, la participación y la igualdad de derechos y oportunidades, pilares de una sociedad, que pretende la convivencia democrática. Sin embargo esa misma ley puede ser utilizada para producir en algunos casos el efecto contrario convirtiendo el centro educativo en un lugar de luchas políticas, formalismos burocráticos y cumplimento técnico de todas las normativas administrativas. Acogiendonos al espíritu de ley, esta ofrece importantes posibilidades para:

.- La participación de todos los agentes de la comunidad educativa en la consecución de unos objetivos comunes, que permitan el aprendizaje compartido, desempeñando cada uno sus funciones, ejerciendo derechos y deberes a través de los distintos órganos colegiados y unipersonales y por último colaborando en actividades docentes, complementarias y extra-escolares.

.- La igualdad de oportunidades, procurando una enseñanza diversificada:

. Adaptando los objetivos a las características socioeconómicas y culturales del entorno inmediato de la comunidad educativa.

. Ofertando contenidos, que respondan a los intereses y posibilidades vocacionales de los alumnos, a través de la optatividad, y los planes de orientación académica y profesional y acción tutorial.

. Mediante las adaptaciones curriculares para responder a la necesidades educativas especiales, que puedan presentar un grupo determinado de alumnos o un alumnos específico, en relación al curriculum diseñado para todos.

.- La autonomía en la gestión organizativa y pedagógica de los centros, ofreciendo entre todos los miembros de la comunidad educativo un modelo educativo válido y enriquecedor para la Sociedad. Este modelo se concretará en una serie de documentos fruto de la reflexión, el trabajo creativo y la coordinación de acciones en torno a unos valores compartido y decididos libremente. Básicamente estos documentos son el proyecto educativo, el proyecto currricular y el reglamento de régimen interior.

2. Limitaciones de la legislación educativa

La conjugación de estos tres valores básicos: igualdad, participación y autonomía pretende crear climas de aprendizaje y ambientes educativos donde las nuevas generaciones se preparen para una vida democrática y permitan el cambio de los anti-valores de la sociedad. Se trataría de construir formas locales de comunidad (Mcintyre 1987) o comunidades de vida (Dewey, 1987), que permitan la transformación de toda la sociedad. Por lo tanto el proyecto curricular no puede olvidar la coordenadas de valor en las que la legislación lo propone, como un instrumento de participación , para la igualdad de oportunidades y nacido de la autonomía, es decir, reflexión, crítica y toma de decisiones comprometida de una comunidad educativa, de acuerdo a las líneas marcadas en el Diseño Curricular Base. Sin embargo tampoco podemos olvidar las limitaciones que la propia ley presente al desarrollo de lo valores que ella misma proclama esa limitaciones que dan sintetizadas como sigue:

1.- Diversas acepciones para el término currículum.

I.   Como una planificación de los elementos didácticos del currículum directamente referidos a la actuación docente con el niño (LOGSE, art. 4 p.1)

II.   Como desarrollo de aspectos organizativos y docentes centro (LOGSE. art. 57, p. 1). A su vez se entiende:

.- Como concreciones del curriculun gubernamental

.- Como puesta en práctica o implementación.

2.- La ley limita la pretendida autonomía de los centros con la participación administrativa en el desarrollo del currículum.

3.- Las medidas que prescriben la participación pueden convertirse en fuente de y luchas políticas por ostentar el poder en los centros educativos.

4.- Las medidas que prescriben la igualdad y la autonomía pueden contribuir a la burocratización y tecnificación de la profesión docente. En este sentido es ilustrativo presentar todos los aspectos que debe recoger el documento de un proyecto curricular por prescripción legislativa, así como todos la cantidad de legislación en la cual se ha de basar todo proyecto curricular.

En el cuadro 2 presentamos como estructura el DCB los elementos de la enseñanza y proponemos todos los aspectos, que se deben considerar en el diseño y desarrollo de un curriculum en base a nuestro propio modelo de enseñanza y evaluación. Entendemos que función del profesional docente reflexivo no puede ser copiar fielmente la orientaciones y prescripciones administrativas sino evaluarlas críticamente para, en consonancia con los valores que proponen, realizar sus propias propuestas.

	PROCESO DE ENSEÑANZA	PROCESO DE EVALUACIÓN
QUÉ	Fines de la educación. Objetivos del proyecto educativo. Objetivos generales de etapa. Objetivos generales de área. Objetivos específicos de ciclo por áreas. Objetivos específicos de curso por áreas. Objetivos operativos para alumnos con necesidades educativas especiales. Contenidos de área. Contenidos opcionales. Contenidos complementarios para alumnos con necesidades educativas especiales. Contenidos de temas transversales. Contenidos de orientación académica y profesional.	Ambiente o cultura de aprendizaje Conductas visibles (hábitos y comportamientos). Conductas de base afectiva (normas, actitudes, comportamientos sociales). Los procesos de desarrollo. Los proceso cognitivos. Los conocimientos conceptuales. La formulación de los objetivos. La selección de los contenidos. La adecuación de los recursos materiales. Las eficiencia de los recursos humanos. La eficacia de las metodologías. La organización de los espacios y el tiempo. El proceso de evaluación.
CUÁNDO	Distribución de objetivos de área en los distintos ciclos. Selección de contenidos para cada ciclo y curso. Distribución de contenidos transversales en las áreas, por ciclos y cursos. Distribución de contenidos de orientación académica en las áreas y tutorías. Aplicación de contenidos opcionales. Tiempos reservados para cada área. Tiempo reservado en cada área y/o ciclo para los contenidos específicos de área, los temas transversales, la optatividad y la orientación académica profesional. Tiempos para a la atención a alumnos con necesidades educativas especiales.	Evaluación inicial o diagnóstica, al pricipio de todo proceso de enseñanza. Evaluación formativa o de proceso , estableciendo tiempos quincenales o semanales para comprobar si la práctica de la enseñanza se adecua a lo diseñado. Evaluación final, sumativa o de producto al final de todo proceso de enseñanza y supone una valoración sintética de todos los aspectos evaluados en el proceso.
CÓMO	Metodologías aplicadas por etapas Metodologías específicas de cada áreas . Metodologías para la atención de necesidades educativas especiales. Métodos de orientación Selección, ubicación adquisición y elaboración de recursos y materiales curriculares. Atribución de funciones didácticas a los recursos humanos (profesorado, administrativo, personal de apoyo, personal administrativo y de servicios, otros miembros de la comunidad...) Tipos de agrupamientos de los alumnos y criterios. Organización y selección de los espacios físicos y/o naturales fuera o dentro del centro.	Estableciendo los criterios para la evaluación de cada uno de los aspectos a evaluar y siempre en relación a los objetivos marcados. Siguiendo una serie de fases: recogida de información, análisis e interpretación de los datos recogidos y toma de decisiones, sobre posibles adaptaciones o modificaciones de los elementos de la enseñanza. Aplicando métodos de evaluación cualitativos y cuantitativos. Seleccionando técnicas y elaborando instrumentos de recogida de datos. Aplicando técnicas de reducción, análisis e interpretación de los datos. Tomando decisiones razonadas y consesuadas y que impliquen compromisos de mejora de los proceso de aprendizaje.

CUADRO 2. Estructura del BCB y aspectos a considerar en el diseño y desarrollo del curricular

Cualquier centro que emprenda la tarea de diseño e implemetación de su curriculum debe de partir como coordenadas de referencia de las disposiciones legales donde se recoge el Diseño Curricular Base. Presentamos seguidamente algunos documento, que recogen el DCB para el territorio español y la Comunidad Autónoma Andaluza:

RD1004/91	de 14 de junio. Requisitos mínimos de Centros de Enseñanza de Régimen General (BOE. 26-6-1991).

D 108/92	del 9 de septiembre. Supervisión y autorización de libros y materiales curriculares para la enseñanza de Régimen General (BOJA 20-6-1992)

RD1330/91	del 6 de septiembre. Aspectos básicos del Curriculum de Educación Infantil (BOE 7-6-1991).

D 107/92	de 9 de septiembre . Enseñanzas de Educación Infantil en Andalucia. (BOJA 20-6-1992).

RD 1006/9	de 14 de junio Enseñanzas mínimas de Educación Primaria (BOE 26-6-91)

D 105/92	del 9 de septiembre Enseñanzas de Educación Primaria en Andalucia. (BOJA 20-6-1992)

RD 1007/91	del 14 de septiembre. Enseñanzas mínimas de la Educación Secundaria Obligatoria. (BOE 26-6-1991).

Resolución 10	de septiembre del 1992. Materias optativas en la a Educación Secundaria Obligatoria (BOE del 19-6-1992).

D 106/92	del 9 de septiembre. Enseñanzas de la Educación Secundaria Obligatoria en Andalucía. (BOJA 20-6-1992).

RD 1700/91	del 29 de noviembre. Establece la estructura del Bachillerato. (BOE 2-12-1991)

RD 1178/92	del 2 de octubre. Enseñanzas mínimas del Bachillerato. (BOE 21-10-92)

Orden del 12	de noviembre del 1992 . Evaluación en Educación Infantil (BOE 20-11-1992)

Orden del 1	de febrero del 1993. Evaluación en Educación Educación Infantil en la Junta de Andalucía. (BOJA n°20/23-2-93).

Orden del 12	de noviembre del 1992. Evaluación de Educación Primaria.(BOE 20-11-1992)

Orden del 1	de febrero del 1993. Evaluación en Educación Primaría en la Junta de Andalucía. (BOJA n°20/23-2-93).

Orden del 12	de noviembre del 1992. Evaluación en la Educación Secundaria Obligatoria. (BOE 20-11-1992)

Orden del 1	de febrero del 1993. Evaluación en Educación Secundaria Obligatoria en la Junta de Andalucía. (BOJA n°21/25-2-93).

Orden del 12	de noviembre del 1992. Evaluación en el Bachillerato. (BOE 20-11-1992).

Orden del 18	de noviembre del 1996, por la que se complementan y modifican órdenes sobre evaluación de régimen general establecidas en la Ley Orgánica 1/9 (LOGSE) en la Comunidad Autónoma Andaluza (BOJA n° 143 del 12-12-96).

Orden del 13	de julio de 1994. Diseño, desarrollo y aplicación Adaptaciones Curriculares en los centros docentes de Educación Infantil Primaria y Secundaria de la Comunidad Autónoma. (BOJA 10-7-1994)

Bibliografía

ARROYO GONZÁLEZ, R y TORRES MARTÍN, C. (1998) Gestión de un Curriculum Intercultural: el caso de Melilla. Ponencia presentada en las III Jornadas Andaluzas sobre Organización y Dirección de Instituciones Educativas en Granada los días 14, 15, 16 y 17 de diciembre (en prensa).

BARBERÁ ALBALAT, V. (1995) El proyecto curricular de Educación Secundaria Obligatoria. Normas prácticas para su elaboración. Escuela Española. Madrid.

BELTRÁN DE TENA, R. y RODRÍGUEZ DIÉGUEZ, J.L. (1994) Evaluación del curriculum, en SAENZ BARRIO, O. (Dir) Didáctica General. Un enfoque curricular. Alcoy. Marfil. pp:197-220.

DECRETO 200/1997, de 3 de septiembre, por el que se aprueba el Reglamento Orgánico de los Institutos de Educación Secundaria (BOJA, 6 de septiembre de 1997).

GONZÁLEZ GONZÁLEZ, Mª.T. (1996) Planificación del centro y atención ala diversidad, en ILLAN ROMEU, N. (Coord) Didáctica y Organización en Educación Especial. Granada, Aljibe. pp:45-68.

LEY ORGÁNICA 8/1985, de 3 de julio, Reguladora del Derecho a la Educación. (BOE del 4 de julio de 1985)

LEY ORGÁNICA 1/1990, del 3 de octubre, de Ordenación General del Sistema Educativo. (BOE del 4 de octubre de 1990).

LEY ORGÁNICA 9/1995, de 20 de noviembre, de la Participación, la Evaluación y el Gobierno de los Centros Docentes. (BOE 21 de noviembre de 1995).

LORENZO DELGADO, M. (1995) Organización Escolar. La construcción de la escuela como ecosistema. Madrid. Ediciones Pedagógicas.

LORENZO DELGADO, M. (1994) Teorías curriculares, en SAENZ BARRIO, O. (Dir) Didáctica General. Un enfoque curricular. Alcoy. Marfil. pp:89-112

LORENZO DELGADO, M. (1994) El diseño curricular base, en SAENZ BARRIO, O. (Dir) Didáctica General. Un enfoque curricular. Alcoy. Marfil. pp: 113-134.

LORENZO DELGADO, M. (1994) Los fundamentos del curriculum, en SAENZ BARRIO, O. (Dir) Didáctica General. Un enfoque curricular. Alcoy. Marfil. pp:135-154.

McINTYRE, A. (1987): Tras la virtud. Barcelona. Crítica.

McINTYRE, A. (1990): La idea de una comunidad ilustrada. Revista de educación. 292, pp:119-136.

RODRÍGUEZ DIÉGUEZ, J.L. (1994) Los componentes del curriculum, en SAENZ BARRIO, O. (Dir) Didáctica General. Un enfoque curricular. Alcoy. Marfil. pp:155-174.

ANÁLISIS DE LA TRAYECTORIA PROFESIONAL DE UNA DOCENTE DESDE EL ESTUDIO DE SUS CICLOS DE VIDA

FRANCISCO SALINAS GARCÍA
Universidad de Granada

1. Supuestos Teóricos

La reconstrucción de la trayectoria profesional (Ciclos de vida profesional) del docente, ha sido estudiada desde la perspectiva biográfico-narrativa por diversos autores, buscando a partir del análisis de relatos bibliográficos y sobre todo de los acontecimientos más relevantes ocurridos en la vida profesional del profesor, la mejora de determinados aspectos educativos como fin. La historia de vida debe proporcionar una visión integradora de los tres ámbitos de su biografía: la vida privada, la vida pública y la historia colectiva.

En el estudio de casos y reconstrucción de la historia de vida, los relatos biográficos (reconstrucción narrada de biografías personales) facilitan un armazón general de la vida profesional o biograma del profesor que incluye tanto su trayectoria formal cuanto las experiencias tempranas previas que influyen en la visión de la profesión, así como también aquellos incidentes críticos o eventos significativos que han supuesto cambios concretos.

Tal y como refiere **Girod** (1997), y al que hacen referencia **Bolívar y Domingo** (1998), analizar la vida profesional del docente puede ser útil en un triple sentido:

- Aprender del pasado. Los saberes extraídos de la vida profesional y relaciones cotidianas en las situaciones de trabajo facilitan: que se desarrolle la capacidad de aprender a aprender.
- Procesamiento social de la información. Cualquier propuesta de cambio es procesada socialmente en función del saber hacer adquirido.
- Dar identidad a la escuela. Asumir el saber experencial acumulado permite dar identidad tanto a las personas como a la propia institución, al reapropiar las experiencias pasadas e inventariar los propios saberes y competencias adquiridos a lo largo de la vida.

La perspectiva biográfica tiene una justificada relevancia como marco teórico para el análisis de los procesos de socialización y desarrollo profesional. Siguiendo a **Fernández Cruz, M.** (1995a, 1995b y 1995c) que ha realizado una aproximación biográfica basada en el desarrollo profesional distingue tres componentes: *la trayectoria profesional* o itinerario seguido durante toda la vida como itinerario para llegar a ser el profesor que ahora se es; *el perfil profesional* que en la actualidad se exhibe y *el ciclo vital* como estructura explicativa que integra los dos aspectos anteriores, todo ello para permitirnos identificar aquellos factores de evolución profesional que provocan incrementos significativos en la disposición, el compromiso o la capacitación de cualquier profesor.

En este trabajo, que a continuación expongo, se recoge la historia de vida, estadios y transiciones en el ciclo de vida de una profesora como individuo, con el único objetivo de hacer un estudio de su experiencia docente, siguiendo fundamentalmente los planteamientos de **Levinson**, 1978; **Fernández Cruz**, 1995, 1998; **Huberman**, 1989f; **Sikes, Measor y Woods**, 1985; **Oja, S. N.**, 1989; **Newman**, 1979; **Kelchtermans** (1993), ...

El proceso de estudio y análisis debe estar basado en los siguientes apartados:

1.- Supuestos teóricos básicos.
2.- Dimensiones biográficas más relevantes (historia o ciclo vital).
3.- Diseño e instrumentos de la investigación (Entrevistas, Biogramas, Diseños).

2.- Dimensiones biográficas y revisión literaria

Según **Elder, G.H.** (1992, 1995) los individuos construyen su curso vital en función de las elecciones y acciones que toman dentro de las oportunidades y límites que les permiten las circunstancias sociales e históricas postura contrapuesta a la de **Giddens, A.** (1995) y **Gergen** (1992) que cuestionan que en el actual mundo cambiante se pueda hablar de "ciclos de vida" comunes por los que pasan todos los individuos, por lo que cada uno debe tener una trayectoria distintiva y propia.

Si nos basamos en los trabajos más conservadores sobre los ciclos de desarrollo del adulto debemos revisar los trabajos de **Patricia Sikes** (1985) y de **Levinson, D.J.** (1978, 1995), que examinan la vida personal y profesional de los docentes desde una perspectiva del desarrollo adulto y las teorías de la socialización profesional, para determinar los ciclos de vida profesional. Para ellos, serían cinco los ciclos en la vida del profesor, desde el inicio de la carrera a la jubilación, delimitados por cupos de edad cronológicos que se construyen en torno a tres periodos de transición en la vida de los adultos: la crisis de los treinta años, la transición de la mitad de la vida a los cuarenta y el acercamiento al fin de la carrera profesional a partir de los cincuenta y cinco años de edad.

Primer ciclo vital: 21 a 28 años de edad. Ingreso en el mundo adulto.

Según **Erikson, E.H.** (1985) esta etapa la podemos clasificar de crisis psicosocial en la transición entre la juventud y el periodo adulto. No se considera la enseñanza como una ocupación definitiva.

Este primer ciclo vital también ha sido descrito por **Oja, S.N.** (1989) como un periodo de refinición y transformación constante de la estructura de vida para la acomodación a la etapa de madurez que se ha comenzado a vivir. Este ciclo vital coincide con el periodo de inducción a la enseñanza, de inmersión a la realidad profesional, de choque con la práctica efectiva de la docencia, de socialización en la carrera, de búsqueda de la supervivencia diaria en el aula, del ensayo-error como método de construcción de conocimiento. Se produce la acomodación de las imágenes que se tienen interiorizadas de la enseñanza desde la posición de alumno a la nueva posición de docente (**Caruso**, 1977).

Miguel Huberman (1989), centra su principal línea de investigación en la experiencia.

Para él, ésta es una etapa de tanteo, de conocimiento del mundo de la docencia y de sentimiento de provisionalidad en todos los aspectos de la persona, que proporciona al profesor un sentimiento de liberación de los compromisos. El profesor se siente ineficaz e insuficientemente preparado.

Los profesores de este ciclo vital se muestran preocupados por las carencias y lagunas formativas que les ha dejado su formación inicial. El aspecto que más les preocupa a los noveles es la materia y su propia capacidad para responder y estar a la altura de lo que ellos consideran que es un buen profesor.

Segundo ciclo vital: de 28 a 33 años de edad. La transición de "los treinta".

Según **Patricia Sikes** (1985), asumiendo los ciclos de vida de Levinson, describe a los profesores de un centro que están inmersos en este ciclo vital. Comenta las estaciones de vida dentro de su análisis de las necesidades que surgen en las etapas de vida o ciclos.

Se puede incluir en este ciclo las dos fases de desarrollo profesional que **Katz** (1972) señala como:

· Estadio de renovación, que ocurre durante el tercer o cuarto año de enseñanza (deseo de hacer cursillos, conferencias, etc.)

· Estadio de madurez, que aparece durante el cuarto o quinto año de experiencia, en el que los profesores se hacen profesionales y se plantean cuestiones más profundas y abstractas, seminarios permanentes, grupos de investigación ...

Los profesores sienten temores ante la idea de llegar a parecerse a sus colegas que han fracasado. La promoción es un factor muy importante, invirtiendo parte de sus energías en solventar las necesidades de sus alumnos desde un modelo de enseñanza adecuado.

Tercer ciclo vital: de 33 a 40 años de edad. Estabilización y compromiso.

Newman (1979), considera que los segundos diez años de docencia, en torno a los treinta y cinco años, son de gran estabilización. Es la edad en que tienen una mayor capacidad y posibilidad para implicarse en procesos del Centro, adquirir compromisos con la institución educativa, desempeñar responsabilidades e intervenir en la mejora de la escuela.

Sus preocupaciones profesionales giran en torno a la incertidumbre provocada por aquellos aspectos de su práctica aún no resueltos pese a la experiencia acumulada. La cantidad de tiempo y energía que dedican a perseguir el éxito puede ir en detrimento de otros aspectos de su vida. Las elevadas aspiraciones pueden acabar en situaciones de estrés.

Levinson (1978, 1995), ha caracterizado este periodo como fase de asentamiento en la que un hombre encara dos tareas principales:

• Establecer un nicho en la sociedad, para anclar su vida más firmemente, desarrollar competencias en la habilidad que eligió y llegar a ser un miembro valorado social y profesionalmente.

• Configurar de manera casi definitiva la identidad profesional.

El caso de las mujeres puede ser diferente. Podrán haber elegido construir su carera ocupacional como profesores junto a su ocupación como esposas y como madres. Estas están frecuentemente bajo tensión, como si tuvieran dos trabajos.

Schubert y Ayers (1992), denominan a este ciclo del "desarrollo de la sabiduría profesional" al proceso continuo por situarse en la profesión. Ha sido caracterizado por **Suzanna y Millies** (1992) como de crecimiento de tres factores interelacionados entre sí: identidad profesional, principios pedagógicos y repertorio pedagógico.

Cuarto ciclo vital: 40 a 50 años de edad. Profesionalidad completa.

Huberman (1989) ha caracterizado este ciclo con una imagen muy plástica: la llegada y adaptación a una meta en el transcurso de la carrera. Un periodo de equilibrio en el que culmina el apresurado crecimiento que se ha mantenido hasta ahora y que sirve de preparación para llegar en mejores condiciones a la fase de prejubilación.

En este ciclo se alcanza la madurez profesional junto a una alta moral y un fuerte grado de compromiso con la enseñanza. La experiencia acumulada y la capacidad intelectual es máxima y aún no ha comenzado el declive fisiológico.

Estas características determinan cierta impermeabilidad a las nuevas ideas, desconfianza de los procesos indiscriminatorios de perfeccionamiento profesional y de ahí un mejor saber hacer de los profesores.

Se da una relajación del interés por la consecución de objetivos instructivos frente a un interés cada vez más creciente por la dimensión personal de los alumnos y el establecimiento con ellos de relaciones de apoyo y ayuda en la acción tutorial desempeñada.

Los profesores triunfadores de más de 40 años están ocupando cargos directivos y generalmente tiene un menor contacto con los alumnos. Las mujeres cuyos hijos ya empiezan a ser mayores, dejan su dependencia familiar y empiezan a ser consideradas para puestos de gestión.

Aproximadamente entre los 37 y los 45 años, los individuos experimentan una fase crítica que coincide con la mitad de la carrera profesional. En esta fase es cuando se siente la necesidad de acabar/completar los procesos de establecimiento de la carrera ocupacional de la familia y de la identidad. Es un momento de autointerrogación.

Quinto ciclo vital: 50/55 años en adelante.

Tanto **Huberman** como **Prick**, han descrito una fase de desarrollo, entre los profesores mayores de 50 años, de gradual compromiso con la enseñanza. Esto se percibe como una pérdida de energía y compromiso que es sustituido por una mayor serenidad y autoaceptación. **Huberman** destaca, que los profesores a esta edad encuentran serias dificultades para acometer cambios e implicarse en procesos de innovación y reforma de la enseñanza.

Prick, dice, que estos profesores mayores desarrollan actitudes de autodefensa frente a los intentos de cambio.

Los estudios de **Coloman** (1992), sobre el proceso de jubilación, informan que a partir de los 55 años si el profesor aunque se encuentre con suficiente energía y entusiasmo para el trabajo siente que empieza a vivir un declive paulatino y la considera como una perspectiva atractiva.

3.- Diseño e instrumentos de la investigación

Metodología de trabajo: La entrevista

1.- Muestra
   • Sexo: Mujer
   • Edad: 49 años
   • Ciudad: Granada
   • Estudios realizados: Magisterio y Psicología
   • Profesión: Maestra
   • La persona entrevistada ha sido compañera de trabajo en la década de los 80.

2.- Proceso

El método seguido para realizar la entrevista ha sido por medio de una grabación. Las preguntas de la entrevista son semiestructuradas. Las había estructurado en un primer momento, pero tras el desarrollo de la misma las he ido modificando.

Tras surgir este "problemilla", sobre la marcha he ido elaborando nuevas preguntas dándoles un enfoque más apropiado y específico al trayecto de la vida de esta persona.

La predisposición a la entrevista ha sido total, y en ningún momento la he notado tensa en ninguna de las preguntas, ni apenas dubitativa ante sus respuestas o forma de describirlas o enfocarlas. Ha habido bastante cordialidad, sonrisas ante determinadas respuestas o recursos sobre personas conocidas, momentos y situaciones.

La elección de esta persona para entrevistarla surge de una trayectoria profesional muy completa y dilatada tras 30 años de servicio.

3.- Biograma

CICLOS DE VIDA	SUCESOS	CAMBIOS
Primer ciclo vital profesional, se inicia en 1967 (18 a 28 años)	• Termina Magisterio y empieza a trabajar como maestra interina en Almería • Tiene que emigrar a Cataluña.Aprueba oposiciones. • Conoce a Paco (su marido)	Cambio radical
Segundo ciclo vital, a partir de 1978 (29 a 34 años)	• *Forma parte de movimientos de izquierdas (Concejal)* • *Pertenece a colectivos docentes* • *Empieza estudiar Psicología* • *Conoce amigos significativos* • *Contrae matrimonio* • Tiene su primer hijo • Entra en la Universidad A. B.	Cambio radical
Tercer ciclo vital, a partir de 1983 (34 a 40 años)	• Muere su padre • Concursa y se viene a Granada • Ocupa cargo directivo en el centro • Nace su segundo hijo	Cambio accidental

Cuarto ciclo vital, a partir de 1989 (40 a 49 años)	• Conoce amigos significativos • Su vida entra en una etapa de inde-finición y crisis sentimental • Se dedica plenamente a su tarea de cargo directivo en el centro • Su primer hijo entra en la Universi-dad	Cambio durativo

Estos cambios que se han ido produciendo paulatinamente a lo largo de los ciclos de vida profesional, si seguimos a otros autores (**Denzin, N.K.** 1992. *Deconstructing the biografhical method.* Paper presented at the anual meeting of the American Educational Research Association, San Francisco, Abril) los clasifica de cuatro formas, y que en el Biograma que antecede como resultado del análisis de la entrevista realizada yo contemplo en el apartado denominado CAMBIOS.

Son los siguientes:
1.- Cambio radical. Afecta a la estructura global de la vida.
2.- Cambio durativo. Supone una reacción a una serie de acontecimientos que se han vivido a lo largo de un período dilatado de tiempo.
3.- Cambio accidental. Representa un momento problemático importante en la vida.
4.- Cambio revivido. Constituido por aquellos episodios biográficos cuyo significado se otorga a reconstruir (narrar) la experiencia.

Orientación bibliográfica

BOLIVAR, A.; J. DOMINGO y M. FERNÁNDEZ (1998): *La investigación biográfico-narrativa en educación. Guía para indagar en el campo.* Granada: FORCE/GEU.

DENZIN, N.K. (1986): "Interpretative interactionism and the use of life stories", *Revista Internacional de Sociología,* vol. 44 (3), 321-337.

DENZIN, N.K. (1992): *Deconstructing the biografhical method.* Paper presented at the anual meeting of the American Educational Research Association, San Francisco, Abril.

FERNÁNDEZ CRUZ, M. (1995b): *Los ciclos vitales de los profesores.* Granada: Force. Universidad de Granada.

FERNÁNDEZ CRUZ, M. (1995c): *Una aproximación biográfica al desarrollo profesional de maestros de educación infantil: Ciclo vital, identidad, conocimiento y cultura.* Granada, Facultad de Ciencias de la Educación.

FERNÁNDEZ CRUZ, M. (1998): "Ciclos de vida de la enseñanza", *Cuadernos de Pedagogía,* 266 (febrero), 52-57.

ELDER, G.H. (1992): "Life course". En E.F. Borgatta y M.L. Borgatta (Eds.): *Encyclopedia of Sociology* (Vol. 3). Nueva York: Macmillan.

ERICKSON, E. H. (1985): *El ciclo vital completado.* Buenos Aires: Paidós.

HUBERMAN, M. (1990): "Las fases de la profesión docente. Ensayo de descripción y previsión", *Qurriculum, 2,* 139-159. Trad. y ed. española de Huberman (1989b).

KELCHTERMANS, G. (1993): "Biographical methods in the study of teachers´ professional development". En I. Carlgren; G. Handal y S. Vaage (Eds.): *Teacher Thinking and Action in Varied Contexts: research on techers´thinking and practice.* Londres: Falmer Press, 93-108.

LEVINSON, D.J. (y otros: DARROW, C., KLEIN, E., LEVINSON, M. y McKEE, B.) (1978): *The seasons of a man's life*. Nueva York: Alfred Knopf.

MARINAS, J. M. y SANTAMARÍA, C. (1993) (Eds.): *La historia oral: métodos y experiencias*. Madrid: Debate.

OJA, S.N. (1989): "Teachers: Ages and stages of adult development". En M.L. Holly y C.S. McLoughlin: *Perspectives on teacher professional development*. Londres: The Falmer Press, 119-154.

THOMPSON, P. (1984): "La historia oral y el historiador", *Debats,* 10, 52-56.

SIKES, P.J., MEASOR, L. y WOODS, P. (1985): *Teacher Careers: Crises and Continuities*. Londres: The Falmer Press.

LA ACCIÓN EDUCADORA EN LA ÉPOCA DEL PROTECTORADO MARROQUÍ (1912-1956), EJEMPLO DE EDUCACIÓN INTERCULTURAL

MERCEDES CUEVAS LÓPEZ
ARTURO M. FUENTES VIÑAS
Universidad de Granada

1. Conceptos previos

Sabido es por todos la extrema sensibilidad que ante el fenómeno multicultural tenemos hoy día los ciudadanos de los países occidentales, y más concretamente los educadores a todos los niveles; un asunto este tan antiguo como la propia humanidad y que hoy en día los muy diversos avatares sociales y políticos lo colocan en candelero.

Son muchas las circunstancias que actualmente favorecen el desarrollo de la multiculturalidad convirtiéndolo en un hecho evidente y constatable. Por citar algunas, nos decantaríamos por la facilidad de desplazamientos gracias a los medios de comunicación, el bombardeo constante de noticias a través de los medios de comunicación de masas ofreciendo las bondades de un "opulento" sistema occidental frente a la opresión y precaria situación económica de los países subdesarrollados; la necesidad de conocer nuevas lenguas para contactar más fácilmente con ciudadanos de otros países y costumbres a los que visitamos en muchos casos por turismo y en otros de forma clandestina buscando nuevos medios de vida, buscando una nueva realidad cultural donde haya mayor riqueza que la de origen; es el caso del fuerte flujo migratorio al que asistimos hoy día de esos países africanos, donde el diálogo se ha sustituido por el lenguaje de las armas, donde se sufre el genocidio más despiadado y unas condiciones de vida impropias de los tiempos que corren. Estas y otras muchas casuísticas han favorecido el acercamiento de culturas de diferente origen, llenas de costumbres diametralmente opuestas. Hoy en día, Europa y, más concretamente España, se va convirtiendo poco a poco en un auténtico crisol multicultural, lo que nos ha obligado a remover nuestros cimientos educativos para buscar un nuevo acomodo para la nueva educación que cada vez se hace más real y la sociedad nos empieza a exigir: la escuela multicultural, que se ha convertido en objeto de estudio en numerosos foros conscientes del presente que atravesamos, y que sin duda en el que hoy tenemos la suerte de participar se van a extraer una serie de conclusiones que van a contribuir a su desarrollo.

Cuando llegó a mis manos el sugestivo programa de estas IV Jornadas Andaluzas sobre Organización y Dirección de Instituciones educativas, me llamó poderosamente la atención el subtítulo: "una mirada a la organización de centros educativos en los países del Magreb, desde Andalucía". Dos culturas confluyen en un foro de debate: Andalucía y Marruecos o viceversa, la primera, Comunidad Autónoma del Estado Español y la otra, el reino Alahuita, vecinos con referencias históricas comunes, separados por una estrecha franja de mar que en estos tiempos poco significado tiene. Tan cercanos y a veces tan lejanos, a pesar de las profundas huellas que el mundo islámico ha dejado en nuestra tierra en otra época.

Mi cercanía al reino de Marruecos ha despertado siempre en mí la curiosidad por conocer algunos aspectos de su peculiar cultura, centrando mi atención casi siempre en los aspectos educativos, de ahí que sin pensarlo haya decidido preparar unas líneas a modo de comunicación para estas jornadas, pero no lo voy a hacer desde la óptica del presente o del futuro, de ello seguro que se va a hablar en estos días en profundidad. He querido mirar al Magreb desde el pasado, acercándome a su organización escolar, porque después de haber leído bastante en relación al tema, estoy plenamente convencido de que España en su época de protectorado en la zona norte de Marruecos (1912-1956), llevó a cabo una verdadera educación intercultural con el pueblo marroquí de su zona de influencia, y con ello podemos refrescar algo nuestra memoria histórica, que siempre es un buen referente para el devenir, y llegar también a la conclusión que lo que hoy pretendemos con tanto ahínco, esa escuela multicultural, ya se hacía, de la mano de muchos profesionales de la educación españoles conjuntamente con los musulmanes, por aquel entonces, donde convivían españoles y marroquíes en un ejemplo de convivencia y con enriquecimiento mutuo del flujo cultural de ambos países, y por qué no decirlo con el esfuerzo improbo de nuestros maestros, que en la mayoría de las ocasiones atravesaban cada mañana temprano los montes a pie o en burro para llegar a las pequeñas escuelas unitarias de las cabilas más perdidas en la orografía marroquí y en el tiempo.

2. La acción cultural española semilla de la interculturalidad

Según consta en lo publicado en el Boletín Oficial de la Zona nº 1, del 10 de Abril de 1913, en su primera página: "la misión espiritual de España en Marruecos, convergencia de los imperativos históricos y geográficos, de una parte, y de otra, sus intereses materiales en este país..." llevaron a nuestro país a pactar con Francia el 30 de marzo de 1912 un tratado que ponía en vigor el régimen de Protectorado en el hoy vecino reino de Marruecos.

Es, a partir de entonces, cuando se pone en marcha toda una maquinaria burocrática en nuestro país para acometer tal empresa y así sacar de la pobreza, enriquecer espiritual y culturalmente esta zona, y enseñarles a explotar sus ricos recursos naturales. Serían 19.256 aproximadamente los kilómetros que abarcaría toda la zona norte bajo nuestra protección, dividida administrativamente en cinco territorios. Yebala, con cabecera en la ciudad de Tetuán, con 3.083 Km2 y 229.062 habitantes; Lucus, con cabecera en Larache, con 3.114km2 y 229.497 habitantes; Chauen con cabecera en la ciudad que lleva el mismo nombre, 3.912 km2 y 131.692 habitantes; Rif con cabecera en Villasanjurjo, con 3.475 km2 y 154.602 habitantes y, por último, Quert con cabecera en Villa Nador y una extensión de 6.117 Km2 y 265.264 habitantes. El total de la población ascendía a 1.082.000 habitantes.

Más que un dominio del país protector se trataba de una administración compartida, a la que España supo llevar nuestra cultura, la occidental, para compartirla con la Islámica, en un proceso intercultural del que no sólo se iban a beneficiar los ciudadanos marroquíes sino los propios españoles que allí decidieron, por voluntad propia o por motivos laborales y económicos, establecer su hogar.

El gobierno de la Zona, bajo la autoridad civil y religiosa del Sultán, estaba compuesto por una Alto Comisario, español, y el Jalifa, que era nombrado por el Sultán de entre dos personas propuestas por el gobierno español, ejerciendo las funciones de Delegado de la autoridad imperial en este espacio geográfico.

La acción española en materia de enseñanza, fue dictada en Consejo de Ministros al Delegado especial de Educación nombrado al efecto, en los siguientes términos:

"la enseñanza musulmana podrá disponer de recursos hasta más importantes que ahora y darse, por lo tanto, de manera más eficaz.

El Estado Español, por su parte contribuirá con las subvenciones necesarias para elevar el nivel intelectual de los indígenas por medio de la instrucción y el Delegado correspondiente propondrá las medidas al efecto.

Vigilará el Delegado de que viene hablándose el régimen de las escuelas al presente sostenidas por el Ministerio de Estado en Larache, Arcila, Alcázar, Tetuán, vecindarios de Ceuta, Nador, Zoco el Had de Benisicar y Cabo de Agua, proponiendo las reformas que estimen útiles y prácticas para el desarrollo de la Instrucción Pública en beneficio de nuestros numerosos compatriotas y de los europeos en general".

Para esta obra educativa se señalaba como importante la colaboración de la Orden Religiosa Franciscana, que ya ejercían las labores de enseñanza de forma gratuita, tanto española como musulmana.

Entre las Bases en las que había de desarrollarse el programa de acción educativa destacamos los siguientes:

a) Instrucción única, sin diferenciación regional ni lingüística.

b) Considerar el árabe como el vehículo de formación cultural en las cabilas (....) las escuelas se denominarían todas hispano-árabes.

c) La experiencia escolar con musulmanes en la zona de las "plazas de soberanía" (Ceuta y Melilla) serán aprovechadas en el fomento cultural de la Zona.

d) La enseñanza de Alcorán sería fundamental en la instrucción primaria.

e) Cuidar la enseñanza del árabe y de la religión islámica paralelamente a la construcción de mezquitas y a la ayuda de la educación religiosa en general.

f) Enseñanza de la lengua española como vehículo de la cultura moderna en los primeros tiempos y como lengua formativa luego.

Se completa el listado de Bases con aspectos culturales que pretenden impulsar la riqueza cultural del país un tanto desordenada y hasta perdida, así se dedican a incidir en la recogida y salvamento de los restos de las obras artísticas, y de paso fomentar la formación de artesanos que permita mantener la rica tradición artística marroquí compartida con la vida moderna. Conservación y restauración de monumentos artísticos. Catalogación y protección de manúscritos. Estudio y publicación de la música árabe andaluza. Fomento de la investigación científica, literaria e histórica, etc.

Es fácil comprender que este vasto y ambicioso proyecto iba a suponer una acción indudablemente intercultural donde españoles(europeos) y marroquíes (africanos) iban a entregar lo mejor de sí mismos para el logro de una sociedad cultural y económica más próspera y un mayor enriquecimiento por ambas partes que iban a ser partícipes de un ambiente multicultural(musulmanes, cristianos, hebreos), del que , sobre todo, la gente joven se iba a beneficiar bebiendo en las propias fuentes de forma directa y cotidiana.

Las Bases antes señaladas quedarían implantadas en los primeros años del Protectorado y se irían desarrollando de forma paulatina, aunque bien es cierto, y así hay que significarlo, que la puesta en marcha no estuvo exenta de dificultades debido fundamentalmente a los ambientes más o menos propicios: entusiasmo, preparación y medios económicos han sido todos los factores que de alguna forma han marcado su impronta sobre la tarea emprendida.

Varias han sido las circunstancias claves para el desarrollo de la evolución cultural de la Zona en un contexto islámico y con el marco de referencia que marcaba la lengua árabe, entre ellas cabe destacar las inversiones en el capítulo económico para la preparación del profesorado adecuado para acometer la tarea. A lo largo del tiempo se observa un claro descenso del profesorado español en favor del marroquí que con el tiempo, y gracias a la preparación recibida, va asumiendo funciones de las que se encontraban limitadas en principio. La creación de la Junta de Enseñanza (12 de Agosto de 1942) supuso un paso importante para el desarrollo de la enseñanza. Esta Junta denominada de "Enseñanza en Marruecos", estaba integrada por representantes de las administraciones centrales de los Ministerios de Estado e instrucción Pública, Facultades de letras, Junta de Ampliación de Estudios, Centro de Estudios marroquíes, Real Sociedad Geográfica y centros hispanos-marroquíes.

Entre sus funciones destacamos:
- Desarrollar en la esfera de influencia española instituciones de enseñanza para hebreos, mediante las cuales se asegure el empleo entre éstos del rito judaico español y de la lengua castellana.
- Mejorar en la expresada Zona la enseñanza mora, sea con los recursos propios del Estado español, sea con los del Jalifa, aconsejado por el Alto Comisario español.
- Preparar en la Península o en el extranjero personal idóneo, así para el cumplimiento de los expresados fines, como para el desempeño de cargos que exijan estudios especiales de las leyes y costumbres marroquíes.
- Cuanto contribuya al desarrollo de los estudios relacionados con la geografía, la historia, la literatura y el derecho del pueblo marroquí, mediante la presentación que en la Junta tienen los diversos organismos y entidades que dedican su atención a estas materias, la unidad de los esfuerzos de los mismos.

3. Las escuelas, ejemplos de multicuculturalidad

Uno de los objetivos fijados por la Administración española a través del Alto Comisariado se centraba en la mejora de la cultura del pueblo marroquí, y de otras etnias menores (hebreos), acercándola al mundo occidental, por los caminos de la modernidad, sin que ello supusiera la pérdida de su esencia, constituida, como antes comentábamos, de una parte, por la religión musulmana, y de otra, por la lengua árabe, y así las escuelas van a constituir auténticos foros para proyectar toda esta carga de intenciones.

Las escuelas hispano-árabes, surgen a modo de red de las entonces conocidas Escuelas Nacionales, hoy públicas, situadas generalmente en núcleos fuertes de población, con una doble dependencia. A efectos administrativos, pertenecían al Ministerio de Educación Nacional de España, quien respondía económicamente a los sueldos del profesorado, Muchas de estas escuelas tenían carácter unitario, y las había de niños y niñas por separado y, las menos, mixtas.

El Majzen (gobierno jalifiano) aportaba el profesorado musulmán y el personal subalterno, a la vez que también aportaba subvenciones para atender a los alumnos en el desayuno, roperos y la biblioteca de los centros y cuantas salidas realizaran los alumnos al exterior.

Desde el punto de vista organizativo y control de inspección estaban sujetas al Ministerio de Instrucción Pública del Majzen.

El Director de la escuela hispano-árabe era un maestro español, y el conjunto de profesores lo conformaban españoles y marroquíes; ya en la última época del protectorado los profesionales marroquíes gozaban de la titulación apropiada para impartir las enseñanzas.

Los escolares estudiaban el Alcorán con un "mudarrir" (maestro de Alcorán) y las materias árabes con un "mudarris"(maestro de enseñanza general). El maestro español se encargaba de impartir en castellano las materias fundamentales, además las niñas recibían una formación complementaria sobre Labores y Economía Doméstica, algo muy propio de la época en nuestro sistema educativo.

Curiosamente en las ciudades de Ceuta y Melilla existieron este tipo de Escuelas. Las de Ceuta en las barriadas de Hadú, hoy denominada San José y en el Principe Alfonso, incorporadas en 1942, con una asistencia media de 50 alumnos, y sólo para niños. Tanto una escuela como otra disponían de dos aulas amplias: una para la enseñanza coránica y otra para la enseñanza moderna, generalmente este tipo de escuela se situaba próxima a la mezquita del barrio.

En Melilla la tradición de este tipo de escuela es anterior a la Ceuta, arrancado de 1907, habiéndose llamado anteriormente "escuela indígena", y de similares características a las de Ceuta, con la diferencia sustancial de que eran para niños y niñas.

Este tipo de escuela hispano-árabe de Ceuta y Melilla era más completa en su formación que las nacionales, al complementar las enseñanzas propias del currículum escolar con las propias de la lengua árabe y las de Alcorán.

4. La escuela primaria musulmana. Interculturalidad en el mundo rural. Su organización

Una de las obras más destacadas de la acción educativa española, siempre canalizadas a través del alto Comisariado y del gobierno del Jalifa, fue la creación de las Escuelas Primarias Musulmanas. Se trataba de ir sustituyendo el fusil por la pluma, a la vez que prepararlos en las labores propias del campo, que fueran conociendo nuestro idioma y las costumbres occidentales junto con las autóctonas, al igual que las hispano-árabes, la lengua islámica y las enseñanzas de Alcorán.

La religión musulmana y la lengua árabe constituían los pilares básicos de la enseñanza, es decir, su esencia. A partir de esta concepción comenzó a construirse la Escuela Musulmana, que va a adquirir su máximo esplendor en la segunda década de los años 40 y en los 50. Aparte de las ya establecidas en las zonas más o menos urbanas se trataba de llegar a aquellas zonas rurales donde la cultura era o muy rudimentaria o casi nula.

El primer problema que se planteaba en su constitución era la carencia de profesorado marroquí en condiciones óptimas para desarrollar en árabe un determinado currículum de Enseñanza Primaria. Para la enseñanza de la Religión y de forma rudimentaria del lenguaje árabe no era difícil encontrar personal, pero no tanto con capacidad para explicar a los alumnos las matemáticas, la geografía general, la historia universal, las ciencias, la agricultura moderna, el dibujo, los trabajos manuales, las enseñanzas artísticas, etc.

Ante la situación antes expuesta es el maestro español quien asume la responsabilidad de atender estas materias, además de enseñar la lengua española, que era su misión fundamental.

En un principio se asignaron a este tipo de escuelas el "murradisin" que sólo enseñaba árabe, la Religión y aspectos muy simples de la Geografía e Historia del Islán. El resto lo asumía el maestro español.

El problema era evidente ante la escasez de profesorado cualificado musulmán, por lo cual fue preciso preparar profesores capaces de formar a los futuros profesores, es decir, "maestros marroquíes", algo que se planteaba a largo plazo, porque esto suponía llegar a los niveles superiores de enseñanza, algo que no ocurrió hasta 1938, donde ya se disponía de un grupo de jóvenes con la formación suficiente para ser enviados a El Cairo y regresar en el año 1944, con la formación superior deseada, y a partir de entonces crear los estudios de Magisterio Marroquí, utilizando a estos jóvenes como profesores de la primera Escuela Normal, y es a partir de entonces cuando surgen las sucesivas promociones de maestros marroquíes que van sustituyendo poco a poco a los "mudarrisin" en las escuelas de niños y a las "maalmat", que enseñaban a las niñas las labores, pero personas carentes de la mínima cultura.

Es el maestro español el auténtico protagonista de esta Escuela Musulmana que supo llevar la cultura occidental y dar a conocer a los marroquíes nuestras señas de identidad e introducirlos en el mundo de la modernidad y su apertura al mundo occidental desarrollado, haciéndoles reconocer la existencia de otros tipos de sociedades distintas a la suya.

El Maestro español contó con la inestimable ayuda de la figura del Auxiliar, que se denominaron "auxiliares contratados" cuyo destino estaba en las escuelas rurales. Era condición indispensable para ejercer la tarea de auxiliar tener aprobados los cuatro cursos de Bachiller o ser estudiante en la Escuela de Magisterio, además realizar un curso de 9 meses en la ciudad de Tetuán, a fin de prepararlos en las técnicas pedagógicas y conocimiento de los aspectos sociológicos del pueblo marroquí. Una vez superado con éxito el curso reciben su nombramiento, con la obligación de llevar a cabo los estudios de magisterio en las ciudades de Ceuta o Melilla como alumno libre. Una vez finalizada la carrera se les nombraban maestro en la zona con carácter provisional. Era tal la demanda de plazas escolares para este tipo de escuelas que estos auxiliares tuvieron que responsabilizarse totalmente de algunas escuelas unitarias. Anteriormente a la aparición de estos auxiliares existían unos monitores, cuya obligación era tener a su cargo las clases de español en las escuelas rurales y los primeros grados en las urbanas.

La mayoría de estas escuelas se construían en cabilas y próximas a los ríos, que con la crecida dejaba aislados en muchas ocasiones al maestro y sus auxiliares dificultándoles enormemente su salida para reincorporarse en sus horas de descanso al campamento más próximo a 4 o 6 Km de distancia. Para el traslado, el gobierno jalifiano ponía a disposición del personal un burro, aunque la mayoría, según cuentan ellos, preferían ir a pie todos los días, ante la inestabilidad de los burros en la difícil a veces orografía marroquí. Esta era una tarea que realizaban a diario, para ellos se intentaba acoplar sus horarios en la jornada de mañana o primeras horas de la tarde a lo sumo a fin de que pudieran volver de día.

El Reglamento de Enseñanza primaria musulmana establecía que este tipo de escuelas estaba dirigida por un profesor marroquí de la categoría de "maestro marroquí" cuando los había o "mudarrís" en su defecto. Junto a él aparecía el maestro español que desempeñaba el cargo de Asesor. En las escuelas graduadas hay más de una maestro español, de los cuales uno de ellos desempeñaba ese cargo de Asesor.

A ellos hay que añadir el "mudarrirín" para las enseñanzas de Alcorán y los Auxiliares y, anteriormente monitores.

Los maestros españoles ingresaban al Servicio del protectorado en virtud del Decreto de Presidencia del gobierno de fecha 24 de junio de 1941. (B.O. del Estado nº 188 de 7 de julio).

Con anterioridad a este decreto el ingreso se hacía por oposición directa, que después fueron ingresado en el escalafón del Magisterio nacional.

La Escuela musulmana también estaba dotada de personal subalterno, divididos en dos categorías: porteros y ordenanzas, los primeros accedían por concurso-oposición, los segundos de libre designación, generalmente eran mutilados de guerra.

Conviene considerar algunos aspectos referidos directamente a su organización escolar:

a)La distribución horaria:

El horario se establecía en lo que hoy conocemos como jornada partida, empleando cuatro horas por las mañanas y dos horas y media por las tardes.

El horario era amplio, entre otras razones por la gran cantidad de materias a impartir, a las que había que sumar las enseñanzas de Alcorán y las propias de la lengua española que exigían una dedicación especial.

b)El calendario escolar:

El calendario escolar fijaba en 212 el mínimo de días lectivos en el curso académico. En él quedaban prefijados los días de vacaciones: las tardes de los jueves y los viernes; el primer día del año de la Hégira; El Achor; el día 8 de Noviembre, fecha del aniversario de la proclamación de S.A.I. el Jalifa; el 18 de Noviembre, aniversario de la proclamación de S.M. el Sultán, y otros tantos días con motivos religiosos.

El período vacacional iba del 1 de Julio al 20 de Septiembre, fecha en que se abría el plazo de matrículas para comenzar el curso el día 2 de Octubre. Pensemos en que la época de estío, con altas temperaturas, en esta zona se prolonga mucho más que en la Península Ibérica, de ahí la tardía fecha de comienzo del curso.

c)La distribución de clases:

La enseñanza primaria estaba dividida en siete grados, en cada uno se impartían 45 sesiones por semana, incluidas las de Alcorán. De ellas en teoría 28 eran impartidas por el maestro marroquí, 7 por el mudarrir y 10 por el español. En la práctica, gran parte del horario del maestro marroquí era asumido por el español por la falta de conocimientos de aquellos, por ello la distribución horaria del profesorado variaba sensiblemente de una escuela a otra en función de la preparación del mudarrir, lo cual favorecía enormemente la labor de interculturalidad que citábamos antes.

En esa distribución horaria se intentaba que no se acumulara una materia en más de una hora al día.

El criterio de distribución de las clases de Alcorán también variaba de unas escuelas a otras. En las zonas más urbanizadas se impartían a primeras horas y en las más rurales a últimas de la jornada de tarde. El sistema utilizado para su impartición también variaba, algunas seguían el método tradicional agrupando a los alumnos sentados sobre una estera y la mayoría hacían uso del mobiliario moderno que estaban dotadas las escuelas, mesas o bancas, y el uso de libretas y lápices, que dicho sea de paso era abundante, ya que las autoridades no escatimaban esfuerzos para su dotación, más que en las escuelas nacionales. En cualquier caso el criterio a seguir nunca venía impuesto por el Asesor, era el Director quien asumía tal responsabilidad.

d)La Enseñanzas artísticas:

En las clases de dibujo y trabajos manuales se intentaba despertar el sentimiento artístico de los escolares, algo al que se prestaba fácilmente el alumno marroquí, ya que las artes industriales en Marruecos iban adquiriendo en esta época un gran desarrollo.

El trabajo manual se apoyaría fundamentalmente en la afición a la industrial local. Algunos alumnos aventajados cuando tenían la formación suficiente tenían la opción de poder asistir como alumnos a la Escuela de Artes y Oficios de Tetuán donde recibía una amplia preparación, además de una gratificación económica. Gran número de alumnos de esta Escuela procedía del Orfanato de Melusa, que enfocaba todo su currículum hacia esta Escuela.

Las enseñanzas del canto y la música se enfocaban a tres clases de músicas:

1. La música marroquí con sabor popular y sus variantes racionales.
2. La música árabe andaluza. Es la música cuyas partituras recibían el nombre de "nubas" que iba siempre acompañadas de canto.
3. La música árabe moderna que llegaba de oriente, principalmente de Egipto.

Los alumnos se ejercitaban también en un cancionero escolar que comprendía:

    a)Canciones escolares españolas, todas en castellano.

    b)Canciones compuestas con música popular marroquí o música clásica y letra española.

    c)Canciones compuestas con músicas españolas y letra árabe.

La enseñanza agrícola jugaba un papel importante, porque no olvidemos que gran número de estas escuelas se localizaba en el medio rural, y el futuro de la mayoría de los escolares estaba en el campo; eran los menos los que progresaban en el ambiente intelectual siguiendo sus estudios de enseñanza media, por tanto, uno de los objetivos de la escuela se centraba en beneficiar el futuro de los escolares en su medio de existencia. Se impartían dos clases de Agricultura por semana.

e) El alumnado español en la escuela musulmana.

A este tipo es escuela asistían todos los hijos de funcionarios, empleados, comerciantes o agricultores españoles que vivían en la zona correspondiente.

El problema estribaba fundamentalmente en que estos alumnos progresaban más lentamente en las escuelas unitarias que en las graduadas, por la dificultad que plateaba su atención a no poderlos clasificar en ninguno de los grados de los alumnos musulmanes por su conocimiento del idioma. Sin embargo, la convivencia establecida ayudaba enormemente a los niños musulmanes en la enseñanza del español y de nuestras costumbres. La conversación tanto en clase como fuera de ella ayudaba a los musulmanes a ir adquiriendo de forma progresiva mayor riqueza respecto del vocabulario de español. A la vez que el español participaba del idioma árabe y también de sus costumbres.

e)Las exigencias al profesorado.

En virtud del Reglamento antes citado, se establecía la obligación de todo maestro de llevar escrupulosamente a diario la preparación de lecciones, que presentarían al Director o al Asesor y quienes darían su visto bueno con las observaciones escritas o verbales que estimaran oportunas.

Esta será una de las labores del Asesor, en cuanto a orientador de la tarea educativa junto al profesorado musulmán, guiando al maestro hasta que éste estuviera en condiciones de desenvolverse en la clase de la forma más adecuada. Era una labor de fiscalización y a la vez de consejo.

Todos los trabajos escritos de los alumnos deberían ser corregidos a modo individual por el maestro, especificando las observaciones correspondientes, y estos se iban recogiendo en carpetas individuales, que en un momento determinado serviría para conocer el historial académico del alumno.

Se estableció el cuaderno de rotación en todos los grados, menos en párvulo, a efectos de inspección. Cada día sería un alumno el encargado de reflejar todo aquello que se impartía en clase, y que debiera tener cada alumno en el suyo. Al final del día el alumno firmaría.

f) La disciplina escolar.

El maestro debería servir de modelo en todo momento ante sus alumnos para poder obrar con entera libertad a la hora de imponer el premio o castigo.

Los alumnos deberían observar y adquirir los hábitos de puntualidad, buena presencia, limpieza, amabilidad y orden. La escuela debía ser un modelo donde se cultivara el amor a la verdad y la justicia.

El maestro adquiere gran relevancia en la materia disciplinaria impartiéndola con justicia, evitando malas interpretaciones. Todas las partes deben de estar de acuerdo con los premios y castigos.

Queda desterrado el castigo corporal.

Será el Director quien imponga los castigos o premios a propuesta del Asesor.

g) El Certificado de Primera Enseñanza.

Al término de los estudios primarios y tras superar un examen en convocatoria de junio o septiembre se les expedía el Certificado de Primera Enseñanza, documento creado por un decreto de 29 de mayo de 1938, publicado en el Boletín Oficial de la Zona.

Este Certificado les habilitaba para proseguir otros estudios de grados más superiores.

5. Reflexión final

La temática aquí tratada es lo suficientemente sugestiva para profundizar más si cabe, ante el rico caudal informativo que existe, pero las limitaciones de espacio nos obliga a ser lo más escueto posible. Si queremos hacer hincapié en la premisa de que partimos, referida al fenómeno intercultural que se llevó a cabo en este tiempo, donde se compartieron cultura e ilusiones, al margen de intereses de otro tipo pero en el sentido que nos afecta, pensamos que ha sido un momento histórico para España y Marruecos excepcional para unir dos mundos diferentes y compartir idioma, formas de vida, que de alguna forma han servido para que dos pueblos permanezcan unidos, pese a las diferencias, siempre soslayables cuando existe buena voluntad.

La Evolución de la escuela primaria musulmana, en cuanto a alumnado e instalaciones nos muestra claramente el interés por ambas administraciones de actuar en el sentido antes expuesto.

Bibliografía

ALTA COMISARIA DE ESPAÑA EN MARRUECOS: *Acción de España en Marruecos*. Instituto Geográfico y Catastral. Tetuán.1948.

ALTA COMISARIA DE ESPAÑA EN MARRUECOS: *Último anuario del Protectorado*. Instituto Geográfico y Catastral. Tetuán. 1956.

ALTA COMISARIA DE ESPAÑA EN MARRUECOS- DELEGACION DE ASUNTOS INDIGENAS: *Nombres de los musulmanes habitantes en la Zona del Protectorado de España en Marruecos*. Ceuta. Imp. Imperio. 1937.

GARCIA FIGUERAS, TOMÁS: *Notas sobre el Islam en Marruecos*. Ceuta. Imp. Imperio.1939.

LARA GUERRERO y otros: *Educación Intercultural para la paz*. Ceuta. Algaida-Universidad. 1997.

MARÍN IBAÑEZ y otros: *Educación Multicultural e intercultural*. Granada. Impredisur, 1992.

MINISTERIO DE INSTRUCCIÓN PÚBLICA DEL MAJZEN: *Reglamento y Cuestionarios de las Enseñanza Primaria Musulmana*. Tetuán. Imp. Majzen. 1949.

VALDERRAMA MARTÍNEZ, FERNANDO: *Historia de la acción cultural en Marruecos*(1912-1956). Talleres Edit. Cremades. Tetuán. 1946.

VALDERRAMA MARTÍNEZ, FERNANDO: *Manual del Maestro español en la Escuela Marroquí*. Editora Marroquí. Tetuán. 1955.

VALDERRAMA MARTÍNEZ, FERNANDO: *Temas de Educación y Cultura en Marruecos*. Editora Marroquí. Tetuán.1954.

IMPLICACIONES EDUCATIVAS PARA LA MEJORA DE LA ESCRITURA

ANTONIO JOSÉ GONZÁLEZ GIMÉNEZ

1. Introducción

Tradicionalmente, la escritura ha sido utilizada en la escuela en reducidas actividades tales como la realización de exámenes, redacciones, copias de textos...También, han sido pocas la investigaciones que se han realizados sobre la escritura.

Actualmente, las investigaciones se están centrando en la importancia que tiene la escritura como instrumento para aprende más que un medio para desplegar y expresar lo que el estudiante ya sabe en un examen

Una de las conclusiones que se derivan de estas investigaciones, nos subraya la importancia que tienen las estrategias de pre-escritura como puede ser marcarse unos objetivos antes de escribir, planificar las ideas o hacer un brainstorming, también resaltan el papel que tiene el maestro y los alumnos en la enseñanza de la escritura, ya que el maestro puede crear un clima favorable entorno a la escritura y enseñar la escritura en pequenos grupos de trabajo como puede ser el modelo de editor de otros.

2. La mejora de la escritura

Basándome en Justicia (1999), nos propone tres ejes claves para la mejora de la escritura

2.1. Crear un contexto adecuado para escribir

La calidad y cantidad de un texto varía mucho en función del contexto y lo que se hace para escribir. La escritura en la escuela casi sólo se limita a ser utilizada como instrumento para comprobar en los exámenes lo que saben los alumnos, de esta forma difícilmente desarrollamos las habilidades necesarias para escribir.

En primer lugar, cuando se le pide a un alumno que escriba todo lo que sepa en un examen, lo único que estamos haciendo es desarrollar el conocimiento declarativo, el alumno se limita a desarrollar lo que ha aprendido de memoria en sus libros de texto. Por el contrario, la actividad de transformar el conocimiento es una actividad cognitiva mucho más compleja, el escritor crea algo nuevo, combina lo que sabe de un tema con su conocimiento sobre los procesos del discurso y las metas que se marca para escribir. En segundo lugar, cuando escribimos un examen en el que nos van a evaluar las estrategias de pre-escritura son mínimas, actividades como un brainstorming (lluvias de ideas), marcarse unos objetivos, o planificar lo que vamos a escribir, tienen un efecto importante en la calidad del texto escrito. Por último, el simple conocimiento que nos es dado, de forma previa, no implica ninguna forma de transformación por nuestra parte, probablemente permanezca aislado y agrupado en nuestra memoria.

El maestro debe de considerar la escritura más como un instrumento para aprender que como una manera de desplegar y expresar lo que el estudiante ya sabe. En este sentido, la motivación que tienen los estudiantes viene dada por la posibilidad de expresar lo que los alumnos quieren decir.

2.2. Los estudiantes en el aula de alfabetización

Los estudiantes son miembros de una comunidad de alfabetización. En ella discuten, hacen planes de escritura, escriben, leen lo que hacen y lo que escriben otros, y reflexionan sobre su escritura. Las interacciones que se producen en el aula de alfabetización crean un contexto eficaz para que los estudiantes aprendan a utilizar la escritura de forma agradable y eficaz.

Hay dos dimensiones importantes en estas interacciones entre estudiantes:
1-. Estimular el diálogo de unos con otros.
2-. Actuar como editores.

1-. El diálogo de la escritura. Hablar con el grupo de iguales sobre lo que escriben, ayuda a los estudiantes a considerar otras perspectivas diferentes.

En el grupo de iguales, los estudiantes pueden dar y recibir consejos, hacer preguntas y responder cuestiones, en suma , pueden enseñar y aprender.

Tales actividades son consistentes con los presupuestos básicos de la perspectiva del constructivismo social, en el que pensamiento es el resultado de una interiorización de las interacciones sociales y donde los intercambios sociales que tienen lugar en la cultura son la fuente del desarrollo cognitivo.

2-. El modelo de editor de otros .En su forma más simple, los estudiantes se juntan de dos en dos para escribir. Cada estudiante revisa la escritura del otro, estableciendo feedback a lo que él o ella le gusta del texto escrito y hablando sobre los aspectos que podrían mejorarse. Una vez que el texto ha sido elaborado, pueden actuar como jueces pequeños grupos de alumnos que revisan el escrito del otro compañero. La revisión se puede hacer de varias formas. Podemos revisar el contenido, el número de ideas, la claridad, la cohesión, el vocabulario....

El papel del compañero que actúa como revisor también puede variar. Unas veces se puede centrar en los objetivos, otras veces en el contenido, en la planificación previa...

Este tipo de trabajo por parejas se puede utilizar con cualquier tipo de sujetos, en cualquier curso y a cualquier edad, desde la educación primaria a la educación de adultos

¿Qué podemos hacer para utilizar con éxito la enseñanza por parejas?.
1-. El compañero que actúa como pareja revisa, refuerza, reflexiona, habla en voz alta,

discute, premia se alegra o le sastiface lo que ve escrito. Y, además, lo hace de forma inmediata.

Leyendo lo que otros escriben, los estudiantes aprenden a adoptar la perspectiva del lector. De este modo aprenden muy directamente de lo que otros escriben, de lo que quieren comunicar, del significado que tiene el texto, de cómo lo hacen y de los errores que cometen.

2-. Los estudiantes reciben de forma inmediata o casi inmediata un feedback, mientras que un maestro puede necesitar varios días, también los estudiantes suelen aceptar la valoración de sus iguales de modo más espontáneo y positivo que la de los adultos.

3-. La tercera razón resulta de la generalización de las habilidades de planificación, evaluación y revisión de la propia escritura. Así, mejora la propia revisión y el uso de unas normas estandarizadas para escribir cuando el alumno se somete de forma directa a la revisión pública.

2.3. El maestro en el aula de alfabetización

Los maestros juegan un papel vital en la dirección de la pequeña comunidad escolar, que es el aula, para lograr un nivel adecuado de alfabetización. Los maestros necesitan crear un ambiente en el que todas las dimensiones de la alfabetización, hablar y escuchar, escribir y leer, se den de modo productivo.

El reto inicial de los maestros consiste en diseñar tareas que sean estimulante para los alumnos que les hagan pensar y les inciten a la invención y a la creatividad, haciendo que planifiquen, traduzcan y revisen. A menudo, estas tareas de escritura requieren proyectos en los que el alumno participa trabajando un tema durante varios días e incluso unas semanas.

Las conversaciones entre el maestro y el alumno proporcionan tiempo para que los estudiantes hablen sobre el proceso de escritura mientras que escriben.

Si le presentamos a los estudiantes ejemplos positivos y negativos de textos bien escritos, ellos mismos serán capaces de discriminar entre unos y otros. Interiorizar las normas es una manera de describir el desarrollo de la conciencia metalingüística necesaria para que los estudiantes incrementen su habilidad, a fin utilizar de forma correcta y autorregulada las actividades que implican escribir bien.

3. El modelo Flower y Hayes

El modelo Flower y Hayes (1978) concibe la escritura como una actividad de resolución de problemas en tres grandes componentes: el contexto de la tarea, la memoria permanente y la memoria de trabajo. Cada componente contiene sub-componentes que representan los procesos específicos de la escritura.

Veamos sus componentes:

3.1. El contexto de la tarea

Según Flower y Hayes es aquello que define el problema de escritor. Consta de dos grandes componentes:

A) La asignación de la tarea

Es una etiqueta genérica que se refiere a las condiciones externas que proporcionan al escritor el marco de referencia con el que se hace una representación inicial de lo que debe de hacer, de lo que ha de escribir.

Las consignas condicionan la forma en la que los estudiantes se marcan sus propias metas para escribir. Cuando las instrucciones que especifican las tareas son ambiguas o inciertas, producen unas representaciones pobres o incompletas de lo que el estudiante debe de hacer, y de las metas y objetivos a los que debe de responder. Posiblemente los resultados ante tales consignas den lugar a una escritura de baja calidad, sin un destinatario concreto y sin unas normas a las que ajustarse.

B) Almacén externo

Tiene que ver con los recursos, materiales y fuentes externas en los que se apoya el escritor para crear su propio texto. Para tareas más complejas, los estudiantes a menudo se apoyan en diversas formas del almacenamiento externo, lo que hace que el individuo se centre en la creación de nuevas partes del texto.

El modelo de Flower y Hayes advierte del potencial que se pueden servir los escritores, utilizando el propio texto como almacén externo, para releer, evaluar y revisar lo que ya se ha escrito.

3.2. Memoria permanente

Scardamalia diferencia dos partes en el conocimiento (MLP) al que pueden acceder los escritores: el conocimiento sobre el contenido (conocimiento sobre el tema del escrito) y los conocimientos sobre los procesos del discurso necesarios para escribir. Este conocimiento varía en la medida en que el escritor lee y escribe más.

Los procesos cognitivos son recurrentes entre sí, actúan recíprocamente de manera continua, en un proceso de ida y vuelta entre la Memoria de Trabajo y la Memoria Permanente, los escritores no verifican una sola vez el texto que producen, más bien, su memoria es un recurso permanente al que vuelven una y otra vez mientras escriben

3.3. La memoria de trabajo

Tres procesos tienen lugar en la memoria de trabajo, planificar, traducir y revisar. Los escritores no siempre siguen la misma secuencia de planificar, traducir y revisar en el mismo orden. La mayoría se mueven de un proceso a otro a medida que la necesidad lo requiere.

La acción de planificar incluye tres procesos: trazarse metas, generar ideas y organizarlas.

• Trazarse metas

Se refiere a la necesidad de marcarse unos objetivos para escribir que pueden ser a largo y corto plazo. Los objetivos no tienen por qué ser una actividad que tenga que realizarse al principio de la tarea de escribir. Pueden modificarse cuantas veces se quiera durante el curso de la escritura.

• *Generar ideas*.

Se refiere al desarrollo de las ideas y a la amplitud que va tener el escrito. Las ideas se pueden generar a partir de la memoria permanente o también del mundo externo. Es un proceso que influye en todas las demás partes de texto que se intenta escribir.

• **Organizar las ideas**

Con la organización, los escritores crean una estructura sensata y coherente a las metas ya las ideas sobre las que se han puesto a escribir, cualquier cambio en los objetivos o en las ideas requiere organizar de nuevo el texto.

—*La actividad de traducir* supone acceder a la memoria semántica, encontrar el vocabulario oportuno para expresar las ideas, poner palabras en las frases y leer desde fuera el texto.

—*La tarea de revisar* equivale a repasar el texto y consta de dos sub-procesos: evaluar y reeditar.

1. Evaluar todo o parte del texto y juzgar su calidad. Los buenos y malos escritores difieren ampliamente en el modo de evaluar lo que escriben. Los buenos escritores se preocupan más por corregir los fallos cometidos en las construcción del texto, por la falta de coherencia y por la selección de palabras. Los malos escritores no identifican fácilmente estos requisitos de la escritura, tienden a creer que su escritura es incorrecta, no leen lo que escriben. Los buenos escritores identifican a menudo problemas en su propio trabajo, mientras que los escritores pobres o principiantes son incapaces.

2. Reeditar: volver a escribir y reestructurar el texto. Dependiendo del grado de exigencia y precisión que introduce el escrito, la revisión puede variar enormemente. Los escritores menos experimentados tienen gran dificultad para ver de entrada en qué les puede beneficiar una corrección suplementaria. Cuando revisan, no creen tener necesidad de corregir y, si lo hacen, se limitan a introducir pequeños cambios de redacción, de presentación formal y ortográfica, o simplemente agregan más contenido al escrito. En cambio, los escritores más expertos revisan más los materiales que han escrito, considerando cualquier muestra de su trabajo como preliminar, incompleta y sujeta a revisión permanente.

Según Salvador Mata (1987), estos tres procesos: planificación, traducción y revisión; no tienen porque seguir este orden, el sujeto se desplaza de un proceso a otro en función de su necesidad y por último, pone en relieve que estos tres procesos están bajo control de la metacognición.

• **Implicaciones educativas**

Respecto a las implicaciones educativas, podemos resaltar las siguientes según Justicia (1999):

—**Hacer que los estudiantes escriban con frecuencia**

Hace más de treinta años, McQueen citado por Justicia (1999) realizaron un estudio sobre los factores que concurren en una buena ejecución de las habilidades de la escritura en sujetos Sus hallazgos apuntaron a la existencia de un factor principal y determinante de la habilidad para escribir, la cantidad de escritura realizada durante el bachillerato.

—**Crear un clima informal favorable a la escritura**

Es en la clase y en pequeños grupos dentro de ella donde los estudiantes deben aprender a escribir, integrando la actividad de la escritura en el conjunto de otras actividades con objetivos más amplios que tiendan a facilitar y estimular la comunicación y el desarrollo lingüístico. Se trata de que los estudiantes escriban en un clima de interacción social organizado que estimule a pensar en lo que van escribir, para que escriban (traducir) revisen, y además, donde reciben refuerzo positivo a sus esfuerzos por 'parte del profesor y del resto de compañeros. Crear este ambiente está al alcance de cada maestro y cada escuela, aunque para conseguirlo los maestros necesiten abandonar algunos de sus roles y adquirir otros.

—Insistir en las estrategias de pre-escritura

De las estrategias que ayudan a desarrollar la habilidad para escribir, muy pocas son tan importantes como las que tienen lugar antes de la escritura. Así, por ejemplo, marcarse unos objetivos incrementa la motivación en la escritura, permite a los estudiantes tomar decisiones sobre el contenido y la estrategias a seguir y hasta incluso predecir el éxito que van a tener en sus escritos. Generar ideas a través de un brainstorming o de cualquier otra técnica se ha demostrado que es una actividad previa de gran valor para la mejora de la calidad de la escritura. También, pensar en el destinatario, en el público receptor del escrito, ayuda a mejorar el contenido y la calidad del texto.

—Estimular la capacidad para transformar y no solo para decir el conocimiento

Diversos aspectos de la enseñanza de la escritura han demostrado ser eficaces para conseguir que los estudiantes utilicen la escritura como un proceso de transformación del conocimiento. El primero, consiste en enseñar directa y explícitamente las estrategias de planificación, traducción y revisión. Los escritores que transforman el conocimiento invierten mucho más tiempo planificando antes de empezar a escribir que los escritores que simplemente escriben para decir lo que saben.

El segundo, se refiere al papel que juega la interacción con el grupo de iguales en el desarrollo de la capacidad para transformar el conocimiento del escritor. Este diálogo incrementa la conciencia metalingüística y la auto-regulación del propio escritor como consecuencia de su relación con otros escritores más expertos que él.

Los maestros son la tercera y última pieza. A través de sus consignas, de la discusión y el debate, los maestros pueden actuar como modelos de escritura de alta calidad. También, proporcionan un apoyo importante actuando como puentes mediadores entre la poca habilidad del escritor principiante y el nivel de actuación exigido para resolver los problemas de la escritura. La enseñanza mediada (el andamiaje, scaffolding) ayuda a los estudiantes a pensar en las estrategias apropiadas para lograr sus metas y a consolidar el desarrollo de las habilidades y capacidades que se encuentran en situación incipiente y frágil.

—Estimular a los estudiantes para que desarrollen estrategias eficaces de revisión

Cuando los escritores noveles revisan sus escritos, se centran en cuestiones superficiales relacionadas con la forma, la presentación, la limpieza y la ortografía. En cambio, los buenos escritores saben que la revisión tiene gran influencia en la mejora de lo que ya ha escrito, revisan una vez y otra vez, modificando, añadiendo y suprimiendo elementos que contribuyen a perfeccionar el proceso de escritura.

Diversos caminos conducen a la mejora de las estrategias de revisión. En primer lugar, estas estrategias se pueden enseñar directamente.

En segundo lugar, el diálogo con los iguales también ayuda a mejorar el uso de las estrategias de revisión. Los iguales representan un público real que puede actuar como audiencia o destinatario de lo que los propios estudiantes escriben.

En tercero lugar, para mejorar las estrategias de revisión hay que dar tiempo al estudiante para que deje de lado, que se olvide de lo que ha escrito, antes de releer y revisar el texto, esta estrategia facilita la posibilidad de procesar de forma más completa, desde fuera, de forma más objetiva, los materiales que contiene el texto como si éste hubiera sido escrito por otra persona distinta.

Finalmente, hacer que los estudiantes lean en voz alta lo que escriben, delante de sus compañeros u otras persona. La experiencoa nos indica que los estudiantes pasan por alto, con mucha frecuencia, los errores cuando leen en silencio peor cuando leen en voz alta lo que han escrito los errores le son más evidentes, además, leer en voz alta ante un público proporciona un feedback inmediato.

—Utilizar el ordenador: los procesadores de texto

La adquisición temprana de habilidades de escritura se refuerza cuando los niños trabajan con ordenadores, sobre todo la que se refiere a la adquisición de habilidades de corrección y expresión.

—Perspectiva del valor real de la gramática y los mecanismos del lenguaje

Aparentemente, no hay ninguna relación entre el conocimiento de la gramática y la habilidad de escribir. Desde 1904, la investigación muestra que no hay relación entre el conocimiento y la habilidad para escribir.

Tampoco se ha encontrado evidencia empírica de que el aprendizaje de la gramática mejore la habilidad de escribir de los estudiantes aunque son muchos los profesores los que insisten en la enseñanza de la gramática.

Con esto no estamos diciendo que la gramática no sea importante y que no tengamos que enseñarla, pero es que el proceso de estimular, animar y desarrollar la escritura *es la primera cosa que hay que hacer* .Los estudiantes necesitan saber que el objeto primordial de la escritura es construir, fabricar un significado, tener qué decir, declarar ideas, expresar sentimientos y persuadir a otros. Para escribir lo importante es comunicar significados, no adquirir los conocimientos que proporciona la gramática.

A modo de conclusión, escribir es un pocreso que consiste en expresar mediante los símbolos escritos de un idioma. Ha sido escaso el interés que los investigadores y los educadores han prestado a la escritura. Sin embargo, la escritura ocupa ahora un lugar importante en la investigación cognitiva y en la programación educativa. Un modelo útil que describe la actividad de escribir es el desarrollado por Flower y Hayes. Este modelo concibe la escritura como una actividad de resolución de problemas, y que implica tres componentes relacionados entre sí: el contexto de la tarea, la memoria de trabajo y la memoria permanente. Los procesos de mayor importancia cognitiva tienen lugar en la memoria de trabajo y son: planificar, traducir y revisar.

Hay diferencias entre los malos y buenos escritores. La diferencia conciernen a la habilidad para procesar información , para generar, planificar y organizar las ideas que constituyen la base del texto escrito. Crear un ambiente favorable entorno a la escritura también es un rasgo importante para la enseñanza de escritura eficaz. Procedimientos tales como el diálogo y la revisión entre el maestro y el estudiante para crear una comunidad de alfabetización refuerzan la calidad de los textos elaborados por los estudiantes, al mismo tiempo que desarrollan y estimulan el placer por la actividad de escribir.

6. Bibliografía

BERNINGER, V. W. Y WHITAKERE, D. (1993): *Theory-based branching diagnosis of writing disabilities*: School Psychology Review,

BEREITER, C. Y SCARDAMALIA, M. (1987): *The psicology of education and instruction.* Lawrence Erlbaun associates. London.

JUSTICIA JUSTICIA, F. (1999): Apuntes de la asignatura de Psiclología de la Instrucción. Depto. De Psicología Evolutiva. F.C.C.E. Universidad de Granada.

SALVADOR MATA, F. (1998*): Didáctica de la Educación Especial*. Archidona. Málaga.

TEORÍA DE LOS *SISTEMAS EVOLUCIONADOS*: APLICACIÓN A LA ORGANIZACIÓN DE INSTITUCIONES EDUCATIVAS

AGUSTÍN DE LA HERRÁN GASCÓN
Universidad Autónoma de Madrid

Justificación: Limitaciones de la TGS.

La "Teoría general de sistemas" (TGS), de L. von Bertalanffy (1976), fue en su día el descubrimiento útil de un fenómeno obvio, una relativa novedad y una esperanza, en lo que se refiere al desfase existente, y nunca ajeno a la inteligencia del ser humano, entre la realidad y la percepción de la realidad. Hasta su emergencia, ningún otro conocimiento había admitido y desarrollado una posibilidad explicativa tan completa y aplicable. Su relativo éxito y fertilidad en lo que se refiere a la percepción científica y su aplicación en la comprensión de las organizaciones ha unificado las ventajas e inconvenientes cotidianos que hoy nos mueven a hacer lo posible por *desestabilizarla* para perfeccionarla. Así, podemos decir que encontramos limitaciones a su potencial explicativo, relacionadas con *campos de validez limitada:*

a) DE ENFOQUE. El *enfoque sistémico* contiene potencia para representar la dimensión descriptivo-explicativa de la realidad. En la medida en que en la realidad se puede distinguir una dimensión *dialéctica-evolucionista*, se deduce su limitación.

b) DE RELATIVISMO RESTRINGIDO. La TGS sólo es válida para contribuir al análisis y funcionamiento de los *sistemas* relativos a que se refiere. Esta percepción constriñe la propia realidad así concebida, que variará esencialmente según la amplitud del *radio de acción,* pero que será formalmente análoga.

c) DE PROCESO O TEMPORAL. Los procesos integrables mediante el modelo asociado a la TGS son intrínsecamente *estáticos*, en la medida en que se refiere al estado actual de la realidad a que se refiere. Al no incorporar la dimensión potencial o *posible* de la realidad, no la comprende del todo.

d) ASOCIADA AL MODELO NEOLIBERAL DE DESARROLLO SOCIAL. La TGS casa a la perfección con el modelo *neoliberal* y el *capitalismo feroz* que satura el desarrollo social, científico y de las organizaciones, orientándolas *sistémicamente* al progreso y a la calidad de vida, fundada en el bienestar material.

e)   DE AMPLITUD DE *CONCIENCIA*. La TGS lleva a la percepción de las realidades consideradas como sistemas desde el punto de vista de su *rentabilidad*. Este enfoque evita a priori la expansión hacia una menor *estrechez de conciencia*, casi identificable con un *indispensable egocentrismo*.

¿Sistemas *abiertos o egocéntricos*?

Centrándonos exclusivamente en los denominados "sistemas secundarios" o "abiertos" o formados por personas (L. von Bertalanffy, 1976), comencemos diciendo que se les atribuye una serie de características, con las que además se puede identificar su *sanidad*:

a)   RELATIVA TOTALIDAD -en virtud de la cual se valida la aseveración aristotélica de que "el todo es más que la suma de las partes"-; presupuesto teórico precedido por la Ökologie romántica, por Ch. von Ehrenfels, en 1890, o por la posterior consolidación de la Gestaltpsychologie (M. Wertheimer, K. Köhler, K. Koffka y K. Lewin, fundamentalmente), desde comienzos del siglo.

b)   FINALIDAD COMÚN O EQUIFINALIDAD funcional de los elementos del sistema en proceso, que los hace desidentificarse de sus metas individuales y reidentificarse en las generales del sistema, las cuales podrán, o no, coincidir con las particulares; en realidad esta es una característica general de la vida, donde: "Encontramos que todas las partes y procesos están ordenados de tal modo que garantizan el mantenimiento, la construcción, la restitución y la reproducción de los sistemas orgánicos" (L. von Bertalanffy, 1960, p. 13).

c)   "HOMEOSTASIS" (término de W. B. Cannon, 1932, que por vez primera empleó en 1915), referida a su tendencia al estado estacionario, o a permanecer de modo semejante a como en la actualidad; su equilibrio interior (bienestar sistémico), como requisito de la razón primera, o la mínima cohesión de su "estructura" (entiéndase según la acepción de C. Chadwick, 1979), para que la totalidad ordenada al fin común pueda ser considerada como una unidad funcional.

d)   DINAMICIDAD, o capacidad de cambio. Se refiere a la facultad del sistema para variar su homeostasis, para modificarse hacia la mejora, por medio de su proceso equifinalista a través del tiempo, para mantener adecuadamente las relaciones del sistema con el exterior, para adaptarse a situaciones diferentes con otros sistemas, o, como decía J. Nuttin (1967), para autorrealizarse activamente en el mundo, *más* que en permanecer (pasivamente) adaptado en el mismo.

e)   AUTORREGULACIÓN, realizada para el logro del equilibrio entre las dos tendencias dinámicas complementarias precedentes; la estrategia general radica en la retroalimentación (feedback) de entradas convenientes.

A estas condiciones podemos añadir, también, aquellas características propias de las organizaciones sociales descritas por R. Mayntz (1982, adaptado) desde un enfoque implícitamente sistémico: Son totalidades relativas, tienen funciones diferenciadas, conocen y actúan según su equifinalidad, y su ordenamiento y estructura responden a su razón de ser.

Enfoque sistémico de la crisis social

Si, como afirma M. Martín Bris (1996) todo sistema, tiene como actividad principal su supervivencia y, por eso: "mediante la actividad busca que el sistema no se destruya como tal y que todos o la mayor parte de sus componentes actúen de acuerdo para el beneficio de todos" (p. 30), deducimos que el *egocentrismo sistémico* podría ser una fuente de motivación primaria o su *eje vertebrador*, del todo *normal,* en la medida en que se confundiría con su *autoconservación,* su *equifinalidad,* su *rentabilidad,* su *sentido* o su propia *razón de ser.* Tanto más, en cuanto que la verificación de las anteriores características justificaría sobradamente su buen funcionamiento, y, con ello, su potencial rendimiento, eficacia o *salud.* Sin embargo, podemos criticar esta clase de *normalidad,* desde su *egocentrismo rector,* diciendo que:

a) El egocentrismo no favorece la *apertura real* de los sistemas formales ni personales.

b) Condiciona su *orientación,* que evidentemente gravita sobre el *ego sistémico,* para sí, para lo propio y, en todo caso, para los *sistemas afines.*

c) Impide el desarrollo de la conciencia a rangos de amplitud o generosidad más elevados, y de comportamientos consecuentes.

d) El *egocentrismo* es una cualidad infantil, que de adultos se mantiene en lo individual y grupal, y que posteriormente se *organiza, institucionaliza* y *sistematiza,* desde relaciones de identificación e interdependencia.

e) De lo anterior a expresar que el modelo neoconservador de sociedad capitalista en que nos encontramos, está radicado en el más diáfano de los infantilismos hay un breve paso que desde luego suscribo.

f) Pero la más grave conclusión es que la educación no contribuye a superar la dimensión sistémica de conocimientos, organizaciones, etc., o bien lo hace mal, a juzgar por los resultados.

En todo sistema existe conciencia de diferenciación que lo caracteriza. Desde ella, sus integrantes comparten una condición de acusada homogeneidad. Tener mentalidad sistémica significa, normalmente, percibir con *parcialidad,* en términos de identificación o diferencia. Es infrecuente encontrar mentalidades de grupo relativamente insesgadas, es decir, que perciban en clave de relatividad, de semejanza, de convergencia o incluso de unidad en la diversidad, con el menor soslayo. Pero frecuentemente esa conciencia fragmentaria también se hace extensible, en virtud de un ego sistémico suficientemente coagulado, a elementos personales, internos o ajenos al grupo en cuestión. De hecho, el ego compartido de un sistema "abierto" suele mostrar una crecida cerrazón comunicativa en dos casos relativamente frecuentes: El de un elemento personal extraño o incompatible con las leyes dinámicas y los mecanismos de control del sistema, y el de un elemento personal que pugna por el control del sistema con el subgrupo o elementos personales que lo administran expresa o tácitamente. Si el elemento conflictivo perteneciera al sistema, su cerrazón egótica se traduciría en una tendencia a la expulsión; y si fuera ajeno, al rechazo unánime o al ataque destructivo. La sociedad actual es una sociedad de sistemas, cuya unidad fundamental es el grupo. Cualquier sistema, cualquier grupo, además de gozar de su propia identidad, pertenece a otros parasistemas, subsistemas y suprasistemas de muchos niveles de profundidad. No sólo se vive en multitud de sistemas; además y sobre todo, se vive por y para la sociedad de sistemas. Ello ha producido una elevada cota de identificación, dependencia y apego desapercibidos respecto al aparato de sistemas sociales. Desde aquí se percibe lo positivo, que es mucho. Pero falta reflexionar en la dirección de sus repercusiones egóticas. "Confiamos demasiado en los sistemas y muy poco en los hombres", decía el político B. Disraeli. Esto, que es evidente, es gravísimo, porque normaliza una situación *difuminada* del individuo, donde es más relevante el *peso específico* de su protoplasma, que su ser.

De la conciencia ordinaria a los sistemas *evolucionados*

Podemos partir de una serie de premisas, cuya inaplicación generalizada demostrará que la *conciencia ordinaria* es la *conciencia sistémica*; o sea, que los sistemas, normalmente concebidos, son los escenarios principales de la *conciencia ordinaria* que es, por tanto, superable lógicamente sobre ellas:

a) CAPACIDAD DE AUTOCRÍTICA *O* DE PERCIBIR DISFUNCIONES. *Nos parece importante ampliar el espectro hacia una mayor complejidad, abriéndolo a la posibilidad de que todo sistema pueda percibir disfunciones, bien de naturaleza egocéntrica, bien de naturaleza* técnica.

b) CAPACIDAD DE RECTIFICACIÓN. Muchas organizaciones pueden ser capaces de *percibir disfunciones*, pero muchas menos actúan en consecuencia. *¿De dónde obtener* energía *o* capacidad *para poder rectificar en el seno de una organización? Desde un punto de vista energético (emocional), su desarrollo viene ayudado y potenciado por el amor y la aceptación de las personas significativas del entorno. "Dice Alfred Adler que una relación humana cálida y afectuosa es absolutamente necesaria para infundir en las personas el necesario valor para afrontar y comprender sus propios errores" (J. Powell, 1993, p. 150). Esta premisa, uno de los principios básicos del* counseling *de* C.R. Rogers, *es transferible al* clima social de confianza *de las organizaciones como variable esencial en este sentido. Popularmente, alguna vez se ha oído aquello de que no hay peor alienación que no percatarse de que se está alienado, aunque los demás se lo recuerden a uno. Para ello es preciso disponer de una cierta altura en receptividad, humildad, inteligencia y capacidad de adaptación general y de readaptación a la situación modificada, desde las cuales se pueda observar el propio error y, en consecuencia, pueda desarrollarse el cambio, la innovación, la sustitución, la reorganización o la desegotización destinada a la recuperación del equilibrio perdido. Esta idea es muy transferible a todo sistema: uno mismo, otros individuos, grupos, sociedades, doctrinas, ciencias, organizaciones, etc. pero debe ir más allá de lo enunciado. El caso extremo[1] es la autoanulación funcional, su reorientación global, su cambio radical o incluso su autodisolución como sistema (suicidio sistémico), porque su equifinalidad o alguna de sus repercusiones secundarias pudieran perjudicar la evolución humana en general, a costa del interés particular de algún elemento o parte del sistema, o de todo el sistema. Hay que recordar, en este sentido, alguna idea básica del evolucionismo de H. Bergson (1859-1941), quien, a propósito de lo que denominaba «moral cerrada» expuso, entre otras, la imagen de la sociedad, en función de cuyo interés general sus células se subordinaban sinérgicamente, hasta alcanzar el sacrificio de alguna de sus partes o elementos.*

c) CAPACIDAD DE RECONOCIMIENTO DE LA AUTOIMAGEN DEL SISTEMA, que podrían proporcionar *agentes externos* (lo cual podría ser un fundamento de procedimientos como la triangulación, el contraste, la evaluación externa, la auditoría, etc.), *agentes internos* con conciencia superior a la sistémica, o el *tiempo transcurrido*, capaz de aportar mayor complejidad de conciencia y madurez a los sistemas (personas, grupos, organizaciones, instituciones, *ismos*, etc.).

---

[1] Lo esencial de este aspecto es enunciado por B. Russell (1956) así: «Actualmente, el mundo está lleno de grupos centrados en sí mismos, incapaces de mirar la vida humana en conjunto y dispuestos a destruir la civilización antes de retroceder una pulgada» (p. 888).

d) CAPACIDAD DE DESPRENDIMIENTO Y DESINTERÉS. Aunque no favorezca su equifinalidad o incluso la propia rentabilidad, por beneficiar con ello procesos que trasciendan las propias coordenadas. Probablemente en estos casos, precisaría la ayuda o el aporte necesario de suprasistemas o sistemas más amplios que, evidentemente, reunieran esta misma característica. En casos extremos, podría ser equivalente a la renuncia de algún sistema, o partes y elementos de sistemas, en favor de la continuidad de otros, más convenientes para el interés de la mayoría. Un sistema superior, dotado de una gran conciencia de humanización, no necesariamente ligaría el porvenir a «su» porvenir; así, el mejor porvenir del sistema podría ser el porvenir de todos.

e) AUTOCONCIENCIA: En tanto que conciencia de sí, como ente sin límites reales, permanentemente responsable de todo lo que hace, por nimio que sea, y de lo que deja por hacer, quiérase o no, en conexión sinérgica con la humana evolución (*trascendencia sincrónica*). En consecuencia, como ser histórico (P. Freire, 1996) con el derecho-deber de contribuir a ese proceso (*trascendencia diacrónica*), siempre con la mira puesta generosa y naturalmente en las generaciones posteriores, cuyo imperativo deberá ser dar un paso más en el mismo sentido (*vida en evolución*), que no hay otro. Podría ser, pues *sincrónica*, como ente sin límites reales, *histórica*, comprometido con los esfuerzos anteriores, y *evolucionista*, cooperando al mejoramiento de la vida humana.

Conclusiones

Las anteriores son condiciones necesarias para tener a un sistema, no sólo como saludable o con buen rendimiento, sino para contribuir significativamente a la realización de la paradoja de *humanizar* los *sistemas formados por personas*, orientándolos, desde la educación, a la posible evolución humana. La segunda conclusión se refiere a la adecuación de enriquecer con dos elementos nuevos los *análisis de sistemas*. A saber, además de observar en todo sistema sus elementos de entrada, sus elementos respondientes al entorno, sus productos, sus procesos, su retroalimentación, su ambiente, su contexto científico, su estructura, su cultura o su tradición, me parece básico admitir la posibilidad de considerar: a) Su EGOCENTRISMO, entendido como estrechez de intereses en tono a su equifinalidad, o a lo comprendido como propio por los componentes del sistema o por la organización misma. O, eventualmente, como variable que *cierra* la hipotética apertura y orientación evolucionista de los sistemas formados por personas, su principal obstáculo para la contemplación empática y su principal *dificultad de aprendizaje* para la convergencia y la práctica de la generosidad. b) Su CONCIENCIA, o capacidad de visión y de razón *más allá del ego* del propio sistema, con el fin de favorecer la corrección de sus propios sesgos y de actuar en función de lo que más favorece a la evolución del ser humano.

Bibliografía

BERTALANFFY, L. von (1960). *Problems of life*. New York: Harper Torchbooks.

BERTALANFFY, L. von (1976). *Teoría general de sistemas. Fundamento, desarrollo y aplicaciones*. México: Fondo de Cultura Económica.

CANNON, W.B. (1932). *The wisdom of the body*. New York: W. W. Norton.

CHADWICK, C. (1979). *Tecnología educacional para el docente*. Buenos Aires: Editorial Paidós, S.A.

FREIRE, P. (1996). *Encuentro con Paulo Freire. Su Visión del Mundo Hoy*. San Luis: Universidad de San Luis.

HERRÁN GASCÓN, A. de la (1997). *El ego humano. Del yo existencial al ser esencial*. Madrid: Editorial San Pablo, S.A.

HERRÁN GASCÓN, A. de la (1998). *La conciencia humana. Hacia una educación transpersonal*. Madrid: Editorial San Pablo, S.A.

MARTÍN BRIS, M. (1996). *Organización y planificación integral de centros*. Madrid: Editorial Escuela Española, S.A.

MAYNTZ, R. (1982). *Sociología de la organización*. Madrid: Alianza Editorial, S.A.

NUTTIN, J. (1967). *Le processus d´adaptation*. París: P.U.F.

POWELL, J., S.J. (1993). *Plenamente humano, plenamente vivo* (4ª ed.). Santander: Editorial Sal Terrae, S.A.

RUSSELL, B. (1956). Estoicismo y salud mental. En *Obras escogidas*. Madrid: Aguilar, S.A. de Ediciones.

LA ESCUELA RURAL: ¿HAN LOGRADO LAS NUEVAS POLÍTICAS EDUCATIVAS SUPLIR LAS CARENCIAS Y DEFICIENCIAS DETECTADAS EN EL MEDIO RURAL?

ALEJANDRO GONZÁLEZ MARTÍN
Maestro y Licenciado en Pedagogía
JOSÉ QUEROL PUERTAS
Maestro y Licenciado en Pedagogía
LUIS SÁNCHEZ GARROTE
Maestro y Estudiante en Pedagogía

La respuesta a esta pregunta está en el análisis y el estudio comparado de dos investigaciones, sobre escuela rural, que se han realizado una, durante el desarrollo de la Ley General de Educación –Carmena, G. y Regidor, J. (1984)- y la otra, durante la implantación de la L.O.G.S.E – Corchón, E. (1997)-.

1. Antecedentes

El trato que ha recibido la Escuela Rural, desde su creación, ha sido más bien de una total marginación y olvido. Esta cuestión queda perfectamente reflejado en las diferentes leyes que, sobre Educación, se han ido promulgando. Ahora bien, podemos establecer una fecha, R.D. de 27 de Abril de 1983 – sobre Educación Compensatoria-, que *"viene a compensar educativamente a los socialmente deprimidos, a los alejados socioculturalmente"* (Corchón, E. 1996). Por tanto, se pueden establecer dos períodos para analizar nuestra cuestión: desde 1857 – Ley Moyano- hasta 1983 – Ed. Compensatoria- y desde 1983 hasta nuestros días.

1.1. De la Ley Moyano al R.D. de 27 de Abril sobre Ed. Compensatoria

Esta Ley determinaba que:
• Cada pueblo de 500 habitantes tenía que tener dos Escuelas Públicas: una de niños y otra de niñas.
Pues bien, " [...], en 1908, no existían más que 0,7 escuelas por cada 500 habitantes [...]. En 1931 [...] el número de escuelas eran aún escasas, los maestros pocos y mal preparados" (Corchón, E. 1996).

- Para ser maestro se necesitaba tener 20 años y el título, menos los de las Escuelas Elementales incompletas (generalmente escuelas del medio rural), que podían ejercer mediante un certificado de aptitud.
- La función de maestro era compatible con otras: con las de Cura, Secretario de Ayuntamiento,...

Como se puede observar de estos dos últimos puntos, son los niños de las escuelas rurales los que sufrieron la poca preparación de los maestros.

Terminada la Guerra Civil española y hasta 1970, se promulgaron dos leyes más. La ley de 1945 que define y delimita la Escuela Rural pero no la contempla como tipo de centro propio, es decir, no formaba parte de la tipología existente entonces. Durante este período se dan algunas situaciones de mejora: Ley de Construcciones Escolares (1953), I Plan de Estabilización –que detecta deficiencias-... Aún así, sigue vigente los principios de la Ley Moyano en cuanto a la titulación del profesorado.

La Ley General de Educación (1970) y las Orientaciones Pedagógicas ignoraron totalmente a la Escuela Rural. En concreto, su artículo 59 condujo a un modelo basado en centros de 8 unidades con 30 alumnos por clase. Evidentemente, dichos números no se daban en el medio rural y, en consecuencia, vino el cierre masivo e indiscriminado de estas escuelas y la creación de un nuevo tipo de centro que acogiera a ese alumnado: los Centros Comarcales.

1.2. Del R.D. sobre Educación Compensatoria hasta nuestros días

Con este Decreto se intenta que las zonas educativamente marginales reciban la adecuada atención de la que antes carecieron. A raíz de esto se llevaron a cabo muchas experiencias. De entre ellas surgió un nuevo modelo organizativo, consistente en agrupar varias escuelas unitarias – situadas en diferentes pueblos- como un solo Colegio Público. Así, en 1986 se promulga el R.D. de 24 de Diciembre por el que se crean los Colegios Rurales Agrupados (CRAs).

La promulgación de la Ley de Organización General del Sistema Educativo (1990) incluyó un bloque de medidas referidas a la calidad de enseñanza. De entre las cuales tenemos la dotación de profesores especialistas. En este aspecto se explicitó que se cuidaría mucho las necesidades de los Colegios Agrupados.

Una vez realizada esta pequeña reseña histórica, que nos hace tener una visión más real de lo acontecido con la escuela en el medio rural, vamos a pasar a analizar –mediante estos dos estudios- diferentes aspectos relativos a: los centros y los profesores.

2. Los centros: tipo de escolarización y recursos materiales

2.1. El tipo de escolarización

Teniendo en cuenta el estudio hecho por Camena, G. y Regidor, J. (1984) realizado en la última década de los 70 primero de los 80, podemos observar que no existe una tipología de centros donde aparezca explícita la escuela rural. Se clasificaban según fueran: centros completos (aquellos que tenían una unidad para cada curso) y centros incompletos (los que tenían menos unidades). Los tipos de centros existentes eran:

- Escuelas unitarias.- escuelas de dos unidades. Tradicionalmente cada unidad correspondía a cada sexo, aunque ya no se solía dar esa división.
- Escuelas mixtas.- escuelas de una unidad. Recibían enseñanza todos los niños/as de todos los niveles educativos.

- Escuelas graduadas.- escuelas de varias unidades (menos de 8) y en las que cada unidad coincidían niños/as de dos o más cursos.
- Escuelas Nacionales.- escuelas con un mínimo de ocho unidades, es decir, centros completos ya que tenían una unidad para cada curso.
- Centros Comarcales.- centros que recibían a niños de diferentes pueblos cercanos, más o menos, a la localidad de concentración. Estos centros disponían de servicio de transporte y comedor escolar. Dependiendo del número de unidades podían ser: centros completos (Colegios Nacionales) o incompletos (Escuelas graduadas).

Normalmente es el medio rural donde existe un alto porcentaje de centros incompletos.

Por tanto, la política de concentraciones fue el hilo conductor de toda la política educativa orientada hacia el medio rural, con la consecuencia de cerrar todos aquellos centros de graduación incompleta. Esta política estaba inspirada en grandes principios: mejorar la asignación de recursos, conseguir la igualdad de oportunidades y elevar el nivel educativo.

Sin embargo, esta política de concentraciones careció permanentemente de la atención presupuestaria debida.

No será hasta finales de la década de los ochenta, gracias al Decreto sobre Educación Compensatoria, hasta cuando se incluya la escuela rural en la tipología de centros. Esto va a significar mucho aunque, como veremos a lo largo del artículo, aún quedan muchas deficiencias por corregir. En Andalucía (1988) se van a dar dos tipos de centros rurales:

- Los CPRs (Centros Públicos Rurales): escuelas unitarias que se agrupan.
- Las ERs (Escuelas Rurales): escuelas de una a cuatro unidades que no han podido agruparse.

La política seguida por las autoridades andaluzas, según el estudio realizado por Corchón, E (1996), es la de potenciar más a los CPRs sobredotándolos en economía, en recursos humanos (profesores especialistas) y materiales, etc. Los CPRs son declarados CAEPs (Centros de Actuación Educativa Preferente) mientras que las ERs no los son. La posibilidad de que un CPR este en ZAEP (Zona de Actuación Educativa Preferente) es mayor que si es ERs. Por tanto, se puede observar que existe un trato discriminatorio con las Ers, es decir, se incumplen los principios sobre los que se desarrolló el Decreto sobre Educación Compensatoria.

2.2. Los recursos materiales

" La valoración que hacen los maestros sobre las condiciones generales de los centros están referidos a cuatro aspectos: el estado general del edificio, la calidad del local y el confort (luz, calefacción, aseos, etc.), limpieza y cuidado del edificio y el material escolar (audiovisual, deportivo, de biblioteca, etc.)" (Carmena, G. 1984).

Si se tiene en cuenta la política aplicada en ese período de tiempo, la escolarización en centros completos, se puede entender perfectamente que cuantas más unidades tenga un centro mejor estará equipado. No obstante, esto no ocurrió de forma tan evidente. Sí se puede decir que existieron diferencias, más acusadas entre centros incompletos y completos, sobre dotaciones de material escolar debido, sobre todo, a las pésimas condiciones de los colegios incompletos y no al nivel óptimo del otro tipo centro.

Siguiendo la misma línea anterior, aún habiendo afirmado que los CPRs reciben una mayor potenciación, por parte de la Administración, a través de ser declarados Centros de Actuación Educativa Preferente, no se puede decir que existan diferencias significativas entre los recursos de los CPRs y los ERs: "1. Hay más edificios de CPRs que de ERs donde *no hay calefacción. 2. El aspecto general que presenta el edificio escolar de las ERs es significativamente mejor que el de los CPRs. 3. Sin embargo, la conservación y mantenimiento del edificio escolar es mejor en los CPRs que en las ERs. 4. Hay mayor número de instalaciones deportivas en los CPRs que en las ERs, aunque si se valora el estado de conservación, la dotación de material o su reposición es mejor valorado en las ERs que en los CPRs. [...]"* (Corchón, E. 1996).

Llegados a este punto nos surge la siguiente pregunta que intentaremos responder: ¿cómo es posible que recibiendo más apoyo la creación de CPRs, no se vea reflejado - de manera más significativa- en el estudio? La respuesta tiene que ver, al igual que ocurrió con los centros completos e incompletos, con las pésimas condiciones que tienen los CPRs. Por tanto, el máximo objetivo propuesto en estos años (creación de Centros Rurales) no ha significado una mejora, como cabría pensar, sino que, en la mayoría de los casos, hacen ver que estos centros están carentes de las mínimas e imprescindibles condiciones.

3. Los maestros: cualificación profesional y condiciones de trabajo

A través de estos dos estudios se ha llegado a conocer el pensamiento generalizado que tienen los maestros que trabajan en el medio rural. Se recogen dos puntos muy importantes: la cualificación profesional y las condiciones de trabajo.

3.1. La cualificación profesional

Respecto a este apartado, Carmena G. (1984) recoge dos aspectos a analizar:
• La formación inicial recibida.
• La necesidad de actualizar los conocimientos a través de la realización de cursillos.

El profesorado que trabajaba en estos centros estaba bastante insatisfecho con la formación que había recibido en la Universidad ya que se encontraba, en muchas situaciones, con problemas nunca antes vistos: falta de material, agrupamiento de varios cursos en una misma aula, etc.

En el segundo aspecto, aunque la Administración realizó un gran esfuerzo en la organización de cursillos, esto fue insuficiente ya que sólo tuvieron acceso a estos cursos un número reducido de maestros en relación con las necesidades existentes, y se abusó de contenidos excesivamente teóricos. Aún existiendo una actitud positiva, por parte del profesorado hacia la realización de cursillos, la mayoría de éstos fracasaron o tuvieron éxito dependiendo, en gran parte, de las condiciones y medios para llevar a la práctica lo aprendido.

En el estudio realizado por Corchón E. (1997), se puede observar que ha cambiado muy poco la valoración que tiene el maestro, del medio rural, sobre esos aspectos. Así tenemos los siguientes datos:
• Tanto los maestros de las ERs como de las CPRs consideran que la formación inicial no ha sido adecuada. Llegando a plantear una cuestión muy importante, y es que "dicho colectivo considera bastante adecuado que el futuro profesor de centros rurales realice las Prácticas de Enseñanza en uno de estos centros."
• Los cursos, seminarios, jornadas, etc., organizados por los Centros de Profesores (CEPs) son considerados poco útiles y poco adecuados. La principal razón es la poca incidencia, que sobre su práctica docente, tienen estas actividades de formación continua.

Además, existe muy poca flexibilidad de horario para que el profesorado de estas zonas pueda asistir al CEP, ya que existe mucha distancia kilométrica (en algunos casos entre 50 y 80 kilómetros)

Como se puede observar, transcurridos una década entre un estudio y otro, la Administración no ha conseguido variar la opinión de los docentes. Ante lo cual nos planteamos las siguientes preguntas con el objetivo únicamente de reflexionar: ¿qué interés existe para seguir formando de la misma manera, en la Universidad, a los futuros docentes? ; ¿por qué los Centros de Profesores no cambia su formación para que sea más útil?.

3.2. Las condiciones de trabajo

En cuanto a las condiciones de trabajo, Carmena G. (1984) apunta estas deficiencias:
• Disposición de insuficientes instalaciones y materiales.
• Disposición de insuficientes profesores especialistas.
• No disposición de personal auxiliar.
• No disposición de otro personal especializado.

En definitiva, los maestros se ocupaban de funciones que no estaban directamente relacionadas con su trabajo como enseñantes. También, la insuficiencia de profesores especializados y la no aplicación efectiva de una plantilla de profesores obligaba a tener que ocuparse de más de una especialidad o a no poder impartir la especialidad propia.

Para Corchón E. (1997):
• En los CPRS hay un notable desfase entre el número de unidades o aulas y el de sus profesores, en el sentido de falta de relación entre unidades y profesores generalistas o tutores.
• En las ERs no hay ningún profesor especialista, salvo en el caso en que el profesor-tutor lo sea. En dicho supuesto, cuenta sólo como profesor y no como especialista.
• No disponen de suficientes instalaciones y materiales.
• Con respecto al profesorado itinerante (profesor que se desplaza de un pueblo a otro para dar clases), la Consejería de Educación de la Junta de Andalucía no se hace cargo de nada (ni del arreglo del coche, ni de la responsabilidad civil, ni de invalidez o muerte, etc.), es decir, están en una posición de indefensión horrible.

Por tanto, podemos observar que siguen existiendo graves carencias y deficiencias para el buen desarrollo de lo establecido en la L.O.G.S.E. (calidad de enseñanza).

4. Conclusiones

De todo esto, y hasta ahora no habíamos hablado de ellos, son los alumnos los que participan más directamente, es decir, son los más beneficiados por las mejoras que han tenido lugar en los últimos años, pero también son los más perjudicados por las deficiencias que siguen existiendo. Así:
• El alumnado de estas zonas sufre una grave carencia al estar mal dotados los puestos escolares.
• El bajo rendimiento escolar y el abandono masivo al finalizar el periodo obligatorio está generado, principalmente, por las propias condiciones del medio: perspectivas y expectativas de los padres y perspectiva del propio alumno en relación al futuro de su hijo o de sí mismo; futuro próspero o incierto del pueblo donde viven (es decir, posibilidad de trabajar amplio abanico de puestos de trabajo -, etc.); carencia total de

instituciones sociales (asociaciones juveniles, concejalía de juventud o cultura para fomentar actividades entre los jóvenes, etc.).

Como se puede observar, las nuevas políticas educativas han logrado paliar algo las carencias y deficiencias que han existido durante muchas décadas en las zonas rurales, pero, aún queda un largo camino por recorrer. Ahora bien, existen muchos factores, que no son propios del ámbito escolar, pero que llegan a afectarle en un grado elevado. La escuela rural no puede tener una función de "entretenimiento" (Carmena, G. 1984) para niños o jóvenes que ven en ella el único lugar de relación, y que no va mucho más allá. Debemos buscar una nueva concepción de la función de la escuela en el medio rural. Para ello, las políticas deben estar dirigidas no sólo a desarrollar el ámbito educativo, que bien hace falta, sino también a impulsar y desarrollar el ámbito socioeconómico y cultural del medio rural, que es fundamental. Muchos pueblos están "muriéndose" lentamente debido a las carencias y a las condiciones del propio medio que hace que la gente no tenga otra opción que emigrar a lugares o poblaciones más grandes.

Bibliografía

CARMENA, G. y REGIDOR, J. (1984): *La escuela en el medio rural.* Servicio de Publicaciones del Ministerio de Educación y Ciencia.

CONSEJERÍA DE EDUCACIÓN Y CIENCIA DE LA JUNTA DE ANDALUCÍA: *Decreto 29/1988, de 10 de febrero, sobre constitución de colegios públicos rurales en la comunidad autónoma Andaluza.*
—*Orden de 15 de abril de 1988, por la que se desarrolla el Decreto sobre constitución de colegios públicos rurales de la Comunidad Autónoma Andaluza de colegios públicos y otras medidas del Plan de Actuación para la escuela en Andalucía.*
CORCHÓN, E. y LORENZO, M. (1996): *Las motivaciones y desmotivaciones de los profesores para su permanencia en el ámbito rural.* En LORENZO, M. y BOLÍVAR, A.: Trabajar en los Márgenes: Asesoramiento, formación e innovación en contextos educativos problemáticos. ICE de la Universidad de Granada.
CORCHÓN ÁLVAREZ, E. (1997): *La atención a la diversidad en la escuela rural. Algunos datos empíricos de la escuela rural andaluza.* Actas de las I Jornadas Andaluzas sobre Organización y Dirección de Instituciones Educativas.
—(1997): *Estudio Evaluativo de la Escuela Rural Andaluza.* Tesis doctoral. Universidad de Granada.
—*La formación inicial del profesorado para ejercer en un centro rural. Algunas constataciones empíricas.* Universidad de Granada.
—(1997) *La enseñanza secundaria obligatoria (ESO): Un servicio más en el medio rural. Organización y funcionamiento.* Actas de las II Jornadas Andaluzas sobre Organización y Dirección de Instituciones Educativas.
—*El profesorado como recurso de la escuela situada en el medio rural.* Universidad de Granada.

DESARROLLO DEL REAL DECRETO 2731/1986 SOBRE CONSTITUCIÓN DE COLEGIOS RURALES AGRUPADOS: PROBLEMAS OGANIZATIVOS QUE PLANTEA

ALFONSO NAVARRO JURADO
ROSA Mª SANTAMARÍA CONDE
Universidad de Burgos

Introducción

El término de Colegio Rural Agrupado (C.R.A.) llega al Sistema Educativo Español con el R. D. 2731/1986. Los antecedentes de los C.R.A. vienen de la mano de la extinción de numerosas escuelas rurales. Podemos decir que como el *ave fénix* los C.R.A. surgen de las cenizas de algunas escuelas rurales carentes de clientela.

Un C.R.A. implica la reunión de diversos centros de localidades próximas en un colegio único, con sede en una localidad (a nivel administrativo). Consecuentemente un C.R.A. comparte: recursos materiales, recursos funcionales y recursos personales, si bien cada "aula" de cada localidad tiene su contexto propio y el que los une al resto de las localidades que configuran el colegio único.

La Ley 14/1970, General de Educación y Financiamiento de la Reforma Educativa (L.G.E.), establecía que para la Educación General, los centros habrían de organizarse en torno a ocho unidades como mínimo, una por cada nivel. Sin embargo, no todos los centros rurales pudieron acogerse a este tipo de organización formal, pues olvidaba aspectos tales como la dispersión de la población, la falta de recursos, o la excesiva multiplicidad de los mismos, exigencias que no permitían la estructura que la Ley establecía.

1. Alternativa a la organización de los centyros en torno a ocho unidades establecidas por la L.G.E.

Detectados los fallos de la diversificación de centros y de su acoplamiento a contextos propios, en los años setenta surge como paliativo y alternativa una política de concentraciones escolares en centros comarcales, lo que supuso el cierre de numerosas escuelas rurales y en consecuencia, y con objeto de la escolarización obligatoria, el traslado diario de centenares de escolares desde su lugar de origen a aquel donde existía la concentración de escuelas. Esta medida supuso que el Ministerio de Educación y Ciencia garantizase el traslado de los alumnos al centro comarcal, y a tal objeto preparó y desarrolló servicios de transporte y comedor escolar para los alumnos afectados.

Pero esta política de concentraciones escolares no palió los errores previstos, porque una vez más algún olvido no hizo posible que en todos los casos pudiera llevarse a efecto, principalmente en aquellas zonas que por condiciones geográficas los servicios de transporte diario no podían realizarse. Esta circunstancia originó que bastantes escuelas tuvieran que funcionar como unidades escolares incompletas, pues cada unidad agrupaba a alumnos heterogéneos en niveles distintos, incluso algunas se reconvirtieron en escuelas unitarias al tener que albergar la unidad a todos los alumnos escolarizados en el centro, constituyendo un agrupamiento de escolares en una unidad escolar.

Como consecuencia, enseguida se acusaron las desigualdades educativas en las zonas rurales, especialmente en las de mayor significación respecto a la disminución de alumnado y especiales condiciones geográficas. Al mismo tiempo la dotación de profesorado iba mermándose cada vez más, al igual que la dotación de material; en definitiva, la infraestructura difería bastante de unos centros a otros: en general los centros comarcales disponían de más recursos, más completos y más diversificados que aquellas unidades que funcionaban antes incompletas o aquellas otras que procesualmente iban adquiriendo la condición de unitarias.

La evaluación de la política escolar de los años setenta trajo como consecuencia la detección del panorama dicho. Así pues, en los años ochenta se adoptarán soluciones para subsanar la desigualdad de oportunidades para acceder a la educación "sin discriminación alguna".

El Real Decreto 1174/1983, de 27 de abril, en la exposición de motivos recurre al establecimiento de una cierta educación compensatoria que implicará poner en práctica medidas "que van desde la constitución de servicios de apoyo escolar y centros de recursos hasta la realización de inversiones en obras y equipamientos, pasando por el estímulo de la permanencia del correspondiente profesorado". Estas medidas, que no delataban la inconsistencia detectada a raíz de la implantación de la L.G.E., sin embargo tuvieron especial incidencia en el ámbito rural, aunque sólo subsanaron en parte las desigualdades existentes, pues los Centros de Recursos facilitaban material didáctico y profesionales especialistas que apoyaban y asistían a los centros docentes incompletos.

2.   Real Decreto 2731/1986 de constitución de los colegios rurales agrupados

La alternativa a los centros comarcales y a los centros incompletos, e incluso unitarias, fue la creación de Colegios Rurales Agrupados. Suponen el nacimiento de una comunidad diversificada territorial y estructuralmente pero constitutiva de identidad única y propia. Los alumnos no tendrían que dejar las aulas "propias" para trasladarse a los centros comarcales, y los recursos materiales y humanos encontrarían la mayor optimización. Al mismo tiempo, cada "aula" sin dejar de tener su propia identidad constituía un todo con las demás agrupadas en el C.R.A.

La creación de los C.R.A. partió de la consideración de aspectos geográficos tales como: localización geográfica de los centros, características zonales de los mismos, climatología, acceso, al tiempo que las características espaciales de los centros y los recursos materiales y humanos; junto a esto el número de alumnos determinó el nacimiento y localización de los C.R.A. Las propuestas que se siguieron para su constitución fueron principalmente dos: 1) Varios centros incompletos próximos se agruparon en torno a un centro comarcal que constituía la sede social y desde donde se conformaba el organigrama del personal, así como se establecían las competencias y redes de comunicación espacial y funcional necesarias. 2)Varios centros incompletos constituían una agrupación, y designaban como sede social la localidad de mejor ubicación geográfica, acceso y comunicación con respecto a las otras.

Esta nueva política educativa en el ámbito rural suponía la reestructuración de la infraestructura de centros, de personal y académica, para la que la Administración debería conceder nuevas partidas presupuestarias por un lado, y formación y perfeccionamiento del profesorado, así como la retracción de presupuestos ordenados al traslado de los recursos personales de los mismos; también se dispuso la mayor y más amplia dotación de recursos materiales y humanos.

3. La organización de los colegios rurales agrupados

Los C.R.A., como centros de características especiales, precisan de una organización escolar que difiere de otros centros rurales. Según recoge las *Instrucciones que regulan la organización y el funcionamiento de las escuelas de educación infantil y de los centros de educación primaria* (Orden de 29 de febrero de 1996), "Todos los maestros del colegio rural agrupado formarán parte de un único centro, con un claustro, un equipo directivo, una sola programación general anual, un solo proyecto educativo de centro y un solo proyecto curricular para cada etapa, de acuerdo con lo previsto en el Reglamento Orgánico". Esta organización educativa conlleva nuevas planteamientos:

- Los C.R.A. están constituidos por maestros ordinarios (que no se desplazan de una determinada localidad), y maestros itinerantes que tienen que desplazarse para impartir alguna de las especialidades: Música, Educación Física, Inglés, Pedagogía Terapéutica, Audición y Lenguaje, o apoyo a Educación Infantil.

- La coordinación entre todos los miembros de la comunidad educativa es el requisito fundamental que asegura que un C.R.A. funciona. Dicha coordinación implica que tanto maestros, alumnos y padres se sientan que forman parte de un mismo Centro.

- Los recursos materiales deben ser compartidos por todos los alumnos del C.R.A. lo cual implican que deben operativizarse dichos recursos de forma racional.

- Se deben facilitar situaciones en las que los alumnos de las distintas localidades puedan realizar actividades conjuntas.

- Cada C.R.A. debe consensuar y elaborar de forma conjunta y unificada todos los documentos establecidos por la Administración: Proyecto Educativo de Centro (P.E.C.), Proyecto Curricular de Centro (P.C.C.), Programación General Anual (P.G.A.), Documento de Organización del Centro (D.O.C.), y todos aquellos documentos que el centro establezca.

- Por otro lado, existe una total unificación en cuanto a los órganos de gobierno unipersonales y colegiados.

Ante esta situación, la experiencia indica que la organización de un C.R.A. tiene ciertas complicaciones. Analicemos brevemente cada uno de los aspectos que son objeto de organización.

1.1. Organización pedagógica

Bajo este epígrafe se incluirían aspectos tales como: la elaboración de documentos

(P.E.C., P.C.C., P.G.A.), asignación de tutorías y coordinaciones de Ciclo, elaboración de horarios del profesorado, y todos aquellos proyectos que puedan incidir en la práctica educativa del centro: Proyectos Atenea y Mercurio, Plan Anual de Mejora, etc.

El equipo directivo de un C.R.A., siguiendo las *Normas reguladoras del funcionamiento de las escuelas de educación infantil y de los colegios de educación primaria*, establece las líneas directrices que garantizarán una eficaz organización pedagógica. Para ello, durante estos años anteriores se ha realizado un gran esfuerzo en la elaboración de los respectivos Proyectos Educativos y Proyectos Curriculares de Centro. En la elaboración de dichos documentos ha sido necesario que toda la comunidad educativa (maestros, alumnos y padres) asumiesen que a pesar de estar en distintas localidades formaban parte de un proyecto común que unificaba a todos los integrantes, para lo cual han sido muchas las horas de coordinación y diálogo.

En la organización de un C.R.A. hay un aspecto que suele ser conflictivo, es la elaboración de horarios de los maestros, ya que el actual sistema educativo contempla la necesidad de que en Educación Primaria las áreas de Educación Física, Música y Lengua extranjera (normalmente Inglés) sean impartidas por maestros especialistas. Esta circunstancia conlleva que hayan aumentado las tipologías de maestros: 1) maestros ordinarios, que suelen ser tutores de un grupo de alumno; 2) maestros itinerantes, que destinan parte del horario lectivo a desplazarse de una localidad a otra; 3) maestros especialistas que no son itinerantes; y 4) maestros que forman parte del equipo directivo. Ante esta variedad de profesionales la elaboración de horarios resulta una tarea difícil, ya que es preciso tener en cuenta ciertas normas que son propias dependiendo de la situación en que se encuentre un maestro.

1.2. *Organización de los Órganos de Gobierno y de coordinación docente*

En un C.R.A. existe un Equipo directivo, un Claustro de profesores y un Consejo Escolar único. Esta situación lleva aparejado otros condicionantes: los miembros del Equipo directivo pueden estar ubicados en distintas localidades (y no necesariamente en todas), o algunos de sus integrantes pueden ser itinerantes. A este respecto la actual Normativa no especifica cómo deben estar distribuidas las plazas del equipo directivo.

Otro de los aspectos a tener en cuenta son los Órganos colegiados, y sobre todo el Consejo Escolar, cuya composición, en lo que respecta a la representación de padres de alumnos puede ser problemática, ya que no puede asegurarse que los padres estén representados de todas las localidades que configuran el C.R.A., depende del número y procedencia de los candidatos que se presenten.

Por lo que respecta a los Órganos de coordinación docente, cabe señalar que tanto en los Equipos de Ciclo como en la Comisión de Coordinación Pedagógica, la representación de los maestros de las distintas tipologías es total.

1.3. *Organización administrativa*

Cada C.R.A. determina la manera más oportuna para una mejor organización administrativa: ordenación y ubicación de los expedientes académicos, informes sobre la gestión económica, inventario de material, etc. Este tipo de organización es competencia del Director y Secretario.

Conclusiones

La política educativa llevada a cabo en el ámbito rural a través de los C.R.A., en general ha resultado positiva, sin embargo, la experiencia ha demostrado que los inicios no fueron fáciles. Fue difícil que maestros, alumnos y padres asumiesen un tipo de "agrupación" más jurídica que física, que algunos casos resultaba un poco forzosa y artificial, y en la que se exigía una coordinación en todos los niveles. A ello, hay que unir que ha sido y es escasa una Normativa específica de los C.R.A.

Pasados los años, los C.R.A. están casi plenamente asumidos por la comunidad educativa, y los avances han sido notables. La coordinación a nivel profesorado ha mejorado, se programa para todos los alumnos, se realizan actividades conjuntas... Cada C.R.A. ha ido analizando los aspectos que le caracterizan y en función de ello han elaborado un Proyecto Educativo, un Proyecto Curricular de Centro, y una Programación General Anual que cada año diseñan con el fin de consolidar la idea de C.R.A.. Es más, últimamente, numerosos centros están ampliando su ámbito de acción a través de la participación en Seminarios y Grupos de trabajo a nivel de Centro, en Planes de Mejora Anual, en Programas de Informática (por ejemplo, "Aldea Digital")...

Los C.R.A. han visto cómo a lo largo de estos años han mejorado los recursos humanos y materiales, cómo se ha facilitado la comunicación y el intercambio de experiencias entre los alumnos de localidades que están próximas, cómo los profesores se han ido enriqueciendo a través de una mejor coordinación. Sin embargo, tampoco podemos olvidar que la escuela rural necesita muchos más recursos humanos y materiales; es necesario que la escuela pueda mantener los gastos de funcionamiento que se derivan del uso de las nuevas tecnologías, y que en ocasiones no es posible. Se habla de que los alumnos de un mismo C.R.A. deben realizar actividades conjuntas, y el problema radica en los gastos que ocasiona el transporte cada vez que se quiere realizar este tipo de actividades.

En definitiva, la idea de C.R.A. en principio parece buena, sin embargo el funcionamiento del mismo requiere más inversión económica; de nada sirve que maestros, alumnos y padres estén concienciados de que pertenecen a un mismo centro si luego no cuentan con los suficientes recursos humanos y materiales.

Bibliografía

CARMENA, G. (1984) *La escuela en el medio rural. Estudios de Educación.* M.E.C. Madrid.
HERNÁNDEZ, A. (1989) *Cultura y desarrollo en el medio rural.* Narcea. Madrid.
SALANOVA, J. (1883) *La escuela rural.* Zero Zys. Madrid.
VILLALTA, M. (1987) *Los padres en la escuela.* Laia. Barcelona.

LA CIUDAD: EDUCACIÓN FORMAL, EDUCACIÓN NO FORMAL, EDUCACIÓN INFORMAL

ANA AMARO AGUDO

1. La ciudad lugar de formación.

Ciudad educativa: "una ciudad que se reconoce y potencia en tanto que medio educativo del cual la escuela es sólo uno de sus elementos." Trilla, J (1989): "De la escuela – ciudad a la ciudad educativa". Rev Cuadernos de Pedagogía. Nº 176.

La idea de ciudad educadora se remonta a mucho tiempo atrás, en la Grecia clásica ya se establecía una íntima relación entre paideia y polis.

La ciudad educadora es una idea, un gran proyecto, con un enunciado extraordinariamente genérico. Nos da una idea de lo tremendamente complejo del hecho educativo, el cual no sólo está localizado en un lugar y tiempo concreto, con una estructura determinada (escuela). La educación es un hecho más difuso, más disperso, en relación directa con la vida y la realidad en la ciudad.

La ciudad se organiza como elemento formador, aglutina en sí toda una serie de grandes posibilidades educativas.

Para que la ciudad se convierta en verdadero agente formador debe armonizar las ofertas de educación formal, no formal e informal. Debe hacer un planteamiento donde se concentren los diversos recursos educativos de una ciudad.

Como señalaba el informe de la UNESCO elaborado por E. Faure, "Todo individuo debe tener la posibilidad de aprender durante toda su vida".

Una forma inmejorable de hacerlo es convirtiendo un lugar común, de acceso a la totalidad de la sociedad, en centro formador.

La ciudad se compone de toda una estructura de medios, instituciones, que realizan una tarea formativa.

La educación formal, con la red escolar da consistencia y firmeza a la estructura formativa. Pero además los centros de tiempo libre, las academias y las universidades populares, forman una red de educación no formal equilibradora del proceso educativo en la ciudad.

Además de éste aspecto básico y concreto de la educación, la ciudad aporta un conglomerado de actividades que dan respuesta a necesidades educativas concretas.

A esto se le une un ámbito de la educación que se nos escapa un poco, la educación informal. Las situaciones y vivencias no planeadas en nuestro vivir cotidiano, que nos forma sin poder evitarlo.

2. ¿Cómo hacer una ciudad para todos?

Debemos entender la ciudad no sólo como una encrucijada de caminos, calles, edificios o parques, sino como un espacio donde se incluyen a la totalidad de las personas que viven en ella.

Así una ciudad para todos, apostará por el intercambio cultural, multicultural y facilitará los lugares de encuentro e intercambio.

Hay un pero en todo esto, ya que la ciudad por sí sola no puede facilitar a todos sus ciudadanos las mismas oportunidades de formación, no todo el mundo tiene las mismas oportunidades. Es la política urbana la que debe conseguirlo, la que debe apostar por fomentar la participación ciudadana y otorgar facilidades a los que lo deseen.

"Hacer ciudad es, ante todo, reconocer el derecho a la ciudad para todos...optar por un urbanismo de integración que optimice las libertades urbanas". Jordi Borja.1999 "La ciudad como pedagogía". Rev Cuadernos de Pedagogía. Marzo Nº278.

Para conseguir una ciudad para todos, se debe difundir una cultura de espacios públicos que posibilita hacer y formular propuestas, y solucionar las demandas de los ciudadanos. Si logramos una ciudad para todos, por lo menos habremos conseguido realizar donde todos tengamos las mismas posibilidades, conseguiremos, como dice Jordi Borja en su artículo, "justicia urbana".

El ciudadano además de tener derecho al urbanismo, tiene también que apostar por la no exclusión social, a toda una serie de derechos que van más allá.

Todas estas ideas se han puesto en marcha el Proyecto Educativo de Ciudad, en la ciudad de Barcelona. Donde se reemplaza la idea de una pedagogía apoyada en la ciudad, por la de una ciudad como pedagogía.

3. La AICE y Barcelona, ejemplo de Ciudad Educadora.

Las siglas AICE corresponde al término: Asociación Internacional de Ciudades Educadoras. Surge al crearse la necesidad de comunicación entre diferentes ciudades, para dialogar, reflexionar, en general para compartir experiencias y aprender de unas y otras, de las diferentes iniciativas en torno a Cuidad Educadora.

Hay una serie de ciudades que pertenecen a esta asociación y con la cual se ven beneficiadas en toda una serie de cosas. Están en constante información y comunicación, tienen una página WEB con la que pueden informarse de las últimas novedades, proyectos, congresos etc. La página en concreto es: www.edcities@bcn.es

En esta página también se puede encontrar la Carta de ciudades educadoras. En ella se incluyen textos como:

Información de lo que es ciudad educadora, "Ciudad con personalidad propia...interdependiente con el territorio del que forma parte...no encerrada en si misma...objetivo de aprender, intercambiar y enriquecer la vida de sus ciudadanos."

La concibe como un sistema complejo en constante evolución, una ciudad donde siempre se le concederá prioridad a la "inversión cultural y a la formación permanente de su población.

En la Carta se delimita las bases para que una ciudad pueda denominarse educadora:

- Cuando reconozca, ejercite y desarrolle, además de sus funciones tradicionales...una función educadora, cuando asuma la intencionalidad y responsabilidad de la formación de sus ciudadanos.

- Será educadora si ofrece con generosidad todo su potencial, si se deja aprehender por todos sus ciudadanos y enseña a todos sus niños y jóvenes a hacerlo así. Será un nuevo derecho del ciudadano, el derecho a la ciudad educadora.

Además se establecen toda una serie de principios reguladores, un total de 20. Entre los cuales señalar aspectos como, una educación para la diversidad y la comprensión, políticas locales que estimulen la participación ciudadana, ofrecer a los jóvenes espacios y equipamientos apropiados para ellos etc.

Hay una gran cantidad de ciudades asociadas de muy diferentes piases. Como son: Argentina, Australia, brasil, Italia, Senegal, España... , resaltar en nuestro país las ciudades pertenecientes entre las que se encuentran Salamanca, Valencia y BARCELONA, entre otras.

Esta última ciudad es la que más y mejor está haciendo sobre el tema Ciudad Educadora:

Barcelona está llevando a cabo el llamado Proyecto Educativo de Ciudad, siguiendo las directrices de las Ciudades Educadoras, en España ha sido la ciudad pionera y en donde más proyectos relacionados con el tema se están realizando.

El Ayuntamiento define lo como: " el conjunto de opciones básicas, principios rectores, objetivos y líneas de actuación, establecidos mediante un amplio proceso participativo, que han de presidir y guiar la definición y puesta en práctica de políticas educativas en el ámbito de la ciudad , dirigidas a afrontar con garantías de éxito y desde una perspectiva progresista, los retos que, en el ámbito de la educación plantea la nueva sociedad de la información, del conocimiento y del aprendizaje."

El proyecto surge como propósito de definir los valores y actividades necesarios para poder hacer una ciudad de mayor cohesión social donde combatir las desigualdades sociales.

El proyecto constituye una apuesta a favor de la educación como eje para conseguir que los nuevos retos económicos, sociales y culturales se conviertan en fuente de progreso para la ciudad.

Todo esto lleva a una revisión profunda del concepto mismo de educación.

En Barcelona el interés por la educación no se ha limitado a la escuela, sino que desde ella se ha impulsado el movimiento de ciudad educadora con el desarrollo de diversas iniciativas referidas a la calidad de vida, en el tiempo libre etc.(Ayuntamiento de Barcelona, Un proyecto educativo para la ciudad)

Todo esto conlleva convertir la ciudad en un verdadero agente educativo, una verdadera fuente de aprendizaje.

Para Barcelona y su Proyecto Educativo, la participación ciudadana es primordial para crear una ciudad educadora. Por ello Barcelona puso en marcha un amplio proceso de participación ciudadana para que estos aportaran sus ideas y preocupaciones, y se impliquen en un proceso de cambio educativo.

Para recoger la aportación y opinión ciudadana se utilizan guías de debate y cuestionarios, así se diagnostica la situación y se proponen líneas de actuación.

Igualmente diverso, municipios de la comunidad de Barcelona han puesto en práctica su proyecto propio. Así el proyecto educativo de Sabadell "quiere ser un proceso ciudadano de intercambio de puntos de vista que construya consenso sobre propuestas de futuro y el marco de desarrollo de algunos proyectos estratégicos"

Todos los proyectos de los municipios están en fase de elaboración, pero se resaltan de los mismos:

- Viene a representar un nivel de concreción más dentro de los principios genéricos de la ciudad educadora.
- En su elaboración destacan la participación y complicidad de los distintos agentes sociales e instituciones vinculadas a la educación.
- Pretensión de hacer compatible la contextualización del programa con la universalidad del mismo.

El Proyecto educativo de la ciudad de Barcelona es el claro exponente de ciudad educadora, con él se pretende definir los valores y actitudes necesarias para combatir las desigualdades, conseguir una ciudad sostenible y fomentar la cohesión social. Para ello se intenta llevar a cabo un debate en profundidad en el que participe la sociedad, sobre el lugar y objetivo de la educación. Así como apoyar la tarea de las personas que trabajan en la educación... y reivindicar su figura como agentes sociales fundamentales para la construcción de una sociedad más justa y equitativa..." Para ello Barcelona cuenta con una larga tradición educativa, no limitada al ámbito escolar.

Bibliografía

JAUMA TRILLA. "De la escuela-ciudad a la ciudad educativa". Rev cuadernos de pedagogía. Nº176. 1989.
JAUMA TRILLA. "La ciudad educadora. De la retórica a los proyectos". Rev Cuadernos de Pedagogía. Marzo 1999. Nº278.
Barcelona, un proyecto educativo para la ciudad. Rev Cuadernos de Pedagogía. Marzo 1999.
Ayuntamiento de Barcelona. "La Ciudad Educadora". I Congreso internacional de Ciudades Educadoras.

DIFICULTADES DE LA LOGSE EN LA ETAPA DE PRIMARIA (SEGUNDO CICLO)

ANA BELÉN CÁCERES REPISO
ANTONIA MALDONADO ARCO
REMEDIOS MERCADO MATA
EUDALDO CORCHÓN (Coordinador)

1. Introducción

El trabajo que nosotras hemos elaborado tiene como finalidad tratar ciertas dificultades presentes en el actual Sistema Educativo que a nosotras nos resultan interesantes como es el tema de la eficacia de la LOGSE respecto a la EGB entre la introducción de maestros especialistas en el 2° Ciclo de la Etapa de Educación Primaria, es decir, los problemas que de ésta implantación se derivan en la formación del alumnos.

2. Breve comparación de los sistemas educativos (EGB y LOGSE) en la etapa primaria

Teoría: en el sistema educativo español podemos encontrar dos modalidades: una que atiende a la Ley de Educación de 1970 y la otra que está en vigencia actualmente que corresponde a la Ley de 1990.

La Ley General de Educación de 1970:

EDUCACIÓN	GENERAL	BÁSICA
Ciclo superior	12 - 14 años	Profesores especialistas
Ciclo medio	8 - 12 años	Profesor tutor
Ciclo superior	6 - 8 años	Profesor - tutor

La Ley Orgánica de Ordenación General del Sistema Educativo (3 de octubre de 1990):

EDUCACIÓN	PRIMARIA	
Tercer ciclo	6° (11 años), 5° (10años)	Profesores especialistas
Segundo ciclo	4° (9 años), 3° (8 años)	Profesores especialistas
Primer ciclo	2° (7 años), 1° (6 años)	Profesor - tutor

EGB:

Los profesores de ciclo inicial y ciclo medio continúan con el mismo grupo de alumnos durante los cursos que abarca el ciclo (dos el ciclo inicial y tres el ciclo medio). Los profesores de ciclo superior, una vez adscritos a este nivel, han de permanecer en él durante tres años consecutivos. No obstante, el director, puede modificar la continuidad de un profesor en un ciclo. El segundo criterio es la especialización del profesorado, considerada como la especialidad adquirida en su formación o como su experiencia docente acreditada por haber impartido enseñanzas durante tres cursos efectivos en unidades de Educación Especial, Preescolar o alguna de las áreas del ciclo superior de la E.G.B. Sólo cuando varios profesores estén capacitados para impartir un determinado nivel, ciclo o área, se aplicarán criterios de antigüedad en el centro o en el cuerpo docente.

LOGSE:

El artículo número 16 de la Ley de 1990 establece que la Educación Primaria será impartida por maestros que tendrán competencia en todas las áreas de este nivel. La enseñanza de la música, de la educación física, de los idiomas o de aquellas enseñanzas que se determinen, serán impartidas por maestros con la especialización correspondiente.

Ventajas e inconvenientes de los dos sistemas (EGB y LOGSE).
EGB:
- Ventajas:
   · Horarios más flexibles.
   · Los alumnos expresan bastante confianza con el profesor-tutor.
   · Mayor número de conocimientos de una determinada área ya que no tenían asignatura específicas (Inglés, música...).
- Inconvenientes:
   · Es menos completo a nivel de asignaturas.
   · Se da menos a la socialización.

LOGSE:
- Ventajas:
   · Es más dinámico y participativo.
   · · Es más completo a nivel de asignaturas.
- Inconvenientes:
   · Horarios menos flexible, prefijado y restringido a unas normas por lo que perjudica determinados objetivos del profesor-tutor.
   · Pérdida de confianza por parte de los alumnos a profesores especialistas.
   · Conocimientos más difuminados debido al número de asignaturas.

3. Investigación

Con esta investigación pretendemos aclarar en la medida de los posible una dificultad encontrada en la LOGSE como es la aplicación de maestros especialistas en el 2º Ciclo de la Etapa de Primaria.

Metodología
- Para la recogida de datos hemos utilizado la entrevista semiestructurada (ver anexo 1)

previa del paradigma cualitativo, porque a nosotras nos preocupa no lo realmente cuantitativo propio del paradigma cuantitativo sino también, y en este caso con mayor fuerza los "por qué", los motivos y las justificaciones propias de los cualitativo. Por lo que hemos visitado tres colegios diferentes, de distintas poblaciones, en los cuales solamente nos han atendido cinco maestros generalistas e impartidores en los dos sistemas (EGB - LOGSE), a los que hemos entrevistado verbalmente recogiendo la información en una grabadora que posteriormente hemos manuscrito.

Resultados
De las cinco entrevistas (ver anexo 2), los resultados obtenidos han sido :
- Ligera inclinación hacia el sistemas educativo EGB.
- Los maestros entrevistados tienen tendencia a creer que los niños tienen dificultades de adaptación a diferentes metodologías de distintos profesores .
- Los niños tienen más confianza con su profesor-tutor.
- Las notas obtenidas por los niños en EGB eran más altas que la de la LOGSE.
- Horario más restringido para profesor-tutor.

Conclusiones
- Tras analizar las opiniones recogidas en las entrevistas, aunque con una muestra poco representativa, deducimos que tres de los mismos se inclinan por el sistema de EGB, defendiendo así la postura del profesor-tutor como ejemplo de confianza, respeto y motivación hacia los niños, pareciéndoles menos oportuna la introducción de profesores especialistas a edades tan tempranas por lo que podemos concluir que la implantación de profesores en el 2° Ciclo de la Etapa Primaria es desfavorable para los alumnos tanto por sus notas obtenidas como por su motivación.

Anexo 1 : Entrevista semiestructurada

1) ¿Has sido profesor en los dos sistemas educativos (EGB y LOGSE)?
2) ¿Que sistema educativo (EGB o LOGSE) le parece más propicia para la formación del alumno ? ¿Y porqué?
3) ¿Como influye en el aprendizaje del alumno el tener varios profesores a edades tan tempranas ? ¿Es más eficaz?
4) ¿Y a un nivel personal, tienen la misma confianza que si tuvieran un sólo profesor ?
5) Comparando las notas obtenidas por los alumnos de EGB y los de LOGSE ¿Como podría juzgar esta implantación de profesores en el 2° Ciclo de Educación Primaria ?
6) ¿Influye en la organización del horario del profesor, el tener otras asignaturas del profesor el tener otras asignaturas que sus alumnos deben cursar con otros profesores ?

Anexo 2: Entrevistas

Profesor n° 1:

1. Sí.
2. EGB, porque con este sistema los resultados obtenidos por los alumnos al final del curso eran más altos que los que obtienen ahora con la LOGSE.
3. Influye negativamente en le alumno, ya que a éste le cuesta trabajo adaptarse, no sólo

a tener un profesor cada hora, sino también encuentra dificultades para adaptarse a los métodos o formas de enseñanza que cada profesor pone en práctica en su aula y con los alumnos.

4. No, puesto que la confianza se crea a través del diálogo, del tiempo que permanecen juntos...

5. Si comprobamos las notas obtenidas en el último año con las que se obtenían en EGB, podemos ver claramente que los resultados obtenidos en éste último eran mejores que los actuales. Esto puede ser causa, en parte, de aumentar el número de profesores en ciclos y a edades tempranas.

6. Si, ya que el profesor debe adaptar su horario no sólo a la materia correspondiente, sino que también debe tener en cuenta los horarios de sus alumnos con los demás profesores. A veces el profesor organiza una determinada clase par un día y por circunstancias de otro profesor es posible que no pueda darla como tenía previsto.

Profesor n° 2:
1. Si.
2. La LOGSE es más completa.
3. No es un problema.
4. No tengo datos.
5. El horario es flexible, en mis asignatura puedo hacerlo flexible. La programación es globalizada.

Profesor n° 3:
1. Sí.
2. EGB, porque personalmente me ha ido arrinconando y me han ido mandando donde a ellos les interesaba. Antes era profesor especialista de Geografía e Historia y ahora soy sólo generalista. Con el tutor tiene más confianza que con los especialistas.
3. No influye, se adaptan pronto.
4. No, tienen más confianza con el tutor, depende del profesor.
5. No tengo datos.
6. No. El horario es flexible.

Profesor n° 4:
1. Si.
2. En cuanto a conocimientos la EGB era mejor ya que eran más elevados y el niño repetía si no estaba preparado.
3. Es menos eficaz. Los niños se llevan mejor con un solo tutor. Se desconciertan, afecta al trabajo y a la motivación.
4. Prefieren a su tutor, le tienen más aprecio y confianza, le respetan más ; los otros profesores van de paso y no les consideran tanto como profesores.
5. Igual. Lo que ocurre es que al pasar de curso, en las clases hay alumnos de todos los niveles, bajan sus notas porque no tienen el mismo nivel. Afecta a los niños con nivel más bajo.
6. Sí influye ya que tienen que cortar la clase y continuar en la hora siguiente.

Profesor n° 5:
1. Sí.

2. La LOGSE se adapta mejor a la individualidad de cada alumno.
3. A tan temprana edad esto es negativo, deberían esperar a 5° de Primaria.
4. No, ya que tienen más confianza teniendo sólo un profesor.
5. El nivel y las notas son más bajos. No se les exige tanto y abarca demasiado.
6. Sí, influye negativamente ya que hay temas que son imposibles de dar en una hora.

Bibliografía

Ley General de Educación de 1970 (EGB).
Ley Orgánica General del Sistema Educativo. 1990. (LOGSE).
El Sistema Educativo Español. Editorial Side.

MINORIAS ÉTNICAS Y SU INTEGRACIÓN EN EL ÁMBITO ESCOLAR GRANADINO

ANA BELÉN DURO PEÑA
PILAR AVILÉS LORENTE

Introducción

El tema que vamos a tratar en relación a estas jornadas, menciona la integración del colectivo gitano, en lo que a materia educativa se refiere, como población social diseminada, centrándonos especialmente en la provincia de Granada.

Nuestra propuesta, trata la consecución de un fin tal con pretensión de conseguir que padres y niños se integren en un ambiente motivador y de interés hacia la superación de su propia cultura en lo que ámbito educativo se refiere. Fomentaremos para ello su participación en un sin fin de actividades en, lo que llamaremos, una "escuela para padres". Es nuestro objetivo.

Las características de este colectivo son, que viven en pequeños municipios agrícolas; Granada, no debemos olvidar, tiene 168 municipios .

Municipio	Población	Gitanos	Porcentaje (%)
Atarfe	10650	1905	15 a 19%

A este respecto, podemos destacar la importancia de Granada capital en proporción al número de gitanos con 8500; sin embargo todos los gitanos representan un porcentaje del 3.3%. Principalmente todos ellos están concentrados en un barrio marginal como es en este caso el polígono de Almanjáyar. Un claro rasgo de segregación social o mejor aún del racismo espacial. Poseen las características que dificultan a los barrios marginales como son:

- un déficit de malnutrición e higiene
- desatención de la salud
- falta de servicios en general
- existencia acusada de niños sin escolarizar
- consumo de tráfico de drogas, prostitución, mendicidad, y el azote diario que supone la delincuencia para la población en general

Problematica educativa

La comprensión de la situación educativa entre los gitanos requiere partir de la concepción de esta comunidad, como minoría étnica portadora de una cultura autóctona, ésta y la nuestra (paya) se han visto siempre enfrentadas originando siempre problemas de discriminación. Esta marginación la podemos comprender mejor al estudiar su aislamiento de los sistemas y las estructuras educativas de la sociedad paya.

Algunas de las consecuencias por las que se da dicha marginación son:

- Trabajo precoz del niño gitano y baja economía, hace que su asistencia a la escuela sea irregular.
- Carecen de hábitos característicos de la sociedad paya (salud, orden, limpieza, puntualidad, etc.) siendo éstos aprendidos en el hogar antes de la escolarización.
- Rechazo sobre compañeros, profesores y padres.
- Falta de puestos escolares en las periferias de las ciudades, lugar donde suelen habitar.
- Desfase pedagógico del niño, retraso de conocimientos a causa de períodos de absentismo.
- Discordias que dividen hogar y escuela.

De ésta problemática sobre el niño gitano se puede concluir que necesita para un escolarización adecuada centros especiales de transición según postula el art. 51 de la Ley General de Educación.

Número de niños en colegios

El volumen de personas que han sido censadas como de ocupación estudiante asciende al 21% incluyendo aquí Educación Infantil, escolar y estudiantes que han superado la educación primaria.

Prácticamente la totalidad de los niños menores de cinco años están sin escolarizar, serán excepción los que acudan a algunas guarderías o clases de educación infantil. Esto está condicionado por:

- La falta de centros públicos en su entorno.
- El temor de los padres a la ruptura de cohesión familiar.
- El recelo de que el niño gitano sea rechazado o incomprendido por profesores y alumnos payos.
- La no inserción de los padres en el ámbito laboral establecido.
- Los no derivados de la situación de precariedad y miseria en la que viven la mayoría de estas familias.

Causas del absentismo escolar

A) Escasa motivación de los padres para exigir a su hijo una asistencia diaria a clase, ya que, al no tener cubiertas las necesidades básicas, la escuela pasa a ser para ellos un elemento secundario.

B) Irregularidad en la asistencia al colegio originada por algunas de las siguientes causas: desplazamientos de las familias, desinterés de los padres, dedicación de las niñas a las tareas del hogar y al cuidado de sus hermanos pequeños, trabajo de los niños para ayudar a la subsistencia familiar.

C) Ámbito sociocultural que rodea al niño.

D) Inadaptación ante la rigidez del horario escolar y la disciplina académica.

E) Incomprensión por parte de los profesores y alumnos del mundo que rodea al niño gitano.

F) Falta de medios para adquirir el material escolar necesario.

Propuesta para la escolarización de la comunidad gitana

Nuestra propuesta de innovación hace referencia de una manera especial al punto A sobre las causas del absentismo escolar.

Lo que nosotros pretendemos es la creación de una escuela para padres donde se de preferencia prioritaria a la educación de sus hijos como necesidad básica para un desarrollo próspero de los mismos y de la propia cultura hacia una mejor calidad de vida, ya que si la educación opta por ser un elemento secundario nos encontraríamos ante un proceso cíclico de progreso.

El elemento básico de nuestra labor está en crear un ambiente motivador y de interés hacia la superación de la propia cultura, en lo que a sus dificultades de adaptación en la sociedad se refieren.

Para conseguir esta adaptación sugerimos un refuerzo de actuación mediante la creación de una figura que actúe como nexo de unión entre la familia gitana, el niño y la escuela; función imprescindible para la incorporación normalizada del niño al sistema educativo actual.

Este monitor llevará un seguimiento escolar del niño a la vez que trata con la familia progresos y problemas que les acontecen en el ámbito escolar (exiten asocia-
ciaciones gitanas que a nivel de subvenciones posibilitan la contratación de este tipo de monitores).

Estos monitores tienen una doble función:

1)Impulsar la participación activa y orientada de la familia en esa atención integral a la infancia. Se pretende contribuir a perfeccionar las posibilidades educativas de la familia, mejorar su nivel pedagógico, e influir en la elevación cultural de la comunidad mediante el conocimiento práctico de sus problemas educativos, sanitarios y sociales, que afectan directamente a sus hijos.

En esta escuela de padres intentamos fomentar instrucción y formación de niños pero sobre todo de adultos. Ante todo su responsabilidad en el acto elaborado para ello, actividades formativas para padres en relación con la comunidad educativa. Se crearán bibliotecas, boletines informativos, etc. . Se estimará a los padres que destaquen en su colaboración eficaz. Interesarlos en los problemas de la comunidad con su atención y ayuda. Fomentar la amistad entre los miembros y otros organismos de propósitos afines.

Se trata de un sistema abierto de enseñanza. Proponemos talleres para padres tomando como principios aquellos en los que se basa el concepto de educación compensatoria para procurar un desarrollo humano de la familia y de las potencialidades innatas del niño, a pesar de sus condiciones inadecuadas.

Para subsanar el desinterés de los padres se comenzará por desmitificar la concepción que de la escuela tienen. Se les invita a las reuniones conjuntas con el equipo del programa, se elaboran actividades y procedimientos, planifican visitas a las casas para dialogar sobre el trabajo a realizar y hacer, balance sobre la situación real de cada familia.

Se darán charlas de participación de los padres y de éstos a sus hijos.

El profesor deberá lograr la resistencia de los padres a participar, conseguir que ellos tomen la iniciativa, conocer y respetar sus valores pero preparándolos para que se abran a otros nuevos hacia el progreso de su cultura misma. Debe atender sin cesar, ser verdaderamente "animador" de esta tarea educativa de cambio. Deberá tener una formación permanente en cuanto a:

- metodologías para la integración
- tratamiento de conductas disructivas
- tratamiento de deficiencias del lenguaje
- asesoramiento escuela-familia
- técnicas favorecedoras de la educación

2) Esta segunda función está basada en el seguimiento escolar y será una labor que ponga en marcha unos mecanismos que den lugar a la adaptación, dejando de lado los recelos, incomprensiones y demás estereotipos acumulados por inercia durante cientos de años, por lo que el personal debe conocer perfectamente como actuar en este campo.

Se da gran preferencia a los demandantes gitanos y al personal que trabaja con las asociaciones gitanas, para llevar a cabo esta labor de una forma más cercana a su cultura.

Estos monitores también tienen como misión velar por la asistencia de los alumnos a la escuela, comportamiento y seguridad, en los momentos de entrada y salida del colegio.

Debe darse un trato justo y equilibrado, abordando el problema educativo e intentando crear mecanismos de apoyo para la escolarización de los niños en edad escolar.

Sin duda el conocimiento del hábitat donde se desarrolla el niño es un elemento básico para arbitrar un sistema pedagógico que incida positivamente en su escolarización.

La gran adhesión que existe entre los gitanos a los valores de su cultura y a los organizativos de su familia es un aspecto que influirá directamente en la educación de los niños por lo que se hace necesario crear un nexo o mecanismo intermedio entre la familia y la escuela.

A pesar de todo los gitanos andaluces reclaman escuelas infantiles para sus hijos como lugar de socialización y como medio para que los adultos puedan desarrollar un trabajo. Que las escuelas sean las mismas que las de los niños no gitanos, ni sean especiales ni escuelas puente.

Metodología para la integración

Con objeto de concienciar y acercar a los padres a la importancia de la educación temprana de sus hijos y apoyándonos en el Programa Andalucía de Celia Merino Rodríguez, los talleres consistirán en:

a) *trabajo*

Se realizará a través de secciones (dos por semana de horario variable) en cada uno de los núcleos de concentración, para cada sección habrá una actuación específica. Los profesores proponen su plan de trabajo en acuerdo con las familias. Se realizará una evaluación y repaso de lo realizado en secciones anteriores. Como ejemplo de la inserción de la familia en el centro educativo proponemos que sean partícipes en las distintas tareas que el comedor escolar les pueda asignar (servir la comida, limpieza, control al alumnado, etc.).

b) *educación*

En lo referente a este punto motivaremos a los padres dándoles la oportunidad de asistir a la escuela con función de observadores de sus hijos. Se desarrollarán talleres de alfabetización, cocina, costura, etc., con el fin de que se sientan partícipes de cara a las actividades que sus hijos realizan en el colegio. Como ejemplos, elaboración de disfraces para el día de carnaval, comidas para otras celebraciones, etc..

c) *asociacionismo*

Se crearán asociaciones con espectativas, con fines lúdico-educativos como campamentos, cursos, mesas redondas, coloquios, apoyos de orientación familiar y profesional, etc.

d) *cultura y lengua gitana: el caló*

Serán ellos mismos los encargados de transmitir su cultura, valores y normas al resto de la comunidad gitana y paya originando todo el respeto que se merece. Para ello se organizarán actividades de intercambio por concurso de juegos que hagan referencia al lenguaje, su historia. Como ejemplo, la interpretación de un teatro sobre una boda gitana.

Concluimos con unas palabras del primer encuentro andaluz de Jóvenes gitanos que tuvo lugar en Sevilla el día 22 de Enero de 1998, sentando las bases de una cultura viva con ganas de avanzar hacia el progreso de una vida mejor:

"Como todavía hay algunos que no han creído, ni han tenido fe en el desarrollo del pueblo gitano, podemos demostrarles que nosotros mismos, los jóvenes gitanos, ya siendo hombres, hemos sido capaces, de la incorporación al resto de la sociedad mayoritaria sin dejar perder nuestras tradiciones y cultura. La deuda histórica que tiene y reconoce la sociedad mayoritaria hacia el pueblo gitano no queremos cobrarla en dinero. Queremos cobrarla en plazas escolares, que no se nos rechace a nuestros niños en los colegios, en puestos de trabajo, a través de planes de formación profesional; en viviendas y sanidad, para así conseguir la igualdad social...".

Bibliografía

ADLER, D.: Cómo sobreviven los marginados; Ed. Siglo XXI; 6ªEd., México 1983.
BARTH, F.: Los grupos étnicos y sus fronteras; FCE, México, 1976.
CLEBERT, A.: Los gitanos. Espasa Calpe; Barcelona, 1984.

EQUIPO GIEMS: Los gitanos al encuentro de la ciudad, del chalaneo al peonaje. Cuadernos para el diálogo. Madrid, 1976.

INIESTA, A.: Los gitanos: Problemas socioeducativos.Narcea, Madrid, 1981.

INSTITUTO DE SOCIOLOGÍA APLICADA: Estudio Sociológico sobre los gitanos españoles. Madrid, 1979.

JIMENEZ BAUTISTA, F.: Jornadas sobre racismo e integración. Actas de un encuentro. Granada, 1996.

KELLER, S.: El vencidario urbano una perspectiva sociológica. Ed. Siglo XXI; Madrid, 1975.

LÓPEZ ARANGUREN, J. L.: Bajo el signo de la juventud. Barcelona; Salvat-Ediciones, 1982.

RAMIREZ DE HEREDIA, J. de D.: Nosotros los gitanos. Ediciones 29; Barcelona, 1971, 3ª edición.

SAN RAMÓN, T.: Vecinos gitanos. Ed. Akal, Madrid, 1977. ROMÁN, T.: Los gitanos de Madrid y Barcelona: ensayos sobre aculturación y etnicidad. Publicaciones de Antropología Cultural; UAB, 1984.

PEREDA, C.; PRAGA, M.A.; ACTIS, W.: La educación intercultural a prueba: Hijos de inmigrantes marroquíes en la escuela. Ed. Laboratorio de estudios interculturales, Vol. 2, Granada, 1996.

ABAJO ALCALDE, J.E.:La escolarización de los niños gitanos. Industrias Gráficas Caro, S. L. ; Madrid, 1997.

SOLA MARTINEZ, T.; LOPEZ URQUIZAR, N.; SALVADOR MATA, F.; TORRES GONZALEZ, J. A.: Las necesidades educativas de formación de profesorado de E. Infantil. (Investigación realizada en la zona norte de Granada). Universidad de Granada. I.C.E. 1995.

VARIOS AUTORES:
• El programa andaluz."Cuaderno de pedagogía". Barcelona, nº125, Mayo, 1985.
• Escuelas, pueblos y barrios. Antropología educativa. Akal. Madrid, 1979.
• Programa Andalucía: Una alternativa para la escolarización de niños preescolares de población rural diseminada. Merino Rodríguez, C. I.C.E. Granada 19983.

ASPECTOS ORGANIZATIVOS DE LA EDUCACION ESPECIAL

ANA GÓMEZ VENEGAS
JOSÉ MARÍA MUÑOZ MARTÍN
FRANCISCO C. JAIMEZ ORTIZ

Introducción

A partir de los años 60, empezó a plantearse en diferentes países europeos, la conveniencia de integrar a los alumnos con algún tipo de minusvalía. Existen razones de justicia e igualdad que apoyan esta postura.

Los miembros de la Comunidad Educativa, dígase padres, profesores y alumnos no dudan del acierto de la integración en la escuela, las dudas, y deberes surgen sobre el cómo se ha hecho y en qué medios.

El avance social y escolar que ha habido en la actualidad, ha posibilitado que alumnos con N.E.E con diferentes tipos y grados de deficiencias y sus respectivas posibilidades y limitaciones, tanto a nivel académico, como afectivo-social, estén atendidas de acuerdo con el principio de Integración y el de Atención a la Diversidad que, junto a los de Normalización, Sectorización e Individualización de la enseñanza, son propugnados por la LOGSE. De esta manera la escolarización de todos y cada uno de los alumnos, crean la necesidad de adoptar estrategias educativas y utilizar recursos y materiales diversos para hacer posible el acceso de los alumnos al Curriculum. Todo esto y en función de una educación de calidad requieren de una intervención que detecte necesidades y planifique que propuestas son viables para afrontarlas, así como para facilitar a todos los agentes implicados en la educación (padres, alumnos, profesores), en el proceso de enseñanza-aprendizaje.

1.- Por qué es necesaria la educación especial

La Educación Especial, como la educación en general, se encargaría de "enseñar", es decir, de proporcionar el tipo de instrucción lo más adecuada posible a cada alumno y en concreto sería necesaria cuando se tratase de aquellos niños, ante todo sin dejar de ser tratados como personas, que por sus capacidades de aprendizaje o por alguna diferencia física no se benefician plena ni satisfactoriamente de la instrucción ofrecida por la

Educación ordinaria, que son los llamados niños "excepcionales" que abarcaría tanto problemas de aprendizaje, problemas se conducta, discapacidades físicas, deficiencias sensoriales y niños superdotados.

De forma que la Educación Especial proporcionaría ese apoyo individualizado que cada uno requiriera, para poder alcanzar el desarrollo adecuado de aquellas habilidades que el niño necesita más ayuda para obtener   los mayores niveles en su contexto, y siendo así las necesidades educativas del niño las que dictasen el Curriculum. En ocasiones, es conveniente poner en práctica las habilidades básicas de la vida cotidiana tanto sociales como personales, que el resto de los niños desarrollan de forma natural, así como las habilidades profesionales de los contextos en que se utilizan para que pueda vivir de forma independiente y conseguir de esta forma una mayor integración social y laboral.

A pesar de las explicaciones proporcionadas a los padres de la poca funcionalidad que puede aportar el curriculum académico a estos niños, hay ocasiones en las que sus padres prefieren que sus hijos aprendan las materias ordinarias. Es muy importante enseñar a niños con dificultades, habilidades que verdaderamente le sean útiles en el desempeño de actividades de la vida cotidiana, proporcionando un funcionamiento autónomo e independiente a la hora de desenvolverse en la vida.

Que duda cabe que en la Educación Especial, trabaja un equipo multiprofesional, constituido por logopedas, fisioterapeutas, asistente social, psicólogo, educador de apoyo, pedagogo, y profesores de educación especial; estos último no difieren mucho de los profesores de educación ordinaria, en el uso de técnicas o métodos de instrucción, es decir, siguen los mismos principios de la enseñanza-aprendizaje.

Los niños que presentan un aprendizaje lento con respecto al de sus compañeros al ser incorporados a las aulas de educación especial pueden crearles muchos más problemas que asignarle un profesor de apoyo y su permanencia en el centro.

Actualmente se emplean 3 criterios para saber que un niño tiene que recibir Educación Especial:

1.- Que sea catalogado de alto riesgo.
2.- Que necesite asistencia para poder desenvolverse.
3.- La edad cronológica.

Estos aspectos se pueden conocer a través de distintos sistemas de evaluación y diagnóstico. Actualmente los sistemas de diagnóstico y evaluación de las dificultades de aprendizaje y necesidades educativas del niño se componen de 3 ejes, de los cuales se obtendrá la información pertinente:

a) La familia
b) El alumno
c) La escuela

2.- Analisis de los principales cambios que se han producido en el modo de entender la educación especial hasta llegar al momento presente

Algunas de las modificaciones que se han producido a raíz del reconocimiento de muchos de los problemas que existían con los niños con N.E.E por los educadores, dando esto lugar a un cambio de actitudes en la década de los setenta, que desembocó en la aprobación de la Ley pública 94/142 que dio lugar a numerosos cambios en la Educación Especial, respecto a la inclusión de niños excepcionales, en ambientes menos restrictivos, es decir, en un contexto educativo lo más similar a las clases ordinarias, que en muchos cosas supone la integración en las aulas regulares donde el niño se puede desarrollar y funcionar con mayor éxito y por el contrario no seguir siendo clasificado con etiquetas, ni ser aislados del ambiente regular en aulas separadas de Educación Especial, de forma permanente sino se trasladarán a ella sólo si es totalmente necesario.

Recientemente se está intentando ampliar el diseño de programas alternativos para niños, sin embargo, esto aún no se encuentra demasiado perfilado en la mayoría de los colegios. Lo que más frecuentemente está poniendo en práctica son los programas o actividades de aceleración que consisten en promocionar o adelantar al niño varios cursos de forma que el curriculum se adapte a sus capacidades y pueda desarrollar las potencialidades.

Sin embargo este tipo de programas, hoy día, conlleva una gran cantidad de problemas, tanto para el niño como para los profesores.

También se está propiciando la intervención temprana de cara a la prevención, de forma que se detecten lo antes posible situaciones de riesgo, como pueden ser entonces de pobreza extrema, exposición a drogas, etc...

Por otra parte, y quizás uno de los cambios de suma importancia, cada vez más está concienciando a la sociedad a mejorar las actitudes y conductas hacia las personas con discapacidades.

3.- Aspectos organizativos de la educación especial

Según garrido Landívar (1988) resume las características de la programación del curriculum en Educación Especial:
- Debe partir siempre de un conocimiento detallado del D.C.B elaborado por la administración educativa.
- Debe estar basado en un conocimiento de las características de los niños con N.E.E para lo que está destinado, no sólo de sus déficits, sino también de sus potencialidades de aprendizaje.
- Debe ser individualizada.
- Las actividades deben ser muy numerosas y variadas.
- Los objetivos deben estar taxonomizados procurando que su formulación sea de tipo conductual y haciendo más hincapié en los objetivos actitudinales.
- El principio básico deber ser la enseñanza para el éxito.
- Los contenidos deben estar interrelacionados, deben partir del principio de globalización.
- Los recursos deben ser abundantes y variados
- Los elementos de motivación requieren especial cuidado, en su selección.
- Deben intervenir varios tipos de profesionales perfectamente coordinados.

Según Oscar Sáez en su obra "Didáctica General" (1994) establece un esquema que ha sido elaborado teniendo presente las adaptaciones curriculares permitidas en el D.C.B del M.E.C.

El diseño Curricular se compone de tres niveles de concreción donde el primer nivel es administrativo, el segundo nivel corresponde al centro, y un tercer nivel que corresponde al equipo de profesores, cada uno de los cuales con sus correspondientes componentes.

En lo referente con la relación de la estructura organizativa de nuestro sistema educativo cuando hablamos de alumnos con N.E.E se proponen una modalidades de escolarización en función de las características y posibilidades concretas de estos alumnos.

En este sentido y siguiendo el Documento de Atención a la diversidad de la Junta de

Andalucía y la concreción de esta realizada por la Delegación Provincial de Granada se propone los siguientes:

- Modalidad "A": los alumnos se encuentran con posibilidades de estar en el aula ordinaria a tiempo completo (salvo tratamiento logopédico y físico especializado) con apoyo individual dentro del aula por el profesor tutor, asesorado, en todo caso por el profesor de apoyo a la integración si es un centro de Educación Infantil y Primaria o un Departamento de Orientación y el profesor de educación especial o el de apoyo en E.S.O. (Psicólogo, Psicopedagogo, ...,.).
- Modalidad "B": Marco de referencia el aula ordinaria, con ayuda individualizada o en grupo pequeño, del maestro de apoyo o del especialista en algunos momentos de la jornada
- Modalidad "C" : Aula de Ed. Especial será el aula base y el aula ordinaria será a tiempo parcial para actividades de socialización en áreas no instrumentales.
- Modalidad "D": Todo el tiempo permanecerá el alumno en un aula de educación especial.

En este sentido hemos de tomar una doble vertiente que ya nos viene marcada por la legislación, concretamente: *Niveles de Concreción Curricular y las Adaptaciones Curriculares.*

—La primera medida está recogida en la LOGSE ya que plantea un sistema educativo con curriculum abierto, donde a partir de unos mínimos prescríptivos, los distintos estamentos educativos y de forma escalonada, concretan y priorizan los aspectos normativos en función de sus circunstancias y necesidades específicas. En el artículo 57 de la mencionada Ley Orgánica, en el apartado 4 indica textualmente : "Las Administraciones educativas fomentarán la autonomía pedagógica y organizativa de los Centros y favorecerá y estimularan el trabajo en equipo de los profesores". En este mismo artículo en su apartado 1, especifica en que consiste la autonomía diciendo que "los centros docentes completarán y desarrollarán el curriculum de los diferentes niveles, etapas, ciclos, grados, y modalidades de enseñanza en el marco de su programación docente.

Esta autonomía escalonada empezará a partir del primer nivel de concreción: El D.C.B, y todos los demás documentos que desarrollen y que legislen la educación a nivel nacional. Esto queda recogido en el art. 4.2 de la LOGSE que dice. "El gobierno fijará, en relación con los objetivos expresados en términos de capacidades, contenidos y criterios de evaluación del curriculum. Los aspectos básicos de éste que constituirán las enseñanzas mínimas con el fin de garantizar una formación común de todos los alumnos y la validez de los títulos correspondientes."

A su vez esos planteamientos generales serán recogidos y adaptados a la Comunidad Autónoma Andaluza para después, una vez conocido en contexto socio-económico y cultural del centro y las características del alumnado, sean concretadas en un segundo nivel de concreción, elaborando así cada entidad educativa su Proyecto Curricular de Centro y otros documentos que acompañen su puesta en marcha. A partir de aquí el tercer nivel de concreción, se elaboran Programaciones de Aula dirigidas a unos alumnos con una edad muy concreta y unas características generales en cuanto esta. Es aquí donde podemos hacer referencia a las Adaptaciones Curriculares (ACI´s) como reajustes de las programaciones a unos alumnos concretos y a sus peculiaridades.

Derivadas de estas necesidades y características peculiares, las dificultades de aprendizaje pueden presentarse en distintos niveles que comprenderán desde los alumnos a los que el maestro da respuesta diariamente con actividades de refuerzo y mayor atención en clase, no son suficientes y exigen en su educación la incorporaración de medidas extraordinarias porque tienen dificultades más importantes, generales o permannetes, es decir, son ALUMNOS CON NECESIDADES EDUCATIVAS ESPE-CIALES.

Adaptar el proceso de enseñanza, exige en un sentido una segunda   medida: Tipos de adaptaciones curriculares.

1.- Adaptaciones de acceso al curriculum o "no significativas" cuando el alumno cuenta con recursos necesarios para poder acceder al curriculum ordinario, con modificaciones en los materiales, métodos de enseñanza y/o recursos profesionales para trabajar ese campo.
2.- Adaptaciones en los elementos básicos del curriculum o "significativos", casos en los que hay que adaptar y cambiar el curriculu,m, modificando contenidos y objetivos que para el resto (la mayoría) se proponen.

4.- Principales ventajas y desventajas de la educación especial

Desventajas:

Sin duda el tema de las etiquetas (o deberíamos decir actitudes negativas de la sociedad hacia esas etiquetas); constituye el principal inconveniente de aquellos niños que pasan a recibir Educación Especial. Aunque exista un *"sistema de evaluación basado en el curriculum"*, que evita el uso de etiquetas, en todos los contextos donde se plica la Educación Especial sigue siendo primordial el uso del sistema tradicional de categorías.

Del mismo modo hoy en día sigue exisitiendo problemas tanto con la evolución diagnóstica como con los mismos instrumentos de medida empleados tanto para los casos de niños con discapacidades leves o problemas de aprendizaje como para los niños superdotados como explicábamos en otros apartados, muchos de estos instrumentos tienen una escasa fiabilidad y validez y a pesar de ello se sigue haciendo hincapié en ellos para la evolución de estos niños, incluso muchas veces se utiliza una sola prueba o se consideran más valiosas las pruebas psicométricas que cualquier otras medida complementaria.

Aunque se está llevando a cabo la integración de los niños excepcionales y aquellos con discapacidades leves en contextos ordinarios cada vez más existentes sin embargo ámbitos en los que todavía son colocados en *"clases de educación especial"* segregados del resto del grupo privándoles de esa interacción con sus iguales y proporcionándoles una escasa interacción social y cultural, la mayor parte de la efectividad de los programas que reciben es mínima ya que la instrucción y actividades que realizan son demasiado simples, poco funcionales, y no están adaptados a la necesidad particular.

De forma similar existen aún dificultades para detectar a aquellos niños superdotados con algún tipo de discapacidad, por lo que normalmente son clasificados como discapacacidades recibiendo así la educación destinada a compensar ese déficit, con lo que pocos pueden llegar a desarrollar sus capacidades mentales sobresalientes.

La E.E parece no haber llegado tampoco a muchos lugares aún; E.E entendida en este caso como ayuda o compensación material, social, o cultural, que le facilite y le haga la vida más satisfactoria a estos niños excepcionales. Brevemente se puede comentar tras muchas la *"eliminación de barreras arquitectónicas"* incluso recientemente siguen existiendo las dificultades de acceso *"es el caso de la niña discpitada que se vio obligada a escribir un artículo a la revista de PRODENI reclamando la inexistencia de un ascensor donde cursaba estudios, para el acceso a las plantas donde se impartía clase, además existían 8 chicos mas con esta problemática."*

Ventajas:

Gracias a la Educación Especial muchos niños con discapacidades se benefician de los servicios suministrados por ésta, y la posibilidad en algunos casos de programas de desarrollo personal.

La Ed. Esp. Ha favorecido en gran medida la integración de los niños excepcionales en las aulas ordinarias, proporcionándoles así un ambiente menos restrictivo y normalizado de cara a un desarrollo más amplio. En muchos profesores está surgiendo un cambio de actitud y expectativas hacia estos niños, preocupándose más respecto a sus capacidades para beneficiarse en las clases regulares. Los que poseen una visión más amplia del tema se interesan leyendo acerca de estos niños y consultando con especialistas, e incluso en algunos casos estructuran, tanto sus expectativas y conducta como las del resto de estudiantes de cara a la integración en el aula ordinaria.

Recientemente la Ed. Esp. también está poniendo en marcha *"Programas Educativos Individualizados"* de forma que el niño adquiriera un aprendizaje adaptado a sus necesidades, que le permita asumir mayor responsabilidad de aprendizaje, para desenvolverse de forma adecuada.

Se puede destacar también que la calidad de programas de Ed. Esp. para niños superdotados parece que se está incrementando poco a poco. Han surgido ya distintos programas alternativos que empiezan a responder a las necesidades de estos estudiantes.

La Ed. Esp. dispone as su vez de distintos niveles de apoyo o modalidades educativas según la discapacidad o problema que los niños presenten, que se imparten tanto en el centro de educación ordinaria, como en los centros o institutos complementarios.

Dentro de la Educación Especial existen **Equipos Multidisciplinares**, en los que se hace evidente la cooperación entre *trabajadores sociales, psicólogos y fisioterapeutas*. Esa multiprofesionalidad cubre 3 aspectos que se interrelacionan la mayoría de las limitaciones que son:

SOCIALES

PSICOLOGICOS

FISICOS

Bibliografía

BIJOU, S (1975) Teoría e Investigación sobre el retraso mental. En Bijou, S y Baer, D Psicología del Desarrollo Infantil, vol. II México Ed. Trillas.

RODRIGUEZ, J y PARRAGA, J (1992), Las técnicas de Modificación de Conducta: "aplicación a la psicología infantil y a la educación especial." Sevilla. Publicaciones de la universidad.

ASOCIACIÓN Síndrome de Down de Granada.

BRENNAN, W, K (1998) "El Currículo para niños con N.E.E. Siglo XXI-MEC.Madrid."
GARRIDO, J (1988); "Como programar en E.E. Escuela Española."
MOLINA, S (1990); "Implicaciones del DCB para la Educación Especial." Revista Interuniversitaria de formación del Profesorado 9, (169-179).

EL PEDAGOGO COMO ESPECIALISTA EN MARKETING DE LA FORMACIÓN: NECESIDAD, VIABILIDAD E IMPLICACIONES DEL PERFIL PROFESIONAL

ANA ISABEL VIÚDEZ ROMERO

Introducción

El dinamismo y la rapidez de los cambios que se suceden actualmente en las sociedades más avanzadas está generando en diferentes ámbitos: social; científico-tecnológico; económico; laboral; educativo; y, a sus relaciones mutuas, una situación de tal complejidad que para poder desenvolverse y responder a esas innovaciones las organizaciones e instituciones como las personas que las integran, requieren de: una reorganización y reestructuración en su funcionamiento; la evolución en los contenidos de los puestos de trabajo; el aprendizaje de nuevas competencias para el desempeño de nuevas profesiones, etc.

Ante esta situación la Universidad como organización e institución educativa de carácter innovador, debe responder con mayor rapidez a sus objetivos institucionales siendo estos: como institución creadora de conciencia, valores y formas de comprender y desarrollar creativamente nuevos planteamientos; como motor de cambio social y económico, y, como institución por excelencia de capacitación de nuevos profesionales que participaran activamente en la mejora integral de la sociedad, entre otros.

Concretamente en el campo de la educación, la formación que reciben los titulados y diplomados no se adecua a las demandas del mercado de trabajo. Actualmente en la Facultad de Educación y Centro de Formación del Profesorado, se están demandando dos perfiles profesionales distintos: por un lado el maestro como formador en los diferentes niveles educativos; y por otro lado, un perfil ocupacional más especializado en detección de necesidades de formación; marketing de la formación, metodología didáctica; desarrollo de planes de formación; orientación laboral, nuevas tecnologías...

Por todo ello, esta comunicación pretende analizar y reflexionar, entre los perfiles ocupacionales anteriormente citados, sobre el perfil del pedagogo como especialista en marketing de la formación en instituciones de educación no formal. En el primer apartado, desarrollaré la necesidad y viabilidad del desempeño profesional del pedagogo en este ámbito, para en el segundo apartado determinar las implicaciones de este perfil profesional en términos de funciones y tareas que debe realizar en su desempeño profesional.

1. Necesidad y viabilidad del pedagogo como especialista en marketing de la formación

En los últimos años, la firma de los diferentes Acuerdos de Formación entre los agentes sociales y el gobierno han facilitado el auge de la Formación Continua como herramienta estratégica de prevención, de promoción social, y de reestructuración de los diferentes sectores productivos en función de las nuevas demandas de la sociedad, lo que ha supuesto el desarrollo de nuevas competencias en los trabajadores.

En está línea los Planes de Formación Continua (de empresa, agrupados y los planes intersectoriales), las acciones complementarias y de acompañamiento a la formación y los planes individuales de formación, en el marco de los objetivos 4 del Fondo Social Europeo, gestionados en España por la Fundación para la Formación Continua intentan responder a las demandas de formación de todos los colectivos, pero especialmente a los de menor cualificación o aquellos cuya situación laboral es precaria.

La problemática radica en que los departamentos de formación de las instituciones y organizaciones que llevan a cabo estas medidas, a pesar de elaborar ofertas formativas basadas en los resultados de un proceso de detección de necesidades riguroso y fiable, no están consiguiendo suficientes participantes para llenar las actividades de formación.

Los datos generales de los participantes en Formación Continua en España, tienen que ser analizados con detenimiento para su variación en los próximos años, debido a que se están produciendo algunos sesgos que pudieran tener efectos negativos a largo plazo.

• Los trabajadores que participan en procesos de formación pertenecen a grandes corporaciones o empresas multinacionales, con lo que los trabajadores, la inmensa mayoría de la población ocupada, de la pequeña y mediana empresa pueden estar, de hecho, discriminados en el acceso a la una mayor cualificación y elevación de sus competencias, por lo que su empleabilidad futura estaría condicionada negativamente.

• Los trabajadores que reciben más intensamente procesos de cualificación y potenciación de competencias para asumir nuevos perfiles profesionales son los que en la actualidad tienen una mayor formación académica y profesional, por lo que se podría estar creando una elite con características de mantener un empleo estable, cualificante y altamente remunerado, frente a colectivos con baja cualificación que no participan en procesos de formación.

Esta información la corrabora los datos emanados por la Memoria de Actividades de FORCEM (1996), donde la formación en actividades formativas es escasa especialmente en colectivos de no cualificados, mujeres y mayores de 45 años. Lo que conlleva una mayor discriminación social de estos colectivos.

Además, la escasa participación de los no cualificados se confirma en varios estudios realizados (AFYDE, 1995; UCM, 1996) sobre la participación de este colectivo en la formación impartida por las empresas que concentran sus mayores esfuerzos en la cualificación de los técnicos y de los cargos directivos.

Esta situación deja al descubierto la necesidad de estudiar el mercado. No sólo debemos de conocer las necesidades de formación de los trabajadores y de las empresas, sino que también necesitamos conocer las actitudes, motivaciones y expectativas de los usuarios-beneficiarios de la formación para fomentar su acceso y participación en las actividades de formación.

El usuario-beneficiario de la formación es la base de las Entidades e Instituciones dedicadas a la Formación Continua y estas para ser competitivas y crecer en rentabilidad-deben adaptarse a sus necesidades hasta el punto de conseguir integrarlo dentro de su misma organización, desde el diseño de las actividades formativas, al desarrollo y evaluación de las mismas. Lo que conlleva pasar del modelo tradicional de diseño de ofertas formativas ajenas a las demandas reales, a un modelo cuyo eje fundamental son las personas, los procesos y las organizaciones.

Para ello, es necesario un especialista que sea capaz de desarrollar estudios de mercado, que complementen los procesos de detección de necesidades, donde se desarrollen análisis de tipo psicológico y sociológico que investiguen sobre los códigos culturales de la formación y su significado dentro de determinadas clases sociales y niveles de formación. (Puente, 1990; Kotler, 1991; Grande, 1992; Abascal, 1994). En determinados contextos culturales, el concepto de formación puede llevar acarreado significados y percepciones de fracaso personal e incapacidad por falta de autoestima y no de fracaso social, con son realmente este tipo de marginaciones educativas (Domínguez, 1998)

Este especialista en marketing de la formación podría y debería ser un pedagogo como profesional capaz de: *Conocer e investigar las necesidades de formación que tienen los participantes de las actividades formativas; diseñar una planificación operativa de difusión, participación y acceso a la formación y, establecer mecanismos de control y seguimiento del Plan.*

La viabilidad del perfil profesional del pedagogo como especialista en marketing de la formación, requiere del aprendizaje de unas competencias profesionales (conocimientos, habilidades y actitudes) para desempeñarlas en un escenario ocupacional como podrían ser los departamentos de formación de sindicatos, empresas, ayuntamientos, IMAF...

En el siguiente cuadro propongo a nivel teórico la opinión de expertos en Marketing de la Formación, en Recursos Humanos y en Relaciones Laborales sobre cuales deberían ser las competencias que configurarían este perfil profesional.

Competencias / Perfil profesional	CONOCIMIENTOS (Alfaro Rius, 1995; Cuesta ,1995; Kottler, 1995)	HABILIDADES (Gómez Mejia, 1998; Gan, 1998; Leal Millan, 1999)	ACTITUDES (Cuesta,1995; McKenna, 1997; Vargas Sánchez, 1998)
ESPECIALISTA EN MARKETING DE LA FORMACIÓN	- Segmentación de mercados - Estadística aplicada al marketing - Investigación Comercial - Política de oferta formativa - Política de precios - Análisis de la clientela: Psicología del adulto - Política y sistemas de distribución - Política de comunicación, publicidad, promoción y RR.PP. - Imagen corporativa - El plan de marketing - Marketing directo - El marketing de servicios - El Marketing de Entidades no lucrativas - Entre otros.	- Programación - Coordinación - Liderazgo - Solución de problemas - Exposición en grupo - Inventario - Toma de decisiones - Negociación - Planificación - Delegación - Dirección participativa - Retroalimentación - Creatividad - Habilidades sociales - Habilidad sintética y analítica - Entre otras.	- Competitividad - Iniciativa - Autoevaluación - Reflexión - Promoción - Critica constructiva - Dinamismo - Escucha - Comprensión - Asertividad - Flexibilidad - Tolerancia - Responsabilidad - Entre otras.

Cuadro nº 1: Perfil Profesional del Especialista en Marketing de la Formación.

2. Funciones y tareas del especialista en marketing de la formación

El departamento de formación necesita de una planificación clara, conocer muy bien hacia donde se camina, y poco a poco, ir disminuyendo esa diferencia. Tiene que tener en cuenta cuales son las capacidades del departamento de formación, las necesidades de los usuarios-beneficiarios de la formación y las metas de la organización.

La planificación del marketing de la formación es un proceso en que los recursos (económicos, materiales y humanos) de una organización han de permitir aprovechar las oportunidades de mercado que le depare el futuro. El especialista en marketing de la formación debe ser el encargado de elaborar el plan operativo de difusión, participación y acceso a la formación, como instrumento concreto para dirigir y coordinar el esfuerzo de la organización que permita facilitar a los trabajadores el acceso a la formación.

El plan operativo de difusión, participación y acceso a la formación se desarrolla en tres fases, siendo estas:

1.- Fase de diagnóstico del plan operativo: Investigación de mercado

En la elaboración del plan es fundamental el realizar un correcto análisis tanto externo como interno de la organización. Deberá ser un estudio riguroso en diferentes ámbitos o campos de interés utilizando diferentes técnicas e instrumentos que nos permitan la toma de decisiones con relación a la elaboración del plan operativo de difusión, participación y acceso a la formación perteneciente a la segunda fase.

2.- Fase de elaboración del plan operativo.

El diseño de un plan operativo de difusión participación y acceso a la formación, deberá contemplar el siguiente proceso: definición de objetivos, identificación de las estrategias, e implantación de las tácticas.

3.- Fase de ejecución y control del plan operativo.

El desarrollo de las acciones del plan operativo deben estar sometidas a un mecanismo de evaluación y seguimiento que permita verificar si las decisiones que se están tomando en el momento oportuno y con los resultados esperados. Para ello, se deberán desarrollar sistemas de información que permitan la retroalimentación de los sistemas de implementación del plan operativo.

En el siguiente cuadro expongo, a modo de conclusión, las funciones y tareas de este especialista:

FASES	FUNCIONES / TAREAS
FASE DE DIAGNÓSTICO	• Análisis de los usuarios-beneficiarios de la formación • Análisis de la oferta formativa • Análisis del mercado • Análisis sobre las técnicas de difusión a emplear
FASE DE ELABORACIÓN DEL PLAN OPERATIVO	• Definición de objetivos • Identificación de estrategias (referentes a la oferta formativa; distribución de la oferta formativa; canales de difusión; etc.) • Delimitación de Tácticas (Destinatarios; objetivos; actividades; presentación; códigos lingüísticos; calendario; difusión, etc.)
FASE DE EJECUCIÓN Y CONTROL DEL PLAN OPERATIVO	• Especificar los grados de desviación • Comparar la situación real con la prevista • Identificación de causas • Desarrollo de modificaciones.

Cuadro nº 2: Funciones y tareas a desempeñar en las distintas fases del plan operativo

Conclusiones

En esta comunicación he pretendido dar una visión teórica sobre la necesidad, viabilidad e implicaciones del pedagogo como especialista en marketing de la formación, pero sería necesario desarrollar una investigación sobre esta temática que permitiera validar y complementar las aportaciones anteriormente expuestas. Por otro lado, considero que la Universidad debería analizar las demandas laborales de las instituciones y organizaciones del ámbito de la educación formal como de la educación no formal, para adecuar "realmente" la formación académica del pedagogo a las exigencias del mundo laboral.

Bibliografía

ALFARO RIUS, M. (1995): **Marketing relacional. La gestión de los clientes**, *ipmark*, nº 459/ 1-31 Diciembre pp. 7-19.

CUESTA, F. (1995): **Marketing Directo y Distribución Comercial: Una Reunión Rentable.** *Marketing y Ventas* Nº 88 pp.34-62.

DOMÍNGUEZ, G.(1998): **La Gestión de la Formación Continua. Factores e Indicadores que faciliten la mejora de la Calidad. Un modelo Interactivo e Integrador.** Actas de Formación Continua. Madrid: Fondo Formación.

GOMEZ-MEJIA,L y OTROS (1998): **Gestión de Recursos Humanos.** Madrid: Prentice Hall.

KOTLER, P. (1995): **Dirección de Marketing**. Madrid: McGraw-Hill
PUENTE, JUAN MANUEL: **El Marketing en la Educación de Personas Adultas.** *Revista AFFA*, n° 6.

LA METODOLOGÍA CUALITATIVA COMO INSTRUMENTO PARA EL ESTUDIO DE LA ORGANIZACIÓN DE LAS INSTITUCIONES EDUCATIVAS

ANA MARÍA CABRERA CÉSAR
Doctoranda del Departamento de Didáctica y Organización escolar
de la Universidad de Granada. Sección de Investigación de COM. ED. ES.
ANTONIO GARCÍA DELGADO

1. Introducción

Por todos es sabido que en un aula en especial y de forma más genérica en un centro u organización educativa, están conviviendo innumerables variables que inciden de forma decisiva en todas las situaciones que allí ocurren y en el propio proceso de enseñanza-aprendizaje.

En el ámbito educativo no nos basta con describir los fenómenos que están teniendo lugar y dar porcentajes y cifras que nos cuantifican los fenómenos como si nos encontráramos ante una lista de la compra. En el ámbito educativo necesitamos ir más allá, identificar las huellas de los conflictos, de los procesos motivacionales más de fondo que posibilitaran poner en marcha estrategias resolutorias de los mismos (Conde, Fernando, 1996).

Con este trabajo pretendemos resaltar la importancia del uso de la metodología cualitativa en educación pues se trata de un proceso con una estructuración menos rígida, que permite atender a todos los implicados en los procesos de enseñanza- aprendizaje, teniendo en cuenta las situaciones de producción de los mismos. No sólo debemos fijarnos en los resultados sino que es preciso analizar lo que sucede con el desarrollo del plan y con la incidencia de los imprevistos sobre el mismo (Santos Guerra, M.A.). Sin embargo no podemos instaurarnos en esta metodología rechazando completamente la metodología cuantitativa, puesto que en determinadas ocasiones, cuando queremos obtener resultados a corto plazo, es conveniente el uso de estrategias como el famoso test estadístico. Por eso consideramos interesante el uso conjunto de ambos, enfatizando el uso de lo cualitativo por ser la metodología que más se adapta a los estudios en Ciencias Sociales y no podemos olvidar que nosotros trabajamos, en las instituciones educativas con personas con determinados valores e intereses que son difíciles aislar, como si se trataran de productos químicos, en tubos de ensayo.

2. Lo cualitativo en educación

En los últimos años se está tomando conciencia de que en las aulas existen múltiples factores que condicionan la enseñanza, son considerados como un sistema abierto de intercambio, evolución y enriquecimiento (Doyle 1979; Bronfenbrenner, 1979 en Ángel Pérez Gómez, 1992).

Los antiguos posicionamientos en paradigmas positivistas en los que se limitaban a medir y cuantificar los resultados de los procesos comienzan a cuestionarse y a abrirse a nuevas vias.

Estos nuevos posicionamientos tienen su punto de partida en el paradigma cualitativo que comprende que los procesos educativos no son rígidos e inmutables sino que están impregnados por todos los valores propios de la sociedad, por las normas implícitas y explícitas de los Centros Escolares y que van evolucionando según se van configurando y consolidando los diversos grupos que los componen.

Del mismo modo, con la LOGSE (Ley Orgánica de Ordenación General del Sistema Educativo del 90) se entiende que la enseñanza y el aprendizaje no es cuantificable únicamente al finalizar sino que debe ser medido al comienzo, evaluación inicial, durante el proceso, evaluación continua y al terminar, evaluación final. Así se salvan las variables extrañas que con las estrategias cuantitativas no se tomaban en cuenta e influían negativamente en los resultados, para fijarnos en la continua evolución.

Con esta perspectiva cualitativa se obtienen beneficios en los siguientes puntos:

—Los alumnos se convierten en agentes activos de la investigación, pudiendo aportar datos relevantes en todo momento a los mismos.
—Se amplía el campo de actuación de los contenidos del proceso de enseñanza- aprendizaje, comprendiendo también los procedimientos y las actitudes del alumnado.
—La metodología se hace más flexible, atendiendo a los cambios que tienen lugar en el aula en cualquier momento y al nivel del alumnado.
—La evaluación no controla los resultados sino todo el proceso, se hace procesual, es decir, inicial, continua y final.
—Se consigue una mayor humanización de los procesos educativos, comprendiendo otras variables que antes se relegaban a segundos planos, como la familia, situación social, económica, cultural...

3. Cualitativo versus cuantitativo

En este apartado aportamos una tabla-resumen en la que se aprecian las diferencias más significativas entre una metodología y otra.

ENFOQUE CUANTITATIVO	ENFOQUE CUALITATIVO
Objetividad	Subjetividad
Control de variables que intervienen. (situación similar a laboratorios)	Influencia de diversos posicionamientos y de valores personales y sociales. (El aula no es un laboratorio donde todo puede ser controlado y medido).
Concepción materialista.	Concepción idealista.
Los sujetos son agentes pasivos en la investigación.	Los sujetos son agentes activos, que influyen en todo momento en la investigación.
Se ocupa de grupos sin ocuparse de individualidades.	Puede incidir sobre individuos
Se requieren resultados a corto plazo.	Los resultados se suelen observar a medio y largo plazo.
Concepción de la realidad como algo estático.	Concepción de la realidad como algo dinámico, cambiante.
Persigue la generalización de resultados.	Persigue la comprensión de los fenómenos y la búsqueda de soluciones.

3. Articulación cualitativo/cuantitativo

Se entiende por articulación al proceso de unión o de nexo entre ambos paradigmas, cuantitativo y cualitativo por el que se llega al uso conjunto de métodos de los dos posicionamientos en una misma investigación con el fin de alcanzar una mayor validez; sus objetivos fundamentales podrían considerarse como la obtención de un número mayor y diverso de datos por distintos medios y llegar a los mismos resultados. Si bien el enfoque cuantitativo se ocupado más de un estudio estadístico y numérico de los resultados, sería conveniente tener en cuenta reflexiones y valoraciones de la población investigada, que irían más allá de análisis que simplemente miden y nos ocuparíamos de elaborar informes en los que también se recogieran descripciones e interpretaciones que pudieran motivar el cambio en las instituciones educativas.

Tradicionalmente se ha considerado que lo cualitativo y cualitativo mantenían una guerra particular que imposibilitaba la paz articulatoria; este hecho se ve apoyado si nos fijamos en el nivel epistemológico de la cuestión, es decir, si nos posicionamos desde la base teórica, puesto que se entienden como consideraciones opuestas, inconmensurables (Javier Callejo, 98).

Desde el nivel técnico o práctico "las diferencias entre investigación cuantitativa y cualitativa parece poner pocos impedimentos a la posibilidad de una estrategia de investigación que las integre" (Bryman 1988 en Callejo 98).

Por lo general se ha procedido a considerar lo cualitativo como un complemento de lo cuantitativo o simplemente un paso previo para iniciar la investigación con el consabido desprestigio de este; sin embargo las estrategias cualitativas pueden ser empleadas en cualquier momento de la investigación como lo pone de manifiesto la variedad de diseños que pueden ser empleados, no obstante el uso de un enfoque u otro en un momento en concreto vendrá determinado por el tipo de estudio que estemos realizando y por la demanda que pretendemos satisfacer.

Si queremos hablar de articulación debemos citar a Denzin que en el 75 estableció el comienzo del uso conjunto de lo cualitativo y cuantitativo; estableció la triangulación de ambos métodos con el fin de que los resultados ganaran en validez. Para ello estableció varias fuentes de articulación en las que debía centrarse la atención como son los datos producidos en distintos espacios y tiempos la teoría de la que se parte, el método usado para alcanzar los mismos objetivos y el propio observador u observadores.

Sin embargo Denzin fue criticado puesto que no recogía la posibilidad de que al usar distintos métodos los resultados se vieran modificados y porque no tuvo en cuenta el posicionamiento del observador y su medición.

4.1. Problemas de articulación

Los problemas que se extraen del uso conjunto de prácticas cuantitativas y cualitativas suelen ser en todos los casos de cuatro tipos fundamentales (Javier Callejo, 98):

—*Económicos*: puesto que la utilización de más medios conlleva un incremento del coste de la investigación, aunque habría que tener en cuenta que en la mayoría de las ocasiones este gasto se compensa con el aumento de eficacia.

—*Tiempo*: el uso de varias técnicas y su profundización podría alargan considerablemente el tiempo de investigación, lo que resulta contraproducente para la investigación comercial que requiere resultados en un mínimo de tiempo.

—*Capacidad de los investigadores*: en ocasiones surgen las preferencias de los investigadores hacia el paradigma al que se encuentran adscritos rechazando el contrario o prestándole una menor atención.

—*Metodológicos*: el uso paralelo de varios métodos nos puede llevar a la pérdida de la potencialidad de uno de ellos en beneficio del otro o en perjuicio de ambos.

4.2. Conclusiones

Esta conjunción de ambas nos ayudará a luchar contra las acusaciones de los cualitativos sobre la frialdad y rigidez de lo "cuanti" y la de los cuantitativos, que sostenían que con tanta subjetividad nuestra investigación peligraba en convertirse en un ensayo más que un estudio riguroso. Sin embargo los radicalismos nunca fueron buenos y hoy se aboga por un uso conjunto de ambas.

Para concluir diremos que aunque son muchos los inconvenientes que hasta ahora se han planteado y las dudas que surgen en cuanto a su utilización conjunta, no cabe duda de que parecen mayores las ventajas que se pueden extraer; se gana en calidad y en seguridad cuando los resultados son iguales y cuando no ocurre así la división también puede ser enriquecedora (Javier Callejo, 98).

5. Estrategias cualitativas de evaluación

Existen múltiples estrategias que desde un paradigma cualitativo nos permiten el análisis de la realidad en los contextos educativos, entre ellas cabe destacar:

- La observación participante o no participante.
- La entrevista.
- Los grupos de discusión.

A continuación detallaré un poco en qué consisten estas técnicas para que pueda ser entendida la importancia de su utilización en las organizaciones educativas.

5.1. La observación

Consiste en los fenómenos educativos y describir todas las situaciones, implicados, causas... que en ellos tienen lugar.

Se puede desarrollar una observación no participante en la que el investigador se limita a describir las situaciones sin involucrarse en ellas; o la observación participante, en la que es el propio investigador el que provoca las situaciones a observar y se introduce en el proceso para ir dirigiéndolo hacia la meta de su estudio e ir logrando los objetivos propuestos al inicio del mismo.

5.2. La entrevista

Existen diferentes modalidades de entrevista según el grado de estructuración: entrevista en profundidad o dirigida que suele ser similar a los cuestionarios o test cuantitativos aunque puedan ser observadas otras variables; o la entrevista con respuesta abierta, donde el entrevistado va respondiendo de forma distendida a cuestiones generales que serán analizadas posteriormente centrándonos en aquellos aspectos relevantes para nuestra investigación.

5.3. El grupo de discusión

Son grupos de personas que se unen exclusivamente y por primera vez para crear un discurso alrededor de un tema que el preceptor expondrá directamente o dejará implícito para que vaya surgiendo a lo largo de la conversación.

Con él se pretenden analizar los discursos teniendo en cuenta la situación de producción de cada uno de ellos y el consenso al que se llegó.

No se trata de un diálogo o de una entrevista grupal sino que el preceptor es un mero observador y rara vez interviene a no ser que desee que se trate algún punto en concreto o que el debate se esté dilatando hacia otros campos distintos a nuestros intereses.

Canales y Peinado (en Delgado y Gutiérrez) dicen que "es una conversación grupal, pero lo es de un grupo que empieza y termina con la conversación", es decir, el grupo reunido no se conoce con el fin de crear una tensión y una "lucha" por el liderazgo y dominio de la conversación, que nos llevarán a descubrir los intereses y valores ocultos.

6. Conclusión general

Lo que interesa en todo proceso educativo, más que medir o cuantificar, es entender porqué están ocurriendo esos fenómenos en el aula y valorar su pertinencia, produciéndose así una situación de reflexión y de ajuste a las necesidades e intereses de los diversos colectivos que intervienen en los centros educativos.

Se recoge así todo lo imprevisible y se crea un currículum flexible, abierto al contexto en el que va a ser aplicado, a las situaciones específicas de cada aula y de cada persona, puesto que un aula no es un laboratorio donde podemos controlar la cantidad de disciplina o el rendimiento, sino que es un espacio en el que inciden emociones, relaciones entre compañeros y múltiples condiciones más. Hacemos así mismo uso de una evaluación procesual y formativa que se produce en cualquier momento: inicial, continua o final, y no sólo al finalizar el proceso.

El uso de la metodología cualitativa favorecerá el entendimiento de la lógica interna de los procesos que ocurren en el aula y contribuirá a una mejora y revisión constantes de los mismos, pudiendo diseñar estrategias de actuación a largo plazo sobre problemáticas específicas de los mismos, es decir, podremos identificar los factores que inciden en el absentismo escolar gracias al discurso de los sujetos que lo protagonizan, sin acusarlos directamente y un ambiente democrático y de diálogo amistoso, para proponer como última fase los mecanismos de ajuste.

La metodología cualitativa es una desconocida que nos amplia el ámbito de estudio hacia posibilidades insospechadas y todo lo que sea abrirse a nuevas perspectivas, consideramos que es positivo.

Bibliografía

ALONSO, L.E. *"La mirada cualitativa en sociología"*. Fundamentos. Madrid.

CALLEJO, JAVIER. *"Sobre el uso conjunto de prácticas cualitativas y cuantitativas"*. Revista Internacional de Sociología. Nº 21. 1998.

CONDE, FERNANDO *"Una reflexión sobre la práctica cualitativa en los 80. Los grupos triangulares"*. CIMOP. No publicado. (Material aportado en el curso de metodología cualitativa en instituciones educativas. Centro de Formación Continua. Granada 1999).

DELGADO Y GUTIERREZ. *"Métodos y técnicas cualitativas de investigación en ciencias sociales"*. Cap. 11: El grupo de discusión. Ed. Síntesis.

IBAÑEZ, JESÚS. *"Cuantitativo-cualitativo"* en Reyes, R. *"Terminología científico-social. Una revisión Crítica."* Ed. Antropos

PÉREZ GÓMEZ, ÁNGEL *"Modelos contemporáneos de evaluación"* en Pérez A. Y Gimeno J. *"La enseñanza: su teoría y su práctica"*. Akal. 1983.

PÉREZ GÓMEZ, ÁNGEL. *"Comprender la enseñanza en la escuela. Modelos metodológicos de investigación educativa"*. Cap. V de Gimeno J. y Pérez, Ángel *"Comprender y transformar la enseñanza"*. Ed. Morata. 1992.

EL LUGAR DEL PSICOPEDAGOGO/A EN LA ATENCIÓN A LA MULTICULTURALIDAD

ANTONIA DONCEL LENDÍNEZ
LOIDA OLMO PALACIOS
RAFAEL PAREJA CUENCA
RAQUEL RODRÍGUEZ RUIZ
TERESA TRAPERO CAPELI

1. Introducción

El fin que pretendemos en la realización de esta comunicación es la de analizar el papel que tiene el/la psicopedagogo/a en la atención a la multiculturalidad puesto que en los Institutos de Educación Secundaria se le han atribuido unas serie de funciones que favorecen la organización, desarrollo y dinamización de este tipo de centros. Entre esas funciones está la de ser un experto/a en el desarrollo del curriculum, puesto que es el/la que posee el conocimiento en aspectos educativos.

Por todo esto, es necesario que intervengan de forma activa, así se conseguirá que las personas pertenecientes a su comunidad escolar reconozcan la multiculturalidad que existe en el centro, y aún más, desarrollen una serie de actuaciones específicas para que los/las alumnos/as alcancen el pleno desarrollo de sus capacidades (cognitivas, afectivas, social, moral, motriz y *crítica*).

Especificando más en el aspecto de la multiculturalidad es necesario incluirlo en un análisis más amplio: la atención a la diversidad. Por ello centraremos esta visión de las funciones del psicopedagogo/a en este aspecto.

En el desarrollo de esta exposición haremos un recorrido sobre la fundamentación legal que le da el derecho y el deber al psicopedagogo/a en su actuación para atender a la diversidad y, en otro punto, su función. Una vez justificadas sus actuaciones centraremos nuestra atención en la intervención que debe promover para atender a la diversidad dentro del proceso de construcción e implementación del curriculum. Se analizará, en ese mismo punto, una serie de implicaciones educativas que se desprenden de todo lo desarrollado.

2. Fundamentación legal

2.1. Atención a la diversidad

Uno de los principios fundamentales que rigen a los sistemas educativos actuales, y con especial referencia al caso español, es proporcionar una formación básica común para todos.

La educación es considerada como un derecho social y por tanto se dirige a todos los ciudadanos en un plano de igualdad con ausencia de cualquier discriminación. Por ello, se concibe una formación básica común para todos que se organiza de forma comprensiva. Al mismo tiempo la necesidad de adaptarse a las diferencias existentes en los intereses de los/las alumnos/as, sus capacidades y necesidades, aconsejan la implantación de una progresiva diversificación en los contenidos.

Se deben ofrecer las mismas oportunidades de formación a todos los/las alumnos/as, con independencia de su origen social o de sus características individuales, con el objeto de que el curriculum actúe como elemento compensador de desigualdades sociales o económicas.

Partiendo de la Constitución como referente principal de toda la legislación existente de nuestro país, se dice que todos los españoles son iguales ante la ley sin que pueda prevalecer ningún tipo de discriminación por razón de sexo, raza, religión, creencia o cualquier otra condición social.

Partiendo de este principio constitucional, la LOGSE dice que el objetivo primero y fundamental de la educación es el de proporcionar a los niños y niñas, jóvenes de uno y otro sexo, una formación plena que les permita conformar su propia y esencial identidad, así como construir una concepción de la realidad que integre, a la vez, el conocimiento y la valoración ética y moral de la misma. Tal formación plena ha de ir dirigida al desarrollo de su capacidad para ejercer, de manera crítica y en una sociedad axiológicamente plural, la libertad, la tolerancia y la solidaridad.

Más concretamente, en el título preliminar, artículo 2.3 "La actividad educativa se desarrolla atendiendo a los siguientes principios:

c) La efectiva igualdad de derechos entre los sexos y el rechazo a todo tipo de discriminación, y el respeto a todas las culturas (...).

e) Fomento de hábitos de comportamiento democrático (...)".

Anterior a la LOGSE, la Ley Orgánica del Derecho a la Educación, establece en su título preliminar, artículo 1.1 que "Todos los españoles tienen derecho a una educación básica que les permite el desarrollo de su propia personalidad y la realización de una actividad útil a la sociedad. Será obligatoria y gratuita en la educación básica general y formación profesional de primer grado." En el articulo 1.3 "Los extranjeros residentes en España tendrán también derecho a recibir la educación a que se refieren los apartados 1 y 2 de este artículo".

Concretando un poco más y llegando a nuestro entorno andaluz, el Decreto 106 por el que se regula el currículo de educación secundaria para Andalucía, en la sección referida a la ordenación de la Educación Secundaria Obligatoria, con relación a la Atención a la Diversidad en el artículo 11 se dice que con objeto de hacer efectiva la coherencia entre los principios de comprensividad y diversidad sobre los que se organiza el currículo de la ESO, se establecerán diversos grados de adecuación curricular.

2.2. Función del psicopedagogo/a

En el Sistema Educativo español se pueden considerar como elementos fundamentales el currículum, profesorado y alumnado. Entre ellos se establecen una serie de relaciones influyentes entre unos y otros. Pero, además, es necesario tener en cuenta que existen otros elementos que pueden influir decisivamente en esas relaciones, como es la figura del psicopedagogo/a.

Así nos encontramos, por ejemplo, con las áreas de Formación Básica, de formación laboral y Acción Tutorial, las cuales serán impartidas por maestros/as de Educación Primaria, si bien en esta última contará con el apoyo y asesoramiento de los Departamentos de Orientación de los centros y, en su caso, de los Equipos de Apoyo Externo de la Zona Educativa.

Por lo tanto, y centrándonos en nuestro tema, la multiculturalidad no solo se debe dar una organización del profesorado, sino también una organización pedagógica definida por los siguientes rasgos: realista, abierta, motivadora e interdisciplinar. Es en esa organización en donde el papel estrella lo ejerce el/la psicopedagogo/a.

Se suele considerar al psicopedagogo/a, como un especialista en currículum (con lo que su ayuda en la planificación y desarrollo de los programas de multiculturalidad es innegable), por lo que tiene que poseer una serie de habilidades, conocimientos y recursos que pueda aplicar a la elaboración, toma de decisiones y gestión de los curricula.

Algunas de las funciones que se suelen atribuir al psicopedagogo/a son: pertenecer al Departamento de Orientación del centro, y en su caso, de los Equipos de Apoyo Externo de la zona educativa, para asesorar y apoyar la acción tutorial de los/las profesores/as; realizar la evaluación de carácter psico-pedagógica, consultando a padres/madres y alumnos/alumnas, y recabando un informe de la Inspección educativa, para decidir el acceso de determinados alumnos/as a las diferentes diversificaciones y adaptaciones curriculares; supervisar la labor del profesor/a como experto en currículo; ayudar a diagnosticar problemas y proponer soluciones a los problemas del profesorado en su función de asesor/a; facilitar el trabajo del profesor/a.

3. Intervención psicopedagógica en el currículum: atención a la diversidad

3.1. Introducción

En 1992 el M.E.C. establece una nueva especialidad de Pedagogía y Psicología (R.D. 916/1992, 17 de Julio; B.O.E., 27 Agosto); para realizar las funciones psicopedagógicas en cualquiera de las etapas del sistema educativo.

Función primordial será la de colaboración en el proyecto educativo y curricular del centro dentro del cual debe de prestar atención a todo lo relativo a la diversidad; colaborar con los profesores/as en la programación educativa y en todo lo referente a la atención a la diversidad, teniendo en cuenta tanto al profesorado, al alumnado y a la familia.

Todo ello será expuesto en los siguientes puntos, haciendo una mención final a las implicaciones prácticas, es decir, su desarrollo en actuaciones específicas (en las cuales el/la psicopedagogo/a tendrá una intervención fundamental para dinamizarlas y desarrollarlas).

3.2. Atención a la diversidad en el proceso de construcción del currículum

El/la psicopedagogo/a tiene que ser un especialista en el asesoramiento del profesorado, con relación a sus decisiones sobre la atención a la diversidad en el proceso de construcción del currículum.

Conviene centrarse en el/la psicopedagogo/a como punto de enlace entre la teoría explicativa del pensador en torno a la atención a la diversidad y la praxis diaria del profesor/a que trabaja en el aula.

El/la psicopedagogo/a debe procurar que el/la profesor/a alcance a comprender que la esencia de la calidad de su práctica diaria en el aula pasa por la reflexión como medio ineludible de proceder en la toma de decisiones.

La aplicación del currículum tiene varias lecturas; de una parte implica necesariamente el desarrollo de la acción educativa y, de otra, presupone una planificación que casi siempre se mejora con la reflexión sobre la práctica. Es en este punto del diagnóstico, sobre el ejercicio de la planificación, donde el/la psicopedagogo/a interviene corrigiendo errores y proponiendo innovaciones sobre la realidad de la atención a la diversidad.

Schwad (1969,1983) recomienda que el/la psicopedagogo/a tiene que realizar su labor dentro de equipos educativos cuya competencia, dentro de cada escuela; se debe de centrar en la revisión del currículum y su atención a la diversidad.

El/la psicopedagogo/a, como dinamizador del proceso de construcción y aplicación del currículum, tiene tres funciones fundamentalmente:

1.- Asesoramiento a los equipos docentes, en los procedimientos de desarrollo del trabajo en equipo, en la construcción y desarrollo del currículum, así como en la atención a la diversidad dentro de este, a fin de que los integrantes del grupo reflexionen sobre lo que ha ocurrido en el desarrollo de sus deliberaciones.

2.- Atender a la secuenciación, adecuación de los elementos y sus consiguientes dimensiones: objetivos, materiales curriculares y didácticos, medios y actividades... relativos a la atención a la diversidad, así como a las razones fundamentales que han llevado al grupo a justificar esa conceptualización determinada. Schwad (1983), considera que éste trabajo difícilmente puede llevarlo a cabo los mismos integrantes del grupo y requieren por tanto de la colaboración de un especialista en currículum que cuestione, planifique y oriente este proceso.

3.- Tiene que ayudar a identificar y difundir la planificación de los grupos que se plantea intencionalmente en torno a la atención a la diversidad. La necesidad de tal ayuda se fundamenta en la creencia de que los valores que plantea el grupo necesita de una comunicación que arraigue vínculos.

Schwad (1983) indica que el especialista en currículum debe de optimizar el trabajo del profesor, orientándolo en el conocimiento de la práctica curricular como atención a la diversidad a través de la legislación propia de cada país, conocimiento de valores y creencias que contribuyen a la guía de la práctica educativa así como el conocimiento de aquellas disciplinas pedagógicas necesarias para asesorar en la toma de decisiones curriculares en torno a la atención a la diversidad.

El modo particular de ejercer como especialista-asesor en currículum que atiende a la diversidad y adquirir las habilidades y conocimientos manifiestos sobre esta realidad, sólo será posible a través de experiencias de secuenciación integradas en los mismos centros escolares. Aprendizaje centrado en la práctica.

3.3. Asesoramiento en el desarrollo del currículum: diversidad

Una de las funciones básicas del psicopedagogo/a en el centro es su intervención como dinamizador/a en las tareas de ámbito educativo, entre ellas la atención a la diversidad y más concretamente a la multiculturalidad que puede existir en su contexto.

El/la profesional en su labor de asesoramiento tiene que preocuparse por mejorar la vida de las personas implicadas en el proyecto educativo. Para propiciar un clima de participación y flexibilidad se ha de dirigir, principalmente, a los profesores/as puesto que tienen una serie de ideas y de prejuicios a la hora de construir el curriculum que afectan a la población escolar. El/la psicopedagogo/a tiene que intervenir como líder haciendo que los/las profesores/as sean tolerantes en sus aulas y que transmitan esa tolerancia a sus alumnos/as y a la sociedad en general.

Es un/a especialista en curriculum, por lo que su trabajo consiste en ayudar al profesor/a a resolver los problemas que se plantean con relación a la toma de decisiones en su labor diaria de trabajo en el aula, cuando en ella hay que atender a la educación igualitaria.

El /la asesor/a no debe considerar al profesorado como "experto" en su materia, sino que tiene que realizar una orientación que facilite el trabajo de éste/a. El punto de partida del profesorado es su contexto social y el/la psicopedagogo/a le ayudará, como experto/a, a solucionar los problemas que se le planteen. La resolución del problema puede tener diferentes enfoques según el caso.

Para que el psicopedagogo/a pueda ser un buen profesional necesita tener una buena formación sobre temas de multiculturalidad, cómo planificar e implementar el curriculum y una serie de características propias y personales como, por ejemplo; la flexibilidad, tener amplitud de miras, habilidad para las relaciones entre personas, tolerancia, etc. Si esto se transmite adecuadamente con una serie de estrategias válidas en el desarrollo del curriculum se conseguirá que sean adoptadas por todos aquellos que participan en él.

La formación en esta materia tiene que ser un tanto personal, puesto que la carrera proporciona una escasa gama de asignaturas que preparen al psicopedagogo/a correctamente.

La función más importante del asesor/a en curriculum debe orientarse a ayudar al profesor/a presentar los problemas de la educación desde una perspectiva nueva, determinada por las demandas sociales en función de la naturaleza propia del niño o la niña, de los jóvenes, es decir, atendiendo a la diversidad. Se van a presentar diferentes cambios en el curriculum según los problemas que se les presentan y el psicopedagogo/a debe de hacer ver a los profesores/as si ese cambio es aceptable o no.

El asesoramiento del psicopedagogo/a se centra en dos niveles de concreción curricular: en el Proyecto de Centro y en la Programación de aula.

Con relación a los contenidos del curriculum se debe tener en cuenta que se han de ubicar en el espacio físico-social en el que se vive y que estos deben desarrollar las capacidades personales de la variedad cultural que haya en el centro y en el aula. Igualmente ocurre con la metodología y la evaluación que se ha de seguir para conseguir esos contenidos.

El asesor/a tiene que conseguir que el profesorado reflexione sobre los contenidos, la metodología y la evaluación que lleva a cabo. No pueden ser siempre los mismos, actuar de forma rutinaria, sino que se tiene que variar según el alumnado que exista en ese momento en su aula.

3.4. Implicaciones educativas

La multiculturalidad es un aspecto que es necesario tener presente y hacer explícito en los proyectos del centro si se desean obtener los fines educativos. Aquí es donde tendría su papel el/la psicopedagogo/a, ejerciendo las funciones antes descritas, para desarrollar una educación integral e individualizada. En la atención a la diversidad del aula debe partir de estos objetivos: "Realización de adaptaciones curriculares; atención a los aspectos que incidan en una educación para toda la vida; favorecer el desarrollo de la identidad personal y de la progresiva toma de decisiones; prevenir el fracaso, la inadaptación y las dificultades de aprendizaje; asegurar la continuidad educativa a través de áreas, ciclos e, incluso, centros; contribuir a una adecuada relación e interacción entre los integrantes de la comunidad educativa y entre ella y el contexto" (Molina, 1994).

El/la psicopedagogo/a debe tener un conocimiento amplio sobre cómo atender a la multiculturalidad que existe en un centro educativo, debe conocer las acciones educativas. Las acciones que se realizan para la atención a la diversidad dependerán del nivel de concreción curricular. En este punto nos referiremos más concretamente al tercer nivel, es decir, a la concreción de la programación general al alumno/a.

Como expresan las orientaciones prescritas desde la Junta de Andalucía debe actuar desde el departamento de orientación coordinando la elaboración, realización y evaluación del Plan de Acción Tutorial; además de funciones específicas con respecto al centro, el alumnado, profesorado y la familia. El/la profesor/a deberá seleccionar, junto con la ayuda del psicopedagogo/a las vías específicas de atención a la diversidad. Las vías específicas que nos da la Junta de Andalucía son (D.G.P.E.E., 95): optatividad, adaptaciones curriculares, diversificación curricular, programas de garantía social, la orientación y la integración en la ESO y la respuesta educativa a la diversidad en el ámbito de la zona geográfica. Centrando la atención en aquellos aspectos más determinantes para la atención a la diversidad y donde el/la psicopedagogo/a tendría una actuación muy directa:

- La optatividad: Se utiliza en la ESO y es utilizado tanto para el refuerzo como para la ampliación de la oferta educativa.
- El refuerzo educativo. Sería emplear las estrategias metodológicas y recursos específicos de una forma puntual, esporádica y variable de un/a alumno/a a otro/a.
- Adaptación curricular: Forma de actuar en el aula que implica desde una modificación de elementos material y profesionales hasta los elementos básicos del currículum.
- Diversificación curricular: Con ella se pretende la reorganización global del currículo, considerándola el/la psicopedagogo/a como una vía extrema y última.

4. Conclusiones

Las conclusiones a las que hemos llegado tras esta exposición se sintetizan en unas breves reflexiones.

El trabajo del psicopedagogo/a en la atención a la multiculturalidad se hace imprescindible a la hora de planificar e implementar el curriculum, puesto que como experto en él, será el único que realmente conozca cómo tratar este tema dentro de un centro y de un aula. Y, como se ha visto, la ley le otorga la función, el derecho y el deber de asesorar al profesorado para que se lleve a cabo una adecuada educación de niños/as y jóvenes de diferentes culturas que estén dentro de la comunidad educativa. Así, todos y todas podrán desarrollar sus capacidades y su desarrollo íntegro como personas, que es le objetivo último de la educación.

5. Bibliografía

JUNTA DE ANDALUCÍA. Consejería de Educación y Ciencia. Dirección General de Promoción y Evaluación Educativa (1995). "Materiales Curriculares. Educación Secundaria".

LEÓN GUERRERO, MARÍA JOSÉ (1996). "Educación especial para psicopedagogos".

LEY ORGÁNICA 8/1985, de 3 de julio, Reguladora del Derecho a la Educación.

LEY ORGÁNICA 1/1990, de 3 de octubre, de Ordenación General del Sistema Educativo.

LEY ORGÁNICA, 9/1995 de 20 de noviembre, de la Participación, la Evaluación y el Gobierno de los Centros Docentes.

MOLINA GARCÍA, SANTIAGO (1994). "Bases psicopedagógicas de la Educación Especial". Editorial Marfil.

ORDEN de 14 de julio de 1995, por la que se regulan los programas de garantía social.

REAL DECRETO 916/1992 de 17 de julio por el que se establece el título universitario oficial de Licenciado en Psicopedagogía.

PROBLEMAS DE LENGUAJE EN AMBIENTES DEPRIVADOS SOCIOCULTURALMENTE

ANTONIA NAVARRO CAÑADAS
EMILIO NAVARRO MASEGOSA
SOLA MARTÍNEZ, TOMÁS (Coordinador)

1. Introducción

Es nuestro propósito establecer las relaciones existentes entre un medio sociocultural deficitario y el desarrollo del lenguaje en el niño que se desenvuelve en tal medio, así como cualquier otro problema de lenguaje y comunicación derivados de esta circunstancia.

Trataremos, para ello, de delimitar conceptualmente qué es la deprivación sociocultural estableciendo los factores que confluyen en la situación de deprivación sociocultural y cómo inciden en el desarrollo del niño, identificando las necesidades educativas especiales derivadas de esta situación.

Como punto final trataremos de determinar en qué medida estos factores de deprivación inciden en el desarrollo del lenguaje y cuáles son las características lingüísticas de los niños en situación de deprivación sociocultural.

2. La depribación sociocultural

Con frecuencia, el concepto de deprivación sociocultural va asociado a otros conceptos como marginación, medio hostil, etc. Estos términos se refieren a los factores ambientales que en la deprivación sociocultural van unidos a determinadas necesidades educativas especiales. Así, por ejemplo, Verdugo (1996) habla de "deprivación social" para referirse a la falta de condiciones sociales y culturales que genera o puede generar una falta de ambiente regular que permita un aprendizaje, un crecimiento y una maduración similares al resto de los individuos que sí cuentan con ello. El mencionado autor señala que la deprivación social es una situación de desventaja por aspectos sociales, culturales y familiares, a la cual hay que atender como la causa de muchos de los problemas que luego aparecen en las aulas.

Otros conceptos afines son, por ejemplo lo que Pacheco Díaz y Zarco Resa (1993) denominan "desventaja sociocultural". Para ellos, esta desventaja puede ser entendida como:

- déficit genético, causa sustancial de la desventaja,
- déficit socioambiental desencadenante de la misma
- diferencias resultantes del ambiente.

Se entiende que tales diferencias se convierten en déficits como consecuencia del peso que tiene la cultura de clase media. Por tanto, el fracaso escolar es un concepto relativo sujeto al modelo de escuela y cultura imperantes, que prefigura los rendimientos escolares mínimos en relación con las calificaciones obtenidas. El fracaso escolar, por tanto, supone una visión reducida y parcial del problema, ya que deja fuera de consideración la importancia de otras variables como la responsabilidad de la familia, el entorno social y la propia institución escolar.

Verdugo (1997) se refiere con el término "conducta antisocial" a los problemas de adaptación social de aquellos alumnos que, procedentes de ambientes deprivados, generan en la escuela. Es decir, aquella conducta que refleje el infringir reglas sociales. Kazdin y Buela-Casal (1994) también utilizan el término para referirse a distintas acciones como peleas, mentiras, y otras conductas con independencia de su gravedad. Este término puede venir ligado a términos como delincuencia, rebeldía, marginalidad, etc.

Sánchez Palomino y Villegas Lirola (1998) definen la deprivación sociocultural como un cúmulo de circunstancias que son perjudiciales o al menos pueden obstaculizar el normal desarrollo cognitivo, físico, emocional y/o social de las personas que viven inmersas en ambientes de pobreza cultural y/o material. Señalan además que aunque las situaciones deprivativas, tales como la pobreza o la marginación, no conllevan necesariamente procesos inadaptativos, lo cierto es que éstos se producen con mayor frecuencia e intensidad en ambientes que padecen estas circunstancias.

Para Arroyo González y Soto Mellado (1998) la deprivación sociocultural consiste en aquellas situaciones escolares en las que se detectan necesidades educativas especiales asociadas a factores de salud e higiene, familiares, económicos y socioculturales, entendiendo que son estos factores los que obstaculizan el normal desarrollo cognitivo, físico y emocional del niño. De esta manera, estos autores se ciñen exclusivamente al ámbito escolar y tratan el problema desde esta perspectiva.

Factores de deprivación sociocultural

Los factores de deprivación sociocultural son un conjunto de condiciones de carácter ambiental y personal que influyen de manera decisiva en el desarrollo del sujeto y en su actividad escolar. Las situaciones deprivativas suelen aparecer como focos generadores de actitudes y conductas que si no impiden, en el mejor de los casos suponen trabas añadidas al normal desarrollo evolutivo de las personas que las sufren. Según Sánchez Palomino y Villegas Lirola (1998) inciden la falta de afecto familiar, la escasez de recursos materiales, educativos y comunitarios, la ausencia de modelos normativos adecuados, la inmersión en algunos casos en entornos familiares de carácter marginal con una economía sumergida, la dependencia familiar de las posibilidades de padres afectados por trastornos mentales graves u otras patologías que les impiden o dificultan una adecuada inserción laboral, el consumo por parte de las figuras parentales de sustancias adictivas o el padecimiento de alguno de ellos de patologías adquiridas con grave sintomatología y alto grado de contagio. Algunos de estos factores se clasifican y analizan a continuación:

1. Factores biológicos. Pacheco Díaz y Zarco Resa (1993) citan una serie de investigaciones a las que también se refieren Arroyo González y Soto Mellado (1998) cuando hablan de "factores de salud e higiene". Tanto unos como los otros, atendiendo a una dimensión temporal, distinguen entre factores prenatales y neonatales, asociados a la malnutrición, falta de higiene y agentes nocivos como la droga o el alcohol:

    * Prenatales:
        • "Síndrome fetal de alcohol". Su repercusión en las dificultades de crecimiento y deficiencia mental en la infancia (Jones y Smith, 1983).
        • Trastornos en el recién nacido por uso de heroína durante la gestación de la madre (Wilson, Desmond y Verniaud, 1973).
        • Malformaciones, retrasos en el crecimiento y posibles abortos por uso de otras drogas (alcohol, tabaco, antibióticos)
        • Malnutrición del feto por deficiente alimentación de la madre. Variable asociada en ocasiones con alguna de las anteriores (Zamenhof y Van Marthens, 1978).
        • Relación entre factores hereditarios y capacidad intelectual (Ajuriaguerra, 1982).
    * Neonatales. Pacheco Díaz y Zarco Resa (1993) señalan los siguientes:
        • Circunstancias del parto como duración excesiva, parto inducido, bajo peso, uso de anestésicos.
        • Riesgos de lesión cerebral y dificultades en el desarrollo de niños prematuros.
        • Trastornos por agnosia postparto. Pueden ser de dos tipos: leves (hiperactividad y disfunción cerebral mínima) y graves (parálisis).

2. Factores familiares. Se refieren estos factores a pautas de comportamiento que ofrece la familia en la que se desarrolla el niño y que en determinadas circunstancias ocasionan necesidades educativas especiales.

    * Arroyo González y Soto Mellado (1998) establecen tres grupos:
        • Código lingüístico: Pacheco Díaz y Zarco Resa (1993) citan a Berstein(1961) para hablar de la existencia de dos códigos lingüísticos entre clases sociales diferentes que participan de una lengua común: el código restringido y el código elaborado; el primero, o lenguaje formal, modela la función cognitiva, el desarrollo del pensamiento y los estilos de resolución de problemas. Los individuos de clase alta utilizan indistintamente el código elaborado y el restringido. Por su parte, la clase social baja tiene dificultades en el acceso al código elaborado, limitándose al uso del código restringido.
        • Pautas educativas. Arroyo González y Soto Mellado (1998) señalan la importancia del adecuado cuidado del niño a partir del segundo año de vida. La atención que se presta al niño, especialmente al llanto y a las verbalizaciones, parece influir positivamente en el desarrollo cognitivo. Igualmente se observa una influencia positiva en la adecuación de la estimulación y la variedad de experiencias.
        • Relaciones afectivas: El clima afectivo entre padres e hijos es muy importante para el normal desarrollo psicológico, la formación de una personalidad sana y la adaptación social. Una madre superprotectora no dejará que el niño crezca y progrese adecuadamente. Un abandono por parte del padre, una diferente valoración de los hijos, la ansiedad, la violencia y el abuso en el seno familiar pueden ser causantes de desajustes en el desarrollo del niño, evitando que vaya superando armónicamente las diferentes etapas de su infancia.

3. Factores socioculturales. Estos factores se refieren a las posibilidades que ofrece la familia y el entorno de alcanzar cierto nivel de conocimiento de la cultura a la que pertenece o en la que se desenvuelve.

* Nivel cultural de los padres: Pacheco Díaz y Zarco Resa (1993) afirman que el nivel sociocultural de la familia representa un factor decisivo en la inadaptación niño-escuela, y citan una serie de investigaciones que prueban dicha confluencia y que se reproducen a continuación:

  • Correlación positiva entre el nivel educativo de los padres y el C.I. de los hijos (Bahr y Leigh, 1978).

  • Diferentes estilos en la transmisión de patrones afectivos y de información madre-padre/hijos con repercusión en el desarrollo global del sujeto. Beckwith (1971) habla de la correlación existente entre estimulación y variedad de experiencias con el desarrollo cognitivo.

  • La privación social y familiar está relacionada con conceptos menos favorables de sí mismo, nivel de expectativas y motivaciones para logros. Descubrimiento que está relacionado con la conexión existente entre privación, rendimiento cognoscitivo y conocimiento de sí mismo (Whitman y Deutsch, 1968).

  • El grado de motivación de la familia está también en función de ese nivel sociocultural y de la concordancia con los objetivos y medio de la escuela (Ajuriaguerra, 1982). Ello es así por la diferencia de expectativas en relación con los tiempos de espera, orientados hacia el presente en la clase social baja, no preocupada por la planificación a largo plazo, con una mayor preferencia hacia el futuro en las clases medias y altas, capaces de posponer la satisfacción y el premio.

* Nivel ocupacional de los padres: Arroyo González y Soto Mellado (1998) dicen que hay una posible relación entre el nivel ocupacional de los padres y el desarrollo cognitivo y adaptativo de los hijos. Por su parte Pacheco Díaz y Zarco Resa (1993) citan las siguientes investigaciones que confirman dicha relación:

  • Bahr y Leigh (1978) encuentran índices de correlación significativa entre la ocupación paterna y el C.I. de los niños.

  • Ajuriaguerra (1982) recoge un estudio realizado por Schmid, J. R., que demuestra cómo la tasa de fracaso escolar está en relación directa con la ocupación paterna, sin hallar significación clara con la materna.

* Nivel socioeconómico: Estos factores se refieren a la pobreza material cuando no se cubren las necesidades básicas de la familia y por tanto impiden el desarrollo íntegro de la persona. La pobreza material está unida a situaciones de paro en las unidades familiares en edad de producir. En esta situación, la mayor preocupación familiar es la búsqueda de asistencia y el abandono y/o explotación de los más pequeños. (Fassin, 1996 en Arroyo González y Soto Mellado, 1998).

  Según Pacheco Díaz y Zarco Resa (1993), el nivel de ingresos familiares es una variable fuertemente ligada al desarrollo y proyección social de los sujetos. En las clases sociales más bajas aparece lo que se ha venido a denominar "cultura de la pobreza", manifestándose como una forma de vida radicalmente distinta a la de la clase dominante, con un estilo que se va trasmitiendo de generación en generación. La cultura de la pobreza, en definitiva, viene a establecer la estrecha relación entre pobreza y deprivación sociocultural. Los mencionados autores citan los siguientes estudios que avalan dicha hipótesis.

- Willerman, Broman y Fiedler (1970) demuestran que la desventaja de los niños de ambientes socioeconómicos bajos comienza en los años preescolares medido a través de escalas de desarrollo intelectual.
- Morris E. Eson (1972) apoya la postura posterior, argumentando que ello es debido, no a la constitución genética, sino a una falta de experiencia de apoyo necesarias para el desarrollo óptimo de aptitudes lingüísticas y cognoscitivas.
- Whiteman y Deutsch (1969) relacionan de modo positivo los antecedentes sociales y económicos con el nivel de aspiración de los padres y con el resultado en pruebas de rendimiento y tests de inteligencia.
- Mayor J. Y González Márquez (1987) afirman que la clase social se encuentra entre las variables que más claramente correlacionan el C.I.

Para Pacheco Díaz y Zarco Resa (1993) los sujetos que se desenvuelven en estos ambientes padecen principalmente, más que una disminución de su inteligencia en términos absolutos, una carencia de habilidades que le permitirían potenciar sus aprendizajes y desarrollo cognitivo; de ahí que muchos autores están de acuerdo en considerar que la clase social decide más sobre el rendimiento que sobre la propia inteligencia.

- Entorno: Se refiere a la geografía e instituciones que componen el entorno natural y social del niño. Arroyo González y Soto Mellado (1998) citan un estudio realizado por J.A. Torres Mora tomando como fuente el censo de 1981. Según ese estudio, los sujetos que habitan en zonas urbanas (poblaciones de más de 10.000 habitantes) están escolarizados a partir de los 14 años en mayor medida que los que residen en zonas intermedias (entre 10.000 y 2.000 habitantes) o en zonas rurales (menos de 2.000 habitantes). En 1981 los adolescentes de 14 años que vivían en zonas urbanas tenían una probabilidad del 8,9% de dejar la escuela antes de cumplir los 15 años; sin embargo, para sus compañeros que residían en la zona rural esta cifra se elevaba al 23,5%.
- El centro: Existen claramente diferencias entre los colegios en las medidas de sus resultados que no se pueden explicar simplemente por las diferencias físicas (tamaño y recursos) o el tipo de niños que matriculan. Estas variables hacen referencia al énfasis en el trabajo, al tiempo que el maestro dedica a las lecciones, al énfasis que pone en el esfuerzo y la responsabilidad, a las buenas condiciones de trabajo como aulas limpias, mobiliario en buen estado, etc. (Kazdin y Buela-Casal, 1994).

Necesidades educativas especiales en niños en situación de deprivación sociocultural

Para Arroyo González y Soto Mellado (1988), las necesidades educativas especiales que se detectan junto a los factores de salud e higiene, familiares, económicos y sociales y que tienen mayor incidencia y preocupación en los contextos escolares son la inadaptación social y el fracaso escolar.

La inadaptación social: Un inadaptado social es toda persona (niño, adolescente, joven o adulto) que, por su comportamiento e interacción con los demás y por su estilo de vida, no encaja en los patrones normales de comportamiento social aceptados por la comunidad o sociedad mayoritaria (Guash García, 1995, en Arroyo González y Soto Mellado, 1998).

Verdugo (1997) da una serie de razones por las que los niños que se desenvuelven normalmente en ambientes con deprivación sociocultural presentan un comportamiento no habilidoso y por tanto tienen necesidades educativas especiales. El mencionado autor señala que las razones de una dificultad para un comportamiento adaptativo en una conducta socialmente inadecuada estarían, sobre todo en la infancia y la adolescencia, en la falta de conductas socialmente adecuadas en el repertorio individual del alumno; no las han aprendido de manera natural, les han faltado modelos familiares o ambientes sociales y comunitarios donde se pudieran ejercer o aprender ese tipo de conductas, es más, a veces pertenecen a ambientes donde lo que se aprende es la hostilidad y la agresión, o se aprende la supervivencia del más fuerte, o que las conductas delictivas son el modo natural de comportamiento en ese barrio, comunidad o ámbito en el que vive. Es decir, el primer razonamiento de por qué no se aprende una conducta es porque no está presente en el repertorio, y no está presente porque no ha habido posibilidad de aprender de un modelo o sistema que le induzca a ello.

Otra razón para no desarrollar la conducta, según Verdugo (1987), es la falta de motivación interna en situaciones determinadas, el no tener una motivación intrínseca que lleve al niño a ejercer una conducta adaptativa relacionada también con este tipo de ambientes. Al niño le falta la respuesta, le falta la motivación, porque no entiende porqué tiene que realizar esos actos de conducta adaptada cuando a su alrededor no se realizan. En otros casos es porque no sabe discriminar situaciones y comete errores de comportamiento porque no sabe distinguir un tipo de situaciones de otras, no sabe discriminar qué tiene que hacer cuando está con compañeros de su misma edad o con adultos, con personas del mismo sexo o de distinto sexo, cuando está en un ambiente familiar o en un ambiente formal en el que tiene que manejar unas pautas de conducta, comportamiento y educación distintas.

Otro factor que provoca conductas inadaptadas es la inseguridad en los derechos propios, entendiendo por derechos propios el derecho a la expresión de los sentimientos, el derecho a la defensa de las opiniones y a la exposición de las mismas, etc., derechos naturales y básicos del individuo que tampoco se suelen desarrollar ni enseñar en las escuelas. Sin embargo encontramos familias y medios donde el individuo ve los derechos en quien tiene mayor fuerza y más capacidad de dominio sobre los demás, y donde la agresividad es el medio común de razonamiento y no la argumentación del respeto a la persona.

Por su parte, Arroyo González y Soto Mellado (1998) citan a Page (1982) para señalar los rasgos que definirían un comportamiento inadaptado:

1. *Función psicológica eficaz*: se refiere a la armonía de la personalidad, competencia en la autoevaluación, capacidad en la prueba de la realidad y el aprendizaje.
2. *Función social apropiada*: se refiere a la sensibilidad social, confiabilidad, actuación de acuerdo con la cultura.
3. *Autocontrol*: el individuo es capaz de actuar con plena libertad dirigiendo su propia vida, es autónomo.
4. *Evaluación social*: el medio en que vive valora su conducta como adaptada y válida.
5. *Evaluación personal*: el individuo se siente satisfecho de sí mismo y de su conducta, desea crecer y superarse, etc.

Considerando inadaptados o en el proceso de inadaptación a los alumnos que poseyendo una dotación intelectual aceptable presentan alguna alteración en las variables mencionadas anteriormente, se pueden establecer dos categorías de niños inadaptados: los niños riesgo (el riesgo puede ser definido como cualquier condición o variable que incrementa las probabilidades de un desarrollo anormal), con los que habría que realizar una labor fundamentalmente preventiva, y los niños inadaptados, con los que hay que realizar una labor de recuperación (Ruiz del Árbol y López-Aranguren, 1995 en Arroyo González y Soto Mellado, 1998).

El fracaso escolar: El fracaso escolar se entiende como la no consecución de los objetivos que marca el Currículo General Obligatorio del Sistema Educativo. Se presenta en múltiples ocasiones asociado a situaciones de deprivación sociocultural. Hasta ahora se entendía el Currículo para todos los alumnos, sin una clara diferenciación por motivos socioculturales, familiares y económicos, midiéndose puramente escolares como la no consecución de los objetivos programados. Siendo esto así, resulta lógico que las poblaciones escolares más alejadas de esos objetivos mínimos obtengan los más bajos niveles de logros. Con la entrada de la Reforma del Sistema Educativo, se contempla por primera vez la atención a la diversidad con recursos como adaptaciones curriculares y diversificaciones curriculares. No obstante, cuando la inadaptación al sistema escolar es grave, como conductas delictivas y rebeldía ante las normas escolares, estas medidas también resultan insuficientes.

Cabría decir que no existe un solo fracaso escolar, sino múltiples: el centrado en la escuela, con su incapacidad; en la familia y la sociedad, con sus limitaciones y en el alumno, al no alcanzar los objetivos propuestos.

3. Relación entre factores socioculturales y desarrollo del lenguaje

García Vílchez (1993) recoge una serie de factores que influyen directamente en el retraso en el desarrollo del lenguaje oral. Entre ellos están los factores socioculturales y afectivos y hacen referencia a aspectos tales como:

- El nivel sociocultural de la familia.
- Los modelos lingüísticos utilizados en el entorno en el que está inserto el sujeto.
- Las relaciones afectivas y de comunicación entre padres e hijos.
- Características personales del sujeto.
- Deficiente estimulación verbal, sensorial y motora.

Según Berstein (1989), gran parte del los aprendizajes del niño se elaboran a través del aprendizaje familiar y social en el que está inmerso. Como indicamos en el capítulo anterior, el niño puede, a través de esos sistemas, adquirir un "código lingüístico elaborado", útil para la adquisición de nuevos conocimientos e idóneo para la expresión de ideas abstractas y propio de las clases medias; o por el contrario, un código " lingüístico restringido", poco útil para la adquisición de nuevos aprendizajes y propio de los ambientes con deprivación cultural.

En los sujetos desfavorecidos, a esta pobreza de modelos lingüísticos se une además una deficitaria estimulación verbal y sensomotriz, lo que determina condiciones menos favorables aún en las primeras etapas del desarrollo.

García Vílchez (1993) señala que el bilingüismo mal integrado es otro factor que puede tener influencia negativa en el proceso de desarrollo del lenguaje. La experiencia demuestra que, cuando las condiciones para el aprendizaje de una segunda lengua se realiza en un medio estimulante y una vez que la lengua está bien elaborada (sobre los tres años), el bilingüismo no es un elemento perturbador sino que favorece el desarrollo del lenguaje y el desarrollo cognitivo del niño.

La actitud de los padres (sobreprotección, rechazo, ambivalencia…), los celos del hermano menor, etc. son factores que pueden provocar en el niño un periodo de infantilismo más o menos duradero y que lógicamente afecta al desarrollo del lenguaje.

Para Pardial Rivas (1993), la maduración del cerebro en el hombre, aproximadamente a los tres años, constituye un prerrequisito y factor interviniente esencial en el desarrollo del lenguaje. Sin embargo, la cultura, la inserción en un grupo socialmente constituido, el contexto ambiental, son a partir de estos momentos determinantes de la conducta lingüística del sujeto y, a la postre, pueden ejercer tanta o más influencia que la maduración en su desarrollo posterior. Por ello, pese a haber un grado notable de regularidad en la aparición y desarrollo del lenguaje del niño, dada su dependencia inicial del reloj madurativo, existen, no obstante, diferencias individuales en la fecha de aparición, que pueden ser explicadas, en parte, por la influencia ambiental. El ambiente, ejercerá cada vez en mayor medida, una influencia decisiva en la adquisición de los posteriores niveles de competencia lingüística.

Por tanto, la interrelación adulto-niño es fundamental en el desarrollo de la comunicación infantil. En este proceso de socialización, el adulto desempeña la tarea principal, decodificando y codificando los primeros reflejos-señal del niño, y organizando y guiando las primeras experiencias infantiles. En este proceso interactivo, el lenguaje desempeña un papel fundamental, ya que no sólo es vehículo de comunicación, sino que cumple una función reguladora del comportamiento. El lenguaje, es un instrumento con el que se hacen cosas y se hacen para otro. Es decir, no es un mero cálculo de oraciones ni un catálogo de significados, sino un medio de relacionarse con otros seres humanos en un mundo social con la intención de hacer algo (Bruner, 1984 en Shum, 1996).

Cuando el medio ambiente y la interacción que este establece con el niño no es favorable, aparecerán déficits no sólo en la adquisición del lenguaje sino también en el desarrollo global, tanto orgánico como psicológico. Shum (1996) hizo el estudio de un sujeto con deprivación sociocultural que además sufría malos tratos. Los aspectos de maduración física (talla, peso, etc.) de este niño se normalizaron tan pronto como se modificaron las condiciones ambientales. Sin embargo, no ocurre de la misma manera con los aspectos de desarrollo psicológico, entre ellos el lenguaje, que requieren unas condiciones más específicas y diferenciadas, y su adecuada evolución no sería posible sin contar con la maduración y la evolución sucesiva de las distintas funciones físicas y psicológicas del individuo. La consolidación de dichas funciones no será posible sin la presencia de un conjunto de experiencias adecuadas y proporcionadas por el agente socializador a través de la interacción.

El entorno donde vivía el niño estudiado por Shum, caracterizado por falta de cuidado físico (higiene y alimento), desorganización de horarios, carencia de estimulación positiva y, además con malos tratos y falta de afecto, imposibilita el desarrollo de las sensibilidades y la diferenciación de la mismas. Esto significa que la carencia de una adecuada interpretación y respuesta contingente del adulto a las primeras manifestaciones infantiles impide que el niño se organice y diferencie las emociones básicas, lo que obstaculizará la adquisición y desarrollo de los primeros signos comunicativos, que son las expresiones gestuales, condición necesaria para el posterior acceso al lenguaje verbal. Por otra parte, esta carencia comunicativa adulto-niño le impide encontrar un modelo imitativo, condición imprescindible en el desarrollo de la representación.

En el transcurso del desarrollo del lenguaje, cobra especial importancia, por lo tanto, el rol del adulto que establece un tipo de relación con bebé desde su nacimiento. Usualmente, esta relación afectiva se establece en mayor medida con la madre, aunque la figura del padre es cada vez más importante en la crianza de los hijos.

Pardial Rivas (1993) denomina "apego" a esta relación especial que hace referencia al lazo afectivo que una persona establece entre ella misma y el otro, y que les impulsa a estar juntos en el espacio y en el tiempo.

Esta tendencia a estar juntos les permite comunicarse y establecer un contacto físico frecuente.

La conducta de apego que desarrolla el bebé respecto al adulto que se ocupa de su cuidado, que le permite satisfacer sus necesidades biológicas, se manifiesta a través del vínculo afectivo que se establece entre ambos.

La figura de apego es la que recibe del bebé los primeros indicios de comunicación social. Esta figura desarrolla respecto al bebé unos comportamientos específicos que favorecen (o dificultan en su ausencia) su desarrollo cognitivo y del lenguaje.

El lenguaje gestual es el primer vehículo de la interacción niño-adulto, y además es el medio que contribuye a la organización y desarrollo infantil. En un primer momento, es el agente socializador el que proporciona, en el proceso comunicativo, los primeros gestos al bebé. Progresivamente el niño adquiere, a través de la repetición de las experiencias en la interacción, los signos (gestuales y lingüísticos), y los utiliza como medios de expresión. Gracias a los signos se hace posible paulatinamente, la interacción didáctica adulto-niño, ampliando las experiencias infantiles . Esto es, el niño organiza, a través de los signos, el esquema corporal (los movimientos tónicos y cinésicos), diferenciándose, poco a poco, de los objetos y el espacio físico; y al mismo tiempo es capaz de organizar las primeras acciones. Precisamente el desarrollo sensoriomotor no sólo es previo a la adquisición del lenguaje, sino también es la condición necesaria para el desarrollo de éste (Piaget, 1976 y Wallon, 1976 en Shum, 1996).

Pardial Rivas (1993) citan a Palacios y otros (1989) para hacer referencia a la recopilación que hacen de conductas de la madre en su relación con el bebé. Recurre a los gestos en la comunicación con el bebé con mucha más frecuencia que lo hace con otros adultos, para facilitar la percepción del niño. Cuando utiliza lenguaje verbal, está más simplificado y es redundante, utiliza pocas palabras y de forma repetitiva, con grandes inflexiones de voz, y con sintaxis muy simple.

Además tiene una gran carga afectiva que le permite comunicar al niño sus sentimientos amorosos hacia él. Durante todas las etapas del desarrollo del lenguaje, la madre desempeña un papel decisivo.

El adulto, cuando interviene en el aprendizaje del niño, actúa como un albañil, que primero construye los cimientos sobre los que edificar. Estos cimientos deben ser sólidos, aunque luego no sean visibles, para poder seguir construyendo el edificio sobre ellos (Bruner, 1989 en Pardial Rivas, 1993).

Las bases del aprendizaje del lenguaje en el niño, los requisitos básicos previos (comunicación gestual, afectiva, miradas, sonrisas) deben ser sólidamente establecidos para proseguir con la posterior construcción del lenguaje.

Sigue el albañil construyendo sobre los cimientos; el aprendizaje en cada etapa debe construirse sobre los conocimientos previos que el niño, de ahí la necesidad de ese ajuste fino que se da en la interacción verbal madre-bebé en la que aquella baja su nivel lingüístico y utiliza el lenguaje infantilizado para acercarse en lo posible a las competencias y capacidades del niño.

Una madre peca por exceso cuando utiliza un lenguaje excesivamente complejo y elaborado con su bebé.

Sigue la comparación con el albañil, mostrando como éste, cuando ya no es capaz de construir desde el suelo porque el edificio ha crecido suficientemente, monta un andamio que le permite seguir con su tarea, aunque le obligue otra vez a agacharse para ponerse a la altura de la construcción. Sigue su construcción montando y desmontando el andamio con la altura adecuada hasta que concluye su edificio. En este momento, desmonta definitivamente su andamio, pues este no forma parte de la construcción, es sólo una ayuda externa.

La madre óptima, en este ajuste fino que consigue en sus interacciones verbales con el niño, actúa de manera similar al albañil, subiendo el listón cada vez que comprueba un avance en la construcción del lenguaje del niño. No se detiene en etapas anteriores, manteniendo el lenguaje bebé no más del tiempo preciso para que le permita al niño avanzar en su aprendizaje.

Además, cuando el niño ha completado su proceso de adquisición y aprendizaje del lenguaje, se retira y permite que sea él mismo el que utilice esos conocimientos en la comunicación con los demás facilitándole el logro de la autonomía lingüística, favoreciendo la expresión libre y creativa de sus ideas.

La madre óptima está inmersa en este proceso de andamiaje, en este proceso de transferencia interpersonal en el que va cubriendo ciertos requisitos de aprendizaje:

- Conecta con el nivel de desarrollo actual del niño, no actúa en el vacío; de un tirón hacia arriba, va subiendo.
- Las competencias, las habilidades se transfieren poco a poco, cuidando de que exista un ajuste muy fino, en el marco de una relación interpersonal afectiva, cálida, muy estable, continuada, no puntual.
- Las expectativas sobre las posibilidades de aprendizaje del niño son muy altas, lo que provoca una alta motivación en éste.

Estas estrategias educativas se desarrollan en un ambiente lúdico. El juego es esencial en la vida del niño; por medio del juego se acomoda o adapta a la realidad según sus necesidad o en función de los medios de que dispone. Con la actividad lúdica inventa situaciones, crea e imagina hechos, datos, personajes a su medida; desarrolla estrategias y habilidades. Pardial Rivas (1993) afirma que Vygotsky también consideró la importancia del juego para el desarrollo intelectual y del lenguaje en el niño. En la acción diaria, el habla surge de la percepción de las cosas, es decir, en la realidad cotidiana coinciden percepción y denominación, mientras que en el juego se separan. El palo se percibe, sin duda como un trozo de madera, pero el niño que juega y lo convierte en caballo, le atribuye un significado distinto, se sirve de él como si fuera un verdadero caballo, con las características del caballo, y desarrolla sus propias ideas sobre él.

Las cosas o situaciones imaginadas se hacen tan reales que se puede jugar con ellas, aunque sólo a través del lenguaje. Se produce entonces una separación entre percepción y enunciado semejante a la que, en edades posteriores, se presenta con la iniciación del pensamiento abstracto: se está utilizando un lenguaje descontextualizado de la realidad inmediata.

El niño juega con el lenguaje prácticamente desde su nacimiento; ya en las primeras semanas de vida, el bebé disfruta emitiendo sonidos. Más tarde juega con sílabas y palabras sin sentido hasta que consigue utilizar el lenguaje para fantasear, contar historias, etc. Llega a convertirse el lenguaje en un elemento insustituible para desarrollar sus juegos: primero juega con el lenguaje, luego se sirve de él para jugar.

Este ambiente lúdico, gratificante para el niño y para su madre, es el caldo de cultivo ideal para un desarrollo cognitivo y del lenguaje óptimo, que facilite el uso comunicativo o pragmático del lenguaje en aquellos esquemas de interacción propios de la cultura: pedir y dar información, expresar emociones, sentimientos, comunicar y compartir experiencias.

Su ausencia es causa de muchas dificultades lingüísticas y comunicacionales que se presentan con posterioridad en el transcurso del desarrollo de la persona.

4. Características comunicativo-lingüísticas de los grupos sociales deprivados

Clemente Estevan (1995) afirma que el lenguaje como comportamiento resulta afectado por las características socioculturales de los hablantes. Los diversos grupos sociales tienen diversos hábitos comunicativos y modelos lingüísticos de referencia, lo que origina que los niños que aprenden en el seno de estos grupos demuestren ejecuciones lingüísticas significativamente diferentes. Este hecho representa un serio problema para la posterior vida escolar y social de los niños, si se tiene en cuenta que:

a) los grupos sociales con poder económico, cultural y social no valoran por igual unas u otras versiones del mismo idioma;
b) la escuela y los medios de comunicación utilizan sólo versiones elaboradas o sofisticadas, minusvalorando y considerando erróneas otras posibles ejecuciones verbales menos elaboradas.

Éste es un tema que interesa a los educadores en tanto en cuanto las diversas clases sociales reciben atención escolar estandarizada y se ha comprobado que el fracaso escolar acompaña a muchos de los niños que no están acostumbrados, cuando llegan a la escuela, a los usos elaborados de su idioma que se utilizan en la enseñanza formal (habla de los profesores, lenguaje escrito en los textos, etc.).

Ya se han mencionado anteriormente las teorías de Berstein (1985) sobre códigos y clases sociales. Según Clemente Estevan (1995), hasta la difusión de sus trabajos, no se había teorizado ni relacionado los datos diferenciales con otro tipo de implicaciones sociales o escolares.

La preocupación de los trabajos de Berstein fue la relación entre clase social, lenguaje y éxito escolar. Para describirlo explícitamente, este autor definió dos tipos de lenguaje que caracterizaban cada uno de ellos a una de las dos clases sociales (clase media y clase trabajadora); llamó a la manera de hablar de las clases medias formal o elaborada (código elaborado) y pública o restringida a la forma de hablar de las clases trabajadoras (código restringido).

Así pues, una gran parte de la experiencia del niño se estructura a través del sistema de transmisión familiar en el que participa.

La forma en que se seleccionan los significados (aquello que se considera relevante y foco de atención) y cómo se organizan estos significados en el discurso práctico, es distinta en función de las clases sociales.

Cuando en un medio familiar la contextualización está orientada hacia significados relativamente independientes del contexto, el niño desarrolla un lenguaje elaborado, un lenguaje que pone el énfasis en los rasgos generales de los objetos, relaciones y situaciones percibidas.

Adquiere así un código lingüístico elaborado, propio de las clases medias que, cultivado desde los primeros años en el ambiente familiar, sirve de soporte a toda la instrucción posterior, la refuerza y es un vehículo fácil y natural de transmisión de conocimientos.

Este código elaborado que las clases altas utilizan para expresarse, es también el que utiliza la escuela, los medios de comunicación y los niveles más elaborados de transmisión cultural y social.

En cambio, cuando este hecho se realiza en familias o en ambientes con deprivación sociocultural, se orienta hacia significados relativamente dependientes del contexto, de un universo restringido, muy poco estructurado.

Este hecho tiene una explicación sencilla: la principal preocupación de estas familias es la supervivencia, el quehacer cotidiano, el cómo superar las dificultades diarias, por lo que en su vida queda poco hueco para separarse de su espacio físico e intelectual.

El niño desarrolla así un código lingüístico restringido, un lenguaje limitado esencialmente a la comunicación concreta e inmediata, insuficiente de todo punto en el medio escolar.

El código restringido, propio de las clases bajas, no se usa ni técnica ni culturalmente.

Los sujetos que sólo dominan el código restringido tienen graves deficiencias educativas porque la educación formal necesita y usa un código elaborado. El código restringido no es apropiado para el intercambio de información, ni para la expresión de ideas abstractas y da como resultado un aprendizaje que nunca llega a integrarse en esquemas preexistentes.

Por el contrario, los niños de clase media participan de una forma de interacción familiar que, tanto por su contenido informativo, como por la transmisión de principios generales es congruente con el código recontextualizador de la escuela.

Berstein realizó un estudio recogiendo en cintas magnetofónicas la discusión de grupos de sujetos adolescentes cuando hablaban sobre la abolición de la pena de muerte. Las cintas se analizaron en función de la pertenencia social de los hablantes y sobre numerosas variables dependientes descriptoras de características lingüísticas.

Berstein resume así las características de los hablantes del código restringido:

- Escasa longitud de frase.
- Alta frecuencia de frases inacabadas.
- Pocas pausas (más baja planificación porque sus frases eran altamente predecibles).
- Complejidad gramatical muy escasa.
- Uso repetitivo de nexos (entonces, y, después, porque).
- Uso limitado y rígido de adjetivos y adverbios.
- Más uso de "tú" y "ellos".
- Enunciados sociocéntricos como "¿no crees?", "¿no es así?".
- Uso frecuente de preguntas y mandatos cortos.
- Fórmulas de conclusión del tipo: "te lo dije".
- Simbolismo con bajo nivel de generalidad.

Mientras que a los hablantes del código elaborado atribuiría las siguientes características:

- Frases largas.
- Mayor cantidad de pausas.
- Alta complejidad gramatical.
- Uso bueno y correcto de nexos entre frases. Selección buena y muy discriminativa de adjetivos y adverbios.

- Uso frecuente de pronombres impersonales.
- Enunciados internos: "yo creo", por ejemplo.

Ramos Ruiz (1997) hizo también un estudio con niños pertenecientes a zonas social y económicamente deprimidas del oeste zamorano. En su estudio hace una descripción de los déficits que presentan los alumnos en las diferentes áreas. El área lingüístico-verbal es una de las áreas claves y específicas de tratamiento. Los déficits se muestran por:

- El medio está altamente empobrecido, carece de objetos, situaciones y referentes que se dan normalmente, y por tanto no hay necesidad de nombrar estos objetos, dando lugar a un vocabulario muy pobre, referido a su experiencia concreta del entorno. Así, por ejemplo, al trabajar la Unidad Didáctica del domicilio familiar, se le pidió a un niño que nombrara las cosas que había en su dormitorio. "Una cama", respondió el niño. "¿Y qué más?". El niño no tenía armarios, ni cortinas, ni nada. Todo este vocabulario cae fuera de su campo de uso, y es necesario enseñárselo de forma apropiada y significativa.
- La sintaxis es pobre, carece de enlaces, de frases subordinadas o complejas, de uso de relativos. En su medio, el lenguaje tiene una función de comunicación sucinta de acciones o de actividades que hay que realizar. Es necesario dotarles de un lenguaje más flexible, rico, variado y fluido a través de pautas sucesivas de complejidad.
- Errores propios transmitidos de padres a hijos, sobre todo a nivel morfosintáctico (p. ej.: hablemos - > hablamos), y que son muy difíciles de erradicar.

Berstein sugirió el relativo fracaso escolar de los niños de grupos deprimidos por dos razones básicas:

a) El código elaborado es el empleado en las escuelas, por eso los niños de clase media tienen ventajas académicas sobre los niños de grupos sociales deprimidos.
b) Los maestros, siendo de clase media, podían interpretar mal y no valorar adecuadamente las actitudes e intenciones de sus estudiantes hablantes de códigos restringidos, al estar expresadas en una forma no deseada ni habitual para ellos.

En resumen, Berstein considera que el lenguaje está determinado por la clase social y determina a su vez las actividades cognitivas, las adquisiciones futuras y todos los comportamientos de los individuos: es una variable trascendental en el destino cultural de cada persona.

No se trata de admitir variables lingüísticas más o menos correctas en el lenguaje de los distintos grupos sociales sino de aceptar que existen diferencias de orientación dentro del potencial semiótico total entre unas clases sociales y otras.

La orientación al significado más concreto, más próximo, dentro de un contexto restringido a la realidad inmediata; o centrado en relaciones abstractas, más amplio y elaborado. Esta es la clave de un desarrollo lingüístico más o menos elaborado, y en consecuencia, de un desempeño escolar más o menos favorable.

La procedencia social parece influir no sólo en el desarrollo del lenguaje de los niños, sino también en su desarrollo intelectual, dada la interdependencia que existe entre desarrollo cognitivo y desarrollo del lenguaje.

Clemente Estevan señala dos limitaciones en la tesis de Berstein:

La primera ha sido muy general, y tiene carácter metodológico. Berstein utilizó muy pocos sujetos y evaluaba muchas variables, por lo que experimentalmente sus trabajos son poco fiables y sus resultados podrían no ser generalizables a otros grupos culturales o deberse a algunas características especiales de las muestras estudiadas.

La segunda es que sus implicaciones sociales e intelectuales resultan especulativas. Sería necesario más y mejor investigación para relacionar, por ejemplo, determinado nivel de complejidad sintáctica con la posibilidad de comunicarse o de explicar acontecimientos científicos y, por tanto, de fracasar en situaciones escolares y sociales generales.

Además de las diferentes variantes o códigos lingüísticos relacionados con la clase social del hablante, Clemente Estevan (1997) hace referencia a otras variaciones que afectan asimismo a los hablantes de un mismo idioma. Se trata de los dialectos, o variaciones que un mismo idioma sufre entre unas zonas y otras. Estas variaciones suelen afectar al vocabulario, a la pronunciación, y a las estructuras gramaticales. El castellano, como lengua muy extendida, tiene numerosas variedades dialectales, siendo muchas de éstas poco reconocidas o aceptadas, e incluso menospreciadas con respecto a la variedad estándar (la variedad de los medios de comunicación).

La confusión entre dialecto y código ha sido bastante general, debido a que muchas de las características descritas por Berstein se corresponden con las de los dialectos. Clemente Estevan afirma que Berstein y sus colegas no dan suficientes ejemplos para clarificar esta cuestión y cita a Labov (1970), quien demostró con evidencias empíricas que las características lingüísticas consideradas como descriptivas del código restringido no eran sino características de dialectos no estándares.

Los dialectos no estándares difieren de los estándares no en que incumplan las reglas, sino en que tienen diferentes reglas. Así, los hablantes de determinada área no estándar hablan su versión no estándar, pero no una modificación restringida del modelo estándar.

Labov defendió también iguales posibilidades para el trabajo intelectual y académico para cualquiera de las versiones no estándares.

En caso de comunidades aisladas, es posible que las versiones habladas den lugar a dialectos no estándares alejados del código elaborado o dialecto estándar. Pero, en definitiva, mientras políticamente los hablantes de estos dialectos no consigan consideración social hacia ellos, los niños hablantes de estas versiones verán restringidas sus posibilidades escolares, culturales y profesionales. Y además, cuando un dialecto consiga imponer sus características en contextos más o menos formales, nuevos dialectos no estándares aparecerán para hablantes de grupos sociales poco favorecidos.

Coincidiendo con las críticas de Labov, Berstein reformuló su teoría argumentando que los códigos caracterizaban la ejecución de los individuos, pero no debían tomarse como modelo de descripción de la competencia; es decir, que la posibilidad de desarrollar una versión elaborada de su propio idioma está al alcance de cualquier sujeto; cualquier hablante conoce las reglas de su lenguaje; sin embargo, puede o no usarlas.

El código está en el pensamiento del hablante como un grupo de reglas de referencia. La posesión del código hace al hablante capaz de conocer las posibilidades alternativas lingüísticas a elegir en una u otras situaciones. Desde esta perspectiva Berstein sugiere que las experiencias lingüísticas de los niños permiten a éstos no sólo conocer las reglas gramaticales de generación de enunciados, sino las reglas de código que le permiten elegir ciertas características semánticas y sintácticas apropiadas para cada situación. El niño aprende cómo expresar verbalmente su intención y comunicarse con otros y adquiere las reglas que le guían hacia la selección de posibilidades lingüísticas. Los niños de algunos niveles social y culturalmente altos pueden desarrollar los dos códigos, mientras que los niños de niveles deprivados sólo tienen acceso al código restringido.

Clemente Estevan (1995) hace una clasificación de las investigaciones realizadas a raíz de los trabajos de Berstein en dos áreas principales:

1. Las investigaciones para ratificar las implicaciones y características de los códigos lingüísticos:
   • Lawton (1968) analizó el nivel semántico de los enunciados y encontró en los sujetos de las clases bajas enunciados concretos y rituales, mientras que en las clases medias la mayor parte de los enunciados eran categoriales y abstractos.
   • Hwakins (1977) resume las propuestas de Berstein de la forma siguiente:
     —Un código restringido es contextualmente dependiente; un código elaborado, independiente.
     —Un código restringido es particularista; un código elaborado, universalista.
     —Un código restringido depende de significados implícitos; un código elaborado, de significados explícitos.

2. Las investigaciones dirigidas a comprobar la existencia de diferencias lingüísticas en el estilo de interacción familiar, es decir, se intenta comprobar la responsabilidad que el lenguaje familiar tiene en la transmisión de los códigos, antes de su repercusión escolar:
   • Hess y Chipman (1965) encontraron que las madres de clases medias usan elementos sintácticos más complejos y pocos pronombres personales.
   • Brandis y Henderson (1970), en un estudio llevado a cabo con niños de cinco años, encontraron que los niños de clases medias hacían más demandas de descripción y de narración que los niños de medios desfavorecidos. También hallaron diferencias en el uso de adjetivos y sustantivos, siempre a favor de los niños de clase media. Estos autores no encontraron diferencias entre las dos clases sociales en la cantidad de tiempo que las madres hablaban con sus hijos. Sin embargo, las expresiones que las madres utilizaban para decir de qué hablaban con sus hijos fueron muy diferentes; mientras las madres de nivel alto explicaron que lo hacían para intercambiar ideas, las madres de clase trabajadora dijeron que lo hacían para decir al niño lo que estaba bien o mal, y por razones afectivas.
   • Cook Gumperz (1973) preguntó a las madres sobre lo que hacían en situaciones problemáticas. Las respuestas fueron clasificadas en tres grupos:
     —Técnicas imperativas: propuestas de ordenes, realizadas verbalmente o con ayuda de gestos.
     —Apelaciones de situación: restricciones de las madres al comportamiento de sus hijos, dándoles argumentos.
     —Apelaciones personales: refuerzos personales dirigidos directamente hacia el comportamiento del niño y sus relaciones con los demás.

   No se encontraron diferencias en el uso de las apelaciones situacionales. Sin embargo, mientras las madres de nivel bajo hacían más llamadas imperativas, las madres de nivel social alto utilizaban más apelaciones personales.

   Las madres de nivel social bajo tienden a usar técnicas imperativas para regular el comportamiento infantil, sin dar razones justificativas a la vez; lo habitual entre las clases bajas es que, si el niño es capaz de entender argumentos verbales, se utilicen argumentos de tipo situacional.

Los argumentos personales parecen ser los más efectivos para desarrollar un buen lenguaje, puesto que tienen la ventaja de unir aspectos personales con sociales, en ellos se explica el comportamiento de otras personas a las que el hecho en sí puede afectar. Estos argumentos desarrollan conciencia de control interno de la propia actividad, así como el inicio de la adquisición de los principios morales.

Por último, las madres de nivel alto tendían a tener más en cuenta la intención infantil. Lingüísticamente los niños de niveles altos tienen más posibilidad de oír frases abstractas y largas, a menudo descontextualizadas del aquí y el ahora para regular su conducta, mientras que los niños de niveles bajos reciben "inputs" muy ligados al contexto concreto e inmediato

- Robinson y Rackstraw (1972) encontraron que en las respuestas de los típicos "¿por qué?" infantiles, las madres de nivel socioeconómico bajo eran parcas, exponiendo razones definitivas que no se prestaban a nuevas preguntas por parte de los niños. Por el contrario, las madres de nivel socioeconómico alto ofrecían a sus hijos analogías, metáforas, elementos superordenados, que suelen despertar nuevas preguntas por parte del niño y que, sin duda, acostumbran a éste a exigir de su madre fórmulas no rituales de interacción.

- Tough (1977) comparó 24 niños de tres años de dos medios sociales. Los resultados demostraron diferencias en el uso de los niños de medio social alto de lenguaje imaginativo o en el comentario de sucesos pasados y futuros. Los niños de nivel bajo usaron mayor cantidad de enunciados para expresar necesidades, describir sus propias acciones e identificar objetos presentes. Tough cree que la causa se encuentra más que en las propias complejidades lingüísticas, en los temas de comunicación que usan los padres, prestándose más a usos complejos los iniciados por los padres de nivel social alto.

Pardial Rivas (1993) también cita a Tough y a un estudio que realizó en Inglaterra en 1973 del que deduce que todos los niños entre los tres y cinco años utilizan el lenguaje para proteger sus propios intereses, iniciar y mantener comunicación con los demás, informar de experiencias presentes y dirigir sus propias acciones y las de los demás. Pero hay una amplia gama de usos que los niños de hogares favorecidos parecen haber desarrollado más ampliamente que los niños de familias deprimidas.

Estos son los más significativos:

—colaborar para conseguir fines convenidos,
—proyectar el futuro, anticipar acciones y predecir,
—proyectar y comparar posibles alternativas, percibir relaciones causales y dependientes, dar explicaciones de cómo y por qué ocurren las cosas, afrontar problemas en la imaginación y ver posibles soluciones,
—crear experiencias con la imaginación, realizando frecuentemente una representación mediante el empleo simbólico de materiales,
—reflexionar sobre sus propios sentimientos y sobre los de los demás.

Esto parece ser porque la madre de los hogares más favorecidos muestra una mayor tendencia a anticipar el error y a advertir al niño para que reflexione y anticipe las consecuencias de su acción.

También ayuda al niño a adquirir una capacidad esencial para cualquier situación problemática: la capacidad de ponderar las decisiones y elegir entre distintas alternativas.

Se produce también un hecho importante: en el contexto familiar, con los niños de 3-4 años, el adulto utiliza un lenguaje en forma interrogativa el 50% de las veces. Sin embargo, se ha observado que en familias de ambientes deprimidos esta frecuencia decrece hasta un 25% disminuyendo así la posibilidad de interpelación activa del adulto hacia el niño, decreciendo la interacción que facilita su aprendizaje.

La cultura en la que crece un niño determina de alguna manera el tipo de lenguaje que adquiere, su desarrollo cognitivo y su personalidad futura. La pobreza, la deprivación cultural que usualmente lleva aquélla aparejada, pone trabas a este proceso. Esta situación de deprivación sociocultural conlleva un sistema de valores que influye en el lenguaje adquirido por el niño, e inevitablemente, en todo el desarrollo de su personalidad (Bruner, 1989 en Pardial Rivas, 1993).

La familia de contextos deprimidos tiene un tipo de interacción verbal con sus hijos centrado fundamentalmente en el control de su conducta, en la imposición de normas. La madre se dirige con más frecuencia a su hijo para dar órdenes que para facilitarle información sobre el mundo y la realidad circundante.

Este tipo de interacción, al ser sistemática, continuada, va perfilando un tipo especial de código lingüístico en el niño poco apto para su uso en el medio escolar, en el que su principal uso es el de la construcción de conocimientos a través de la codificación científica, resultado de la confrontación de experiencias múltiples, debatidas e integradas en experiencias previas.

De ahí las especiales dificultades que estos niños padecen a lo largo de su escolarización.

Pardial Rivas (1993) nos da un dato dramático: aproximadamente el 50% de la deficiencia mental no tiene un origen biológico. Los déficits proceden de hándicaps socioculturales, de factores ambientales, es decir, de causas remediables.

La escuela ha sido tradicionalmente, y en todos sus niveles, un foco de enseñanza del lenguaje en sus aspectos más formales y elaborados. Ahora bien, ha habido una excesiva focalización en los aspectos conceptuales de la lengua en detrimento de los comunicativos y espontáneos, y es sobre todo en esos aspectos donde los resultados de los niños deprivados socioculturalmente son deficitarios. Es nuestra tarea, por tanto, modificar estos parámetros, unir la escuela y la vida, relacionando el aspecto pragmático con el normativo, reorientando los usos más elaborados del lenguaje para usos comunicativos y de interacción.

Bibliografía

ARROYO GONZÁLEZ, R. y SOTO MELLADO, JOSÉ A. (1998). La deprivación sociocultural. En: Lou Royo, M.A. y López Urquízar, N (coord.). *Bases Psicopedagógicas de la Educación Especial*. Ediciones Pirámide. Madrid.

BERSTEIN, B. (1989): *Clases, códigos y control*. Madrid. Akal Universitaria.

CLEMENTE ESTEVAN, R. A. (1995): *Desarrollo del lenguaje. Manual para profesionales de la intervención en ambientes educativos*. Ediciones Octaedro. Barcelona.

GARCÍA VÍLCHEZ, V. (1993): Retraso en el desarrollo del lenguaje oral. En: Gallardo Ruiz, J.R. y Gallego Ortega, J.L.: *Manual de Logopedia Escolar. Un enfoque práctico*. Archidona. Ediciones Aljibe.

KAZDIN, A.E. y BUELA-CASAL, G. (1994): *Conducta antisocial. Evaluación, tratamiento y prevención en la infancia y adolescencia*. Madrid. Pirámide.

PACHECO DÍAZ, J.L. y ZARCO RESA, J.A. (1993): El niño y la niña con deprivación sociocultural. En: Bautista, R. (coord.): *Necesidades Educativas Especiales*. Archidona. Ediciones Aljibe.

PARDIAL RIVAS, C. (1993):Adquisición y desarrollo del lenguaje. En Gallardo Ruiz, J.R. y Gallego Ortega, J.L.: *Manual de Logopedia Escolar. Un enfoque práctico*. Archidona. Ediciones Aljibe.

PARDIAL RIVAS, C. (1993): Factores etiológicos del lenguaje. En: Gallardo Ruiz, J. R. y Gallego Ortega, J. L.: *Manual de Logopedia Escolar. Un enfoque práctico*. Archidona. Ediciones Aljibe.

PIAGET, J. (1923). *El lenguaje y el pensamiento en el niño*. Madrid. La lectura.

RAMOS RUIZ, I. (1997): Programa de actuación en el marco de zonas rurales socialmente deprimidas. En: Salinas García, F. y Moreno Olmedilla, E (coord.). *Semejanzas, diferencias e intervención educativa. Actas del I Congreso Nacional de Educación Especial*. CSI·CSIF. Granada .

RÍO M. J. (1997): Factores interpersonales y desarrollo del lenguaje en personas con necesidades educativas especiales. En: Río: *Lenguaje y comunicación en personas con necesidades especiales*. Barcelona. Ediciones Martínez Roca.

SÁNCHEZ PALOMINO, A. y VILLEGAS LIROLA, F. (1998): Dificultades por deprivación sociocultural. En: Sánchez Palomino, A. y Torres González, J.A.: *Educación Especial II: Ámbitos específicos de intervención*. Pirámide. Madrid.

SHUM, G. (1996): *Adquisición del lenguaje y deprivación afectiva*. Huelva. Universidad de Huelva Publicaciones.

VERDUGO ALONSO, M.A. (1997): Intervención educativa en alumnos con trastornos de aprendizaje debidos a situaciones de deprivación social. En: Salinas García, F. y Moreno Olmedilla, E (coord.). *Semejanzas, diferencias e intervención educativa. Actas del I Congreso Nacional de Educación Especial*. CSI·CSIF. Granada .

VYGOTSKY, L. S. (1977). *Pensamiento y lenguaje*. Buenos Aires. La Pléyade.

WALLON (1970). *La evolución psicológica del niño*. Buenos Aires. Nueva Visión.

WERTSCH J. V. (1985) *Vygotsky and the social formation of mind*. Cambridge, Mass. Harvard University Press.

EL GRUPO DE DISCUSIÓN, UNA TÉCNICA CUALITATIVA, EN EL AMBITO DE LAS INSTITUCIONES EDUCATIVAS

ANTONIO GARCÍA DELGADO
ANA MARÍA CABRERA CÉSAR
Doctoranda del Departamento de Didáctica y
Organización Escolar de la Universidad de Granada

1. Introducción

El grupo de discusión es una técnica de la metodología cualitativa orientada a recoger los discursos sociales más característicos respecto al tema de investigación o evaluación dentro del ámbito de las instituciones educativas, de manera que el análisis de estos diversos discursos permita obtener el sistema de representaciones y actitudes colectivas sobre la cuestión y las diferencias de matiz entre los distintos colectivos de una institución educativa: alumnos, padres y profesores. En el ámbito educativo necesitamos identificar las huellas de los conflictos, de los procesos motivacionales más a fondo que posibilitaran poner en marcha estrategias resolutorias de los mismos (Conde, Fernando, 1996). La técnica del grupo de discusión propicia la producción libre de discursos a través de la discusión del tema de investigación por pequeños grupos (entorno a 8 personas), tema que propone el prescriptor.

Encontramos unos autores que ven al grupo de discusión desde un enfoque psicoanalítico, es el caso de Jesús Ibáñez que en su obra "Más allá de la sociología" toma como base, para explicar el funcionamiento y manejo del grupo de discusión, la teoría de grupos tal y como ha sido elaborada por ciertas corrientes del psicoanálisis (grupo-T). En el grupo terapéutico (grupo-T), el tipo de situación social se produce dentro de un marco de relación muy especial entre tres términos: a) un especialista que ofrece sus servicios; b) un cliente; un objeto a reparar.

Enrique Martín Criado (Reis 1997 pp. 81-102) ve el grupo de discusión según un enfoque que contempla la producción del discurso como un acto que pone en relación a agentes dotados de unos esquemas de producción de sentido, adquiridos en su trayectoria social, educativa e incorporados mediante familiarización inconsciente, con una serie de "situaciones sociales" que introducen una serie de reglas y constricciones sobre lo decible. El manejo de esta técnica tendrá que tener en cuenta, así, la estructuración del "orden público interaccional" del medio educativo en que se pretende investigar. Según Erving Goffman, cada vez que entramos en contacto con otras personas, tenemos que realizar un trabajo de mantenimiento de la realidad o de salvar la cara. Convertirnos en miembros de una sociedad educativa, es un proceso que incluye, entre otras cosas, la adquisición de una competencia comunicativa y expresiva; la adquisición del sentido de las diferentes situaciones sociales que conforman la economía comunicativa de una sociedad educativa. Los discursos, por tanto, no son simples expresiones de lo que ocurre en el interior de los individuos, sino "jugadas" (moves) en el juego de la interacción: prácticas para obtener recursos, para negociar el sentido de la interacción y el valor social de las personas implicadas y de uno mismo.

El presupuesto de partida es elemental y ha sido señalado numerosas veces por Jesús Ibáñez: los datos de la investigación son producidos, y la mayoría de los datos con los que operamos según la metodología cualitativa son lingüísticos. Es lo que ocurre con el grupo de discusión en el ámbito de las instituciones educativas. Por ello es necesario plantearse como funciona ese proceso de interacción dentro del cual se producirán los discursos que serán el material de análisis del psicopedagogo.

2. Grupo de discusión versus encuesta estadística

Las investigaciones mediante "grupos de discusión" difieren en dos aspectos fundamentales de las investigaciones mediante encuesta estadística: el diseño es abierto, y en el proceso de investigación está integrada la realidad concreta del investigador.

En la encuesta estadística (y, en general, en todas las técnicas distributivas) el diseño es cerrado y la suerte está echada antes de empezar, la información excedente del plan de diseño se pierde como ruido. La realidad concreta de las personas integradas en el proceso de investigación es considerada como coeficiente de rozamiento (hay que reducir su "ecuación personal", robotizarlos): la información excedente del plan de diseño queda retenida en su memoria, canalizada fuera del estudio.

El "grupo de discusión" exige, en cambio, un diseño abierto y una integración de los investigadores, como seres concretos, como sujetos en proceso, en el proceso de investigación: frente a la tecnología abstracta de la encuesta supone una tecnología concreta. Precisamente el diseño es abierto porque el investigador interviene en el proceso de investigación como sujeto en proceso: los datos producidos por el proceso de investigación se imprimen en el sujeto en proceso de investigación –modificándolo-; está modificación le pone en disposición de registrar la impresión de nuevos datos, y así se abre un proceso dialéctico inacabable. Ya que en los últimos años se está tomando conciencia de que en las aulas existen múltiples factores que condicionan la enseñanza, son considerados como un sistema abierto de intercambio, evolución y enriquecimiento (Doyle 1979; Bronfenbrenner, 1979 en Angel Pérez Gómez, 1992).

Podemos considerar –por analogía con la encuesta- tres series básicas de operaciones de diseño: selección de actuantes (análoga al muestreo: es un muestreo estructural en vez de estadístico); esquema de actuación (análogo al cuestionario. Es un cuestionario, un repertorio de cuestiones, pero elástico en la forma paradigmática de cada cuestión y en la secuencia sintagmática de las cuestiones); interpretación y análisis (análogos al tratamiento y análisis: pero se refiere al contenido, captado inmediatamente en la interpretación, captado mediante deducción –pues es latente— en el análisis).

El diseño se abre al azar por lo menos por tres puertas: en la selección de actuantes, por la indeterminación de las unidades; en el esquema de actuación, por la retroacción de los fenómenos sobre la estructura y la génesis; en la interpretación y análisis, por la intuición del investigador.

3. La técnica del grupo de discusión

Es difícil hacer llegar una técnica de investigación a quién no la conoce, más si se trata del grupo de discusión, técnica menos pública que la entrevista por cuestionario. Pero lo verdaderamente complicado es transmitir algunos aspectos que han de ser subjetivados por el investigador, y que se comprenden en y por su subjetivización, nos referimos a que ahí a de haber un sujeto que no se borra ni se esconde tras la técnica, sino que la encarna. Por lo que se va a presentar el grupo de discusión como un recorrido desde su diseño hasta el momento del análisis. (Canales y Peinado en Delgado y Gutiérrez)

3.1. Diseño

En el diseño elaborado a partir de una demanda, **la muestra** no responde a criterios estadísticos sino estructurales, no atendemos a la extensión de las variables entre la población objeto de estudio, ni interesa tomarlas como términos o elementos. Por el contrario esta muestra obedece a relaciones. Buscamos tener representadas en nuestro estudio determinadas relaciones educativas, aquellas que en cada caso se hayan considerado pertinentes a priori.

La manera concreta de resolver el diseño de los grupos de discusión comienza por pensar qué "tipos" sociales y educativos queremos someter a nuestra escucha (alumnos/as, padres, profesores...) cada uno de los cuales representaría una *variante discursiva*.

Una vez diseñadas las relaciones que nos interesa investigar, hemos de excluir de su combinación en un mismo grupo, aquellas que entendamos no son comunicables. Se ha dicho en ocasiones que las relaciones comunicables en un grupo de discusión son aquellas que, socialmente, se comunican de hecho. De este modo, habría relaciones no comunicables (imposibles) en un grupo de discusión cuando en sociedad se hallan separadas por filtros de exclusión (tales serian las relaciones propietario/proletario; y en una institución educativa: hijo/padre, tutor/alumno). De hecho cada polo de estas oposiciones tiene presente deiscursivamente al otro. Pero si la oposición se hace realmente presente, una de las dos partes –la que quede en cada caso como término subordinado de la oposición–, habrá de reprimir su habla.

Son posibles o comunicables, las relaciones de tipo inclusivo (hombre/mujer por ejemplo). Pero mientras que las relaciones excluyentes lo son en todos los casos, las incluyentes son en función del tema de estudio. Así podemos combinar en un mismo grupo mujeres y hombres, tan solo si el tema es neutro respecto de la condición social de los sexos.

Hay, no obstante, una norma que conviene seguir al pie de la letra: *los grupos, todo grupo individualmente considerado, ha de combinar mínimos de heterogeneidad y de homogeneidad para mantener la simetría de la relación de los componentes del grupo. Mínimo de heterogeneidad, para asegurar la diferencia necesaria en todo proceso de habla.*

El **número de actuantes** de cada clase que debemos incluir en un mismos grupo, depende de lo homogéneo o heterogéneo que queramos que sea el diseño. Si hemos decidido incluir una cierta heterogeneidad manejable, habremos de cargar cuantitativamente las tintas sobre la clase que presupongamos puede presentar más dificultades para hacerse con el tema, para expresarse con relación a él. En cualquier caso, el número de actuantes por clase, no obedece a ninguna lógica distributiva, sino que se basa en la pertinencia del número para que ese subconjunto de miembros pueda hablar desde su posición de tal subconjunto. **El mínimo es por tanto, siempre dos.**

Por general o sencillo que sea el tema a investigar, *el número mínimo de grupos de discusión ha de ser siempre dos.*

El **tamaño del grupo de discusión** se sitúa entre los cinco y los diez actuantes, esos son los límites mínimo y máximo entre lo que un grupo de discusión funciona correctamente. Se trata de una característica espacial que afecta a la dinámica del grupo. Un grupo a de estar constituido necesariamente por más de dos miembros (Ibáñez 1979); dos no constituyen grupo, sino una relación especular. En tres actuantes tendríamos un grupo embrionario: las diferencias entre dos miembros se articulan sobre el tercero; pero exige que ninguno de los participantes se inhiba o quede excluido. Algo similar ocurre cuando los actuantes son cuatro. Si los componentes son cinco, los canales de comunicación entre sus miembros supera ya el número de estos, con lo que la relación grupal se hace posible. Pero más allá de nueve, los canales son tantos que el grupo tenderá a disgregarse en conjuntos de menor tamaño, con lo que se volverá inmanejable para el prescriptor.

3.2. Fase de campo

La fase de campo en la investigación con grupos responde básicamente a los aspectos "logísticos" y a la captación o selección de los individuos participantes.

La **captación o convocatoria** de los grupos se tiene que tener en cuenta que los participantes no deben conocerse entre sí (pues el grupo no puede preexistir al momento de producción del texto, ni en él debe haber huellas de relaciones anteriores), por lo que lo ideal es utilizar las redes sociales reales (amigos, vecinos, parientes...), diversificándolas. Esta captación la suele hacer un captador profesional.

Entre el investigador y los participantes de los grupos hay una relación de **contraprestación**. Los segundos producen un texto que es objeto para el investigador, a cambio suelen percibir una prestación económica o como en nuestro caso estamos en un ámbito educativo el incentivo puede ser cheques-regalo o unas entradas para el teatro, cine... . Si no hay esta contraprestación, la deuda puede planear peligrosamente sobre el grupo, o la dimensión básica de este cobrar una relevancia negativa para su desarrollo. Quién acude al grupo a "donar" su discurso lo hace porque se siente en deuda (con quién o con qué, dependerá de los casos; puede ser con el captador o con el orden del sentido); en tal caso, no es improbable que muestre la agresividad inherente a la donación gratuita. Pero si acude por el placer de la palabra grupal, se resistirá a instalarse en la exigencia de trabajo que requiere el grupo de discusión.

Los grupos de discusión en el ámbito educativo deben realizarse en salas que no tengan nada que ver con la institución educativa en la que nos encontremos. Todo **espacio físico** es, inmediatamente, significante, cada espacio produce efectos sobre el desenvolvimiento del grupo, por lo que es necesario borrar en aquel toda *marca* que pueda operar como *marco*, consciente o inconsciente, del grupo. En las salas fuera de la institución educativa ofrecen un marco neutro, entonces el grupo puede situarse en posición de objeto para la investigación. Pero si el local está marcado por relaciones instituidas o instituyentes, el texto mostrará la huella de esa marca. Un espacio no marcado, produce un efecto cero sobre el texto.

Dentro del local, en la sala en que se va a celebrar la reunión, **la disposición del espacio** y de sus componentes (mesas y sillas, fundamentalmente) posee también valor significante. Aquí el espacio del grupo de halla predeterminado, por lo que los intervinientes no podrán conquistarlo sino imaginariamente, lo que se manifiesta en la elección del lugar que cada uno ocupará a lo largo del desarrollo de la reunión, en los titubeos ante la silla, etc. La conquista imaginaria del espacio no suele producir problema alguno en la mayoría de las ocasiones, en relación con la dinámica del grupo. Pero a veces suele ser preferible asignarles determinados asientos. Así, por ejemplo, en algunos grupos mixtos, en los que las mujeres tienden a sentarse junto a las mujeres, y los hombres junto a los hombres, como para mejor arroparse así en la identidad (esto es : en la diferencia). Esto crea una situación de configuración inicial del grupo que puede fomentar, más tarde, la cristalización de posiciones (discursivas) sexuales enfrentadas.

La existencia de una mesa potencia el grupo de trabajo, es evidente que la dimensión de trabajo se ha de hallar presente a todo lo largo del grupo. Y si la presencia de la mesa es significativa para el grupo, también lo es su forma. Las mesas alargadas dificultan la comunicación entre los actuantes, que a veces ni siquiera pueden verse bien unos a otros, y que no equidistan del centro. La mesa redonda es siempre la más aconsejable ya que inscribe a los actuantes en un circulo que mira hacia su centro, facilita espacialmente la comunicación, pues el centro físico es el centro del grupo, y cada actuante equidista de él.

El **texto producido por los grupos de discusión** es registrado en cinta magnetofónica y/o vídeo. Esto permite la transcripción de los componentes lingüísticos (se pierden los prosódicos), del registro magnético. El vídeo registra también los componentes secundarios kinésico y prosémico. Estos últimos no añaden gran cosa a un análisis que es principalmente de carácter semántico.

El registro cumple dos funciones: por un lado, recoge el texto en toda su extensión y literalmente, de modo que el análisis pueda operar sobre este material bruto, sin ningún filtro intermedio. Por otro, viene a objetivizar la dimensión de trabajo del grupo (el texto se produce como objeto para otro).

La **duración de un grupo de discusión** es siempre un efecto de puntuación del prescriptor. Este inagura el tiempo del grupo al exponer el tema del que se quiere que se hable. El grupo muere (acaba su tiempo) cuando el prescriptor decide que han sido suficientemente cubiertos los temas para cuya discusión había sido constituido.

4. Bibliografía

MARTÍN CRIADO, ENRIQUE *"El grupo de discusión como situación social"*. REIS 79/ 97 PP.81-112.

IBAÑEZ, JESUS *"Más allá de la sociología"*

ALONSO, L.E. *"La mirada cualitativa en sociología"*. Fundamentos. Madrid.

CALLEJO, JAVIER. *"Sobre el uso conjunto de prácticas cualitativas y cuantitativas"*. REIS. N°21, 1998.

CONDE, FERNANDO *"Una reflexión sobre la práctica cualitativa en los 80. Los grupos triangulares"*. CIMOP. No publicado. (Material aportado en el curso de metodología cualitativa en instituciones educativas. Centro de Formación Continua. Granada 1999).

DELGADO Y GUTIERREZ. *"Métodos y técnicas cualitativas de investigación en ciencias sociales"*. Cap. 11: El grupo de discusión. Ed. Síntesis.

IBAÑEZ, JESUS. *"Cuantitativo-cualitativo"* en Reyes, R *"Terminología científico-social. Una revista crítica."* Ed. Antropos.

PEREZ GOMEZ, ANGEL *"Modelos contemporáneos de evaluación"* en Pérez A. Y Gimeno J. *"La enseñanza: su teoría y su práctica"*. Akal. 1983.

PEREZ GOMEZ, ANGEL. *"Comprender la enseñanza en la escuela. Modelos metodológicos de investigación educativa"*. Cap V de Gimeno J. Y Pérez, Angel "Comprender y transformar la enseñanza" Ed. Morata. 1992.

LOS CENTROS ESPECÍFICOS O LAS NECESIDADES ORGANIZATIVAS ESPECIALES

ANTONIO GUERRA ALVAREZ

La entrada en vigor de la Ley Orgánica 1/1990 de Ordenación General del Sistema Educativo ha supuesto una profunda transformación en las bases sobre las que se asentaba la educación española. Estos cambios son de tal magnitud que han afectado y afectan, de manera muy significativa, a la práctica cotidiana y a las estructuras organizativas de las instituciones educativas actuales.

La perspectiva escolar tradicional establecía como función principal de la educación y de la escuela, por extensión, la consecución por parte de los alumnos y alumnas de listados de contenidos disciplinares organizados en programas didácticos o algunos repertorios de actividades (Pérez Gómez, 1993). La actual propuesta curricular entendida como el conjunto de relatos vividos por el profesorado y el alumnado bajo la tutela de la escuela ha propiciado, por una parte, el cambio de rol de aquellos que formamos parte del proceso educativo considerados hasta entonces consumidores que hemos de haber ido adaptándonos a nuestro nuevo papel como constructores de currículo (Jové Monclús, 1998) y, por otra, la consideración de que la educación amplía y en ocasiones trasciende del mero quehacer docente.

Bajo estas premisas, la consideración y aceptación de la diversidad, se constituye en la actualidad como uno de los pilares fundamentales sobre los que se asienta nuestro Sistema Educativo. En virtud de este planteamiento, la heterogeneidad es considerada una característica inherente a los grupos. Así, desde el reconocimiento de lo diverso, surge el concepto de necesidades educativas especiales, que está contribuyendo a hacer explícita una, tal vez la más importante, función de la escuela: Dar respuesta ajustada a todas y cada una de las necesidades que se originen en función de esa diversidad.

La diversidad es una realidad que ha sido mal entendida, cuando no desatendida, desde el ámbito escolar. Una concepción actualizada de la diversidad ha de mantener que en educación, lo heterogéneo, es un hecho multipolar que debe explicarse a tres niveles. En primer lugar, ha de entenderse que existe un factor de diversidad en función de las diferencias individuales del alumnado, diferencias que no vienen determinadas exclusivamente por sus características físicas o psíquicas. La etnia, la cultura, o la diferencia de estrato social del alumnado se reconocen como factores de diversidad. Un segundo factor de diversidad se origina en función del personal de los centros que además de las propias diferencias individuales, es diverso en función de su ideología, actitudes e ideas, nivel y grado de experiencia profesional, implicación en la estructura organizativa de los centros o su preocupación por la formación continua. El tercer factor de diversidad, viene definido por las propias particularidades de los centros, tanto desde el punto de vista estructural, organizativo o administrativo, como por todos los elementos que constituyen la propia comunidad educativa. Las características personales de los propios alumnos, del profesorado, de los padres y madres, las particularidades del entorno social y económico en el que se inscriben los centros, la estructura y participación en los diferentes órganos, consultivos y de gobierno hacen de los centros educativos una individualidad que ha de ser considerada como un todo, estableciéndose de esta forma un importante componente situacional y contextual . (Puigdelivoll, 1998).

Como consecuencia de un mal entendido igualitarismo ha podido pensarse, en algún momento de la historia educativa española reciente, que la igualdad entre las escuelas y entre los centros educativos pretende conseguir una inalcanzable homogeneidad de estos. Esta visión "homogeneizante" obvia que todo aquello que sucede en las organizaciones escolares no es sino el resultado de representaciones propias de valores, ideas o teorías de los participantes. Por ello, cada uno de los centros construye su propio código de interpretación fundamentado en el contexto y en los propios códigos internos y no intercambiables, que cada uno posee (Santos, 1990). De esta manera, la realidad escolar no puede ser explicada sino en función de estos códigos particulares de interpretación.

La escuela, bajo este nuevo paradigma, debe ser entendida como una organización compleja. Compuesta por una gran cantidad de elementos materiales, personales y funcionales que interaccionan internamente y con otros entornos. Por ello, los centros docentes deben ser considerados unos sistemas sociales abiertos insertos en otros sistemas más amplios que les afecta. Su funcionamiento está determinado por una serie de procesos que se interfieren en función de una cultura que se ha ido desarrollando a partir de una misión asumida, implícita o explícitamente, por el personal y unos valores y unas normas que dan sentido y dirección al trabajo de la organización, lo que, en definitiva, configura un estilo determinado (Alvarez, 1998) (Gorrochotegui, 1997).

Pero no conviene perder de vista que cuando un conjunto de personas se ve obligado a trabajar en una misma dinámica de colaboración impuesta por las Leyes, (Proyecto Educativo y Curricular), o por la cultura social imperante, se genera un conjunto de tensiones permanentes entre los objetivos de la institución y los intereses corporativos o personales. Esta confrontación resulta inevitable, pero en el caso de que llegada a límites inadmisibles, puede desestructurar el grupo y amenazar la calidad (Alvarez, 1998).

Resulta evidente que una organización, no presenta una cultura en exclusividad. Con el paso del tiempo y la experiencia acumulada en la práctica cotidiana de cada uno de los colectivos que se dan cita en una organización van desarrollándose diferentes subculturas. Por eso no es frecuente que el lenguaje de las organizaciones sea el del conflicto y rara vez se use el del consenso. Así, puede hablarse de la existencia de una cultura dominante en la medida en que sus valores básicos son compartidos por la mayoría de los miembros de la organización y unas subculturas que pueden ser representados como diagramas de Venn que se intersecan y superponen (Bolivar Botía, 1994). Cuando estas subculturas predominan y no existen sino unos pequeños sectores de intersección estamos ante la "balcanización" de la organización (Hargreaves, 1991).

Dada la diversidad de perfiles y actuaciones profesionales que coinciden en los centros específicos de Educación Especial, - profesorado, personal médico, educadores/as, monitores/as de atención temprana, psicólogo/a, monitor/a escolar, personal de cocina, limpieza, etc.- se hace imprescindible una especial atención e interés para ampliar en la medida de lo posible las zonas de intersección a las que antes aludíamos.

La LOGSE hace explícita una de las formas básicas de ampliación de las zonas de intersección a las que antes aludíamos: el trabajo en equipo y la coordinación entre los diferentes profesionales. Unido a esto, cabe apuntar que está claramente definida en algunos estudios europeos, la existencia de lo que ha dado en llamarse el "efecto de centro" que puede definirse como la capacidad de incidir en los resultados y logros escolares del alumnado en función de la capacidad del centro de constituirse como una unidad pedagógica y educativa. Observándose una correlación positiva entre el nivel de trabajo coordinado y cooperativo y los resultados de los alumnos (Villa, 1998).

La aceptación de los centros específicos de educación especial como sistemas de ayuda concebidos para el desarrollo en sociedad de los alumnos y alumnas con necesidades educativas especiales ha favorecido la superación de consideraciones educativas obsoletas que entendían estos centros como una modalidad de escolarización al margen del Sistema Educativo Ordinario y ha concedido una mayor relevancia a la función social y socializadora que estos centros están destinados a cumplir (Martín Caro, Otero, Sabaté, & Bolea, 1998). Por ello y como quiera que una de las constantes de la perspectiva educativa actual es la preocupación por aumentar la calidad de los servicios educativos, en toda la legislación vigente se concede autonomía a los centros escolares para acometer la organización que mejor se adecue a las condiciones particulares de cada centro y contribuya a aumentar la calidad de la educación.

En los centros de educación especial se hace inevitable, en este sentido, una intervención a varios niveles. Por una parte, se hace imprescindible una adaptación de la estructura organizativa de estos centros que permita ajustarlos a las particulares condiciones de diversidad que se dan en ellos y a las nuevas relaciones horizontales que esta visión genera. Para ello, se hace necesaria la concesión de una mayor autonomía en la adaptación e incluso diversificación de las propuestas que los centros ofrezcan. Por otra parte, las nuevas propuestas curriculares y los nuevos modelos de organización hacen necesaria la revisión de los perfiles profesionales al objeto de conseguir una mayor integración.

Para ello, en virtud de la autonomía organizativa a la que antes aludíamos, los centros educativos no deben escatimar esfuerzos a la hora de establecer canales efectivos de participación de todos los profesionales, potenciando la creación de nuevos órganos de participación o modificando, hasta donde sea necesario, los ya existentes para que pueda instaurarse en ellos la verdadera filosofía de trabajo en equipo.

Los cambios que ha sufrido la educación especial desde el modelo clínico, al actual modelo contextual y de respuesta ajustada a las necesidades especiales, ha provocado una evolución y adaptación de la organización y funcionamiento de los equipos que deben atender a este alumnado. Siguiendo a (Alper, Schloss, & Schloss, 1995) pueden diferenciarse en su funcionamiento tres modelos fundamentales.

El modelo multidisciplinar fundamenta la organización y funcionamiento del equipo alrededor de las aportaciones individuales de cada uno de los componentes en virtud de la especialización de cada uno de ellos. En teoría, esta perspectiva atribuye la misma importancia a la información evacuada por cada uno de los integrantes del equipo a la hora de establecer el plan de actuación con el niño o la niña. En la práctica este tipo de funcionamiento de los equipos se aparta drásticamente de los actuales planteamientos educativos convirtiendo a los diferentes especialistas en "portavoces de su especialización", en lugar de hacerlos colaboradores en la obtención de una meta compartida. Este, no es sino un ineficaz funcionamiento en paralelo. Las intervenciones concretas y la responsabilidad de su aplicación responden a una "jerarquización" de papeles que tiene como consecuencia la persecución de metas independientes y desintegradas.

Un segundo modelo, sería el interdisciplinar. Éste, al igual que el multidisciplinar, organiza su funcionamiento alrededor de las contribuciones individuales de cada miembro del equipo, con la salvedad de que el objetivo de cada uno de ellos es la comunicación e integración de sus datos con los obtenidos por otros miembros del equipo. Esta perspectiva favorece la creación de estructuras de participación formal para solicitar las contribuciones del resto de los miembros del equipo, concediendo la misma importancia a las aportaciones de todos y cada uno de sus componentes . Uno de los integrantes del equipo es designado como responsable de integrar toda la información y la programación de estrategias para favorecer la comunicación entre todo el equipo.

La consideración de los centros específico de educación especial como sistemas de servicios integrados hace que resulten insuficientes los dos anteriores modelos de funcionamiento. Por ello, es preciso que además de la asunción de la atención a la diversidad desde el punto de vista del trabajo colaborativo, se exija de los profesionales un amplio conjunto de conocimientos que posibilite una acción global. Así, el modelo transdisciplinar, coherente en principio con los principios de la escuela inclusiva, nos parece que puede responder a esa intención. Este modelo, como los dos anteriores, organiza la participación de los miembros del grupo alrededor de las aportaciones individuales de los miembros del equipo. Sin embargo, los diferentes componentes son responsables de enseñar al resto de los miembros del equipo lo esencial de sus disciplinas y aprender la terminología y las intervenciones básicas de otras disciplinas que pudieran estar representadas en el equipo. Esto, que en principio pudiera parecer banal se configura como un factor añadido que agrega un matiz de formación activa y continua en el funcionamiento del equipo. Un componente adicional del modelo transdisciplinar lo constituye lo que se ha dado en llamar el *"rol release"* que hace referencia a compartir los roles y las responsabilidades entre todos los miembros del equipo. Asignándose la responsabilidad de la actuación concreta en cada caso a un miembro seleccionado por los componentes del equipo.

Somos conscientes de que la propuesta transdisciplinar exige unos altos índices de madurez profesional y una redefinición en profundidad de la estructura y organización de los centros específicos. Pero, somos conscientes de que constituye el único camino coherente con el actual Sistema Educativo para la atención a las necesidades educativas graves y permanentes y el trabajo coordinado en el centro específico. Por tanto, parece lógico pensar que es responsabilidad de todos hacer posible el cambio. Así, con independencia de los cambios de pensamiento y práctica profesional de los que trabajamos en este tipo de centros, se hace imprescindible la formulación de un marco legislativo adaptado a las particularidades de estos centros que haga posible la participación de derecho, y al mismo nivel, de todos los sectores que conforman la comunidad educativa.

Bibliografía

ALPER, S., SCHLOSS, S., & SCHLOSS, C. N. (1995). Families of Children with Disabilities in Elementary and Middle School: Advocacy Models and Strategies. *Excepcional Childrens, 62*(3), 261-270.

ALVAREZ, M. (1998). *El liderazgo de la calidad total.* Madrid: Escuela Española.

BOLIVAR BOTÍA, A. (1994). Culturas profesionales de la enseñanza. *Cuadernos de Pedagogía, 219.*

GORROCHOTEGUI, A. A. (1997). *Manual de liderazgo para directivos escolares.* Madrid: La Muralla.

HARGREAVES, A. (1991). Cultures of teaching: a focus for change. In A. Hargreaves & M. FULLAN (Eds.), *Understanding Neacher Development* . New York - Londres: Teacher's College Press.

JOVÉ MONCLÚS, G. (1998). Reflexiones en torno a la elaboración del proyecto curricular en los centros específicos de educación especial. *Revista de Educación Especial, 25,* 35-54.

MARTÍN CARO, L., OTERO, P., SABATÉ, J., & BOLEA, E. (1998). Entornos educativos para alumnos gravemente afectados: dimensiones y criterios para el diseño de actividades. *Cultura y Educación, 11-12,* 73-86.

PÉREZ GÓMEZ, A. (1993). Autonomía profesional y control democrático. *Cuadernos de Pedagogía, 220,* 25-30.

PUIGDELIVOLL, I. (1998). *La Educación Especial en la Escuela Integrada.* Barcelona: Graó.

SANTOS, M. A. (1990). *Hacer visible lo cotidiano.*

VILLA, A. (1998). Evaluación, autonomía y dirección de centros escolares. *Organización y Gestién Educativa, 6.*